동양과 서양의
만남

박이문 인문학 전집
03

동양과 서양의 만남

노자와 공자,
그리고 하이데거까지

미다스북스

동서고금 사상적 정수의 연결

_이강수(연세대학교 철학과 명예교수)

박이문 선생은 중국에서 신문화新文化운동을 주도한 천두슈陳獨秀, 후스胡適, 루쉰魯迅 등이 반전통사상을 고취한 뒤인 1930년에 태어나 조부와 부친으로부터 한시漢詩와 노장老莊에 대해 들으면서 유년시절을 보내셨다고 한다. 당시 선생은 그것들을 케케묵고 낡아빠진, 아무짝에도 쓸 수 없는 것이라고 생각하고 노장은 물론 동양고전에 대해서도 별로 관심이 없었다고 한다. 그러나 그때 무의식에 그러한 사상들이 잠재하였을지도 모른다.

그뒤 직업상 논어와 노장 등 동아시아 전통사상을 연구하여 학생들을 가르치게 되었다고 한다. 그것은 아마 선생이 미국 시몬스대학 철학과에 재직하던 시기였을 것이다.

선생은 『논어의 논리』라는 저서에서 1. 인과 가치의 논리, 2. 자연주의와 논증의 논리, 3. 참여와 정치의 논리, 4. 인정과 도덕의 논리, 5. 예와 규범의 논리, 6. 지혜와 인식의 논리 등을 논하였다. 그리고 '노장사상'이라는 저서에서 1. 도와 진리, 2. 무위와 실천, 3. 소요와 가치, 4. 노장과 우리라는 항목으로 그 사상을 논하였다. 그리고 동과 서의 요체 개념으로 도와 이성을 논하였다.

필자가 이 저서 등을 읽어보니 선생께서는 동서고금의 사상에 대한 해박한 지식을 가지고 논리 정연하게 이러한 문제들을 분석하고 해석하고 있다는 느낌을 받았다. 미국의 학생들이 알아듣게 하기 위해서는 이러한 방법으로 설명할 수밖에 없을 것이다.

1840년 아편전쟁 이후 동아시아 사람들은 서세동점西勢東漸의 추세 속에서 서구 제국주의의 침략에 시달리게 된 것이다. 이러한 동서의 만남은 비극이라 아니할 수 없다. 그래서 동아시아의 지성인들은 '지피지기知彼知己면 백전불태百戰不殆'라 하여 서양을 알고자 하였다. 그래서 서양의 과학기술과 제도를 받아들이며 서양문화를 부러워하면서 자국의 문화를 천시하였다.

지금은 좀 달라졌다. 서양이 주도한 현대 문명의 병폐가 드러나기 시작하자 서양의 지성인들이 그 해결책을 모색하면서 서양문화를 근본적으로 반성하기도 하고, 혹은 동양의 고전 속에서 지혜를 찾을 수 있지 아니할까 하는 데에 생각이 미치기도 하였다. 이처럼 동서의 새로운 만남에 눈을 뜨게 되자 문화의 정수인 철학에서도 이러한 움직임이 없지 아니했다. 이러한 면에서 볼 때 박이문 선생의 저서들은 동서의 만남의 길을 제시하여 준 셈이다. 박이문 선생의 역할에 경의를 표한다.

일러두기

1. 『박이문 인문학 전집』은 박이문 선생의 모든 저서 가운데 인문학적 저작을 주제별·시간대별로 분류하여 열 권으로 묶은 것이다. 『박이문 인문학 전집』은 무엇보다 선생의 뜻을 존중하여 저작 가운데 중복된 것은 제외하고 저자의 의도를 최대한 살리고자 노력하였다. 열 권의 제목과 목차도 현 세대 독자와의 교감을 고려하여 편집했지만, 최초 발표 시기 단행본의 제목과 방향을 최대한 존중하였다. 세계적인 석학이자 20세기 이후 한국 최고의 인문학자로 평가받는 박이문 선생의 『인문학 전집』에 한국어로 된 주요하고 핵심적인 인문학적 저작과 논문은 모두 수록함을 원칙으로 하였다. 이번 『인문학 전집』에서 빠진 에세이와 기행은 모아서 따로 출간될 것이며, 아울러 박이문 선생의 모든 저작을 망라한 영인본 박이문 아카이브 전집은 추후 미다스북스에서 출간 예정이다.

2. 제3권 『동양과 서양의 만남』은 서양의 문학과 철학을 연구하면서도 동양사상에 특별한 관심을 지녔던 박이문 선생의 서양사상과 동양사상을 비교한 글들로 구성되어 있으며, 서구 인간중심주의에 대한 '대안적 통찰'과 '둥지적 사유'의 초기적 시도라고도 볼 수 있다. 1부는 동양사상에 관심을 갖기 시작한 초기의 글들로 동서양의 사고의 차이를 규명하고 있으며, 2부는 『노장사상』(1980)으로 박이문 선생의 동양사상에 대한 첫 번째 관심의 결과였으며, 3부는 『논어의 논리』(2005)로 십수 년 동안 천착한 『논어』에 대한 이해의 결정물이고, 4부는 동양사상을 통해 현대사회를 위해 새로운 철학적 모색을 하는 글들이다.

3. 전집을 발간하면서 기출간된 단행본의 형태를 가능한 한 지키려 노력했지만, 박이문 선생의 많은 저작이 절판되면서 다른 책에 재수록되었기에, 중복된 글이 수정된 경우에는 가장 마지막 책을 기준으로 삼았으며, 글의 말미에 출전을 표기했다. 그리고 전체 열 권을 묶으면서 각 권별로 실린 주요 단행본의 초판 서문 및 개정판 서문을 각 부 끝에 게재하여 출간시 박이문 선생의 의도를 아는 데 도움이 되도록 하였다.

4. 이 책에 실린 글들은 모두 원래 발간된 원고를 기준으로 했지만, 원문의 오식과 오자들은 바로잡고, 표기법과 맞춤법은 지금의 것을 기준으로 새로 교정·교열하였다. 출간 당시의 시대적 차이와 출판사별 기준의 차이도 있기 때문에 전집으로 정리하면서 새로운 기준을 정해서 이에 맞추어 새로이 고쳤다.

『박이문 인문학 전집』 간행·편집위원회

1부
—
동서의 만남

01

동서사상의 한 비교점

비교와 우월성의 문제

세계는 나날이 좁아지고 획일화되고 있다. 이와 같은 하나의 세계로의
지향은 동양의 산업화를 통해서 이루어진다. 산업화는 결국 생활의 과
학화를 의미하며, 과학화는 서양화를 지칭한다. 이와 같은 현실에서 과
학문화·서양문화에 대한 반성이 나타나는 징조가 보인다. 한편으로 서
양인들은 그들 문화의 가치, 그리고 그 문화의 바탕이 되는 사상의 본질
에 대해서 회의를 갖기 시작했고, 또 한편으로는 동양인들이 서양문화
를 도입하기 급급했던 나머지 망각했거나 그렇지 않으면 경시했던 그
들 자신의 사상적 유산에 대한 재고와 더불어 서양사상을 비판적으로
보게 되었다. 이러한 현상은 구체적으로 서양에 있어서 히피사상의 탄
생을 비롯해서 헉슬리나 헤세 같은 작가들에 의해서 나타났고 동양에
서는 한국학·동양학의 붐으로 나타났다. 호놀룰루에 있는 동서센터는
이러한 현상의 하나의 종합적인 표현이 될 것이다.

이와 같은 사상적 움직임은 자연히 동서사상의 비교 혹은 우월성의 문제로 귀결된다. 그러나 이 글에서는 '관심concern'이란 관점에서 동서 사상의 차이를 가장 명료하게 이해할 수 있다는 것과 이런 입장에서 볼 때 동서사상은 대립되는 사상이 아니며, 더구나 우열이 비교될 수 없다 는 것을 주장코자 한다. 여기에서는 의식적으로 '철학'이란 말 대신 '사 상'이란 말을 쓴다. 흔히 두 개념이 혼동되어 사용되지만 사상은 지적 활동상태를 의미하는데, 그것은 그 지적 내용으로 볼 수 있는 체계인 이 념과 그 지적 구조로 볼 수 있는 논리로서 사고를 나누어 생각할 수 있 다. 따라서 사상은 이념과 사고를 포괄하는 보다 넓은 범주에 속하는 개 념이다.

'직관적' 대 '합리적'

흔히 동서사상은 수동적/능동적, 직관적/합리적, 정신적/물질적, 예술 적/과학적, 내향적/외향적 등등으로 비교된다. 이와 같은 비교는 동서 문화에 대한 아주 상식적인 지식을 갖고 있는 사람들도 모두가 타당한 것이라고 직감적으로 수긍한다. 조금만 더 관찰해보면 위와 같은 비교 는 동서사상의 '성격상'으로 본 비교라 할 수 있다. 다시 말해 의식의 움 직이는 형태, 즉 사고로서 사상이란 차원에서 본 비교가 된다. 하지만 수동적 대 능동적, 직관적 대 합리적인 개념들은 각기 대립되는 개념으 로 결코 동시에 병존할 수 없는 개념이다. 이와 같은 비교관점은 중국학 자 임어당에게서도 찾아볼 수 있다.

미국의 학자 노스럽은 동서사상의 비교·종합을 시도하면서 '직관개념'에 의한 사고 대 '가정假定개념'에 의한 사고로 비교된다고 주장한다. 이 또한 사고로서의 사상, 즉 사고의 성격이란 관점에서 비교한 것이기에 앞서 예로 든 몇몇 상식적인 비교의 입장과 근본적으로 다른 방법이 아니지만, 여기서 각별히 그의 주장을 검토하려고 하는 까닭은 그의 주장이 내가 알기에는 가장 체계적인 시도였다고 믿기 때문이다. 노스럽이 비교의 초점을 사상의 성격에 두고 있다고 했지만, 더 정확히 말해서 그 성격은 인식론적 입장에서 본 성격이다.

노스럽은 동양인과 서양인의 인식이 무엇을 인식하는 데 있어서 어떻게 달리 움직이는가 하는 문제에 초점을 두고 고찰하면서 인식에 있어서 의식의 움직임이야말로 한 사상의 특별한 성격을 보여주는 척도임을 전제로 하고 있다. 따라서 노스럽의 '직관개념' 대 '가정개념'의 비교는 실상 상식적인 '직관적' 대 '합리적'의 비교와 별로 다를 바가 없다.

모든 사고는 개념을 통해서 정리된다. 노스럽에 의하면 동서사상의 '차위差位'는 경험이 개념화되는 과정의 차위에서 나타난다는 것이다. 동양사상의 특징을 나타낸다고 보는 개념화의 과정인 '직관개념'은 의식이 경험의 대상을 분석하거나 특별히 구별될 수 없는 하나의 선체로서 파악하는 태도를 말한다. 즉 동양인들은 경험의 대상을 어떤 명확한 성분으로 가려낼 수 없는 종합적이고 유기적인 전체로 파악하며, 모든 대상에 대한 인식의 근거는 오직 구체적인 체험에만 매여 있다. 다시 말해서 동양인의 의식 태도는 '즉물적'이고, 동양인이 보는 대상은 오직 심미적인 성격을 갖고 있다. 노스럽은 이와 같은 동양인의 의식에 있어서 의식의 구조를 '구별되지 않은 심미적 연속undifferentiated aesthetic continuum'이라 부른다.

결국 이와 같은 인식태도는 직감적 차원을 넘어서지 못하고, 인식
된 대상은 심미적이고 경험적 이해를 넘어서지 못한다. 따라서 설명적
이 아니라 감각적이며, 과학적이 아니라 직관적이다. 결국 '직관개념'
은 퍽 흐리멍덩한 채 남아 있게 된다. 프랑스의 소설가 아나톨 프랑스는
"분명치 않은 것은 프랑스적이 아니다"라고 말한 적이 있고, 노스럽의
입장에서 보면 "흐리멍덩하지 않은 것은 동양적이 아니다"라고 말할
수 있다.

　　'직관개념'과 반대되는 서양사상의 특징으로 생각된 '가정개념'은
즉물적, 즉 직접경험만을 토대로 해서 얻어진 개념이 아니라, 추리 혹
은 상상력을 통해서 얻어진 초경험적인 개념이다. 즉 '가정적'인 현실
을 지적하는 개념이다. 이와 같은 '가정적' 개념을 통해서 직감적으로
얻어진 동양적 개념은 설명되고 이해된다. 왜냐하면 어떤 사실 혹은 사
건은 그것보다 더 포괄적인 법칙 또는 원리의 일부로 나타날 때에 이루
어지는 것인데, 가정개념은 이와 같은 원리 혹은 법칙의 기능을 하게 된
다. 결국 현상을 위와 같이 관찰하고 파악하려는 태도가 다름 아닌 과학
적인 태도인 것이다. 바닷물의 퇴조나 사과가 나무에서 떨어지는 현상
은 직감적이며 구체적으로 인식되지만, 그 현상은 뉴턴의 만유인력법
칙에 의해서 설명된다. 한편 물은 보다 더 근본적인 구성요소인 산소와
수소의 결합으로 분석될 때 그 개념이 명확해진다. 동서사상은 다른 말
로 표현할 때 현상의 결정적인 성격의 규정을 부인하는 동양인의 태도
와 그것의 결정적인 성격의 규정을 추구하는 서양인의 태도와 차위에
서 볼 수 있고, 동양인의 귀납적 추리경험과 서양인의 연역적 추리경험
의 차위로써 구별된다. 특히 불교 혹은 도교에서 진리는 결코 개념화되
어 언어로 표현될 수 없다는 끈질기고 근본적인 주장이나, 진리는 직감

또는 해탈을 통해서만 얻을 수 있다는 주장은 동양인의 직관개념에 의한 사유형태를 잘 나타낸다. 가령 노자가 진리는 명확히 표현될 수 없다고 주장한 데 대해 서양철학의 한 대표자라고 볼 수 있는 데카르트는 가장 '명확'한 토대 위에 사고를 전개시키려 했고, 일찍이 플라톤도 논리나 예술·정치와 같은 모든 것들을 완벽한 지식의 토대 위에 세우려 했다. 플라톤의 지식의 대상인 모든 구체적 현상의 원형인 '이데아' 혹은 '관념적 원형'은 가장 명확하게 결정되고 파악할 수 있는 실체를 가리킨다. 또 한편 동양에서는 실질적으로 많은 과학적 혹은 수학적인 것을 응용할 수 있었으나 그러한 실천적인 지식은 그것이 오직 경험과 밀착해서 머물러 있었고 '이론화', 즉 체계화되지 못했음에 비해서 서양에서는 미학이나 기타 자연현상에 대한 경험이 이론화되고 설명되었기 때문에 오늘날의 서양문화를 만들어낼 수 있었던 것이다.

노스럽에 의하면 위와 같이 해석된 동서의 서로 다른 사고방식의 차위로써 동서의 윤리관과 종교관의 차위도 설명된다고 본다. 궁극적인 실체는 무한정한 심미적 연속이라고 믿고 있는 동양인은 결정적이고 영원불변한 선악의 구별 없이 모든 윤리가치를 상대적인 것으로 보기 때문에, 어떤 선을 위해서 죽음을 각오하면서까지 철저하게 참여하지는 않고, 윤리 생활에 있어서 극히 타협적이다. 이와 반대로 변화하는 현상세계 너머 결정적이고 영원불변한 실체를 믿는 서양인들은 선악의 문제에서도 영원불변한 존재를 믿고 선을 위해서나 악을 막기 위해서 타협을 불허하며, 이런 태도는 죽음을 가리지 않는 도전적인 태도를 만든다. 종교를 보더라도 마찬가지이다. 궁극적인 실체가 '분별되지 않는 연속적 존재'라고 보는 동양인은 개별적이며 무상한 경험적인 자아와 사물들에 대한 애착을 버리고, 무상한 실존 속에 수동적으로 몸을 맡김으로써 구원을 찾는다. 그런데 서양인들은 신앙에 의해서 한정된 초월적 신에 의해서 구원을 찾는다.

이와 같이 노스럽은 동서에 있어서 서로 다르다고 가정된 '직관적 사고'와 '가정적 사고' 혹은 '귀납적 사고'와 '연역적 사고'의 차이에서 추출되는 구체적인 결과라고 해석한다. 물론 이와 같은 동서사상의 비교는 따지고 보면 새로운 해석이 아니다. 노스럽의 '직관개념'은 '직관적' 대 '합리적', '자연적' 대 '인공적', '예술적' 대 '과학적' 등과 같은 비교와 실질적으로 같은 내용을 갖고 있다. 그런데 우리는 그의 비교에서 적지 않은 난점을 발견할 수 있다.

볼 수 있는 '도'

첫째, 노스럽과 그밖의 여러 가지 비교적 관점은 동서인에게 있어서 사고형태의 차이에 서 있다고 한다. 이와 같은 비교는 인간들 사이에 사고형태가 다를 수 있다는 것을 전제하고 있다. 앞서 사상이란 사고와 이념을 함께 의미한다고 말했다. 이념이 의식의 내용을 가리킨다면 사고는 의식이 어떤 내용을 조직하는 순수형식, 즉 논리를 말한다. 노스럽의 '직관개념'과 '가정개념'은 논리로서의 사고를 의미하는 것으로 이러한 비교는 인간의 사고논리가 상대적일 뿐 보편성을 띠지 않음을 전제로 한다. 그러나 서양의 아리스토텔레스, 칸트를 비롯한 모든 철학자와 과학자들은 물론 석가모니나 장자까지도 그들의 사상을 주장하는 한 이미 자기들의 주장이 남들에게 이해되리라는 것을 전제로 했던 것이고, 이러한 전제는 모든 인간 사고의 논리가 보편적임을 전제로 하는 것이다. 레비 스트로스와 같은 인류학자나 촘스키와 같은 언어학자들은 시대와 장소를 달리 한 표면상의 의식표현이 상대적이고 서로 다른 것 같긴 하지만, 그 깊은 밑바닥의 근본적인 사고형식은 보편적인 것임을 실증적으로 설명하고 있다. 만약 사고의 논리, 즉 순전히 구조만으로 본 의식이 보편적인 것임이 확실하다면 노스럽에 의한 동서사상의 비교는 그 출발점에 있어서 근본적으로 그릇된 것이고, 노스럽의 방법상에서 초보적인 혼동 혹은 착각을 나타내 보이는 것이다.

둘째, '직관개념' 대 '가정개념', '귀납적 사고'와 '연역적 사고', 즉 '직관'과 '추리'는 서로 대립될 수 있는 개념이 아니라 그 개념들은 범주를 완전히 달리하는 것이다. 이른바 논리, 즉 사고형태는 오직 연역적 논리일 뿐이고, 귀납적 추리는 별개의 논리가 아니라 어떤 사실을 논리적으로 증명하는 데 있어서 필요한 논리의 내용을 구성할 뿐이다. '직관'과 '추리'도 위에 든 두 개념의 관계와 똑같은 관계를 가질 뿐, 직관이 사고가 될 수 없다.

셋째, 일반적 사고, 즉 논리에 대한 착각을 염두에 두지 않고 설사 이른바 '직관사고'와 '가정사고'가 서로 다른 사고 형태라고 인정하더라도, 농서 사상사에는 노스럽의 농서사상 비교를 반승하는 예가 허다하다. 이러한 사실은 인간의 사고형태가 여러 가지일 수 없고 보편적인 것임을 보여주는 것이다.

동양사상은 힌두교·불교·유교·도교라고 말해도 타당할 것이다. 그렇다면 위와 같은 사상 속에 이른바 가정개념이 과연 없는가를 살펴볼 필요가 있다. 불교가 힌두교의 형이상학을 바탕으로 한다면 인도사상의 형이상학적 구조는 힌두교에서 볼 수 있을 것이다.

힌두교의 형이상학은 '브라만梵'·'아트만大我'·'카르마業'라는 개념을 중심으로 구성되어 있다. 이러한 개념은 모든 존재와 그 존재의 현상적 변화를 설명하기 위한 개념이다. 힌두교에 의하면 궁극적인 객체로 생각되는 브라만과 주체로 생각되는 아트만은 결국 동일한 '하나'의 존재이며, 이와 같은 객체와 주체의 동일체는 동일한 우주 전체의 존재 형식으로 카르마에 의해서 해석된다. 여기서 '브라만', '아트만', 그리고 '카르마'라는 개념이 경험을 통해서 직관될 수 없는 존재에 대한 개념이 아님을 누구나 쉽사리 알 수 있다. 이러한 개념들은 순전히 가정개념으로 직관을 통해서 경험할 수 있는 여러 가지 복잡하고 무질서해 보이는 현상들을 설명하는 기능을 갖고 있다. 구체적인 직관에 의해 볼 수 있는 현상이 위와 같은 가정개념을 귀납적으로 설명하는 것이 아니라, 이러한 현상이 위와 같은 가정개념을 전제로 하고, 그 전제로부터 연역됨이 보일 때 설명되는 것이다. 실상 모든 설명은 연역적인 설명이다.

또한 중국사상을 전반적으로 뒷받침하는 '음양'이라는 개념은 직관에 의해서 경험될 수 있는 것이 아니라 만물의 현상을 설명하기 위한 '가정개념'이다. 더 구체적으로 도교의 노장사상은 표면상 모든 형태의 논리적 사고를 부정한다. 그럼에도 불구하고 노자와 장자는 논리가 사실을 왜곡함을 '증명'하고 '설명'하려 한다. 그러나 무엇인가를 증명하려는 바로 그러한 시도는 논리적인 시도일 수밖에 없다. 다시 말해 그들이 사고하는 한 그들은 논리적, 즉 연역적으로 사고해야만 했다. 물론 이와 같은 주장은 그들이 논리적인 오류를 범하지 않았다는 것은 물론 아니다. 노장사상에 있어서 '도'는 가장 근본적인 형이상학적 개념이다. 물론 그들은 이 개념을 언어로 표현할 수 없는, 즉 개념화할 수 없는 개념이라고 강력히 주장한다. 그들은 '도'라는 것이 마치 언어 이전에 직관으로 실제 '볼 수' 있는 실체인 양 말한다. 그러나 사실상 '도'는 눈으로 볼 수도 없고, 귀로 들을 수도 없고, 손으로 만질 수도 없고, 코로 맡을 수도 없는, 감관感觀되지 않는 말에 불과하다. 그것은 머리로 생각해낸 가상의 '가정개념'에 불과하다. 막연해서 완전히 규정 또는 결정지을 수 없는 '도'를 모든 존재의 궁극적인 형상으로 가정함으로써 노장사상의 핵심인 평화적인 인생관이 옳다는 것을 증명하려고 했던 시도로 보인다.

공자사상의 '인'이라는 개념도 위와 같이 설명될 수 있다. 유교사상이 주자에 의해서 더욱 철학적으로 전개되고 해석될 때, 그 사상은 지극히 논리적이고 비경제적·반직관적이며 추리적인 성격을 뚜렷하게 띠게 된다. 주자는 모든 존재를 전체적으로 지칭하기 위해 '태극'이라는 개념을 썼고, 모든 존재의 구체적 현상을 설명하기 위해서 두 개의 원리, '이'와 '기'라는 개념을 썼다. '기'는 물질 그 자체를 가리키고, '이'는 물질의 현상을 뒷받침하는 원칙을 가리킨다. 따라서 '기'와 '이'는 온 우주, 즉 태극의 내용적 차원과 형식적 차원을 나타내는 것이다.

주자사상의 핵심이 되는 이러한 세 개의 개념이 경험할 수 없는 '직관개념'이 아니라 '가정개념'임은 자명한 것으로 생각된다. 공자·맹자와 주자가 다른 점은 다 같이 넓은 의미로서 윤리에 초점이 있음에도 불구하고, 주자가 윤리적인 문제를 해결하는 수단으로서의 형이상학적인 인식론적 문제에 더 깊은 관심과 해결을 찾으려 했던 데 있다. 즉 주자는 공자·맹자에 비해서 보다 순수하게 이론적인 면, 지적인 면, 앎의 문제에 관한 사고를 전개시켰다.

거꾸로 서양사상에서 '직관개념'이 없었나 고찰해보자. 플라톤은 현상과 반대되는 실체, 즉 '이데아'가 일종의 '전화적電火的'인 계시에 의해서 인식된다고 믿었고, 데카르트도 직관의 별명에 불과한 '자연적 계시'를 믿었다. 경험주의자 흄은 모든 실체에 관한 지식은 구체적인 경험에서만 가능하다고 믿었다. 직관을 강조하는 태도는 현상학자 후설이나 반합리주의자인 베르그송, 그리고 하이데거·마르셀·야스퍼스와 같은 철학자들에게 더욱 명백하고 강력하게 계승되었다. 그들은 이성에만 의존되는 연역적 방법으로는 참다운 실체에 접근할 수 없다고 주장했다. 즉 어떤 실체나 현상을 어떤 가정 개념으로부터 연역해서는 이해가 가지 않는다고 믿는 반면, 실체를 오직 정신의 눈에 의해서 직접 보아야 한다고 생각했다.

간추려 말하자면 동서사상은 노스럽이 말하는 이른바 '직관개념'과 '가정개념'의 차위, 즉 사고 형태의 차위로써 비교될 수 없음을 알게 되었다. 동양인들의 의식은 서양인들의 의식과 달리 가정개념을 전제로 한 연역적 사고방식이 아니라 그와는 다른 직관개념에 의한 사고방식으로 볼 수 있다. 그렇다면 우리가 피부로 느끼는 동서사상의 차위를 어떻게 규정지을 수 있을 것인가?

관심의 관점

동서사상은 사고, 즉 의식의 논리적 구조에서 구별되는 것이 아니라, 의식이 갖고 있는 '관심'이라는 관점에서 구별되고 이해된다. 동양인과 서양인은 근본적으로 다른 곳에 관심의 초점을 모았던 것으로 볼 수 있다. 그래서 동서 사상에서 볼 수 있는 관심의 차이를 실천적 관심과 인식적 관심으로 구분해보고자 한다. 실천적 관심이란 인생에 대한 실질적인 문제인데 그것은 궁극적으로 행복에 대한 관심이다. 한편 인식적 관심이란 행복과는 달리 앎에 대한 관심이다. 전자가 보다 감성적인 차원에 속한다면 후자는 보다 지적인 차원에 속한다. 따라서 이와 같은 관심의 차이는 정적 인간과 지적 인간의 차이로 나타난다.

동서인들이 서로 다른 곳에 관심이 쏠린 이유는 극히 복잡할 뿐만 아니라 만족스러운 설명이 거의 불가능한 일종의 역사적 우연이라고 밖엔 말할 길이 없다. 두 인간이 근본적으로 다른 관심을 가졌다는 사실은 그 두 인간의 의식구조가 선천적으로 완전히 달리 생겼다는 것을 의미하지는 않는다. 모든 인간은 대체로 목적에 있어서나 능력에 있어서 근본적으로 똑같다고 믿기 때문이다. 그럼에도 불구하고 동양인이 행복의 문제에 관심의 초점을 두고 서양인이 진리의 문제에 더욱 관심을 갖게 된 것은, 동서의 문화가 역사 이전의 세계에서 하나의 뚜렷한 역사의 세계를 형성해가는 문화의 기원기에 서로 다른 사회적 환경에 놓여 있었던 것이 하나의 이유가 되리라고 생각된다.

어떻게 보면 극히 지적인 공론처럼 보이는 힌두교가 확실히 윤리적인 성격을 띠는 불교로 발전했던 시대의 사회적 여건은 극히 불안하고 불우했다고 전해지며, 또한 공맹자나 노장자들이 그들의 사상을 창조해낼 때의 중국사회는 계속되는 선란에 의해 극히 혼란하고 불행했던 전국시대였다. 이러한 여건에서 가장 중요하고 긴급한 문제인 생존과 마음의 평화를 찾는 것은 당연한 일이다. 생존과 마음의 평화를 어떻게 얻느냐 하는 문제는 인생의 태도와 행위의 문제, 즉 넓은 의미로 윤리적 문제에 속한다. 앎의 문제, 즉 진리의 문제는 이차적 문제로 밀려나게 된다.

거꾸로 서양사상, 철학적 발상지인 고대 그리스의 사람들은 이방의 노예를 부릴 수 있어 직접적으로 생활에 필요한 산업에 종사하지 않고

한가한 시간을 보낼 수 있었고, 경제적인 근심에서 해방될 수 있었다. 그들은 직접 생존문제에 관심을 둘 필요가 없었던 것이다. 그 대신 그들은 앎과 진리에 대한 문제에 순전히 지적인 호기심을 쏟을 수 있었다. 그리고 장기적으로 볼 때 자연이나 인간 자체에 대한 앎, 즉 진리는 생활을 풍부하게 하고 행복을 가져올 수 있는 물질적인 조건을 보다 많이 가져와, 오늘날의 과학적 서양문화를 만들게 했던 것이다. 적어도 물질이라는 점에서 볼 때, 결과적으로 인생의 행복에만 집착했던 동양인보다도 그런 것에 무관심하고 진리에만 더 관심을 쏟는 서양이 더욱 큰 행복의 조건을 마련했다는 것은 하나의 아이러니가 될 수도 있다. 그렇다면 '관심'이라는 관점에서 동양의 실천적 관심과 서양의 인식적 관심의 구별로 동서 사상의 차이가 해석될 수 있는가? 다시 말해 여기서 제시하려는 가설이 우리가 알고 있는 구체적인 동서 사상사에 적용될 수 있는가? 먼저 동서 사상에서 어떻게 관심이 윤리, 즉 실천적인 문제에 쏠렸다고 볼 수 있는가를 살피기로 하자.

불교의 한 핵심이 되는 것은 어떻게 하면 마음의 평화를 찾느냐에 있다. 다시 말하면 불교는 근본적으로 실천에 관한 교리이다. 힌두교에서 불교가 파생한 이유는 힌두교가 비교적 실천적 문제에 관심이 적고, 극히 존재에 관한 형이상학적인 사색에 머무르고 있기 때문이다. 교조인 석가모니가 불교를 세우게 된 아주 근본적이고 구체적인 동기는 인생이 고제苦諦라고 느낀 데 있다. 불교는 어떻게 하면 고제인 인생으로부터 해방될 수 있느냐 하는 문제를 해결하기 위한 심리적 기술이다. '윤회설'·'업' 등과 같은 형이상학적인 개념으로 구성된 불교의 형이상학은 정신적 평화를 얻기 위한 기술을 합리화하려는 지적 뒷받침을 위해서 생각해낸 것으로 봐야 한다. 진리와 실천의 이와 같은 종속관계는 노장사상에서 더욱 뚜렷이 나타난다. 노자와 장자는 모든 형태의 지식과 지적 탐구를 규탄하며 '무위無爲'를 주장한다. 무위는 행위나 태도에 대한 개념으로서 주어진 인생의 여건을 전제로 할 때 마음의 평화를 갖기 위한 근본적인 행위나 태도에 관한 기술이다. 이성의 기능을 부정하고 지식의 허영심을 규탄하는 노장사상은 어느 면에서 그것과 정대립되는 유교사상에서도 역력히 나타난다. 물론 형식과 지식을 강조한 유교는 모든 형식적인 것, 인위적인 것을 반대하고 자연에 귀의할 것과 무위를 주장 한 도교와 같이 취급될 수는 없다. 그러나 이와 같은 차이는 오로지 피상적인 '차위'에 불과하다. 공자나 맹자가 진리라고 주장한 모든 법은 객관적 자연의 법이 아니라 사실상 인간의 행위를 정리하기 위한 규율, 즉 기술인 것이다. 공맹자는 궁극적으로 어떻게 하면 모든 인간이 평화롭게 살 수 있는가를 가르치려 했던 것이다. 따라서 사실상 진리도 실천의 수단이자 방편에 불과하다.

동양에서 논리와 과학, 객관적인 방법과 지식이 발전되지 못한 것이나, 순자의 논리적 사유와 주자의 순수한 형이상학적 사유가 더 세밀하게 체계화되지 못한 것은 동양인들의 사고가 선천적으로 비논리적이어서가 아니라, 인생의 목적이란 입장에서 볼 때 그러한 사고의 탐구가 무용한 시간과 정력의 낭비였다고 생각했기 때문이다.

그렇다면 서양사상은 어떻게 볼 수 있는가? 서양철학의 주류는 인식론에 있다. 플라톤의 가장 주요한 철학적 이론은 현상이 아닌 이데아의 세계가 존재한다는 것과, 그것을 알 수 있다는 데 있다. 그는 앎이란 행위나 그밖의 모든 문제의 기초가 되며 해결일 수 있다고 믿었다. 아리스토텔레스의 중심문제도 객관적 세계를 아는 데 있다. 경험주의자 흄도 인식에 대한 문제를 중심에 두고, 칸트의 철학은 거의 완전히 인식론에 중점을 두고 있다. 서양사상이 얼마나 앎의 문제에 끈질긴 집념을 갖고 그것을 해결하려 했던가는 근대 서양철학의 시조로 취급되는 데카르트의 정확하고 객관적인 앎에 대한 사고에서 뚜렷이 나타난다. 앎에 대한 서양의 집념은 20세기에 들어와서 현상학과 분석철학의 발생에서 계승된다. 이와 같은 주장은 서양인들이 삶과 행복에 대해서 무관심했다는 것이 아니다. 행복의 문제가 앎을 통해서만 해결된다고 믿었을 뿐만 아니라 앎, 즉 진리탐구 자체가 생의 보람이라고 믿었던 것이다. 생에 대한 그들의 관심은 종교나 예술적 표현에서 역력히 나타난다. 다만 행복과 진리라는 문제를 앞에 놓고 먼저 어떤 문제에 관심을 갖게 됐는가를 생각해볼 때 서양사상은 진리에 우선적으로 큰 관심을 쏟았다는 것뿐이다.

나는 동서 사상의 근본적 차위를 동양의 행복에 대한 관심과 서양의 진리에 대한 관심의 차이에서 보았고, 그러한 차이는 운명적인 것이나 선천적인 것이 아니라, 동서에서 사상이 형성되어 갈 무렵에 동양과 서양, 즉 인도·중국과 그리스의 역사적·사회적인 여건에 의해서 이루어진 하나의 우연으로 보았다. 그렇다면 어찌해서 한 특수한 시대와 여건 하에서 우연히 생긴 사상, 즉 의식의 패턴이 수천 년을 두고 지속되어 왔는가 하는 것이 문제가 될 것이다. 여기에 대한 확실한 대답은 있을 수 없다. 그러나 모든 사상이 이미 존재하는 어떤 사상의 유형이나 그 사고의 역사적·사회적 배경을 떠날 수 없다는 것을 전제로 한다면 공자·노자와 석가모니의 사상이 동양의 사상적 패러다임이 되었고, 플라톤과 아리스토텔레스의 사상이 서양의 사상적 패러다임이 되었던 것이다. 또 그후로 계속된 사고들이 그 주어진 사상의 패러다임과 변증법적 관계를 가지면서 계속될 수밖에 없다는 것을 생각하면, 하나의 동양사상의 유형과 또 다른 서양사상의 유형이 있을 수 있다는 것은 충분히 납득이 간다.

철학자와 현인

나는 의식적으로 동서'철학'이라는 말 대신 동서'사상'이라는 어휘를 썼다. 흔히 우리가 쓰는 사상이란 말에는 이념이라는 뜻과 철학이라는 두 가지 다른 뜻이 포함되어 있다고 생각했기 때문이다. 이념은 또다시 믿음체계와 가치체계로 나누어진다. 신이 존재하고 만물은 신의 창조로 이루어졌다든가 혹은 만물의 현상은 결정론적 진화의 구현이라든가 하는 것은 궁극적으로 증명될 수 없는 것이지만, 모든 사람들은 증명될 수 있는 사실을 넘어 존재한다고 생각되는 어떤 객관의 세계를 믿지 않으면 안 된다. 한편 모든 행위는 어떤 가치관에 의해서 결정되게 마련이며, 삶은 행위의 연속이기 때문에 모든 사람들은 가치체계를 갖고 있다. 물론 이러한 믿음체계와 가치체계를 모든 사람들이 분명히 의식하고 있진 않지만, 부의식석으로라도 어떤 믿음과 어떤 가치관도 전제로 하지 않은 인간의 삶은 있을 수 없다. 자신의 믿음체계를 의식하는 사람들을 흔히 철학자라고 부르고 자신의 가치체계를 의식하는 사람을 사상가라고 부르는 것이다. 이와 같은 이념, 즉 믿음체계와 가치체계를 종합적으로 가리켜 '세계관Weltanschauung'이라고 한다.

사상의 또 하나의 의미인 철학은 엄밀한 의미에서 이념, 즉 세계관과는 달리 사고하는 능력, 즉 어떤 문제의 논리적인 분석의 기능을 가리킨다. 그래서 좁은 의미에서의 철학은 어떤 종류의 체계를 가리키는 것이 아니라, 체계를 세울 수 있고 분석할 수 있는 지성의 기능을 가리킬 뿐이다. 사상체계는 지혜로 나타나고 철학가의 기능은 지식으로 나타난다. 지혜의 소유자를 우리는 현인이라 부르고, 지식의 소유자를 좁은 의미에서 철인이라고 구별 지을 수 있다. 동양인의 이상은 현인이며 동양철학은 엄격한 의미에서 철학이 아니라 하나의 이념이요 지혜의 결정이다. 서양인의 이상은 철인이며 서양사상은 엄격한 의미에서 사상이 아니라 하나의 철학이요 지식의 분석이다.

이와 같이 해석된 이념과 철학은 결코 서로 대립되거나 그 가치가 비교될 수 있는 성질의 것이 아니다. 철학과 이념의 관계는 형식과 내용 또는 존재와 의미의 관계와 같다. 칸트의 말을 고쳐 쓰자면, 형식 없는 내용이 이해될 수 없는 것이라면 내용 없는 형식은 공허하다. 우리는 많은 지식을 필요로 할지도 모르나, 우리의 지식이 삶의 행복을 떠나 무슨 의미가 있는가를 항상 생각해야 할 것이다. 보다 인간다운 행복을 얻기 위해서는 잠시의 행복을 희생해서라도 진리를 알아야 한다는 것을 잊어서는 안 된다. 이런 의미에서 동서 사상은 서로 보충되어야 하며 우리들은 동서 사상의 우열성을 따지는 데 헛된 정력을 낭비하지 않고, 동서 사상이 어떻게 해서 서로 보완되고 지향될 수 있는가를 알도록 노력해야 한다. 동양에 철학이 없었다는 결론은 동양사상의 열등성을 의미하는 것이 아니다. 한편 서양에 지혜가 없었다고 해서 서양사상이 열등하다는 말도 아니다. 그러나 동양인의 이념은 보다 철학적으로 밑받침되어야 하고, 서양인의 철학은 보다 근원적으로 인생의 의미에 대한 관심 속에서 가름되어야 할 것이다.

《세대》, 1973. 8.

02
노장과 하이데거[1]

노장사상과 하이데거의 철학은 2천 수백 년의 시간적 거리와 동양과 서양이란 엄청난 공간적 간격을 갖고 있다. 그뿐 아니라 후에 밝혀지겠지만 두 사상의 내용도 지향하는 방향이 엄청나게 다른 점이 있고, 특히 장자와 하이데거의 기질은 거의 정반대라고까지 보여진다. 장자의 경쾌한 기질과 우화적 사색에 비해서 하이데거의 심각한 기질과 뒤틀린 논리적 사고가 대조된다. 그뿐만 아니라 내용에 있어서도 노장의 사상이 극히 동양적인 본질을 대표하는 데 반해서, 하이데거의 철학은 본질

---

1   『도덕경』이나 『장자』를 원문으로 읽을 한문에 대한 지식이 없고, 독일어 실력이 『존재와 시간(Sein und Zeit)』과 『형이상학 서론(Einführung in die Metaphysik)』을 읽기에는 미치지 못하는 필자가 어렵기로 알려진 노장과 하이데거를 비교하고 논한다는 것은 당돌하고 분에 넘치는 짓일지도 모른다. 그러면서도 필자가 이 글에 손을 대는 이유는, 우리말 역본과 영불역을 통해서였을 망정, 노장사상과 하이데거의 깊은 매혹과 동시에 일종의 철학적 문제를 발견했다고 믿기 때문이다. 그러나 필자는 노장철학이나 하이데거의 철학을 각별히 공부한 것도 아니다. 따라서 이 에세이는 일개 비전문가의 견해에 불과하게 될 것이다. 이것을 계기로 전문가나 선배들의 가르침을 갖게 되길 기대한다. 여기 나오는 하이데거의 모든 인용문은 영어와 불어역에서 필자 자신이 옮긴 것임을 첨부해둔다.

적으로 서양의 전통 속에 머물러 있다. 그럼에도 불구하고 노장과 하이데거에서 소홀히 할 수 없는 어떤 공통점을 발견하지 않을 수 없다. 노장의 도교철학이 과거에 있어서 유교사상에 밀려 중국이나 한국, 혹은 일본에서 공식적인 사상으로 받아들여지지 않았고, 하이데거의 이른바 실존철학이 20세기에 있어서 이른바 분석철학과 같은 세력을 갖지 못하고 있으나 노장사상은 수천 년에 걸쳐 동양인의 마음을 매혹시켜왔고, 하이데거의 철학은 아무래도 무시할 수 없는 은근한 영향력을 서양인들에게 미치고 있다. 게다가 노장사상과 하이데거의 철학은 일반적으로 말해서 난해하지만 심오한 것으로 알려져 있다.

이 짧은 에세이가 뜻하는 바는 노장이나 하이데거의 사상의 이른바 심오성의 성격을 밝혀보고, 그럼으로써 그들 사상의 철학적 의미를 생각해보고, 나아가서는 그들 사상의 공통성과 근본적인 차이가 어디에 있는가를 검토해보고자 함에 있다.

'도'와 존재

하이데거는 아주 엉뚱한 문제를 들고 나온 것으로 유명하다. 그는 가장 근본적인 철학적 문제는 다음과 같은 문제를 알아내는 데 있다고 주장한다. "도대체 아무것도 없지 않고 어째서 무엇인가가 존재하는가?"[2] 놀랍게도 우리는 똑같은 문제의 제기를 장자莊子에게서 본다. 장자는 묻

---

2   M. Heidegger, *An Introduction to Metaphysics*, tr. R. Manheim, Doubleday Anchor Books, 1961, p.1.

기를 "어째서 우주현상이 일어나는가敢問何故"라고 하였다.[3] 하이데거가 도교에 대해서 극히 간단하게나마 언급했다는 사실[4]은 우연한 일이 아니다. 이와 같은 장자와 하이데거의 문제는 두말할 나위도 없이 인간의 모든 이성에 마지막으로 울려오는 가장 심오한 문제임에 틀림없다. 그러나 조금 생각하면 우리는 위와 같은 문제가 진정한 의미로서의 문제로 성립될 수 없음을 알게 된다. 왜냐하면 그것은 논리적 대답을 가져올 수 없는 모순된 문제이기 때문이다. 그렇기 때문에 사실상 장자나 하이데거는 위와 같은 문제를 언급하지 않는다.

그러나 여기서 명심해야 할 것은 노장이나 하이데거의 문제가 '존재 일반being in general'에 대한 근본적인 문제에 관한 것이라는 점이다. 그들은 꽃이 무엇이냐, 여자가 무엇이냐, 비행기가 무엇이냐, 가치가 무엇이냐라고 묻지 않고 위의 것들을 포함한 모든 것이 '있다는 그 자체'가 무엇이냐라는 존재 일반에 대해 물음을 던진다. 그러나 하이데거는 자기 나름의 존재학을 다른 존재학과 구별해서 '본질적 존재학fundamental ontology'[5]이라고 이름 짓는다. 이와 같이 본 존재학의 대상이 되는 존재 일반은 노장에 있어서 도라는 이름을 갖게 되고, 하이데거에 있어서는 '존재Sein'라는 명칭이 붙게 된다.

그렇다면 도와 존재는 무엇인가? 그것들은 다 같이 모든 것을 포함한

3   장자, 『장자』, 김동성 역, 을유문화사, 1963, p.116.

4   하이데거는 『노자』(도덕경) 제40장 1부 "천하지물생어유, 유생어무(天下之物生於有, 有生於無)"(천하의 만물은 있음에서 생기고 있음은 없음에서 생기느니라)를 참조하고 있다. 'What is Metaphysics' in "*Existence and Being*", Werner Brock(ed.), Henry Regnery Co., 1949, p.369 참조.

5   Heidegger, *Being and Time*, tr. John Macquarrie & Edward Robinson, Harper & Row, 1962, p.34.

전체를 가리킨다. 그것들은 다 같이 모든 개별적인 존재의 근원이 되며, 시작도 끝도 없다. 그러나 전체는 노장에 있어서는 힌두교나 불교에 있어서와 똑같이 무한히 변화·윤회하는 것으로 보였고, 하이데거에서는 어떤 방향과 사용을 갖고 있는 인격적인 것으로 보였다. 그래서 장자는 "생명은 죽음에서 일어나고, 또 죽음은 생명에서 생긴다. 가능성은 불가능성에서 생기고, 또 불가능성은 가능성에서 나온다. 긍정은 부정에서 기인하고, 또 부정은 긍정에서 기인한다. …… 是(주체)와 彼(객체)의 연관성이 없을 때는 곧 도의 중축이 된다"[6]라 하였고, 하이데거는 존재의 '부름Ruf'[7]을 논하고, "인간은 존재의 목동Der Mensch ist der Hirst des Seins"[8]이라고 주장한다.

위와 같이 하여 전체의 구조에 대한 서로 다른 견해를 갖고 있으면서도, 노장과 하이데거는 다 같이 그러한 전체, 즉 도와 존재는 도저히 언어로 서술할 수 없다고 역설한다. 노장사상의 본질을 요약한다고 알려진 『노자』는 다름 아니라 존재에 비해 불완전한 언어들에 대한 경계를 요약한다. "도를 도라 할 수 있을 때 그것은 벌써 길이 변함없는 도가 아니다道可道非常道."[9] 거의 똑같은 구절을 장자의 글에서도 찾을 수 있다. "도는 그 성질로 규정지을 수 없는 것이다"[10]라고 장자는 쓰고, "완전한 도는 이름을 붙일 수 없다"[11]라고 주장한다.

6   장자, 앞의 책, p.31.
7   Heidegger, 앞의 책, p.314 참조.
8   Heidegger, *Lettre sur l' Humanisme*(Bilingue), tr. Roger Munier, Aubier, 1964, p.108.
9   노자, 『노자』, 신현중 역, 청우출판사, 1959, p.23.
10   장자, 앞의 책, p.33.
11   위의 책, p. 34.

한편 하이데거는 과학적 서술과 개념적 진리는 물론, 모든 언어는 존재를 있는 그대로 서술할 수 없다고 주장하고, 논리적 사고와 과학적 표현보다는 시적 사고와 예술적 표현이 존재의 참된 모습을 가까이 나타낼 수 있다고 역설한다.[12] 위와 같은 언어관, 더 정확히 말해서 존재와 언어에 대한 견해는 선불교사상을 이루는 것임은 누구나 다 잘 알고 있는 바이다. 이른바 선에 있어서 해탈(깨달음)은 "모든 경서를 떠나서 낱말이나 문자에 의지하지 않고 직접 전달될 수 있을 뿐이다".[13] "선의 세계는 경험적이건 선험적이건 일절 주객대립에서 일어나는 표상·개념·판단 등 난상을 제거해버린 뒤에 나타나는 정적의 일세계이다."[14] 반지적·반논리적·반과학적 경향은 노장사상·선불교·하이데거의 공통성을 이루고 있고, 그러한 태도는 이른바 선불교에 있어서 사용되는 공안에 의해서 가장 구체적으로 나타난다. 공안은 잘 알려져 있는 바와 같이 선불교를 전달함에 있어서 스승과 제자 간에 교환되는 황당무계한 대화를 가리킨다. 이 괴상한 대화를 통해서 스승은 언어의 결함을 지적하고 언어를 넘어선 직감에 의해서만 도달할 수 있는 앎을 전달하려는 것이다.

물론 우리는 여기서 노장의 언어관과 하이데거의 언어관을 동일시하지 않도록 경계해야 한다. 노장에 있어서 언어는 어떤 사물이나 어떤 의도를 표현하거나 전달하는 도구로서 남아 있을 뿐이다. 그러므로 언어는 사물이나 의도의 입장에서 볼 때 피상적인 존재에 불과하다. 그렇기

---

12   특히 Heidegger, *Lettre sur l' Humanisme*, p.31, p.172와 Heidegger, *Poetry, Language, Thought*, tr. A. Hofstadter, Harper & Row, 1971, p.25, p.50, p.75 등.

13   D. T. Suzuki, *Zen Buddhism*, Doubleday Anchor Book. 1956, p.59.

14   고형곤, 『선의 존재적 구명』, 서울대학교대학원 철학출판회, 1969, p.5.

때문에 도교에서나 선불교에서는 언어를 넘어선 침묵 속에 진리를 직관할 것을 역설한다. 그러나 하이데거에 있어서 사정은 다르다. 그가 공격하는 언어는 과학 혹은 논리학에서 사용되는 개념적인 언어일 뿐이다. 그는 이러한 언어를 '잡소리Gerede'라고 불러서 '진짜 말Rede'과 대조시킨다. 그에 의하면 '존재Sein', 더 정확히 말해서 존재의 진리aletheia도 언어에 의존되어 있다고 한다. 그래서 "언어는 존재의 집이다Die Sprache ist das Haus des Seins".[15] 이러한 기능을 갖고 있는 언어는 시인의 언어, 즉 시이다. 그리하여 그는 횔덜린Hölderlin의 시가 존재를 계시한다고 주장한다. 이와 같은 하이데거의 시적 언어에 대한 예찬과 아울러 논리적 혹은 개념적 언어에 대한 맹렬한 비판은, 노장이나 선불교들과 더불어 언어는 그가 서술하는 사물, 즉 존재를 왜곡시키고, 따라서 그 존재를 완전히 표현하지 못한다는 그의 언어에 대한 주장과 깊은 관계를 갖고 있다.

그렇다면 존재는 어떠한 언어에 의해서도 완전히 표현될 수 없다는 주장, 즉 존재는 그것을 서술하는 어떤 언어보다도 풍부하다는 주장, 혹은 언어는 존재를 왜곡시킨다는 말은 무슨 뜻일까? 문자 그대로 받아들일 때 그 말은 사물과 언어가 일치하지 않는다는 말이다. 바꿔 말하자면 언어는 그것이 서술하는 사물의 모든 질을 완전히 나타낼 수 없는 것이 된다. 가령 하나의 사물, 강아지를 강아지라는 말로써 서술할 때, 강아지라는 말은 구체적인 강아지를 완전히 나타내지 못한다. 왜냐하면 구체적인 강아지는 중량·냄새·색깔 등 무한한 질을 소유하고 있지만, 강아지라는 말은 그러한 중량이나 냄새나 색깔을 지니지 못하는 메마른 기호가 아니면 오로지 추상적인 개념을 나타낼 수밖에 없기 때문이

15   Heidegger, *Lettre sur l' Humanisme*, p.26.

다. 이같이 볼 때 노장이나 하이데거가 주장하듯, 언어는 그것이 서술하는 사물을 나타내지 못한다는 주장은 절대적인 진리이다. 이와 같이 사물과 그것을 서술하는 언어와의 관계를 고찰할 때, 시적 서술이 과학적 서술보다는 사물에 더욱 충실한 서술이라는 주장, 반 고흐Van Gogh의 회화가 존재를 다소나마 밝혀준다는 주장[16]이 이해된다. 왜냐하면 시의 본질은 언어를 파괴하면서 언어로 표현하려는 노력, 언어 없이 서술하고자 하는 노력이기 때문이며, 가령 반 고흐의 회화는 어떠한 자연언어보다도 덜 추상적이어서 그것이 서술하려는 사물과 가깝다고 말할 수 있기 때문이다.

언어는 그것이 서술하는 사물을 완전히 묘사해보일 수 없다는 주장은 지금 보아온 바와 같이 서술의 대상물이 어떠한 개별적인 경우에도 언제나 해당되지만, 서술의 대상물이 강아지나 책상이나 꽃 등과 같은 모든 것들을 포함한 전체, 즉 존재 일반, 즉 도나 존재일 경우에는 더 말할 나위도 없이 이중으로 해당된다. 왜냐하면 첫째, 가령 서술의 대상인 '도'는 '도'라는 말과는 일치할 수 없을 뿐만 아니라 정말 모든 것을 포함한 전체로서의 대상을 서술하려는 그 자체는 완전히 모순된 짓이기 때문이다. 한 사물이 인식되고 서술되려면 그 사물은 그밖의 사물들과 분리·구별됨으로써만 가능하다는 사실을 인정한다면 전체, 즉 그 자체와 구별되어서 인식되고 서술될 수 있는 대상을 갖지 않는 '도'나 존재가 서술될 수 없을 뿐 아니라 인식될 수도 없음은 당연하기 때문이다.

위와 같이 분석되는 언어와 사물과의 관계는 너무나 상식적이고 자명한 논리적 진리라고 한다면 노장이나 선불교인, 그리고 하이데거의

---

16   Heidegger, *Poetry, Language, Thought*, pp.17~18.

주장에는 아무런 새로운 것도, 아무런 중요성도 있을 수 없지 않겠는가. 엄격히 말해서 노장이나 하이데거나 선불교인들의 사물과 언어에 관한 주장은 자칫하면 완전한 난센스가 되거나, 그렇지 않으면 너무나 상식적인 것으로서 철학적인 입장, 더 정확히 말해서 인식론이나 언어철학적인 입장에서 볼 때 아무런 공헌도 가져오지 않는다. 이런 관점에서 볼 때 잘라 말해서 위의 주장은 철학적인 가치가 없다. 그럼에도 불구하고 노장이나 하이데거의 언어에 대한 고발은 오랫동안 헤아릴 수 없을 만큼 많은 사람들의 마음을 사로잡고, 우리에게 새롭고 지극히 심오한 진리, 특히 궁극적 존재에 대한 진리를 발견한 것과 같은 느낌과 아울러 한없는 기쁨을 준다. 이와 같은 사실에 어떠한 모순이 있지 않은가? 그렇다면 우리는 노장이나 하이데거의 사상의 힘, 그것이 인간 정신에게 미치는 영향력을 어떻게 설명할 수 있을 것인가?

두 가지 이유를 생각할 수 있다. 첫째 이유는 노장이나 하이데거의 언어에 대한 고발이 우리들의 언어와 사물, 더 정확히 말해서 앎과 사물에 대한 무의식적인 착각을 깨워주는 데 있다. 앞서 말했듯이 사물과 언어, 존재와 인식과의 사이에는 너무나 자명한 논리적 거리가 있음에도 불구하고 우리들은 흔히 무의식적이나마 그것들을 착각하고, 언어를 그것이 서술하는 사물로, 인식을 그것의 대상인 존재로 착각하는 경향이 있다. 바꿔 말해서 존재의 차원과 의미의 차원은 엄연히 구별되는 두 개의 병합될 수 없는 차원에 속해 있음에도 불구하고, 우리들은 흔히 존재의 차원을 언어의 차원으로 용해시켜보려고 하든가, 혹은 거꾸로 의미의 차원을 존재의 차원으로 융화시켜보려는 경향을 갖고 있다. 예를 들어 어떤 사물의 한 상태를 '황색' 혹은 '무겁다'라는 기호, 즉 언어로 의미화할 때 우리는 그러한 황색이나 혹은 무거움이 존재한다고 믿으려 한다든가, 혹은 어떤 인간의 존재상태를 '행복'이란 기호로 표시할 때, 우리는 그런 행복이 존재한다고 생각하고 그 행복을 마치 금덩어리를 발견하듯 발견하겠다고 착각하는 경우가 흔히 있다. 다시 말하자면 언어는 인간이 자연 속에서 편리하게 살아나가기 위해서 발명한 수단으로서 그것에 의해서 자연이나 자연과 인간관계 등의 현상을 의미해주는 도구임에도 불구하고, 우리는 표현수단으로서의 언어를 곧 자연이나 자연과 인간과의 관계 등의 현상으로 착각해서 언어의 노예로 잡혀 있는 경우가 많다. 그래서 우리들은 가령 돈이나 명예 등 여러 관념의 노예가 되어 싸우고 희생되고 부수고 한다. 노장이나 하이데거의 철학을 통해서 우리들은 위와 같은 착각의 잠에서 깨어나고 그럼으로써 관념, 즉 언어의 노예상태에서 해방될 수 있는 길을 발견한다. 우리들은 새삼스럽게 사물을 사물로서 바라보게 되고, 허공의 세계에서 실제의 세계인 자연으로 돌아갈 수 있게 된다.

둘째의 이유도 첫째의 그것과 관계가 있지만, 조금 다른 각도에서 찾아낼 수 있는 것이다. 그것은 다름 아니라 노장이나 하이데거의 철학, 특히 그들이 주장하듯, 이른바 어떠한 언어의 서술로 표현하여도 모든 서술을 조월하여 있다는 '도'나 '존재'라는 개념들은 우리에게 보다 더 넓고 높은 차원을 자각시킨다. 언어에 의해서 우리들은 이것과 저것, 하나와 둘을 구별하고 어제와 오늘을 구별한다. 이와 같은 구별은 우리가 살아나가는 데 있어서 크나큰 도움을 준다. 그러나 우리는 사물이나 사건들을 이와 같이 구별하고 쪼개서 다루는 동안에 그렇게 인위적으로, 아니 관념적으로 구별한 사물이나 사건들을 상호 간에 결코 하나로 융합될 수 없는, 영원히 독립되고 분단된 개별적인 존재라고 믿게 된다. 그래서 우리들은 나라는, 나의 국가라는, 이 인생이라는 좁은 시야에서 벗어나지 못하고 나는 남과 싸우고, 남의 나라와 전쟁을 하고, 인생에 지나친 애착을 갖는다. 그러나 좀더 넓은 관점에서 생각하면 나라는 것은 우주에서 일어나는 하나의 티끌만 한 잠깐의 현상에 불과하고, 이 인생이란 영원한 우주에 비하면 그야말로 일장춘몽에 지나지 않는다.

이와 같이 우리의 시야를 돌려볼 때 우리들은 피상적인 것과 궁극적인 것을 가려내서 모든 현상의 상대성을 깨닫고 새로운 가치관을 세울 수 있게 된다. 이와 같은 우주적인 시야는 특히 장자의 철학에서 강조된다. 유명한 장자의 나비의 우화는 모든 현상의 상대성을 보여주는 것으로 해석된다. "장주莊周, 나는 꿈에 나비가 되어 이리저리 날아다니니 어디로 보나 나비이다. 나는 나비인 줄로만 알고 기뻐했고, 내가 장주인 것을 생각하지 못했다. 곧 나는 깨어났고, 틀림없이 다시 내가 되었다. 지금 나는 사람으로서 나비가 된 꿈을 꾸었는지, 내가 나비인데 사람이라고 꿈을 꾸고 있는지 알지 못한다."[17]

장자의 위와 같은 주장은 재미있는 많은 우화로써 강조되어 있다. '조삼모사'[18]도 그 한 예가 될 것이다. 이번엔 가치의 상대성에 대한 재미있는 예를 들어보자. "사람은 모방毛嬙과 여희麗姬를 사모하되 이런 미인이 눈에 띄면 생선은 물속으로 깊이 들어가고, 새들은 공중으로 날아가고 사슴은 급히 달아난다. 그러니 어느 것이 올바른 미의 표준이라고 단언할 것인가."[19] 만약 장자의 위와 같은 우화가 우리에게 마련해주는 것을 '넓고 높은 관점'이라고 부를 수 있으면 하이데거가 그의 '근본적 존

---

17   장자, 앞의 책, p.37.

18   위의 책, p.32.

19   위의 책, p.35.

재학'에서 가르쳐보이려는 것은 '근본적이고 깊은 관점'이라고 부를 수 있을 것이다. 합리적 사고에 바탕을 둔 소위 과학적 지식이 존재를 왜곡시킨다고 하이데거가 주장할 때 그는 이미 서양철학 사상의 기본적인 개념의 하나인 본질과 현상과의 구별을 전제로 하고 있는 것이다. 그에 의하면 우리들이 과학적으로 알고 있는 존재는 존재의 본질과는 다른 피상적인 것, 다시 말해서 일종의 본질의 그림자에 불과함을 의미한다. 이성에 의해서 파악된 우리들의 앎이 피상적인 것과 마찬가지로, 대부분의 사람들이 매달려 살고 있는 가치도 피상적인 것에 불과하다는 것이다. 무엇인지는 알 수 없으나 우주의 생각할 수 없는 무한한 기원, 우리들이 급급히 찾고 있는 가치의 가치, 또 가치의 가치의 가치를 한없이 추구해가면 우리들은 한없이 깊은 어떤 신비한 지점에 이르게 되고, 그러한 경험을 할 때 우리들은 우리들이 찾고 있는 여러 구체적인 가치가 얼마큼 피상적인 것인가를 알게 되고, 그 가치에 대한 새로운 반성과 평가를 하지 않을 수 없게 된다.

이리하여 노장과 하이데거의 사상이 우리에게 매우 크나큰 힘을 갖고 나타나게 된다. 그것들이 심오하게 보이는 이유는 그들이 우주 혹은 존재 일반에 대해서 치밀한 철학적 분석을 통한 새로운 무엇인가를 보여주기 때문도 아니며, 또한 그들이 인식이나 언어에 대한 새로운 철학을 제시해주기 때문도 아니다. 그것은 이른바 과학철학에서 말하는 일종의 새로운 '개념적 테두리conceptual framework'를 우주적 차원에서 보여주기 때문이다. 다시 말하면 그들은 우리들에게 근본적으로 새로운 테두리, 즉 관점에서 사물의 의미나 가치의 의미를 생각하게 하기 때문이다. 만일 우리들이 그들이 주장하는 것과 같이 가장 높고, 동시에 가장 깊은 차원에서 우리들이 여태까지 알고 있는 개별적인 것들, 우리들이 여태까지 추구하고 있는 여러 가지 개별적인 가치들을 바라보게 될 때, 우리들은 그것들의 새로운 모습과 의미를 발견하게 마련이다. 이러한 사실은 마치 우리들이 비행기를 타고 도시를 바라볼 때, 그것이 지상에서 바라보던 도시와는 다른 모습으로 나타나는 것과 비교되며, 혹은 현미경을 통해서 해부해볼 때의 우리들의 생리적 조직이 평시의 경우와 달리 보이는 것과 비유된다. 기상에서 하나의 도시를 전체적으로 파악할 때 그 도시에 대해 어떤 의미에서 깊이 알고 있다고 할 수 있는 것과 같이, 혹은 미생물학을 통해서 배운 우리들의 생리에 대한 지식이 그 이전에 알고 있던 우리들의 생리에 대한 지식보다 깊다고 말할 수 있는 것과 같이, 노장이나 하이데거의 입장에서 본 우리들 자신이나 사물에 대한 이해나 가치관은 상식적이거나 혹은 과학적 지식보다 깊다고 말할 수 있다.

'도'나 '존재'에 대한 노장이나 하이데거의 사색은 이미 앞서 말했듯이 논리정연하게 짜인 철학적 이론이라기보다는 직관으로써 도달한 '지혜insight'에 가깝다. 우리는 새롭고 높고 동시에 깊은 차원에서 어떤 대상을 알았다기보다는 삶에 대한 태도를 새로 갖게 된다. 이러한 지혜를 넓은 의미에서 철학이라 부를 수 있다. 그러나 이와 같은 철학은 종교적 믿음과 별로 구별되지 않는다. 그렇기 때문에 노장이나 하이데거의 '도'나 '존재'에 대한 주장은 존재학이라기보다는 넓은 뜻에서의 윤리에 가깝고, 순수한 철학이라기보다는 종교적 성격을 다분히 띠게 되는 것이다. 이와 같은 사실은 노장의 '도'에 대한 사고가 어떻게 살 것이냐 하는 문제인 '무위'에 대한 사색으로 옮아가고 하이데거의 존재에 대한 사고가 결국에 가서는 역시 어떻게 살아가야 하는가에 대한 문제인 결단에 대한 사색으로 발전하게 되는 이유가 된다.

무위와 결단

무위는 살아가는 원칙에 관한 노장의 가르침이요, 결단은 살아가는 태도에 대한 하이데거의 가르침이다. 이와 같은 삶에 대한 노장과 하이데거의 가르침은 그들의 존재학적 개념, 즉 '도'나 '존재'와 뗄 수 없는 관계를 이루고 있다. 노장의 삶에 대한 철학이나 하이데거의 삶에 대한 철학이 다 같이 각기 그들의 존재학, 일종의 형이상학적 우주관에 바탕을 두고 있다는 점에서는 똑같다. 그들의 가르침은 인생에 있어서 어떤 개별적 문제에 대한 해결의 방법이나 태도에 대해서가 아니고, 인생 자체를 하나의 대상으로 보았을 때 그 인생을 어떻게 살아나가며, 그것에 대해서 어떠한 태도를 취해야 할 것인가 하는 데에 관한 가르침이다. 바꿔말해서 노장이나 하이데거의 무위나 결단은 인생의 문제에 대한 가장일반적이고 가장 근본적인 물음에 대한 해답이다. 그렇기 때문에 그들의 사상은 인생을 살아나가는 데에 대한 가르침이지만, 윤리적 가르침이 아니라 종교적 가르침에 가깝다.

단토Arthur Danto에 의하면, 노장사상이 윤리적 가르침을 주지 못하는 것은 "윤리의 문제는 인간들 사이에 생기는 이해관계의 갈등을 해결하기 위한 규율에 지나지 않는다. 그러나 노장은 우리로 하여금 그러한 윤리적 차원을 초월할 것을 가르치고 있기 때문"[20]이라는 것이다. 이와 같이 해서 노장과 하이데거는 그들이 존재학을 다룰 때와 마찬가지로 그들이 인생의 문제를 다룰 때에도 어떤 개별적이고 구체적인 가르침을

---

[20]   Arthur Danto, *Mysticism and Morality*, Harper & Row, 1972, 특히 마지막 장 「Conforming to the Way」, pp.101~120 참조.

가져온다기보다는 아주 근본적이고 가장 일반적인 가르침을 준다. 노장은 공맹과는 반대로 부모에 대해서는 어떻게 행동을 해야 한다든가 선생을 대할 때에는 어떤 예절을 지켜야 한다는 것을 말하지 않고, 하이데거는 우리에게 장사꾼이 되어야 잘 산다든가, 혹은 UN을 잘 발전시키는 데 있다든가 하는 문제에 대해서는 전혀 관심이 없다. 문제를 가장 일반적으로, 그리고 가장 근본적으로 해결코자 하는 노장이나 하이데거의 태도가 그들의 사상을 난해하면서도 심오한 것으로 나타나게 하는 것이다. 그렇다면 노장의 가르침인 '무위'는 무엇이며, 하이데거의 가르침인 '결단'은 어떤 내용을 갖고 있는 것인가?

첫째, 무위부터 검토해보자. 무위는 앞서 말했듯이 우리가 살아감에 있어서 택해야 할 가장 근본적인 원리이다. 그것은 아주 간단히 말해서 우주의 존재원리인 '도'를 따라감에 있다. 도가 우주의 원리이고, 인간이 살아감도 우주의 일부라면 우주의 존재 원리는 인간과 대립되는 여러 사물이나 사건의 존재 원리가 될 뿐만 아니라, 인간의 행위의 원칙도 될 것이다. 그렇기 때문에 장자는 "하늘의 도가 있고 사람의 도가 있다"[21]고 말했다. 그리고 노자는 또 "큰 도는 널리 뻗쳐서 좌우상하로 아니 가는 곳이 없나니라"[22]라고 했다. 문자 그대로 받아들일 때 무위는 행동하지 말라는 말이다. 그러나 우리의 문제는 행동을 취해야 할 필연성에 섰을 때 어떻게 행동해야 하는가를 아는 데 있다. 따라서 문자 그대로 행동하지 말고 행동하라는 노장의 가르침은 완전히 모순이다. 왜냐하면 '도'를 따르려면 우리는 어떻게든 움직여야 하고, 무엇인가 해

---

21   장자, 앞의 책, p.93.

22   장자, 앞의 책, p.48.

야 할 것이다. 여기서 우리는 '무위'라는 개념의 뜻을 문자 그대로 해석할 것이 아니라, 상징적인 의미를 찾아낼 필요가 있다.

'도'를, 즉 우주만물의 원리에 따름으로써 가능한 '무위'는 목석과 같이 가만히 있으라는 말이 아니라 원리대로, 즉 자연스럽게 행동하라는 말이다. 그렇다면 어떻게 하면 자연스러운, 자연대로의, 즉 우주의 원리에 따르는 행동이 될 것인가? 그것은 다름 아니라 인위적인 것이 아닌 행동을 말한다. 물론 구체적으로 인위적인 것, 자연스러운 것과의 엄격한 구별은 불가능하다. 만약 인간의 여러 행동을 인위적이라고 부를 수 있고, 동시에 인간도 대자연의 일부 현상에 불과하다면 인위적인 것도 결국 자연스러운 현상의 한 표현이 아니겠는가? 하지만 우리들은 직감에 의해서 얼굴에 알록달록 페인트를 칠하고 손가락 발가락에 너덜너덜 쇳조각을 달고 다니는 이른바 귀부인들의 차림이 인위적인 것임을, 즉 부자연스럽다는 것을 안다.

결국 인위적인 것이라는 것은 본질적인 것이 아니라는 뜻을 갖는다. 노장의 무위사상은 다름 아니라 인생의 문제는 근본적으로 해결되지 않은 채, 오직 피상적으로 해결하려 할 때 해결은커녕 더욱더 문제를 일으킨다는 데 있다. 우리는 이와 같은 노장의 사상을 장자의 폭소를 금치 못하게 하는 여러 우화를 통해 깨달을 수 있다. 그는 말한다. "지혜를 없애고 지식을 버리면 큰 도둑이 그칠 것이다. 옥을 버리고 진주를 파괴하면 작은 도둑이 없을 것이다."[23] 이와 같이 하여 그는 지적인 소산, 문화적인 소산을 인위적인 것, 쓸데없는 것이 붙어다니는 거추장스러운 것, 즉 본질적이 아니고 불필요할 뿐 아니라 해로운 것으로 보았다. 여기서

---

23 장자, 위의 책, 예를 들어 '도둑과 상자' · '말의 징' 등에 관한 것, p.83.

해롭다는 말은 인생에서 가장 중요한 것이 마음의 평화, 즉 행복이라면 그러한 행복에 방해가 된다는 뜻이다.

노장사상의 인위적인 것, 모든 문화적인 것, 더 좁게 말해서 기술적인 것에 대한 맹렬한 비판은 도교의 발생을 그것의 역사적인 테두리 안에서 볼 때 그 의미가 보다 잘 이해된다. 도교는 유교와 더불어 상고중국의 전국시대에 있어서 사회의 엄청난 혼란을 해결하는 하나의 원칙으로서 제시되었던 것이다. 유교가 엄격한 여러 가지 인위적인 규칙, 즉 인륜원칙을 세움으로써 혼란의 해결을 찾은 데 비해서, 도교는 그와 정반대의 입장을 취하여 모든 인위적인 규칙을 없애고 가장 좋은 의미에 있어서 '되는 대로 삶'으로써 문제가 해결된다고 믿었던 것이다. 도교에 의하면 유교의 이른바 '인의'와 같은 최상의 덕도 마치 도둑놈을 유혹하는 상자의 자물쇠나, 말馬을 죽게 하고야 말게 된 마사馬師의 여러 가지 말에 대한 치장과 같은 것이다. 그래서 "겨를 키질할 때 티끌이 들면 눈이 어두워 방향을 모르게 되고, 모기나 등에가 물면 밤새도록 잠을 잘 수 없게 되오. 인의도 이와 같이 독을 흘려 마음을 요란시키는 것이오"[24]라고 말하는 것이다. 노자는 도의 성격을 여성에, 혹은 흘러가는 물에 비유하고 있다. 따라서 자연스럽게 행동함은 무위의 원칙대로 행동하는 데 있고 무위가 도의 원리에 맞추는 데 있다면, 무위란 다름 아니라 물과 같이 혹은 여성과 같이 모나지 않게 딱딱하지 않게 행동하라는 말이 될 것이며, 자연이나 그밖의 모든 환경을 억지로 정복해서 우리들의 의지대로 꺾어 변화시키려 하지 않고, 오히려 주어진 그것들에게 적응하라는 말이 된다.

---

24   장자, 위의 책, pp.119~120.

언뜻 보아서 이와 같은 행동철학은 일종의 패배주의가 아니면 일종의 기회주의인 성싶다. 그러나 노자는 "도는 항상 하염없으면서 하지 않음이 없는 것道常無爲而不爲"[25]이라 하였고, "힘써 한다는 것이 없으면 하지 않음이 없을 것이니라爲無而無不爲"[26]라고 분명히 역설적인 말을 한다. 이와 같은 역설은 노장의 행동철학이 패배주의가 아님을 드러낸다. 그리고 도에 다다르는 행동을 함으로써만 성인이 될 수 있다고 하였으니 노장의 철학을 따르는 사람이 결코 기회주의자일 수 없음이 분명하다. 그러나 물론 우리는 위와 같은 역설을 그냥 받아들일 순 없다. 만약 그 역설이 어떤 진리를 갖고 있다면 그것은 단순한 역설일 수 없는 설명을 필요로 한다.

무위는 주어진 환경에 맞게 억지 없이 적응하는 원칙을 가르치는데, 그것은 요약해 말해서 장자의 말대로 "천명을 따름"[27]에 있다. 바꿔 말하자면 우주만물의 원리, 즉 크나큰 숙명을 받아들이는 태도에 따른 행동이다. 그렇다면 어찌하여 천명을 받아들일 때에 우리들은 더 큰 목적을 달성할 수 있을까? 만약 모든 우주현상이 우리가 언뜻 보기와는 달리 우리의 힘을 훨씬 초월하는 원리에 의해서 지배되고 있다는 것이 사실이라면, 비록 어떤 현상이나 사태가 우리들의 마음에 덜컹 기억된다 손 치더라도, 우리가 그러한 현상이나 사태를 바꿀 수 없음은 자명한 논리적인 진리일 것이다. 그럼에도 불구하고 우리가 안절부절못할 때 우리의 목적이 달성되지 않을 뿐 아니라, 우리들 스스로를 괴롭히는 헛

---

25   노자, 앞의 책, p.71.
26   위의 책, p.88.
27   장자, 앞의 책, p.135.

된 일이 될 것임이 뻔하다. 우리가 죽기 싫어한다고 해서 자연현상의 하나인 죽음을 거역한들 무슨 소용이 있겠는가? 만약 그 죽음을 우주의 한 원리로서 달게 받아들일 때 우리는 마음의 평화를 얻게 될 것이 아닌가?

이와 같은 인생에의 태도를 가졌을 때, 우리는 모든 고락을 똑같이 태연자약하게 받아들일 수 있는 것이다. 노장의 무위의 철학은 김동성의 표현대로 "소요자적"[28]하는, 차원 높은 웃음에 찬 낙관주의 철학이요, 3대 자연으로 귀화하여 그것과 조화를 찾으려는 달관의 사상이다. 이와 같은 행위의 철학은 항상 유전하는 대자연의 현상 외에 이상스럽고 알 수 없는 아무런 인격적 존재, 아무런 신도 인정하지 않는 철저한 자연주의적 존재학에 기반을 두고 있다. 이와 같은 우주관 혹은 존재학은 서양의 전통적 사상과는 근본적으로 구별되는, 본질적으로 동양적인 전통을 나타내는 것이다.

노장의 무위의 행동철학과는 달리, 앞서 본 바와 같이 하이데거의 사상에는 노장의 사상과 공통점이 있을 뿐만 아니라 그가 소크라테스 이래의 서양철학을 극복하겠다고 주장하지만, 그의 행동철학은 역시 아직도 서양적인 전통에 깊은 뿌리를 드리우고 있다. 하이데거는 주장하기를, 인류는 특히 지배적인 과학주의와 기술주의에 지배되어 있는 현대에 와서 존재의 '부름Ruf'을 잊고 있다 하며, "양심의 목소리"[29]에 따라 참되게 살기 위해서 '결단'을 내려야 할 때가 왔다고 한다. 그는 마치 어떤 장군이 전술에 대해서 잘못 결단을 내릴 때 야단난다든가, 혹은 우

---

28   위의 책, 서문, p.5.

29   Heidegger, *Being and Time*, p.313.

리가 자칫 인생의 갈 길에 대해 잘못 결단하면 인생을 실패로 끝내게 되는 것과 마찬가지로, 하이데거는 우리에게 옳게 결단해야 한다고 주장한다. 그에 의하면 옳게 결단된 인생은 '존재의 부름 소리'에 따라 살아가는 것이라고 한다. 이것은 무엇을 의미하는가 하면, 존재는 무엇인지 모르지만 일종의 초월적인 것임을 전제로 한다. 이곳에서의 인생의 진실하고 그렇지 않음은 이곳 아닌 저곳에서부터 나타나는 어떠한 규범에 따라 판단된다는 것이다.

이와 같이 해서 하이데거는 존재를 초월적인, 일종의 신비스러운 인격으로 보고, 그 인격적 존재는 어떤 의도나 계획을 갖고 있는 것처럼 보고 있다. 따라서 그는 이곳에서의 우리들의 인생이 어떤 우주적 신비로운 목적 속에서만 이해될 수 있다고 생각하고 있다. 우리는 이러한 우주관과 인생관을 '목적론적 관점'이라고 부를 수 있다. 이와 같은 테두리 안에서 볼 때 그가 말하는 결단은 키르케고르의 신 앞에서의 선택이란 개념을 상기시키며, 그의 진실성이란 개념은 기독교의 선의 개념을 회상시킨다.

이와 같은 사실을 인정한다면 그의 언어철학의 일면이나, 합리적 사고에 대한 맹렬한 비판에서 노장이나 선불교 등으로 대표되는 동양적 사고와 일치하는 점이 있음을 부정할 수 없지마는, 그렇다고 해서 어떤 주장[30]이 들고 나서는 바와는 달리, 하이데거와 선불교의 사상이나 노장의 사상과는 엄청난 거리가 있다. 그의 사상은 현대의 과학적 우주관이나 인생관을 제외한 오랜 서양의 사상적 전통 속에 머물러 있는 것이다. 동양사상의 밑바닥을 흐르는 우주관 혹은 존재학이 어떤 일정한 방

---

30   예를 들어, 고형곤, 앞의 책 참조.

향을 따라 그것을 추구해가는 목적을 갖고 있는 인격적 존재가 아니라, 시종이 없이 그저 전회변화轉回變化하는 자연적인 것으로 보고 있는 데 반해서, 서양의 우주관 혹은 존재학은 근본적인 존재를 인격적으로 보고 그것이 어떤 방향을 따라 지향해가고 있는 것으로 보았다. 그리고 또 한편 동양에서는 인간을 대자연 현상의 단 하나의 일부에 지나지 않는다고 본 데 반해서, 서양에서는 인간이 우주 속에서 특수한 존재일 뿐만 아니라, 우주적 목적을 수행하는 데 특수한 사명을 갖고 있는 것으로 보았다. 기독교의 교리는 물론, 플라톤·칸트·헤겔 심지어는 화이트헤드와 같은 철학가들도 위와 같은 사실을 실증한다고 볼 수 있다. 그리하여 우리는 노장사상의 낙관적이고 초연한 인생에의 태도에 반해서, 어딘가 비극적이고 긴장된 인생에 대한 태도를 서양사상에서 보지 않을 수 없는 것이다. 노장철학이나 하이데거의 철학은 우열을 따질 수 없는 성격을 지니고 있다. 그러나 모든 것을 고려할 때, 간단히 말해서 노장철학이 우주의 현상에 대해서는 보다 깊은 직관을 갖고 있으며, 이 철학이 갖고 있는 생에 대한 태도는 보다 성숙한 태도가 아닌가 싶다.

우리는 노장철학과 하이데거 철학을 비교하면서 그들의 공통점과 차이점을 대충 더듬어보았다. 그렇다면 그들의 철학사상들은 어떻게 평가될 것인가? 앞서 말했듯이 하이데거도 그렇거니와 특히 노장의 사상은 정확하게 논리적으로 밑받침되지 않았음을 인정하지 않을 수 없다. 따라서 그들의 주장은 구체적인 점에 가서 극히 애매하고 혼미하다. 따라서 엄격한 의미로서, 즉 전문적 뜻으로서의 철학이라기보다 이념, 혹은 막연한 뜻으로서의 사상이라고 불릴 수 있을 것이다. 그러면서도 우리는 노장이나 하이데거의 사상의 중요성을 무시할 수 없다. 그들의 사상의 의미는 우선 역사적 맥락에서 생각할 때 밝혀진다. 노장사상은 흔히 형식주의에 빠지기 쉬운 유교에 대한 비판으로서 볼 때 밝혀지며, 하이데거의 사상은 현대의 지나친 물질적 과학주의, 아니 기술주의에 대한 비판으로 볼 때 그 뜻이 더 확실할 것 같다. 그렇다고 해서 노장이나 하이데거의 사상이 오직 역사적 의미밖에 없다는 말은 아니다. 수천 년을 두고 노장의 사상이 우리들의 마음을 사로잡고 있다는 사실은 그들의 사상이 시대성이나 장소를 초월한 보편적인 가치가 있다는 것을 의미한다. 그것은 다름 아니라 모든 현상을 가장 높은 차원에서 바라봐야 함을 기억시키고, 인생의 문제는 가장 근본적으로 생각해야 할 것임을 상기시켜주는 데 있다. 왜냐하면 우리들은 대부분의 경우 눈앞의 나뭇가지만 보다가 그것에 가려진 산을 보지 못하는 근시안적 안목을 갖고 있으며, 부귀·명예·권력 자체의 노예가 되어 주객을 전도하고 인생 자체의 목적을 잃는 어리석은 동물이 되기 쉽기 때문이다.

《문학과지성》, 1976, 여름호

동서의 만남

부처와 그리스도

종교는 과학적 사고가 미치지 않는 차원에서 본 우주, 자연과 인간과의 관계, 인생은 물론 모든 현상의 존재의미에 대한 지적 관점을 전제로 한다. 그러나 종교는 사물현상에 대한 지적 입장을 나타내기 전에 삶에 대한 근본적 태도를 나타낸다. 이런 점에서 종교가 설사 지적 내용을 내포하고 있다 하더라도 과학과는 물론이고, 이른바 철학 혹은 형이상학과도 다르다.

불교와 기독교는 각기 동양과 서양을 대표하는 종교이다. 종교가 삶에 대한 근본적인 태도를 나타낸다면 불교를 표상한 부처에서, 기독교를 표상한 예수에서 각기 동양인과 서양인의 삶에 대한 자세가 발견된다.

이런 자세에서 각기 동양인과 서양인의 인간상이 비쳐진다.

연꽃 위에 앉아 있는 부처와 십자가에 못 박혀 있는 예수는 각기 동양인의 염불의 대상이 되고 서양인의 기도의 대상이 되어 있다.

언제나 어린 아기 같은 토실토실한 미소를 감추지 못하는 불상과, 손과 발에 못이 박혀 축 늘어진 채 피 흘리는 예수는 너무나 대조적인 두 인간상을 표상한다. 한없이 평화로운 부처에 반해 십자가의 예수는 너무나도 비극적이다. 다리를 접고 편안한 자세로 앉아 있는 불상은 한없는 화해적인 태도와, 그럼으로써 보답되는 무한한 삶의 충만감을 상징한다. 이와 반대로 손과 발에 못 박혀 십자가에 매달린 예수의 상은 삶의 극단적 고통을 조형한다. 불교의 입장에서 볼 때 만약 우리가 모든 것이 하나라는 것과 무상하다는 것을 깨닫게 된다면 지금까지 고행으로만 보였던 삶은 어떤 상황에서든지 지락至樂이 될 수도 있다. 죽음마저도 무상한 우주현상의 한순간으로 이해될 때 기쁨으로 받아들일 수 있다. 모든 순간, 모든 상황이 '니르바나', 즉 열반이다. 이와 반대로 기독교의 입장에서 볼 때 고통스러운 이 삶은 전락을 의미하며, 그러한 상황은 반드시 극복되어야 한다.

누구나 체험하는 삶의 고통에 대한 원인을 불교에서는 우리들의 무상한 우주적 원리에 대한 무지와 그런 무지가 자아내는 우리들의 욕망 속에서 찾아낸다면, 기독교에서는 그 원인을 죄에서 캐어낸다. 같은 문제에 대한 불교와 기독교의 다른 해석은 각기 서로 다른 해결을 제안한다. 불교에서는 우리들의 태도를 바꿈으로써, 해탈함으로써 문제가 풀리고 기독교에서는 속죄를 거쳐 다른 세계로 떠남으로써 더 큰 욕망에 의해 구원된다.

삶의 상황에 대한 두 가지 다른 관점은 두 가지 다른 태도를 결정한다. 부처의 자비로운 웃음은 무기력에 가까운 평화로운 자세를, 예수의 피 묻은 십자가는 극렬한 의지의 전투성을 드러낸다. 십자가의 예수에서 젊음의 뜨거운 생명력을 느낀다면 연꽃 위에 앉은 부처에서는 원숙한 중년의 조용하면서도 깊은 지혜에 접한다. 이러한 나의 감수성은 내가 이미 젊지 않다든지, 내가 동양인이라는 것만으로 설명될 수는 없을 것 같다.

오늘의 물리학과 천문학은 부처의 성숙성을 더욱 드러내고 있다.

지혜와 지식

플라톤에 있어서의 궁극적 문제는 '진리'에 도달하는 데 있었고, 아리스토텔레스에 있어서의 철학적 문제는 모든 현상의 '인과적 요인'을 밝혀내는 데 있었다. 이와 반해서 노자의 중심개념은 '도道'이며 공자사상의 핵심은 '인仁'이라는 개념으로 요약된다.

'진리'와 '원인'이 객관적 사물현상이라는 존재에 해당되는 말인데 비해서, '인'이나 '도'는 근본적으로 인간이 살아가야 할 태도를 두고 하는 말이다. 노자의 '도'가 존재를 가리키는 개념이기도 하지만 그것은 무엇보다도 인간이 취해야 할 근본적인 자세를 밝히려 한 것이다. 사람이 옳게 살아가야 할 '길'인 것이다. '인'이 인간이 갖추어야 할 태도의 내용을 가리킨다면 '도'는 그러한 태도의 형식을 두고 말하는 것으로 풀이된다.

진리나 원인은 사물현상에 대한 객관적인 사실을 밝히는 것을 두고 말하는 것으로 그것은 어디까지나 순수한 지적, 즉 인식의 문제이다. 관조적으로 사물현상을 알아내고, 밝혀내는 문제이다. 반면에 '인'과 '도'는 주체로서의 우리들이 어떻게 살아가야 하는지의 문제, 즉 실천의 문제이다. 노자와 공자가 동양사상의 뿌리이며 플라톤과 아리스토텔레스가 서양사상의 초석이라면 지적인 것과 실천적인 것은 각기 서양사상과 동양사상의 특성을 나타낸다고 할 것이다. 한편으로 서양철학의 근본적이고 줄기찬 추구는 어떻게 사물현상의 실리를 밝혀내느냐는 데 있었다. 그것은 데카르트나 후설에 있어서 확고부동한 자명성으로 보장된 앎의 기초를 세우는 문제가 그들 철학의 시종된 문제였다. 또 한편으로 동양사상의 근본적인 문제는 어떻게 행동하며 살아가는 것이 가장 옳은 것인가를 따지는 데 있었다. 주자朱子, 퇴계退溪, 다산茶山의 사상이 바로 그러한 문제를 내용으로 하고 있다.

　이론적 앎을 지식이라 부르고 실천적 앎을 지혜라고 부른다면 서양의 사고가 지식에 초점을 두고 동양의 사고가 지혜에 쏠렸다 할 것이다. 지식과 지혜는 서로 다르다. 세상이 어떻다는 사실을 아는 문제와 그런 세상에서 어떻게 살아가야 하는가를 아는 문제는 서로 일치하지 않는다. 그러나 지식과 지혜는 반드시 서로 대립되거나 대치되는 것은 아니다. 사실을 잘 앎으로써 우리는 사실에 맞는 적절한 행동을 할 수 있으며, 옳은 삶을 살게 도와주게 될 때에 사실에 대한 지식은 비로소 그 참뜻을 갖는나.

　그러나 지식의 선행성을 강조한 서양은 이른바 과학적 문화를 창조했다. 최근 '보이저'호 등에 의한 우주에 대한 해명, 기적에 가까운, 아니 신에 가까운 지적 빛은 역시 서양이, 즉 지식이 낳은 결실이라고 밖에 말할 수 없다. 지식은 비단 순수한 빛을 비쳐줄 뿐만 아니라 그것이 낳은 기술에 의해 인간의 생활이 전에는 상상할 수 없었을 정도로 윤택해졌음을 부정할 수 없다. 동양은 서양의 과학을 따라가고 그것의 이득을 나누어 갖기 시작했다. 그러나 지식은, 과학은, 그리고 과학적 기술과 생산품은 그것을 어떻게 사용하느냐를 늘 다시금 생각하지 않으면 안 된다. 이것은 역시 지식의 기능이 아니라 지혜의 역할이다.

'마음의 평화가 없다면 우주를 정복해서 무엇 하나'라는 의문은 전혀 뜻이 없는 것일까?

사색과 사고

흔히 서양문화는 물질적이고 동양문화는 정신적이라고 이야기한다. 우리 동양인들에게는 동양사상이 서양사상보다 깊이가 있는 것으로 믿고자 하는 경향이 있다. 정신적이라는 것과 깊이가 있다는 생각들 사이에는 서로 깊은 관계가 있는 것으로 생각된다. 정신적이니까 깊이가 있다는 것이다. 과연 동양문화는 보다 정신적인가? 과연 동양사상은 보다 심오한가?

서양문화를 물질적이라고 보는 이유는 서양이 우선 동양보다 물질적인 풍요를 이룩했다는 사실에 기인하며, 동양이 정신적이라 생각되는 이유는 상대적으로 물질적인 빈곤을 견디어왔다는 사실에 근거하는 듯싶다. 근래에 와서 일본과 같은 나라는 물질적으로 어느 서구사회에 못지않게 풍요하다. 그러나 따지고 보면 이러한 풍요는 서양적인 것의 모방에 바탕을 두고 있으니 만큼 역시 물질적 풍요는 서양적인 것이라 할 수 있다. 물질적 풍요가 정신의 빈곤을 의미한다면 오늘의 일본은 물론 한국 같은 사회도 정신적이라기보다는 물질적이라 할 수 있다. 사실 근대화, 즉 서양화 이전의 동양은 서양에 비해 적어도 가시적인 문화의 차원에서는 빈약했다. 이집트의 '피라미드', 그리스의 '파르테논', 로마

제국의 '로마'시, 가까이는 '파리', '런던', 그리고 수많은 서양도시들의 성당들의 규모와 견고성, 장엄함에 우리는 압도감을 느끼지 않을 수 없다. 서양은 창세기가 지시한 대로 자연을 굴복시켜 자기 것으로 소유해 버렸다.

이와 같은 인간의 승리가 과연 물질적이라고만 할 수 있는가? 서양인들이 물질적인 욕망이 강해서 이러한 문화를 만들었으며, 동양인들은 물질적인 풍요가 싫어서 초가삼간에 안주하고 있었던가? 어찌하여 노자의 『도덕경』이나 공자의 『논어』가 플라톤의 『대화편』이나 아리스토텔레스의 『니코마코스 윤리학』보다 깊은 내용을 담았다고 할 수 있겠는가? 어째서 셰익스피어의 『햄릿』이 『춘향전』보다 얕은 사상을 담았다고 할 수 있겠는가? 데카르트의 『방법서설』, 칸트의 『순수이성비판』, 헤겔의 『정신현상학』, 후설의 『논리학적 탐색』, 갈릴레오, 뉴턴, 아인슈타인의 물리학적 이론을 창조한 사상이 위와 같은 것에 비교될 만한 것을 전혀 낳지 못한 정신보다 깊이가 없다면 그런 뜻에서의 '깊이'란 도대체 무엇을 의미하는 것일까?

동서문화의 구별은 정신과 물질, 천박성과 심오성이라는 관계에서 보나는 사색과 사고라는 개념들로써 보다 석설히 설냉뵌다. 사색이 삶의 심적 충족을 추구하는 태도라면 사고는 지적 만족을 기하는 입장이다. 후자는 물질적, 혹은 깊이가 없다라는 판단은 '물질' 혹은 '정신의 깊이'라는 개념을 잘못 쓰는 오류, 이른바 '범주적 오류'를 범하는 데서 생겨난 것이다. 아니면 자존심을 잃지 않으려는 욕심에서 발생한 판단인지도 모른다. 우리들의 사색의 깊이를 의식하고 싶다면 우리는 동시에 서양인의 사고의 깊이도 인정해주어야 한다. 그럴 때에 비로소 우리의 사색은 보다 더 높은 차원에 이를 수 있다.

'무'와 '유'

'유'라는 개념이 서양사상의 핵심이라면 '무'라는 개념은 동양사상의 바탕이 된다.

'유'는 서양철학에서 줄기찬 '존재론'으로, '무'는 예를 들어 '색시공, 공시색色是空, 空是色'이란 불교적 명제로 나타난다. 실상 파르메니데스, 플라톤, 헤겔, 하이데거, 사르트르, 콰인에 이르는 서양철학자들 가운데서 우리는 항상 '있음', 즉 '유'에 대한 문제가 튀어나옴을 안다. 그와는 달리 힌두교, 불교, 노자, 장자 등에서 언제나 '무'가 궁극적 탐구의 대상으로서 나타난다. 철학의 목적은 한편으로 '유'를 밝혀내는 데 있으며, 또 한편으로 '무'를 이해하는 데 있다.

도대체 '유'나 '무'란 무엇이며 그것을 밝혀내거나 이해한다는 말은 무슨 뜻인가?

'유'라는 개념과 '무'라는 개념은 흔히 논리적인 뜻을 가질 뿐이다. 'X는 있다' 혹은 'Y는 없다'라고 할 때 '유'와 '무'는 각기 한 명제에 대한 긍정과 부정이라는 논리적 기능을 한다. 그러나 동과 서의 철학적인 뜻에서 '유'와 '무'는 논리적인 의미가 아니라 존재론적인 뜻을 갖는다. 그것들은 각기 존재의 성질에 대한 개념이다.

서양의 입장에서 볼 때 존재하는 것은 '있다'라는 주장이 되겠고, 동양의 입장에서 생각할 때 존재하는 것은 '없다'라는 뜻이 되겠다. 그러나 전자의 경우 '존재하는 것은 있다'라는 말은 하나의 동어반복, 즉 토톨로지tautology로서 아무런 뜻도 없고, 후자의 경우 '있는 것은 없다'라는 말은 모순된 명제이기에 말에 지나지 않는다. 이와 같이 해석할 때 '무'와 '유'로 나타나는 동서의 사상은 심오하기는커녕 다 같이 난센스일 뿐이다. 만약 '유'와 '무'의 사상이 그래도 어떤 뜻을 갖고 있다면 그것들은 각기 위와 같이 피상적인 뜻이 아닌 다른 뜻을 갖고 있어야 할 것이다.

'유'란 것, 즉 있는 것이란 사물현상을 지칭함에 지나지 않는다면 그것들은 언제나 다른 것들과 구별됨으로써만 지각되고 인식된다. 있는 것 일반, 즉 모든 사물현상을 포괄하는 전체의 지각이나 인식의 대상이 될 수 없고 오로지 개별적인 사물현상을 인식하는 틀이 될 뿐이다. 있는 것, 세계를 대할 때 그것을 구성하는 개별적인 사물들에, 그리고 그 사물들 하나하나의 특성에 초점을 두고 대할 때 존재하는 것은 '유'한 것, 즉 있는 것이라는 관점이 서게 된다. 이와 반대로 모든 개별적인 사물의 특성에서 관심을 돌려 그것을 포괄하는 개념으로서의 세계 전체라는 관점에서 볼 때 개별적인 사물들은 전체 속에서 해소되어 '무'한 것, 즉 없다는 결론이 유출된다.

이처럼 '유'와 '무'로 나타나는 서양과 동양의 사상은 각기 서양인과 동양인의 사물에 대한 근본적인 정신적 태도 혹은 사물에 대한 접근의 구조적 차이를 반영한다. '유'는 사물현상들을 분석적으로 접하여 그것들의 개별직 차이와 관계에 초점을 두는 사고형태를, '무'는 같은 사물현상들을 종합적으로 접근하여 그것들 간의 전체적 공통성과 무차별성에 주의를 쏟는 의식구조를 각기 나타낸다. 이렇게 서로 다른 동서의 의식구조는 한편으로 서양에서의 수학 및 과학의 발달로, 다른 한편으로 동양에서의 문학적 및 예술적 세계관에의 유혹으로 구현된다. '유'와 '무'는 단 하나의 존재에 대한 두 가지의 서로 다른, 그러나 모순되지 않는 관점을 말할 뿐이다.

감성과 이성

카페나 극장, 술집에 친구들끼리 몰려가게 되면 주머니에서 나오기 싫어하는 지갑을 뺐다 넣었다 하던 경험을 한국인이면 대개 갖고 있다고 생각된다. 이런 인간관계 속에서 살다가 서양에 가면 하다못해 커피 한 잔을 함께 마시는 경우라도 친구들이 각기 제 몫만을 지불하는 것을 보고 일종의 쇼크를 경험하게 된다. 이런 충격을 가리켜 '컬처 쇼크'라고 부른다.

동양적 사회도덕 혹은 인간관계에서 번번이 혼란과 석연치 않음을 느끼고, 따라서 불편을 체험하게 된다. 서양적 사회도덕 혹은 인간관계에서 합리성, 따라서 간편성을 느낀다. 특히 경제적 차원에서 볼 때 전자의 경우 나와 너의 관계가 확실치 않으며, 후자의 경우 각 개인 간의 관계가 두드러지게 분명하다. 한편은 내 것과 네 것의 구별이 엉성하고, 다른 한편은 그러한 구별이 뚜렷하다. 동양적 입장에서 볼 때 아들이 아버지의 돈을 꾸고 거기에 이자까지 붙여서 갚는다는 것은 일반적으로 상상되지 않는다. 서양의 입장에서 볼 때 그러한 경제적 관계는 당연하다. 무이자 혹은 싼 이자로 아버지로부터 돈을 꿨다면서 자랑스럽게 여기는 프랑스인 혹은 미국인을 종종 만난다.

동양에서의 인간관계가 혼돈과 복잡성을 면치 못한다는 사실에서 비합리적이라 한다면 서양적 인간관계는 그런 관계를 간소화시킨다는 점에서 합리적이다. 내가 쓴 돈을 남이 갚아야 한다는 데에 비합리성이 내포되어 있다면, 그와는 반대의 경우에는 논리적으로 합리적이란 개념이 적용될 수 있다.

동양적 인간관계 밑바닥에는 감성의 가치에 대한 중요성이 깔려 있으며, 서양에서의 인간관계 밑바닥에는 이성적 사고가 바탕이 되어 있다. 감성은 정을 따라 흐르고 이성은 논리를 좇아 따진다. 정에 의해 움직일 때 인간관계가 더러는 두루뭉수리가 되어 혼란을 일으키기 쉽고 개인의 독립성이 흐려지게 마련이다. 그러나 이런 관계에서는 그만큼 흐뭇하고 따뜻함을 체험할 수 있다. 이와는 달리 논리를 따져갈 때 사람 간의 관계가 투명하며 효율적일 수 있고, 개성이 그만큼 존중될 수 있다. 그러나 그만큼 인간관계는 차고 삭막하게 되기 쉽다.

가족 간 친구 간 혹은 이웃 간의 관계에서, 그리고 더 나아가서 한 큰 공동체로서의 국가의 차원에서 모두가 정으로 엮이고 묶여진 뒤엉킴에 때로는 답답함과 어지러운 부조리를 느낀다. 우리는 그러한 혼란에서 빠져 뚜렷한 개성을 찾고 논리에 의해 선명한 남과의 관계를 설정하고 싶어진다. 하루라도 빨리 개성이 무시된 가족관계, 친구와의 관계 또는 이웃과의 관계에서 독립된 자신을 확보하고 싶어진다.

그러나 한편 모든 차원에서 인간관계가 마치 논리적 공식처럼 매어진 투명한 상황에서 우리는 질식감을 느낀다. 한 잔의 찻값을 따로 내고, 아버지에게 진 빚과 이자를 갚는다는 것이 이성적일지 모르지만 그것은 그만큼 비인간적일 수 있다. 설사 혼돈을 자아내고 비효율적일지 모르지만 참다운 인간의 관계란 바로 그와 같은 정에 의한 관계가 아닐까. 이성이 인간성의 상실을 전제한다면 그러한 이성은 결과적으로 언뜻 비이성으로 변모된다. 어쩌면 인간과의 관계에 있어서 감성이야말로 참다운 이성의 꽃을 피우게 할지 모른다.

'무아'와 '자아'

소크라테스가 '너 자신을 알라'라고 했을 때 서양의 자아에 대한 의식이 싹트기 시작한다. 자아중심적 영향의 사고는 현대철학의 시조로 알려진 데카르트가 '가장 확실한 존재는 생각하는 자아'라고 확언했을 때 굳어졌다. 이런 사고는 철학에서 코페르니쿠스적 혁명을 성취했다고 믿었던 칸트에서, 더 가까이는 서양철학을 완전히 새로운 기초에서 재조직하려던 현상학자 후설에서, 그리고 가까이 실존주의철학의 사르트르에서 꾸준히 반복된다.

자아가 서양철학의 핵을 이룬다면 무아는 동양사상의 살이 된다. 힌두교는 자아의 소멸을 통해서 궁극적 실체에 접함을 보여주려 하였고, 불교에 있어서의 해탈은 자아가 하나의 환상에 지나지 않았음을 깨닫게 되는 경지를 의미한다. 노장사상의 핵심적 개념의 하나인 '무위'란 자아로부터의 해방된 상황으로 해석될 수 있다. 흔히 동양에서 수도란 무아의 상태에 도달하는 훈련이며 역설적으로 무아 속에서 자아는 가장 놀랍고도 위대한 목적을 달성할 수 있고, 극치의 충만된 정신적 경지에 이를 수 있다는 것이다.

자아에 초점을 두는 서양적 사고가 구심적이라면 무아에 바탕을 두는 동양적 사색은 원심적이다. 전자의 경우 자연은 나의 관점에서 나를 중심으로 형성되거나 아니면 인간중심적으로 구축되어 하나의 세계를 이룬다. 이와는 반대로 후자의 경우 나의 세계는 자연 속으로 연장되어 자연의 입장에서 이해된다.

자아의 세계관은 밑바닥에서 서양의 개인주의 사상, 그리고 보다 포괄적으로 인간이 자연의 주인이라는 기독교적 인간관과 구체적으로 연결되며, 무아의 세계관은 동양의 집단적 사상, 그리고 보다 철학적 차원에서는 인간이 자연의 극히 미약한 일부에 지나지 않는다는 불교나 도교의 형이상학과 상통한다. 서양인이 볼 때 자연은 각기 나의 욕망, 그리고 인간의 욕망을 충족시켜주기 위한 자료로서 정복과 활용적 도구에 불과하지만, 동양인의 시점에서 볼 때 자연은 우리에게 외경심과 아울러 찬미심을 자아내는 대상으로서 압도해온다.

인간의 욕망 충족의 자료로 보아진 자연은 그 비밀이 분석되고 밝혀진 대로 요리되어 인간 속에 소화되어야 한다. 서양의 지적 탐구심, 그리고 그러한 결과로서의 자연과학은 우연한 사건이었다기보다 자아사상과 필연적 관계를 맺고 있다. 찬미와 외경심을 자아내는 자연은 인간이 그것과 조화를 찾고 나아가서는 귀의해야 할 이상으로서 다만 사념과 명상의 대상이다. 동양의 심미적 감수성, 그리고 그러한 결과로서의 문학적 문화는 무아사상과 일관성 있게 풀이된다.

과학은 분명히 인간의 안위와 행복을 위해 유례없는 공헌을 하고 있다. 그러나 우리는 21세기의 입구에서 과학이 인간의 궁극적 행복은커녕 어쩌면 파멸의 씨가 될지도 모른다고 의식하기에 이르렀다. 자아사상에 의해서 생겨난 오늘날의 과학이 인간중심적 세계관의 부정, 자아부정의 무아적 형이상학을 입증하게 됐음은 아이러니컬하다.

어쩌면 자아사상은 유아적 사고에 속할지도 모른다. 참다운 자아는 겸허한 무아 속에서만 발견되고 진정한 행복은 자아의 환상에서 깨어나 무아의 달관 속에서만 찾아진다.

《삼성소식》, 1981년 8월호~1984년 12월호

04
'도'와 이성 ─ 동서철학: 사유의 두 양상

'철학'의 개념과 동서철학 비교의 논리적 가능성

동양철학에 대한 관심이 동서 학자들 사이에서 과거에 비해 상대적으로 높아가고 그에 대한 연구가 활발해지고 있다. 아울러 요즘 동서철학의 차이 및 비교에 대한 관심이 늘어나 이 문제가 동서의 철학자·사상가·역사가·사회학자 사이에 자주 거론되었다. 이러한 사실은 특별히 동양에서 두드러지게 나타나지만 서양에서도 차츰 볼 수 있는 현상이다. 그것은 동양문화권의 위상이 서양권에 비추어 최근 상대적으로 크게 부상하여 경제적·정치적 측면에서 서양과 대등한 입장에 놓이게 된 역사적 사실과 무관하지 않다. 바야흐로 하나의 지구촌으로 국제적 질서가 형성되고 있는 오늘날, 이러한 역사적 시기를 조화롭게 살아가기 위해서는 동서철학의 비교 이해가 중요한 실용적 의의를 갖는다. 하지만 이 문제는 이러한 실용성과는 아무 상관없이 순전히 이론적인 관점에서만 보더라도 우리의 지적 호기심을 채워줄 수 있는 가치를 지닌다.

그러나 과연 동서철학이 논리적으로 거론될 수 있느냐는 의문이 대뜸 생긴다. 문제는 '철학'이라는 개념이다. 이 낱말은 원래 '지식애'를 뜻하는 고대 그리스어를 한자로 번역한 것인데, 고대 그리스에서 소크라테스와 플라톤 등에 의해 발명되고 틀이 잡혀 데카르트·칸트·헤겔·하이데거·비트겐슈타인·데리다 등으로 이어지는, 극히 그리스적이며 유럽적인 사고방식·사유양식을 지칭하는 개념이다. 이런 점에서 위와 같은 사고방식을 지칭하는 '철학'이 그리스나 유럽 전통 밖의 문화권에서 존재해왔는가 하는 의문이 제기된다. 만약 '철학'이 그리스와 유럽 특유의 사고방식을 지칭하는 개념이라면, 그러한 철학이 동양을 비롯한 다른 문화권에서 존재할 수 없다는 결론이 논리적으로 뒤따른다. 정확히 꼬집어 지적하기는 쉽지 않지만 플라톤의 『대화편』이나 칸트의 『순수이성비판』 또는 비트겐슈타인의 『철학적 탐구』에서 볼 수 있는 사고방식과, 『도덕경』이나 『논어』 또는 『주자대전』에서 볼 수 있는 사고방식과 지적 관심사가 사뭇 다르다는 것을 쉽게 느낄 수 있다. 두 가지 사고의 성격 차이를 한마디로 엄격히 구별할 수는 없지만, 그것들은 첫째, 사유양식이라는 시각에서 볼 때 각각 분석적·논리적 사고와 종합적·문화적 사고로 구별될 수 있으며, 둘째, 사유대상이라는 측면에서 볼 때 각각 언어-담론과 언어 이전의 존재-세계로 분리할 수 있고, 셋째, 사유의 의도라는 관점에서 볼 때 각각 개념적 이해와 직관적 인식으로 분간할 수 있다. 만일 이러한 구별에 절대적 근거가 있고 전자와 같은 사유를 지칭하여 '철학'이라 한다면 후자와 같은 사고는 '철학'이라 부를 수 없다. 그렇다면 '동서철학의 비교'는 논리적으로 불가능하다. 동서의 두 사유양식을 같은 선상에서 검토하는 일은 논리적으로 불가능하기 때문이다.

그러나 문제는 생각보다 더 복잡하다. '철학'이라는 개념이 서양사상사 내부에서조차 일률적으로 사용되지 않는 데 있다. '철학'은 개념분석을 통한 투명한 이해를 추구하는 사유만을 지칭하지 않고 언어 이전에 존재한다고 확신되는 객관적 대상의 본질에 대한 체계적이며 포괄적 인식, 즉 신념체계를 지칭하는 의미로도 사용되고 있다. 스피노자·헤겔·니체·하이데거 등이 그러한 사유를 해온 대표적 철학자이며, 가장 분석적인 사유의 모범이 된 플라톤·데카르트·칸트, 그리고 분석철학을 대표하는 콰인조차도 담론의 개념적 이해를 넘어서 사물현상 자체를 파악하려는 의도, 즉 사고의 사변적 측면을 깔고 있으며 직·간접적으로 세계 일반에 대한 나름대로의 신념체계를 갖고 있다. 만일 이런 신념체계가 없다면 그들의 이른바 '철학적', 즉 개념분석적 사고는 그들이 현재 차지하고 있는 철학적 가치를 갖지 못했을 것이다. 이러한 사실들은 서양의 이른바 '철학적' 사유와 동양의 '사변적' 사유, 담론의 이해와 담론이 전달하려는 대상의 인식은 서로 뗄 수 없이 엉켜 있어 예리하게 구별될 수 없음을 말해준다. 특별한 경우를 제외하고는 위와 같이 그 성질이 약간 다른 사유양식을 함께 '철학'이라고 부르는 현재의 관행은 우연한 일이 아니다. 그렇다면 처음 생각했던 것과는 달리 '철학'의 개념을 바로 위와 같이 해석할 때 '동서철학의 비교'라는 말은 비로소 뜻을 가질 수 있으며 그러한 작업이 가능하다. 이 경우 '철학'은 모든 문제에 대한 근본적이면서도 체계적이고, 투명하면서도 포괄적인 사유의 성격을 지칭한다. '철학'이라는 개념은 한 개인 혹은 한 문화, 또는 한 시대의 무한히 다양하고 산만한 개별적 사고·신념, 그리고 행위의 밑바닥에 깔려 있는 것으로 전제된 일관된 원칙과 통일된 신념을 지칭하는 것으로 풀이될 수 있다. 그러한 것을 나타내는 개념을 편의상 모

체개념 혹은 원초개념으로 호칭할 수 있다. 그렇다면 동양철학과 서양
철학은 각각 자기 특징을 하나의 통일된 체계로 표상할 수 있는 모체 개
념을 찾아낼 수 있는가?

동서철학의 모체 개념 —'도'와 '이성'

세계문화권을 '동서'로 구분할 때 '서'는 지리적으로 유럽에서 그 원천
을 찾을 수 있는 미국 대륙을 포함한 서구문화권을 가리키는 반면, '동'
은 인도와 중국을 중심으로 한 아시아 전체의 문화권을 함께 지칭한다.
후자의 두 문화권은 서구문화권에 비해 어떤 면에서 공통된 유사점을
갖고 있지만 또 다른 면에서는 사뭇 다르다. 인도와 중국의 철학을 함께
묶어 같은 것인 양 논하는 것은 위험한 억지같이 보인다. 그러므로 여기
서 '동'이라고 할 때 그것은 동아시아를 제한적으로 지칭하며, '동양철
학'은 보다 구체적으로 중국적 사유, 즉 노장사상·유교 및 동아시아화
한 불교사상에 깔려 있는 철학만을 의미한다.

　그렇다면 동서 두 가지의 철학적 특징을 각기 종괄적으로 표상해주
는 모체 개념이 과연 존재하는가, 실제로 존재한다면 그것은 도대체 어
떤 것일 수 있는가? 그러한 모체 개념을 찾아낼 수 있다면, 그것은 각기
'도道'와 '이理', 즉 '이성'이라는 낱말로 표기될 수 있다.

도

동양철학의 특징은 노장사상을 지칭하는 도교와 공맹사상과 같은 뜻
을 갖는 유교의 형태로 표현된다. 그것들은 여러 측면에서 서로 다를 뿐

만 아니라 대립적 입장을 취하고 있다. 그러면서도 그들은 보다 근본적이고 고차적인 차원에서 서로 분간할 수 없을 만큼 공통점을 갖고 있다. 중국문화의 특징을 대표하는 이 두 가지 사상들이 이렇게 유사한 공통점을 갖고 있는 까닭은 그것들이 다 같이 고대 중국의 상商나라와 주周나라의 시대사상을 대표하는 『주역周易』속에 그 깊은 뿌리를 박고 있기 때문이다.

노장사상과 공맹사상에서 다 같이 핵심적인 공통개념은 '도'라는 낱말이다. 그것은 노장사상을 지칭하는 도교의 전유물이 아니다. 이 개념이 중국인, 그리고 중국문화권의 영향 속에 있던 동아시아인의 의식 속에 얼마만큼 중요한 의미를 갖는가는, 가령 우리들 한국인의 생활 속에 얼마만큼 널리, 그리고 자주 일상적인 여러 문맥에서 이 낱말이 사용되는가를 잠시만 상기해도 충분히 납득할 수 있다.

'도'라는 말은 노장의 텍스트나 공맹의 텍스트에서 중요한 의미를 지니며, 우리는 '도'라는 낱말을 거의 무의식적으로 수없이, 그리고 자연스럽게 사용하며 의사소통을 하고 있다. 이러한 사실은 가령 '조문도, 석사가의朝聞道, 夕死可矣', 즉 '아침에 도를 깨달으면 저녁에 죽어도 좋다'라는 공자의 말에서도 쉽게 볼 수 있다. 이와 같은 사실은 '도'라는 개념이 한국인·중국인·일본인이 자연현상과 인간세계를 경험하고 생각하고 설명하는 데 있어 가장 옳다고 전제한 패러다임이며, 그러한 자연과 세계에 적응하는 데 가장 적절하다고 전제된 태도의 모델을 지칭하는 말로 사용된다.

이성

'도'가 동양철학의 특징을 이해하는 데 가장 중요한 기본적 개념이라면 서양철학에서 이 말에 맞먹는 중요한 개념은 아무래도 '이성'이라는 한자로 번역되는 'logos' 혹은 'ratio'나 'reason'·'raison'·'Vernunft' 등이다.

'이성'이라는 개념이 가장 서양적인 사유, 즉 철학의 특징을 나타내 준다는 사실은 서양철학사를 잠깐만 뒤져보면 금방 알 수 있다. '이성' 이야말로 소크라테스와 플라톤을 비롯하여 데카르트를 거쳐 적어도 후설이나 논리실증주의자들에 이르기까지, 즉 이른바 해체주의나 포스트모더니즘이 대두하기 전까지만 해도 서구인들이 한결같이 자부심을 갖고 언급해왔으며 존중했던 가장 소중한 정신적 유산임에 틀림없다. 그들은 오로지 자신들만이 선천적으로 갖고 있거나 아니면 후천적으로 발견하여 소유했다고 확신하는 '이성'이야말로 자신들의 문화를 그밖의 다른 모든 문화와 엄격히 구별해주는 요소라고 확신해왔다. 물론 예외는 있었다. 고대 그리스에는 소피스트가 플라톤적 이성주의에 이미 도전했고, 흄의 회의주의가 데카르트의 합리주의를 비판하였으며, 칸트의 이성 비판, 니체의 철저한 관점주의 등이 이성에 대한 의심을 계속해왔으며, 하이데거가 서구철학의 바탕인 소크라테스·플라톤적인 이성의 허구를 파헤치려 했으며, 최근 데리다가 이른바 서구의 '이성중심주의logocentrisme'를 해체하는 작업에 나서고 있다.

그럼에도 불구하고 이성은 서구인들의 의식생활 밑바닥에 깔려 있고, 그들의 사고를 결정적으로 지배해왔으며, 아직도 그러하다. 그러나 따지고 보면 서양 이성의 실체를 부정하려는 온갖 노력이나 주장도 역시 똑같은 서양 특유의 이성의 산물에 지나지 않는다. 이성의 한계를 비판하면서도 칸트가 가장 귀중히 여긴 인간의 특징은 역시 이성이었다. 후설이 현상학이라는 철학적 방법론을 고안해낸 근본적 동기도 상대주의적, 즉 비이성적 인식론과 싸워 그것을 극복하고 이성을 고수하려는 데 있었다. 그는 만년의 미완성 원고인 『유럽 학문의 위기와 선험적 현상학』에서 오직 유럽만이 발견한 이성의 표현으로서 서구 철학사상 및 과학 지식은 세계 어느 곳에 있는 어떠한 사상과도 같은 자리에서 같은 척도로 비교될 수 없는, 유일하며 특수하게 뛰어난 정신의 소산이라고 주장했다. 그리고 우주의 역사는 이런 이성에 의한 자신의 개명이라는 '텔로스telos', 즉 우주적·형이상학적인 신비로운 목적을 향해 흘러가고 있으며, 그러한 것을 발견하고 개발해왔던 유럽인들은 그들의 고귀한 정신유산인 '이성'을 수호해야 한다는 것이다.[31] 그는 그런 작업이야말로 '인류에 대한 서양의 사명'[32]이라고 엄숙한 어조로 역설한다. 그의 이러한 논지와 어조에는 서양/유럽인으로서의 자신감, 그리고 이성을 인류의 선두에서 지키는 철학자로서 자신의 자부심을 간접적이지만 주저 없이 천명한다.[33]

이성이 서구적 사유의 특징을 한 낱말로 표상해주는 데 틀림없다는 주장은 서구정신의 원천을 고대 그리스에서 찾을 때만 가능하다. 그러나 서구문화는 그리스적 전통과 아울러 중동에서 발생하여 기독교의 형태로 서구문화를 결정적으로 지배해온 세마이트semite 종교에서 비롯

[31]   Edmund Husserl, *The Crisis of European Sciences and Transcendental Phenomenology*, tr., David Carr, Evanston : Northwestern University Press, 1970, pp. 276~284.

[32]   위의 책, p.299 필자 강조.

[33]   위와 같은 철학자들은 이외에도 많다. 헤겔은 아시아적 사고를 '침체적'으로 보았고, 사회학자 베버는 동양적 합리성을 '전통적'이라 하여 서양의 보편적·합리적 합리성과 구별했으며, 인류학자 레비 브륄은 서양의 논리와 '원시적 사고'의 차이를 주장했으며, 시인 폴 발레리는 동양의 서양화가 서양의 힘이 상대적으로 몰락하고 있음을 의미한다고 한탄하면서도 서양적 사고의 가치를 극구 찬양했고, 소설가 말로와 카뮈는 다 같이 서양철학의 한계를 인정하면서도 그것을 극히 귀중히 여겨 계속 지키고자 했다.

된다. 이 종교의 핵심적 존재 또는 실체는 추상적, 즉 비인격적 이성이 아니라 '신神'이라고 불리는 인격적 절대자이다. 따라서 서구문화의 모체 개념을 '이성'이라는 말로 단일화할 수 없다는 주장이 나올 수 있다. 그러나 우리의 관심은 종교적이기에 앞서 철학적 차원에서 본 서구문화이며 그러한 서구문화는 아무래도 신이라는 개념보다는 이성이라는 개념에 의해서 자신의 특징을 부각시킬 수 있다. 모든 문화는 어떤 형태로든 인격적 존재, 즉 신으로 표상될 수 있는 존재로서 자연현상과 인간의 문제를 설명하려는 의도를 나타내고 있음을 인정할 때, 현 담론에서는 서구문화의 핵심을 종교적 교리에서보다 철학적 사유에서 찾고자 하는 입장이 정당하다.

'도'와 '이성'의 개념 비교분석

'도'와 '이성'이 각각 동서철학·사유의 특징을 나타내는 모체, 즉 핵심 개념의 표기라면 이 두 개념을 분석함으로써 동서철학의 본질이 각각 파악될 것이며, 그런 바탕에서 두 철학·사유는 비교되고 서로 비판될 수 있을 것이다.

이 개념들은 단세포·일차원적이 아니라 다세포·다차원적이다. 개념의 이러한 양적 구별은 경험의 범주와 관련시켜 설명할 수 있다. 경험의 범주는 철학을 기본적으로 성질이 서로 다른 세 가지 문제로 구분하여본 칸트의 예를 따라 존재론적, 인식론적 및 윤리적 시각 세 가지 종류로 크게 구분할 수 있다. 가령 '동물'이나 '진리'나 '선' 등의 개념들은 모두 단세포적이다. 왜냐하면 그것들은 각기 존재·인식, 그리고 윤리에만 직접 관련되기 때문이다. 그러나 우리가 검토 중인 동서철학의 모체 개념, 즉 특성서술의 개념이란 관점에서 논의된 '도'나 '이성'이라는 개념들은 어떤 한 범주만이 아니고 몇 가지 범주에 동시에 관계되어 다세포적으로 사용되고 있다.

'도'와 '이성'의 개념적 다세포성, 즉 다의성은 편의상 서양적 개념을 동원할 때 쉽게 이해된다. 그것들은 다 같이 그리고 동시에 존재론적, 인식론적 및 실천규범론적 의미를 띤다. 즉 그것들은 둘 모두 존재·실체와 사고방식 및 윤리가치를 동시에 지칭하는 개념으로 이해되어야 한다는 말이다. '도'와 '이성'은 각각 그것들의 내용, 즉 신념체계, 그것들의 인식구조, 그것들의 행동원칙을 동시에 지칭하는 다의적 복합 개념이라는 것이다. 우리가 서양철학과 서양문화를 수입하는 과정에서 어느덧 친숙하게 된 개념으로 설명하자면 '도'와 '이성'이라는 낱말은 세계관·논리관·인생관을 동시에 지칭하는 개념의 표기에 불과하다. 동서철학의 특성을 총체적으로 표상하는 '도'와 '이성'의 특수한 본질은 위와 같은 세 가지 측면에 한결같이 나타난다는 것이다. 그러므로 동서 간의 세계관·논리관·인생관은 각기 '도'와 '이성'이란 개념에 비추어 분석되고 조명되며 설명될 수 있다는 것이고, 역으로 말해서 동서의 세계관·논리관·인생관을 개별적으로 분석하여 서술하고 거기서부터 그것들이 공통적으로 소유하고 있는 특성을 도출시킴으로써 동서철학을 각기 일관적으로 표상하는 '도'와 '이성'의 두 개념을 파악할 수 있다는 것이다.

존재론적 개념으로서 '도'와 '이성'

'도'와 '이성'은 존재론적, 즉 어떤 실체를 지칭하는 형이상학적 개념이다. 존재하는 것 또는 실체는 개별적으로 검토될 수 있다. 이런 경우 존재론은 하이데거의 표현대로 '지역존재론'이라 할 수 있다. 그러나 존재론 혹은 형이상학은 존재 일반 혹은 실체일반에 대한 것으로 역시 하이데거의 용어를 이용한다면 '기초적 존재론'이 있을 수 있다. 여기서 '도'나 '이성'은 후자의 존재론에만 관계되는 개념으로서 존재 일반을 총체적으로 지칭하는 개념으로 보아야 한다. '도'와 '이성'이 이러한 뜻으로 존재, 즉 실체를 지칭하는 개념으로 각기 동서철학에서 사용된다는 사실은, 전자의 경우 '도가도비상도, 명가명비상명, 무명천지지시, 유명만물지모 道可道非常道, 名可名非常名, 無名天地之始, 有名萬物之母', 즉 '도로서 도라고 할 것은 참 도가 아니고, 이름으로 이름이라 할 것은 참 이름이 아니다. 무명은 천지의 시작이요, 유명은 만물의 어머니이다'라는『도덕경』의 유명한 첫 구절에서 명백히 드러나고, 후자의 경우는 '이성적인 것은 실재하는 것이며 실재하는 것은 이성적인 것이다'라는 존재 일반의 본질적 성격에 대한 헤겔의 유명한 언명으로 뒷받침된다. 노자의 명제 중 '도'라는 말이 어떤 객관적 실체를 지칭하기 위해 사용되었음은 자명하다. 헤겔의 경우는 언뜻 보아 좀 다른 듯하다. '이성'이라 하지 않고 '이성적'이란 말을 쓰고 있기 때문이나. '이성'이라는 말이 어떤 존재를 지칭하기보다는 어떤 존재의 속성을 나타내는 말로 사용되기 때문이다. 그럼에도 불구하고 그러한 속성을 가진 존재가 실재하는 것과 동일하다는 헤겔의 견해가 옳다면, '이성적 속성을 가진 것'은 곧 이성 이상도 이하도 아닌, 바로 이성이라는 실체일 수밖에 없다.

바로 위에서 이미 암시됐지만 '도'와 '이성'은 그저 어떤 존재적 실체에 붙인 명칭, 즉 꼬리표에 그치지 않고 그런 실체를 지칭하는 동시에 그것의 성질, 즉 속성을 서술하는 개념이기도 하다. '도'와 '이성'은 어떤 실체를 지칭하는 꼬리표라는 점에서 전혀 구별할 수 없지만 그것들이 실체의 속성을 서술하는 점에서는 서로 차이를 나타낸다. 하나의 같은 존재·실체가 '도'라는 속성으로 서술될 때와 '이성'이라는 속성으로 기술될 때, 그것들 간의 차이, 즉 동서철학에 담겨 있는 형이상학적 존재론은 차이를 드러낸다.

위에서 예로 든 노자와 헤겔의 각 명제에서 동과 서의 두 철학자들은 각자 '도'와 '이성'으로 호칭하는 존재 일반 혹은 실체에 대해 언급할 뿐만 아니라, 그러한 존재의 특성에 대한 견해를 이미 진술하고 있다. 그렇다면 그것들의 핵심적 특징은 어떻게 서술될 수 있는가?

첫째, 동서철학의 특징적 차이는 언어성과 비언어성의 차이로 나타낼 수 있다. 노자는 위에 인용한 명제에서 '도'라는 형이상학적 실체, 즉 존재 일반의 본질이 언어로는 결코 서술될 수 없음을 강조한다. 그리고 바로 이 점이야말로 존재 일반 혹은 실체에 대한 '동양적' 세계관의 특징을 가장 분명히 나타내는 것으로 볼 수 있다. 도라는 존재가 '도'라는 말로 서술될 수 없다는 말은 도를 개념화할 수 없다는 말이며, 개념화할 수 없다는 말은 정확한 기하학적 선이나 투명한 수학적 관계를 이해하는 경우와 달리 지적으로 만족스럽게 파악 혹은 인식될 수 없다는 말이다. 노자의 명제와 대조해서 헤겔의 명제는 노자가 보여준 사물관, 즉 실체의 성격에 대한 시각과는 정반대 견해를 나타낸다. 헤겔의 주장대로 실체가 이성적이라는 말은, 또한 실체를 지적으로 투명하게 파악할 수 있고 무엇인가 투명하게 서술할 수 있다는 말은 그것을 개념화할 수 있다는 뜻이며, 무엇을 개념화할 수 있다는 말은 그것을 언어로 정확히 서술할 수 있다는 의미를 갖는다. 헤겔은 궁극적 존재, 즉 실체는 이처럼 언어서술로써 지적으로 파악될 뿐만 아니라, 그렇게 될 수 있는 것만이 실체이며, 그렇지 못한 것은 환상일 뿐 실체로서 존재하지 않는다고 주장함으로써 존재의 개념적 혹은 언어적 투명성을 크게 강조한다. 요컨대 '도'로 지칭된 실체는 직관적 인식대상일 수밖에 없는 데 반하여 '이성'으로 표기되는 실체는 논리적 파악의 대상이다.

둘째, 존재론적 개념으로서 '도'와 '이성'의 차이는 이 두 개념 속에 나타난 존재 전체, 즉 우주의 구조형태에 있다. 그 구조의 특징은 '일원적 순환성'이라 할 수 있다. '도'로 상징되는 우주 전체는 표면적 다양성에도 불구하고 어떠한 방식으로도 분리될 수 없는 단 하나이다. 존재 전체에 대한 총괄적 견해를 세계관이라 한다면 동양적 세계관의 특성은 일원론적이다. 일원론적 세계관에서 볼 때 서양철학의 영원한 문제 중 하나인 물질과 정신, 몸과 마음 사이의 관계는 별 의미를 띠지 않는다. 동양의 일원론적 세계관은 노장적 도교에서 분명하지만 어떤 측면에서 도교와 반대되는 유교에서도 그렇다. 유교의 세계관은 주자학으로 체계화되는데, 주자학은 『주역』에 근거를 두고 있기 때문이다. 주자학의 존재론이 모든 존재를 한편으로는 '음'과 '양'으로, 다른 한편으로는 '이'와 '기'로 양분함으로써 이원론적 형이상학으로 보이지만, 음과 양이나 이와 기는 형이상학적으로 그 속성이 다른 두 개의 분리된 존재를 지칭하지 않고, 단 하나의 존재인 우주의 상보순환적 두 측면에 불과하다. 그러므로 유교의 세계관도 역시 일원론적이라는 데는 변함이 없다. 동양의 일원론적 세계관의 또 하나의 특징은 윤회순환적이라는 데 있다. 모든 존재와 현상은 어떤 일정한 단일방향이 있는 것도 아니며 목적이 있는 것도 아니다. 이러한 세계관은 힌두교나 불교의 윤회개념에서 명확히 표현된다.

우주 전체의 구조가 동양의 '일원론적 곡선'으로 서술될 수 있다면 이성이라는 개념으로 지칭되는 서양의 형이상학적 우주관은 '이원론적 직선'이라는 말로 기술할 수 있다. 서양에서 이원론적 형이상학은 기독교로 대표되는 서양종교의 핵심을 차지하고 있다. 조물주 유일신과 그 창조물의 절대적 분리, 물질적 속세와 영적 천당의 절대적 구분은 분명 이원론적 발상이다. 그리고 그 사상은 고대 그리스에 뿌리를 둔 철학적 사상도 마찬가지다. '감각적sensible' 현상계와 '가치적intelligible' 관념계의 플라톤적 구별, '공간적 존재res extans'와 '사유적 존재res cogitans'의 데카르트적 절대구분, '본질noumena'과 '현상phenomena'의 칸트적인 뚜렷한 차별, '즉자l'en-soi'와 '대자le pour-soi'의 화합할 수 없는 사르트르적 구별은 서구에서 이원론적 세계관이 얼마만큼 뿌리 깊은가를 실증해준다.

서구적 형이상학·세계관의 구조적 특징은 이원성인 동시에 '직선성linear'·'수직성vertical'에 있다. 플라톤의 '이데아'라는 관념적 세계, 칸트의 초월적 본질계 등은 필연적으로 인간을 포함한 모든 현상의 목적성을 함의하고 그것으로 통하는 방향을 직선적으로 제시한다. 모든 현상은 물론 우주 전체도 어떤 목적을 갖고 있다는 것이다. 바로 이런 점에서 한 인간의 삶, 인간의 역사, 그밖의 모든 현상, 그리고 우주 전체는 '의미'를 갖는다. 이같은 서구의 목적론적 형이상학·세계관은 우주의 모든 현상을 '정신의 자기 전개과정'으로 본 헤겔의 방대한 철학적 체계나, 더 가까이는 우주의 역사는 물질로부터 오메가라는 정신적 내용의 형이상학적 종점에 도착함을 목적으로 하는 진화과정이라고 본 테야르 드 샤르댕의 진화론적 우주론[34]에서 가장 대담하고 명료하게 주장된다.

동서철학에 나타난 세계관·존재론의 구조에 대한 위와 같은 관점의 차이는 보다 쉽게 말해서 의인적anthropomorphic·인격적personalistic 세계관과 자연주의적naturalist·비인격적impersonalistic 세계관의 차이라고 말할 수 있다. 사물현상의 과학적 설명의 특징은 자연주의적, 즉 비인격적이라는 데 있다. 이런 점에서 동양의 세계관이 '과학적'인 데 반해서 서양적 세계관은 '미신적'이라고까지 말할 수 있다. 이런 결론은 극히 역설적이다. 왜냐하면 서양문화의 가장 두드러진 구체적 특색과 공헌은 오직 서양인들만이 현대적 의미의 '과학'을 창조했기 때문이다.

동서를 막론하고 상식적 생각은 물론 철학적 사고에 있어서도 오랫동안 인식과 인식대상의 관계를 잘못 믿었다. 무엇을 인식한다는 것, 즉 무엇이 있다고 믿는 것은 객관적으로 존재하는 대상이 인식자의 의식에 반영됨을 뜻하는 것으로서 의심하지 않았다. 그러나 적어도 칸트와 니체 이후부터 인식과 인식대상, 존재하는 것과 우리가 알고 있는 존재의 관계에 대한 위와 같은 믿음을 고집할 수 있는 이는 아무도 없다. 같은 대상도 그것을 인식하는 주체의 사고·논리구조에 따라 다를 수 있다는 말이다. 동서에서 표출된 위와 같이 다른 세계상은 분명히 동양과 서구인들이 갖고 있는 사고·논리구조와 뗄 수 없는 관계를 갖고 있을 것이다. 그렇다면 도와 이성은 또한 다 같이 사고·논리를 지칭하는 개념으로서 분식되고 비교될 수 있다.

논리구조 개념으로서 '도'와 '이성'

'도'라는 말이 위에서 보았듯이 존재의 질서, 즉 존재 본연의 형태를 가리키는 뜻으로 사용되지만, 그것은 또한 사물이나 인간이 마땅히 갖추어야 할 자세 혹은, 행동이나 사람이 마땅히 지켜야 할 규범의 뜻으로

---

34   Pierre Teilhard de Chardin, *Le phenomene humain*, Paris, 1955 참조.

도 함께 사용된다. 중국문화권에서 우리는 무엇무엇의 '도리' 혹은 무엇무엇을 하는 '도'를 터득했다든가, 혹은 무엇을 잘한다는 뜻으로 '도통했다'라는 용어를 자주 듣거나 사용한다. 중국문화권 밖의 동양문화권, 즉 인도에서 '도'에 해당하는 개념은 '다르마dharma'라 하는데 그것은 '도'라는 말과 마찬가지로 우주의 형이상학적 질서를 지칭하는 동시에 인간이 지켜야 할 여러 가지 법도, 즉 규범을 가리키는 말이다.

서구문화권에서 '이성logos, ratio, reason, raison, Vernunft'이란 말은 존재를 지칭하는 개념이기도 하지만, 더 일반적으로 인간의 지적 사고의 기능, 특히 논리적 기능을 지칭하는 데 사용된다. 데카르트적 인식론에서 말하는 합리주의rationalisme, 칸트의 비판철학에서 말하는 이성Vernunft, 그리고 후설의 현상학이 말하는 고대 그리스적 이성은 존재의 형이상학적 질서가 아니라 인간의 지적 인식기능을 지칭하는 말로 사용된다. 그것은 사물의 질서와 본질에 대한 판단의 진위규범, 표준이거나 행동의 결정과 평가를 결정할 수 있는 좋고 나쁨 혹은 옳고 그름의 규범, 원칙이라는 뜻을 띤다. 한마디로 이 경우 도와 이성은 다 같이 어떤 명제의 진위나 어떤 행동의 옳고 그름을 가려내는 논리적 규범의 뜻을 갖는다. 따라서 동서철학을 각기 대표하고 그것들 간의 차이를 나타내는 도와 이성은 바로 그러한 낱말로 표시된 동서 간의 논리적 규범의 차이를 분석하고 비교함으로써 한층 더 잘 이해될 것이다.

동서양 사고의 특징과 차이가 적지 않은 인류학자·사회학자, 그리고 철학자의 관심을 끈 지는 이미 오래이다. 동서 간에 발견할 수 있는 사고패턴의 일반적 특징과 그들 사이의 차이에 대해 잘 알려진 견해의 예를 들 수 있다. 가령 노스럽Northrop은 '미학성the aesthetic'과 '분석성the analytic'[35]으로, 베버는 '전통성the traditional'과 '합리성the rational'[36]으로, 후설은 '실천성the practical'과 '이론성the theoretical' 혹은 '비과학성the nonscientific'과 '과학성the scientific'[37]으로 동서철학에 나타난 사고의 일반적 특징을 구별해서 서술했다. 위와 같은 구별은 나름대로 납득된다. 그러나 동양인과 서양인의 각기 사고양식에 대한 위와 같은 서술과 비교는 다른 서술에 비추어볼 때보다 잘 밝혀질 수 있을 것 같다.

동서의 사고패턴의 특징을 몇 마디로 묶으면 각기 동양의 수동적 적응성과 서양의 능동적 통제성, 동양의 유동적 탄력성과 서양의 경직된 획일성, 동양의 곡선적 다원성과 서양의 직선적 환원성으로 표현될 수 있을 것 같다. 노자의 '무위'는 행동과 사고의 규범을 지칭하는 개념이다. 무위의 원칙은 육체적 행위인 행동과 정신적 행위인 사고를 부정하는 금기적 규범이 아니라, 어디까지나 행위의 원칙에 지나지 않는다. 다만 무위가 주장하는 행동의 원칙은 탄력적 적응성, 즉 상황에 따라 가장 자연스러운 행동을 의미한다. 달리 말해 노장사상에 있어서 무위의 행위원칙은 '도'라는 행위 및 사고규범에 지나지 않으며, 바로 이러한 행위규범으로서 도는 존재질서로서 자연을 지칭하는 도를 따름을 의미한다. 그러므로 노장사상에서 가장 잘 나타난 동양적 입장의 존재의 질서와 사고의 질서, 즉 인식의 원칙은 서로 일치한다. 따라서 사연이 그렇지 않은 것과 똑같이, 인간의 사고도 획일적이지 않고 상황과 사정에 따라 상대적으로 탄력성 있는 적응력을 잃지 않아야 한다. 이러한 신념은 장자의 상대주의에서뿐만 아니라 공자의 상황주의적 사고에도 나타난

35   F. C. Northrop, *The Meeting of East and West*, N. Y.: The Macmillan, 1946, 참조.

36   Max Weber, *Economy and Society*, ed., G.Roth and E.Witilich, Berkeley : University of California Press, 1968, 1978, 참조.

37   Edmund Husserl, 앞의 책.

다. 공자의 윤리·도덕은 경직되어 보인다. 그러나 『논어』에 의하면 자기 마을에 사는 한 고지식한 아들이 염소를 훔친 아비를 고발했다고 한 제자가 말하자 그는 '오당지직자, 이어시, 부위자은, 자위부은, 직재기중의吳黨之直者, 異於是, 父爲子隱, 子爲父隱, 直在其中矣', 즉 '우리 고장에 사는 곧은 사람은 그와 다르다. 아비는 아들을 위해 숨기고 아들은 아비를 위해 숨기는데 바로 이런 것이 곧은 행위이다'라고 대답했다. 공자는 윤리규범이 결코 획일적으로 적용되어서는 안 되며 여러 개별적 상황을 고려하여 결정한 행동이야말로 옳다는 것을 말한다. '군자불기君子不器', 즉 '군자는 외통수가 아니다'란 말도 바로 사고의 획일성을 비판하기 위해 사용된 것이다. 이런 점에서 '실천적'인 동시에 '미학적', '시적'이며 '다원적'이며 '비과학적'이며 '적응적'이라는 서술이 각기 그 의미를 가진다.

'도'라는 개념으로 표현되는 동양적 논리의 특징을 노자의 '무위'라는 말로 편리하게 표상할 수 있다면 '이성'으로 기술되는 서구적 사고 패턴의 특징은 아리스토텔레스의 '논리' 개념으로 집약적 표현을 갖출 수 있을 것이다. 삼단논법으로 대표되는 아리스토텔레스의 논리는 어디까지나 연역적이다. 연역적 사고원칙은 가장 일반적인, 즉 보편적 명제로부터 개별적 특수명제를 필연적인 동시에 획일적으로 추출하고자 하는 환원적 사고방식을 말한다. 현상적으로 관찰되는 무한한 개별적 존재들을 지적으로만 파악될 수 있는 영원부동한 관념적·보편적, 그리고 초시간적 '이데아'라는 존재에 비추어 논리적으로 설명하려는 플라톤의 형이상학도 연역적 사고의 대표적 산물의 하나이다. 기하학·수학, 그리고 오늘날 우리가 알고 있는 현대의 자연과학이 오직 서양에서 특별히 발달했다면 그 사실은 결코 우연이 아니다. 수학은 물론 자연과학은 근본적으로 연역적 사고의 특징을 알기 쉽게 보여주는 대표적 예로 들 수 있기 때문이다. 바로 이런 점에서 서구적 사고의 특징은 '이론적'이며 '분석적'이며 '획일적'이며 '과학적'이며 '정복적'이라는 말로 서술될 수 있다.

사고의 논리란 곧 합리성의 문제이다. 현재 일반적으로 사용되고 있는 대로라면 '합리성'이란 개념의 가장 일반적 의미는 어떤 신념을 선택하는 근거를 말한다. 베버는 합리성을 '내실적substantive'인 것과 '도구적instrumental'인 것으로 구별한다. 도구적이란 수단적인 것, 방법적인 것에 지나지 않으며 내실적이란 방법을 떠나 목적하는 바, 즉 가치 자체를 가리켜 말한다. 베버에 의하면 오늘날 서양에서 말하는 합리성은 '도구적' 기능 이상일 수 없다는 것이다. 서양적 이성, 즉 논리는 우리의 사고가 무엇을 위한 것인가에 대한 물음에는 전혀 답할 수 없다는 것이다. 우리 시대가 '철창의 감옥'이란 그의 말도 바로 서양적 사고논리가 부딪친 공허한 상황, 즉 '도구적 이성'의 한계를 두고 한 말이다.

'이성'이라는 말로 표현되는 서구의 '도구적 합리성'과 달리 '도'라는 낱말로 표기되는 동양적 사고논리는 '내실적 합리성'을 보여주는 예로 볼 수 있다. 동양적 관점에서 볼 때 아무리 좋은 방법도 그 자체에 얽매일 필요가 없다. 중요한 것은 방법·도구·수단이 아니라 목적·내용·실속이다. 냇물 속에서 노는 물고기의 의식상태에 대한 인간의 의식근거에 대해 서양적 논리로써는 풀어낼 수 없는 논리학자였던 혜자惠子의 실속 없는 궤변을 일축한 장자의 확신은 바로 '내실적 합리성'이 '도구적 합리성'의 상위에 있음을 말해주려 한 좋은 예이다. 이런 시각에서 볼 때 '도'로 표기되는 동양의 사고논리의 특징은 '합리성의 비합리성'이라는 마르크스적 표현을 뒤집어 '비합리성의 합리성'이라는 역설적 말로 기술할 수 있다. '위무위, 사무사, 미무미爲無爲, 事無事, 味無味', 즉 '행하지 않음을 행하고 경영하지 않음을 경영하고 맛보지 않음을 맛본다'라는 말 또는 '지부지상, 부지지병知不知上, 不知知病', 즉 '알면서도 알지 못함이 상이고, 알지 못하면서도 안다는 것은 병이다'라는 노자의 말은 바로 이러한 동양적 역설논리의 깊이를 표현해주는 좋은 예이다.

가치개념으로서 '도'와 '이성'

세계관'이 객관적 존재에 대한 우리의 믿음을 지칭한다면 그러한 세계관은 우리의 사고양식·논리구조와 상대적 관계를 갖는다. 우리의 인식구조를 떠나 절대적으로 독립된 객관적 실체·존재라는 개념은 논리적으로 공허하다. 바꿔 말해서 우리가 발견했다고 믿는 객관적 세계는 사실인즉 우리가 만들어낸 우리의 작품이다. 위에서 본 동서철학에 내포된 존재론의 차이도 결국은 동서철학 속에 깔려 있는 동양인과 서양인 간의 사고양식·논리구조의 차이를 반영한다. 이러한 사고양식이나 논리 구조, 그리고 그러한 것과 분리해서 생각할 수 없는 세계관은 인생관이라는 개념으로 표현할 수 있는 가치관과 뗄 수 없다. 예컨대 '도'와 '이성'이라는 개념으로 구별할 수 있는 동서철학의 차이와 관계는 동서인의 인생관의 차이와 관계의 형태로 나타난다.

첫째, 동서철학에 담긴 인생관의 차이는 우선 '생태중심주의'와 '인간중심주의'라는 용어로 기술될 수 있다. 그것들은 각기 우주·자연 속의 인간의 위상에 대한 입장을 나타낸다. 동양의 인간관은 어디까지나 자연주의적이다. 인간은 자연만물의 일부로서 그 전체 속에서 한 고리를 차지할 뿐이다. 이러한 인간관은 '생태학적ecological'이라는 최근 새롭게 생겨난 개념으로 가장 적절히 명명된다고 믿어진다. 생태학적 인간관은 노장사상에서 가장 뚜렷하게 나타나지만, 공맹사상이나 힌두교, 불교에서도 근본적으로 마찬가지이다.

동양의 생태학적 인간관은 서양의 인간중심적 세계관과 대조된다. 서양적 관점에서 볼 때 인간은 우주의 중심이다. 인간이 신의 유일한 아들로서 지구를 소유하고 이용할 권리가 있다는 신념이 서양종교의 핵심을 차지한다. 이런 인간관을 종교에서 볼 수 있는 이상 서양철학의 인간관을 대표하지 못한다고 하더라도, 그러한 인간관은 플라톤 이래 후설로 계승된다. 이들에 의하면 인간의 유일한 특수성과 고귀성은 오로지 인간만이 유일하게 이성이라는 속성을 갖고 있기 때문이다. 데카르트의 '생각하는 존재로서 자아'나 칸트 혹은 후설의 '선험적 자아Transcendental Ego'도 인간의 특수한 이성적 속성을 표기하는 개념들로서 인간중심적 사고를 반영한다. 이와 같은 서구 사고의 핵심을 형성하는 인간 이성의 실체를 부정하는 하이데거나 사르트르도 인간을 각기 '현존재Dasein'와 '대자le poursoi'로 정의할 때 역시 철학적으로 인간중심주의를 고집하고 있다. 이 두 가지 경우 모두 오직 인간만이 언제나 '초월적transcendent'으로 인식된다. 이런 점에서 인간은 만물에 군림하고 우주 전체는 인간중심적으로 보인다. 지동설의 철학적 의미를 말하면서 '비록 지구가 물리적으로는 우주의 중심이 아니지만 형이상학적으로는 여전히 우주의 중심으로 남아 있다'라는 유명한 헤겔의 명제는 서양적 사유에서 인간중심적 사고가 얼마나 깊게 뿌리박고 있는가를 잘 말해 준다.

둘째, 하나의 인간관은 인생에 대한 하나의 태도를 결정한다. 동양의 생태학적 인간관은 그것과 일관된 자연의 인생에 대한 태도를 낳는다. 그것은 자연과 인생에 대한 노장의 '소요'적 태도와 이태백의 시에서 나타낸 관조적 태도로 표현된다. 노장의 무정부적 자연주의와 극도로 대립하는 정치와 사회의 도덕주의를 제창한 공자가 자신도 사적으로는 도교를 믿는다고 고백한 것은 결코 말실수가 아니다.

동양은 타자와 완전히 분리된 자아를 믿지도 않고, 그러한 자아의 확장을 의미하는 무한한 욕망충족을 가장 중요한 삶의 가치로 여기지도 않는다. 또한 가장 귀중한 어떤 한 가지만을 고집하지도 않는다. 동양적 삶의 태도는 물길 따라 떠가는 배처럼 '도'를 따라, 사물현상과 상황의 율동에 따라 모가 나지 않게 부드럽게 흘러가면서 자연, 나아가 우주와 조화를 마련하는 평화적이고 유연성 있는 자유를 최고의 가치로 삼는다. 동양의 삶에 대한 태도가 자연과의 화해적 태도를 나타내고, 동양인이 추구하는 최고의 가치가 그러한 결과로 나타나는 평화와 자유의 내면적 체험인 데 반해서, 서양의 삶에 대한 태도는 자연에 대한 도전으로 나타나고, 서양인이 추구하는 궁극적 가치는 각기 자신의 무한한 욕망을 지치지 않고 추구하며 충족시키는 데 있다. 서양인에게 자연이 정복의 대상이라는 사실은 『성서』에 나타난 자연관 및 인간관에서뿐 아니라 플라톤에서 정착되기 시작한 서양철학의 철저한 분석적 태도나, 그러한 태도의 결과로서 생긴 과학 지식, 특히 과학기술의 지속적 발달에서 잘 나타난다. 서양인의 가치관은 파우스트의 태도에 나타난 만족을 모르는 도전적인 지식 탐구정신, 즉 '이성적 욕망'으로 상징된다. 메피스토의 말대로라면 서양의 파우스트는 밖에는 싱싱한 풀이 가득한데도 방 안에 들어앉아 시들고 메마른 풀만 뜯어먹고 있다는 생각이 든다.

맺음말

동서철학의 특징을 '도'와 '이성'이라는 두 개념으로 양분하고 그런 틀에서 그것들을 각기 세 측면에서 비교검토한 결과에 근거가 있다면, 그것들에 대한 각각의 독립된 평가와 그것들 간의 관계를 어떤 식으로 요약할 수 있는가? 동양의 순환적이고 미학적인 세계관과 수동적이며 관조적인 인생관은 내면적 평화를 가져오지만 개혁과 진보에 대한 의욕을 불가능하게 하거나 무의미하게 하며, 동양인의 시적 사고방식은 미학적 만족을 주지만 과학적 사고의 틀에 맞춘 물질적 개발을 불가능하게 함으로써 침체적 사회를 초래했고, 동양인의 관조적 인생관은 정신적 만족을 마련했지만 물질적 빈곤과 물리적 패배를 모면할 수 없는 결과를 낳았다. 반면 서양의 목적론적이고 기하학적인 세계관은 세계에 대한 이해를 투명하게 하는 데 기여했지만 있는 그대로의 세계를 왜곡시키는 결과를 낳았으며, 서구인의 직선적이며 분석적인 논리는 과학을 낳아 자연을 정복하고 개발함으로써 근시적이고 미시적으로 볼 때 인간의 물질적 복지에 놀라운 기여를 했지만, 원시적이고 거시적으로 볼 때 생태계의 파괴라는 시각에서만이 아니라, 인간 자신의 복지라는 측면에서도 결정적 파멸의 원인이 될 위협을 담고 있다는 사실은 이제 누구나 알고 있는 바이다.

라이프니츠는 주자학과 접촉이 있었고, 헤겔이나 쇼펜하우어, 그리고 니체는 힌두교나 불교에 약간의 지식이 있었다지만, 그것은 극히 기초적인 것에 불과했다. 두 문화권의 상대적으로 동등한 철학적 교류가 거의 없었다는 말이다. 교류가 있었다면 그것은 진정한 의미의 교류가 아니라 서구로부터 동양을 향한 일방적인 흐름과 동양의 수용이었다. 이러한 사실은 서구인들의 태도와 뗄 수 없는 관계를 갖고 있다. 최근까지만 해도 대부분의 서구사상가들은 서양철학의 우월성을 추호도 의심하지 않았다. 그들은 오직 서양철학만이 지적으로 성숙한 사고를 나타내는 것으로 확신해왔다. 이러한 상황에서 동양철학자들은 서양의 '합리적' 사고의 피상성을 오직 인상적 차원에서 지적하면서 서구인이 미칠 수 없는 동양적 사유의 깊이를 은근히 고집하고 있을 수밖에 없었다. 그러나 파크스가 지적하듯이 지난 약 반세기에 걸쳐 하이데거·메를로퐁티·데리다 등의 철학에는 이른바 반서구적·동양적 요소가 짙게 나타나 있다.[38] 최근 세계의 사조 전반에 큰 바람을 일으키고 있는 이른바 '포스트모더니즘'은 바로 이러한 새 사조를 반영하는 서양철학에 대한 근본적이고 일반적인 반성의 징조로 분석될 수 있다. 아울러 동양철학에 대한 관심과 동서철학을 비교하고자 하는 시도는 직업적 서양철학자들 가운데에서도 늘어나고 있다.[39] 이러한 사실은 동양철학의 가치가 재검토되어야 하며 동서철학이 서로 대화를 통해 보완될 수 있음을 시사한다. 여기서 우리는 동서문화의 만남 이래 동양철학이 서양철학에 끌리고 밀리고 비판되었지만, 바로 그러한 서양철학은 동양철학의 관점에서 재조명, 재비평되고 동양철학으로 대치되거나 아니면 크게 보완되고 극복되어야 함을 강조해야 한다.

'도'와 '신'

감각기관으로 경험된 사물이 이성에 의해서 정리되고 언어로써 표현될

38　Graham Parkes, ed., *Heidegger and Asian Thought*, Honolulu: University of Hawaii Press, 1987, pp.1~5.

39　한 예로 Eliot Deutsch, ed., *Culture and Modernity : East-West Philosophic Perspectives*(Honolulu: University of Hawaii, 1991)에서 동서의 철학적 대화의 시도가 활발히 진행되고 있음을 볼 수 있다.

때 지식이 생긴다. 그러나 감각적 경험으로 접촉되지 못하는 대상이 있고, 이성으로 설명할 수 없는 다른 경험이 있고, 언어로 표기할 수 없는 대상이 있음을 직관적으로 믿지 않을 수 없다. 감각적 경험과 이성, 그리고 언어의 한계를 인식할 때 형이상학적 사념이 시작된다.

우리 주위의 온갖 사물에 대해서와 마찬가지로 우리가 끊임없이 해야 하는 행동에도 언제나 어떤 의미가 부여된다. 물이나 공기는 우리에게 생물학적 의미를 갖고, 나의 독서는 나의 지적 만족을 채워줄 것을 뜻하고, 나의 정치적 참여는 사회적 의의를 띠게 된다. 무엇이든 간에, 무슨 행동이건 간에 의미를 찾아야 하는 우리들의 욕망은 여러 가지 방법으로 채워진다. 그러나 이러한 삶을 살아가는 의미의 문제가 어느 날 다시 제기되게 마련이다. 이게 다 무슨 뜻을 갖는가. 내 삶이, 인간의 삶이 무슨 의미를 갖는가 하는 고차원의 의문이 필연적으로 나타나게 마련이다. 그때 우리가 보는 사물현상, 우리들의 삶의 의미는 우리가 관찰할 수 없는 사물들과의 관계 속에서만 의미가 찾아지고 우리들의 삶은 우리들의 삶을 떠난 다른 세계와의 관계에서만 이해되고 설명될 것이다. 이러한 질문을 던질 때 우리는 이미 종교적인 차원으로 옮겨가는 것이다.

형이상학과 종교는 각기 서로 다른 영역에 속한다. 그렇지만 근본적으로 볼 때 형이상학에 의해 뒷받침되지 않는 종교는 근거가 희미할 수밖에 없고, 마찬가지로 종교를 수반하지 않는 형이상학은 공허하지 않을 수 없다. 한 사물 혹은 한 삶이 어떤 의미가 있다는 주장은 그 사물과 그 삶이 어떤 것이라는 것을 알고 있음을 전제하며, 거꾸로 알고 있는 사물이나 삶에서 아무런 뜻도 찾을 수 없다면 그것은 공허한 것으로 남아 있을 수밖에 없을 것이기 때문이다. 형이상학과 종교는 사실상 분리될 수 없는 밀접한 관계를 갖고 서로 의존한다. 그렇다면 가장 총괄적인 위대한 사상들, 예를 들어 노장사상, 기독교, 힌두교 혹은 불교, 그리고 플라톤의 철학이 관점에 따라 형이상학으로도 볼 수 있고, 종교로서 해석될 수도 있음은 우연한 사실이 아니다.

　이러한 사고의 차원에서 볼 때 서양적 사고의 가장 핵심적인 개념이 '신神'이라면 동양적 사상의 가장 중요한 개념은 '도道'이다. 물론 중국에 있어서 '태극'이라는 개념, 힌두교의 '범천梵天'이라는 개념, 불교에 있어서 '열반', 즉 '니르바나'라는 개념이 있지만 그러한 개념들은 다 같이 '도'라는 개념과 근본적으로 다를 바 없다. '신'이나 '도'가 다 같이 궁극적 존재를 지칭하는 개념이라면 서양인과 동양인은 그러한 궁극적 존재를 서로 달리 해석하고 있다. '신'이 인격적인 성격을 띠고 있다면 '도'는 비인격적인 존재이다. 인격적인 것이 인간적인 것이라면 비인격적인 것은 초인간적인 것이기 마련이다. 이러한 '신'을 전제하는 서양은 인간적인 것으로 환원하지 않고는 모든 사물현상과 삶에 대한 궁극적인 이해를 할 수 없고, 반대로 동양은 모든 사물현상은 물론 인간까지도 인간을 떠나서 인간 밖에서만 참된 이해를 갖게 되고 인간의 궁극적인 의미도 비로소 발견될 수 있는 것으로 보고 있다.

　과학적 발전과 발견을 부정할 수 없는 오늘날에도 과학적 발견에 관심을 쏟지 않는 동양의 관점이 서양적 관점보다 탁월함을 인정하지 않을 수 없다. 인간의 의미, 모든 개별적 사물의 의미를 인간 밖에서, 인간을 넘어선 비인간적 존재 속에서만 발견할 수 있었던 동양의 '도'의 입장은 인간 속에 갇혀 있어야만 했던 서양의 '신'의 입장보다 높고 깊기 때문이다.

노자와 소크라테스

우리가 이해할 수 있는 동양과 서양의 특수성이 각기 노자와 소크라테스의 인간됨과 사상에 의해서 설명될 수 있을지, 아니면 거꾸로 그들의 색다른 성격이 각기 동양과 서양의 역사에 의해서 해석될 수 있는가의 문제는 쉽사리 결정되기 어렵다. 그러나 노자와 소크라테스가 각기 동양과 서양에 있어서 가장 오래되고 중요한 사상가였다는 점에서 그들과 동서의 역사와 문화는 뗄 수 없는 관계에 있으리라는 추측은 과히 억지스럽지 않다.

백발의 긴 수염이 달리고 어쩌면 호탕한 윤곽만 떠오르게 하는 노자는 아직도 전설적 인물에 가깝다. 반면 악처의 바가지를 견디면서 입으로 따지기를 좋아하다 법정에서 스스로 독약을 마시고 죽은 소크라테스의 못난 얼굴은 차디찬 대리석 속에 또렷하게 굳어 있다. 노자가 이름도 없는 마을들에 바람과 같이 왔다가 바람과 같이 사라지곤 했다면, 소크라테스는 돌로 성냥갑같이 쌓은 아테네의 길목에서 저녁 늦게까지 입심 센 당시의 소피스트들과 말씨름을 하면서 평생을 보냈다. 노자가 알 수도 없지만 그럴듯하고 그럴듯하지만 알 수도 없는 말을 던지고 시를 읊으면서 유랑했다면, 소크라테스는 얼음같이 찬 논리와 찰거머리같이 질긴 끈기를 갖고 소피스트들과 말다툼하며 따지기를 직업으로 삼았다. 따지고 덤비는 노자가 어울리지 않는다면 자연과 풍월을 노래하며 도취하는 소크라테스는 상상만 해도 코믹하다.

각기 동양과 서양의 사상을 전형적으로 상징하는 노자와 소크라테스는 그들의 인품에서나 일생을 통해서도 반영되지만, 그들의 사상을 기록한 저서에서도 나타난다. 아직도 확실한 저자가 누구냐에 대한 시비는 있지만『도덕경』이 노자의 사상을 대표한다는 데는 이의가 없다. 설사 서양철학사상의 바탕이 되는『대화편』이나 플라톤에 의해서 쓰여졌지만 그것이 그의 스승 소크라테스의 사상을 집결한 것이라는 점에서 그것은 소크라테스가 쓴 것이나 다름이 없다.

노자의 책이 한 권의 시선집詩選集에 비교될 수 있다면 소크라테스의 저서는 방대한 대하소설에 비길 수 있다. 노자의 문제가 직관에 의해서만 투시될 수 있는 한 가지 궁극적 진리를 보여주는 데 있다면, 소크라테스의 관심은 칼날 같은 논리로 사고의 혼돈을 정리해주는 데 쏠린다.『도덕경』은 시적 직관을 요구하고『대화편』은 논리적 추리를 필요로 한다. 전자가 단편적 성격을 벗어나지 못하고 후자가 체계적 성질을 띠고 있음은 당연하다. 하나는 표현에 가깝고 또 다른 하나는 논담으로 일관되어 있다. 그러기에 노자가 보이려는 '도'는 어떠한 논리적 척도로도 측정될 수 없고 어떠한 개념으로도 묶어놓을 수 없는 흐르는 물에 비유될 수 있는 존재이며, 소크라테스가 손가락으로 가리켜 보이는 이데아는 오로지 지성으로만 투명하게 파악될 수 있는 윤곽이 뚜렷한 존재이다. '도'가 심오하다지만 어딘가 얼른 손에 잡히지 않게 느껴진다면 이데아는 투명하게 이해되지만 어딘가 한없이 냉랭하다.

공자와 마르크스

세계사상사를 통해 2천 년의 시간적 거리를 두고 있는 공자와 마르크스는 각기 엄청난 영향을 미쳐왔고, 또 미치고 있다는 점에서 각기 동양과 서양에서 손꼽는 사상가이다. 위대하다는 점에서뿐만 아니라 그들의 핵심이 이상적 사회의 모델을 제공하고 있다는 점에서도 공자와 마르크스는 공통점을 갖고 있다. 그들의 유교와 마르크스주의는 종교라기보다도 철학에 가깝고 철학이라기보다도 정치사회사상이라고 부름이 적절하다. 그들의 핵심적 문제는 어떠한 정치체제, 어떠한 사회제도가 인류의 평화와 행복, 인간 간의 평등과 자유를 위해서 가장 적합한가를 찾아내는 데 있었다.

이런 관점에서뿐만 아니라 공자와 마르크스는 다 같이 인본주의자였다는 점에서 또 다른 공통점을 찾아낼 수 있다. 공자는 인간의 궁극적 문제의 해결을 종교에 의존하지 않았고 그들의 후예들이 동양을 지배한 불교와 별개인 유학의 체계를 세웠다. 마찬가지로 마르크스는 인간의 문제를 사회·경제·정치의 문제로 보고 그러한 문제의 해결을 종교 밖에서만 찾을 수 있다고 확신했다. 그가 종교를 아편에 비유한 사실만으로 얼마큼 인본주의사상에 철저했던가를 확인할 수 있다. 이런 유사성에도 불구하고 공자와 마르크스에서 각기 동양과 서양의 특수한 기질을 가려낼 수 있다. 다 같이 사회문제의 근본적 해결책을 찾고 있지만 유교가 해결의 원칙을 우리의 주관적 인간성에서 찾으려 하는 데 반해서, 마르크스주의는 똑같은 문제의 해결원칙을 인간의 객관적 경제조건에서 보고자 한다. 공자의 관점에서 볼 때 이상적 사회질서를 유지하려면 '인'이라는 개념으로 지칭되는 가장 귀중한 인간성을 개발하여 복잡한 타인과의 도덕적 질서를 강화해야 한다. 이와는 달리 마르크스의 입장에서 생각할 때 이상적 사회질서는 경제적 평등을 실천함으로써만 이루어진다. 『논어』가 인간적 관계, 즉 도덕적 질서에 대한 가르침이라면 『자본론』은 물질적 관계, 즉 경제적 질서에 대한 이론이다.

도덕적 차원에서 사회의 문제를 찾으려 하는 유교는 관념적이며, 따라서 내재적인 성격을 띠고 있다. 경제적 입장에서 사회를 개혁하려는 마르크스주의는 실질적이며, 따라서 외향적인 성질을 갖고 있다. 전자가 인간 안으로부터 인간성의 밑바닥에 있는 도덕가치에 의존한다면 후자는 인간 밖으로부터 인간생활의 물질적 조건에 바탕을 둔다.

공자와 마르크스의 이와 같은 해결책의 차이는 각기 동양적 인간관과 서양적 인간관을 전제한다. 유교는 인간의 본질을 도덕성에서 찾고 있으며 인간의 가장 귀중한 가치를 인간의 내적 개발에서 발견한다. 반면 마르크스주의는 인간의 본질을 이성적 기능에서 보고 가장 중요한 가치를 자연의 외적 정복에서 찾는다.

공자가 예절 밝은 선비들의 사회를 제공한다면 마르크스는 재빠른 사업가들의 세계를 투시한다. 『논어』가 명상적이고 차분한 인간사회의 비전을 비춰준다면, 『자본론』은 다이내믹하고 극성스러운 인간사회의 비전을 제공한다.

《세계의 문학》, 1994, 겨울호

『동서의 만남』 초판 서문

풀브라이트 교환교수로 이화여대에 가 있던 중이었다. 동양과 서양을 문화적 측면에서 비교하는 짤막한 글을 청탁받았다. 동양과 서양을 비교해보자는 것이었다. 주저 끝에 쓴「부처와 그리스도」가 1981년 8월호《삼성소식》에 나왔다. 몇 번 더 연재해 달라는 부탁으로 붓을 계속하는 동안 뜻하지 않게 좋은 호응을 받아, 다음해 8월 서울을 떠난 후 이곳까지 와서 1984년 12월까지 한번을 걸러 40회를 연재하게 됐다. 그 가운데에 착오로 한 테마를 다룬 거의 중복에 가까운 글이 실렸었고 대신에「공자와 마르크스」라는 글이 누락됐었다. 여기에 모은 것들은《삼성소식》에 이어 발표된 40회 중에서 중첩된 글을 하나 빼놓고 그 대신 누락되었던 글「공자와 마르크스」를 첨부한 모두 40개의 독립된 단편적인 글들이다.

이 글들이 속할 수 있는 분야를 구태여 말하자면 일종의 비교문학이나 인류학에 속하는 것으로 볼 수 있고, 이 글들의 성격을 말하자면 그것은 결코 학술적인 논문도 아니며 그렇다고 한국적 뜻의 수필이나 감상문도 아니다. 무소속에 가까운 성질의 글이다. 구태여 이름을 붙이자면 가벼운 단상이라 해도 좋겠다.

전문가로서가 아니라 하나의 교양인으로서, 체계적으로 구상된 것이 아니라 그때그때 생각이 떠오르는 대로 적어둔 것인 만큼, 이것에서 지적 깊이, 정보적 정확성을 기대할 수도 없고, 사고나 주장의 일관된 체계성을 찾으려 해도 살놋일 것이다. 그러나 그 반면 독자들은 바로 이러한 성격의 글에서 전문가의 글에서 볼 수 없는 생각의 신선성과 체계적 논문에서 볼 수 없는 사고의 자유분방성을 즐길 수 있을는지도 모른다.

동양과 서양은 문화적으로 그 성격이 크게 다르다. 그러나 약 100년 전, 특히 지난 40년 전부터 동양과 서양은 어쩔 수 없이 서로 뗄 수 없는 깊은 관계를 맺어가고 있다. 특히 동양에 미치는 서양적인 영향은 너무나도 격렬해가고, 그에 따라 동양의 전통이 흔들리고, 동양인들이 새로운 자주성을 찾아야 할 다급한 상황에 놓여 있다. 이런 마당에서 동양과 서양을 거시적인 입장에서 그것들 사이의 근본적인 차이와 성격을 생각해보고 파악하는 일은 동양인으로서의 우리의 주체를 지키기 위하여 가장 기초적인 준비작업의 하나가 될 것이다. 이런 점에 극히 단편적이고 산발적이나마 동양과 서양의 문화적 차이를 여러 차원에서 고찰한 이 글들이 다소 독자의 관심을 살 수도 있다면, 독자들이 이 글들 속에서 희미하게나마 그들의 관심을 조금이라도 끌고 산만하나마 그들의 생각에 어떤 힌트를 줄 수 있다면 저자는 그 이상의 보람을 바라지 않는다.

문화는 자연과는 달리 인과적 법칙에 의해 설명될 수 있는 그냥 객관적 현상이 아니다. 그것은 한 인간공동체가 공유하고 있는 세계관·가치관의 한 체계를 지칭한다. 그러므로 겉보기에는 서로 아무 상관이 없는 여러 가지 문화현상은 자연히 그것을 뒷받침하는 체계를 반영한다. 뒤집어 말해서 문화권의 여러 문화현상들은 직접적·간접적으로 그 문화권의 세계관·가치관을 구체적으로 나타낸다. 한 문화권의 어떤 문화현상의 특수성이 그 문화권의 특수한 세계관 혹은 가치관에 의해서 설명될 수 있다.

이와 같이 해서 40개의 다양한 동서 문화현상들을 그 밑바닥에 각기 서로 다른 동과 서의 이데올로기에 의해서 그 의미를 파악하려 해보았다. 따라서 40개의 글들이 단편적이나마 독자들은 그 가운데에 어떤 통일된 관점의 원칙을 발견할 것이다.

이 글을 모아 책으로 내면서 먼저 오랫동안에 걸쳐 이 글들의 원고를 교정하고 《삼성소식》에 실어준 그곳 여러분과 컷을 그려주신 김천정 선생에게 이 자리를 빌려 사의를 표한다. 그리고 이것들을 하나의 책으로 묶어 출판을 맡아주신 한만년 사장, 그 구질구질한 실무를 맡아주신 최재유 상무에게 깊은 사의를 표한다.

1985년 2월 미국 케임브리지에서

2부

—

노장사상

01
문제와 방법

문제

내가 아직도 퍽 어렸던 시절이었다. 할아버지는 시골 대청에 우리 꼬마
들을 앉혀놓으시고 동네가 흔들릴 만큼 우렁찬 음성으로 많은 한시를
외우시곤 하셨다. 이제 뒤돌아 생각해보니까 그가 들려주시던 한시 가
운데는 노자나 장자의 구절들이 있었던 것 같다. 그럴 때마다 나는 그
자리에서 도망쳐서 밖으로 튀어나와 잠자리를 쫓고, 개천가에서 물장
난하기에 바쁘기가 일쑤였다. 내가 할아버지의 한시에 대해서, 그리고
할아버지의 말씀에 대해서 전혀 관심을 갖지 않았던 것은 내가 아직도
철없는 장난꾸러기였기 때문이기도 했겠지만, 그 당시 모든 우리들의
옛것, 할아버지가 말씀하시는 모든 것들은 이미 케케묵고 낡아빠진 아
무 가치가 없는 것이라는 그릇된 선입관을 갖고 있었기 때문이었던 것
같다. 할아버지가 작고하신 다음, 역시 이미 타계하신 지 몇 년이 되는
아버지도 식구들이 모인 자리에서 가끔 장자의 여러 가지 재담을 하시

면서 퍽 신명 내시고 재미있어 하시곤 했다. 이 무렵까지도 나는 노자나 장자에 대해서는 물론 동양고전에 대해서 별로 관심이 없었다.

내가 노장을 처음으로 읽게 된 것은 직업적 필요에 의해서였다. 나의 전공이 서양철학이지만, 내가 가르치고 있는 미국 학생들이 동양철학을 알고 싶다고 했었는데 내가 동양사람이니만큼 내가 그것을 맡아야 하겠다는 공론이 서게 되었던 것이다. 약 7년 전 이와 같이 해서 나는 강의 준비차 인도사상과 더불어 노자와 장자를 미국에서 처음으로 읽게 되었다. 그것은 처음에는 영어번역을 통해서였고, 그후 우리말 그리고 일역을 참작해서 읽게 되었었다. 처음에는 반갑지 않던 직업적 의무는 지금 생각하면 퍽 다행한 결과가 됐다. 나는 노장사상에 차츰 떼어버릴 수 없는 매력을 느끼게 되었던 것이다. 특히 장자에서 나는 호탕한 멋을 맛보고 시원한 즐거움을 감출 수 없었다. 잘은 모르지만 새로운 세계를 발견했다는 기쁨, 아니 잃어버린 보물을 다시 찾았다는 기쁨을 숨길 수가 없었다. 일찍이 할아버지와 아버지의 가르침에 귀를 기울이지 않고 낭비한 시간이 뉘우쳐질 뿐이었다. 그러나 늦게나마 노장사상을 접하게 되고 나대로 다소나마 이해하게 됐다는 것은 퍽 다행한 일이다.

노장사상이 위대한 사상이라는 것은 막연하게나마 늘 들어온 바이다. 우리 할아버지와 아버지의 예로써 짐작할 수 있듯이, 적어도 동양에서는 공자나 맹자와 더불어, 아니 그들과 대조되어 약 2천 년 동안 항상 노자와 장자의 말이 인용된다는 것으로도 충분히 짐작된다. 구체적인 과학적 증거는 없지만 동양인, 즉 중국·한국·일본인의 정신생활의 밑바닥에 깔려 있는 세계관·종교관·인생관·가치관에는 기독교나 불교는 물론, 공자나 맹자의 사상에 앞서, 아니 그 밑바닥에 노장의 사상이 깔려 있는 것으로 추측된다. 하기야 공자 자신도 심층적 심성에는 도가적인 인간이었다. 노장에 매혹당하는 것은 동양뿐만이 아니다. 그것은 이미 오래전부터 많은 서양인의 마음을 매혹했고, 오늘날에 더욱 많은 서양인들의 마음을 끌고 있다는 것은 속일 수 없는 사실이다.

이와 같이 노장사상이 극히 동양적인 것이면서 시간과 장소를 떠나서 빛나는 인류보편적인 차원을 갖고 있는 위대한 사상임을 증명해주는 것이다. 노장사상은 동양의 정신적 살인 동시에 피이며, 인류공통의 정신적 양식이다. 그렇다면 노장사상은 과연 무엇인가? 그것이 동양인뿐만 아니라 모든 인간의 마음에 울려오고 그들을 매혹한다면, 그 보편적이며 본질적인 이유는 무엇인가? 그것이 심오한 사상이라면 그 근거는 어디에 있는가?

노장사상에 대한 수많은 저서는 단편적인 해설이나 극히 학술적인 주석 고증에 그치고 만다. 최근에 분석철학자인 아서 단토가 그의 저서 『신비주의와 윤리』[40]에서 종합적이고 체계적인 설명을 꾀했으나 그것은 너무나 간략하고 피상적인 것에 그치고 말았다. 그렇기 때문에 우리는 아직도 체계가 확실한 노장사상의 분석적인 설명을 갖지 못하고, 따라서 우리들의 그러한 문제의 대답으로 우리는 흔히 『도덕경』, 즉 『노자』나 『장자』에서 단편적인 인용을 든다. 그리고 우리는 그것에 감탄하고 박수를 보낸다. 이와 같이 하여 우리는 단편적인 대답으로 만족하려는 경향이 있다. 사실 필자가 알기에는 분석적이고 체계적인 노장사상의 해설을 본 적이 없다. 그 사상에 대한 이해와 평가는 언제나 단편적인 성격을 뛰어넘을 수 없는 정도에 머물러 있을 뿐이다. 이와 같은 사실은 노장사상이 원래 단편적으로 흩어진 채 표현된 사실에도 있지만,

---

[40]   Arthur Danto, *Mysticism and Morality*, Harper & Row, 1972.

더 근본적으로는 서양식 형식논리적 설명을 거부하는 사상이라는 사실에서도 찾아볼 수 있으리라. 그뿐만 아니라 노장사상의 깊이는 바로 그러한 체계를 거부하는 데 있을지도 모른다. 따라서 그것을 체계적으로 분석하고 설명하려는 시도 자체가 그 사상의 본질을 아직 깨닫지 못한 데서 생긴지도 모른다.

그러나 체계가 설 수 없다는 것을 제대로 주장하려면 그 주장에 체계가 있어야 하듯이 아무리 체계를 거부하는 사상이라도 그것이 올바로 타당성 있게 하나의 사상으로서 이해되고 평가되려면, 그 사상은 우선 체계적으로 분석되고 이해되어야 한다. 단적으로 말해서 체계가 없는 사상은 사상일 수 없고, 그것이 어떤 종류의 것이든지 체계적 이해 이전의 이해는 진정한 의미에서의 이해에 도달했다고 주장될 수 없다.

이와 같이 볼 때 노장사상을 이해하는 데는 두 가지 어려운 문제가 깔려 있다. 그 첫째는 그 사상의 원래의 주장이 극히 단편적이고, 그것들의 주장의 의미가 애매모호하다는 점이다. 노장사상의 구약에 해당되는『노자』는 너무나 시적인 표현으로 가득 차 있고, 그것의 신약에 해당하는『장자』는 재치는 있지만 너무나 단편적인 일화로 차 있다. 그러나 이 위대한 두 저서의 가치와 영향이 그와 같은 문체적인 성격에 있다 하더라도 그것은 그것이 갖고 있는 하나의 사상의 내용과는 아무런 관계가 없다. 그러한 문체의 가치는 오로지 문학적인 가치로서만 평가되어야 한다. 따라서 위의 두 저서가 사상적인 저서로서 보다 더 잘 이해되려면 보다 더 체계적이고 분석적인 논리의 전개가 있어야 했을 것이다. 여기에서 노장사상을 이해하고자 하는 사람들의 고충과 아울러 흥미가 생긴다. 그리고 여기에 바로 노장사상을 밝히고자 하는 이의 문제가 있다.

둘째의 문제는 노장사상의 다양성 혹은 모호성이다. 노자와 장자의 사고의 내용을 흔히 하나의 사상이라고 부르지만, 그것은 또한 하나의 철학, 하나의 종교라고도 불린다. 그래서 노자와 장자는 사상사에 속하는가 하면, 서양철학에 비해서 동양철학의 하나로 대조되고, 또 그런가 하면 기독교나 불교에 비해서 하나의 종교로도 취급되고 있다.

한 개인이나 시대의 생각이나 주장이 반드시 철학적이어야만 한다든가, 혹은 종교적이어야만 한다든가 하는 논리적 이유는 없지만 '철학'이라는 개념과 '종교'라는 개념, 혹은 '사상'이라는 개념, '이념'이라는 개념은 서로 완전히 일치하지 않고 구별되며 또 그렇게 되어야 한다.

이러한 주장은 그것들 사이에 아무 관계가 없다는 말과는 전혀 다르다. 몸과 마음의 사이에 깊은 관계가 있음을 우리는 잘 알고 있지만 '몸'이라는 개념과 '마음'이라는 개념은 서로 구별되어야만 비로소 각기 그 의미를 가질 수 있다. 그렇기 때문에 일반 사람들에 의해서는 흔히 서로 혼동되어 사용되고 있는 위와 같은 개념들을 각기 분명히 밝히면서, 그런 관점에서 볼 때 노장사상은 어떤 의미에서 사상이며, 어떤 의미에서 철학이며, 또 '종교'인가를 밝힌다는 것은 노장사상을 이해하는 데 가장 중요한 일이 될 것이다.

내가 여기에서 노장의 생각을 '철학'이라고 부르든가 '종교'라고 부르지 않고 구태여 '사상'이라고 부른 것은 '철학'이나 '종교'라는 개념보다 '사상'이라는 개념이 더 포괄적인 개념이며, 노장의 생각이 철학이나 종교로서 분화되기 이전의 복잡한 생각의 내용을 갖고 있다고 믿기 때문이다. 이러한 전제는 그러한 성질의 노장의 생각, 즉 노장사상이 하나의 철학으로서, 그리고 동시에 하나의 종교로서 분석될 수 있고 해석될 수 있다는 것을 암시한다.

노장사상은 이와 같은 분석을 통해서 보다 정확히 이해될 수 있을 것이다. 그것은 마치 구체적으로는 분해될 수 없는 구체적인 인간이 심리학·생리학·동물학 혹은 사회학적 관점에서 분석될 때 보다 깊이 이해될 수 있는 것과 흡사하다. 그 이유는 이미 어느 정도 확실히 체계가 밝혀진 심리학적·생물학적 관점이라는 어떤 패러다임paradigm에 비쳐 보일 수 있기 때문이다. 그런데 철학이라는 관점, 종교라는 관점은 사상이라는 관점보다는 확실한 체계가 선 관점이다. 따라서 우리가 보다 잘 알고 있는 이러한 관점들을 하나의 패러다임으로 삼아 사상이라는 하나의 대상이 분석되고 이해될 수 있다. 그리하여 노장사상은 철학이나 종교 등의 구성요소로 분해될 수 없는 하나의 구체적인 관념적 유기체이긴 하지만, 그것이 개념적으로 분석될 수 있을 뿐만 아니라, 그것이 우리들에게 이해되려면 반드시 분석되어야 한다는 이유가 충분히 생긴다. 칸트는 모든 인식대상은 오로지 우리들이 선천적으로 갖고 있는 선험적 범주에 의해서 정리되어야만 비로소 인식된다고 주장했다. 인식의 대상과 인식의 위와 같은 관계를 밝히면서 그는 "지각 없는 개념이 공허하다면 개념 없는 지각은 눈이 멀었다"고 말했다. 노장사상을 우리들의 인식, 아니 이해의 대상으로 본다면, 우리가 사용하려는 관점, 즉 철학적·종교적·이념적 관점은 칸트에 있어서의 선험적 범주에 해당된다. 이러한 범주들에 의해서 걸러지고 정리되었을 때 노장사상은 비로소 보다 선명히 이해될 수 있을 것이다.

방법

노장사상을 밝히는 데 있어서 위에서 본 바와 같은 문제, 즉 단편적인 것을 체계적으로 보고, 복잡하고 복합적인 것을 분석해야 하는 문제는 어떻게 풀릴 수 있을까? 여기에서 우리는 방법의 문제를 생각해야 할 단계에 이른다.

그러나 이 방법이 설사 발견되었다고 해도 그에 앞서 우리들이 이해하고자 하는 대상을 보다 정확히 규정할 필요가 있다. 노장사상을 이해한다고 했지만 '노장사상'은 구체적으로 무슨 대상을 가리키는 것인가? 그것은 노자나 장자 혹은 그의 제자들이 갖고 있었다고 믿어지는 어떤 생각을 가리키기 쉽다. 그러나 우리는 그러한 '생각'에 직접 부딪쳐볼 수도 없고, 또한 그러한 '생각'이란 말이 무엇을 지칭하는 것인가조차 알 길이 없다. 그러므로 노장사상이라 할 때 우리들이 이해의 대상으로 삼을 수 있는 것은 유일한 객관적인 대상인 그들의 저서『노자』와『장자』라는 문자로 된 책들일 뿐이다. 그러한 책을 구성하는 문자의 의미를 읽음으로써만 노자와 장자의 사상에 도달할 수 있는 것이다. 바꿔 말하자면 그들의 사상이란 그들의 저서와 일치하고, 그 저서 밖에서 그들의 사상은 찾아볼 수 없다는 결론이 선다.

그래서 노장사상이라 할 때 나는 노자와 장자의 '텍스트', 즉『노자』와『장자』를 가리키는 것이다. 우리의 문제는 그 텍스트를 이해하는 문제로 돌아간다. 더 구체적으로 말하자면 그 텍스트를 통해서 그 텍스트가 갖고 있는 의미를 밝히고자 하는 문제이다. 그것은 다름 아니라 독서의 문제이다.

『노자』와『장자』라는 텍스트는 어떻게 읽힐 수 있는가? 어떻게 읽어야만 하는가? 구조주의 문학비평가 츠베탕 토도로프Tzvetan Todorov는 그의 「독서론」이란 글에서 한 문학적 텍스트를 읽는 전통적인 세 가지 방법을 들고 있다. 그것을 그는 각기 '투사projection', '주석commentaire', 그리고 '시학poétique'이라고 이름 짓는다. 위의 세 가지 독서방법을 한 텍스트의 해석방법으로 보아도 좋다. 토도로프에 의하면 한 텍스트의 '투사적' 접근방법은 그 텍스트를 통해서 그것을 만들어낸 저서 또는 사회 등을 밝혀보려는 외재적 해석방법이다. 프로이트적 정신분석학적 해석 혹은 마르크스적 사회학적 비평방법이 그 예가 된다. 이와 반해서 '주석적' 접근방법은 한 텍스트의 의미를 그 텍스트 안에서 찾아내려는 내재적 해석방법이다. 가장 대표적인 예로는 '텍스트 분석explication du texte'이라는 것이 있다. 이러한 방법은 프랑스 대학에서 전통적으로 철저히 적용되고 있는 일종의 작품 '풀어내기'라 할 수 있다. 마지막 '시학적' 접근법은 한 구체적인 텍스트가 언어의 내적 원칙에 의해서 구성되어 있는가를 찾아내고자 하는 해석방법이다. 그것은 이른바 넓은 의미에서의 구조주의적 해석방법에 해당된다.

노장사상을 알아보는 데는 세 가지 방법 가운데서 어떠한 것이 가장 적합할 수 있을까? 투영적 방법이나 주석적 방법은 언제나 있어왔고, 그러한 방법에 의한 연구는 그것대로 중요하다. 노장사상을 한 형태의 심리적 표현 혹은 사회 또는 정치적 표현으로 봄은 당연하다. 왜냐하면 그 사상은 어떠한 정신상태의 표현이며, 어떤 특정된 사회 또는 정치적 소산임에 틀림없기 때문이다. 그러나 이러한 접근은 결국 심리학적 혹은 사회학적 연구에 귀착되는 것이고 한 체계로서의 사상의 연구가 될 수 없다. 우리가 여기서 알아내고자 하는 것은 사상으로서의 노장사상이기 때문이다. 두말할 나위도 없이 이러한 사상의 창조는 한 인간 또는 여러 인간의 심리적 생산이요, 역사적 또는 사회적 산물임에 틀림없지만 그것의 발생학적 관계를 떠나 하나의 사상체계로서 떼어놓고 볼 수 있는 것이다. 우리가 알고자 하는 것은 노장사상의 원인은 무엇인가, 또는 어떠한 영향을 미쳤는가 하는 문제와는 달리, 그것이 어떠한 체계와 구조를 갖고 있나를 알고자 하며, 그럼으로써 그것의 발생학적 의미를 초월한 의미를 찾아보는 데 있다.

위와 같은 우리의 목적을 달성하는 데에는 투사적 방법과는 다른 주석방법으로도 만족될 수 없다. 왜냐하면 이 방법은 원래의 텍스트를 좀 더 자세히 반복하는 데 있고, 쉬운 말로 바꿔 말하자면 '작대기 글'로 읽는 방법에 지나지 않기 때문이다. 그러나 한 텍스트를 작대기 글로 읽을 줄 안다고 해서 반드시 그 글을 이해하는 건 아니다. 어린아이가 한글을 읽을 줄 알고 그가 읽는 한글의 낱말들의 의미를 개별적으로 전부 안다고 해서 그 어린아이가 성서나 『죄와 벌』을 이해할 수 있다고 말할 수 없기 때문이다. 위와 같은 텍스트를 어린아이가 그냥 읽는 차원을 넘어서 그것의 내용을 이해하려면, 두말할 필요도 없이 우선 그 텍스트를 구성하고 있는 각기 낱말이나 문장의 뜻을 알아야 하는 일이 우선조건임은 새삼 강조할 필요도 없는 사냥한 논리이다. 이러한 우선적 작업을 한다는 점에서 정확한 주석의 작업은 빼놓을 수 없는 중요한 일이다. 그러나 한 텍스트는 이러한 주석만으로 이해되었다고 말할 수 없다.

거의 대부분의 노장사상에 대한 연구는 주석에 그치고 있다. 만약 앞서 말한 심리학적 혹은 사회학적 해석이나 주석적 해석이 노장사상을 참다운 의미에서 이해하는 데 충분하지 못하다면, 과연 어떤 방법이 가능한가?

여기서 우리는 토도로프가 '시학적'이라고 부르고 있는 방법을 생각하게 된다. 그것은 한 텍스트를 유기적인 체계로 보고, 구체적으로 읽을 수 있는 그 텍스트의 보이지 않는 내재적 원칙을 밝히는 데 있다. 이러한 방법이 한 텍스트를 이해하는 데 필요한 것은 구체적이며 개별적인 것들은 오로지 보다 전체적이고 유기적인 구조적 체계의 색안경을 통해서만 그 개별적인 의미가 밝혀지고 전체적인 이해가 가능하기 때문이다. 그렇기 때문에 한 텍스트에 구조적으로 접근한다는 것은 그 텍스트의 구조적 원칙을 밝혀내는 데만 그치지 않고, 궁극적으로 그 텍스트의 의미를 이해하는 데 있다.

노장사상을 내 나름대로 정리해서 이해해보고자 하는 이 작은 에세이가 택해야 할 방법은 꼭 찔러 특별나게 구조적 방법이라고 이름 붙일 것이 못 되지만, 넓은 의미로서의 그러한 방법일 수밖에 없게 된다. 먼저 말했듯이 한 텍스트를 체계적으로 설명하자면 그 해석자가 의식하든 안 하든 간에 언제나 구조적인 방법일 수밖에 없다. 이러한 원칙은 비단 언어로 된 텍스트라는 대상을 이해하는 데만 해당되지 않고, 사물현상을 이해하는 데에도 해당된다. 한 사물현상은 과학적인 설명이 되어야만 비로소 참다운 이해가 될 수 있다고 하는데, 그 까닭은 과학적 설명은 하나의 이론적 설명이며, 이론적 설명이란 결국 일종의 구조적 설명이기 때문이다.

그러나 한 텍스트를 구조적으로 설명한다 해도, 즉 어떤 체계를 통해 그것을 구성하고 있는 부분들의 의미를 파악하고 그것들 간의 관계를 설명한다 해도, 그 텍스트는 대체로 단 한 가지 체계만이 아닌 여러 가지 체계에 의해서 설명될 수 있다. 따라서 한 체계를 채택해서 그런 입장에서 설명이 된다 해도, 그 설명은 결코 절대적인 설명이 될 수는 없다. 서로 상반되는 모든 설명이 모두 다 함께 동등하게 정당하고 옳은 설명이라고는 결코 말할 수 없지만, 모든 설명은 결국 다소간의 상대성을 극복할 수 없다는 논리를 그 자체 속에 갖고 있게 마련이다. 뒤에 알겠지만 노장의 중요한 생각의 하나는 바로 위와 같이 모든 앎이 상대성이라는 데 있다.

나는 여기서 이러한 상대성, 더 심하게 말해서 편견성을 의식하면서, 피상적이나마 필자가 갖고 있는 하나의 철학적 관점에서 노장사상을 하나의 체계로서 분석하고자 한다. 여기서 '철학적'이라고 할 때, 그 개념은 다분히 서양적 발상에 입각하고 있음을 나는 자인한다. 그것은 달리 말해서 동양의 가장 대표적인 노장사상을 서양적 입장에서 본다는 말이 될 것도 같다. 따라서 근본적으로 전혀 다른 테두리를 갖고 있는 두 개의 크나큰 사고를 한쪽의 관점에서 본다는 결과가 될 것이며, 그렇게 되면 노장사상을 왜곡하고 오해하는 결과를 인정해야만 될 것 같다. 그렇다면 이 연구의 의의는 전혀 없어지고 말게 될 것이다.

그러나 위와 같은 가상적 비판은 필자가 생각하는 바의 '철학'에 대한 오해에서 생겨나는 것이다. 내가 말하는 '철학'은 서양의 어떤 철학가들의 사상적 체계를 의미하는 것이 아니다. '철학'이라고 할 때 나는 이성을 가신 어느 인간에게나 가능한 하나의 사고의 차원과 방법을 말한다. 그렇기 때문에 비록 그러한 사고가 서양에서, 특히 20세기 서양사상에서 두드러지게 나타나고 자의식되었다는 것이 역사적인 사실이긴 하지만, 동양에서도 언제나 그러한 사고의 차원과 방법은 무의식적이나마 나타나 있었고, 그것은 또 모든 인간이 공통적으로 갖고 있는 잠재적인 보편적 사고형태라고 나는 믿는다. 보다 확실한 윤곽을 갖고 의식하게 된 이와 같은 하나의 사고의 차원과 방법을 통해서 노장사상을 분석한다는 것은 반드시 그것을 서양적인 척도에서 보려고 하는 것과는 다른 것이다. 이와 같이 볼 때, 동양사상은 동양사상의 테두리에서 봐야 한다든가, 노장사상은 그 자체의 테두리 안에서 본다는 것은 아무 근거가 없는 논리일 뿐만 아니라, 그와 같은 것은 불가능한 것이다.

위와 같은 사실을 전제로 하고 나는 노장사상을 세 가지 측면에서 고찰하고자 한다. 바꿔 말해서 나는 노장사상이 '철학'의 차원과, '종교'의 차원과, '이념'의 차원을 포괄하고 있는 것으로 보고자 한다. 이렇게 볼 때 비로소 노장사상이 때로는 철학으로 취급되는가 하면 때로는 종교로서 취급되고, 또한 때로는 '이념'이란 뜻의 '사상'으로 취급되고, 또 그렇게 될 수 있는 이유를 짐작하게 된다.

이 에세이가 뜻하고자 하는 바가 노장사상의 '철학적' 분석이라고 했는데, 그것은 더 구체적으로 말해서 첫째, 노장철학의 철학적 해석이 될 것이며, 둘째, 노장종교의 철학적 해석이 될 것이고, 셋째, 노장이념의 철학적 해석이 될 것이다. 그렇다면 이 책이 시도하는 바를 보다 분명히 하기 위해서는 필자가 보고 있는 대로의 '철학', '종교', 그리고 '이념'이라는 각 개념과 그것들 사이의 관계를 다소 밝혀둘 필요가 있다.

첫째, 철학은 사고의 내용이나 대상을 가리키기보다는 사고의 한 차원과 방법을 가리킨다. 사물에 대한 앎과 우리들 자신의 여러 가지 체험 등은 일단 언어로 표현될 수 있고, 또 그렇게 됨으로써 비로소 앎으로서 혹은 체험으로서 의식된다. 철학은 그러한 언어의 뜻과 그것들의 논리적 관계를 보다 명석하게 해명하는 2차적, 또 반성적 사고를 가리킨다. 노장사상은 이러한 사고의 차원을 지니고 있다. 어떻게 보면 노장철학은 우리가 우리들의 경험이나 앎을 기술하는 데 사용하는 언어에 대한 사색이라고 볼 수 있는 것이다. 그러나 이와 같이 해석된 노장철학은 그 자체가 다시 철학적 사고의 대상이 될 수 있다. 철학적 견해를 전달하기 위해 사용된 노장의 언어가 과연 정확히 무슨 의미를 갖고 있으며 그 것들 간의 논리적 관계는 어떤 것인가를 검토할 수 있다. 이러한 작업은 철학의 철학적 분석이 되며 그것은 메타 철학meta-philosophy 혹은 상위적 담론이라 불릴 수 있다.

둘째, '종교'라는 개념은 한 인간과 우주의 궁극적인 관계와 그것의 의미에 대한 한 가지 믿음이라고 나는 생각한다. 노장사상은 위와 같은 성질의 한 믿음으로도 볼 수 있다. 그러한 믿음이 과연 어떻게 정당화될 수 있는가 등을 밝히려고 할 때 우리는 종교의 철학적 고찰로 옮겨가게 된다.

셋째로, 나는 여기서 '이념'이란 개념을 가장 기본적인 가치관으로 해석한다. 그러한 가치관도 역시 그것의 타당성 여부가 검토될 수 있는 데, 그러한 검토는 역시 가치관 자체가 아니라 가치관에 대한 해명으로 써 철학적 작업이 되는 것이다. 노장사상은 이러한 의미로서의 이념을 나타내고, 따라서 그것은 철학적 해석의 대상이 될 수 있는 것이다.

노장사상에서 '도'와 '무위'라는 개념이 가장 기본적 핵심개념임은 언제나 지적되고 있는 터이며, 그러한 사실은 『노자』와 『장자』를 훑어 보는 사람이면 누구나 이해할 수 있다. 여기서 필자는 '도'를 노장사상 의 철학적 측면을 나타내는 중심개념으로 보고, '무위'를 노장사상의 종교적 측면을 드러내는 핵심개념으로 보고자 한다. 그런데 내가 알기 에 아무도 지적한 사람들이 없을 뿐만 아니라 『노자』나 『장자』를 언뜻 읽어도 많이 쓰이지 않는 것이지만, 필자로서는 '소요逍遙'라는 개념이 노장사상을 이해하는 데 빼놓을 수 없는 중심개념이라고 확신한다. '소 요'라는 개념은 노장사상의 이념적 측면을 나타내는 것이다. 그리하여 '도'라는 개념에서 나타나는 노장철학, '무위'에서 나타나는 노장종교,

그리고 '소요'에서 밝혀지는 노장이념은 서로 유기적 관계를 갖고 하나의 구체적인 노장사상을 구성하고 있다. 따라서 이 에세이는 첫째 '도'라는 개념, 둘째 '무위'라는 개념, 그리고 셋째 '소요'라는 개념에 대한 해석이 될 것이다.

『노장사상』(1980)

02
'도'와 진리 — 철학으로서의 노장사상

노장사상은 '도'에 대한 사상이라 해도 과언이 아니다. 노장사상이 때로는 '도교'라고 불리는 이유가 여기에 있다. '도'라는 개념이 이해됐을 때 '무위' 혹은 '소요'라는 개념도 비로소 이해될 수 있다. 그러므로 '도'라는 개념을 충분히 이해했을 때, 우리는 노장사상의 핵심을 이해했다고 말할 수 있다.

'도'라는 개념은 존재에 대한 개념이다. 여기서 존재란 우리가 일상 알고 있는 어떤 개별적인 대상을 가리키는 것이 아니라 궁극적인 실제, 더 정확히 말해서 궁극적인 실체의 존재양식을 가리킨다. 그리하여 '도'라는 개념은 '진리'라는 개념과 연결된다. 따라서 '도'에 대한 노장사상은 하나의 존재론이다. 그렇다면 궁극적 존재는 무엇인가?

존재와 언어

'도가도 비상도道可道 非常道'라는 말은 『노자』의 유명한 첫 구절이다. 노장사상은 이 짧은 구절 속에 그 진수가 요약되어 있다고 한다. 위의 구절은 '도'라는 개념이 지칭한 궁극적 존재는 '도'라는 말로 불렸을 때에는 이미 있는 그대로의 존재로서의 도는 아니라고 해석된다. 그것은 달리 말해 '도'라고 불리는 존재에 대한 서술이 되지만, 그것을 다른 각도에서 볼 때 언어에 대한 이론, 더 나아가서는 존재와 언어의 관계에 대한 이론으로 볼 수 있다. 이와 같이 볼 때 위의 유명한 구절은 결국 하나의 언어에 대한 철학적 견해를 나타낸다. 만약 위의 구절이 노장사상의 핵심을 나타낸다는 것을 인정하면 노장사장의 핵심은 하나의 언어철학임을 알게 된다. 언어철학의 가장 근본적인 문제는 언어와 그것이 의미하는 물질적 혹은 관념적 대상과의 관계에 있다. 이러한 관계를 철학적 의미론philosophical semantics이라고 한다.

언어철학이란 20세기에 비로소 생겨난 새로운 철학적 개념이다. 그것은 넓은 의미로서는 철학적 방법을 가리키는 개념이며 좁은 의미로서는 언어와 그것이 지칭하는 대상 혹은 기능과의 관계에 대한 이론이다. 만약 이 두 가지 의미로서의 언어철학이 현대철학의 새로운 점이라면, 노장사상도 언어철학이라는 새로운 각도에서 현대적인 해석을 받을 수 있고, 현대 언어철학과 비교되어 새로운 현대적인 의미가 검토될 수 있다. 노장사상이 현대의 언어철학과 별로 다르지 않은 문제를 보고, 그러한 문제에 어떠한 철학적 이론을 제공한다고 하지만, 노자나 장자가 오늘날 언어철학자, 아니 그밖의 모든 철학자들과 똑같이, 그들이 철학적 방법이나 문제가 어떠한 성격인가를 분명히 의식했다는 말은 물론 아니다. 그러나 그들이 남겨놓은 사고의 결과를 검토하면 그것들은 충분히 오늘날 언어철학의 견지에서 검토될 수 있고, 그럼으로써 그들의 사상이 보다 잘 오늘날의 우리들에게 연결될 수 있고, 그럼으로써 그들의 사상은 우리들의 문제로서 우리들에게 보다 잘 이해될 수 있다. 그렇게 해서 노장사상은 더욱 현대성을 띠고, 더욱 깊은 사상으로 이해된다.

'도가도 비상도'라는 노자의 유명한 선언 속에 나타난 사상은 언어철학이라는 입장에서 볼 때, 존재에 대한 언어의 열등성 혹은 하위성이다. 존재도 그것이 서술되고 남들에게 전달되려면 반드시 언어를 필요로 한다. 이렇다 보니 우리는 언어 자체를 존재로 착각하게 된다. '강아지'라는 말의 의미를 안다는 것을 강아지를 아는 것과 마찬가지로 생각한다. 위의 구절에서 노자가 경고하는 것은 위와 같은 언어와 존재에 대한 견해이다. 노자가 말하고자 하는 것은 언어는 곧 존재가 아니라는 것, 언어로 의미화된 존재는 역시 의미에 불과하지 결코 의미화 이전의 존재가 아니라는 것, 더 구체적으로 말해서 존재에 비해서 그 존재를 의미하는 언어는 열등하다는 것이다. 이러한 말은 결국 존재는 언어로써 완전히 표현될 수 없음을 뜻한다.

노자의 이러한 언어철학은 『노자』의 첫 구절에서뿐만 아니라 그 뒤에도 거듭 강조된다. 노자는 32장에서 '도상무명道常無名', 즉 영원한 도는 이름이 없다고 하였고, 41장에서는 '도은무명道隱無名', 즉 도는 숨어서 이름을 붙일 수가 없다라고 하였다. 이와 같은 노자의 견해는 장자에 와서도 거듭 강조된다. 그는 "완전한 도는 이름을 붙일 수 없다. 완전한 논평은 말을 아니 쓴다"[41]라고 하였고, "천지가 창조될 때 아무것도 없이, 있는 것도 없고 이름도 없었다"[42]라고 말했다.

서양철학에서도 이미 플로티누스Plotinus에 의해서 노장에서 볼 수 있는 언어비판을 볼 수 있다. 그는 절대적 실체인 '하나'는 결코 언어에 의해서 표현될 수 없다 하였다. 그러나 서양철학에서 언어비판이 가장 뚜렷하게 강조된 것은 아무래도 베르그송Bergson에서 시작되며, 그후 하이데거 등에 의해서 강조됐다. 베르그송은 언어는 존재를 있는 그대로 나타내지 못할 뿐만 아니라 오히려 존재를 왜곡한다고 주장한다. 그에 의하면 존재의 본질은 '흐름la durée'인데 언어의 본질은 흐름과는 반대로 고정화하는 데 있다. 가령 물이라는 존재를 '물'이라는 말로 표현했다 하자. '물'이라는 말은 '물'이라는 개념으로 고정된 의미를 가짐으로써 말로서의 기능을 한다. 따라서 언어는 고정되지 않은 사물을 고정화시키는 결과를 낳는다. 이런 점에서 볼 때, 언어는 사물을 왜곡시킨다는 결론이 나오게 된다. 이와 비슷한 언어에 대한 비판은 하이데거에서도 찾아볼 수 있다. 그는 존재, 즉 '있음sein'은 결코 과학자나 철학자들이 주장하는 성질의 것이 될 수 없다고 말한다. 왜냐하면 과학자나 철학자들이 그 존재를 밝힐 때 논리적으로 이해될 수 있는 개념을 갖는 언어를 써야만 하는데, 그와 같은 언어의 개념은 논리적으로 그 언어가 서술하는 존재일 수 없기 때문이다. 따라서 존재를 서술하려면 과학자나 철학자의 언어보다는 시인이나 예술가가 사용하는 언어가 보다 존재를 충실히 표현할 수 있다는 하이데거의 주장이 나오게 된다. 언어가 존재를 완전히 표현할 수 없다는 견해는 철학자들에 의해서 주장된 것일 뿐만 아니라, 그 이전에 많은 예술가들에 의해서 주장되고, 또한 철학자

---

41 장자, 『장자』, 김동성 역, 을유문화사, 1966, p.34.
42 위의 책, p.100.

나 예술가가 아닌 일반사람들이 흔히 자명한 것으로 알고 있는 견해이다. 그래서 많은 예술가들은 과학이나 철학이 표현할 수 없는 것을 예술은 다소나마 보다 충실히 표현할 수 있다는 생각을 일반적으로 갖고 있다. 이런 의미에서 예술적 표현은 과학이나 철학보다도 진리에 가깝다는 주장이 나온다.

노장의 언어에 대한 언어와 존재의 위와 같은 견해는 옳은 동시에 잘못된 견해이다. 첫째, 언어는 그것이 서술하는 존재와 같지 않을 뿐만 아니라 논리적으로 같을 수가 없다는 것은 너무나도 자명한 진리이다. 그러나 이와 같은 진리는 구태여 새삼스럽게 들고 나올 만한 의미를 갖고 있지 않은 동어반복적 성격으로 트리비얼한 것에 지나지 않는다. 둘째, 노장의 언어에 대한 비판을 검토해보자. 노장은 언어가 그것이 기술하는 존재를 왜곡한다고 경계하고 비판한다. 이러한 비판의 근거는 언어가 뜻하는 존재는 존재 자체와 다르다는 데 있다. 가령 '강아지'라는 말은 결코 구체적인 한 멍멍개와 같이 애교도 부리지 않고 색깔도 없고 냄새도 나지 않는다. 그러나 언어의 이와 같은 사실에 근거해서 언어를 비난한다는 것은 그 근거가 없다. 왜냐하면 언어가 언어로서 성립할 수 있는 논리석 조건의 하나는 한 대상과 그것을 서술하는 언어가 똑같지 않아야 한다는, 즉 달라야 하는 데 있다. 노장적 언어에 대한 비판, 그리고 플로티누스나 베르그송 혹은 하이데거적 언어에 대한 비판은 위와 같은 논리적 사실을 보지 못한 데 기인한다. 그들의 주장을 밀고 가면, 한 언어가 그것이 서술하는 대상과 똑같아야만 만족될 수 있다는 격이 된다. '강아지'라는 낱말이 정말 강아지를 있는 그대로 서술하려면 그 낱말이 강아지와 똑같아야만 한다는 결론에 도달하게 된다.

그러나 이와 같은 언어에 대한 노장의 요구에는 두말할 나위도 없이 억지가 있다. 만약 노장이나 많은 시인 혹은 예술가들의 요구대로 한 언어가 그가 서술하는 대상과 똑같게 된다면, 바로 그렇게 되는 순간 언어는 존재할 수 없다. 예술작품이 무엇인가를 재현하거나 기술하는 한에서 그것을 넓은 의미로서의 언어로 본다면, 한 예술작품이 무엇인가를 서술하거나 표현하고, 할 수 있는 것은 그것이 아무리 정확한 사실주의적 작품이라 할지라도, 그것이 그리고자 하는 대상과 어디인가 다른 점이 있음으로써만 가능한 것이다.

이미 노장이 지적하고 강조한 대로 한 언어는 그것이 서술하는 대상과 다르다는 것이 사실이지만, 그러한 사실은 우연한 사실이 아니라 필연적이고 논리적인 사실이다. 언어와 존재의 거리는 한 언어의 불완전성에 기인하는 것이 아니라, 언어가 존재할 수 있는 필수조건이다. 한 언어가 그것이 표현하는 대상과 같지 않다고 불평하고 비판한다는 것은 그 언어가 바로 언어가 될 수 있는 필수조건 없이 언어로 존재하기를 바라는 근본적인 자가당착이다. 노장의 언어에 관한 사상이 심오하다고 하지만, 위와 같이 분석해볼 때 그것은 한편으로는 극히 트리비얼, 즉 뻔하고, 다른 한편으로는 근본적으로 그릇된 이론이다. 그럼에도 불구하고 노장의 언어철학은 노장의 존재론·인식론과 뗄 수 없는 밀접한 관계를 갖고 있고, 그것들을 이해하는 데 극히 중요하다. 역설적이지만 그러한 그릇된 노장의 언어철학은 새로운 각도에서 해석될 때 놀랍게도 노장사상의 심오함을 한결 더 드러낸다.

존재와 '도'

노장사상의 핵심은 '도'에 있다. 노장사상은 '도'에 관한 사상이다. '도'는 존재론적 개념이다. 그것은 가장 궁극적인 존재를 가리키는 개념이다. 그렇다면 노장은 가장 궁극적인 존재를 어떻게 보고 있는가? 그리고 그러한 '도'는 우리들에게 무엇을 깨닫게 하는가?

상식적으로 볼 때 존재하는 것은 무한히 많다. 내가 존재하고, 책상이 존재하고, 그릇이 존재하고, 구름이, 산이, 강아지가 존재한다. 분자가 존재하고, 원자가 존재하며, 태양이 존재하고 달이 존재한다. 색이 존재하고 초록색이 존재한다. 우리가 볼 수 있고, 만질 수 있고, 느낄 수 있는 것이 존재하는 것이다. 위에서 든 여러 가지의 존재들은 반드시 어떤 언어로 표현될 수 있고, 고정된 개념으로써 파악될 수 있다. 그리고 그것들은 각기 선명하게 서로 구별된다. 서로 차별이 되는 한에서 그것들은 각기 존재한다고 인식된다. 그러나 다시 생각해보면 구체적으로 존재하는 각기의 사물 혹은 현상들은 결코 고정된 것이 아니며, 언제나 변화를 계속하고, 각기 그 존재하는 것들은 결코 완전히 서로 구별될 수 없다. 그것은 막연히 전체라고 부를 수 있는 무엇의 끊기 일부, 한 측면에 불과하다. 이와 같이 볼 때, 우리가 존재한다고 지칭할 수 있는 사물이나 현상은 우리들이 사용하는 언어와 동일한 것은 물론 아니지만, 언어와 뗄 수 없는 관계를 갖고 있음을 알게 된다. 이 문제에 대해서는 뒤에서 자세히 검토 하기로 하자.

어쨌든 변화하는 사물과 현상은 그 자체를 존재하는 것으로 볼 수 없다. 가령 '이것이 강아지다'라고 할 때 만약 강아지가 각 순간 변화한다면 어떻게 그 강아지가 존재한다고 할 수 있겠는가? 그러므로 참다운 존재는 항상 변화를 계속하는 사물과 현상, 오직 부분이나 한 측면에 불과하다고밖엔 볼 수 없는 사물과 현상 너머, 혹은 그 밑바닥에 있을 수밖에 없을 것이다. 그리하여 동서를 막론하고, 많은 철학가들은 우리가 보통 존재한다고 믿고 있는 사물이나 현상은 진정한 존재가 아니라는 생각에 도달했다. 힌두교에서는 사물과 현상을 '환상maya'이라고 믿었고 이것과 대립해서 참다운 존재를 '브라만brahman'이라 불렀다. 플라톤은 '가사세계intelligible realm'에 존재한 '이데아ideas 또는 forms'를 실재하는 존재로 보고 우리가 경험을 통해서 있다고 믿는 물질의 세계를 '껍데기appearance'로 보았다. 그리고 칸트도 가시적 세계와 비가시적 세계를 구별해서 각기 '현상phenomena'과 '본체noumena'라고 불렀다. 힌두교, 플라톤 그리고 칸트의 위와 같은 존재론의 특색은 사이비적 존재와 진짜 존재로 각기 나누어보고, 진짜 존재를 비물질적인 것, 관념적인 것으로보고 있는 데 있다. 이와 같은 관념주의적 형이상학은 조금 성질을 달리하고 있지만 후설의 현상학에서도 다시 고개를 들고 나타난다. 후설은사념적 철학에서 벗어나 '현상 자체에 돌아가라'고 외치긴 하였지만,그가 인식의 대상은 현상으로서의 대상이 아니라, 그 현상에 대한 경험속에 나타나는 '에이도스eidos', 즉 '본질'이라고 주장할 때 분명히 그는관념주의적 존재론을 주장하고 있는 것이다.

위와 같은 존재론은 어떠한 근거를 가지고 있는가? 어떻게 해서 위의철학자들은 우리의 지각적 경험을 통해 볼 수 있는 것들은 진정으로 존재하지 않고, 오히려 우리가 지각할 수 없는 것들을 진정으로 존재한다고 주장하게 되었는가?

언뜻 들어보면 위와 같은 철학자들이 주장하는 형이상학적 존재들은마치 그들이 신비로운, 특별한 지적 힘으로 그러한 것들을 발견한 듯 보이지만, 사실상 위와 같은 형이상학적 존재는 추리에 의해서 얻어진 결론임을 깨닫게 된다. 그들의 위와 같은 형이상학적 학설들은 별게 아니라, 그들이 그리고 누구나가 지각하고 관찰할 수 있는 사물과 현상들을 설명하기 위해 논리적으로 유추해서 만들어낸 가설이다. 그들은 위와 같은 형이상학적 존재가 있다는 것을 가정함으로써만 사물과 현상들의 변화가 설명된다고 생각했던 것이다. 이와 같이 볼 때 형이상학적 학설도 그 구조상으로 보아서는 과학적 학설과 다를 바가 없다. 뉴턴이나 아인슈타인의 물리학적 학설이 변화하는 물리현상을 설명하기 위해 가상된 가설에 불과하듯이 형이상학적 존재론은 개별적인 물리현상뿐만 아니라 물리현상 자체를 설명하기 위한 가설인 것이기 때문이다. 형이상학적 학설이 과학적 학설과 다른 것은 후자가 실험이나 관측을 거쳐서 그 학설이 실증적으로 증명되고 혹은 부정될 수 있는 데 반해서, 전자의 학설은 그와 같은 증명이 원칙적으로 불가능하다는 데 있을 뿐이다. 그렇기 때문에 형이상학적 학설은 어떤 종류의 것이든 간에 결코 결정적으로 증명될 수도, 부정될 수도 없는 성격을 띠고 있다. 따라서 서로 모순되는 것일지라도 수많은 다른 학설이 주장될 수 있다. 그러나 물론 모든 서로 다른 학설들이 다 같이 가치가 있다는 것은 아니다. 비록 다 같이 결정적인 증명은 못 되더라도 어떤 학설은 다른 학설에 비추어볼 때 보다 수긍될 수 있는 근거를 제시할 수 있기 때문이다.

궁극적 존재에 대한 개념인 노장의 형이상학에 있어서의 '도'의 이론도 따지고 보면 위에 예를 들어본, 다른 형이상학적 학설과 마찬가지로 우리들이 관찰할 수 있는 사건이나 사물들의 현상을 설명하기 위해 만들어낸 이론으로 볼 수 있다.

그러나 '도'라는 개념에서 밝혀지는 노장의 형이상학적 학설은 앞서 예를 들어본 힌두교적, 플라톤적 또는 칸트적인 것과 근본적으로 다르다. 앞서 든 예의 형이상학은 지각될 수 있는 물질적 현상을 정말로 존재하지 않고 비가시적, 즉 비지각적인 관념의 세계 속에서 찾는 데 반해서, 노장이 말하는 존재, 즉 '도'는 현상의 세계와 분리되어 따로 떨어져 있는 것도 아니며, 그 내용이 관념적인 것도 아니다. 그것은 현상을 포함한 모든 것, 아니 현상 그 자체 원리 외에는 아무것도 아니다. 그런데도 '도'라는 개념으로 표시되는 노장의 존재론이 보통상식으로 생각되는 존재에 대한 견해와 다를 뿐만 아니라, 보통상식으로는 도달할 수 없는 심오한 견해라고 믿어지는 이유는, 그것이 현상을 부정하지 않고 오직 그것에 대한 새로운 해석을 보여주는 데 있다. 노장의 존재에 대한 주장은 결국, 우리로 하여금 우리가 손쉽게 다 보고 듣고 알고 있는 것이 오로지 껍데기거나 환상에 불과한 것이 아니라, 그것 자체가 바로 존재라고 하는 데 있다. 존재하는 것은 현상과 별도로 구분되어 있거나 따로 떨어져 있지 않다.

이와 같이 구체적인 사건이나 사물이라는 현상을 진짜 존재로서 포괄한다는 입장에서 노장의 존재론은 플라톤이나 칸트의 형이상학과 다르지만, 헤겔의 형이상학과 유사하다. 헤겔Hegel은 지각에 의해서 관찰될 수 있는 현상들은 '정신' 혹은 '마음'으로도 번역되는 '가이스트Geist'라는, 원래의 실체와 떨어져 있는 것도 아니고, 그것의 그림자도 아니며, 그 실체 자체 속에 이미 내포되어 있는 잠재적인 과정의 표현이다. 바꿔 말해서 변화하는 사물의 현상은 '가이스트'라는 실체 속에 이미 내재하고 있는 것이다. 이와 마찬가지로 노장의 '도'라는 개념이 지적하고자 하는 존재도 현상과 떨어져 있는 별개의 존재가 아니라, 현상 자체를 포함한다. 그럼에도 불구하고 헤겔의 '가이스트'는 노장의 '도'와 동일한 개념이 아니다. 헤겔의 '가이스트'라는 존재는 하나의 생물체와 비유될 수 있다. 생물체에는 시초의 형태가 있고 그것이 성장하여 어떤 목적을 위해서 완성해가듯이 '가이스트'라는 형이상학적인 실체도 성장하여 어떤 목적을 향하여 완숙하는 것으로 나타난다. 다른 비유를 들자면 '가이스트'는 마치 한 나무의 씨와 같아서 자라고 꽃을 피워 열매를 맺는 과정을 거침으로써 그 본래의 모습을 나타낸다. 이러한 존재론을 의인적anthropomorphic이라 부를 수 있다.

　이에 반해 '도'는 우리가 자연이라고 말하는, 있는 그대로의 것에 지나지 않는다. 그것은 자라는 것도 아니고 어떤 목적이 있는 것도 아니다. 그냥 있는 것, 그것뿐이다. 헤겔의 존재에 대한 견해를 생물학적인 것으로 본다면, 노장의 존재론은 의인적이 아니라 자연적인 성격을 띠고 있다. 그렇다면 자연 그대로 있는 것이란 무엇인가?

자연과 '도'

현재 우리들이 이해하고 있는 자연이란 말은 대체로 인간에 의해서 변형되지 않는 인간 외의 모든 현상을 의미한다. 그래서 '자연'이라고 말할 때 우리는 우선 산·들·나무 등등을 연상하게 된다. 달리 말해서 자연은 인간이 인간의 힘으로 가공되기 이전의 모든 주어진 원래적 현상을 총괄적으로 지칭한다.

　그런데 노자는 '도'를 '자연'으로 보고 있다. '도법자연道法自然',[43] 즉

43　『노자』, 제25장.

'도는 자연을 본받는다'라는 것이다. 우리의 상식적인 생각으로는 '자연'은 대체로 물리현상을 가리키는 개념이며, 한편 '도'라는 개념은 그러한 물리현상을 가리키지 않고 그보다 더 근본적 존재를 가리키는 개념이라고 했는데, 어찌하여 '도'가 자연일 수 있겠는가? 어떤 의미에서 우리들이 알고 있는 자연이 노자가 말하는 '도'와 똑같은 것으로서 해석될 수 있겠는가?

우리가 산이나 들, 나무나 짐승, 하다못해 돌멩이·사막 등을 자연이라고 부르는 것은 그것들이 물리현상이기 때문이거나 가치가 있어서가 아니라, 그것들이 인위적으로 변화되거나 왜곡되지 않는 한에서 그러하다. 그렇기 때문에 자연이라는 것은 어떤 대상을 가리키는 개념이기 전에 한 대상이 존재하는 형태를 강조해서 쓰이는 말이다. 따라서 자연이라는 개념은 고정된 사물뿐만 아니라 사건이나 동작에도 적용될 수 있다. 물을 자연이라고 부를 수 있지만, 물의 흐름 혹은 생물의 생성과정, 그리고 사람의 동작도 경우에 따라 자연이라고 부를 수 있다.

'도'를 위와 같이 해석된 자연이라고 볼 때, '도'는 흔히 생각하고 있는 신비적인 어떤 존재를 가리키는 것이 아니라 인위적인 것과 대립되는 개념으로 봄으로써 그 의미가 더 명석하게 드러난다. 그러므로 많은 노장 주석가들이 생각하고 있는 바와는 달리 노장의 도는 종교적인 신비성을 갖고 있는 괴상한, 이해할 수 없는 초월적인 존재를 가리키는 것은 전혀 아니고, 오히려 그것과는 반대로 쉽사리 누구나에 의해서 직접 보고 듣고 만질 수 있는 구체적 현상을 모두 가리키는 개념에 불과하다. 그러나 '도'는 어떤 개별적인 현상을 가리키는 개념이 아니라 현상일반, 천지 전체의 본질을 포괄적으로 가리키는 개념이다.

'도'는 '자연'이다. 즉 '도'는 '스스로 그냥 있는 것'을 가리킴에 지나지 않는다. 그냥 있는 모든 것, 즉 존재 일반을 가리키는 총칭명사가 바로 '도'라는 개념이다. 그것은 어떠어떠한 것, 즉 어떤 서술이 붙은 것이전의 것을 가리킨다. 달리 말해서 '도'는 그 어떠한 이름이 붙기 이전의 존재, 어떤 서술을 갖춘 범주화, 즉 의미화된 존재와 대립되는 존재를 가리키는 것이다. '스스로 그냥 있는 것'이란 다름 아니라 이름이 붙기 이전의 것이란 뜻과 마찬가지이다. 이와 같이 볼 때 '무명 천지지시, 유명 만물지모無名 天地之始, 有名 萬物之母',[44] 즉 '무명은 천지의 시초이고, 유명은 만물의 어머니이다'라는 노자의 말의 의미가 쉽사리 이해된다. 천지라는 말로 서술되는 존재 일반은 이름이 없는 상태, 즉 언어로 인위적인 명칭이 붙기 이전의 상태이며, 이름이 사물에 붙여짐으로써 여러 가지 현상들이 개별적으로 존재하는 것으로 나타나는 것이다. 산·나무·사람·동물 등과 같은 이름으로 붙여져서 그것들이 개별적으로 존재한다고 생각하지만, 그것은 원래 그냥 그렇게 있는 것이 아니라, '산'·'나무'·'사람'·'동물'이라는 이름이 붙여짐으로써 비로소 존재한다. 이와 같이하여 여기서 노자는 존재의 이름이 붙기 이전의 그냥 있는 상태와 똑같은 존재에 이름을 붙여 그 존재가 인간에게 '무엇무엇'으로서 인식된 이후의 상태와의 논리적 차이를 우리에게 의식시키려고 하는 것이다. 그는 그냥 존재와 똑같은 존재가 언어로써 의미화된 상태를 혼동하지 않기를 강조하는 것이다.

'도'는 결국 언어로 표현되기 이전의 자연을 말한다. 이와 같은 상태를 '현지우현玄之又玄'[45]이라고 부르는데 '현'을 묘한 것으로 해석한다면,

---

44   위의 책, 제1장.
45   위의 책, 제1장.

'도'를 '현'이라고 부르는 것은 당연하다. 왜냐하면 '묘하다'라는 말은 확실한 개념을 붙여 이름을 붙일 수 없다는 말이며, 자연으로서의 '도'는 다름 아니라 이름이 붙여지기 이전의 존재를 가리키기 때문이다. 이름이 붙여지기 이전의 존재란 어느 면에서 그것을 인식하는 의식에 명석히 나타날 수 없다는 말과 마찬가지이다. 왜냐하면 한 사물은 칸트가 지적한 대로 어떤 개념의 체에 걸렀을 때 비로소 인식될 수 있으며, 또한 그러한 개념은 언어를 떠나서는 불가능하기 때문에 언어로 표현되기 이전의 존재, 즉 '도'는 명백한 것이 될 수 없기 때문이다.

이와 같이 볼 때, '도'가 '유물혼성 선천지생有物混成 先天地生',[46] 즉 천지로 구별되기 이전에 뒤범벅되어 있는 것이라고 보는 것은 당연한 논리이다. 그리고 이와 같이 구별되기 이전의 존재는 '무'라는 말로밖에 표현될 수 없을 것 같다. 우리에게 어떤 사물의 존재가 인식되려면, 그 사물이 다른 사물들과 구별되었을 때만 가능하다. 불이 완전히 꺼진 밤의 방을 상상해보자. 우리는 방 안에 무엇인가 있다는 것을 지각할 수 없다. 우리들의 눈앞에는 오직 칠흑 같은 어둠이 있을 뿐이다. 우리는 아무것도 보지 못한다. 바꿔 말해서 있는 것은 오직 '무'에 지나지 않는다. 존재가 전혀 다른 것과 구별되지 않고, 그 자체의 여러 다른 면이 구별되지 않을 때, 그 존재는 마치 '무'와 동일한 성격을 띠게 된다. 흔히 '도'를 '무'라고 하고 노장의 사상을 '무'의 사상이라고 하는 이유는, '도'가 언어에 의한 분별 이전의 존재를 가리키기 때문이다. 그러므로 도를 이해한다는 것은 '무'로서의 존재를 이해한다는 뜻이 되고, '무'로서의 존재를 이해한다는 것은 분별하는 우리들의 지적 욕망, 지적 요구를 초월

---

46   앞의 책, 제25장.

한다는 말이 될 것이며, 그것은 또한 개념 이전의, 언어로 표현되기 이전의 존재를 알고, 개념 없이 그리고 언어 없이 존재와 직접 접촉한다는 말이 될 것이다. 이와 같은 이유 때문에 노장은 언어를 불신·비판하고, 지적 요구를 거부한다. 같은 이유 때문에 많은 여러 종류의 신비주의자들, 불교신자들, 특히 선불교신자들은 예외 없이 언어의 한계를 지적하여 그것을 불신하고 지적, 논리적 담론에 대한 요구를 규탄하며, 끝내는 무한한 침묵을 함양한다. 직관·계시·해탈로 발견된 진리는 결코 말로 표현될 수 없다는 것이다.

언어로 이름 붙일 수 없는 '도'는 무엇인가? 언어로 표현되기 이전의 자연은 무엇인가? 노장이 우리에게 밝히려는 진리는 무엇인가? 이와 같은 문제에 대한 우리들의 질문은 다음과 같은 질문으로 바꿔놓을 수 있다. 언어로 표현될 수 없고, 언어로 표현되어서는 안 될 '도'가 어떻게 언어로 표현될 수 있는가? 왜냐하면 그러한 질문에 대답한다는 것은 역시 언어를 빌릴 수밖에 없기 때문이다. 그런데 두말할 나위도 없이 이러한 질문, 그리고 이러한 질문에 대한 대답은 근본적으로 자기모순을 내포하고 있다. '도'는 원래 말로 표현할 수 없는 것이기 때문이다.

그럼에도 불구하고 『노자』나 『장자』는 각기 하나의 저서이며, 그것은 '도'의 진리를 밝히기 위한 것이다. 그렇기 때문에 언어로 표현될 수 없는 '도'도 부득이 언어로써만 밝혀지고 설명될 수밖에 없는 필연성을 지니고 있다.

'도'가 언어로 표현될 수 없다는 말은 '도'가 x, y, z 혹은 A, B, C라는 개념으로 긍정적인 테두리 속에 들어갈 수 없다는 말이 된다. 따라서 이러한 '도'가 부득이 언어로써만 설명되어야 한다면, '도'는 x, y, z도 아니고 A, B, C도 아니라는 부정적인 표현을 빌릴 수밖에 없다. '도'가 이것도 아니고 저것도 아니라고 언어로 표현됨으로써 우리는 간접적으로나마, 언어로써 표현되지 못하는 존재, 즉 '도'가 무엇인가를 다소라도 직관할 가능성이 있다. 사실 『노자』와 『장자』 속에서 설명된 '도'는 결국 모두가 부정적인 설명이다. '도'가 x, y, z 혹은 A, B, C로 표현된다고 하는 것은 잘못된 생각이라는 것을 노자와 장자는 설명하려고 하는 것이다. 바꿔 말해서 우리가 믿고 있는 존재, 알고 있다고 생각하는 존재는 언어라고 하는 우리들의 이지적 창문을 통해서 색안경으로 본 것에 불과하다는 것을 우리로 하여금 깨닫게 하려는 것이다.

언어라는 창문에 집어넣어 색안경으로 그저 그냥 있는 자연을 무엇무엇이라고 볼 때, 시작도 끝도 없고, 크지도 작지도 않고, 희고 푸르지도 않은 자연은 시작과 끝이 있고, 크고 작으며, 희고 푸른 것들로 각기 분별·구분하고, 차별하게 마련이다. 이와 같이 우리들은 전체를 보지 못하고 부분만을 알게 된다. 이처럼 우리들의 관점은 협소한 것, 상대적인 것인데도 불구하고 우리들은 우리들의 관점을 절대적인 것으로 보는 경향이 있다.

이와 같이 하여 사물현상을 왜곡하게 되는 것은 우리가 사물을 차별하고 분단해서 보는 까닭이라고 말할 수 있다. 장자는 이러한 차별을 거부하고 모든 사물현상을 평준화하여 하나로 보고자 한다. 이와 같은 작업을 그는 '제물齊物'이라고 부른다. "어떤 경우에든지 참된 성인聖人은 모든 차별을 거부하고 자연에서 은신처를 찾는다. '시是'에 기인해도 '시' 역시 '피彼'이고, 또 '피' 역시 '시'인 것이다. '시' 또한 '비非'를 가졌고, '피'도 또한 '시'와 '비'를 가졌다. 그러면 '시'와 '피'의 분별이 상실되지 않는가?"[47] 장자는 사물현상을 x, y, z 혹은 A, B, C로 차별하고, 이것과 저것으로 차별하는 것은 오로지 인간의 협소한 관점에 불과하다는 것이다. 장자는 거듭 설명한다. "그러므로 예를 들어 나뭇가지와 기둥, 혹은 추악한 사람과 뛰어난 미인, 그리고 모든 이상스럽고 기괴한 변형체를 들어보자. '도'는 이런 것을 모두 동일한 수준에 놓는다. 분류는 창조와 같고 창조는 파괴와 같다. 창조라는 것도 없는가 하면 파괴라는 것도 없으니 이런 형태 역시 한데 묶어 하나로 만든다."[48] 우리의 인식이 협소하고 상대적일 수밖에 없다는 것을 모른다면 우리는 우물 안의 개구리나 봉황새를 모르는 솔개와 다를 바가 없이 어리석다. 개구리는 동해의 자라를 보고 자기가 우물 안에서 왕과 같이 지낸다고 자랑한다. 그러나 자라가 큰 바다의 얘기를 했을 때, 개구리는 깜짝 놀라고 자기의 세계가 얼마나 작은 것인가를 비로소 의식한다.[49] 그리고 또한 솔개는 죽은 쥐 한 마리를 잡아 물고 옆으로 날아가는 봉황새가 그것을 뺏을까 봐 겁을 낸다. 그러나 봉황새에게는 그따위 쥐 한 마리는 눈에 보이지도 않는다.[50]

우물 안의 개구리나 솔개의 관점을 넘어서라는 말, 즉 우리들의 작고 얕고 좁고 단편적인 관점을 넘어서 사물현상을 보라는 말은, 결코 각기 그것들의 관점을 완전히 버리라는 말도 아니고, 그러한 관점이 일종의 환상에 지나지 않는다는 말도 아니다. 장자가 이야기하고자 하는 것은 다만 그러한 관점에서 본 사물현상을 절대적인 것들, 그러한 관점에서 나타나는 사물현상들의 차별을 절대적인 차별로 보아서는 안 된다는 것일 뿐이다. 그러한 관점이 오로지 상대적임을 의식하고 보다 넓고 높

47   위의 책, p.31.
48   위의 책, p.32.
49   위의 책, p.155.
50   위의 책, p.136.

은 관점에서 볼 때에는 그러한 관점에서 본 사물현상이나 사물현상들 간의 구별은 피상적인 구별이라는 것이다.

차별되어 지각된 상대적인 존재와 그 이전의 존재와의 관계는 어떻게 설명될 수 있으며, 차별되기 이전의 존재는 어떻게 보아야 하는가? 장자의 유명한 나비의 꿈의 이야기는 그의 위와 같은 질문에 대한 요약된 대답으로 해석된다. 이야기는 한마디로 장자, 즉 노자의 존재론을 요약한 것이고, 그럼으로써 '도' 혹은 자연에 대한 견해를 집약한 것으로 볼 수 있다.

옛날에 장주莊周가 꿈에 나비가 된 일이 있었다. 훨훨 날아다니는 나비가 되어 스스로 기분 좋게 느낀 나머지 장주는 자기 자신인지를 몰랐다. 갑자기 깨어보니 놀랍게도 장주 자신이었다. 장주가 꿈꾸어 나비가 되었는지 아니면 나비가 꿈꾸어 장주가 되었는지 모르겠다. 장주와 나비는 반드시 구분이 있을 것이니 이를 일러 '물화物化'라고 한다.[51]

이 이야기를 풀이해보자. 장자가 사람인데 나비였다는 것이 꿈이었는지, 혹은 장자가 나비인데 사람이라고 꿈을 꾸고 있는지를 어떻게 구별하는가? 장자가 나비였다는 것이 꿈이라고 믿게 되는 것은 장자가 사람이라는 것을 전제함으로써만 가능하다. 그리고 상식적인, 아니 보통 우리들의 이러한 전제에서 현실과 꿈, 나비와 사람을 구별한다. 그러나 과연 우리들이 전제하고 있는 믿음이 정말이라는 것을 어떻게 증명할 것인가? 즉 장자가 사람이라는 것은 어떻게 증명될 수 있는가? 만약 이

51   위의 책, p.137.

러한 사실을 증명하려면 더 근본적인 전제를 세워야 한다. 그러나 그러한 전제는 나비가 꿈에 지나지 않았다는 사실로는 입증될 수 없다. 이와 같은 입증법은 논리적으로 일종의 순환의 오류를 범하기 때문이다. 그렇기 때문에 상식적인 입장에서 사람이라고 믿어지는 장자를 보다 높은 차원에서 볼 때, 장자가 스스로 사람이라고 생각하는 자체를 꿈으로 볼 수 없지 않다. 물론 이러한 사실의 여부는 논리적으로 보아 상식적인 입장에서는 증명될 수 없다. 왜냐하면 우리들의 상식 자체는 그 자체가 스스로의 진부를 증명할 수 없기 때문이다. 여기서 우리들은 보다 높은 차원의 문제에 이르고 있기 때문이다. 따라서 보다 높은 차원에서 생각할 때에 장자가 스스로를 인간이라고 보고 있다는 것 자체, 그가 꿈을 꾸지 않고 꿈을 꾸고 있었다는 것을 의식하고 있는 자체가 하나의 꿈이라고 가정할 수 있다. 위의 나비의 꿈의 예에서 장자가 말하고자 하는 것은 논리적으로 보다 높은 형이상학적 입장에서 볼 때에는 우리가 상식적인 입장에서 의식하는 여러 가지 차별이 궁극적인 차별이 될 수 없다는 것이다. 즉 언어에 의한 차별 이전의 존재는 일반적인 차원에서는 완전히 이해될 수 없다는 것이다.

그렇디고 장지기 상식적인 치원에서 사몰을 구명해시는 인 된다고 말하는 것은 아니다. 오히려 그는 상식적인 차원에서는 "반드시 구별이 있다"라고 강조한다. 그리고 이와 같은 상식적인 구별이 있는 것은 다만 어느 한 차원, 즉 현상적인 차원에 서 있다는 것이다. 이렇게 차원이 다른 입장에서 사물현상이 지각되고 구별되는 그 자체도 궁극적 존재, 즉 '도'의 모습으로 볼 수 있다.

언어에 의해서 차별되기 이전의 존재, 즉 '자연'은 그와 같은 존재가 차별된 상태, 차별되는 과정 자체를 포함한 모든 것을 가리킨다. '도'라고 불린 이와 같은 자연은 결국 절대적 의미로서의 '전체'를 의미하며, 따라서 그것은 '단일한' 것일 수밖에 없다. 한마디로 말해서 '도'란 인간에 의해서 개념화되기 이전의 존재, 인간의 의식으로서 의식과 대립되는 인식대상의 사물현상이 아니라, 그러한 의식을 갖고 사물현상을 대상으로 삼는 인간까지를 포함한 모든 것을 가리킨다. 그렇기 때문에 '도'라는 것은 비록 노장 자신들이 그것에 대하여 일종의 대상으로서 언급하고 있지만, 그 대상은 우리가 흔히 말하는 대상들보다 높은 차원에서만 의미를 갖는다. 만약에 의식 혹은 대상 등의 개념을 일차적 개념이라고 한다면 '도'라는 개념은 그것들을 포괄하는 상위적 개념, 즉 메타 개념meta-concept이라고 봐야 한다. 이와 마찬가지로 노장이 '도'라는 개념으로 지적하려는 존재는 우리가 상식적인, 아니 비형이상학적인 차원에서 뜻하는 존재에 비하여 한층 높은 차원에서 본 존재, 즉 메타 존재meta-reality라고 이름 지을 수 있다.

이와 같이 볼 때 노장사상의 핵심은 언어와 메타 언어, 존재와 메타 존재를 구별하는 데 있고, 나아가서는 언어를 넘어 메타 언어의 의미를, 그리고 존재를 넘어 메타 존재를 보고자 하는 데 있다.

어느 점에서 노장의 위와 같은 존재론은 심오하다고 볼 수 있는가? 그것은 존재에 대한 새로운 것을 우리로 하여금 발견하도록 해주는가? 만약 '도', 즉 메타 존재가 완전히 포괄적인 단일한 전체를 의미하는 데 지나지 않는다면, 그리고 만약 그러한 '도'에 대한 주장이 결국은 언어와 존재는 사실에 있어서나 논리적으로나 구별된다는 주장에 지나지 않는다면, 그러한 주장은 너무나 트리비얼한, 즉 싱거운 진리가 아닌가? 만약 노장의 존재에 대한 견해가 언어 이전의 존재와 그러한 존재의 인식이 가능함을 주장하는 데 있다면, 그러한 주장은 과연 타당한

가? 이와 같은 문제는 인간과 자연의 관계 속에서 보다 잘 이해되고 검토될 수 있을 것이다. 왜냐하면 노장철학은 결국 인간과 자연의 관계에 대한 사색의 결론이기 때문이다. 그런데 자연과 인간의 관계는 결국 존재와 언어의 관계로 귀착된다. 왜냐하면 인간은 동물과 달라서 어느 의미에서 자연과 떨어져 자연 속에서 자연과 더불어 존재하는 것을 멈추지 않기 때문이며, 동시에 인간이 자연과는 다른 문화세계, 즉 인간적 세계에 살고 있는 근본적인 이유는 그가 언어를 사용하는 동물이기 때문이다.

존재와 인간

노장은 언어가 존재와 동일하지 않다는 사실을 지적하고, 언어에 의해서 차별되고 부분화되고 왜곡되기 이전의 존재 자체를 직접 볼 것을 요구한다. 이와 같은 노장의 요구는 존재가 언어와 독립해서 언어 없이 사고되거나 인식될 수 있음을 전제로 하고, 언어가 한 존재를 표상하려면 그 언어는 그 존재와 같아야 한다는 언어철학을 전제로 한다. 그러나 언어는 노장 자신이 지적하고 있는 것과 같이 그것이 표상하는 존재와 사실상 동일할 수 없다. 따라서 노장은 언어를 비판할 뿐만 아니라 규탄하는 것이다. 그러나 노장의 언어에 대한 비판은 따지고 보면 정당화할 수 없다. 왜냐하면 언어와 존재의 거리는 우연한 사실에 불과한 것이 아니라 논리적으로 불가피한 것이기 때문이다. 또한 노장의 언어에 대한 비판, 나아가서는 그들의 존재에 대한 또 하나의 전제, 즉 존재가 언어 이전에, 언어 없이, 언어와 떼어서 이해되고 인식될 수 있다는 전제의 그 진부는 극히 엄밀히 검토될 필요가 있다.

존재는 언어와 동일하지 않다, 언어는 존재를 왜곡시킨다, 또는 '도'라는 존재는 언어로써는 표현될 수 없다는 주장은 역시 하나의 '단언assertion'이다. 우리는 존재로서의 '도' 자체를 옳다 혹은 그르다라고 말하지만, 사실은 존재 자체에 대해서 그것이 어떤 종류의 것이든 간에 참이다, 그르다라고 말할 수 없다. 존재란 그냥 있을 뿐이지 그것은 결코 옳고 그르지는 않다. '진리' 혹은 '허위'란 말은 존재 자체에 적용될 수 없다. 칸트의 "존재는 서술이 아니다"라는 유명한 말은 바로 위와 같은 경우를 두고 말하는 것이다. '무엇이 있다'라고 하는 그 자체는 그저 있는 것이지 그것을 무엇무엇으로 서술·진술하는 것이 아니다. '있다'라고 할 때의 '있다'라는 말은, '산은 푸르다'라고 할 때의 '푸르다'라는 말과 논리적으로 전혀 다른 기능을 하고 있다. '있다'라고 할 때의 '있다'가 술어가 아닌 데 비해서, '산은 푸르다'라고 할 때의 '푸르다'는 술어의 기능을 하고 있다. 따라서 전자의 말에 대해서는 진위를 따질 수 없고 오직 후자의 말에 대해서만 진위라는 개념은 적용될 수 있는 것이다. 왜냐하면 한 주어에 대해서 술어가 붙여졌을 때에만 그 말은 비로소 진술의 의미를 갖는 말로 성립되기 때문이다.

이와 같은 논리로 따져갔을 때, '도'가 그저 있는 것을 의미한다면, 즉 어떠한 술어를 붙여서 형용할 수가 없다면 그 말은 진위 이전의 문제에 속하는 말이다. 따라서 그와 같은 노장의 존재에 대한 주장은 사실상 주장이 되지 못하고, 극히 공허한 것으로 끝나고 만다. 왜냐하면 노장의 존재론은 우리들에게 그것이 어떠한 것이라는 것을 전혀 보여줄 수 없기 때문이다. 위와 같은 사실은 결국 언어 이전에 진리라는 개념이 있을 수 없다는 것을 보여준다. '진리'라는 말은 존재 자체에 적용되는 개념이 아니라 언어, 더 정확히 말해서 어떤 언어에 의한 진술에만 적용되는 개념이다. 존재 자체, '도' 자체는 진리도 아니고 허위도 아니다.

노장사상은 적어도 그것의 존재론에 있어서 볼 때, 앞서 이미 지적한 대로 언어 이전의 인식 혹은 지각을 전제로 하고 있다. 그래서 노장은 존재를 왜곡하는 언어를 넘어, 그것 이전에 우선 존재를 의식하라고 강조한다. 이와 같은 생각은 노장에 한한 것이 아니고 많은 철학자들에 의해서 자명한 것같이 믿어져왔고, 또한 일반 사람들에게도 두말할 나위 없는 사실이라고 믿어지고 있다. 그럼에도 불구하고 좀더 자세히 생각하고 우리들 자신의 경험을 검토해보면 너무나도 자명한 사실로서 널리 믿어지고 있는 언어와 지각의 관계는 잘못된 생각임을 알게 된다. 한마디로 말해서 사물과 언어, 존재와 언어는 서로 떼어놓을 수 없는 관계를 갖고 있다.

첫째, 논리적인 입장에서 따져보자. x 혹은 y를 지각한다는 것은 어떤 대상이 'x'라는 말로 표현된 개념, 혹은 'y'라는 말로 표현된 개념으로서 의식 속에 들어온다는 말 이상의 무엇이겠는가? 어찌하여 x나 y가 'x'나 'y'라는 말로 표현되지 않고서, 아니 그렇게 표현되기 전에 있다고 하거나 지각된다고 말할 수 있겠는가? 그렇다면 x나 y라는 대상의 지각은 'x'나 'y'라는 말을 떠나서는 논리적으로 가능하지 않다는 것이 당연한 논리이다.

둘째, 현상학적인 입장에서 반성해보자. 우리가 어떤 대상을 지각한다고 할 때 우리는 이미 어떤 언어, 어떤 개념을 적용하고 있지 않나를 반성해보자. 내 눈앞에 있는 담뱃대는 언어도 아니며 개념도 아님은 두말할 나위도 없다. 그러나 내가 그것을 '담뱃대'로서 지각할 때 나는 이미 '담뱃대'라는 말을 그 대상에 적용하고 있지 않나 스스로 반성하면,

어떤 대상은 언어를 떠나서는 지각될 수 없음이 우리들 자신의 지각의 경험으로 볼 때 분명해진다. 언어가 불가피한 것은 비단 어떤 대상을 인식하는 경우에 한한 것이 아니다. 우리들의 사고나 의식까지도 언어를 떠나서는 있을 수 없다.

여기서 강조하고자 하는 요점은, 노장이 자명한 것으로 전제하고 있는 것과는 달리 존재는 언어와 떼어놓을 수 없는 관계를 갖고 있다는 사실이다. 이와 같이 볼 때 콰인이 "존재는 변항變項의 가치이다"[52]라고 한 말이 이해된다. 콰인이 주장하는 것은 무엇이 있느냐라는 문제는 어떤 언어의 체계를 갖고 있느냐에 따라 그 대답이 달라진다는 것이다. 예를 들면 x라는 사물을 놓고 그것이 무엇이냐 할 때, 'x는 원자의 집합이다' 혹은 'x는 담뱃대이다'라는 대답이 나올 수 있다. 존재에 대한 그러한 대답이 맞는다고 하는 것은 '원자'·'집합' 등의 개념으로 조직된 언어체계에 x가 맞아들어간다는 말이거나, 또는 '담뱃대' 등의 개념으로 조직된 언어체계에 x가 맞아들어간다는 말이다. 위와 같은 언어체계가 없다면 우리는 'x가 무엇인가'라는 질문에 대답할 길이 논리적으로 전혀 막혀버린다.

"지각에는 이미 의미가 잉태되어 있다"[53]라는 메를로 퐁티의 말이나 "지각에는 이미 이론이 묻혀 있다"[54]란 말은 지각과 언어가 뗄 수 없는 관계를 갖고 있다는 것을 단적으로 표현해준다. 이러한 사실은 예술사

---

52   W. V. O. Quine, "On what there is," in *From a logical Point of View*, Harper & Row, 1953, 참조.

53   Maurice Merleau-Ponty, *La Phénoménologie de la Perception*, Gallimard, 1964, 참조.

54   N. R. Hason, *Patterns of Discovery*, Cambridge University Press, 1972, 참조.

가인 곰브리치에 의해서도 다시 한 번 실증되고 있다.[55] 과학적 사실이 가장 객관적인 것이라는 것은 거의 보편적인 사실이다. 여기서 객관적인 사실이라는 것은 보는 사람들의 관점에 구애되지 않고 그런 관점과 관계없이 존재한다는 말이다. 그러나 이러한 과학적 지식도 결국은 언어라는 하나의 인간적 관점에 의해서 달라진다는 것을 과학철학가 쿤 Kuhn은 그의 유명한 저서 『과학혁명의 구조』에서 강조하고 있다. 과학이 존재한다고 전제하고 그것에 대해 언급하는 물질적 현상은 아무런 관점에도 구애되지 않고 절대적인 위치에 놓여 있는 객관적인 존재가 결코 아니고, 한 과학자가 설명에 사용하는 일종의 모델, 즉 한 언어체계, 다시 말해 개념체계에 의해서 결정된다는 것이다. 이러한 체계를 그는 패러다임이라고 부른다.[56] 어떤 패러다임을 갖고 보느냐에 따라 'x'라는 대상은 A라고도 보이고, B라고도 보인다는 것이다. 어떤 것이건 간에 패러다임 없이는 'x'라는 것은 지각될 수 없다는 것이다. 패러다임에 x는 A나 B로 보이게 마련이므로 x 자체는 결코 그 자체로서 인식될 수 없고, 그 자체로서 절대적으로 있다고도 말할 수 없다는 것이다. 비슷한 점이 데리다에 의해서 최근 강조되고 있다. 그는 적어도 서양철학은 언어와 존재의 관계가 완전히 잘못된 대전제에 서 있다고 주장한다. 그 대전제에 의하면 언어를 통한 거리를 두지 않고 직접 존재 자체를 인식할 수 있다는 것이다. 그러나 데리다는 이와 같은 전제는 사실과 어긋난다고 강조한다. 그는 언어와 존재는 거리가 있을 뿐만 아니라 존재는 그러한 언어를 통하지 않고서는 지각될 수도 없고 인식될 수도 없다는

55   E. H. Gombrich, *Art and Illusion*, Princeton University Press, 1969, 참조.

56   Thomas Kuhn, *The Structure of Scientific Revolution*, The University of Chicago Press, 1962, 참조.

것이다. 따라서 언어 이전의 객관적인 절대적 존재를 운운하는 것은 전혀 무의미하다고 말한다.[57]

이와 같이 볼 때 노장의 언어철학, 그리고 존재론은 데리다가 말하는 바 서양철학의 근본적인 전제와 마찬가지이며, 따라서 서양철학의 전제가 잘못된 것이라면 노장사상도 근본적으로 잘못된 전제 위에 서 있다는 결론이 나올 수밖에 없다. 그럼에도 불구하고 노장철학은 서양철학과 근본적으로 다른 점이 있고, 그런 점이 노장철학의 깊이를 나타내는 점이며, 서양철학이 미치지 못하는 무엇인가를 보충하는 핵심이 된다고 널리 인정되고 있다. 노장철학의, 보다 더 정확히 말해서 노장의 존재론의 깊이는 무엇인가? 우리는 여기서 다시 처음의 문제로 돌아가서 생각해봐야 할 처지에 이른다.

언어 이전의 존재로 돌아가라는 노장의 구호는, 즉 '도'로 불리는 노장철학의 존재는 우리가 알고 있는 존재들과는 별다르게 다른 곳에 존재하는 것이 아니라, 우리가 언어로써 여러 가지로 차별하여 보는 존재를 차별되지 않은 입장에서 단일한 것, 단 하나의 전체로 볼 수 있다는 것이며, 사실 이러한 존재에 대한 견해, 즉 존재는 차별되고 분리되지 않는 '하나'라는 견해는 우리들이 알고 있는 개개의 존재들을 반성해보면 누구나 이해할 수 있는 극히 당연하고, 상식에 통하는 진리이다. 그럼에도 불구하고 이러한 상식적인 진리가 바로 노장철학의 깊이를 이루고 있다.

'단 하나로서의 존재' 혹은 '전체'라는 것은 무엇인가? 그것은 어떻게 이해될 수 있는가? 여기서 우리는 '전체'를 두고 말할 때의 논리적인

---

57 Jacques Derrida, *De la Grammatologie*, Edition de Minuit, 1967, 참조.

패러독스에 부닥치게 된다. 무엇이 어떠어떠하다 할 때, 그 말의 대상인 무엇과 그 말을 하는 사람, 또는 주체자와는 논리적으로 구별이 되어야만 한다. 그것들은 각기 서로 떨어져 있어야 한다. 따라서 그 어느 쪽도 전체를 이룰 수가 없다. 이와 같은 논리는 말의 대상이 '전체'라고 할 때에도 해당되며, 이때 전체를 말한다는 것의 역설을 드러낸다. 왜냐하면 '전체'가 논의의 대상이 되려면 전체는 그 자체와는 따로 떨어진 언어의 발언자, 즉 주체자를 전제로 해야 한다. 그러므로 전체는 결코 전체일 수 없다는 결론이 난다. 바꿔 말해서 '전체'가 논의되었다 하는 순간 그 '전체'는 이미 전체이기를 그치고 하나의 부분으로 전락하게 된다. 이와 같은 논리를 인정한다면 노장이 '전체'를 '도'라 부르고 '도'가 언어로 표현될 수 없다고 주장하게 된 이유가 쉽사리 이해되고 수긍될 것 같지만, 그러한 노장의 주장은 역시 '전체'에 대한 주장이 되기 때문에 논리적 역설을 벗어날 수 없다. 이러한 사실은 절대적 의미에 있어서의 전체, 즉 노장이 말하는 존재의 '전체' 혹은 '단일한 것'을 말하는 주장은 그 내용이 공허하다는 결론이 나온다. 모든 것은 오로지 부분적으로 단절해서 분석될 수 없는 '단 하나'라는 주장의 공허성을 밝혀준다. 그러한 주장은 존재에 대해서 어떤 심오한 진리를 보여주는 것처럼 늘리나 사실상 아무런 새로운 것도 밝혀주지 못한다. 분화될 수 없는 하나의 존재 전체는 그것이 절단과 분석됨으로써만 스스로를 드러낸다.

그런데 노장이 깨닫고 있던 바와 같이 절단과 분석은 오로지 언어를 통해서 이루어진다. 바꿔 말해서 하나의 존재는 그 존재와는 논리적으로 차원을 달리하는 언어를 전제하고 그러한 언어에 비췄을 때에만 그 스스로를 나타낸다. 이와 같이 해서 존재는 언제나 언어와 뗄 수 없는 관계, 어느 의미로서는 언어에 종속되는 필연적인 관계를 갖고 있다. 따라서 언어 이전의 존재, 언어라는 것과 대조되지 않는 전체란 생각할 수 없다. 언어와 존재의 관계는 결국 인간과 존재의 관계에 지나지 않는다. 왜냐하면 언어는 인간의 가장 인간적인 차원을 나타내기 때문이다. 인간이 동물과 다른 것은 인간이 언어를 사용하는 동물이기 때문이다. 이와 같은 점에서 "언어는 존재의 집이다", "인간은 존재의 목동이다"라는 하이데거의 유명한 수수께끼 같은 말이 비로소 이해된다. 그러므로 언어를 떠나서 존재 자체를 이해하라는 노장의 주장은 논리적으로 타당하지 않다.

그렇다면 노장의 존재론이 심오하다는 것은 전혀 근거 없는 것일까? 만약 그것이 심오하다면 그것이 어떻게 해석됨으로써 가능한가? 앞서 '도'라는 개념이 존재 일반, 즉 존재 전체를 하나로서 가리키는 개념임을 강조하였고, 또 존재가 절단될 수 없는, 절단 차별 이전의 전체라는 주장은 그 내용이 전혀 공허하다고 말했다. 더 나아가서는 사실 전체라는 개념을 역설적인 개념이라 하였다. 왜냐하면 전체도 그것이 인식되고 주장되려면 언어에 비쳤을 때만 가능하기 때문이다. 그러나 주의해야 할 것은 존재가 언어와 구별되고, 존재와 언어는 서로 뗄 수 없는 관계를 맺고 있다고 말했지만, 여기서 전체를 말하는 언어는 그러한 전체적 존재와 따로 분리되어 있는 또 하나의 존재라는 말이 아니라는 점이다.

존재 전체와 언어의 관계는 자연과 인간의 관계로 바꾸어놓아 고찰된다. 왜냐하면 한편으로 노장에 있어서의 존재 전체는 '도'에 해당되고 '도'는 문자 그대로의 의미로서의 자연, 즉 '스스로 그저 있는 것'으로서의 자연에 불과하고, 또 다른 한편으로 언어는 인간을 떠나 생각할 수 없고 가장 인간적인 측면을 나타내는 것이기 때문이다. 이와 같이 하여 자연과 인간의 관계를 놓고 생각할 때, 어느 점에서 자연과 대립될 수밖에 없는 인간은 또 다른 면에서 볼 때 자연의 극히 작은 일부분에 지나지 않음을 우리는 직관으로써 확신한다. 이 사실은 하나의 전체, 즉 차별하고 분단되기 이전의 존재 일반을 직관할 수 있다는 말이다. 이러한 사실은 자연과 인간의 관계가 언뜻 보아 서로 모순되는 것같이 보이는 이중의 관계를 갖고 있다는 의미가 된다. 왜냐하면 우리의 흔들릴 수 없는 직관은 인간이 자연의 일부, 자연과 절단되지 않는 일부임을 확신시켜주지만 그와 동시에 자연을 말하는 순간 우리는 벌써 자연을 의식의 대상으로 삼고, 그러므로 자연과 떨어져 있어야 한다는 논리를 어길 수 없기 때문이다.

자연과 인간의 관계에 있어서 인간의 의식과 그 대상의 뛰어넘을 수 없는 논리적 거리에 집착한 사르트르는 그러한 거리를 뛰어넘지 못하고, 그 나머지 하나의 존재를 부정하고 결국은 데카르트식의 이원론적 존재론에 머물고 만다. 그에 의하면 논리적으로나 현상학적으로 보아 존재는 서로 화해할 수 없이 양립되는 완전히 서로 다른 두 개로 나누어진다. 그 한 가지의 존재는 의식 아닌 모든 사물현상을 가리킨다. 그에 의하면 오직 인간만이 참다운 의미에서 의식을 갖고 있기 때문에 인간 아닌 모든 동물도 위와 같은 존재에 속한다. 그는 이러한 존재를 '즉자', 즉 그냥 있는 존재, 충족된 존재라고 부른다. 이와 대립되는 존재를 '대자'라고 부르는데 이러한 존재는 막연히 말해서 인간을 가리키지만, 더 정확히 말해서 인간의 의식을 가리킨다. 인간도 육체적인 동물로서는 즉자에 속하기 때문이다. 즉자와 대자는 서로 양립할 수 없이 대립되지만 그것들은 동시에 서로 뗄 수 없는 관계를 맺고 있다. 즉자 없는 대자는 불가능하고 대자 없는 즉자는 있을 수 없다. 두 개의 각기 다른, 즉자라는 존재와 대자라는 존재는 각기 자신들이 존재하기 위해서 상대편의 존재를 필요로 하는 것이다. 따라서 그것들의 존재들은 서로 종속되어 있다. 즉 각기 하나만의 존재는 완전한 포괄적 존재가 되지 못한다. 두 개를 포괄하는 차원 높은 존재만이 완전한 존재, 존재 전체가 될 것이지만, 그러한 포괄적 존재는 논리적으로 불가능하다. 따라서 전체로서, 완전한 것으로서, 존재 일반은 불가능하다. 만약 '신'이 완전한 존재를 가리키는 개념이라면 그 개념에 해당되는 존재, 즉 신이란 존재는 논리적으로 불가능하다는 것이다.

사르트르의 이와 같은 존재론은 결국 노장이 말하는 '도'라는 존재, 단 하나로서의 존재는 실질적으로 존재하지 않고 논리적으로 생각조차 할 수 없음을 의미한다. 그럼에도 불구하고 앞서 말한 대로 흔들리지 않는 직관을 통하여 의식을 가진 인간, 즉 즉자까지를 포함한 하나로서의 전체를, 인간도 단 하나의 자연의 일부 현상에 지나지 않음을 확신한다. 이와 같이 볼 때 노장의 존재론은 직관에 토대를 두고 있음을 알 수 있다. 사실 노장사상이 '직관의 사상'이라고 흔히 불리는 데는 충분한 이유가 있을 것 같다. 그뿐 아니라 다음에 자세히 보게 되겠지만, 노장의 인식론이 결국 직관주의인 것은 우연한 일이 아니다. 이와 같은 직관을 인정하고 들어갈 때 우리들은 사르트르가 논리로써 도달한 존재론이 어딘가 잘못이 있다는 결론을 내야만 하게 된다. 그렇다면 사르트르의 논리와 노장의 직관의 모순은 어떻게 풀 수 있는가?

한 사람의 경우를 들어 생각해보자. 누구나 자기 아닌 어떤 대상을 의식할 수 있을 뿐만 아니라 자기 스스로를 의식한다. 이와 같은 자의식의 존재는 부정할 수 없는 객관적 사실이다. 그뿐만이 아니다. 더 나아가서는 우리는 자의식을 하고 있는 것 자체를 의식한다. 이 세 가지 경우를 자세히 분석해보자.

어떤 대상을 의식할 때 의식의 주체인 '나'라는 인간과 그 의식의 대상과는 논리적인 거리뿐만 아니라 실질적인 거리가 있다. 그러나 자의식의 경우 의식하는 주체와 의식의 대상인 객체는 논리적으로 보아 서로 떨어져 있지만, 존재의 입장에서 볼 때 그것들의 사이에는 아무런 거리가 없는 동일한 것이다. 이러한 사실은 자의식을 의식한다는 사실에서 더 구체적으로 나타난다. 자의식을 의식할 때 주체로서의 '나'와 객체로서의 '나'는 오로지 서로 뗄 수 없는 전체로서 파악된다. 여기서 의식과 대상의 관계, 즉 객체로서의 나와 주체로서의 나의 관계를 어떻게 보는가 하는 문제가 제시된다. 존재로서는 주체와 객체는 동일하고 오로지 논리적인 입장에서만 그것들은 서로 구분된다. 이와 같은 사실은 인간에 있어서 육체로서의 인간과 의식으로서의 인간을 두 개의 서로 다른 이질적 존재의 신비스러운 결합으로 보지 않고 두 개의 차원으로 봐야 함을 보여준다. 육체로서의 인간을 '존재차원ontological dimension'으로, 의식으로서의 인간을 '의미차원semantical dimension'으로 이름 지으면 적절할 것 같다.

사르트르나 또 그 이전의 데카르트가 육체와 의식을 양립할 수 없는 것으로 본 까닭은 인간을 오로지 한 가지 차원, 즉 존재차원에서만 보았기 때문이다. 만약 이러한 입장을 버리고 인간을 두 가지 차원에서 볼 때, 사르트르가 궁극적인 진리로서 받아들인 즉자와 대자의 모순 대립적 관계는 해소되고, 인간을 분해할 수 없는 하나의 존재로서 받아들일 수 있다. 다시 말해서 존재의 입장에서 볼 때 의식, 즉 대자와 그것의 대상인 나의 육체, 즉 즉자를 하나의 전체로서 파악할 수 있는 것이다.

한 인간에 있어서의 의식과 육체의 위와 같은 관계는 그냥 그대로 인간과 자연의 관계로 옮겨놓아 생각할 수 있다. 존재 전체, 즉 자연은 인간의 의식과 대조되며 그것에 의해서 비쳐짐으로써 비로소 그 의미를 갖게 되지만, 그렇다고 그러한 의식을 갖게 되는 인간이 자연 밖에 떨어져 있는 것은 아니다. 인간이 자연과 분리되어 있다면 그것은 오로지 의미차원에서일 뿐이지 존재차원에서 볼 때에는 인간도 자연의 일부에 지나지 않는다. 요약하면 존재와 그 존재의 의미는 논리적으로 엄연히 다르지만, 그것은 두 개의 독립된 존재가 아니라 하나의 존재에 관한 두 가지 다른 관점에 지나지 않는다. 여기서 의식이란 말을 의미라는 말로, 또 의미라는 말을 언어라는 말로 바꿔 생각할 수 있다. 왜냐하면 의식이란 어떤 사물이나 현상을 의미로서 파악하는 상태를 말하기 때문이며, 또한 의미는 언어를 떠나서는 생각할 수 없기 때문이다.[58]

자연과 인간의 관계를 위와 같이 의미차원과 존재차원으로 갈라서 고찰할 때 노장의 존재론과 언어철학은 비로소 이해되고 정당화될 수 있다. '도'가 언어 이전에 있다는 노장의 주장, '도'는 언어에 의해서 차별되기 이전의 '전체'를 가리킨다는 주장은 존재차원에서 볼 때 모순 없이 받아들일 수 있는 것이며, 그러한 주장은 우리들의 흔들리지 않는 형이상학적인 직관과 일치한다. 언어가 존재를 왜곡하고 언어 없이 존재를 인식하라는, 노장의 또 하나의 주장은 그들이 불행히도 의미차원을 존재차원과 혼동했기 때문에 생겨난다. 만약 그들이 의미차원을 존재차원으로만 보지 말고 두 개의 차원이 서로 모순되지 않고 성립됨을 알았다면 그들은 그와 같은 주장을 하지 않았을 것이다.

노장철학이 위와 같은 점에서 착오를 일으켜 그 착오에 입각한 관점

58　졸저 『철학이란 무엇인가』, 『현상학과 분석철학』, 일조각, 각기 1976, 1977, 참조.

에서 언어에 대한 근본적이고 신랄한 비평을 하고 있지만, 그럼에도 불구하고 그들의 비평은 중요한 의미를 갖고 있다. 왜냐하면 노장철학의 입장과는 달리 의미차원에 집착하여 존재차원을 보지 못한 나머지 데카르트나 사르트르는 언어의 포로가 되었고, 그런 결과로 우리들의 가장 자명한 직관에 의하여 알고 있는 단 하나만의 존재와 어긋나는 이원론을 낳게 됐기 때문이다. 언어의 기능에 대한 보다 철저한 사고를 추구했더라면 데카르트나 사르트르는 이원론적인 존재론을 내세우지 않았을 것이다.

노장의 존재론은 어느 면에서는 너무나 트리비얼한 것이기는 하지만, 위와 같은 역사적 사실을 돌아볼 때 언어의 비평으로서, 그리고 우리가 언어의 포로가 되지 않게 해줄 수 있다는 점에서 극히 심오한 의미를 갖고 있다고 봐야 한다. 우리는 노장을 따라가면서, 인간이 자연의 일부, 인간의 의식도 자연의 한 차원에 지나지 않음을 다시금 깨닫게 되고, 하나로서의 존재, 존재 전체에 대한 우리들의 직관을 다시금 확고히 한다. 이와 같은 노장의 존재, 존재와 언어의 관계는 다음과 같은 장자의 말 속에 가장 잘 요약되어 있다.

손가락을 가지고 손가락이 손가락이 아니라고 하는 것은 손가락이 아닌 것을 가지고 손가락이 손가락이 아니라고 하는 것만 못하다. 말馬을 가지고 말이 말이 아니라고 하는 것은, 말이 아닌 것을 가지고 말이 말이 아니라고 말하는 것만 못하다. 천지는 하나의 손가락이며 만물은 하나의 말이다. (자기에게) 가可하면 가하다고 하고, (자기에게) 불가不可하면 불가하다고 한다.

길道은 그것을 걸어다녀서 이루어지고, 물物은 그렇게 일컬어서 그러한 것이다. 어째서 그러한가? 그러한 데에서 그러하다. 어째서 그렇지 않은 가? 그렇지 않은 데에서 그렇지 않다. 물物은 본래 그러한 바가 있으며, 물物은 본래 가可한 바가 있다. 물物마다 그렇지 않은 것이 없고, 물物마다 가하지 않은 것이 없다.

그러므로 이 때문에 가는 대를 드는 것과 기둥을 드는 것, 추악한 여인과 아름다운 서시와 익살과 교활함과 속임과 기이함은 도에 의하여 통通하여 하나가 된다. 그 나누어짐은 이루어짐이요, 그 이루어짐은 무너짐이다. 무릇 일체의 사물들은 성成과 훼毁라고 할 것이 없으니 다시 통하여 하나가 된다.[59]

여기서 장자는 첫째, '표상representation' 혹은 '기호sign'의 이론을 제기한다. A라는 기호, 즉 언어가 무엇인가를 가리키려면 A는 그가 표상하는 그 무엇과 달라야만 한다는 것이다. 그래서 손가락으로 손가락을 가리키는 것은 정말 가리키는 것이 아니고, 손가락이 아닌 다른 것으로 손가락을 가리킬 때, 그 손가락이 아닌 것은 손가락을 가리키는, 즉 손가락을 의미하는 기능을 비로소 발휘할 수 있다는 것이다. 그것은 간단히 말해서 존재와 언어 사이에는 논리적인 거리가 있다는 것이다. 따라서 존재를 표시하는 언어는 존재 자체가 아니다. 이러한 점에서 "천지는 하나의 손가락이며 만물은 하나의 말馬이다"라는 말이 이해된다. 즉 존재로서의 천지는 언어에 의한 표현대상이며, 표현 이전에 있는 손가락이나 말에 비유된다는 것이다. "가可하면 가하다고 하고, 불가不可하면 불가하다"라는 장자의 말은 무엇을 의미하는가? 이러한 장자의 표현은

---

59   『장자』, p.32.

이른바 동어반복, 즉 토톨로지라고 말한다. 즉 존재로서의 있는 그대로는 그것을 언어로서, 즉 그 자체가 아닌 것으로 표현할 수 있는 게 아니라, 그냥 그것일 뿐이라는 것이다.

존재, 즉 '도'라는 전체는 언어로 표현될 수 없어 무엇무엇이라고 할 수 없는데, 그것을 무엇무엇이라고 부르는 것은 그 자체가 무엇무엇으로 차별되어 있었다가 아니라 이름, 즉 언어를 붙임으로써이다. 사물현상의 변화도 어째서라는 언어로 정말 설명될 수 없다. '사물 자체가 그렇고'라고밖에 말할 수 없다. 우리가 사물현상을 구별하여 '나뭇가지와 기둥, 혹은 추악한 사람과 뛰어난 미인'들로 갈라내어 생각하는 것은 존재 자체가 그러한 것이 아니라 우리들이 존재를 언어로써 구별하기 때문이다. 그런데 이러한 사실을 깨닫고 언어로 표현된 이전의 존재 자체로서 보면, '도는 이런 것을 모두 동일한 수준에 넣는다'. 따라서 존재 자체의 입장에서 볼 때 언어는 파괴와 같다. 왜냐하면 도는 그저 '하나'일 뿐이기 때문이다.

노장의 존재론이 언어로 표현되기 이전의 하나로서의 존재, 정신과 물질로 분단되어 생각되기 이전의 일원론적 존재론에 귀착한다면, 그러한 주상이 진리라는 것을 어떻게 알 수 있는가? 여기서 우리는 노장의 인식론에 부닥친다. 그리고 그들의 인식론에 비춰볼 때 그들의 존재론은 더욱 선명해질 것이다.

인식과 직관

장자莊子가 혜자惠子와 더불어 호수의 징검다리 위에서 놀았다. 장자가 말하였다. "피라미가 조용하게 나와 노니나니 이것이 물고기의 즐거움이다."
혜자가 말하였다. "그대가 물고기가 아닐진대 어떻게 물고기의 즐거움을
아는가?" 장자가 말하였다. "그대는 내가 아닌데 어떻게 내가 물고기의 즐
거움을 모른다는 것을 아는가?" 혜자가 말하였다. "내가 그대가 아닐진대
본래 그대를 모르겠거니와 그대는 본래 물고기가 아닌지라 그대가 물고기
의 즐거움을 모른다는 것은 완전하다." 장자가 말하였다. "청컨대 그 본래
로 거슬러 올라가보자! 그대가 이르기를 네가 어떻게 물고기의 즐거움을
아는가 운운한 것은 이미 내가 그것을 안다는 것을 알고서 나에게 물은 것
이다. 나는 호수 위의 징검다리에서 알았네!"[60]

이 재미있는 에피소드는 노장의 인식론을 요약해준다. 인식론의 철
학적 문제는 우리가 무엇인가를 안다고 할 때 그것을 어떻게 입증할 수
있는가를 밝히는 문제로 귀착한다. 창문 앞의 장미꽃을 바라보고 그것
을 안다고 할 때, 또는 1+2=3이라는 것을 안다고 할 때 어떤 근거로 그
앎이 입증될 수 있는가? 여기서 우리는 두 가지 대답을 할 수 있다. 전자
의 경우 우리는 눈을 떠서 보니까 그 장미꽃이 있음을 알고 있다고 대답
할 수 있고, 후자의 경우는 수학적 규칙을 따라 그런 것을 알 수 있다는
대답이 나올 수 있다. 위의 두 가지 다른 대답을 갖는 앎을 나누어 전자
의 앎을 경험적 앎으로, 후자의 앎을 분석적 앎으로 이름 짓는다. 여기
서 물론 위와 같은 대답으로 만족스러운 것이 아니다. 왜냐하면 위와 같
은 대답은 내가 알고 있다는 것이 사실 그대로, 즉 진리라는 것을 증명
하는 것이 아니고, 다만 그러한 앎에 도달하는 수단을 지시하고 있을 뿐

60   위의 책, p.136.

이기 때문이다.

여기서 데카르트의 유명한 의문이 인식론적 입장에서 볼 때 정당한 것이었고 심오한 것이었음을 깨닫게 된다. 왜냐하면 우리는 위와 같은 두 대답이 나온 후에도 우리들의 앎이 환상에 지나지 않았나 하는 질문을 할 수 있는 논리적인 근거가 충분히 있기 때문이다. 우리가 의심하지 않고 있는 모든 과학적 지식이란 자체의 진리를 경험을 통해서 직접 얻은 지식이 아니라 사실은 어떤 지식을 전제로 삼아 전제로부터 논리적으로 추리해낸 지식이다. 사물현상에 대한 이른바 경험적 지식 또는 과학적 지식이 어떤 전제하에서만 가능하다 할 때, 만약 그 전제가 잘못됐다면 그것을 기반으로 한 모든 과학적 지식은 무너지고 만다. 따라서 문제는 기초가 되는 지식, 과학적 지식의 전제가 되는 앎은 논리 이전의 지식일 수밖에 없고, 논리 이전에 얻은 지식이 의심할 수 없는 것이어야만, 그것을 기초로 한 과학적 지식도 믿을 만한 것이 될 것이다.

그런데 이와 같은 과학적 지식은 논리적으로 따져 옳고 그르다고 결정할 수 있지만, 그런 지식의 기초가 되는 앎은 결코 논리적으로 증명될 수 있는 성질의 것이 아니다. 이리하여 모든 지식은 논리적인 입증 이전의 지식으로서, 오직 직관에 의해서만 얻어지는 것이다. 결국 사물현상에 관한 앎은 궁극적으로 모두 직관에 기초를 두고 있다는 결론이 나온다. 노장의 인식론은 직관주의라 하겠다. 그들은 궁극적 진리는 오직 직관에 의해서만 도달할 수 있다고 믿는다.

경험적 지식의 대상은 두 가지로 나눌 수 있다. 하나는 물리현상이요, 또 하나는 의식현상이다. 물리현상은 앎의 근거를 관찰에 두지만 의식현상은 그 성질상 관찰할 수 없다. 그렇기 때문에 의식현상의 지식에 대한 시비는 인식론에서 더욱 복잡한 문제로 등장한다. 이러한 문제는 앞에서 예로 든 장자의 일화에서 볼 수 있듯이 남의 생각이나 의식상태를 어떻게 알 수 있느냐의 문제로 돌아간다. 이런 문제를 근래 철학에서는 '남의 마음을 아는 문제problem of other mind'라고 부른다.

장자의 일화가 제기하는 문제는 바로 남의 마음을 아는 문제이다. 장자는 물고기라는 타자의 마음을 안다고 한다. 이때 혜자가 던진 질문은 극히 난처한 타인의 마음의 문제이다. 혜자의 질문은 철학적으로 극히 타당한 논리를 갖고 있다. 이에 대하여 장자는 혜자의 논리를 빌려 혜자가 자기가 아닌 장자의 의식상태, 즉 장자가 '물고기의 마음을 알지 못한다는 것'을 어떻게 아느냐고 반문한다. 그러나 장자의 대답은 논리적으로 맞지 않는다. 왜냐하면 혜자가 고기의 마음을 모르고 있음을 안다고 한 것이 아니라, 장자가 고기의 마음을 안다고 한다면 그것을 어떻게 증명할 수 있는 것이냐고 물었을 뿐이다. 혜자의 논리는 당당하고 그의 질문은 정당한 근거가 있는 것이다. 그런데 장자는 결국 논리적으로 혜자를 누르려 하지 않고, 논리를 벗어나서, 논리를 넘어서 비약한다. 장자는 혜자가 논리적으로 설득할 수 없어도 논리 이전에 직관으로 혜자 자신이 자기가 알고 있었음을 알고 있다는 것이며, 이러한 앎은 구질구질한 논리로써 따지지 않고도 자명하다는 것이다.

어떠한 앎에도 궁극적으로는 그 밑바닥에 직관을 전제로 하지만 그렇다고 모든 직관이 다 같이 정당한 것은 못 된다. 왜냐하면 흔히 두 사람은 서로 다 같이 직관적으로 알고 있다 해도 경우에 따라 두 사람의 직관은 서로 양립할 수 없기 때문이다. A라는 사람은 하나님이 존재한다는 것을 직관으로 알았다고 확신하며, B라는 사람은 하나님이 존재하지 않는다는 것을 직관으로 알고 확신한다 할 때 둘 중 하나는 용납될 수 없는 주장이기 때문이다. 만일 백 보를 양보해서 맞는 직관만 정말 직관이라고 주장한다면 그러한 주장은 일종의 순환논법으로 논리적인 오류를 범하고 있다. 왜냐하면 한 직관이 맞았다는 직관을 증명하려면 역시 직관에 근거를 둬야 하는데, 그렇다면 그런 직관을 어떻게 보장하느냐의 문제가 계속 꼬리를 물고 나오기 때문이다.

위와 같은 철학적 문제를 따지기 전에 우선 직관적 앎이 무엇인가, 그러한 주장이 인식의 대상이나 언어에 관하여 무엇을 의미하게 되는가를 생각해보자. 직관은 문자 그대로 의식이 그것의 대상과 직접 접하는 것을 의미한다. 그래서 직관은 추리적 앎과 대립된다. 다른 말로 바꿔 말하면 직관적 앎은 의식과 그 의식의 인식대상 사이에 아무런 매개 없이 이루어지는 순간적으로 얻어지는 앎이다. 다시 말해서 지적인 작용 없는 앎이다. 그렇다면 직관이 모든 앎에 있어서 없어서는 안 될 근본요소이긴 하나, 과연 직관이 모든 앎을 설명할 수 있는가 하는 문제가 곧 나오게 되는데, 그러한 문제는 뒤에서 따져보기로 하고, 오로지 직관이 모든 앎의 길이라는 노장의 인식론이 무엇을 의미할 것이며, 그것이 노장의 존재론과 더 나아가서는 노장의 문화에 대한 근본적인 태도, 철저한 반지성주의의 입장과 어떻게 관련되는가를 생각해보자. 위와 같이 직관주의를 규정할 때, 직관주의 인식론이 언어를 비판하고, 반문화적이며, 반지성주의를 갖게 되는 것은 당연하다. 왜냐하면 언어는 의식과 그것의 대상을 매개하는 것으로 나타나며, 이처럼 언어를 인식의 매개로 한다는 것은 대상에 대한 우리들의 경험을 어떤 질서를 마련하는 개념 속에 정리한다는 것을 의미하며, 또한 그처럼 개념의 틀에 넣는다는 것은 지적인 작업을 가린다는 것이기 때문이다.

그뿐만이 아니라 직관주의 인식은 존재를 절단한 상태로서, 분석적으로 볼 수 없고, 오로지 하나의 전체로서만 봐야 하는 존재론적 논리적 결과를 갖게 마련이다. 왜냐하면 언어를 중매로 해서 사물을 인식한다는 것은 그것을 무엇무엇으로서, 즉 무엇무엇과 구별해서 하나의 선명한 테두리 안에서 본다는 것에 지나지 않기 때문이다. 이같은 존재론적 결과에서 볼 때 노자의 '희언자연希言自然',[61] 즉 자연은 말이 드물다라는 생각, 또는 '유물혼성有物混成',[62] 즉 뒤죽박죽된 존재라는 주장이 이해된다. 똑같은 관점에서 장자의 널리 알려진 말, 즉 '조삼모사朝三暮四'[63]라는 말도 이해된다. 자연 전체, 즉 '도'는 언어로 표현될 수 없고 언어로 표현되기 이전의 상태라는 말이 되며, 그러한 자연은 언어에 의해서 개념적으로 분석되기 이전의 뒤섞인 상태라는 것이다. 이런 점에서 '도'를 '무'라고 하는 이유가 밝혀지게 된다. '무'란 것은 없다는 말이 아니다. 만약 '무'를 없다는 말로 해석한다면 그 말은 완전히 자가당착이다. 왜냐하면 '도'가 가장 근본적인 존재라 한다면 어떻게 존재가 없다는 말이 성립될 수 있겠는가? 언어 이전의 존재를 하나의 전체로서 보지 않고, 그것을 언어에 의해서 분석하고 차별해서 본다면, 그것은 '전체'의 관점을 잃고 4+3이 3+4보다 많다고 생각하며 기뻐하는 어리석은 원숭이의 관점을 벗어나지 못하는 것과 똑같다. 그래서 "모든 사물이 하나인 사실을 인정하지 않고 사물의 개별성에 집착하여 지력知力을 소모시키는 것을 조삼모사로 이른다"[64]라고 장자는 설명한다. 이와 같이 직관에 의해서 인식된 대상은 언어로 표현될 수 없다. 이것을 '지자불언 언자부지知者不言 言者不知',[65] 즉 '아는 이는 말이 없고 말이 있는 이는 알지

---

61 『노자』, 제23장.
62 위의 책, 제25장.
63 『장자』, p.32.
64 위의 책, p.32.

못한다'라고 노자는 말한다.

존재 전체로서의 도는 언어를 매개로 하지 않고 오로지 직관에 의해서만 인식될 수 있다는 노장의 인식론은 과연 어느 만큼이나 인식에 대한 철학적 해답으로서 만족스러운가? 이에 대한 대답은 긍정적인 동시에 부정적이다. 앞서 지적한 바 있지만, 비단 '도'라는 개념에 의해서 나타나는 존재가 그 자체는 절단할 수 없는 '하나', '하나의 전체'에 대한 앎뿐만 아니라 모든 종류의 앎은 궁극적으로 직관적 앎을 바탕으로 하고 있다. 그러나 노장이 주장하고 있는 것과 같이 직관은 언어 이전에 가능한가? 앞서 말했듯이 일반 사람들뿐만 아니라 과거는 물론 오늘날의 많은 철학자들이 자명한 사실로서 믿고 있는 것과는 달리, 직관 자체도 언어를 떠나서는 가능하지 않다고 믿는다. 사물현상에 대한 직접적 앎이나 직관뿐만 아니라, 우리의 사고 혹은 의식상태도 언어 없이 있을 수 없다는 것을 필자는 주장하고 싶다.

만약 이와 같은 필자의 주장을 인정할 때 직관은 노장이나 현재의 많은 철학자들이 생각하고 있는 것과는 달리 언어 이전에는 없다는 결론이 나온다면, 직관이라는 개념은 무의미한가? 우리는 여기서 그러한 개념을 버리지 말고, 그 개념을 사물현상에 대한 혹은 다른 경험에 대한 가장 기초적인 인식으로 해석하면 된다. 그러한 직관에 의한 인식은 그 자체로는 논리적으로 옳고 그름을 따질 수 없다. 왜냐하면 그러한 지식은 인식에 대한 논리적 이론이 이미 전제하고 있는 것이기 때문이다.

이와 같이 따져갈 때 노장이 주장하는 직관인식은 세 가지 점에서 비평될 수 있다. 첫째, 노장의 인식론에 의하면 참다운 인식은 오로지 직

---

65 『노자』, 제56장.

관적인 것이고, 직관적인 것은 언어로 표현될 수 없다. 그들은 언어 이전의 인식을 자명한 사실로 전제한다. 그러나 그러한 개념은 무의미하다. 왜냐하면 의식과 그 대상의 직접적인 부딪침을 직관이라고 한다면, 그것은 다만 또 하나의 현상, 자연현상 안의 현상에 지나지 않지, 결코 인식이라고는 말할 수 없다. 어떤 대상이 무엇무엇이라고 언어로 진술됐을 때에만 비로소 우리는 그것을 인식이라고 말할 수 있다. 이와 같이 인식이란 개념은 사물현상에만 적용되지도 않고 언어에만 적용되지도 않는다. 그것은 언어가 사물현상을 진술한다고 했을 때 진술하는 언어에 적용되는 말이다.

여기서 노장은 인식에 대한 근본적인 오해를 하고 있다. 그 이유는 그들이 앞서 말했듯이 존재차원과 의미차원을 혼동한 데 기인한다. 둘째, 한 보를 양보해서 노장이 말하고자 하는 직관적 인식은 사실은 언어 이전의 인식을 말하는 게 아니라, '도'라고 하는 존재 전체는 그것을 무엇무엇으로 따로 분석해서 파악될 수 있는 것이 아니라 오로지 분석될 수 없는 '하나의 존재' 혹은 '전체'로서 그러한 '하나의 존재' 혹은 전체는 '도'라는 개념 혹은 '전체'라는 말로밖에는 표현될 수 없고, 그러한 말의 개념은 다른 여러 가지 말들의 개념으로 분석할 수 없다는 것을 말하고자 할 따름이라고 해석하자. 그렇다면 그러한 노장의 말은 옳다.

그러나 그러한 옳은 사실은 우리의 인식에 대한 여러 가지 의문을 풀어주지도 않고 존재에 대한 이해를 전혀 도와주지도 않는다. 달리 말해서 그러한 노장의 인식론은 공허하다. 왜냐하면 그것은 이른바 분석적인 진리로서, 우리가 이미 알고 있는 것 이외에는 더 새로운 것을 우리에게 밝혀주지 않기 때문이다. 셋째로, 백 보를 양보해서 비록 공허한 진리이지만 그러한 진리를 우리에게 깨우쳐준다는 의미에서 노장의 인식론을 높이 평가한다고 하자. 그러나 우리들의 인식에 대한 보다 중요한 문제는 존재 전체, 즉 '도'를 '도'로서 어떻게 아느냐의 문제가 아니라 그 '도'라는 존재 전체를 언어에 의해서 어떻게 개념화하여 조직하느냐 하는 것을 밝히는 데 있다.

하나의 대상, 더 나아가서 존재 일반은 무한한 형태로 절단해서 언어로 개념화할 수 있다. 예를 들면 하나의 나무는 그것을 화학적 성분에 의하여 세 토막으로, 혹은 널빤지로, 혹은 여러 조각으로 나눌 수 있다. 나무를 이와 같이 절단하고 분석하는 이유는 근본적으로 그러한 작업이 얼마나 인간의 실천적 필요를 채워주느냐에 따라서 그 의미를 갖는다. 한 나무를 절단하고 분석할 때, 우리가 그 경우 무엇을 요구하느냐, 즉 우리들의 실천적 목적이 무엇이냐에 의해 여러 개의 나무통 또는 화학적 성분으로 제각기 달리 요리될 수 있다. 이와 마찬가지로 존재 일반을 가리키는 '도'를 어떻게 나누느냐, 어떻게 전달하고 요리하면 인간의 실천적 목적을 가장 적절히, 가장 효율적으로 충족시켜줄 것이냐를 결정하는 것에 진정한 인식의 기능이 있고, 또한 의미가 있다. 바꿔 말해서 인식의 문제는 위와 같은 문제를 밝히는 데 있을 것이다. 인식의 문제는 막연히 전체 일반, 즉 '도'라는 것을 의식하는 데 있지 않고, 그것들의 여러 가지 차원을 형성하는 사물현상을 우리들의 실천적 필요에 가장 적절하게 절단·차별하여 그것들 간의 관계를 밝혀내는 데 있다. 과학이란 별게 아니라 바로 위와 같은 작업을 목적으로 한다.

인식의 문제가 실천적 문제와 뗄 수 없는 밀접한 관계를 가졌다는 것, 즉 우리가 무엇을 원하느냐에 따라 사물현상을 보고 그와 관계를 맺는 각도가 달라진다면, 분석적인 앎, 이성에 의한 조직적인 앎을 거부하고 전체적인 앎, 직관적인 앎을 주장하는 노장의 인식론은 노장의 실천적 목적, 노장이 원하고 또 원해야 한다고 믿는 것이 무엇인가와 뗄 수 없는 관계를 맺고 있을 것이다. 그리고 그들의 인식론은 노장의 실천적 목적, 즉 그들의 관심과 이상이 무언가를 암시할 것임은 당연한 논리이다.

조금 숙고하면 노장의 존재에 대한 견해나 인식에 대한 주장이 실천적인 문제와 얼마큼 깊은 관계를 갖고 있는가 하는 것은 원래 존재론적인 개념인 '도'가 실상은 우리들의 행위의 방향을 암시하는 실천적인 개념으로 해석되고, 또 그렇게 해석됨으로써만 노장사상 전체가 하나의 체계를 지닌 사상으로 이해됨을 쉽사리 납득할 수 있다. 노장에 있어서의 실천의 문제는 단순히 그것이 존재론이나 인식론과 밀접한 관계를 갖고 있을 뿐만 아니라, 오히려 실천의 문제가 그들 사상의 가장 핵심을 차지하고 있음은 노장을 언뜻 읽은 사람이면 누구나 쉽사리 납득할 것이다. 동양사상 전체가 그렇지만 특히 노장사상은 서양사상에 비해 수행과 실천적인 입장에서 문제를 보고 실천적인 문제를 해결하려는 데 그 뚜렷한 특징을 갖고 있다. 실천에 대한 노장의 직접적 이론은 그들 사상의 종교적 차원에서 나타난다. 뒤집어 말해서 노장사상의 존재론·인식론이라는 철학적 측면에서 그 사상의 궁극적 가치의 차원, 즉 종교적 측면으로 우리의 관심을 돌릴 수가 있으며, 이러한 측면이야말로 노장사상의 핵심이 됨을 알게 될 것이다. 그리하여 우리는 종교로서의 노장사상을 검토해야 할 차례에 이른다.

『노장사상』(1980)

03
'무위'와 실천 — 종교로서의 노장사상

사람의 삶은 항상 움직임으로 나타난다. 이런 점에서 인간의 삶은 동물의 삶이나 사물들의 현상과 다르지 않다. 그러나 사람의 움직임은 대부분의 경우 사물현상이나 동물의 움직임과 달리 자기 자신의 의사에 의해서 결정된다. 이런 점에서 사람의 움직임을 행위라 불러 그밖의 움직임인 사건과 구별한다. 행위를 해야만 하는 삶을 갖고 있기 때문에 인간의 존재는 자연의 존재와 달리 그냥 있는 존재가 아니라 실천적 존재이다.

실천의 문제는 궁극적으로 '어떻게 사느냐' 하는 문제이다. 이러한 문제는 인간이 갖고 있는 욕망이나 목적 또는 이상과 논리적으로 뗄 수 없는 관계를 갖고 있다. 어떻게 사느냐 하는 문제는 인간의 욕망이나 이상을 해결하는 문제이다. 생물로서 사람은 우선 의식주를 충족시키기 위해 다른 동물들과 마찬가지로 행동해야 하겠지마는, 인간은 다른 동물과 달리 한 사회에서 함께 살아야 하는 다른 인간들과의 관계를 생각하지 않으면 안 된다. 한 사회에서 함께 살아야 하는 인간들의 이해관계는 흔히 충돌되고 알력이 생긴다. 이러한 알력을 조절하기 위한 어떤 행위의 규칙이 필요하게 된다. 사회인으로서 한 사회에서 어떻게 살아야 하느냐, 한 사회의 일원으로서는 어떠한 규칙에 따라 행동해야 하느냐는 문제가 이른바 윤리적 문제를 이루고 있는 것이다. 흔히, 그리고 대부분의 경우 사람들의 행위의 문제는 생물적 욕망을 채우는 일과 사회적 관계를 조절하는 일, 즉 생물적 행위와 윤리적 행위의 문제로 끝난다. 대부분의 사람들은 대부분의 경우 생물적 욕구를 채우고, 또 사회적 알력을 피하는 일로 급급하고 있을 수밖에 없기 때문이다.

그러나 인간에게는 위와 같은 두 가지 행위의 문제보다도 더 근본적인 행위의 문제가 나온다. 아무리 하루하루를 급급히 살아가는 가운데에도 성장해서 철이 난 사람이면, 동물로서, 그리고 사회인으로서 살아가는 인간의 '의미', 궁극적 인생의 의미가 무엇인가 하고 묻게 되며 누구나가 궁극적으로는 직면해야 할 죽음의 의미를 묻게 되고, 또 묻지 않을 수 없다. 인생을 하나의 사건으로 볼 때, 우리들은 인생 자체에 대해서 어떠한 태도로 행동해야 하는가? X라는 집을 짓고 Y라는 물건을 축적하느냐 안 하느냐 하는 문제, 혹은 A라는 사람을 존중하고 B라는 사람을 도와야 하느냐 안 하느냐 하는 문제를 넘어서 인생 자체를 어떻게 대하는가? 이러한 문제를 던질 때 우리는 이미 종교적인 차원에 들어선다. 이러한 문제에 대한 대답은 곧 종교적인 행위에 대한 대답이 되는 것이다.

물론 여기서 나는 '종교'라는 말을 넓은 의미로 사용하고 있다. '종교'에는 두 가지 의미가 있다. 좁은 의미로서의 종교는 인간 문제의 궁극적 해답으로서 어떤 특정한 초월적인 인격적 존재나, 또는 경험으로는 증명될 수 없는 어떤 형이상학적인 교리를 의미하고, 그러한 교리를 믿는 행위를 가리킨다. 이런 의미에서 기독교·힌두교 또는 불교를 종교라고 부르고 플라톤이나 헤겔의 형이상학을 종교라고 부르지 않을 뿐만 아니라 유교나 도교, 즉 노장사상도 종교라고 부르기가 어렵다. 그러나 플라톤이나 헤겔의 형이상학이나 유교를 종교라고 끝내 부르지 않는 경우에도 흔히 도교, 즉 노장사상은 종교라고 부른다. 이와 같은 이유를 후에 타락되고 미신화된 노장사상이 좁은 의미의 종교의 형태를 갖추어 도교의 사원 등이 생겼다는 사실에서 찾으려 하는 사람이 있을지 모른다. 그러나 필자의 의견으로는 종교화된 도교는 정말 노장사상이 아닐 뿐만 아니라 오히려 그 반대이다. 하지만 반종교적 사상으로 해석해도 노장사상은 넓은 의미에서 종교라고 불릴 충분한 근거를 내포하고 있다.

신학자 틸리히Tillich는 신앙을 정의하면서, 그것은 '궁극적 관심ultimate concern'[66]이라고 말했다. 틸리히가 말하고자 하는 것은 어떤 특수한 교리를 믿지 않아도, 한 인간이 자기의 삶과 우주 전체 혹은 존재 전체와의 궁극적 관계에 관여할 때, 그는 이미 종교를 갖고 있다는 것이다. 다시 말하면 한 인간이 자신의 인생에 대한 궁극적 의미를 찾고 그런 것을 믿을 때 그는 넓은 의미에서의 종교인이라는 것이다. 노장이 어떤 특수한 교리를 제시하지 않지만 그들의 사상의 핵심, 그들의 가장 근본적인 문제는 인간에게 그들 나름대로 살아갈 근본적인 태도를 제시하는 데 있다. 노장은 우리에게 우리의 근본적인 문제에 대해서 근본적인 해결책을 제시하고자 한다. 그들은 우리가 근본적인 입장에서 어떻게 살아가야 하나를 보이고자 한다. 이런 의미에서 노장사상을 하나의 종교라고

---

[66]   Paul Tillich, *Dynamics of Faith*, Harper & Row, 1957, 참조.

볼 수 있다.

실천적 차원에서 보았을 때의 종교적 대답의 예로서는 힌두교에서의 '업karma', 불교에 있어서의 '선dhyana', 기독교에 있어서의 '기도prayer' 등을 들 수 있다. 노장사상에 있어서의 '무위'란 바로 위와 같은 개념들에 해당된다.

공포와 우환

마르크스는 종교를 인민의 아편으로 보고 니체는 노예적 인간들이 자기들의 정신적 고통을 복수하려는 수단으로 발명해낸 세계관이라고 말했다. 종교는 전자에 의하면 지배자의 발명이며 후자에 의하면 피지배자의 발명이 된다. 두 가지 의견이 비록 다르기는 하지만 그것들은 종교를 인간과 인간 사이에서 생기는 이해의 충돌에서 해석하려고 한다. 이와는 달리 프로이트는 인간이 죽음에 대한, 인간의 힘으로 해결할 수 없는 공포에서 벗어나기 위해 발명해낸 것이라고 설명한다. 위의 세 가지이론이 다 같이 종교적 교리를 진리로 보지 않고 하나의 '환상'으로 보고 있는 데는 일치하며, 프로이트의 이론이 문자 그대로 옳다고는 할 수 없지만 종교가 사회적 문제에 대한 해답이 아니라, 사회적 문제를 초월한 죽음이란 궁극적 문제에 대한 해답이라고 볼 때, 프로이트의 이론이진리에 가깝다고 믿는다.

인간에게는 사회적 문제, 즉 이 세상에서 살아가는 가운데에 생기는문제를 넘어서 그보다도 더 근본적인 문제, 즉 우주와의 관계 속에서 생각되어야만 하는 문제가 있다. 이러한 문제에 대한 해답의 추구가 종교의 형태로 나타난다. 그 문제는 결국 인간 또는 모든 사물현상의 궁극적 의미를 어디서 찾는가 하는 문제이며, 더 좁게 말해서는 나라는 한 인간의 삶과 우주, 또는 존재 전체와의 관계를 어떻게 봐야 하는가에 대한 문제이다.

프로이트는 이러한 문제가 나오게 되는 이유를 죽음에 대한 공포, 인간이 가진 힘의 궁극적 무력의 자각에서 찾았다. 그러나 좀 생각해보면 반드시 죽음의 인식에서 나온 것이라고만은 볼 수 없다. 인간의 욕망에는 한이 없다. 가장 기본적인 욕망이 채워졌더라도 욕망이 계속되고 있는 이상 인간은 결코 생에 대해 만족을 느낄 수 없다. 그리고 죽음이라는 궁극적인 문제 이전에 인간은 어떠한 사회에서 어떠한 권력을 갖고 살더라도 항상 무한한 잔걱정을 떠날 수 없다. 병이 늘 위협하고, 대인관계에 신경을 써야 한다. 비록 일방적인 생각이긴 하겠지만, 힌두교나 불교가 삶을 '고통'으로 보아왔다는 사실은 우연이 아니다. 사르트르 같은 실존주의자도 이런 관점에서는 불교의 입장과 다르지 않다. 그에 의하면 인간의 삶은 '무의미한 수난'이기 때문이다.

요컨대 인간은 현세에 대한 불만을 의식하고 그것의 궁극적 의미를 의심하게 된다. 이런 의미에서 기독교·이슬람교도 예외가 아니다. 비단 종교적 이론이 아닌 플라톤의 철학에서도 이런 점에선 다를 바가 없다. 이러한 생각은 로맨티시즘 문학의 사상에서도 뚜렷이 볼 수 있다. 고통 혹은 불만스러움은 하나의 근본적 인간 조건인 셈이다. 이러한 인간 조건의 궁극적인 원인을 어디서 찾으며, 인간 조건으로 갖고 있는 고통의 궁극적인 해결을 어떠한 방법에서 찾아야 하느냐에 따라 크게 두 가지 서로 다른 종교적 대답으로 나타난다. 그 하나는 초월적 인격신人格神을 믿는 종교이고, 또 하나는 그러한 인격신을 전제하지 않는 종교이다. 전자는 유대교·기독교·이슬람교에서 그 예를 찾을 수 있고, 후자는 힌두교·불교·도교, 즉 노장적 종교관에서 그 예를 들 수 있다.

종교를 넓은 의미에서 인간과 궁극적 존재의 궁극적 관계를 밝히고 해결하는 견해로 생각할 때, 인격신을 믿는 종교는 궁극적 존재를 초월적인 것, 우리가 현재 살고 있는 세계와 별도로 떨어져 있는 존재로 보며, 인격신을 인정하지 않을 때 궁극적 존재는 별개가 아니라 우리가 살고 있는 세상과 일치한다. 따라서 해결되어야만 할 인간 조건은 인격신을 믿는 종교에 있어서는 신과 인간의 종속관계에서 해석되고, 인격신을 믿지 않는 종교에서는 존재 전체로서의 자연 그 자체와의 관계 속에서 해석된다. 그리고 전자의 경우 신과 인간의 관계는 '공포'의 관계로 나타나며 후자의 경우 자연과 인간의 관계는 '우환'의 관계로 나타난다. 그리하여 가장 대표적인 인격신을 믿는 기독교는 인간의 공포의 해결을 문제로 삼게 되고, 인격신을 가장 분명하게 부정하는 노장의 종교는 인간 우환의 해결을 문제로 삼게 된다. 기독교는 '죄'를 강조한다. '원죄'를 저지른 인간은 신 앞에서 무릎을 꿇고 공포에 떤다. 인간은 항상 신에 의해서 벌을 받을까 공포에 떠는 위치에 놓여 있다. 그는 신의 명령에 복종해야 한다. 그래서 야곱이나 아브라함은 모든 이성적인 이해를 넘어선 '신'의 명령에 전혀 이해가 되지 않으면서도 무조건 복종하고 그럼으로써만 비로소 구원을 받게 된다. 이에 반해서 노장의 종교에 있어서 '죄'라는 개념 혹은 '벌'이란 개념은 전혀 의미를 갖지 않는다. 만약 그런 개념이 의미를 갖는다면 그것은 오로지 사회적, 즉 논리적인 개념으로서만 의미를 갖지 종교적인 의미는 없다. 노장의 문제는 죄나 벌, 그리고 그와 병행한 공포가 아니라 인간의 어리석음에서 생기는 착각과 착오, 그리고 거기에서 생기는 우환이 문제가 된다. 그래서 장자는 말馬을 잘 다룬다는 백락伯樂이 겪는 우환을 빙자하고[67] 도둑을 막으려고 상자를 단단히 묶은 사람이 당하는 우환을 지적한다.[68] 반대로 장자는 '도'에 몸을 바쳤을 때 한 요리인이 경험하는 쉽고 즐거운 효과를 얘기한다.[69]

인간의 해결되어야 할 근본적 문제를 우환으로 보고 있는 노장의 종교는 그들의 존재론과 맞아들어가고, 그와 반면에 인간의 근본적인 문제를 공포나 죄로 보는 기독교의 종교는 서양철학의 가장 밑바닥에 깔려 있는 형이상학과 일치한다. 플라톤에서 데카르트, 그리고 사르트르로 내려오는 형이상학은 근본적으로 이원론적 존재론이다. 이에 반해서 노장의 존재론은 앞에서 길게 살펴보았듯이 일원론이다. 인간의 근본적인 문제는 인간과 그것과 초월적인 관계에 서 있는 다른 존재 사이의 죄와 벌, 위협과 공포는 오직 존재를 두 가지의 다른 것으로 나누었을 때만 가능하지만, 우환은 하나의 존재 속에서 생기는 문제에 지나지 않는다.

그렇다면 인간의 우환은 어떤 때에 해결됐다고 생각될 수 있는가? 우환의 해결이란 무엇일 수 있는가? 이러한 문제는 종교적 목적에 관한 문제가 된다.

---

67   『장자』, p.80 참조.
68   위의 책, p.83 참조.
69   위의 책, p.39 참조

구원과 해탈

인간의 보편적이며 궁극적인 조건을 기독교에 있어서처럼 죄로 보느냐 혹은 노장에 있어서처럼 우환으로 보느냐에 따라 그러한 인간 조건에 대한 해결은 두 가지의 다른 방법이 있게 된다. 문제의 해결은 첫째의 경우 신앙으로 생각되고, 둘째의 경우 앎으로 생각된다. 기독교는 이성으로써는 증명될 수 없는 인격신의 계시를 받아 신앙에 도달하며, 신앙이 된 신에 의한 구제를 바란다. 이와 같이 볼 때 기독교의 종교는 근본적으로 의타적이다. 나 아닌 절대자에 복종함으로써 그 절대자로부터 수동적으로 구함을 기대한다. 이와 같이 하여 인간의 근원적 병인 죄를 용서받고 이곳으로부터 다른 곳, 초월적인 어느 세계, 즉 천당으로 들어갈 패스포트를 받는 데 있다. 기독교는 한 곳, 즉 우리가 현재 살고 있는 현상적 세계에서 다른 곳, 즉 신이 도사리고 있는 다른 곳으로 옮겨가는 데에서 인간 문제의 근본적인 해결이 있다고 본다. 이와 같은 구원은 오로지 어떤 절대적 인격신을 앎으로써가 아니라 맹목적으로 믿음으로써 이루어진다. 신앙, 즉 '믿음'이란 말을 '앎'이라는 개념과 대립해서 해석할 때 기독교적 종교의 성격은 더 확실해진다. 신앙은 앎을 포기하고 초월할 때 얻어지는 의식상태이다. 파스칼이나 키르케고르의 주장은 별게 아니라 신앙과 앎의 뛰어넘을 수 없는 거리이며, 신앙은 앎을 포기했을 때에만 가능하다는 것이다. 그래서 그들은 각기 신앙적 '도박'을 주장하고 비약적 '결단'을 강조한다. 위의 두 사상가들의 견해야말로 기독교, 넓게는 인격신을 인정하는 모든 종교의 핵심을 밝혀낸 것으로 믿어진다.

이와 같은 인간의 종교적 해결에 대한 견해와는 정반대로, 동서를 막론하고 많은 사상가들은 인간의 근본적인 문제를 해결하는 데 있어서 앎의 절대적 중요성을 주장해왔다. 그들에 의하면 인간의 해결되어야 할 문제는 그것이 근본적인 것이건 아니건 간에 앎을 통해서만 가능하다고 주장하는 것이다. 플라톤이 "알고서 나쁜 짓을 하는 경우는 없다"고 말했을 때 그는 모든 악이나 불행의 근원이 무지에 근원을 두고 있다고 말하려는 것이다. 그는 앎의 대상이 변화하는 현상세계가 아니라 영원불변한 '가사세계'를 구성한 '형태forms', 즉 관념적인 존재인 '이데아'라고 믿었으며, 그러한 존재는 지각으로써가 아니라 오로지 지성에 의해서만 알 수 있다고 주장했다. 플라톤의 유명한 정치철학도 위와 같은 그의 형이상학에 의해서 이해된다. 그는 한 국가의 군주, 즉 통치자는 민중이 아니라 철학자이어야만 한다고 주장한다. 왜냐하면 여기서 철학자는 진리를 알고 있는 사람이기 때문이다. 옳은 것을 알 때에 옳은 행동을 할 수 있으며, 어떠한 사회국가를 조직하고 어떻게 민중을 영도하느냐 하는 문제는 무엇이 옳은 사회이고, 무엇이 옳은 국가인가에 대한 앎을 전제로 하기 때문이다. 플라톤과 비슷한 생각은 힌두교나 초기 불교에서 찾아볼 수 있다. 이 두 가지 종교의 교리에 의하면 각기 종교가 진리라고 믿고 있는 형이상학적 존재의 구조를 앎으로써만 속세로부터 각기 '해탈'되거나 '열반'의 경지에 도달할 수 있다. 그래서 예를 들어 힌두교의 주장에 따르면, 한 인간이 아무리 완전히 자기의 '업'을 닦더라도, 그가 만약 네 가지 계급 가운데서 제일 위의 계급에 속하지 않는 한 완전한 '해탈'은 바랄 수 없다. 왜냐하면 힌두교의 진리를 완전히 배울 수 있는 것은 오로지 제일 위의 계급으로 태어났을 때에만 가능하기 때문이다.

노장에 있어서도 인간의 궁극적인 해결은 신앙이나 복종이나 기도에 의해서가 아니라 플라톤이나 힌두교, 그리고 초기 불교에 있어서와 마찬가지로 앎을 통해서만 이루어질 수 있다. 그러나 앎에는 두 가지가 있다. 노장에 있어서의 앎과 그밖의 철학이나 종교에서 말하는 앎과는 완전히 일치하지 않는다. 후자가 말하는 앎은 어떤 새로운 대상을 발견하는 의미를 갖고 있지만 전자의 경우에 있어서 앎은 이미 알고 있는 대상에 대한 새로운 관점을 갖고 깨닫는 데 있다. 이러한 앎의 차이는 '인식'으로서의 앎과 '해탈', 즉 깨달음으로서의 앎으로 나눌 수 있을 것이다.

해탈한다는 것은 무엇인가? 깨닫는다는 것은 무엇인가? 어째서 해탈이 깨닫는 것과 같은가? 한 수학문제를 생각해보자. 그 수학문제가 풀리지 않았을 때를 비교해보자. 이 두 가지 경우 우리가 대하고 있는 앎의 대상은 변함이 없다. 그 문제는 두 경우 변하지 않는 숫자와 수식으로 우리 의식 앞에 주어져 있다. 그 문제를 풀 줄 안다는 것은 새로운 대상을 발견하는 것이 아니라 이미 눈앞에 보이는 숫자와 수식의 관계를 이해하는 데 지나지 않는다. 그것은 다름 아니라 같은 의식의 대상이 새롭게 보였다는 것이며, 새롭게 보였다는 것은 새로운 것이 나타나서가 아니라 우리들이 새로운 각도에서 보았기 때문이다. 이와 같은 경우에 있어서의 앎이란 의식 외부에 있는 대상의 문제가 아니라, 의식 안의 내면적 문제이다. 이와 같은 앎은 심리적으로 무한한 해방감을 준다. 이러한 해방, 즉 해탈은 밖으로부터 벗어나는 심리적 결과가 아니라, 이때까지 한 의식이 갇혀 있던 관점의 울타리에서 벗어나는 해방이다. 비슷한 예를 정신분석학적 치료에서도 찾아볼 수 있다. 이 치료가 원리로 하고 있는 것은 깨달음, 즉 해탈로의 앎이다. 정신분석 치료는 두말할 것 없이 하나의 치료이다. 그러나 이러한 치료는 약을 마시거나 수술을 받아서 이루어지는 것이 아니고 치료를 받는 병자가 스스로 의식하지 못했던 정신적 문제의 원인을 의식함으로써이다. 따라서 앎이, 즉 스스로의 문제를 깨닫는 것, 스스로의 문제를 자의식하게 하는 것이 정신분석 치료의 방법이다. 이러한 방법은 앎이 곧 치료라는 것, 즉 앎이 곧 문제를 해결하는, 고통으로부터 해방하는 길이 된다는 것을 원칙으로 하고 있다. 앎은 곧 해탈이 되고 해탈은 곧 치료이다.

노장이 치료하려는 것은 어떤 특정한 심리적인 문제, 어떤 특정한 육체적인 문제, 어떤 특정한 고통이나 병, 즉 우환이 아니라 우환 자체, 즉 우환성이다. 노장의 문제나 정신분석 치료 의사의 문제가 다른 것은 그 우환이 근본적인 것이냐 아니냐 하는 점, 그 우환의 치료를 근본적인 입장에서 보느냐 아니냐는 점에 있을 뿐이다.

인간의 근본적 조건으로서의 우환의 근본적인 치료방법, 즉 종교적인 해결방법을 위해서 설명한 뜻으로의 해탈, 즉 깨달음으로 보고 있는 것은 비단 노장에 있어서뿐 아니라 후기 불교, 특히 선불교에서도 찾아볼 수 있다. 불교적 해탈은 책을 많이 읽거나 경험을 많이 쌓거나 많은 사물·사건을 개별적으로 알거나 해서 이루어지는 것이 아니라, 눈을 감은 채 아무것도 보지 않고 앉아서 명상을 함으로써 이루어지는 것이다. 이런 해탈을 통해 '도통道通'하고 '열반'의 경지에 이른다.

그렇다면 위와 같은 의미에서의 해탈은 보다 구체적으로 어떻게 설명될 수 있는가? 이미 있는 모든 사물현상을 새로운 각도에서 본다는 것, 그럼으로써 깨달음에 도달한다는 것은 무엇인가? 종교적 차원에서 보았을 때의 정신분석이란 무엇인가?

① 산시산, 수시수山是山, 水是水
② 산불시산, 수불시수山不是山, 水不是水

③ 산시산, 수시산山是水, 水是山

④ 산시산, 수시산山是山, 水是水[70]

산은 산이고 물은 물이었다고 믿었는데

산은 산이 아니고 물은 물이 아니구나.

산은 물이고 물은 산으로 보이는데

산은 역시 산이고 물은 역시 물이로다.

무한한 깊이를 지닌 어느 불선인佛禪人의 이 말을 노장이나 불교에서 말하는 해탈의 의미를 가장 간결하고 적절히 표현한 예로 들 수 있다. 언뜻 보아 위의 네 진술은 극히 어리석은 얘기처럼 보인다. 그러나 이 네 진술 전체는 한없이 깊은 의미를 갖고 있다. ①이나 ④에 있어서 문자만을 볼 때 똑같다. 그러나 그 밑바닥에 깔려 있는 의미를 볼 때, ①과 ④의 두 진술은 방대하게 다른 의미를 갖고 있으며 그것들 사이에는 엄청난 거리가 놓여 있다. 구체적으로, 아니 보다 정확히 말해서 우리들의 육체적 눈에 비쳐 보이는 산과 물은 두 경우에 똑같다. 그것들은 두 경우에 있어서 전혀 변함이 없다. 그러나 청원青原의 철학적 눈에는 그것은 완전히 서로 다른 두 가지 현상이다. 다시 말하면 완전히 서로 다른 의미를 띠고 있다. ①에 있어서의 산과 물이 상식적인 눈으로 본 산과 물인 데 반하여, ④에 있어서의 산과 물은 완전 해탈의 차원에서 본 산과 물이다. 바꿔 말해서 ①과 ④에 있어서 물질적으로는 똑같은 산과 물

---

70   청원유신선사(青原惟信禪師), 『경덕전등록(景德傳燈錄)』 제22권, 고형곤, 『선(禪)의 세계』 참조.

이지만 의미적으로, 즉 논리적으로 볼 때는 전혀 다른 산과 물이다. ①의 차원이 ④의 차원으로 옮겨가는, 아니 승진하는 과정에는 ②와 ③이란 차원이 가로놓여 있다. ①의 차원에서 생각을 좀더 밀고 나갈 때 우리는 산과 물을 의심할 수 있게 된다. 이것이 바로 ②의 차원이다. 서양철학에서 볼 때 데카르트가 도달한 경지는 겨우 이와 같은 차원 ②가 고작이었다. 그러나 ②에서 생각을 보다 파고들면 ③의 차원에 이른다. 여기서 우리는 산과 물을 의심하는 데 그치지 않고 산과 물을 바꿔서 볼 수 있다. 그러다가 다시 더 생각을 끌고 가면 우리는 산을 산으로, 그리고 물을 물로 볼 경지에 이른다. 우리의 눈은 ①에서 ④까지 엄청나게 달라졌다. 여기서 달라졌다는 말은 밝아졌다, 깨닫게 됐다는 뜻과 마찬가지가 된다.

전위예술가인 뒤샹Duchamp은 1900년 초에 변기를 있는 그대로 끌어다놓고 '샘Fountain'이라는 이름을 붙여 예술작품이라고 불렀고, 그것은 이미 귀중한 작품으로 공인되어 있다. 근래 와서 이른바 컨셉추얼 아트, 즉 '개념예술conceptual art' 또는 '파운드 오브제found object'라는 예술이 널리 유행하게 되었다. 이와 같은 예술이 제기하는 문제는 예술작품과 예술작품이 아닌 것의 관계를 밝히는 문제이다. 하나의 물질로서는 하나의 사물 혹은 하나의 사건은 그것이 예술작품이라고 불릴 때든 그렇지 않을 때든 전혀 다를 바가 없다. 그러면서 그것들이 예술품으로 취급될 때와 그렇지 않을 때와는 엄청난 논리적 차위가 있다. 앞서 든 산과 물에 대한 ①과 ④의 관계는 한 사물이나 사건이 예술작품으로 취급될 때와 그렇지 않을 때의 관계와 일치한다. 한 사물이 사건을 예술작품으로 보느냐 그렇지 않느냐가 겉보기로는 결정될 수 없는 것과 마찬가지로 산과 물이 ①로 보이느냐 ④로 보이느냐는 겉보기만으로는 가려낼 수 없다. 비유를 바꿔 노장이 말하는 해탈도 그것을 겉으로 보아서는 결정할 수 없는 것이다. 이와 같은 관점에서 비로소 다음과 같은 장자가 말하는 얘기의 의미가 파악된다.

'남곽자기南郭子綦'가 탁자에 의지하고 앉아 하늘을 우러러 천천히 숨을 내부니 죽은 듯하며, 그 대상을 잃은 것 같았다. 그 제자 안성자유顏成子遊가 앞에서 모시고 서 있더니 이르기를, 무엇 때문입니까? 몸은 본래 고목槁木과 같게 할 수 있으며, 심心은 본래 사회死灰와 같게 할 수 있습니까? 지금 탁자에 의지하고 있는 분은 이전에 탁자에 의지했던 분이 아닌 것 같습니다. 자기가 말하기를, 언偃이여! 좋지 않은가! 그대의 물음이여! 오늘 나吾는 나我를 잃었으니 너는 그것을 아는가? 너는 사람의 피리 소리는 듣고 땅의 피리 소리를 아직 듣지 못했으며, 너는 땅의 피리 소리는 듣고 자연의 피리 소리는 듣지 못했는가?[71]

자기子綦와 자유子遊는 똑같은 곳에서, 똑같은 자연적 환경 속에서 똑같은 것을 보고 있지만 자기가 보는 것을 자유는 보지 못하고 있다. 해탈의 경지는 자유가 듣지 못하는 땅의 음악과 하늘의 음악을 들을 수 있는 자기의 앎을 의미한다. 그렇다면 어떻게 하여 자유는 자기의 경지에 이를 수 있는가? 그들 간의 차위는 어디서 오는 것인가? 바꿔 말해서 해탈이 새로운 각도에서 사물현상을 이해하는 데 있다면, 구체적으로 그 새로운 각도란 무엇인가? 그것은 별게 아니라 소승적小乘的인 입장을 떠나 대승적大乘的인 입장에서 보는 것, 부분으로서가 아니라 오직

---

71   『장자』, p.29.

하나만의 전체로서 사물현상을 보는 것을 의미할 따름이다. 그것은 또 다른 말로 말해서 우리의 해탈 이전의 관점은 상대적임을 자각하는 것을 의미한다. 이와 같이 관점을 바꿈으로써 우리들은 우리들의 편협된 집착에서 해방될 수 있으며, 따라서 우리들의 우환에서 탈피할 수 있게 된다.

모장毛嬙과 여희麗姬는 사람들이 아름답다고 하나 물고기가 그들을 보면 깊이 숨어들고, 새가 그들을 보면 높이 날아오르고, 고라니와 사슴이 그들을 보면 재빠르게 도망가는데 넷 가운데 누가 천하의 바른 색色을 알겠는가?[72]

이와 같이 우리들이 상식적인 점에서 알고 있고 가치로 생각하고 있는 모든 것이 우리들의 좁은 테두리에서 보인 상대적인 것임을 깨달을 때, 우리는 우주적인 입장에서 사물현상을 보고, 우리들의 우환을 벗어나 무엇이 닥치더라도 언제나 지락至樂의 경지에 도달하고 그것을 받아들일 수 있게 된다. 다시 말해서 우리는 니체가 말하는 뜻과 비슷한 뜻에서, 아니 그보다도 더 높은 경지에서 선악의 피안에 서서 관조적인 입장에 실 수 있다. 그렇기 때문에 장자는 상식적으로는 생각할 수 없지만, 자기의 아내가 죽었을 때도 질동이를 치며 노래하고[73] 삶에의 헛된 애착을 버리고 죽음을 받아들여 해골의 입장을 이해하고 그 자신도 삶과 죽음의 피안에서 유연자약할 수 있게 된다.[74] 왜냐하면 이와 같은 경

72   위의 책, p.35.
73   위의 책, p.139.
74   위의 책, p.140.

지에 섰을 때, 아직도 삶의 작은 벼슬에 집착하고 있는 혜자惠子를 비웃을 수 있게 된다.[75] 그리하여 우리는 다음과 같은 것을 깨닫는다.

인성은 빌려온 것이다. 빌려서 생긴 몸에 생긴 혹과 같은 것은 때와 먼지처럼 하찮은 것이다. 죽고 사는 것은 밤과 낮처럼 자연스러운 변화이다. 뿐만 아니라 나와 그대가 사물의 변화를 관찰하고 있는데 그 변화가 나에게 닥쳤거늘 내가 또 무엇을 싫어하겠는가?[76]

이와 같이 볼 때 노장에 있어서의 앎, 즉 해탈은 기독교에 있어서의 구제와는 달리 전체와 인간, 하나로서의 존재와 개별적 사물현상으로서의 관계를 깨닫는 것이다. 그것은 요컨대 앞서 길게 살펴본 하나로서의 존재, 즉 '도'의 의미를 깨닫는 일이다. 이러한 깨달음으로써 인간은 비로소 그의 우환에서 근본적으로 해방되어 나올 수 있다. 아니, 그러한 우환을 앎의 햇빛으로 용해해버릴 수 있게 되는 것이다. 그렇다면 해탈은 우리를 어디로 인도하는가? 해탈할 때 우리는 다른 세계로 옮겨가는가? 아니면 우리가 달라지는가?

속세와 열반

종교가 추구하는 것이 '죄'라든가 '고통'이라든가 혹은 '우환'으로 진단

---

75   위의 책, p.36.
76   위의 책, p.140.

된 보편적이며 근본적인 인간의 불만스러운 조건의 해결에 있다면, 종교의 목적은 그러한 인간 조건에서 떠나는 것으로 생각됨은 극히 자연스러운 논리이다. 사실 대체로 종교뿐 아니라 철학적 입장에서 볼 때 부정적으로 판단된 삶 자체에서 떠나는 것이다. 그렇다고 종교가 원하는 것이 삶 자체를 부정해서 죽음을 찾는 것은 아니다. 종교적 인간의 근본적 해결책을 삶 자체를 떠나는 데서 찾으려 한다는 것은 우리가 현재 살고 있는 삶과는 다른 형태의, 보다 이상적인 삶을 찾는 데 있다. 이곳에서 삶을 부정하는 것은 삶 자체를 부정하는 것이 아니라, 삶을 긍정함에서 나타나는 것이고, 보다 완전한 삶을 원하기 때문이다. 따라서 종교에 나타나는 현세적 삶의 부정은 사실상 삶에의 강한 애착을 의미한다.

삶 자체를 부정하는 것이 아니라 오직 이 세상에서의 삶에 대한 불만을 가졌을 때 우리가 찾는 참다운 삶은 이 세상 아닌 다른 세상, 이 세상과는 구별되고 떨어져 있는 다른 곳에서의 삶이 될 것이다. 이와 같이 볼 때 많은 종교가 이 세상과는 구별되는 다른 세상을 믿고, 많은 철학이 역시 이 세상과는 다른, 또 다른 세계가 있음을 주장하는 것은 당연하다. 그리하여 플라톤은 존재를 현상과 실체로 구별하여 참다운 존재는 현상과는 다른 별개의 실체라고 믿었나. 또 한편, 유내교·기독교·이슬람교는 현세와 구별되며 그 위에 있는 천당을 믿고, 힌두교나 어떤 파의 불교에서는 아트만atman이라고 부르는 속세와 구별되는 브라만의 세계를 믿는다. 이와 같은 종교나 철학은 존재론적 입장에서 볼 때 이원론을 바탕으로 한다. 존재 전체는 단일한 것이 아니라 열등하다고 볼 수 있는 존재와 완전하다고 보는 존재로 분리되어 있다. 플라톤에 있어서의 '진리'나 기독교에 있어서의 '구원salvation'이나 힌두교에 있어서의 '해탈moksha'은 하나의 열등한 세계로부터 또 하나의 완전한 세계로 옮겨감을 의미한다. 그것은 일종의 자발적인 이민과 비슷하다. 플라톤에 있어서의 진리는 현상의 세계의 환상에서 '가사세계'라고 부르는 실체의 세계에 눈을 뜸을 의미하고, 기독교에 있어서의 구원은 현세에서 천당으로 옮겨감을 의미하고, 힌두교에 있어서의 해탈은 아트만이란 현상적 속세에서 브라만이라고 부르는 비현상적 세계로 빠져나감을 의미한다.

한 나라에서 모든 물질적 혹은 사회적 여건으로 보아 도저히 빈곤과 불행에서 헤어날 수 없다고 판단되었을 때 특별한 이유가 없으면, 그 두 가지 조건이 보다 이상적인 나라로 이민코자 함은 당연한 심리이며, 그러한 방법이 유일한 해결책이라는 것은 역시 당연한 논리이다. 언뜻 보아서 이 세상의 모든 면을 객관적으로 검토하고 도저히 만족스럽지 못할 뿐만 아니라 고통스럽다고 믿었을 때, 이 세상 아닌 다른 세상, 행복할 수 있는 객관적 조건이 좋은 다른 세상을 희구하고 그곳으로 이민코자 함은 한 나라에서 다른 나라로 이민하고자 하는 심리나 논리와 꼭 마찬가지인 것같이 보인다. 그러나 위와 같은 두 경우는 반드시 마찬가지가 아니다. 비단 한 나라에서 다른 나라로의 세속적인 이민이 어려운 것보다, 이 세상에서 다른 세상으로의 종교적, 즉 초월적 이민이 훨씬 어렵다는 점이 다르기는 하겠지만 그러한 차이는 더 근본적인 데 있다. 불만스러운 한 나라에서 다른 나라로 이민을 갈 때, 우리는 이민할 수 있는 다른 나라가 사실로 존재함을 알고 있다. 그러나 한 세상을 떠나 이민하려는 초월적 세계가 따로 있는지 없는지는 결코 실증될 수 없다. 여러 종교가 전제하는 그러한 초월적 세계가 없다는 결론이 오늘날 우리가 알고 있는 흔들릴 수 없는 과학적 지식과 우리들의 일상경험을 합리적으로 따져갈 때 오히려 타당한 결론인 것이다. 이와 같이 볼 때 이미 니체·마르크스·프로이트와 같은 여러 종교비평가들이 주장하고 있듯이 종교적 세계는 인간의 소원이 만들어낸 상상적 세계이지, 실제로 존재하는 것이 아니라고 봄이 더 타당하다고 믿는다. 우리들의 삶은 다른 곳에 옮겨갈 수 없다. 바꿔 말해서 우리들은 현세 또는 속세, 그리고 또는 현상의 이 세계에서만 살 수 있는 것이지 다른 곳에서의 삶이나 이 세상 외에 딴 세상이 있다고는 믿기 어렵다.

그렇다면 종교가 추구하는 인간의 궁극적 해결은 포기되어야 하는가? 기독교 혹은 힌두교가 생각하고 있는 것과 같이, 만약 인간의 죄나 삶의 고통의 궁극적 해결은 이 세상 아닌 다른 세상에서만 찾을 수 있다면, 그와 동시에 그러한 세상이 존재하지 않는다는 것을 인정하게 된다면, 인간의 궁극적인 해결, 즉 종교적인 해결은 포기될 수밖에 없다는 것이 엄연한 논리적 결론이 될 것이다. 이러한 결론은 결국에 종교가 무의미한 것임을 말한다. 왜냐하면 그러한 결론은 종교가 찾고자 하는 해결이 실질적으로뿐만 아니라 논리적으로 도저히 불가능하기 때문이다.

그러나 다행히도 새로운 대답이 있다. 그것은 바로 노장의 대답이다. 노장은 두 개의 세상을 인정하지 않는다. 그리고 인간의 우환이란 궁극적 문제는 이 세상에서 충분히 해결될 수 있다. 인간의 우환은 그 원인이 외부조건에 있지 않고 우리들 자신의 내부, 우리들 자신의 생각에 달려 있기 때문이다. 문제의 해결은 딴 곳으로 이민을 가서 해결될 수 있는 것이 아니라 우리들 자신의 생각을 바꿈으로써 이루어진다. '천당'이나 '열반'은 다른 곳에서 찾아낼 수 있는 별개의 세상이 아니라 이 세상에서, 아니 우리들 자신의 마음속에서 찾아낼 수 있을 뿐인 것이다. 참다운 존재는 현상과 떨어져 있는 실체가 아니라 현상 그 자체가 실체요, 실체가 바로 현상이다. 그리하여 노장은 이른바 플라톤적인 실체와 현상이란 두 존재가 사실은 두 개로 떨어져 있는 분간할 수 있는 존재가 아니라, 똑같은 하나의 존재의 '은현隱顯'을 의미할 뿐이라고 주장한다. 다시 말해서 실체와 현상은 똑같은 하나로서의 존재의 표리와 같은 관계를 갖고 있을 뿐이다. 모든 것의 근원으로 믿어지는 '음양陰陽'은 두 개의 존재가 아니라, 두 개의 이질적인 것이 합친 것이 아니라, 처음부터 두 개로 나눌 수 없는 하나로서의 존재의 두 가지 차원을 말할 뿐이다. 노자는 이른바 실체와 현상, 천당과 현세, 속세와 열반이 서로 갈라놓을 수 없는 하나의 존재임을 '동기진同基塵',[77] 즉 '도'란 존재는 티끌 먼지와 같은 것이라고 설명한다. 말하자면 우리가 현재 살고 있는 세상이 '천당'이요, 우리가 살고 있는 삶이 '구원'이라는 뜻이 된다. 모든 것은 다 같고 하나이다.

이런 점에서 기독교의 종교와는 다르고 노장의 종교관과 같은 종교관을 후기의 불교, 특히 선불교에서 볼 수 있다. 이러한 불교에 의하면 '속세'와 '열반'은 똑같은 것이라고 한다. 열반은 다른 세상에서 찾을 수 있는 것이 아니라 이 세상, 즉 우리가 현재 지옥처럼 여기면서 살고 있는 '속세'가 바로 그것이라는 것이다.

이와 같이 볼 때 기독교에서 말하는 천당, 불교에서 말하는 열반, 그리고 노장이 말하는 해탈은 별게 아니라, 우리가 흔히 생각하는 것과는 달리 세상은 오직 하나만의, 하나로서의 세상임을 깨닫는 가운데서 찾을 수 있는 것이다. 달리 말해서 노장의 입장에서 볼 때 열반 혹은 천당은, 우리가 두 개로 아니 여러 개로 갈라놓은 하나만의 존재를 다 되찾는 데 있다. 아니, 되찾는다기보다는 언뜻 보아 여러 개로 갈라졌다고

---

77   『노자』, 제4장.

보이는 존재, '나'라는 인간과 떨어져 있는 것으로 생각되는 존재가 우리들의 무지와 소승적인 관점에서 기인된 환상에 지나지 않으며, '나'를 포함한 모든 사물과 사건, 삶과 죽음이 하나의 현상, 하나의 존재임을 깨닫는 데 있다는 것이다. 우리의 궁극적 해결은 간단히 말해서 '도'로서의 자연을 자각하는 데에 있다. 그렇다면 그러한 자연이란 무엇인가? 사물과 사건, 삶과 죽음이란 모든 현상은 어떻게 보았을 때 자연 그대로 보았다고 할 것인가?

그것은 다름 아니라 사물 사건을 있는 그대로 볼 때이다. "우마牛馬는 각기 네 발을 가졌다"[78]는 것을 다시금 깨닫고, "타고난 기능은 변경할 수 없다"[79]는 것을 다시금 자각할 때, 그리고 "면치 못한 것은 천명"[80]임을 깨달을 때, 우리는 '자아'의 의미, '도'의 의미를 비로소 알게 된다. 다른 말을 빌려 하자면 모든 사물과 사건 현상의 변화도 오직 하나로서의 존재의 여러 차원 혹은 측면에 불과하다는 것, 즉 윤회의 원리에 서 있음을 깨닫는 일이다. 그리하여 장자는 또한 설명한다.

나라 안에 어떤 사람이 있으니 음과 양 어느 쪽에 치우치지 아니하고 천지 사이에 저魁하여 잠시 사람이 되었지만, 머지아니하여 근본의 세계로 돌아갈 것이다. 근본으로부터 보건대 살아 있다는 것은 기氣가 모인 것이다. 비록 오래 살고 짧게 사는 것이 있으나 그들의 차이가 얼마나 되느냐? 눈 깜짝할 사이에 지나가버린다는 말인데, 어찌 족히 요堯는 옳고 걸桀은 그르다

---

78   『장자』, p.133.
79   위의 책, p.134.
80   위의 책, p.134.

고 따질 만한 게 되겠느냐? …… 사람이 천지 사이에 사는 것이 마치 햇빛이 틈 사이를 지나가듯이 한 찰나에 지나지 않는다. 쏟아져나오듯이 왕성하게 일어나듯 하여 나오지 않는 것이 없으며 스며들 듯이 고요적적하듯이 들어가지 않는 것이 없다. 이미 변화에 따라서 생겨나고 또 변화에 따라서 죽어가거든 살아 있는 것들은 슬퍼하며, 인류는 비통해한다. 자연의 활전대에서 빠져나오고 자연의 책갑을 부수게 될 것이다(육체에 속박되어 있다가 죽게 되면 벗어남을 비유함). 뒤섞여 어지러이 이리저리 돌아서 혼백이 가려거든 곧 몸도 그에 따르나니 이것이 곧 영원히 돌아가는 것이다.[81]

이와 같은 만물에 대한 윤회적 관점을 취할 때 우리는 무엇이 닥쳐오든 그것을 운명이라 하여 이를 조용히 받아들일 수 있다. 그래서 자상子桑의 입을 빌려 장자는 또한 다음과 같이 말한다.

나는 나로 하여금 이 지경에 이르게 한 것을 생각해보았으나 알아내지 못하였다. 부모인들 어찌 나를 가난케 하고 싶었겠는가? 하늘은 사사로이 덮어주지 아니하고 땅은 사사로이 실어주지 않으시니 천지인들 어찌 나를 사사로이 가난케 하리오? 그렇게 하게 한 것을 찾아보았으나 알아내지 못하였으니 그런데도 이 지경에 이른 것은 명命일인저![82]

희로애락, 그리고 죽음까지를 하나로서의 대자연의 이치에 따른 결

---

81   앞의 책, p.174.
82   앞의 책, p.68.

과로서 운명이라 보고 그것을 받아들일 때 우리는 이미 천당 혹은 열반의 경지에 가까워지며 장자가 다음의 얘기에서 말하는 진인眞人의 자세를 갖출 수 있게 된다.

옛적의 진인은 생을 즐거워할 줄 모르며 죽음을 싫어할 줄 몰라서 그가 생겨나온 것을 기뻐하지 아니하며 그가 죽음의 세계로 들어가는 것을 항거하지 아니하여 걸림 없이 갔다가 조용히 올 뿐이다. 생명이 시작한 바를 묻지 아니하며 그것이 끝나는 것을 찾지 아니하며 받는 대로 기뻐하며 잊고서 돌아가나니 …… 이와 같은 사람은 그의 마음이 무심하며 그 용모는 고요하며 그의 이마는 매우 질박하니 엄숙하기는 가을과 같고 온화하기는 봄과 같아 좋아하거나 성내는 감정이 네 철이 운행하는 것 같아 사물들과 잘 어울리되 그 끝을 알 수 없다.[83]

이와 같이 모든 사물현상을 바라볼 때 인간의 우환의 근본적인 해결은 밖으로부터 얻어지는 것이 아니라 우리의 내부에서, 우리의 모든 사물현상에 대한 정신적 태도에서 찾아진다. 해탈이란 결국 우리들의 과거의 편협한 태도나 관념으로부터의 탈피에 불과하고, 천낭이나 열반은 우리들이 그런 탈피를 통해서 얻는 심리적, 아니 정신적 상태에 지나지 않는다. 모든 사물현상을 어쩔 수 없는 대자연의 이치로 볼 때 우리는 어떠한 일에 부닥치더라도 유연자약하여, 죽음 앞에서도 마치 부처, 석가모니의 미소가 상징하는 마음의 평화와 즐거움을 얻을 수 있다는 것이다. 이런 것을 장자는 지락이라 부른다.

---

[83]   앞의 책, p.62.

그러나 노장이 주장하는 이와 같은 지락이 과연 가능하며 또한 가능할 수 있는가? 그러한 심리적 혹은 정신적 태도가 정상적인 인간에게 적합할 수 있는가? 인간이 종교에서 해결하려는 문제가 과연 노장이 말하는 지락인가? 과연 노장의 해결은 엄밀한 의미로서 해결이 될 수 있는가? 과연 근본적인 해결이란 의미를 갖는가?

노장이 주장하는 것은 우리들이 구체적인 일상생활에서 부딪치는 자질구레한 우환을 고치려는 것이 아니라 그러한 우환을 초극하라는 것이며, 그러한 문제를 하나하나 구체적으로 해결하라는 것이 아니라 그것을 무시함으로써 심리적으로 해소하라는 것이다. 이러한 주장은 우리들이 인간으로 살아감에 떠날 수 없는 물질적 혹은 정신적 조건을 극복하라는 것에 지나지 않게 된다. 그렇다면 우리는 이미 삶 자체를 떠나야 하고, 삶에서 생기는 여러 가지 욕망을 버리라는 결론이 된다. 결국 노장은 삶의 조건을 떠난 삶, 행복의 조건을 떠난 행복을 찾으라는 결론이 된다.

그러나 이와 같은 요구는 그 자체가 모순이다. 우리들의 문제, 즉 우환은 우리들의 일상생활 조건, 우리들의 인간 조건, 삶의 조건에서 필연적으로 생기는 것이며, 행복 또는 우환으로부터의 해탈도 우리들의 구체적인 생활조건 안에서만 찾을 수 있는 것이다. 사고 싶었던 물건을 사는 데서, 가지 못한 곳을 구경하는 데서, 만나고 싶었던 사람을 만나는 데서, 감동을 주는 책 한 권을 읽은 데서, 죽을 것 같았던 꽃 한 송이가 살아가는 것을 보는 데서, 쓰리던 뱃속이 가시는 것을 체험하는 데서 우리들은 크나큰 기쁨을 느낀다. 노장이 말하는 기쁨이란 물론 위와 같은 시시한 기쁨, 상대적인 기쁨이 아니라 절대적 기쁨, 불교에서 열반이라고 부르는 지락을 말함을 우리는 이해한다. 그러나 이러한 지락도 오로지 시시한 구체적인 생활 속에서만 얻어지는 것이 아닐까? 도스토옙스키는 그의 한 소설 주인공을 통해서 "만약 자기가 굶주린 배를 지금 채울 수 있다면 당장 우주를 버리겠다"고 말했다. 사실 우리들에게는 도스토옙스키처럼 시시한 것들을 위해서 인생은 물론 우주까지를 버리고 싶은 때가 있기도 하다. 시인을 지망하는 젊은이는 보들레르를 읽으면서 자기도 이 시인과 같은 감동적인 시를 하나만 쓸 수 있다면 삶을 포함한 모든 것을 버리고 싶은 생각에 사로잡힐 수 있다. 어떤 사람에게는 아름답고 멋있는 센텐스 하나만 쓸 수 있다면 죽어도 원한이 없다는 생각이 나며, 역시 많은 사람에게는 사랑하는 이와 한 번만 멋진 키스를 하면 죽어도 원한이 없다는 생각이 가끔 든다고 필자는 믿는다. 다시 말하자면 이른바 절대적 기쁨, 즉 열반 혹은 지락도 우리가 하나의 인간으로서 살아가면서 갖게 되는 시시한 욕망들을 채우는 데서만 느낄 수 있는 것 같다.

이와 같이 볼 때 노장뿐만 아니라 모든 종교가 말하는 절대적 기쁨은 그 의미를 잃게 된다고 봐야 할 것이다. 만약 이러한 기쁨, 즉 천당이나 열반이나 지락이 무슨 깊은 의미를 갖는다면 그러한 기쁨은 상식적인 의미로서의 기쁨과 전혀 딴 의미를 가짐으로써 가능할 것이다. 사실 종교에서 말하는 기쁨은 우리들의 어떤 욕망을 종속시키는 데서 생기는 결과가 아니라 욕망 자체를 완전히 버리는 데서 오는 정신상태를 의미한다. 그것은 한마디로 인간 조건을 초극하라는 뜻을 갖게 된다. 이런 종교적 가르침이 주장하는 것은 고통 혹은 우환이란 문제의 해결이 아니라 그러한 문제의 해소이다. 종교가 요구하는 것은 결국 인간 조건을 포기하는 데 있다. 이러한 해결이 과연 가능한가 하는 문제, 만일 가능하지 않다면 어떤 의미를 갖는가 하는 문제는 뒤에 다시 따져보기로 한 대도 우리는 다음과 같은 문제를 생각해봐야 한다. 인간 조건은 어떻게 포기될 수 있는가? 과연 불교적 열반, 노장이 말하는 지락은 어떻게 이루어질 수 있는가? 노장적 종교가 가르치는 목적은 어떠한 방법으로 이루어질 수 있는가? 만약 모든 종교가 어떻게 살아야 하나, 어떻게 행동해야 하나를 필연적으로 제시해야 하고 그런 데서만 종교의 참다운 의미가 있다면, 노장은 과연 우리들로 하여금 어떻게 살도록 하자는 것인가? 우리들의 행위의 궁극적인 원칙은 어디서 찾아야 하는가?

'행위'와 '무위'

노장사상에 있어서 '무위'라는 개념은 '도'라는 개념과 더불어 가장 핵심적인 것이다. '도'가 주로 궁극의 존재를 가리킴에 반해서, '무위'는 인간이 따라가야 할 행동에 관한 가장 궁극적 원칙을 말한다. 근본적으로 어떻게 살아야 하는가의 문제에 대한 대답이 바로 '무위'이다.

종교는 사람이 살아가야 할 근본적인 목적과 방법을 제시한다. 무슨 종교를 갖느냐에 따라 그 방법은 달라진다. 기독교는 천당으로의 길을 기도에서 찾고, 힌두교 혹은 불교에서는 열반으로의 길을 '업'에서 찾는다. 노장에 있어서 '지락'이라는 개념은 기독교에서의 '천당'과 힌두교나 불교에 있어서의 '열반'에 해당되며, 노장에 있어서의 '무위'라는 개념은 기독교에 있어서의 '기도'나 힌두교 또는 불교에 있어서의 '업'에 해당한다. 무위 · 기도, 그리고 업은 각기 인간이 궁극적으로 목적으로 하는 바 종교적 이상에 도달하는 길이며, 종교적 목적을 실천하는 방법이다. 그것은 각기 궁극적으로 어떻게 살아가야 하는가 하는 문제에 대한 해답이다.

어떻게 살아야 하느냐 하는 문제는 비단 종교의 문제에 그치는 것이 아니라 윤리에서도 찾아볼 수 있다. 종교와 윤리는 다 같이 인간이 살아가야 할 길, 더 정확히 말해서 인간이 행동해야 할 길을 제시한다. 그러면서 종교가 제시하는 행동의 길과 윤리가 제시하는 행동의 길은 서로 구별되어야 한다.

윤리는 사람이 한 사회에서 그 사회의 구성인원과 함께 살아가는 데서 필연적으로 생기게 되는 여러 가지 이해타산의 갈등을 조절하기 위해 각 인간이 취해야 할 행위를 가리킨다. 그리하여 한 사회조건이 달라지면 윤리규범이 달라지게 마련이다. 이와 같이 하여 윤리적 상대성이 생기며 그러한 상대성은 조금이라도 서로 다른 사회에서의 윤리규범을 살펴보고 비교해보면 쉽사리 납득된다. 예를 들어 여자의 결혼 전 성생활은 한 사회에서는 윤리적으로 크나큰 악이 되지만, 다른 사회에서는 아무런 죄가 되지 않는다. 이에 반하여 종교는 인간과 인간 사이에 생기는 문제를 해결하기 위한 행위의 원칙 혹은 규범을 제시하지 않고, 사회나 시대를 초월해서 인간이 우주 전체 또는 존재 전체와의 관계에서 생기는 문제의 해결을 제시한다. 그것은 인간이 우수와의 관계에서 어떻게 하면 가장 적합한가를 가르친다. 바꿔 말해서 종교는 인생 내에서의 문제가 아니라 인생의 문제를 어떻게 보며, 인생에 대해서 어떻게 태도를 취하느냐 하는 문제를 가르친다. 이와 같이 하여 종교는 초윤리적이다. 그것은 윤리적 문제, 윤리적 관점을 초월할 것을 요구한다. 이와 같은 종교의 성격은 반드시 윤리를 무시하거나 제거하는 것은 아니다. 다만 종교적 차원과 윤리적 차원이 다르다는 것을 말할 뿐이다. 사실상 기독교에 있어서의 십계명은 종교적인 행위를 가리키는 것이라기보다 윤리규범에 해당되고, 힌두교에서의 각 씨족계급이 지켜야 할 구체적인 규범은 분명히 윤리적인 차원에서 보아야 하며, 유교의 삼강오륜三綱五倫은 두말할 필요 없이 윤리적인 규범이다.

노장에 있어서의 '무위'도 오로지 종교적인 행위를 가리키는 개념이다. 그뿐만 아니라 노장에 있어서는 다른 종교에 있어서처럼 윤리적인 규범을 제시하지 않는다. 노장은 오히려 윤리사상을 초월할 뿐만 아니라 그것을 제거하려 한다. 왜냐하면 윤리규범은 종교적 행위 원칙에 배반된다고 믿기 때문이다. 노장에 있어서는 어떻게 보면 종교적 행위의 원칙원리인 '무위'는 오로지 윤리규범을 초월하여 제거하는 데서만 기능한다고 생각하기 때문이다. 노장의 입장에서 볼 때 윤리는 무위로써만 해탈될 수 있는 인간의 모든 우환의 원인이라고 해석하기 때문이다.

노장은 인간 우환의 궁극적인 해결을 위해서는 '무위'의 원칙에 따라 행동하라고 한다. 문자 그대로 해석하면 '행동하지 않고' 행동하라는 말이 된다. 그렇다면 '무위'란 어떤 행동을 말하는가? 행동하지 않고 행동하라는 말은 무슨 말인가? 문자 그대로 볼 때 모순이 아닌가? 어떻게 해서 행동하지 않는 것이 행동이 될 수 있는가?

"선택하지 않는 것도 하나의 선택이다"라는 사르트르Sartre의 말과 같이 행위하지 않는 것도 하나의 행위이다. 노장에 있어서의 '무위'는 일종의 '위爲'를 가리킨다. 그렇다면 그것은 어떤 종류의 '위', 즉 어떤 종류의 행위인가? 그것은 '인위' 아닌 '위'를 말한다. 무위는 인위와 비교해보았을 때 그 뜻이 분명해진다. 그렇다면 인위는 어떤 행동을 가리키는가?

첫째, 인위는 자연스러운 행위와 대립됨으로써 그 의미를 갖는다. 인간은 자연이라는 주어진 여건 속에서 살면서 자신의 욕망을 충족시키기 위해 스스로를 내세우고 스스로를 자연과 대립시킨다. 인간은 스스로를 하나의 주체로 파악하고 자연을 그와 대립시켜 하나의 대상으로 대하게 마련이다. 이러한 순간부터 인간은 자연이라는 모든 사물현상을 자신의 욕망을 채우기 위한 도구로 대하게 된다. 이러한 관계를 하이데거는 '도구로서zuhanden'의 관계라고 부르고, '사물로서vorhanden'의 관계와 구별한다. 그에 의하면 전자는 인간과 자연의 가장 원초적인 관계인 데 비하여, 후자는 사물을 그냥 있는 그대로 보는 태도에서 나온 관계로 전자의 관계에서 발전해나온 관계라 본다. 이러한 관계는 과학이 보여주는 관계에서 발견된다는 것이다. 과연 과학이 하이데거가 말하는 것처럼 사물을 '있는 그대로' 보는 관계인지는 극히 의심스럽다는 것을 인정한다면, 노장이 말하는 인위적인 관계란 다름 아니라 하이데거가 말하는 자연과의 도구적 입장에서의 관계로 볼 수 있다.

둘째, 인위적 관계는 지적 관계로 바꿔볼 수 있다. 왜냐하면 사물현상을 어떤 도구로서 보는 데는 지적 기능이 있음으로써 가능하기 때문이다. 마치 물이 강을 따라 흘러가듯, 혹은 강물 안에 사는 물고기가 눈앞의 벌레를 집어삼키듯이 하는 것이 자연스럽고 지적 이전의 행위라고 한다면, 눈앞의 한 사물을 보고 그것을 무엇무엇의 도구로서 본다는 것은, 지적 힘이 작용하여 우리의 목적과 그 사물의 지적 관계를 전제로 하고 있기 때문이다. 내가 한 사물을 도구로서 보는 데는, 우선 나의 목적이 무엇인가를 의식하고, 또 내 앞에 있는 그 사물을 잘 알지 않으면 불가능하기 때문이다.

노장은 인위적인 것을 규탄한다. 그것은 다름 아니라 인간이 자연을 도구로 삼는 태도, 자연과 지적 관계를 세우는 태도를 규탄한다는 의미가 된다. 그래서 노자는 '지부지상 부지지병知不知上 不知知病',[84] 즉 '알면서도 알지 못하는 태도를 갖는 것이 제일이고, 알지 못하면서도 아는 체한다는 것은 병이다'라고 하였으며, 장자는 "자연과 합하면 언어의 유희를 초월한다. 즉 지언至言은 말을 버린다. 보통 지知로 연구하는 바는 천박한 것에 불과하다"[85]라고 말한다. 왜냐하면 자연, 있는 그대로의 사물현상은 인간의 지성으로 따질 수도 알 수도 없으며, 언어로써도 표현될 수 없는, 언어 이전의 존재이기 때문이다. 장자의 다음과 같은 우화는 인간과 자연, 인간의 지성과 우주현상의 관계를 보여주는 예가 될 것이다.

그림자의 그림자가 그림자에게 묻기를 조금 전에 그대가 가다가 지금 그대는 멈추었으며, 조금 전에 그대는 앉았다가 지금 그대는 일어났으니, 어찌 그처럼 독자적인 지조가 없는가?

그림자가 말하였다. 나는 의지한 바가 있어서 그러한가? 내가 의지한 것은 또 의지하는 바가 있어서 그러한가? 내가 의지한 것은 뱀이 비늘에 의지하고 매미가 날개에 의지한 것과 같은가? 어떻게 그에 의하여 그렇게 된다는 것을 알며, 어떻게 그것에 의하여 그렇게 되지 않는다는 것을 알리오? 자기가 모른다는 것을 아는 것이 가장 좋고 모르면서도 스스로 안다고 여기면 병이다.[86]

뉴턴은 인간의 지식을 해변의 모래알처럼 작은 것으로 비교했지만,

---

84   『노자』, 제71장.
85   『장자』, p.178.
86   『장자』, p.37.

장자는 역시 인간 지식의 협소함을 강조한다. 그리하여 장자는 뉴턴과 더불어 자연 앞에 경건할 것을 가르치려 한다.

이와 같은 노장의 인간과 자연의 관계에 대한 관점은 기독교의 그것과 정반대이다. 기독교에서는 모든 자연현상을 인간의 도구로 본다. 인간은 자연과 대립해서 자연을 정복하고 이용할 수가 있고 그러한 권리가 있으며, 그렇게 해야 마땅하다. 이와 같이 기독교는 자연의 인간화를 주장하고 인위적인 것을 찬양한다. 기독교와는 전혀 다르지만 자연의 질서와는 다른 인간 질서를 강조한다는 면에서 유교의 사상도 자연관이나 인간관에 있어서는 기독교와 더불어 분명히 노장의 사상과 대립된다. 여기서 우리는 노장이 유교를 맹렬히 공격하는 이유를 납득한다. 노장의 입장에서 보면 유교가 가르치는 것은 무위에 반대되는 인위이다. 공자와 맹자가 주장하는 '인의仁義'란 해로운 인위적인 것, 군더더기 여섯 손가락과 같다. 그래서 장자는 다음과 같이 조롱한다.

달라붙은 발가락과 육손이는 성性에서 나온 것인가! 그러나 덕으로써 말하면 군더더기요, 몸에 달라붙은 혹과 매달린 혹은 몸에서 나왔으나 '성'으로써 말하면 군더더기이다. 인의를 여러 가지로 응용하는 사람은 몸 안의 오장五臟에 각기 배열하나 도덕의 본연은 아니다. 이 때문에 발에 달라붙은 것은 쓸데없는 살을 이어붙인 것이요, 손가락에 가지처럼 생겨난 것은 쓸데없는 손가락이 생겨난 것이다. 여러 가지로 오장에 성정性情을 견강부회시키는 것은 지나치고 편벽되게 인의를 행하며 갖은 방법으로 총명을 쓰는 것이다.[87]

87   위의 책, p.77.

지력知力과 강한 행동력을 갖고 자연환경을 정복함으로써 인간이 살아가는 데서 생기는 여러 가지 우환에서 벗어나간다고 믿는 것이 상식적인 생각이며, 사실 우리들은 언제나 그러한 전제 밑에서 활동한다. 이른바 원시적인 생활상태에서 오늘날의 문화생활로 들어오게 된 것은 우리들의 지력과 그에 따른 행위의 결과이다. 문화란 별게 아니라, 인간이 자신의 지력으로 자연을 극복한 결과에 불과하다. 문화란 인간화된 자연이라고 정의될 수 있다. 기독교가 이러한 관점을 전제로 하고 있을 뿐 아니라 오늘날 과학도 그러한 전제를 바탕으로 하고 있다. 그리고 우리는 과학이 인간에게 주는 무한한 혜택을 믿고 있다. 그러나 노장의 입장은 우리들의 상식적 입장, 기독교적 입장, 그리고 과학적 입장과 정반대이다. 노장에 의하면 과학문화가, 즉 자연의 인간화가 주는 혜택은 환상에 불과하다. 그러한 혜택은 마치 아편처럼 당장에는 행복을 가져올지 모르나 사실에 있어서는 우리들의 행복의 조건을 근본적으로 파괴한다. 그래서 속말에 아는 게 병이라 하듯이 노장은 지知를 병으로 생각한다. 도리어 반지성적인 것, 반문화적인 것에서 해결의 대책을 찾는다. 그래서 노자는 '절학무우絶學無憂',[88] 즉 '학문을 끊으면 근심이 없어진다'라고 했다.

인간적인 것이 바로 지적인 것이라면, 어찌하여 노장은 지적인 것이 우환을 없애는 데 이바지하기는커녕 그것을 더욱 조성한다고 하는가? 어떤 의미에서 비지적非知的이 됨으로써 우환을 벗어날 수 있는가? 도대체 지적인 것, 인위적인 것이란 무엇인가? 사람이 사물이나 동물과 다른 것은 다 같이 자연의 일부이면서도 사고력, 즉 지력을 갖고 있기 때

---

[88]　『노자』, 제20장.

문이다. 사람은 자연의 일부이면서도 그의 지적 지식을 통하여 자연을 대상으로서 지각하고 그것을 표상한다. 그리하여 스스로를 주체로 정립하고 표상된 자연을 객체로서 정립한다. 이와 같이 하여 표상된 자연은 인간의 의식 속에 의미화된다. 그러므로 인간은 자연이면서 자연과 대립되는 존재이다. 인간은 자연 아닌 자연이다. 파스칼이 말했듯이 자연으로서의 인간은 자연의 일부가 되지만, 자연 아닌 자연, 즉 의식하고 표상화하는 자연으로서의 인간은 자연을 자기 속에 포괄한다. 이와 같이 인간이란 자연과의 모순되는 이중적 관계를 갖고 있다. 파스칼이 인간은 우주에 비하면 하잘것없는 먼지와 같이 작은 존재이지만, 사고하는 동물로서 우주를 생각하는 한에 있어서 인간은 우주를 자기 속에 포괄한다고 한 것은 바로 인간과 자연의 역설적인 이중적 관계, 즉 인간의 근본적 존재구조를 가리켜 말한 것이다. 의식, 더 나아가서 지력을 갖는 인간은 자연과는 별개의 차원, 즉 의미차원에 인간적인 세계를 구축한다. 이러한 것을 통틀어 우리는 문화라고 부른다. 문화라는 말은 오로지 자연과 대립됨으로써 그 의미를 갖는다. 만약 문화란 세계, 지식의 세계가 의미를 갖고 있음을 부정하지 않는다면 우리는 자연과 문화가 양립 노는 대립해서 존재함을 인성해야 할 것이다. 분화 혹은 지적인 세계는 자연세계를 부정하고 그것과 논리적으로나 실질적으로 분리됨으로써 가능한 것이다.

문화의 세계가 곧 인간의 세계라면, 문화는 곧 자연과 인간의 거리가 만들어낸 부산물이다. 뒤집어 말해서 문화의 세계, 즉 인간의 세계는 분리될 수 없는 하나의 자연을 파괴함으로써 가능하다. 거꾸로 말해서 문화가 발달되면 될수록, 인간인 스스로를 자연과 대립되는 존재로서 정립하면 할수록 인간과 자연의 거리는 커지고, 하나로서의 자연은 더욱 심각하게 파괴된다. 노장이 문화와 지식을 비판·공격하는 것은 다름 아니라 하나로서의 존재의 파괴에 대한 비평과 공격이며, 자연과 인간의 더욱 커가는 거리에 대한 비평이며 공격이다. 이러한 파괴, 이러한 거리는 다름 아니라 사람이 만들어낸 결과, 즉 인위의 소산이다. 바꿔 말해서 인위는 있는 그대로의 사물현상을 사람의 지력에 의하여 억지로 비틀어놓는 행위를 말하며 그런 행위의 결과는 언제나 해롭지 도움이 되지 않는다. 장자는 예를 들어 설명한다.

> 말과 열 말들이 말을 만들어서 되질하면 말과 열 말들이 말을 아울러 같이 훔쳐가고 저울추와 저울대를 만들어서 달면 저울추와 저울대를 아울러 같이 훔쳐가고 신표와 옥새를 만들어서 증빙하고자 하면 신표와 옥새를 아울러 훔쳐가고 인의를 만들어서 바로잡으려 하면 인의를 아울러 훔쳐가나니 …… 그러므로 성인의 지식을 끊어버려야 대도大盜가 그치며 옥玉을 던져버리고 구슬을 부숴야 소도小盜가 일어나지 않을 것이다.[89]

인위적인 것에서 생기는 해로움에 대한 장자의 위와 같은 이유에 과연 납득이 갈 것인지는 의심스럽다. 장자는 특수한 경우를 들어 인위적인 것의 해로움을 생각하지만, 일반적인 경우를 생각할 때 되와 말로 곡식을 되는 일은 우리들 생활을 퍽 편리하게 하지 않는가? 인의라는 도의를 세움으로써 우리들이 사회생활을 하는 데 생기는 여러 가지 알력을 피할 수 있는 것이 아닐까? 장자는 인위의 부정적 면만 보고 있지 않는가? 이와 같은 질문에 대해서 장자의 대답은 군색해질 것 같다. 그렇

89   『장자』, p.84.

지 않은 경우 우리는 장자가 말한 인위의 해로움을 새로운 의미에서 해석해야 할 것이다. 장자는 '궁극적인 입장에서 볼 때 해롭다고 대답할지 모른다. 설사 말과 되를 사용하여 곡식을 되면 편리하긴 하지만, 궁극적으로 보다 넓은 관점에서 볼 때 그러한 편리함은 도구를 만드는 수고나, 도구를 도둑맞을까 봐 근심하게 되는 것을 생각하면 별로 보람이 없다고 설명할 것이다. 그러나 인위의 해로움에 대한 위와 같은 설명은 아직도 시원치 않다. 우리는 노장의 반인위反人爲사상, 즉 반문화사상을 보다 근본적으로 자연과 인간의 관계에서 해석해야 한다.

문화는 앞서 언급한 대로 자연과 대립되었을 때에 비로소 그 의미를 갖는다. 따라서 문화는 자연과 분리되고 이탈되었을 때에만 가능하다. 이와 같이 볼 때 문화란 자연으로부터의 두 가지 의미로서의 소외를 뜻한다. 서양사상에서의 중요한 개념인 이 소외는 '이탈'이라는 서술적 뜻, 즉 객관적 뜻과 '해롭다'는 평가적 뜻, 즉 주관적 뜻을 갖고 있다. 내포적 뜻으로서의 소외는 우리가 피해야 할 인간 조건을 말한다. 사회로부터, 자기가 하는 일로부터의 소외는 우리들에게 불행을 초래하는 원인으로 나타난다. 그 이유는 인간이 무엇인가와 거리를 둘 때, 혼자 떨어져 있을 때 그는 필연석으로 행복할 수 없다는 것이다. 만약 문화가 자연 전체로부터의 거리, 즉 외연적 의미로서의 소외에 불과하다면, 문화란 내포적 의미로서의 소외, 즉 불행의 원인이라는 논리가 선다. 현대를 흔히 소외의 시대, 현대인을 소외인이라고 부르는 이유는 현대가 문화적으로 극도에 이르렀고 그만큼 자연과 떨어진 세계를 구성하고 있다는 말이 되며, 현대인이 그러한 인위적인 세계에 살고 있다는 말이 된다. 근래에 있어서의 소외에 대한 고발은 별게 아니라 현대 인간의 지나친 문화적 생활조건에 대한 고발이 된다. 뒤집어볼 때 그러한 고발은 반문화주의·자연예찬의 한 표현이다. 이러한 현대 사상은 근래 한창 영향력을 갖고 있던 히피Hippy사상 운동에서 가장 두드러지게 나타난 것으로 볼 수 있다. 노장의 반인위·반문화사상은 위와 같은 의미에서 볼 때 현대의 반소외사상인 히피사상과 일치한다.

소외라는 개념으로 표현되는 자연과 인간의 거리, 즉 자연과 문화의 거리는 존재차원과 의미차원이란 개념으로 바꿔 생각할 수 있다. 인간은 있는 그대로의 차원에서만 존재하지 않고 있는 그대로의 것이 의미화된 차원에서 존재한다. 한마디로 인간은 그냥 사는 동물이 아니라 의식, 아니 자의식을 갖고 사는 동물이다. 인간이 인간다운 점은 그가 존재차원에 머물러 있지 않고 의식차원에도 속해 있는 한에서이다. 존재차원과 의미차원은 논리적으로 볼 때 서로 합칠 수가 없다. 그것들 사이에는 어쩔 수 없는 거리가 있다. 이러한 관계는 다름 아니라 떨어져나가는 관계, 분리의 관계, 즉 소외의 관계이다. 서양사상에서는 이러한 소외를 불행의 원인으로 보고 그것을 극복해야 한다고 믿지만, 노장에서 그러한 소외는 불행의 씨가 될 뿐 아니라 거짓이며, 잘못이다. 그것은 '진'이 아니라 '위'이다. 의미차원에서 본 자연, 즉 인간화된 자연, 말하자면 문화가 거짓이란 말은 단순히 말해서 문화의 세계는 자연의 세계에 비추어 논리적으로 틀릴 수밖에 없을 뿐만 아니라, 역시 논리적으로 보아 2차적인 것임을 뜻한다. 문화를 자연의 언어에 의한 표상이라고 해석한다면 자연과 다를 수밖에 없는 표상된 세계는 자연을 왜곡한 세계, 자연에 비추어 '위'의 세계라고 부르는 것은 당연하다. 이러한 사실은 뒤집어 말해서 문화화되지 않을 때, 인위적으로 자연을 언어에 의해서 표상화하지 않을 때 자연은 왜곡되지 않는다는 이론이 선다. 이와 같은 관점에서 '무위무위無爲無僞', 즉 인위적인 행동을 하지 않을 때 '위'가 없다라는 말의 의미가 이해된다. '무위무위'라는 짧은 말귀는 노장의 언어철학과 진리에 대한 견해를 요약한 것으로 해석할 수 있다. 위의 말은 존재와 그것이 언어에 의해서 의미표상화된 상태와의 관계를 밝히며, 진리는 언어에 의한 표상화되기 이전의 존재라는 것을 의미한다. 노장의 이러한 철학적 견해가 틀린 것이 아닌가의 문제는 따지지 않더라도 여기서 생각해봐야 할 문제는 어찌하여 노장에 있어서뿐만 아니라 많은 현대 서양사상가들은 자연과 문화의 거리, 즉 자연으로부터의 인간소외를 예외 없이 불행의 씨로 보았는가 하는 점이다.

인간이 그의 대상과 떨어진다는 사실 자체는 행복스러울 것도 없고 불행할 것도 없다. 만약 그와 같은 상황 속에서 인간이 불행을 느낀다면 그 사실의 원인은 순전히 인간의 심리에서 찾을 수밖에 없다. 현대 심리학은 인간의 그와 같은 심리상태를 실증하고 있다고 믿어진다. 인간은 그가 성장함에 따라서 자신을 낳은 어머니로부터, 가족으로부터 떨어져나아가 자기 스스로 독립된 삶을 찾아가게 마련이지만, 이러한 과정은 한편으로 우리들을 기쁘게 하는 요소가 되기도 하지만, 더 근본적으로 우리들을 불행하게 한다. 왜냐하면 떨어져나가면서 우리들은 스스로 자기의 힘에 의시해서 사연환경과 사회환경과 싸워나가야만 하기 때문이다. 말하자면 우리들은 노력하고 일하고 투쟁해야 하기 때문이다. 이런 점에서 볼 때 삶은 투쟁의 연속이라는 말에는 깊은 진리가 있다. 인간은 아무리 성장하고 아무리 나이를 먹더라도 어머니의 품속에, 아니 자기가 탄생하기 전에 따뜻이 보호된 상태로 있던 어머니의 자궁 속으로 돌아가고 싶은 심리상태를 벗어날 수 없다. 그러한 심리는 자연스러운 것이다. 이와 같은 심리는 더 극단의 경우 죽음에 대한 끈기 있는 충동으로 나타난다. 한 생물체로서의 인간의 가장 근본적인 욕망은 삶의 연장이지만, 그러한 욕망이 강하면 강할수록 그와 동시에 죽음에 대한 강한 충동을 면하지 못한다. 그것은 삶이 끊임없는 투쟁을 의미하기 때문이다. 흔히 우리는 '죽고 싶다'라고 농담처럼 말하지만 사실 이 농담 속에는 감추지 못할 진심이 들어 있는 것이다. 이러한 인간의 심리는 프로이트에 의해서도 주장됐지만, 사르트르에 의해서 더욱 철학적으로 설명된다. 사르트르에 의하면 인간은 항상 스스로를 인간이 아닌 상태로 바꿔서 돌이나 동물처럼 순수한 물건 혹은 생물이 되고 싶어 한다는 것이다. 왜냐하면 인간으로서, 즉 의식하는 동물로서 존재하는 데는 언제나 떠날 수 없는 고통이 동반되지 않을 수 없기 때문이라는 것이다.

노장의 반문화·반인위의 사상은 위와 같은 인간 조건을 통찰한 데서 기인한다. 그들은 문화가 인간생활 내에서 생기는 우환을 해결해준다는 사실을 부인하는 것이 아니고, 인간적 삶 자체를 우환 또는 고통의 원인으로 보고 있는 것이다. 따라서 그들의 반문화·반인위에 대한 비평은 인간적 삶의 근본적 해결을 제시하는 것이다. 반문화적 혹은 반인위적인 행동의 원칙을 그들은 '무위'라고 부른다. 그러므로 '무위'는 인간의 근본적인 우환에 대한 근본적 치료법이 된다.

'무위'는 문자 그대로 볼 때 행동하지 않는 것을 의미하지만, 사실은 행동을 가리키는 개념이다. '무위'는 행동정지의 원칙이 아니라 사실은 실천의 원칙이다. 그것은 행동하지 않는 행동을 의미한다. 그렇다면 이 역설적인 행동은 무엇을 가리키는가? 그것은 다름 아니라 인간 우환의 근원으로 진단된, 인간과 자연, 문화와 자연의 거리를 제거하는 행위이다. 흔히 우리는 어머니의 자궁 속에 돌아가서 원시적 행복을 찾을 수 있다고 믿듯이, 또는 사르트르가 인간은 인간 아닌 물질로 돌아가서 충족될 수 있다고 주장하듯이, 노장은 자연이라는 모든 존재의 자궁 속에 돌아감으로써 인간의 우환은 근본적으로 해결될 수 있다는 것이다. 자연으로의 귀의라는 사상이 동양적인 이상이라면, 노장의 반문화사상은 바로 그러한 이상을 가장 대표적으로 표현해준다. 인위에 반대되는 무위는 별게 아니라 자연스러운 행위, 자연대로 살아가는 일을 가리킨다. '도법자연道法自然'[90]을 인정할 때, 무위란 곧 '도'를 파악하는 행위이며, '도'에 따라, 즉 있는 그대로 따라 살아가는 행위이다. 길이 꼬부라져 있으면 그것을 꼿꼿하게 만들지 않고 꼬부랑길을 따라가는 행위, 배가 고프면 있는 것대로 집어먹는 일, 장가들고 싶으면 욕심이 나는 대로 여자를 구하는 행위에 비할 수 있을 것이다. 그렇기에 냇물을 막아 댐을 쌓고, 길을 펴서 고속도로를 만드는 일, 윤리라는 사회 내에서의 행동의 규범을 세워놓고 그것에 맞추기를 요구하는 유교의 사상은 모두 '무위'라는 행동의 원칙에 어긋난다.

여기서 우리는 노장에 있어서의 존재론과 종교사상의 뗄 수 없는 관계를 발견한다. 실천의 원칙은 다름이 아니라 있는 것대로, 즉 '도'대로 살아가는 원칙에 불과하다. 인간의 행동은 존재와 떨어져서 별도로 세워진 규범을 따르는 게 아니라 존재를 따라가야 한다. 이와 같이 해서 존재와 인간의 세계와의 거리가 메워지며, 그럼으로써만 인간의 우환은 근본적으로 해결될 수 있다. 원래 존재를 가리키는 말이 '도'라고 쓰인 것은 우연이 아니다. 노장에 있어서 논리적으로는 역설적이지만 존재와 실천은 결코 구별되지 않는다. '도'라는 존재가 곧 '길', 즉 궁극적 실천의 규범이 되는 것이다. 한마디로 '무위'란 도에 따라 행동함을 의

---

90   『노자』, 제25장.

미한다.

무위가 행위의 정지 또는 포기가 아니라 보다 높은 차원에서 본 행위라는 것은 '도상무위 이무불위道常無爲 而無不爲',[91] 즉 참 '도'에 따른다는 것은 아무것도 하지 않으면서 하지 않는 일이 없다라든가, '지어무위 무위이 무불위至於無爲 無爲而 無不爲',[92] 즉 '무위의 경지에 이르면 아무것도 하지 않고서 아무것도 하지 않는 것이 없다'라는 노자의 말에서 명백해진다. 아무것도 하지 않으면서 아무것도 하지 않는 일이 없다, 즉 아무것도 하지 않으면서 모든 것을 이룬다라는 말은 무슨 의미인가? 어떻게 그와 같은 역설이 의미를 가질 수 있겠는가?

노장이 말하는 자연과 인간의 관계, 즉 존재적 개념으로서 '도'와 문화의 관계를 다시 존재차원과 의미차원으로 나누어 고찰해보자. 이 두 개의 개념은 존재라는 존재와 의미라는 존재가 따로 있음을 지시하는 것이 아니라 하나로서의 삼라만상의 두 가지 차원을 지시할 뿐이다. 이러한 차원은 우주의 작은 부분인 인간에서 나타난다. 오직 인간에게서만 의미차원이란 개념이 그 뜻을 갖는다. 의미차원이란 인간의 의식 속에 비친 모든 대상을 가리킨다. 여기서 대상이란 인간 외의 대상뿐만 아니라 인간 자신까지를 포함한다. 이러한 사실은 인간이 자기 스스로를 의식할 수 있는 것으로 증명된다. 이와 같이 볼 때 의미차원이란 인간의 의식구조에 의해 비친 모든 대상, 즉 모든 존재를 가리킨다. 의식된 존재는 그냥 존재가 아니라 무엇무엇이라는 개념에 의해서 인간의 의식에 조직된 의미의 세계를 지시한다. 이런 의미에서 의미차원은 인위적

91 위의 책, 제37장.
92 위의 책, 제48장.

인 것, 인간에 의해서 해석된 존재가 되며 문화란 별게 아니라 이와 같이 이루어진 세계에 지나지 않는다. 이와 같이 하여 존재차원으로서 인간과 의미차원으로서 인간 사이, 즉 자연과 문화 사이에 틈이 생긴다. 이러한 거리, 즉 틈을 형이상학적인 소외라고 불러도 좋다. 인간이 인간으로서 살기 위해서, 즉 인간이 의식을 갖는 한에서 인간은 그러한 거리, 즉 소외된 상태를 떠날 수가 없는 것이다.

그뿐만 아니라 이러한 거리를 지킴으로써 인간은 동물과는 다른 문화생활을 영위할 수 있다. 그러면서 인간은 문화생활의 대가가 큼을 의식한다. 따라서 그는 자연과 인간의 거리, 즉 존재차원과 의미차원의 거리를 가능한 축소시키려는 필연적인 욕망에서 벗어날 수 없다. 이러한 욕망은 시적 또는 예술적 욕망에서 나타난다. 인간은 자연과 자신 사이에 비지적非知的인, 감성적인 관계를 맺고자 한다. 시적 또는 예술적 관계에서 인간은 완전히 존재차원으로 돌아가지는 않지만, 그러나 존재차원과 의미차원의 거리를 다소나마 메운다. 인간은 다소나마 보다 자연에 가까워지고, 보다 더 지적인 차원에서 해방되게 된다. 만약 시나 예술이 우리에게 어떤 기쁨이나 해방감을 준다는 것이 사실이라면, 그것은 시나 예술을 통해서 자연에 가까워졌기 때문이다.[93] 시적인 관계, 즉 보다 적은 지적인 관계를 자연과 맺음으로써 인간은 그를 소외의 울안에 가두어놓은 인위적인 세계에서 다소나마 해방이 된다. 이와 같이 볼 때 인간이 자연과 시적인 관계를 맺는 작업을 하는 것은 지적인 관점에서 보면 덜 인위적이어서 무위에 가깝지만, 다른 각도에서 보면 그와 같은 무위에 가까운 작업은 정말 인위적인 작업보다도 더 큰 결과를 낳

---

93 졸저 『시와 과학』, 일조각, 1975, 참조.

는다는 논리가 설 수 있다. 왜냐하면 그런 무위야말로 우리를 행위에 의해서 만들어진 인위적 감옥으로부터 다소나마 해방시켜주기 때문이다. 노스럽Nothrop[94]은 동양과 서양과의 사고방식을 각각 심미적 사고와 분석적 사고로 구별하였다. 사실 동양을 가장 대표적으로 나타내는 노장사상은 분명히 심미적, 즉 시적이다. 이와 같은 사실은 '무위'를 궁극적인 실천의 원칙으로 삼고 자연과 인간 사이의 거리를 축소시키는 데에 인간의 궁극적인 해방을 믿고 있는 노장에게는 당연하다. 왜냐하면 자연과 인간의 시적 관계는 그것이 곧 무위적 관계는 아니지만, 그러한 관계에 가깝기 때문이다.

무위는 자연과 인간의 시적인 관계를 한 걸음 더 나아가 시적인 매개 없이 직접 자연과의 절대적 조화를 구하는 행위이다. 그리하여 그것은 이미 종교적인 행위로 승화된다. 그러나 노장의 무위의 실천적 이상을 더 밀고 가면 우리는 완전한 침묵에 빠져야 할 것이며, 우리는 마치 물 위에 물의 흐름을 따라 떠가는 나뭇잎처럼 살아야 할는지 모른다. 그래서 무위는 궁극적으로 죽음에 가까운 무의식적 삶을 이상으로 하고 있는 것으로도 생각된다. 그러나 노장의 실천이상이 그러한 것이 아니고, 그들이 말하는 무위는 행동의 정지, 즉 삶에 대한 포기가 아니라 자연과의 조화를 의미한다는 것을 전제한다면 노장의 무위는 보다 긍정적인 의미를 가질 것이다. 노장은 인간의 궁극적인 가치를 이 삶으로부터 다른 곳으로의 탈출에서 찾지도 않고, 우리가 살고 있는 자연의 정복에서도 찾지 않았다. 그들은 궁극적인 가치를 자연과의 완전한 조화에서 찾으려 했다. 그리고 그들의 궁극적 가치는 구원도 아니며, 해방이나 해탈

---

94   F. C. Nothrop, *The Meeting of East and West*, Macmillan, 1946.

도 아니며 소요 속에서 경험할 수 있는 낙樂이다. 여기서 우리는 노장에 있어서의 이념의 문제로 옮아가게 된다.

『노장사상』(1980)

04

'소요'와 가치 — 이념으로서의 노장사상

이데올로기, 즉 이념이란 말은 그 의미가 확실치 않다. '이데올로기'라는 말은 원래 18세기 말 프랑스에서 처음으로 사용되었을 때 문자 그대로 '이데아, 즉 사상의 과학'이란 의미를 가졌다. 그것이 마르크스에 와서 부정적인 뜻으로 쓰이고, 그에 의하여 이 개념은 사회과학 또는 정치학을 하는 이들에 의해서 널리 쓰이고 보급되었다. 마르크스에 의하면 지배계급이 자신의 이권을 정당화하기 위한 실증적 근거 없는 속임수의 세계관이 곧 그 사회의 이념이라는 것이다. 따라서 마르크스에 의하면 이러한 이념은 폭로되고 분석되어 배제해야 한다는 것이다. 예를 들어 기독교라는 종교가 어떤 종류의 세계관을 제시하는데, 그러한 세계관은 지배계급의 사회적 또는 경제적 이권을 지탱하고 피지배계급의 소외된 삶의 조건을 정당화하는 데 쓰인다는 것이다.

그러나 오늘날에 와서 이념이란 개념은 마르크스에 있어서와 같은 부정적인 뜻을 가진 것으로 쓰이는 것 같지는 않다. 이념이란 개념은 일반적으로 말해서 한 개인이나 계급이나 혹은 사회의 밑바닥에 깔려 있는 정치관이나 사회관을 의미한다. 다시 말해서 한 개인이나 계급이나 사회가 각기 그들의 삶을 조직해야 할 때 필요한 정치 혹은 사회의 큰 테두리, 즉 프레임워크를 가리킨다. 이런 점에서 자유주의 또는 전체주의, 자본주의 또는 공산주의는 각기 이념이라고 불리는 것이다. 그러나 더 광범위한 뜻으로는 이념이란 개념은 정치학적 혹은 사회학적 테두리를 넘어서 어떤 특정한 정치 혹은 사회의 전제가 되는 형이상학적인 테두리, 즉 프레임워크를 가리킨다. 이와 같이 볼 때 여러 가지 종교, 유물론 또는 유심론 같은 형이상학은 가장 넓은 의미에 있어서의 이념이 된다. 이념이란 별게 아니라, 한 개인이나 사회가 각기 그들의 삶의 방향을 정하고 조직하는 데 불가피한, 그리고 실제로 무의식적이나마 언제나 전제가 되어 있는 세계관 또는 가치관을 의미한다. 공산주의를 믿느냐 자본주의를 믿느냐에 따라 우리들은 이미 어떤 세계관 혹은 가치관에 참여하고 있는 것이며, 종교를 믿느냐 안 믿느냐에 따라 우리들은 이미 어느 세계관 또는 가치관을 받아들이고 있는 것이며, 기독교를 믿느냐 불교를 믿느냐에 따라 우리들의 생각과 행위는 이미 어느 특수한 세계관, 그리고 가치관을 전제로 하여 이루어지고 있는 것이다.

이념 자체는 그것의 옳고 그름을 논리적으로 검토할 수 없다. 왜냐하면 이념은 옳고 그름을 따질 수 있는 전제에 불과하기 때문이다. 한 개인이나 사회의 옳고 그름은 그 자체로써는 판단될 수 없고 오로지 어떤 이념의 테두리 안에서만 가능하다. 이념이 다를 때 똑같은 행동이나 사실도 그것의 옳고 그름은 다르게 마련이다. 이와 같이 볼 때 이념을 달리하는 두 사람 혹은 두 사회 사이에서는 상대편의 이념의 옳고 그름을 합리적으로 따질 수 없는 것이다. 그래서 서로 다른 이념 사이에는 오로지 선전과 힘에 의한 싸움뿐이 가능하다.

그러나 이념이란 개념은 형이상학이란 개념 또는 종교라는 개념과 일치하지는 않는다. 형이상학은 모든 존재의 근원적 구조에 대한 이론이며, 종교의 크나큰 부분도 역시 존재의 근원적 구조에 대한 주장으로서 그것들은 각기 앎의 대상으로 머물 수 있다. 이에 반해서 이념은 존재에 대한 주장인 동시에 가치에 대한 참여이다. 앎과 가치는 깊은 관계가 있지만, 그것들 사이에는 서로 논리적이나 인과적 관계가 있지 않다. A와 B라는 두 사람은 X라는 색이 노란색임을 알고 있지만 A가 노란색을 극히 좋아하는 데 반해서, B는 노란색을 극히 싫어할 경우가 얼마든지 있다. 형이상학이나 종교적 믿음이 존재에 대한 가장 밑바닥에 깔려 있는 인식의 기본적인 테두리라면, 이념은 한 개인이나 사회가 갖고 있는 가장 밑바닥에 깔려 있는 가치관을 의미한다. 이와 같이 해서 가치와 이념은 뗄 수 없는 관계를 갖고 있다.

　가치는 책이나 별이 존재하듯이 존재하지 않는다. 가치는 인간의 욕망과의 관계 속에서만 그 의미를 갖는다. X가 가치라고 하는 것, X는 가치가 있다는 말은 다름 아니라 어떤 사람이 그 X를 원하고 있다는 말에 불과하다. 똑같은 사물을 갖고 똑같은 여건 속에 놓여 있는 A와 B라는 두 사람은 그들이 무엇을 욕망하느냐에 따라, 똑같은 사물과 여건은 서로 달리 처리되고 해석될 것이다. A라는 사람이 지적 즐거움을 물질적 즐거움보다 중요시한다면 그에게는 학교에 가서 공부하는 것이 장사를 해서 돈을 버는 것보다 옳은 일이 될 것이며, B라는 사람이 물질적 즐거움을 지적 즐거움보다 중요시한다면, 그에게 있어서는 학교에 다니는 것보다 장사를 해서 돈을 버는 것이 더 옳은 행위가 될 것이다. 가치는 한 사람의 행동을 결정한다. 뒤집어본다면 한 사람이 어떤 행동을 좋아하느냐는 것은 그 사람이 어떤 가치를 갖고 있는가를 반영해 보인다. 이와 같이 한 사람의 행동과 그 사람의 가치관, 즉 그 사람이 원하는 것과는 서로 뗄 수 없는 밀접한 유기적 관계를 갖고 있다. 한 사람의 실천에 대한 주장을 통해서 그 사람의 가치관을 알고, 거꾸로 한 사람의 가치관을 통해서 그 사람의 실천에 대한 주장을 밝혀낼 수 있다. 더 구체적으로 말해서 한 사람의 궁극적 실천의 원칙으로서의 종교적 해결책을 안다면 그 사람의 가장 밑에 깔려 있는 가치로서의 이념이 무엇인가를 알아낼 수 있고, 그와 반대로 한 사람의 이념이 무엇인가를 안다면 그 사람이 주장하는 근본적인 실천적 원칙이 더 잘 이해될 수 있을 것이다.

실천과 이념의 뗄 수 없는 관계는 노장의 무위라는 개념에서 두드러지게 나타난다. 앞서 본 대로 무위는 노장이 우리에게 권고하는 행동의 궁극적 원칙이다. 노장은 그러한 무위를 권고하면서, 무위가 가져오는 이로움을 여러 가지 예를 들어 강조한다. 다시 말해서 그들은 무위의 행동이 옳은 이유를, 그것이 우리들에게 줄 이로움, 즉 우리들의 욕망을 만족스럽게 하는 데서 찾고자 하는 것이다. 그들은 무위가 진리이기 때문에 그것을 따라야 한다거나, 그것이 하나님이 말씀하신 가르침이기 때문에 그것을 따라야 한다고 주장하지 않는다. 그들이 제시하는 유일한 이유는 그것이 인간에게 이로울 수 있다는 데에 있을 뿐이다.

그러나 이롭다 이롭지 않다, 즉 가치가 있다 없다는 것은 한 사람이 갖고 있는 목적 또는 욕망과 상대적인 관계를 갖고 있다. 그렇다면 노장이 생각하는 근본적인 가치, 즉 이념은 무엇이기에 무위가 그러한 가치를 충족시켜준다는 것일까? 무위의 개념은 노장의 이념을 앎으로써만 충분히 이해될 수 있다. 우리의 문제는 인간의 궁극적 목적에 대한 노장의 생각을 밝혀보는 데 있다. 그것은 다름 아니라 '인생의 의미'에 대한 노장의 생각을 알아보는 일이다.

지락과 타락

잘사는 사람이나 못사는 사람, 행복한 사람이나 불행한 사람을 막론하고 인간은 흔히 '인생의 의미는 무엇인가' 하고 묻게 된다. 세계적인 문호로서 명성을 떨치고 있던 톨스토이가 그의 말년에 가장 중요한 문제로 생각하고 그것에 대한 해답을 찾으려 했던 것도 바로 이 문제였다. '인생의 의미는 무엇인가'라는 문제는 대체로 '인생에 목적이 있는가'라는 문제로 바꿔 생각할 수 있다. 여기서의 의미는 목적이란 뜻을 갖는다. 학교에 가서 땀을 흘리며 공부하는 의미는 학위를 따는 데서 찾을 수 있고, 장가를 드는 의미는 아들을 낳는 데 있다고 생각할 수 있다. 여기서 학위를 따는 것, 아들을 낳는 것은 각기 학교에 가는 일, 장가드는 일의 목적에 불과하다.

어떤 행위에 이와 같이 목적을 발견했을 때 우리는 그 행위가 의미를 가졌다고 말하고, 그와 같은 경우 우리들은 만족을 얻으며, 그렇지 않은 경우 허무하다고 한다. 이와 같이 행위와 목적의 관계를 보다 높은 관점에서 보아, 인생 자체를 하나의 행위로 보고 그것의 목적이 무엇인가를 물어볼 수 있다. 물론 여기서 '인생'이라 함은 지상, 즉 속세에서의 삶을 말한다. 그렇다면 인생의 목적은 우리가 살고 있는 현재의 삶의 밖에서 찾을 수밖에 없다. 많은 종교가 인생의 의미에 대한 수수께끼를 풀어준다고 믿는 그 이유는 각기 그 종교들이 이 세상에서의 삶이 아닌 다른 세상에서의 삶을 전제로 하고, 그런 삶이 이 세상에서의 삶의 목적이라고 보고 있기 때문이다. 그래서 그러한 종교는 인생, 즉 이 세상에서의 삶에 의미를 부여해준다는 것이다.

그리하여 우리는 이 세상에서 인생이 의미, 즉 보람 있다고 한다. 만약 인생 자체의 목적이 없으면 이곳에서 살아가며 겪는 여러 가지 고충은 물론 기쁨까지도 크게 봐서 결국 고통에 불과한 것, 쓸데없는 것에 불과한 것이라는 것이다. 여기서 인생의 '의미'란 인생의 '즐거움'이란 뜻이다. 이러한 인생의 즐거움이란 오로지 '수단'으로서의 즐거움에 불과하다는 것이다.

과연 인생의 의미, 즉 즐거움은 오로지 어떤 목적을 달성하기 위한 수단으로써만 이루어질 수 있는가? 과연 인생은 이 세상 밖의 다른 것, 어떤 목적을 가져야만 만족될 수 있는 것인가? 예술을 놓고 어떤 사람들은 그것이 어떤 목적의 수단으로서만 의미를 갖는다는 주장이 있지만, 그 반면에 예술은 그것 자체로서 충분한 의미를 갖는다는 이른바 '예술을 위한 예술'을 주장하는 사람들이 있다. 이와 마찬가지로 인생은 그냥 그 자체로서 정당화될 수 있고, 의미를 가질 수는 없는 것인가?

이런 질문에 대해서 부정적인 대답을 내리느냐 긍정적인 대답을 내리느냐에 따라서 인생에 대한 태도는 각기 이른바 염세주의나 낙천주의로 나타난다. 대체로 말해서 기독교·힌두교·불교가 전자의 범주에 속하고 노장사상은 후자에 속한다. 힌두교나 불교는 삶이 근본적으로 고통이라고 진제하며, 기독교 그리고 플라톤의 철학은 이 세상을 '타락'된 것으로 본다. 인간이 아무리 노력을 해도 삶이 근본적으로 즐겁지 못한 것, 즐길 수 없다는 사실은 고칠 수 없다. 따라서 우리가 궁극적으로 바랄 수 있는 것은 이 세상으로부터 떠나는 것, 이 삶을 부정하고 다른 세상으로 가는 일이다. 다른 세상이 인생의 목적이 된다. 그 목적은 힌두교에 있어서 브라만이 되고 초기 불교에 있어서는 열반이 되며, 기독교에 있어서는 천당이 되고, 플라톤에 있어서는 가사세계라고 불린다.

이와 같은 인생관과는 달리 노장에 있어서 인생은 이 세상에서 다른 세상으로 가지 못할 뿐만 아니라 이 세상 아닌 다른 세상이 없다. 그리고 이 세상에서의 삶을 많은 사람이 고통으로 느끼고 그곳에서 많은 우환을 경험하지만, 그러한 것들은 삶의 외부적 조건에 기인하는 것이 아니라 각 사람들의 내부적 태도에 기인한다. 따라서 이곳에서의 삶, 오직 하나만의 삶은 즐길 수 있을 뿐만 아니라, 또 마땅히 즐겨야 한다. 이 세상에서의 삶은 그 삶을 살아가는 것 이외에, 가능한 한 즐겁게 살아가는 것 이외에는 아무런 목적이 없다. 목적이 없다 하여 슬퍼할 것도 없고 허무할 것도 없으며 삶이 의미가 없다고 말할 아무런 근거가 있지 않다.

노장의 인생관은 행복의 철학으로 요약된다. 그들은 우리에게 절대적 행복을 향한 길을 가르쳐주려 하는 것이다. 이런 의미에서 "모든 사람은 행복을 바란다"라고 말한 아리스토텔레스는 노장의 생각과 비슷하다. 인생에 대한 태도는 크게 향락주의와 금욕주의로 나눌 수 있다. 전자는 인생의 목적은 다른 데 있지 않고 가능한 한 즐거움을 얻는 데 있다는 주장이며, 후자는 참다운 인생은 차라리 욕망을 억제하는 데 있다는 주장이다. 전자의 경우 궁극적인 의미에서 모든 선악은 향락이라는 척도에 의해서 판단되며, 선이란 별게 아니라 향락 자체에 불과하다. 이와 반대로 후자의 입장에서 볼 때 향락은 악이다. 대부분의 종교적 관점에서뿐만 아니라 윤리적인 관점에서 볼 때, 향락은 대체로 좋지 않은 것, 기피해야 할 것으로 취급된다. 흔히 우리들은 향락을 부끄러운 것으로 생각한다. 그러나 니체가 폭로하고 공격했듯이 위와 같은 금욕주의 자체도 사실에 있어서는 모든 사람이 근본적으로 향락을, 행복을 찾는 데서 기인한 것으로 봐야 한다. 아리스토텔레스의 말대로 모든 인간, 아니 모든 생물은 즐거움을 찾으며, 즐거움 자체가 목적이다. 이러한 관점은 프로이트에 의해서도 지적된 바이다. 많은 종교에서 향락을 부정하고 있는 까닭은 향락 자체가 나쁘게 보였기 때문이라기보다는 이 인생에서 찾을 수 있는 것에 만족될 수 없다는 데서 기인되고, 이 세상 아닌 다른 세상에서 참다운 향락이 있을 수 있다고 믿기 때문이며, 그리고 이 세상에서의 만족될 수 없는 향락에 집착하지 않을 때에 비로소 진정한 다른 세상에서의 향락이 얻어질 수 있다고 전제하기 때문이다.

대부분의 윤리가 향락을 부정하고 흔히 금욕주의를 높이 평가하는 이유는, 그때그때의 향락을 억제하는 데서 개인적으로나 사회적으로 보다 안정된 생활을 영위할 수 있고 그럼으로써 향락을 얻을 수 있기 때문이다. 결국 향락의 부정도 향락을 추구하는 데서, 즉 향락을 가장 귀중한 가치로 인정하는 데서 기인한다. 말하자면 한 가지 향락의 거부도 또 다른 한 가지 향락의 수단으로서만 의미를 갖는다. 그럼에도 불구하고 우리들은 어느덧 목적과 수단을 혼동하여 수단 자체를 목적으로 생각하고 그것을 높이 평가하게 되었다. 니체가 기독교적 가치를 공격한 이유는 기독교가 목적과 수단을 혼동해서 수단을 목적으로 여기고 있다는 점이다. 이와 같이 하여 우리들은 잘못된 생각, 잘못된 가치관의 노예가 되어 우리들에게 주어진 향락, 행복을 잃는다. 만약 우리가 눈을 뜨고 사실을 사실대로, 환상을 환상대로 볼 때 우리들은 거부되고 잃어버린 행복을 다시 찾을 수 있을 것이다.

노장에 있어서 이 세상에서의 삶은 타락된 상태가 아니라 오히려 지락의 조건이다. 노장은 찬양하고 행복을 구가한다. 이런 점에서 볼 때 노장의 인생관은 니체의 인생관과 같다. 니체는 삶을 부정하는 기독교적 인생 대신에 노래와 춤과 흥에 넘치는 주신酒神 디오니소스Dionysos의 삶을 구가한다. 노장과 니체는 향락의 철학자, 행복의 철학자이다. 니체의 경우는 모르되 노장이 향락을, 행복을 주장했다는 해석에는 대뜸 의심이 생기기 쉽다. 왜냐하면 노장은 우리들이 생각하고 있는 낙을 오히려 철저히 부정하고 있기 때문이다. 그들이 이른바 세상에의 적극적 참여를 비웃고 세상으로부터의 은퇴를 권고하고 있기 때문이다.

천하에 지극히 즐거운 것이 있는가? 없는가? 그로써 몸을 활기차게 살려낼 수 있는 방법이 있는가? 없는가? 무엇을 해야 하고, 무엇을 그만두어야 할 것인가? 무엇을 피하고 무엇에 마음을 두어야 하는가? 어디로 나아가고 어떤 곳을 떠나야 할까? 무엇을 즐기고 무엇을 싫어해야 할까? 세상 사람들이 높이는 것은 부귀와 장수와 좋은 명성이고, 즐거워하는 것은 몸이 편안한 것과 감칠맛이 있는 진한 맛과 화려한 복식과 아름다운 색채와 듣기 좋은 소리요, 낮추는 것은 가난과 지위가 낮은 것과 요절天折과 악명惡名이요, 괴로워하는 것은 몸이 불편하고 한가롭지 못한 것과 입이 감칠맛 나는 것을 얻지 못한 것과 몸이 화려한 복식을 얻지 못한 것과, 눈이 아름다운 색채를 얻지 못하며 귀가 듣기 좋은 소리를 듣지 못한 것이다.
　　만약 이러한 것들을 얻지 못하면 크게 근심하고 두려워하나니 그처럼 몸을 위한 것은 어리석도다. 저들 부자는 몸을 수고롭게 하고 급히 일을 하여 재물을 많이 쌓아두고서도 다 쓰지 못하나니 그처럼 몸을 위한 것은 바깥에서 헤매는 셈이다. 저들 지위가 높은 사람은 밤을 낮으로 이어서 군주에게 선행을 권하고 잘못을 고치고자 생각하나니 그처럼 몸을 위하는 것은 실속이 없도다. 사람의 삶은 근심과 함께하거늘 오래 사는 사람은 흐리멍덩하여 오래도록 근심하면서도 죽지 않으니 얼마나 고통스러울까.[95]

95　『장자』, pp.138~139.

요컨대 여기서 장자는 우리가 일상 추구하는 행복의 조건, 향락의 조건이라고 여기는 부귀·권력을 부정한다. 그래서 초(楚)나라의 왕이 고관을 보내어 장자에게 정치를 맡기려 했을 때 장자는 그러한 영광의 직책을 헌신짝처럼 버렸다.[96] 그리고 노장은 우리에게 소박하고 단순한 생활을 권고한다. 하지만 한 발자국 더 나아가 생각해보면 노장이 부정하는 것은 삶의 낙 그 자체가 아니며, 소박성 혹은 가난함 자체를 찬양하는 것은 결코 아니다. 우리가 생각하고 있는 낙이란 것은 보다 대국적인 입장에서 볼 때 참다운 낙이 아니라 불행의 원인이라고 보기 때문이다. 이와 같은 사실은 장자가 관직을 거부하는 이유를 들어보면 분명하다.

내가 들으니 초나라에 신령스러운 거북이가 있었는데 이미 죽은 지 3천여 년이나 되었거늘 왕이 그것을 대나무 상자에 담고 다시 수건으로 감싸서 사당 안에 잘 간직하라 하였다네. 이 거북이는 차라리 죽어서 뼈를 남기어 귀하게 되고 싶겠습니까? 차라리 살아서 진흙 속에서 꼬리를 끌며(구애받지 않고 자유롭게) 살고 싶어 하겠습니까?

결국 노장에 있어서 낙은 근본적인 삶의 목적이다. 그들이 우리가 흔히 생각하고 있는 낙을 거부하고 부정하는 것은, 그들의 눈에는 진정한 의미의 낙이 될 수 없으며, 오히려 우리들이 생각하고 있는 낙을 극복하고 부정하는 데서만 참다운 낙을 찾을 수 있다고 믿기 때문이다. 그래서 장자는 또한 말한다.

---

96   위의 책, p.136.

과연 즐거움이 있고 없는 것은 무위로써 즐거운 지경에 갈 것으로 생각한다. 세속에서는 도리어 이를 크게 괴롭게 알고 지극히 즐거운 줄 모른다. 옛날에, 지락은 낙이 없는 것으로써 낙을 삼고, 지예至譽는 명예 없음으로써 명예로 여긴다 하였다. 세속의 낙은 참된 즐거움이 아니고 명예는 참된 명예가 아니다.[97]

인간의 목적이 참다운 지락을 이루는 것이라고 말하는 것과 그러한 지락이 가능하다는 말과는 그 뜻이 다르며, 지락이 가능하다는 말과 인간의 삶이 실제로 지락이다라고 말하는 것과는 다르다. 그렇다면 인생의 목적이 낙을 찾는 것 이외에 더 크나큰 목적이 없다고 보는 노장은 우리가 살고 있는 구체적인 인생을 어떻게 보는가?

비극과 희극

'인생이란 무엇인가'라는 심각하고도 엉뚱한 질문을 많은 사람들은 가끔 던진다. 철학자들, 종교가들, 예술가, 그리고 유행가수들은 저 나름대로 이러한 질문에 대답을 제공한다. 셰익스피어는 대답하기를, "인생은 백치가 중얼거린 두서없는 이야기"라 했고, 모파상은 자기 나름대로 말하기를 "인생은 희극도 아니고 비극도 아닌 희비극"이라고 정의를 내렸다. 언뜻 보아서 셰익스피어의 대답이나 모파상의 대답이 똑같은 질문에 대한 대답같이 보이나 사실 그들은 '인생이란 무엇인가'라

---

97   위의 책, p.139.

는 질문을 각각 두 가지 다른 종류의 질문으로 해석하고 있는 것이다. 이러한 사실은 '인생이란 무엇인가'라는 질문이 애매하다는 것을 의미한다. '인생이란 무엇인가'라는 질문은 첫째로, '인생을 어떻게 서술할 수 있는가'라는 질문으로 해석될 수 있고, 둘째로, '인생은 어떻게 평가될 수 있는가'라는 물음으로 해석될 수 있는 것이다. 셰익스피어의 대답은 첫째 질문에 대한 대답이고, 모파상의 대답은 둘째 번 질문에 대한 대답이다. 첫 번째 질문은 '하늘은 구름으로 덮여 있는가'라는 질문과 같아서 그것에 대한 대답의 옳고 그름은 객관적으로 결정될 수 있다. 이에 반해서 두 번째 질문은 '구름으로 덮여 있는 하늘은 좋은가'라는 질문과 같아서 그에 대한 대답은 객관적인 판단이 불가능한 주관적인 반응에 그친다. 철학에서는 전자와 같은 대답을 가리켜 인식적 내용을 가진 판단이라고 말하고, 후자와 같은 대답을 가리켜 평가적인 의미를 가진 판단이라고 구별한다.

인식적인 판단은 판단의 대상에 대한 성격을 밝혀주지만, 평가적 판단은 객관적 대상에 대한 지식을 제공해주기보다는 그러한 대상에 대해 판단을 내리는 판단하는 사람의 성격 혹은 가치관을 표현해주는 데 불과하다. 전자의 경우 우리들은 객관적 대상에 대한 지식을 증가시키지만, 후자의 경우 우리들은 판단을 내리는 사람에 대한 지식을 얻는다. 포도주가 꼭 절반 들어 있는 술병을 놓고 어떤 사람은 반이 비었다고 판단하고 어떤 사람은 똑같은 것을 놓고 반이 차 있다고 판단한다. 이러한 얘기를 흔히 평가적 판단의 주관성을 나타내는 예로서 든다.

사실과 사건으로서의 인생은 물론 여러 가지로 서술될 수 있지만, 그러한 서술은 쉽사리 객관적으로 맞고 맞지 않음을 결정할 수 있다. 삶은 한 번 태어나면 죽어야 하고, 삶을 유지하려면 밥을 먹어야 하고, 흔히 병이 들어 아프기도 하고, 울기도 하고 웃기도 하며, 싸우기도 하며 서로 돕기도 한다는 사실은 누구나 다 같이 시인할 수 있는 사실이다. 그렇기 때문에 위와 같은 객관적 사실에 대한 서술로서의 '인생은 무엇인가'라는 질문은 별로 시비의 문제가 되지 않고 별 흥미도 없다. 우리의 문제는 모두가 다 같이 인정하는 객관적 사실로서의 인생을 놓고 그것을 어떻게 평가할 수 있는 것인가에 있을 뿐이다. 이러한 각도에서 해석된 '인생은 무엇인가'란 질문에 대해 노장의 대답은 무엇인가? 노장은 한마디로 인생을 긍정적으로 보았는가 혹은 부정적으로 보았는가?

인생에 대한 관점을 대체로 비극적인 것과 희극적인 것으로 나누어 생각할 수 있다. 비극적 인생관이란 삶을 통틀어놓고 볼 때 괴로운 것, 슬픈 것으로 보는 태도를 가리키며, 희극적 인생관은 삶을 즐길 수 있는 것, 재미있는 놀이로 보는 태도를 말한다. 한마디로 비극적 관점에서 볼 때 인생은 눈물이며 희극적 관점에서 볼 때 인생은 웃음이다.

대부분의 일반 사람들은 물론 많은 철학자, 사상가들은 대체로 인생을 비극적으로 보고 있다. 우리는 흔히 인생의 허무함을 한탄하고 삶의 괴로움을 불평한다. 힌두교나 초기 불교에서는 각기 현세samsara와 브라만의 세계로, 속세와 열반의 세계로 갈라놓고 우리가 현재 살고 있는 현세와 속세를 눈물과 고통으로 보았고, 기독교에서는 이 세상에서의 삶을 '전락轉落'으로 보고 그것을 천당에 비추어 병든 것, 죄스러운 것으로 보고 있다.

그리스의 모든 비극작품들은 인생에 대한 그리스인의 비극적 관점을 역력히 반영하는 가장 구체적인 기록의 하나이다. 이러한 그리스의 인생관은 "태어나지 않았더라면, 존재하지 않았더라면, '무'였더라면 가장 좋았을 것이고, 그 다음으로 좋은 것은 빨리 죽는 것이다"라고 한,

주신 디오니소스의 의붓아비 실레노스Silenus의 말이 웅변으로 증명해준다. 이와 같은 비극적 인생관은 얼마 동안 유럽을 휩쓸었던 이른바 실존주의 속에서도 뚜렷이 나타난다. 파스칼은 우주에 비해서 '무'에 가까운 인간상을 강조하였고, 도스토옙스키는 신 없는 인간들의 허무함을 그렸으며, 키르케고르는 인간의 능력으로는 이해할 수 없는 신의 의도에 무력한 채 떠는 아브라함의 모습을 드러냈으며, 사르트르는 인간의 삶을 '무의미한 수난'이라고 정의했다.

언뜻 볼 때 대부분의 사람들이 인생을 비극이라는 색안경을 쓰고 부정적으로 보고 있는 것은 당연한 것 같다. 원시적 생활환경 속에서 인간의 생활은 즐거움이라기보다 괴로움이 많고, 가난한 사람에게 삶은 즐거움보다 괴로움이 더 가득 차 있다. 원시적 생활환경 속에서 또는 가난한 처지에서 인간은 최저의 생존을 위해서 피땀을 흘려야 하고, 그러한데도 항상 굶주리고 추위에 떨며 병으로 고통을 받게 마련이다. 비단 문화적 환경에 살거나, 큰 부자가 된대도 인간은 결코 만족하지 않고, 따라서 언제나 고통을 느끼게 마련이다. 인간의 고통은 비록 그가 한 제국의 황제가 된대도 떼어버릴 수 없다. 왜냐하면 의식을 갖고 살아 있는 인간은 어떠한 경우라도 무엇인가를 결정해야 하며 대인관계에 있어서나 자연환경과의 관계에 있어서는 끊임없이 신경을 쓰지 않으면 안 되기 때문이다. 애인을 만나는 것이 기쁨이지만 그러려면 조바심하고 애인을 기다려야 하며, 혹시 애인이 변심하지나 않을까 걱정해야 하고, 맛있는 음식을 먹는 것은 즐거운 일이지만 귀찮게 시간을 내어 요리를 해야 하고, 돈을 버는 것이 즐거운 일이지만 매일 아침, 자고 싶은 잠을 억지로 깨야 하고, 황제의 권력을 쓰는 것은 재미나지만 혹시 그 권력을 누군가가 빼앗지 않을까 늘 경계해야 한다. 설사 이런 모든 걱정이 없다

가정하더라도 인간은 어차피 늙어가야 하고, 병이 들어 마침내는 죽음이란 가장 크나큰 공포와 고통을 견디어야 한다. 이와 같은 사실을 인정할 때 인생을 '눈물의 바다' 혹은 '가시밭'이라고 흔히 말하는 것은 아주 당연하다. 우나무노Unamuno의 유명한 '인생의 비극적 의미'는 바로 위와 같은 사실에 근거를 두고 그러한 사실을 가리키는 말이 될 것이다.

인생은 결국 비극으로밖에 볼 수 없다는 것이 자명하고 또 위에서 본 바와 같이 대부분의 사람들이 그렇다고 믿고 있음에도 불구하고 노장은 엉뚱하게 인생을 하나의 희극으로 본다. 그들에게 있어서 인생은 슬퍼할 것, 슬픈 것이 아니라, 즐거워할 것, 재미나는 것이다. 인생은 울음의 바다가 아니라 웃음의 바람과 같다. 그렇다면 어떻게 비극이 희극이될 수 있으며, 어떻게 비극을 희극이라고 부르는가? 위에서 본 바와 같이, 인생은 어떻게 보거나 아무리 보거나를 막론하고 고통스러운 것이라는 것을 인정한다면, 그러한 인생을 비극이 아니라 희극이라고 부른다는 것은, 마치 검은 빛깔을 가리켜 흰 빛깔이라 부르는 것과 마찬가지격인 것만 같다. 만약 이러한 비유가 성립된다면 노장의 인생관은 틀린것이거나 혹은 노장은 '비극' 또는 '희극'이란 말을 우리가 쓰는 의미로서가 아니라 그와는 반대되는 의미로 쓰고 있다고 말해야 할 것이다. 그렇다면 결국 노장은 우리의 언어, 자기들이 쓰는 우리와 공통의 언어의의미를 모르고 있다는 결론이 나온다. 그러나 위와 같은 가정은 상식적으로 용납될 수 없다. 그들은 우리가 쓰는 언어의 의미를 알고, 또 우리와 똑같은 의미로 그 언어를 쓰고 있다. 그렇다면 어떻게 해서, 어떠한 근거로 노장은 인생을 희극으로, 비극을 희극으로 보는가?

우리는 앞서 여러 가지 예를 들어 사실 인생은 어떠한 경우에서도, 그리고 어떠한 사람에게도 고통스러운 것이 아주 자명한 것이라는 결론을 내렸다. 그러나 우리는 자명하다고 생각된 그 결론을 다시 한 번 검토해볼 필요가 있다. 애인이 도망갈까봐 조바심하는 것 그 자체가 과연 비극적인가? 맛있는 음식을 맛보기 위해서 오래 땀을 흘리는 것 그 자체가 괴로움인가? 황제가 자기의 권력을 약탈당하지 않기 위해서 밤낮으로 경계하는 그 행위 자체가 아픔인가? 우리의 뼈를 쑤시는 위병이나 우리들의 목숨을 마지막으로 거두어가는 죽음 그 자체가 슬픔인가? 꽃이 꽃봉오리를 맺기 위해서 비를 맞고 햇빛을 쬔다고 하여 꽃은 괴롭다고 할 것인가? 여름이 가고 가을이 와서 무성한 나뭇잎이 지고 말라버린다고 해서 나뭇잎은 슬퍼할 것인가? 만약 꽃과 푸른 나뭇잎이 그들의 존재조건을 한탄하지도 않고 즐거워하지도 않는다면 그들은 각기 아무런 의식도 없고 아무런 욕망도 없이 자연 그대로 자연을 따라 있다가 사라지기 때문이다. 이와 같은 사실은 우리들이 흘리는 땀, 우리들의 걱정, 우리들의 위병, 우리들의 죽음이 고통으로 보이고, 따라서 삶이 비극적으로 보이는 이유는 우리들이 의식을 갖고 무엇인가를 욕망하며, 그러한 욕망이 우리들의 삶의 조건과 어긋나기 때문이다. 만약 우리들이 욕망을 버리고, 주어진 삶의 조건을 있는 그대로, 되는 대로 받아들인다면 우리들은 삶을 아픔이나 괴로움이나 비극으로 볼 수는 없는 것이다.

한 발자국 더 나아가서 우리들의 관점을 돌려 생각하면 우리들의 가난과 아픔과 죽음까지를 합해서 인생 자체를 하나의 재미있는 놀이, 재미있는 사건, 즐거운 과정으로서 볼 수 있을 것이며, 따라서 우리들은 모든 것을 크나큰 비희극으로 뒤집어볼 수 있을 것이다. 여기서 희극이란 비웃거나 비꼬는 의미에서의 웃음거리로서 본다는 의미가 아니라, 마치 어린애가 모든 것을 대할 때 재미나며 신기해하고 즐거운 것으로 보고, 그러한 느낌을 나타낼 때 터뜨리는 그러한 웃음을 의미한다. 위와 같이 우리가 비극을 희극으로 보고, 아픔을 낙으로 볼 수 있는 관점 전환의 논리는 앞서 예로 들었던 바 어느 선객禪客의 말에서 이해된다. 그는 '산시산, 수시수', 즉 산은 산이고 물은 물이라 했지만, 관점을 달리하면 정반대로 '산불시산, 수불시수', 즉 산은 산이 아니고 물은 물이 아니라는 관점에서 볼 수 있었던 것이다. 우리의 관점에서 보면 비극은 비극이지만, 노장의 관점에서 보면 비극은 희극이 될 수 있는 것이다. 장자가 자기의 사랑하는 아내가 죽었을 때 눈물을 흘리기는커녕 다리를 뻗치고 항아리를 두들기며 노래를 부를 수 있었던 것은 그가 그 선객의 정신적·지적 경지에 이를 수 있었기 때문이다. 장자는 자기의 정신적 경지를 설명한다.

이 사람이 처음 죽었을 적에 나인들 어찌 홀로 개탄함이 없을 수 있겠는가! 그러나 그녀의 시초를 생각해보니 원래 생명이 없었다네. 생명이 없었을 뿐 아니라 원래 기氣조차 없었다네. 황홀한 세계에 있다가 섞이어 변화하여 기가 있게 되고, 그 기가 변하여 형체가 있게 되고, 그 형체가 변하여 생명이 있게 되었도다. 이제 또다시 변하여 죽음에로 갔으니, 이것은 봄· 여름·가을·겨울이 서로 갈마들어 사시가 운행하는 것과 같은 이치라네. 이제 내 아내는 드러눕듯이 천지라는 거대한 방에서 잠들게 되었는데 내가 꺼이꺼이 소리내어 통곡하면 나 자신이 명命에 통하지 않는 것 같아 그만두었다네!⁹⁸

그렇다면 우리는 어떻게 선객의 경지에 도달할 수 있으며, 어떻게 하면 우리는 장자와 같은 눈으로 세상의 형상을 보게 될 것인가? 산을 산이 아니라고 보는 것, 죽음을 삶으로 보는 것, 비극을 희극으로 본다는 것은 무엇이며, 그러한 관점은 어떻게 했을 때 이루어지는가?

속죄와 소요

산다는 게 어떤 것인가? '소요'라는 개념은 노장의 대답을 가장 적절히 나타내는 말이다. 인생을 하나의 놀음으로 본다는 것이다. 그렇기 때문에 인생은 희극, 즉 즐거운 것, 웃음에 찬 것으로 나타난다. 이런 점에서 노장의 인생관은 '노세 노세 젊어서 노세, 늙어지면는 못 노나니'라는 우리들의 어느 유행가 가사에 나타난 인생관에도 반영된 것으로 볼 수 있다. 물론 우리는 삶을 고통으로 보기 쉽다. 그래서 우리는 흔히 삶을 '지지고 볶는 것'으로 생각한다. 그러나 노장의 입장에서는 비록 지지고 볶게 못살아도 인생은 하나의 놀이, 하나의 산책, 하나의 소요라고 볼 수 있다. 그렇게 봄으로써 노장은 마치 그리스 신화에 나오는 신, 미다스Midas가 만지는 것마다 모두 황금으로 바꿔놓듯이 삶의 비극, 삶의 슬픔을 삶의 희극, 삶의 웃음으로 바꿔놓는다.

　삶을 하나의 소요, 즉 산책으로 본다는 것은 삶을 어떤 목적을 위한 수단으로 보는 것이 아니라 그 자체가 목적이라고 보는 태도이다. 시인 발레리는 시와 산문을 춤과 걸음에 비유했다. 춤의 움직임은 자체가 목적이지만 걸음은 어떤 목표에 도달할 때 그 의미를 갖는다. 이와 같이 시에 있어서의 언어는 그 자체가 목적이며, 산문에 있어서의 언어는 어

98　위의 책, p.140.

떤 의미를 전달하기 위한 수단이다. 이와 같은 비유를 따라 우리는 노장의 인생관을 시에 비교할 수 있으며, 그밖의 인생관을 산문에 비교할 수 있다. 노장은 삶을 하나의 시로 보는 것이다. 시에 있어서 언어는 어떤 목적을 달성하기 위한 수단이 아니라 그 자체가 목적, 따라서 언어 자체의 축제이듯이 노장의 시적 인생관을 따르자면, 인생은 다른 목적을 위한 수단이나 준비가 아니라 그 자체가 목적이다. 이와 같이 하여 삶은 그 자체가 하나의 축제가 된다.

삶을 통틀어서 하나의 시, 하나의 축제, 하나의 소요로 보는 노장의 인생관은 삶을 하나의 수단으로 보는 여러 가지 인생관과 두드러지게 대조된다. 가장 두드러진 대조를 우리는 기독교적 인생관에서 찾아볼 수 있다. '산다는 것이 무엇하는 것인가'라는 질문에 기독교적 대답은 '속죄'라는 개념에서 잘 표현된다. 기독교에 의하면 삶이란 즐기는 일, 놀아나는 일, 노래나 춤이 아니라, 우리의 '원죄', 우리가 스스로 짓지도 않은 원죄를 씻어야 하는 고행의 기간이요, 처벌을 받는 기간이다. 우리는 마치 범행을 저질러서 인생이란 감옥에 잡혀들어 벌금을 내고 처벌받으며 일을 해서 죄를 씻는 죄인과 마찬가지이다. 이와 같은 속죄로서의 삶이 부정적인 인생관임은 두말할 필요도 없다. 기독교의 인생관은 니체가 지적하고 공격했듯이 결국 인생을 부정하는 반생명적인 인생관, 죽음의 인생관이다.

기독교와 비슷한 인생관은 힌두교나 불교에서도 찾아볼 수 있다. 인생을 근본적으로 고통이라고 전제하는 힌두교나 불교는 비록 죄라는 관념을 인정하지 않지마는 기독교와 마찬가지로 인생을 하나의 준비과정, 보다 만족스러운 세계에서의 삶이란 목적을 달성키 위한 수단으로 본다. 옳게 '업'을 쌓아서 하루바삐 브라만 혹은 열반의 세계로 옮겨가는 준비기간이 인생이다. 인생을 속죄의 기간으로 보는 기독교나 인생을 '업'을 쌓기 위한 기간으로 보는 힌두교 또는 불교는 다 같이 인생을 작업, 즉 '일'로 본다. '일'하기 싫은 일이 인생이다. 인생은 마치, 생존에 필요한 월급을 받기 위해서 보기 싫은 상관 밑에서 하기 싫어도 해야 하는 '일'과 같다. 그러다가 보면 '일' 그 자체가 미덕이 되어 '일'을 해야 한다. 더 '일'을 해야 한다는 생각이 들게 되고, 어느 경우에는 '일' 자체가 목적이 된다. 그래서 업적이 많은 인생을 보람 있는 것으로 여기게 된다. 이러한 이른바 '성공주의' 또는 '업적주의'는 특히 미국 사회의 지배적인 사고방식이라고도 한다.

그러나 그러한 미국 사회 내에서 이른바 히피족이 나타나 의문을 던졌듯이, 어째서 '일'이, 어째서 '성공' 또는 '업적' 자체가 인생의 목적인가를 물어볼 필요가 있다. 어째서 놀고 즐기는 그 자체가 나쁜가를 따져볼 필요가 있다. 일은 어디까지나 일이지 '놀이'가 아니다. 일은 그 자체가 즐거운 것이 될 수 없다. 어째서 놀아나는 것 그 자체가 인생의 목적이 될 수 없는가를 우리는 알아낼 수 없다. 우리는 무엇 때문의 '일', 무엇 때문의 '성공', 무엇 때문의 '업적'이냐고 물어볼 필요가 있다. 어째서 인생은 그 자체가 놀음·즐거움·웃음이 되어서는 안 되는가를 따져볼 필요가 있다. 상식적으로 보나, 여러 가지 지배적 사상의 입장에서 보나 너무나 엉뚱한 노장의 인생관, 즉 삶을 하나의 목적 자체로 보는 인생관, 삶을 그 자체가 즐거운 소요라고 보는 인생관은 언뜻 생각하기와는 달리 결코 쉽사리 일축될 수 없는 심오한 진리를 내포하고 있다.

이 세상에서 삶은, 아니 오직 하나밖에 없는 이 삶에는 그것을 즐기는 이외에 아무 목적이 없다고 보는 노장의 인생관은 기독교를 비롯한 힌두교 또는 불교적 인생관을 맹렬히 공격하고 부정하는 니체의 인생관과 같다. 니체는 흔히 종교가 전제하고 있는 이 세상 아닌 다른 세상을 부정하고, 이 세상에서 우리들의 삶을 영원회귀하는 자연현상의 일부로 본다. 이런 관점에 서서 볼 때 종교가 말하는 선악은 그 의미를 전혀 지닐 수 없는 인위적인 그릇된 속박에 불과하다. 인생은 다른 목적이 있는 것이 아니라 그 자체가 목적이다. 살아 있는 동안 우리들의 욕망을 마음껏 만족시키는 데 삶의 보람을 찾는다. 그래서 우리는 주신 디오니소스처럼 술에 취하고 노래와 춤으로써 삶을 불처럼 태우는 데서 참다운 만족을 얻는다. '삶은 하나의 축제'라면서 니체는 노장과 마찬가지로 인생을 하나의 유희·놀이로 본다. 그러나 노장의 소요와 니체의 디오니소스적 축제는 다 같이 그 자체 외의 목적을 부정하고, 그 자체만을 절대적 가치로 여기면서도 그 성질상 똑같지 않다. 여기에 노장의 인생관의 독창성, 고유한 성격이, 아니 그 깊이가 더욱 드러난다. 노장의 놀이가 '소요'라는 말로써 적절히 서술될 수 있다면, 니체의 놀이는 발광에 가까운 '도취'라는 말이 적절한 서술이 될 것이다.

노장의 놀이를 들길 혹은 산길을 따라가는 소풍에 비교한다면, 니체의 놀이는 극히 극렬한 미식축구에 비교될 수 있다. 니체는 삶의 근본적 욕망을 '권력에 대한 의지'로 본다. 삶의 놀이는 이와 같은 의지를 만족시켜주는 데 있다. 그리하여 니체의 인생관은 공격적이며, 따라서 비극적인 성격을 버릴 수가 없다. 그것은 항상 긴장을 추구하고 삶은 항상 심각하다. 니체의 인생에는 웃음이 없다. 디오니소스가 웃음을 갖는다 해도 그것은 뒷맛이 허전한 폭소, 거친 웃음이다. 이에 반해서 노장의 인생은 부드럽고 수동적이며, 긴장이 풀린 누그러진 유희이다. 극성스러움이 없는, 극성스러움이 필요 없는 놀이이다. 노장의 웃음은 폭소도 아니고 비꼬인 웃음도 아니며, 자연스러운 허탈의 웃음이다. 착함이 넘치는 웃음이다. 목적도, 긴장도, 조바심도 필요치 않은 놀이가 노장의 소요이다. 넓은 운동장에서 수만 명의 관중 앞에서 땀을 뻘뻘 흘리며, 숨이 가쁘게 뛰고, 다리가 부서지게 공을 차는 니체의 영웅 차라투스트라Zarathustra를 상상할 수 있는 반면에 우리는 춘하추동을 막론하고 산길 혹은 들길을 산책하며 아무 목적도 없이 눈에 띄는 모든 것, 귀에 들리는 모든 것, 피부에 감각되는 모든 것을 마음껏 맛보고 즐기는 털털한 노장을 상상할 수 있다.

니체가 극성스러운 슈퍼스타라면 노장은 조용한 산책가이며, 니체가 미식축구 경기에서 폭포 같은 갈채를 즐긴다면 노장은 산책길에서 조용히 흐르는 물소리, 시원한 바람, 변화 많은 자연의 경치를 맛본다. 이러한 놀이, 이러한 인생이 노장이 말하는 소요의 본질이다. 그렇다면 우리는 어떻게 이러한 경지에 이를 수 있는가? 어떻게 병이 들고, 배가 고프고, 늙고 죽어가야 하는 인생을 소요라고 볼 수 있겠는가? 먹고 살기 위해서는 항상 일해야 하고 땀을 흘려야 하는 삶을 즐거운 놀이라고 볼 수 있겠는가? 노장은 어떻게 해서 미다스와 같이 일을 놀이로, 아픔을 즐거움으로 바꿀 수 있었던가?

그것은 간단히 말해서 우리가 각자 자기의 자아라는 작은 관점을 벗어나서 우주라는 대승적인 입장에 섬으로써만 가능하다. 노장의 미다스적 마술은 별게 아니라 우리가 우리 자신을 포함한 모든 인간의 상대성을 자각하고, 소승적인 관점에서 대승적인 관점으로, 부분적인 관점에서 전체적인 관점으로 돌릴 때 가능하다. 이와 같은 관점에 설 때 우리는 우리들에게 생기는 기쁨과 고통·죽음을, 끊임없이 변화하는 대우주·대자연의 어쩔 수 없는 필연적인 모습으로 대할 수 있게 된다. 이와 같은 입장에 설 때 우리들은 우리들이 고통이라 생각했던 여러 가지 사건도 사실은 객관적으로 존재하는 것이 아니라 오로지 우리들의 소승적 입장에서 본 욕심의 표현이라는 것을 깨닫게 될 것이다. 그리고 그것들은 대승적 입장에서 보면 마땅히 필요한 과정, 따라서 기쁨으로 받아들여야 할 것으로 대할 수 있게 된다. 니체가 말한 '운명에 대한 사랑 amor fati'은 별게 아니라 바로 위에서 본 바와 같은 노장에 있어서의 관점의 전환을 의미하는 것에 지나지 않는다. 소승적 관점과 대승적 관점의 관계를 장자는 한편으로 매미와 어린 비둘기의 관점과, 또 한편으로는 한번 날면 "물결치는 수면이 3천 리이고, 올라가는 높이는 9만 리이며 6개월간을 두류逗留하는"[99] 붕鵬과의 관계에 비교한다. 매미와 어린 비둘기들은 남방에 가려고 9만 리까지 올라가는 붕의 가능성을 모르고 붕을 비웃는다. 그와 마찬가지로 소승적 입장에서 벗어나지 못할 때 대승적 입장에서 인생의 모든 고통과 죽음까지를 하나의 놀이·소요로 달관하는 노장적 경지를 이해하지 못하고 인생의 작은 희비애락에 집착하여 그런 결과로 인생을 고통으로 봐야만 하는 것이다. 그러나 대승적 경지에 도달한 사람은 마치 송나라 철학자 영자榮子처럼 "온 세상이 아첨해도 그는 감동 안 되고 온 세상이 나무라도 그가 하는 일을 말릴 수 없다".[100] 왜냐하면 그는 매미나 작은 비둘기의 관점을 초월해서 대자연·대우주 속에서 유연히 소요하는 경지에 이르고 있기 때문이다.

이러한 소요의 경지는 더 가까운 예로써 이해된다. 뉴욕시의 엠파이어 스테이트 빌딩에 올라가라. 그때 우리는 우리가 크고 작다고 구별하던 모든 집·자동차·사람들이 다 같이 작게 보이고, 거리를 지나가는 사

---

99   『장자』, p.22.
100   위의 책, p.23.

람들은 개미 새끼 못지않게 작음을 안다. 그때 우리는 새삼 우리들이 애착을 갖던 물건들·사람들이 얼마나 하찮은 것인가를 깨닫는다. 다시 자리를 옮겨 북한산 꼭대기에 올라가라. 크다는 서울 바닥이 손바닥만 하게 보임을 본다. 이때 우리는 새삼 우리들이 악착같이 들러붙어 살고 있는 곳, 애착을 갖고 바득거리고 있는 큰 도시가 얼마나 하찮은 공간을 점령하고 있는가를 깨닫는다.

또다시 비행기를 타면, 유리창으로 한없이 작아지다가 마침내는 완전히 사라지고 마는 내 집, 내 땅, 내 도시, 내 나라, 그리고 지구마저 얼마나 하찮은 것인가를 이해한다. 그러고 나면 우리는 내가 어떤 욕망을 가졌기 때문에 생겼던 고통, 내가 한순간의 꿈 같은 삶에 애착을 가졌기 때문에 생기는 죽음에 대한 공포, 내가 조국에 애착을 가졌기 때문에 치러야 했던 전쟁 등을 마치 한 푼짜리 장난감 때문에 서로 싸우고 우는 어린애들을 미소를 띠고 바라볼 수 있는 어른들의 심경으로 대할 수 있을 것이다. 그리고 무슨 일이 생기더라도, 비록 죽음이 닥쳐오더라도 마치 하늘의 뜬구름처럼 자연스럽게 흘려보낼 수 있는 심경에 도달할 것이다. 그럴 때, 우리는 밤의 공중을 나는 비행기에 몸을 맡긴 채 눈을 감고 조용한 마음의 평화와, 우주와의 깊은 내면적 조화를 즐거운 마음으로 경험할 수 있을 것이다. 이럴 때 우리는 비로소 노장이 말하는 소요의 경지에 들어간다.

이와 같이 볼 때 대승적 또는 우주적 차원에서 모든 것을 본다는 것은 다름 아니라 우리 스스로를 대자연의 변화 속에 맡기고, 발버둥치지 않고, 니체가 말하는 이른바 '운명에 대한 사랑'이란 심정으로 삶을 살아가는 것에 지나지 않는다. 이런 경지에 선 인생을 노자는 물에 비유해서 '상선약수, 수선리만물이부쟁上善若水, 水善利萬物而不爭',[101] 즉 가장 으뜸가는 선은 물과 같으며, 물은 모든 것을 이롭게 하면서도 다투지 않는 다라고 말한다. 인생을 물과 같이 살아간다는 것은 인생을 억지 없이 자연대로 살아감을 말함에 지나지 않고 그것은 '도'를 깨달음이요, '도'를 깨달음은 '무위'의 원칙대로 살아가는 것임을 뜻한다. 이처럼 아무것도 하지 않음으로써, 억지를 부려 살아가지 않고 마치 소요하는 기분으로 살면서 우리는 비로소 참다운 삶을 살고, 참다운 삶을 맛보며, 지락에 이른다. 이러한 원리를 노자는 '위무위, 사무사, 미무미, 대소다소, 보원이덕爲無爲, 事無事, 味無味, 大小多少, 報怨以德',[102] 즉 '무위를 추구하고 일거리 없게 하는 것을 일삼고 담박한 맛을 맛있게 느끼면서 나에 대한 남의 원한이 크거나 작거나 많거나 적거나 간에 나는 언제나 은혜로써 갚는 다'라고 설명한다. 다시 말해서 우리가 대승적 입장에서 인생을 보고, 우리들의 관점을 바꿔서 살아갈 때, 즉 '관점의 전환'이 이루어졌을 때 모든 고통, 모든 무의미는 미다스의 황금으로 변하는 것이다.

이러한 노장에 있어서의 관점의 전환은 니체의 이른바 '가치의 가치 전환transvaluation of value'이라는 말로 표현될 수 있다. 노장의 '관점의 전환'과 니체의 '가치의 가치 전환'이 다른 것은 전자의 경우가 부정적인 것이 긍정적인 것, 진흙이 황금으로 변함을 가리키는 데 반하여, 후자의 경우에 있어서는 긍정적인 것이 부정적인 것, 황금이 진흙으로 변함을 가리키는 데 차이가 있다. 니체에 의하면 기독교에 의해서 원래 긍정적인 가치였던 것이 부정적인 가치로, 원래 황금이었던 것이 진흙으로 바뀌었다는 것이다. 그리하여 그는 삶의 긍정적인 가치, 즐거움으로서

---

101   『노자』, 제8장.
102   위의 책, 제63장.

의 삶을 회복하기 위해 기독교에 의해서 전도된 가치를 다시 회복해야 한다고 주장한다.

노장에 있어서 근본적인 가치는 삶의 즐거움이다. 그러한 가치는 '지락'이라는 말로써 가장 적절히 표현되고, 지락에 이를 수 있는 삶의 태도는 '소요'라는 말로써 가장 정확히 전달된다. 지락과 소요는 함께 노장의 이념을 밝혀주는 개념이다. 그리고 '무위'는 그러한 이념을 실천에 옮기기 위한 행동의 근본적인 원칙을 가리키는 개념이다. 또한 '도'는 위와 같은 이념, 위와 같은 행동을 뒷받침하는 형이상학의 차원을 차지한다.

이와 같이 노장에 있어서 존재론·종교·이념은 서로 밀접한 유기적인 관계를 맺고 있다. 그 어느 하나도 다른 것들과 떼어놓고는 참다운 이해에 미칠 수 없다. 그러면서도 노장사상의 가장 근본적인 문제는 실천적인 문제, 어떻게 살아야 하느냐 하는 문제, 즉 이념의 문제라고 확신한다. 어떻게 보면 그들의 존재론이나 종교도 그들이 믿고 참여한 행복, 즉 소요라고 이름 붙일 수 있는 이념을 뒷받침하는 역할을 하는 것으로 볼 수 있다. 노장사상의 핵심이 이념적 문제에 있었다는 것은 그 사상이 불안하고 혼돈된 사회라는 콘텍스트 속에서 발생했나는 사실과, 더 구체적으로는 그들의 사상이 특히 유교라고 하는 극히 중요했던 이념과 대립되어 그러한 이념과 대치될 수 있는 이념으로서 제시되었다는 사실, 그리고 노장이 쉬지 않고 직접 유교를 비평하고 야유했다는 사실로서 확실하다.

노장의 이념은 속죄를 삶의 과업으로 하는 기독교의 이념도 아니며 '업', 즉 일을 이념으로 하는 힌두교나 불교의 이념도 아니며, 윤리도덕이란 이름 아래 수양을 강조하는 유교의 이념도 아니며, 인간적 힘과 개발을 강조하는 현대 인문주의적 이념도 아니다. 그것은 놀이·소요를 강조하는 조화와 행복의 이념이다. 노장에 있어서는 오로지 '낙樂'만이 최고의 가치이다. 그밖의 모든 가치는 행복에 도달하기 위한 수단에 불과하다. 한마디로 노장의 최고 가치는 삶, 하나밖에 없는 이 세상에서의 삶이다.

『노장사상』(1980)

05

노장과 우리

역설의 논리

『노자』, 특히 『장자』는 읽으면 우선 재미있고 신선하다. 이러한 사실의 중요한 이유의 하나는 그들의 철학적 사상이 추상적으로 논리를 따라 설명되지 않고 적절하고 신선한 이미지에 의해서 제시되어 있는 데 있다. 우리들은 그들의 사상의 내용을 생각해서 이해하기 전에 피부로 직접 느낀다. 여기에 노자나 장자가 사상가이기 전에 위대한 작가, 위대한 시인이라고 불리는 이유가 있다. 그들의 감수성 속에서는 딱딱한 철학적 이론도 재미있고 신나는 이야기로 변모한다. 심각한 내용이 웃음을 터뜨리는 잡담같이 친근해질 수 있다. 그래서 그들의 철학은 문학처럼 읽힐 수 있다. 노장이 수많은 사람의 마음을 사로잡는 근본적인 이유의 하나는 그들의 저서가 뛰어난 문학적 가치를 갖고 있는 데 있다고 확신한다. 언어를 떠난 문학을 상상할 수 없음이 사실이라면, 그들의 사상이 2천 년을 두고 수많은 사람의 마음을 차지하고 있는 이유는 그들이 언어를 쓰는 데 능란한 언어의 마술사였다는 데서 찾아낼 수 있을 것이다. 언어를 극단으로 배격한 반언어反言語사상이 언어에 의해서 표현되어야만 했고, 또 바로 언어의 덕택으로 그 사상의 뜻이 전달되고 인류 전체에 크나큰 영향을 미쳤다는 것은 하나의 아이러니이다.

그들의 문학적 가치, 그들의 언어가 우리를 매혹하는 이유는 여러 가지 각도에서 설명될 수 있겠으나, 그들의 언어의 마술 밑바닥에 깔려 있는 것은 '역설의 논리'라고 부를 수 있다. 이러한 논리야말로 그들의 극히 유니크한 사고의 패턴을 나타내고, 그러한 논리가 우리들의 잠들고 무딘 사고를 놀라게 한다. 역설은 'A는 A가 아니다'라고 도식화될 수 있다. 이렇게 볼 때 역설은 모순에 불과하다. 그러나 만약 역설이 모순에 불과하다면 그것은 근본적으로 틀린 것, 말도 되지 않는 것으로서 아무런 흥미를 끌 수 없다. 역설의 마력은 그것이 언뜻 보아 단순한 모순 같으면서 좀 캐어보면 상식적 차원에서는 볼 수 없는 한 단계 높은 진리를 드러내는 정연한 논리가 있기 때문이다. 역설도 하나의 논리, 어떤 진리를 나타내기 위한 도구이다. 역설의 가장 좋은 예로는 그리스의 한 유명한 소피스트, 제논Zenon에서 들 수 있다. "날아가는 화살은 날아가지 않는다"라는 것은 그의 유명한 역설의 한 예이다. 위의 진술은 상식적으로 보아 전혀 틀린 말일 뿐만 아니라, 그 진술의 진위를 떠나 그것을 문자 그대로 해석하면 말도 안 되는 강짜 모순이다. 그러나 위와 같은 제논의 역설이 심오하다고 하는 이유는 그것이 상식을 떠나 좀더 다른 각도에서 볼 때, 보다 깊은 진리를 보여주고 있기 때문이다. 화살이 날아가려면 어떤 공간을 통과해야 하는데, 그 공간은 무한히 작은 부분으로, '무'에 가까운 공간으로 나누어질 수 있다. 그렇다면 그러한 없는 공간을 지나가는 화살은 어떤 공간도 지나지 않는다. 즉 정지한 것과 마찬가지라는 것이다. 이러한 역설을 어떻게 풀이하는가의 문제는 여기서 따지지 않는다. 위와 같은 예에서 '역설의 논리'가 갖는 사고의 힘을 이해할 수 있다. 그것은 새로운 진리를 나타내 보이되 극히 극적인 효과를 갖고 나타낸다. 노장에 있어서의 역설의 논리는 '도'는 '도'라는 말로 표현될 수 없다든가, '무위', 즉 아무것도 하지 않음으로써 모든 것을 이룬다든가, 우리가 고통이라고 부르는 것은 '지락'이라든가 하는 논리이다.

그러나 역설의 논리만으로는 노장의 사상이 우리의 마음을 끄는 사실이 설명되지 않는다. 왜냐하면 짓궂은 익살꾼이나 거리의 약장수의 수단 속에서도 얼마든지 역설의 논리를 찾아낼 수 있기 때문이다. 약장수의 익살이 재미있는 이유를 역설의 논리로써 설명할 수 있듯이 노장의 역설의 논리로 『노자』나 『장자』의 읽는 재미를 설명할 수 있다. 그러나 『노자』나 『장자』는 재미를 넘어서 우리에게 무한히 깊은 진리를 보여준다. 그렇기에 우리는 노장의 사상을 재미있다고 말하기 전에 심오하다고 말하는 것이며, 그렇기에 그들의 사상은 2천 년 동안 동양은 물론 최근에는 서양도 매혹당하고 있는 것이다. 노장에 있어서 역설의 논리는 그들이 깨달은 심오한 진리를 우리들에게 가장 효과적으로 전달하기 위한 수단에 불과했다.

카뮈는 인간에게 가장 중요한 문제는 인생이 의미가 있는가 없는가를 알아내는 일이며, 그밖의 지적 문제, 가령 삼각형의 총화가 180도냐 아니냐, 또는 원자는 분자로 나누어지느냐 아니냐, 말을 번지르르하게 해야 돈을 많이 버느냐 아니냐 등의 문제는 2차적 또는 3차적인 문제라고 하였다. 노장이 우리들에게 제시하는 문제와 그것에 대한 해답은 카뮈가 말한 의미로서의 인간에게 가장 중요하고 근본적인 문제이다. 그들은 우리들에게 인간으로서 근본적으로 어떻게 살아야 하며 어떻게 살 수 있으며, 어떻게 해서 우리들의 근본적인 문제가 해결될 수 있는가를 보여주려고 하는 것이다.

첫째, '도'는 '도'라는 말로 표현할 수 없다는 역설은 존재와 언어를 혼동해서는 안 되며, 자연과 문화를 착각해서는 안 된다는 것을 극적으로 보여주기 위한 논리이다. 왜냐하면 노장의 관점에서 볼 때 인간의 불행의 원인은 인간이 자연과 대립해서 자연으로부터 소외되어 언어의 힘으로 문화라는 인위적 세계를 만들고, 그 세계의 포로가 되어 있는 데서 찾을 수 있다. 이와 같이 해서 그들은 우리들의 관점과 180도 반대되는 각도에서 우리 스스로를 다시 반성케 한다. 왜냐하면 우리들은 문명화됨으로써 더욱 행복할 수 있다고 믿고 있기 때문이다. 위와 같은 노장의 생각이야말로 우리들이 갖고 있는 일반적인 생각에 비추어 독창적인 것, 심오한 생각이라고 말하지 않을 수 없다.

둘째, 무위야말로 모든 것을 이룬다는 역설은 우리들이 근본적으로 어떠한 태도로써 살아나가야 하느냐에 대한 대답을 제공한다. 우리들이 흔히 생각하고 있는 것과는 달리 인생에 있어서 근본적으로 유익한 것은 우리들이 자연과 대립해서 그것을 정복하고, 모든 일을 우리들의 작은 욕망대로 억지로 밀고 나가는 데 있지 않고, 오히려 자연에 따라, 그리고 운명에 따라 자연과 운명을 운명으로서 받아들여 조화를 찾음으로써만 얻을 수 있다는 것이다. 우리들의 상식적인 입장에서 보면 이러한 주장은 맞지 않는 역설이지만, 문제를 뒤집어보면 노장의 말은 의미를 갖게 되고 충분히 수긍된다. 우리가 전혀 생각해보지도 않았고, 보지도 못한 점을 새삼 생각하게 하고 보여준다는 점에서 그들의 주장의 깊이를 인정하지 않을 수 없다.

셋째, 우리가 고통으로 생각하는 삶은 고통이 아니라 낙이며, 우리가 지옥으로 보고 있는 인생이 소요라고 하는 역설은 우리가 바꿀 수 없는 이념으로 믿고 있고, 또 우리들이 인생을 고통 또는 지옥으로 보게 되는 이유가 되는 그러한 이념이 아니고 다른 이념을 가질 수 있을 뿐만 아니라, 그러한 새로운 이념에서만 인생의 근본적인 문제가 해결되고, 우리가 겪고, 믿고, 알고 있는 인생의 모든 사실이 더욱 투명하게 이해될 수 있다는 것이다. 여기서 노장은 흑을 백으로 보고, 밤을 낮으로 보라고 가르친다. 그들은 우리들이 생각하고 우리들이 언제나 집착하고 있는 가치관을 버리고 새로운 가치관, 새로운 인생관을 가질 수 있으며, 더 나아가서는 그러한 인생관을 가짐으로써 비로소 우리들은 우리들의 고통으로부터 해방되며 절대적인 행복에 도달할 수 있다는 것이다.

우리들이 오랫동안 의심하지 않고 받아들여온 인류를 지배해온 이념들, 예를 들어 인생을 전락으로 보는 플라톤적 인생관, 인생을 속죄의 기간으로 보는 기독교의 인생관, 인생을 업을 쌓기 위한 고역으로 보는 힌두교적 인생관, 인생을 고행으로 보는 불교적 인생관을 생각할 때, 인생을 소요로 보는 노장의 즐거움의 인생관이 얼마큼이나 혁명적이며 녹장적인가는 쉽사리 납득된다. 그리고 그러한 혁명적인 인생관이 납득이 가는 인생관임을 인정한다면 그것은 심오한 관점이라고 말하지 않을 수 없다. 노장사상이 우리의 마음을 매혹하고 우리의 가슴속에서 오랜 세월을 두고 울리고 있는 것은 그들의 생각이 단순히 독창적이라든가, 신기하다든가 심오하다는 데만 있지 않다. 그들의 사상이 우리들에게 항상 다가오는 것은 그것이 충분한 근거가 있고, 충분히 여러 가지 이념을 대치할 수 있는 것으로 보이기 때문이다.

그러나 노장사상의 위대성은 그들의 역설의 논리라는 기발한 논리에만 있지도 않고, 그들이 인생에 대한 완전히 혁명적이고 유니크한 관점을 제공했다는 데만 있지 않다. 그들 사상의 위대성은 그들의 근본적인 문제에 대한 이론들이 합쳐져서 하나의 유기적 체계를 갖고 있는 사실에서 더 굳어진다. 노장사상의 체계를 주장하는 것은 사실과 어긋날 뿐만 아니라 노장사상에 근본적으로 배치된다고 생각하기 쉽다. 사실 동양적 사고가 전반적으로 그러하지만, 특히 노장사상은 대부분 단편적인 사상으로 머물러 있고 그들의 저서는 칸트에서 대표적으로 볼 수 있는 정연한 체계를 갖고 있지 않다. 그러나 이와 같은 판단은 피상적이다. 물론 『노자』나 『장자』는 칸트의 『순수이성비판』이나 헤겔의 『정신현상학』과 같이 틀이 꽉 짜이고, 앞뒤가 정연하고 하나하나 주장을 쌓아올린 이론을 전개한 책들은 아니다. 그것들은 오히려 몽테뉴의 『수상록』이나 파스칼의 『팡세』에 가깝다. 언뜻 보면 단편적인 생각들을 비유나 우화 또는 구체적인 예로써 전달하고 있다는 인상을 받는다.

그러나 좀더 깊이 관찰하면 『노자』나 『장자』는 『수상록』이나 『팡세』와 다르다. 후자들은 사상의 전반적인 문제를 다룬 것이라기보다 어떤 특수한 문제를, 혹은 일상적인 문제에 대한 사색의 단편적이며 일상적인 기록이다. 이에 반해서 전자들은 엉성한 가운데도 가장 기본적인 사상적 문제들을 종합적으로 다루고 있을 뿐만 아니라, 앞에서 길게 분석해보았듯이 그러한 여러 가지 문제들은 서로 깊은 관계를 갖고, 한 문제에 대한 대답은 다른 문제들에 대한 대답을 이해하지 못하고는 납득이 가지 않는다. 노장의 사상은 '도', '무위', 그리고 '소요'라는 개념에 의해서 가장 근본적인 하층구조를 형성하고, 그것들은 하나의 유기적이며 앞뒤가 일관된 논리적 관계를 맺고 있다. 하기야 노장의 사상은 논리적인 체계를 거부하는 사상임에 틀림없다. 그러나 논리적으로 뒷받침된 사상은 진리에서 멀어진다는 생각이 하나의 사상으로 주장되려면, 그것은 반드시 주장되어야 하며, 그것이 주장되는 한에서 그 주장은 하나의 체계를 가져야만 한다. 앞뒤가 정연한 체계를 갖추지 못한 사상은 깊은 사상으로 남을 수 없다. 노장이 2천여 년의 역사적 시련을 받으면서도 위대한 사상의 하나로 공인되고 있는 것은 그것이 엉성한 가운데에도 견고한 체계를 갖고 있기 때문이다. 그럼으로써 그들의 사상은 사상다운 사상, 즉 감상이 아니라 이론으로 남을 수 있었던 것이다. 그렇기 때문에 노장은 작가 이전에 사상가이다.

노장사상은 우리가 역사상 어느 곳에서도 찾아볼 수 없이 급진적이다. 그 사상이 어느 정도 현실적으로 우리들의 삶에 적용될 수 있는가라는 문제를 보류하고 나면, 혁명적이라는 점에서만도 충분히 위대한 사상이라고 평가되어 마땅하다. 노장사상의 혁명적인 점은 그 사상의 세 가지 기둥을 이루고 있는 철학·종교, 그리고 이념적 측면에서 다 같이 찾아볼 수 있다.

철학적 면에서 볼 때 노장은 존재와 언어의 관계를 근본적으로 재검토하며, 철저한 언어비평을 가한다. 그들은 인간의 모든 문제를 언어에서 기인한 것으로 본다. 이런 생각은 쾨슬러Koestler가 그의 최근의 저서에서 언어가 지구의 병이라고 한 말이나, 도스토옙스키가 인간을 지구의 병이라고 한 말과 통한다. 그래서 노장은 언어 없는 인간생활, 문화를 배제한 생활, 언어 없는 진리를 주장한다. 이러한 것이 실제로 가능한가 아닌가를 고사하고, 또 이런 주장이 논리적으로 가능한가 아닌가를 따지지 않더라도, 그러한 주장이 얼마큼 혁명적인가 하는 것은 두말할 필요가 없다. 노장의 종교적 사상의 핵심을 나타내는 '무위' 역시 급진적인 생각이다. 그는 인간의 궁극적인 해방, 즉 종교적 해결이 인위적인 행동을 초월해서 대자연과 조화를 갖고 그 대자연에 따라감으로써만 가능하다고 주장한다. 이러한 생각은 문화가 인류의 발전과 궁극적인 행복을 가져온다는 역사를 통해 지배해왔던 생각과는 전혀 정반대이며, 그러한 주장에는 깊은 진리가 있는 것이다. 마지막으로 노장의 이념을 생각해보자. 그들은 삶의 최고의 가치는 살아 있는 동안 마음껏 즐기는 데 있다는 주장을 한다. 이러한 일종의 쾌락주의는 우리들을 지배하고 있던 여러 가지 이념과 다르다. 예를 들어 금욕주의를 강조하고 그것을 삶의 가치로 생각하는 기독교적, 힌두교적 또는 불교적 인생관과 비교해보면 노장의 인생관이 얼마큼 혁명적인가를 이해하고도 남는다.

위대한 철학적 급진주의radicalism인 노장사상은 우리들을 항상 매혹하고 감명케 한다. 그러나 노장사상은 오직 매력으로 남을 것인가? 그것은 현실성 없는 시적 이상에 지나지 않는가? 다시 말해서 그것은 우리들의 생각을 만족시켜주는 데 그치고 우리들의 실천적 생활에 구체적으로 적용할 수 없을 것인가? 2천 년이나 묵은 그들의 사상은 오늘 극도로 문명화된 사회와 어떠한 관계를 맺고 있으며, 그것은 우리들에게 어떠한 의미를 갖고 있는가?

노장과 우리

노장사상의 특징을 한마디로 요약하자면, 그것이 혁명적 이념이라는 데 있다. 노장은 우리가 삶의 토대로 하고 있는 인생관을 완전히 버리고 그것과 반대되는 가치를 전제로 하는 인생관을 제시한다. 따라서 노장사상은 '어떻게 살아야 하나'에 대한 새로운 대답이며 제안이다.

노장은 우리가 귀중히 여기는 문화를 비평할 뿐만 아니라 그것을 제거해야 한다고 주장하며, 억척스럽게 자연을 정복해서 우리들의 욕망에 굴복시키며 물질적 안위를 채우는 대신 바람처럼, 골짜기의 냇물처럼 자연을 따라 살아가라고 가르친다. 이러한 가르침을 그들은 무위라고 부른다. 그리고 그들은 우리가 살아가면서, 그리고 살아가기 위해서 겪는 모든 고충과 비극을 하나의 희극으로, 하나의 소요로 보라고 일러준다.

　　이와 같은 노장의 가르침을 문자 그대로 따라가자면 우리들의 삶은 어떠한 형태를 갖추게 될 것인가? 첫째, 우리들은 원시생활을 하게 될 것이다. 우리는 이른바 문화의 모든 이기를 버리게 될 것이며, 하루하루 풀과 풀뿌리를 뜯어먹고 병이 들면 병에 죽고, 기운이 빠져 죽어갈 것이다. 그렇다면 과연 이러한 원시적인, 아니 동물적인 생활이 정말 인간이 바라는 것이며, 그러한 생활에서 참다운 즐거움을 갖고, 문화생활에서 생기는 모든 고통에서 빠져나갈 수 있겠는가? 아닌 게 아니라 프로이트의 심층심리학이나 사르트르의 인간관을 따른다면 인간에게는 그러한 원시적, 아니 동물적인 삶을 동경하는 면이 있다. 그들에 의하면 모든 인간의 고충이 인간의 반성적 의식에 근거하는데, 동물적으로 산다는 것은 그러한 의식에서 해방되어, 아니 그러한 의식 없이, 산다는 의미가 된다. 그러므로 우리는 우리들의 고통의 원인을 제거하게 된다. 사실 의식을 갖고 산다는 것은 괴로운 일이다. 그렇기에 우리는 하늘을 날아가는 산새가 부럽고, 말을 못 하는 강아지가 부러워지는 때가 자주 있다. 그러나 문제는 인간의 욕망이 단순하지 않다는 데 있다. 프로이트나 사르트르가 주장하는 것처럼 우리들이 때때로 동물을 부러워한다는 것이 사실이라 치더라도 인간은 그와 정반대되는 욕망을 갖고 있다.

그는 동물과는 보다 다른 생활양식을 찾는다. 이와 같이 인간은 서로 양립할 수 없는 모순된 욕망을 갖고 있다. 좀더 깊이 따져보면, 짐승에 대한 우리들의 부러움은 그것이 인간의 본질적인 욕망의 표현이라기보다 사실에 있어서는 반동물적 삶에 대한 강한 욕구의 뒤집힌 표현이라고 봄이 더 사실에 맞는 것 같다. 반동물적, 즉 문화적 생활을 추구하다 잘 안 되니까 그것에 대한 불만의 표현이 반문화적, 동물적 생활에 대한 동경으로 나타나는 것이라고 봄이 보다 정확한 해석일 성싶다. 따라서 노장의 반문화사상은 그것을 문자 그대로 해석할 때 불가능한 제안이며, 그러한 사상은 인간의 본질을 잘못 본 데서 나온 주장이라는 결론이 나온다.

둘째, 노장은 반문화적 삶을 이룩하는 데 필요한 구체적 삶의 태도를 무위에서 찾는다. 무위는 물론 문자 그대로 행동하지 않는다는 말이 아니라 인위적이 아닌 행동을 가리킨다. 그리고 반인위적인 행동을 할 때에 보다 더 효과적이라는 것이다. 가령 내가 강변에 작은 집을 짓고 산다 하자. 장마가 져서 물이 내 집까지 밀려들어올 때 나는 둑을 높이 쌓아서 물을 막으려고 애쓸 것이 아니라, 그곳을 떠나서 장마가 지지 않고 물이 넘치지 않는 다른 곳에 옮겨가서 살라고 하는 것이다. 또 다른 예를 들어 내가 돌에 넘어져서 코를 깨고 팔을 꺾였다 하자. 나는 약을 쓰고 수술을 받아 그러한 상처를 고칠 것이 아니라, 코가 썩고 팔이 썩을 때까지 그냥 버려두라는 것이다. 그리고 이같이 하는 것이 더 효과적이라는 것이다.

그러나 이러한 논리에는 무리가 있다. 그런 논리는 인간의 타고난 욕망을 무시한 데 있다. 인간에게는 코가 썩어 떨어지는 것보다 인위적이나마 약을 써서 고치려는 것이 더 다급하고 본질적인 욕망이기 때문이다. 무위가 더 효과적이라는 논리도 이러한 인간적 현실을 무시함으로써만 가능하다. 코가 썩어 떨어지는 것이 애써서 인위적으로 코를 고치는 것보다 더 효과적이라는 것은 오로지 인간이 그렇게 코를 썩혀 떨어뜨리는 것을 애써 코를 고치는 것보다 더 바란다고 전제할 때에만 가능하다. 비슷한 비평을 장자의 유명한 예에도 적용할 수 있다. 도둑이 귀중한 것을 훔쳐가지 못하게 자물쇠로 궤짝을 잠그다가는 귀중품뿐만 아니라 궤짝마저 도둑맞는다 하여, 그 궤짝을 자물쇠로 잠그지 말고 그냥 있는 대로 내버려두라고 장자는 시사한다.[103] 그러나 여기서 장자는 자물쇠를 잠글 때 도둑이 보물을 훔쳐가지 못하고 그냥 돌아갈 경우가 더 많다는 사실을 무시하고 있다. 그렇다면 장자의 논리와는 달리 자물쇠를 채우는 것이 그렇지 않은 경우보다 더 효과적이라고 말하지 않을 수 없다. 한마디로 무위가 위爲보다 더 효과적이란 노장의 주장은 보편적인 진리가 될 수 없고, 그러한 행동의 원칙을 언제나 지킬 수는 없다. 소화하기가 귀찮다 하여 맛있는 음식을 먹지 않을 수 없다.

셋째, 노장은 우리가 살기 위해 흘려야만 하는 땀을 꿀로 알고, 우리가 참아야만 하는 병의 아픔을 멋있는 쾌감으로 알고, 우리들이 경험하는 모든 삶의 고행을 소요로 알라고 실교한다. 이와 같은 우리들의 관점의 180도 전환은 우리들이 소승적 입장을 떠나서 대승적 입장으로 바꿔보고, 우리들의 작은 욕망을 떠나서 우주적인 관점에 섬으로써 가능하다는 것이다. 사실 우리들의 관점을 달리할 때 A는 B로 보이고 B는 A로 보이는 경우가 많다. 높은 빌딩의 지붕에 올라가서, 높은 산꼭대기에 올라가서, 그리고 비행기를 타고 한없이 높고 넓은 하늘을 날면, 사람들

을, 도시들을, 그리고 나라들을 바라보면 우리는 그것들에 대한 새로운 모습을 본다. 우리들은 마치 작은 갖가지 삶의 고충을 웃음으로 대하고 그것을 하나의 어린애 장난, 즐거운 소요로 대할 듯한 기분을 갖게 된다. 그러나 우리의 비극은 불행히도 빌딩 지붕 위에, 산꼭대기에, 하늘을 나는 비행기 속에서 머물 수 없다는 사실이다. 우리는 다시금 시시한 땅, 소승적인 관점만을 제공하는 땅바닥으로 내려와야 한다. 왜냐하면 싫든 좋든 간에 그 시시한 땅은 우리가 살 수 있는 유일한 곳이기 때문이다. 우리는 산꼭대기에서 다시 산 밑으로 내려와야만 하는 시시포스 Sisyphus와 똑같은 운명에 처해 있다.

노장의 삶에 대한 혁신적인 가르침을 문자 그대로 적용하려 할 때 그들의 가르침은 결국 쓸모없다. 그것은 너무나 비현실적이다. 왜냐하면 그것은 너무나 이상적인, 즉 사실과 맞지 않은 인간관에 토대를 두고 있기 때문이다. 노장의 사상이 그 어느 사상보다 많은 사람들의 마음을 항상 매혹하고 있으면서도, 가령 유교와 같이 딱딱하고 따분하고 멋없는 사상과는 달리 어느 시대에 있어서도 한 번도 한 사회의 정치·사회적 이념으로 채택되지 않았던 사실도, 그것이 너무나 이상적이고 비현실적인 이념이기 때문이라고 해석된다. 그렇다면 노장사상은 이념상으로 보아, 즉 우리들의 인생관을 설정하는 관점에서 보아 아무런 가치가 없고, 노장사상이 심오하다는 것은 오로지 문학적 차원에서만 의미를 갖는가? 노장의 이념은 우리들과 아무런 관계가 없는가? 그것은 우리들에게 어떤 의미를 갖고 있는 것일까?

노장사상은 그것이 어디까지나 철저한 비평정신을 나타내고 있다는 데서 시대와 장소를 초월해서 오늘날까지 의미가 있다. 비록 노장이 주장하는 급진적인 이념을 우리들의 실제 생활, 특히 오늘날의 인간사회에 문자 그대로 적용할 수 없다 하더라도, 그것을 거울 삼아 우리들의 자연에 대한 태도, 우리들과 자연의 관계, 우리들의 윤리적, 사회적 혹은 정치적 체제, 그리고 우리들이 생각하고 있는 가치, 우리들이 삶의 궁극적 가치로서 추구하는 것들을 재삼, 그리고 항상 반성하게 된다. 그것은 각 개인에 있어서나 각 사회에 있어서, 그리고 인류가 걸어오고 추구해온 문화와 역사를 맹목적으로 밟아가지 않고, 그것의 의미를 재검토하게 함으로써 우리들이 무의식중에 저지를 수 있는 잘못을 고쳐나갈 수 있는 정신적 제동장치 또는 약으로써 쓸 수 있고, 그럼으로써 우리들이 흔히 빠지기 쉬운 맹목성에서 우리들을 일깨우고, 새로운 창조의 계기를 마련해줄 수 있는 것이다.

이런 의미에서 노장사상은 특히 오늘날 우리들에게 극히 밀접한 의미를 갖고, 중요한 사상이 된다. 불과 몇백 년 동안에 기하학적 가속도로 발달한 이른바 기계문명을 직접 경험하고 있는 오늘날 우리는 나날이 심해가는 공해, 핵전쟁의 끊임없는 위협, 자연생태적 파괴에 직면하면서 자연과 인간의 관계를 다시금 근본적으로 재검토할 필연성을 절실히 느끼게 되었다. 이러한 사실은 전반적으로 말해서 문화의 의미를 새검토해야 함을 의미한다. 왜냐하면 문화라는 이름하에 추구되는, 만들어낸 기계문명은 우리가 조금도 의심하지 않고 있었던 바와는 반대로 언뜻 보기에는 인류의 행복에 이바지하는 것 같으면서도 근본적으로는 인류의 종말을 가져올 가능성을 나날이 더해가고 있기 때문이다. 1960년대 말에 전 세계를 휩쓸던 학생운동이 웅변으로 질문했듯이 우리들은 우리가 만들어놓은 정치·경제, 그리고 사회체제가 잘못된 것이 아닌가 의심하지 않을 수 없으며, 더 근본적으로는 문화 자체의 의미를 의심하지 않을 수 없게 되었다. 우리는 무엇 때문에 '돈, 돈' 하고 조바심해야 하며, 우리는 무엇 때문에 긴 세월을 '공부, 공부' 하고 학교를 다녀야 하며, 우리는 무엇 때문에 고급 자동차를 몰고 다니고자 하며, 우리는 무엇 때문에 높은 빌딩을 지어야 하며, 우리는 무엇 때문에 값비싼 도서관·미술관·박물관을 지어야 하며, 우리는 무엇 때문에 천문학적 액수의 돈을 들여 무기를 만들어야 하는가를 묻지 않을 수 없게 되었다.

노장의 위대성은 2천 년 전 이미 반체제에 나섰던 데에 있고, 2천 년 전 이미 위와 똑같은 질문을 던졌다는 데 있으며, 2천 년 전 이미 그들 나름의 새롭고 혁신적인 해결책을 제안한 데에 있다. 그들은 그야말로 호랑이가 담배 먹던 시절에 유교로 대표되는 기성체제의 이념을 저지하고 나와 기성체제와 가치를 비판·거부하고, 우리들을 향해, 우리가 믿고 있는 것을 보고 그것이 진리인가를 다시 생각해보라고 가르쳐주었으며, 우리가 추구하는 가치를 가리키면서 그것이 정말 가치가 있는가를 다시 검토해보라고 일깨워주었던 것이다. 뒤늦게나마 우리가 오늘날의 정치·경제, 그리고 사회체제를 반성하게 되고 기계문명의 진정한 가치를 의심하게 되며, 자연과 인간의 관계를 다시금 재검토하게 되었다는 사실은 우리들이, 고통스럽고 값비싼 경험을 통해서야 노장이 2천 년 전에 가르치려던 사상의 의미를 깨닫게 되었음을 의미한다. 물론 우리들은 과거로 돌아갈 수 없는 처지에 있다. 우리들은 완전히 문화를 떠나서는 생존할 수 없는 형편에 이르렀다.

우리는 2천 년 전 노장이 주장했듯, 그리고 18세기 루소가 역설했듯이 자연으로 완전히 돌아갈 수는 없는 형편에 놓여 있다. 그러나 우리는 노장의 가르침을 문자 그대로 적용할 수 없다 하더라도, 그러한 가르침을 하나의 상징적 거울로 삼아 정치·경제 체제를 재검토하며 고쳐

갈 수 있고, 더 근본적으로는 우주와 인간의 관계, 자연과 인간의 관계를 새로운 눈으로 보고, 새로운 인간관과 인생관을 세워나갈 수 있을 것이다.

오늘의 사회가 어딘가 근본적으로 잘못된 점이 있고, 니체 말대로 오늘날까지 인류가 추구해온 가치가 근본적으로 병든 것이었으며, 오늘날의 인류는 스스로도 모르는 사이에 광증에 걸려 있다고 봐도 가히 망발은 아닐 것이다. 엉뚱하고 허황한 소리 같은 노장의 사상은 위와 같은 사회의 잘못을 고쳐주는 등불이 될 수 있을 것이며, 위와 같은 가치가 내포하고 있는 병을 고쳐주는 약이 될 수 있을 것이며, 위와 같은 인류의 광증을 올바른 정신으로 돌려주는, 신기할 만큼 효과적인 건강소健康素가 될 수 있을 것이다. 노장의 가르침을 따라야 비로소 우리는 근본적으로 문제를 생각하고, 근본적으로 다른 각도에서 그 문제를 검토하며 평가할 수 있을 것이다. 그러할 때 비로소 우리는 파멸의 길이 아니라 창조의 길을, 죽음의 길이 아니라 삶의 길을, 고행의 길이 아니라 즐거운 소요의 길로 당당히 유연하게 걸어들어갈 수 있다.

『노장사상』(1980)

『노장사상』 초판 서문

한문학자가 아니며, 동양철학자도 아님은 물론 어떤 의미로서나 제대로 돼먹은 철학자도 아닌 내가 이 에세이를 썼다는 것은 철없이 저지른 당돌한 짓이며, 터무니없는 엉터리 생각인 줄을 나는 잘 의식하고 있다. 그러면서도 내가 이러한 일을 감히 저질러놓고 이것을 세상에 발표하는 이유는 첫째, 무엇보다도 내가 노장사상에 늦게나마 매혹을 느꼈으며, 둘째, 노장사상이 순수한 철학적 입장에서나 이데올로기, 즉 이념적인 관점에서 극히 현대적 의미를 갖고 있다고 믿었기 때문이다.

이 에세이는 학술적인 연구의 결과로서 씌어진 것이 아니다. 그러한 것은 한문에 능하지 못한 나의 능력 밖에 있다. 내가 여기서 뜻하는 것은 나 나름대로 현대적인 안목에서 언뜻 보기에 깊이는 있지만 무슨 소리인지 분명치 않은 노장사상을, 하나의 일관성 있는 체계를 갖춘 사상으로 파악해보자는 데 그친다. 그러므로 이 에세이는 좁은 의미에서 학술적 연구라고 할 수는 없다. 오로지 하나의 사색의 작은 결실에 불과하다. 그러나 이 에세이가 노장사상을 보는 하나의 관점일 수 있다는 것이 독자에게 납득이 되고, 그럼으로써 노장을 애호하는 많은 독자에게 다소나마 노장을 읽는 서투른 안내의 역할을 할 수 있다면 나로서는 그 이상 더 큰 만족을 바랄 수 없다.

『노자』나 『장자』의 텍스트에서 그들의 사상을 이해하는 데 핵심적이라고 생각되면서도 그 의미가 선명치 않은 몇 군데 구절이 있었다. 이러던 차에 타이베이대학과 일본 도쿄대학에서 중국철학을 공부하고 현재 하버드대학에서 정약용의 사상으로 박사학위 준비를 하고 있는 김용옥 씨를 만난 것은 극히 다행한 일이었다. 나는 그로부터 원문을 통해서 몇 번이고 되풀이하면서 자세하고도 정확한 설명을 듣고 많은 것을 비로소 깨쳤다. 나는 젊은 그의 학력에 큰 인상을 받았다. 만약 내가 그를 만나지 않고 그로부터 배우지 않았던들 나는 이 에세이에 쉽사리 손을 대지 못했을 것이다. 그러므로 나는 이 자리를 빌려 그에게 깊은 사의를 표하는 바이다. 그러나 만약 여기서 노장의 구절을 잘못 해석하고 엉뚱한 데서 인용했다면, 그러한 과오는 오로지 나의 책임임을 밝혀두고 싶다.

인용문으로 말하자면 『장자』에 한해서는 김동성 역, 『장자』(을유문화사, 1963
년판)에 전적으로 의지하고, 『노자』에 한해서는 노태준 역, 『노자』(홍신문화사,
1976년판)와 몇 가지 영역을 참고로 삼아 사용했다. 그리고 『장자』의 인용문은 출
처의 페이지 수를 밝혔으나 『노자』의 인용문은 그럴 필요가 없이 다만 '장(章)'만 밝
혀두기로 했다.

1980년 7월 미국 케임브리지에서

『노장사상』 개정판 서문

1980년 나는 작은 부피의 책 『노장사상』을 출판할 기회를 가질 수 있었다. 그것은
의외로 많은 독자로부터 꾸준히 좋은 반응을 얻어 학술적 서적에 속하는 것임에도
불구하고 그동안 18쇄를 거듭하게 되었다. 이 책은 그 책의 개정판이다.

이 개정판의 내용은 다음 세 가지 점에서 초판과 다르다. 첫째, 초판에 있었던 적
지 않은 오자, 서툰 어휘 및 문장을 약간 다듬었고, 둘째, 원래의 판에서 사용된 많은
한자를 모두 한글로 바꾸었으며, 셋째, 「'도'와 이성—동서철학: 사유의 두 양상」이
란 세목의 논문을 첨가했다.*

첫 번째 변경 이유는 설명을 필요로 하지 않지만, 나머지 두 가지 변경 이유는 이
렇다. 두 번째 변경의 이유는 단순하다. 새로운 세대의 독서층을 위해서이다. 독자
층이 어느덧 거의 완전히 한글세대로 바뀜에 따라 한문자가 많이 섞인 원래의 판은
그들에게는 거의 외국어 서적 같은 성격을 띰으로써 접근하기 어렵게 하였다. 이 한
글세대는 10대, 20대는 말할 것도 없고 30대, 아니 40대 초반까지가 이미 포함되어

---

* 「'도'와 이성」은 사실 이곳에 위치할 논문이 아닌데 함께 묶기 마땅치 않아 억지로 실린 것
이다. 이에 본 전집에서는 편집위원의 의견에 따라 제1부로 그 위치를 옮겼다.(편집자 주)

있었던 것 같다. 마지막 세 번째 변경 이유는 새롭게 첨가한 논문이 이 책에서 내가 부각시키고자 하는 노장사상이 각기 동서사상의 일반적 특성의 비교를 통해 볼 때 더욱 쉽게 파악될 수 있다고 생각되었기 때문이다. 이 논문은 원래 1994년 숭실대학교 인문학연구소에서 강연했던 것을 정리하여 같은 해 겨울, 계간《세계의 문학》에 일단 발표한 것이 필자의 저서 『문명의 위기와 문화의 전환』에 수록된 것이다.

만약 많은 분들의 도움이 없었더라면 위와 같은 작업을 필요로 했던 개정판은 나오지 못했을 것이다. 그분들 가운데 나는 특히 다음과 같은 분들에게 이 지면을 빌려 각별한 감사의 뜻을 전하고 싶다.

우선 연세대에서 함께 교편을 잡고 계신 이강수 교수를 들고 싶다. 초판에 인용한 『장자』의 글들은 원래 김동성 번역에 의존했었는데, 이 교수는 각별히 이 책을 위해서 대부분 새롭게, 그리고 보다 정확하게 번역해주셨다. 그분이 텍스트 『장자』를 거의 암기하고 계신 것을 발견하고 놀랐고 그분의 학식의 깊이에 감탄했다.

이 개정판을 위해서 오랫동안 수많고 복잡한 기술적 잡일을 돌보아주시고 원고의 교정을 꼼꼼히 보아주신 출판사 여러분들에게 진심으로 고마움을 표시하고 싶다. 물론 문학과지성사 사장 채호기님을 빠뜨릴 수 없다. 그분의 용단이 없었더라면 이 개정판은 꿈에서도 볼 수 없었을 것이다.

2004년 8월 일산 문촌마을에서

3부
—
논어의 논리

01

왜 또 하나의 『논어』에 대한 책이 씌어져야 하는가

고전으로서의 『논어』의 역사적 중요성

『논어』는 중국, 한국, 일본 그리고 동아시아 전체에 걸쳐 가장 중요한 고전 가운데 하나이다. 동아시아를 2천여 년간 지배해온 핵심적 사상은 아무래도 노자의 도교와 공자의 유교이다. 이러한 사실은 이 지역에 미친 불교의 엄청난 영향을 간과하지 않더라도 사정은 마찬가지이다. 도교와 유교라는 두 개의 사상 가운데에서 이 지역의 사회적 및 개인적 삶에 더욱 결정적인 역할을 맡아온 것은 도교보다 유교라는 사실에는 이의가 있을 수 없다. 유교가 정치적, 사회적 및 도덕적 차원에서 결정적인 지배적 이념이었기 때문이다. 이러한 사실은 지난 5백여 년 동안 철저하게 유교적 이념에 의해서 지배되었던 조선조를 살아온 한국의 역사를 뒤돌아보면 더욱 분명하다.

공자의 사상을 모르고 유교를 말할 수 없으며, 『논어』를 모르고 공자의 사상을 언급할 수 없다. 2천 수백 년 전에 쓰인 것으로 알려진 공자의

3부 논어의 논리 **241**

사상의 원형을 담은 『논어』라는 텍스트를 해석한 책의 수가 지금까지 헤아릴 수 없이 많다 해도 전혀 놀랍지 않다. 지난 수십 년 동안 한국에서만도 『논어』의 새로운 번역과 해석을 시도한 수십 권의 책이 나왔다. 이러한 종류의 책들은 앞으로도 새로운 한학자, 새로운 유학자, 새로운 『논어』 전문연구가들에 의해서 계속 더 나올 것으로 예측해도 틀림없을 것이다. 지금까지의 『논어』에 대한 책들은 극히 적은 수를 제외하고는 중국, 한국, 일본을 중심으로 한 유교문화권에서 씌어졌지만, 앞으로는 극동 밖의 문화권에서도 『논어』에 대한 연구서가 많이 나올 것이라는 예측이 틀릴 개연성은 거의 없다.

엄청난 영향을 미친 불교를 간과하지 않더라도 동아시아 문화권을 2천여 년간 지배해온 핵심적 사상은 아무래도 노장으로 대표되는 도교와 공맹으로 대표되는 유교임에는 틀림없고, 그 두 사상 가운데에서도 유교의 영향력이 더 깊었다는 것을 인정하고, 유교의 원천으로 볼 수 있는 『논어』라는 텍스트가 중국, 한국, 일본, 그리고 동양의 유교문화권 전체에서 가장 중요한 고전 가운데 하나라는 사실을 의식할 때, 『논어』에 기울어진 위와 같은 오래되고 깊고 끈질긴 관심과 연구는 당연하다. 유교를 모르고서는 동양문화와 동양인을 이해할 수 없으며, 『논어』를 모르고는 유교를 알 수 없기 때문이다.

이러한 전제는 유교에 대한 긍정적 입장에서 주자학에 심취했던 조선조 유림들이나 지난 반세기 동북아시아가 경제적, 정치적, 군사적 및 문화적 차원에서 보여준 활력과 성취한 결과의 원인을 유교에서 찾고자 하는 많은 역사가들처럼 유교의 가치에 공감하든, 정반대로 유교에 대한 부정적 관점에서 1970년대 마오쩌둥의 선동에 따라 유교문화의 흔적을 뿌리째 뽑아버리기 위해서 '홍위병'에 동참했던 이들이나, 『반反

논어』,[104] 몇 년 전『공자가 죽어야 나라가 산다』[105]라는 베스트셀러의 저자의 생각에 다 같이 깔려 있다.

그러나『논어』가 하나의 이념·사상·세계관으로서의 유교를 담고 있다면 그곳에 담겨 있는 유교는 과연 위대한 철학·사상·이념·세계관인가? 이미 오래전 도가들을 비롯해 바로 앞에서 언급했듯이 오늘날에도 유교에 대한 맹렬한 비판적 평가가 있다는 사실로도 알 수 있는 것처럼 유교가 이념적, 문화적, 정치적으로 지배한 기간과 공간의 폭과 깊이는 유교의 철학적, 사상적, 이념적 가치를 긍정적으로 입증하는 충분조건은 되지 않는다. 현재의 안목으로 되돌아보면 근본적으로 잘못된 것으로 나타날 수 있다.

그렇다면『논어』가 유교의 원천이라면 그것은 과연 무엇에 대해서 무슨 주장을 하고 있는가? 도대체 유교의 철학적, 사상적, 이념적 정체는 무엇이며, 그곳에서 읽어낼 수 있는 공자의 사상은 오늘날 객관적으로 보아도 가치가 있는 것인가?『논어』는 정말 중요한 텍스트로서 명실공히 불후의 고전 중 하나인가? 이러한 물음들은 정당하다.『논어』가 하나의 통일된 단위로서 파악할 수 있는 어떤 의미전달을 위해 구성된 언어·기호의 집합체로서의 텍스트라는 점에서 위의 물음은『논어』라는 텍스트의 해석과 그 가치에 관한 문제로 바뀐다.

104   조기빈(趙紀彬), 조남호·신정근 역,『반(反)논어』(예문서원, 1996).
105   김경일,『공자가 죽어야 나라가 산다』(바다출판사, 1999).

텍스트의 평가기준

수사학의 텍스트적 가치

한 텍스트의 가치는 원칙적으로 그것이 담고 있는 사상의 깊이, 폭, 투명성, 세계성 등의 내용과 그것이 미친 영향력의 측면에서 결정되며, 아울러 그것을 전달하는 형식으로서의 표현력, 즉 수사학적 측면에서도 측정된다. 텍스트의 가치가 이와 같은 기준에 의해서 평가된다는 말은 곧 한 사상의 가치가 그와 똑같은 기준에 의해서 평가된다는 말에 지나지 않는다. 고대로부터 내려오는 동서의 위대한 고전들이나 그것들 속에 담겨 있다고 전제되는 위대한 사상들이란 바로 위와 같은 기준으로 보아 크게 만족스러운 것들이다. 성서나 플라톤의『대화편』, 그리고 호메로스의『오디세이』등과 같은 서양의 대표적 고전 텍스트들이나『주역』,『법화경』,『중용』, 그리고『시경』등과 같은 동양의 대표적 고전 텍스트들이 다 같이 내용적으로 위대한 사상을 담고 있고 형식상으로 뛰어난 구성미를 갖추었음에 틀림없다. 성서와『법화경』은 종교적 경전이지만 종교를 믿지 않는 독자라도 그것들이 다루는 문제의 영구성과 보편성과 깊이에 무감각할 수 없으며, 비록 사상가가 아니더라도『주역』,『대화편』,『중용』이 담고 있는 사색적 추구의 깊이와 체계성에 감명받을 수 있고,『오디세우스』나『시경』의 문학적 가치에 감동을 경험하지 못할 이는 없을 것이다. 이러한 사실은 과거만이 아니라 현대의 텍스트에도 똑같이 적용된다. 이 텍스트들은 시대와 장소를 초월한 위대한 사상을 뛰어난 문체 속에 담고 있다는 말이며, 바로 이런 점에서 위대한 고전들일 수 있다는 것이다.

통일성

위대한 체계로서의 한 사상은 다양한 주장들을 내포하고 개별적으로 볼 때 그것들이 모두 진리일 수 있다. 그러나 그것의 총체적 가치는 그러한 구성부분들 하나하나를 떼어놓고 볼 때 뛰어나다고 하더라도 그것만으로는 미흡하다. 어떤 작은 돌멩이들이 개별적으로 각기 귀중한 보석일지라도 그것들의 진짜 가치는 그것들이 어떤 방식으로 가공되어 어떤 형태를 갖추고, 더 나아가 그것들이 하나의 귀고리, 목걸이, 왕관 등과 같은 하나의 작품으로 통일된 조화를 갖춘 조합체로 재구성되어야 매겨진다. 한쪽의 대리석이나 그밖의 돌이 개별적으로 아무리 귀하거나 좋더라도 그러한 것들 자체로는 별 가치가 없다. 그것들의 진정한 가치는 하나의 위대한 조각으로 혹은 하나의 웅장한 성당으로 견고한 토대 위에 세워졌을 때 비로소 참다운 가치를 발휘하고 감상되고 평가되어 인정받을 수 있다.

한 텍스트 속에 담겨 있는 사상의 경우도 마찬가지이다. 한 텍스트의 사상으로서의 가치는 그것을 구성하는 개별적인 생각들이 제아무리 빛나는 보석일지라도 그것들이 하나의 체계를 갖추고 논리적으로 뒷받침되지 않는 한 위대한 이론, 위대한 사상이 될 수 없다. 뿐만 아니라 그것은 '사상'이라고도 부를 수 없다. 플라톤이 소포클레스보다 더 위대한 사상가이며, 칸트가 볼테르보다 더 위대한 철학가이며, 하이데거가 파스칼보다 더 위대한 사색가로 판단되는 중요한 이유 중의 하나는 바로 위와 같은 사실에서 찾을 수 있다. 칸트와 하이데거의 사유가 볼테르나 파스칼의 사유보다 더 잘 통일된 체계로 짜여 있다는 것이다.

『논어』에 대한 부정적 평가의 근거

이런 점에서 『논어』의 경우는 어떤가? 이 텍스트가 동양의 위대한 고전 중의 하나인 만큼 『논어』에 대해서도 위에서 든 고전에 대한 평가의 기준과 똑같은 기준에 따라 평가가 내려져야 할 것이다. 그런데 그런 기준에 비추어 따져보면 『논어』를 읽고 난 독자는 이 텍스트가 위대한 고전이 된 근거에 대해 의문을 던지지 않을 수 없게 된다. 그런데도 지난 2천 수백 년 동안 『논어』가 동양사상의 대표적 고전 중의 하나로 존재해왔다는 역사적 사실은 위와 같은 논리적 결론과 상충한다. 그렇다면 이런 갈등을 어떻게 설명할 수 있는가?

사상적 깊이

물론 『논어』는 인간이 영원한 지혜로 삼을 수 있는 명구들이나 도덕적 경구들로 가득 차 있다. 그것들은 우리에게 감동을 주며 우리를 무지의 잠으로부터 깨워 세계와 인생을 새로운 눈으로 보게끔 돕고 우리의 삶의 품위를 높여준다. 이 텍스트 속에 담겨 있는 한 구절 한 구절은 한결같이 그 자체로서 고귀하고 아름답게 빛을 내는 정신적 보석이다. 그런데도 좀 되짚어 생각해보면 이만한 정도의 깊이를 갖춘 지혜와 진리를 담은 텍스트는 『논어』가 아니고도 수없이 많다. 그러한 지혜와 진리는 엄숙한 모습을 갖춘 많은 고전들 속에서뿐만이 아니라 많은 일상적 속담 속에서도 발견할 수 있으며, 이만한 정도의 폭과 깊이를 가진 사상은 비록 공자에게서만이 아니라 수많은 다른 사상가들에게서도 발견할 수 있다. 다른 위대한 고전들 속에 담겨 있는 사상들이나 지혜에 비추어볼 때 공자의 사상은 그 문제의 일상성, 그 문제에 대한 대답 내용의 상식성 때문에 오히려 진부하다는 느낌을 주기도 하고, 지나치게 설교적이며 훈육적이라는 점에서 따분한 감을 자아낸다. 그래서 『논어』의 주장은 독자의 정신을 신선하게 자극하고 설득하기보다는 지적 긴장감을 풀어주고, 오히려 지루함과 거부감을 일으키기도 한다.

위대한 체계로서의 한 사상은 다양한 주장들을 내포하고 개별적으로 볼 때 그것들이 모두 진리일 수 있다. 그러나 그러한 구성부분들을 하나하나 따로 떼어놓고 볼 때는 뛰어나더라도 그것만으로 그것의 총체적 사상적 가치를 뒷받침하기에는 미흡하다.

위와 같은 몇 가지 점 때문에 『논어』를 평가하는 데 세 가지 문제가 있다.

첫째, 이 텍스트를 구성하는 수많은 명제들을 하나하나 개별적으로 볼 때 적어도 오늘의 지적 안목에 비추어보면 특별히 놀랄 만큼 귀중해 보이지 않는다. 둘째, 백 보를 양보해서 설사 그것들의 개별적 가치를 인정하더라도 『논어』의 사상적 가치를 측정하는 데 문제가 제기된다. 『논어』가 원래 어떤 과정을 거쳐 무슨 이유로 오늘과 같은 고정된 형태를 갖추게 된 것인지는 확신할 수 없지만, 총 499장으로 구성된 20편과 그것들을 구성하는 구조적 배열의 논리적 근거부터가 희미하다. 이 텍스트가 어째서 이렇게 20편으로 구분되어야 하며 어째서 그것들이 총 499장으로 분리되어야 하는지에 대한 이유는 추측하기조차 어려우며, 동일한 주장이 약간 다른 예 혹은 표현으로 반복되는 경우가 허다하다. 『논어』는 훈육적인 말을 지루하게 반복적으로 선언하고 있다. 셋째, 한 주장이 설득력을 가지려면 그것은 어떤 논증에 의해 뒷받침되어야 한다. 그러나 『논어』라는 텍스트는 하나의 통일된 전일적 주장은 물론 그 속에 담겨 있는 수많은 개별적 주장들이 전혀 뒷받침되지 않은 채로 단순히 제시되었다. 그래서 그것들은 무책임한 독단적 선언문과 같다.『논어』는 체계를 갖춘 논리적 사고의 건축물, 즉 하나의 작품이라기보다는 전혀 논증되지 않은 여러 가지 잡다한 단편적 의견의 집합으로만 보인다. 위와 같은 몇 가지 시각에서 볼 때『논어』가 적어도 동북아시아 문화권에서 고전 가운데의 고전이 된 이유가 설명되지 않는다.

여기서 우리는 유교에 대한 비판적 반응의 사례들과 그 이유를 생각해봐야 한다. 지금부터 약 3백 년 전인 18세기에 중국에 왔던 서양의 선교사들을 통해『도덕경』이나『논어』같은 중국의 고전들이 서양에 소개됐을 때 이 고전들이 서양인의 지적 관심을 끌었던 것은 사실이다. 그러나 이런 텍스트에 나타난 사상은 서양적 사고에 결정적 영향을 주지 못했다. 동양사상은 서양인에게 아직도 호기심의 대상으로만 남아 있는 형편이다. 동양사상 일반이 그러했지만『도덕경』과『논어』가 끈 미미한 관심 가운데에서도 후자에 대한 관심과 평가는 전자에 비해 훨씬 빈약했다. 요컨대『논어』는『도덕경』보다도 서양인들에 의해서 별다른 평가를 받지 못했고 서양의 철학적·사상적 관점에서 볼 때 최근까지만 해도 거의 무시되어왔다.

그런데도『논어』는 역시 최고의 동양고전의 자리에서 물러나지 않았으며, 지난 수십 년 동안의 극동아시아권의 경제적 및 군사적인 급격한 부상과 함께 유교는 긍정적 재평가를 받기 시작했고, 또한 그것은 근대 정신의 연장선에서 정신적 파국을 감지한 서양의 사상가들이 유교적 정신에서 그 대안을 찾아보려는 시도의 조짐으로 나타나고 있다. 이러한 현상들은 아직 그 근거가 명백히 설명되지 않았지만『논어』가 귀중한 무엇인가의 정신적 가치를 담아 갖고 있을 것이라는 추측을 굳게 뒷받침해준다. 이러한 사실은『논어』가 역사적으로 여러 우여곡절을 겪어오면서도 20여 세기의 긴 세월에 걸쳐 동양의 고전으로 존속할 수 있었던 사실이 우연한 사건이 아님을 암시해준다.

『논어』가 사상적 차원에서 논리적 결함을 갖고 있는데도 위와 같은 지적 힘을 지속적으로 행사했다면 그 힘은 어디에 있는가? 이 텍스트의 뛰어난 수사학이 그런 힘을 발휘하고 있는가? '수사학rhetorics'은 통상적으로 '논리학logic'과 대조된다. 후자가 한 텍스트의 사상적 내용을 엮어내는 개념들 간의 규범적 관계를 지칭하는 반면, 전자는 그것을 표현하는 외형적 형식을 가리킨다. 엄밀히 말해서 한 텍스트의 이 두 가지 측면은 서로 완전히 떼어 생각할 수 없지만, 그것들은 어느 정도 논리적으로 분리되어 개별적으로 검토될 수 있다. 같은 관념적, 즉 사상적 내용도 서로 다른 형식으로는 물론 서로 다른 언어로 표현될 수 있기 때문이다. 한 텍스트가 원래 사용된 언어와는 다른 언어로 번역되고 읽히고 이해되고 논의될 수 있다는 사실이 논리학과 수사학이 서로 떼어 고찰될 수 있음을 증명해준다.

같은 내용을 가진 관념도 수사학적으로 어떤 어휘를 선택하여 어떻게 배열하느냐에 따라 보다 더 신선하고 보다 더 재미있고 보다 더 명확하게 표현될 수 있으며, 같은 내용의 사상도 어떤 언어, 가령 영문이나 한자나 한글 가운데 어떤 언어로 표현하거나 표기하느냐에 따라 보다 적절하며 정확하고 재미있거나 그렇지 못한 경우가 있다는 말이다. '일소일소一笑一少' 혹은 '일로일로一怒一老'라는 명제를 한문으로 쓸 때 그것은 운율적 및 시각적으로 독자의 주의를 대뜸 사로잡지만, 영문이나 한글로 번역되어 표기될 때 그 문장이 갖는 매력은 거의 완전히 사라진다. 수사학은 언어와 문장에 있어서의 기교를 뜻하며, 수사학적 가치는 곧 한 언어가 내재적으로 갖고 있는 어떤 특수한 힘과 그 언어로 구성할 수 있는 문장력의 마술적인 기교적 가치에 지나지 않는다. 어떤 언어를 사용하느냐에 따라, 그리고 그것을 사용하는 기교에 따라 한 문장, 한 텍스트는 독자를 무한히 매료할 수도 있고 한없이 권태롭게 할 수도 있다. 『도덕경』이나 『장자』의 매력과 힘의 절반은 그것들이 한문자로 쓰일 때에만 가능한, 놀라운 수사학에 근거한다.

『논어』도 수사학적으로 뛰어난 진술들을 적지 않게 담고 있다. "남이 나를 몰라주는 것이 걱정이 아니라 남을 모르는 것이 걱정이다〔不患人之不己知, 患不知人也(불환인지불기지요, 환부지인야니라)〕"(1/16),[106] "생각이 비뚤어짐이 없다〔思無邪(사무사니라)〕"(2/2), "옛것을 더듬어 새것을 안다〔溫故而知新(온고이지신할 것이니라)〕"(2/11), "아는 것을 안다고 하고 모르는 것은 모른다고 하는 것이 아는 것이다〔知之爲知之, 不知爲不知, 是知也(지지위지지, 부지위부지, 시지야니라)〕"(2/17), "식사할 때는 말을 주고받지 않으며, 잠잘 때는 말하지 않는다〔食不語, 寢不言(식불어하고, 침불언일지라)〕"(10/8), "덕이 있는 자는 반드시 말을 잘하지만 말을 잘한다고 반드시 덕이 있는 사람은 아니다. 어진 사람은 반드시 용감하거니와 용감한 자라고 반드시 어진 사람은 아니다〔有德者 必有言, 有言者 不必有德. 仁者必有勇 勇者不必有仁(유덕자는 필유언이어니와, 유언자는 불필유덕이니라. 인자필유용이니와 용자불필유인이니라)〕"(14/5), "사람이 도를 넓히는 것이지 도가 사람을 넓히는 것이 아니다〔人能弘道,

---

106 숫자는 『논어』의 편과 장을 지칭함. 『논어』에서의 모든 인용문 다음의 숫자는 동일한 기능을 함. 많은 『논어』 주석에 붙은 이 숫자는 주석자에 따라 일치하지 않는 경우가 있음. 필자는 모든 한문자 발음을 첨부한 김석원의 역본을 주로 따랐으나, 이 책의 원고를 읽어준 나의 연세대 대학원 비교문학과 박사과정에서 중국 고전문학을 전공하는 필자의 철학 강좌 소속 안재연 조교, 특히 고려대 철학과의 이승환 교수의 각별히 자세한 가르침에 따라 많은 곳에서 보다 적절한 번역으로 수정되었음을 지적해두고 싶다.

非道弘人(인능홍도요, 비도홍인이니라))"(15/28) 등의 문장들이『논어』의 뛰어난 수사학적 가치를 나타내는 몇 가지 예들이다. 위의 문장들을 한문으로 읽을 때와 그 한문의 뜻을 번역한 한글로 읽을 때 그것들이 독자에게 주는 시각적 및 청각적 힘과 매력은 전혀 달라진다. 한글로 번역됐을 때도 그 문장의 언어적 의미, 즉 내용이 담고 있는 깊은 통찰에 납득되고 감동을 느끼지 않을 이는 없을 것이다. 그러나 이렇게 번역될 경우 한문으로 읽을 때의 수사학적, 즉 문장적 재미와 신선한 매력은 완전히 사라진다. 한문으로 표현될 때 발음이나 시각적 구성이 내용과는 별도의 매력을 부여하고, 그러한 언어적 매력이 관념적 내용을 보다 더 선명하고 재미있는 미학적, 즉 시적 가치로서 독자의 기억에 생생하게 남도록 도와준다. 만약 공자가 현대 한국에 살아서 똑같은 생각을 한글로 표현했다면 그의 말들은 결코 그가 한문으로 남겨 놓은 오늘날의『논어』와 같은 귀중한 고전으로 남지 않았을 가능성이 크다. 뒤집어 말해서『논어』라는 텍스트의 가치는 이 텍스트에 나타난 수사학적 가치에 크게 힘입었을 거라고 추측된다.

그런데도 이러한 결론은『논어』가 그토록 오래, 그렇게도 귀중한 고전으로 여겨진 이유를 충분히 설명해주지는 못한다.『도덕경』의 첫 문장인 너무나도 유명한 "도를 도로 부를 수 있는 도는 도가 아니며, 이름을 이름으로 부를 수 있는 이름은 이름이 아니다"라는 역설적 명제는 그것을 원문대로 "道可道 非常道, 名可名 非常名(도가도 비상도이고 명가명 비상명이로다)"이라는 한문으로 읽을 때 독자에게 각별한 의미를 갖고 다가온다. 이 문장을 한자 대신 한글 번역으로 읽을 때 그것이 갖는 매력과 호소력은 반 이상 증발될 것이다.『도덕경』은 거의 전부가 이와 같은 수사학적으로 놀라운 역설적인 문장으로 가득 차 있다.『장자』의 문장력, 즉 수사학적 천재성에 시비를 걸 사람은 없을 것이다. 수사학적으로 볼 때 공자의 『논어』는 노자의 『도덕경』이나 장자의 『장자』에 비한다면 너무나 열악하다. 노장사상을 대변하는 이 두 위대한 텍스트들은 각기 전체적 구조의 측면에서만 봐도 『논어』에 비해 월등히 뛰어난 체계를 갖추고 있고, 문장의 수사학적 기교의 측면에서도 월등히 두드러진다.

텍스트의 사상적 재해석

한 텍스트의 가치를 측정하는 척도가 되는 두 가지 측면, 즉 사상적 내용과 언어적 형식의 관점에서 볼 때 『논어』의 위대성은 쉽게 설명되지 않는다. 그런데도 『논어』는 『도덕경』이나 『장자』와 나란히, 아니 그것들보다 더 월등히 중요한 고전 텍스트로 2천 수백 년 동안 동북아시아인의 정신적 세계를 지배해왔다면, 이 텍스트가 역사적으로 차지해온 중요성의 객관적 사실에 대한 설명은 수사학적 측면과는 다른 각도에서 찾아야 한다. 따라서 『논어』의 가치를 사상적 내용의 차원에서 재해석하고 그 가치를 재평가할 필요가 있다.

　『논어』의 새로운 '사상적 내용'의 발견이 과연 가능하며, 그렇게 발견된 내용을 토대로 『논어』라는 '텍스트의 재해석'과 재평가가 가능한가? 이 물음에 답하기에 앞서 우리는 그 대답의 전제조건으로 '사상적 내용'과 '텍스트의 재해석'이 도대체 무엇을 뜻하는가에 대해 검토할 필요가 있다.

　해석의 대상은 필연적으로 언제나 언어이며, 해석의 목적은 그 언어적 의미를 밝히는 데 있다. 여기서 '의미'는 '관념' 혹은 더 일반적으로 '사상'이라는 말로 대치될 수 있다.『논어』의 해석은 이 텍스트의 언어적 의미, 즉 '사상'의 파악을 뜻한다. 앞서 우리는『논어』의 사상적 가치에 관해 회의를 제기했다. 그러나 이 텍스트를 재해석하겠다는 데는 지금까지 알 수 없었던 깊은 사상이 있을 것이라는 예상을 전제로 한다. 이러한 전제는『논어』가 그렇게도 오랫동안 동양문화권에 결정적 역할을 해왔다는 사실에서 충분한 근거를 갖는다. 어떤 명제의 진리와 그 위대성을 증명할 수 없었다는 사실에서 그 명제의 진리와 가치를 자동적으로 부정한다는 것은 논리에 어긋나는 결론이다.『논어』의 경우도 예외일 수 없다. 그렇다면 어떤 해석에 의해『논어』라는 텍스트에 숨은 사상의 진리와 그 가치와 그 힘을 발굴해낼 수 있는가?

해석은 언제나 그 대상으로서의 텍스트를 재구성하는 작업이지만 그러한 작업은 반드시 해석자의 해석의 틀을 전제한다. 여기서 해석의 틀이란 텍스트를 재조직하여 그 텍스트의 다양한 부분들을 총체적으로, 하나의 통일된 의미·주장으로 파악하게 하는 틀 또는 시각 또는 패러다임, 즉 매트릭스로 지칭한다. 해석의 틀은 시각에 전제된 눈에 비교될 수 있으며, 칸트가 말하는 선험적 오성의 범수나 또는 사진을 찍을 때 맞추어야 할 렌즈의 초점에 비유된다. 어떤 눈, 어떤 범주, 어떤 초점, 어떤 규범을 택하느냐에 따라 똑같은 지각·인식대상은 서로 다른 측면을 드러낸다. 그것은 텍스트의 경우도 마찬가지이다. 따라서 한 텍스트에 대한 다양한 해석이 있을 수 있고, 그것들은 다 같이 그 텍스트의 어떤 새로운 의미를 나타내 보일 수 있다. 그러나 모든 해석이 평등하다는 것은 아니다. 해석에 따라 한 텍스트의 의미는 보다 총체적이면서, 그 의미를 보다 논리적으로 설명하고 정연하게 이해할 수 있고, 상대적으로 그렇지 못할 수도 있다.

『논어』를 재해석함에 있어 우리가 택하고자 하는 해석의 시각, 즉 틀을 '철학적'이라 부르기로 한다. 지금까지 우리는 『논어』와 그밖의 여러 고전들이 담고 있는 내용을 서술함에 있어 '철학'이라는 말을 피하고 '사상'이라는 말만 사용했다. 그 이유는 '철학'이라는 개념과 '사상'이라는 개념은 꼭 같지 않으며, 보기에 따라 『논어』에 담긴 사유와 주장은 '철학'이라고 하기보다 '사상'이라는 범주에 속한다고 주장할 수 있기 때문이다. 그렇다면 철학은 무엇이며 그것은 사상과 어떻게 구별되는가?

철학과 사상

사상은 세계, 인간, 사회 등 객관적 현상·사실과 도덕적·미학적 가치에 대한 다소의 체계를 갖춘 신념에 대한 총칭이다. 이런 점에서 불교, 기독교 등의 종교적 신자나, 공자나 노자와 같은 동양의 성인들이나, 뉴턴, 아인슈타인 같은 과학자나 홉스, 마르크스 혹은 버크 같은 정치이론가들이나, T. 모어나 드골, 마오쩌둥 같은 정치가들만 아니라 플라톤, 칸트, 헤겔은 물론 하이데거, 카르납, 비트겐슈타인도 역시 사상가의 범주에 속한다. 그들은 한결같이 세계, 인간의 본질, 역사의 의미, 그리고 도덕적, 정치적, 미학적 가치, 이상적 사회에 대한 큰 그림 등에 관련하여 독특한 신념과 믿음의 체계를 갖고 있던 사람들이다.

세계와 인간 또는 가치의 문제에 대한 가장 일반적 신념 또는 신념체계 자체를 넓은 의미에서 철학이라 부른다. 이런 경우 철학은 사상이념으로서의 일반적 신념체계와 구별할 수 없다. 따라서 위에 든 예들에서 볼 수 있는 바와 같은 신념체계를 다 같이 넓은 의미로서 '철학'이라 부르기도 한다. 그럼에도 불구하고 한편으로 뉴턴·아인슈타인의 사상이 종교신자들이나 공자·노자의 사상과 혼동될 수 없는 것과 같이 마르크스나 마오쩌둥의 사상이 하이데거나 카르납의 사상과 혼동될 수 없고, 다른 한편으로 플라톤·칸트의 사상이 노자·공자의 사상과 완전히 혼합되지 않는다. 플라톤에서 시작하여 데카르트, 칸트, 니체, 후설, 하이데거, 비트겐슈타인, 데리다로 내려오는 서구의 한줄기 사상적 전통을 '일종의 특수한', 즉 '철학적' 사상으로 분류할 수 있다면, 노자·공자·주자로 대표되는 도교·유교사상은 물론 기독교와 불교로 각기 대표되는 서양과 동양의 종교는 철학적 사상이 아니라 '그냥' 사상 혹은 '사상적' 철학이다.

좁은 의미에서 '철학적' 사고는 서양의 한 특정한 지역인 그리스에서 소크라테스·플라톤·아리스토텔레스라는 특수한 역사적 인물들에 의해 처음으로 만들어진 사유방식으로서 그것은 그 이전, 그리고 어느 곳에서도 찾아볼 수 없었던 그리스 고유의 사고양식만을 지칭한다. 이런 점에서 프랑스를 대표하는 한 철학자인 리쾨르의 말대로 "철학자로서 우리는 국적이나 사용하는 언어를 가릴 것 없이 누구나 다 같이 그리스인이다". 이같은 좁은 의미로서의 철학은 어떤 일반적 신념, 즉 사상을 지칭하는 것이 아니고, 그러한 믿음을 추구하고 명확히 하고자 하는 분석적, 즉 논리적 활동 자체를 뜻한다. 이런 뜻으로서의 철학은 이성의 빛에 의한 체계적인 비판적 정신의 활동이다. 이런 의미로서의 철학적 관점에서 볼 때 동양사상을, 엄격히 말해서 '철학'의 범주에 포함시키는 데 약간 주저하지 않을 수 없다.

그러나 넓은 뜻으로 쓰일 때 철학은 어느 정도의 '체계와 논증'을 갖춘 신념의 내용을 모두 지칭하며, '철학'을 이런 넓은 뜻으로 규정할 때, 종교적 믿음, 정치적 이념, 우주론, 세계관, 인생관 등은 다 같이 철학의 다양한 표현으로 볼 수 있다. 모든 담론에 있어서 중요한 것은 '철학'이라는 낱말을 쓸 때 그 말이 넓은 뜻으로는 '사상'이라는 개념과 별로 구별되지 않지만, 좁은 뜻으로 사용될 때 '철학'은 사상과 확연히 구별된다는 것을 분명히 의식하는 일이다.

사상은 일종의 신념을 지칭한다. 모든 신념은 의식적이든 아니든, 확고하든 그렇지 않든 반드시 어떤 근거를 갖고 있다. 완전히 맹목적인 신념은 논리적으로 불가능하다. 그러나 어떤 신념을 채택하거나 주장하게 될 때 사람이나 경우에 따라 그 신념의 근거를 의식하고 그것을 확실히 하고자 하는 지적 요청이 내적으로 생길 수 있다. 아니 이와 같은 신념의 근거 추구는 지성의 필연적 요청이다. 그러한 좁은 의미로서 철학, 즉 소크라테스, 플라톤, 아리스토텔레스에서 내려오는 사색의 전통적 양식은 바로 위와 같은 근거에 대한 지적 요청이 철저해지면서 탄생했다. 그러므로 좁은 의미로서 '철학적'이란, 신념의 내용보다도 신념의 근거를 추구하는 태도와 활동 자체를 지칭하는 것으로 이해할 수 있다. 이런 뜻에서 철학은 우선 신념의 내용을 명확히 해야 하는데 그것은 결국 신념을 표상하는 언어·개념을 투명하게 함을 의미한다. '세계'를 안다는 것은 우선 '세계'라는 말의 의미를 우선적으로 파악하는 것을 전제하며, '영혼'이 있느냐 없느냐는 우선 영혼의 의미, 즉 '영혼'이라는 낱말이 지칭하는 대상의 의미파악을 전제한다.

철학적 작업은 개념적 분석과 해명의 차원에서 이루어진다. 소크라테스가 '정의', '사랑', '예술', '앎' 등등이란 무엇인가를 제기했을 때 그가 찾았던 것은 그러한 낱말들의 정확한 개념을 밝히는 것이었다. 그래서 철학적 앎을 '개념적 앎'으로 규정해도 잘못이 아니며, 철학적 신념·사상은 개념적 투명도라는 측면에서 종교적이고, 그외의 비철학적 신념·사상들과 구별된다. 어쩌면 철학은 신념·체계로서의 사상이 아니라 끝없는 지적 요청과 그런 요청을 추구하는 활동 그 자체로 규정할 수 있다. 이른바 일부 '분석철학'들이 철학을 '신념의 내용'의 소유가 아니라 '개념분석'이라고 정의한 이유도 바로 위와 같은 사실에 근거한다. 요컨대 좁은 의미로서 철학은 신념·사상, 즉 어떤 객관적 대상의 성질에 대한 믿음과는 상관없이 그러한 믿음과 관련된 모든 담론의 언어적 개념을 밝히는 논리적 사유활동 그 자체에 지나지 않는 것으로도 볼 수 있다.

철학은 이처럼 좁은 의미로도 쓰이지만, 실제로는 그러한 철학관에 뿌리박았다는 분석철학의 어떠한 경우도 위와 같은 좁은 뜻으로서의 철학으로는 완전히 이해되지 않는다. 어떠한 철학도 단순히 개념분석에 그치지 않고 언어 이전의 어떤 객관적 대상에 대한 신념을 그 내용으로 갖고 있다. 이러한 신념이 전무하여 무엇에 대한 믿음도 전제되지 않는다면 '철학적 개념분석'은 공허한 말에 지나지 않을 뿐만 아니라 논리적으로 성립 불가능하다. 철학은 수학의 경우처럼 단순한 개념분석 활동 그 자체가 아니라 필연적으로 '무엇인가'에 관한 직접적 및 간접적 신념을 지칭한다. 따라서 철학은 역시 일종의 사상이다. 그럼에도 불구하고 철학이 그냥 사상과 구별되는 이유, 즉 플라톤·소크라테스, 데카르트·칸트 등의 사상이 철학의 대표적 전형이 될 수 있는 데 반해서, 노자·공자와 같은 여러 종교가들이 그냥 사상가로서만 존재할 수 있는 이유는, 전자의 경우 그러한 신념들을 뒷받침하려는, 즉 논증에 대한 관심과 노력이 뚜렷하지만, 후자의 경우 그런 요청이 전혀 없었거나 아니면 그런 점에서 소홀했다는 점에서 찾을 수 있다. 전자에 있어서는 자신들의 신념과 주장을 논증하려는 노력이 분명한 데 반해서 후자의 경우 자신들의 신념을 자명한 진리로 선언하는 데 그치고 있다. 이런 측면에서 서양적 사고를 '합리적·논리적'이라 할 수 있고, 이와 대립시켜 동양의 사고를 '경험적·직관적'이라고 차별화해도 아주 틀린 말이 아니다.

위와 같은 두 가지 특징에서 볼 때 노자나 공자의 사상을 비롯해서 일반적으로 인도와 중국문화권을 합친 '동양적' 사상, 특히 중국적 전통에 뿌리박은 많은 텍스트에 담겨 있는 사상은 철학성이 미흡하다. 가령 『도덕경』이나 『논어』에 사용된 기본개념들을 비롯한 많은 개념들의 의미가 명확하지 못하고, 각기 그 책들이 담고 있다고 전제된 주장의 근거가 논리적으로 잘 뒷받침되지 않아 그 진위만이 아니라 내용을 확실히 파악하기 어려운 때가 많다. 많은 경우 그러한 문제의식이나 그러한 문제를 풀고자 한 노력의 흔적조차도 잘 보이지 않는다. 이러한 사실은 앞에서 이미 언급했지만 중국문화권을 대표하는 위대한 사상적 고전인 『도덕경』이나 『논어』의 사상이 다 같이 비체계적, 즉 단편적이라는 사실, 그 속에 담겨 있는 사상이 한 문제를 풀고 설명하기 위한 이론적 theoretical 전개가 아니라 여러 가지 잡다한 문제에 관한 경구적epigrammatic 단상이나 선언적 주장이라는 사실에서 드러난다. 노자나 공자의 텍스트는 플라톤이나 데카르트의 텍스트에 비교할 때 이론적이기에 앞서 선언적이고, 지적이고 논리적이기보다는 감성적이고 훈계적이며, 인식론적이기보다는 도덕적이다. 이러한 주장은 그것들이 담고 있는 신념이 틀렸다거나 중요하지 않다는 것도 아니고, 또한 그런 신념에 근거가 없다는 것도 아니다. 다만 이러한 사실들에서 유추할 수 있는 한 가지 확실한 결론이 있다면 그것은 그 속에 담겨 있는 사상이 좁은 의미로나 넓은 의미로나 '철학적'으로서 꼭 필요한 조건을 충분히 갖추고 있지 못하고 있다는 사실일 따름이다.

철학적 재구성의 필요성과 그 방법

한 사상을 담은 텍스트가 위와 같은 뜻으로 충분히 '철학적'이지 못하다는 것은 그러한 텍스트가 철학적으로 이해되고 해명될 수 없다는 주장과 전혀 다르다. 그러한 텍스트의 개념적 의미는 비록 그것의 저자에 의해서 제시되지도 않고 의식되지도 않았을 경우라도 독자에 의해 투명하게 분석될 수 있으며, 그 속에 담겨 있는 신념은 독자에 의해서 그 텍스트의 내적 및 외적 세계와의 관계에 비추어 논리적으로 재구성되고 뒷받침될 수 있다는 것이다. 한 텍스트에 담긴 사상과 주장은 언뜻 보이지 않는 내재적 구조를 갖고 있으며 외적 사실에 뒷받침되어 있을 수 있다. 그냥 있는 그대로 볼 때 엄밀한 의미에서 충분히 '철학적'이지 못하지만 『논어』는 독자에 의해서 그 속에 숨겨져 있는 논리에 따라 철학적으로 재구성될 수 있으며, 그런 후에야 비로소 그것의 참다운 사상적 내용에 대한, 보다 치밀한 체계적인 조명과 평가가 바람직하고 또한 가능하다.

한 텍스트의 재구성은 그 텍스트를 기존의 틀을 거부하고 새로운 틀에 비추어 그 의미를 찾아냄을 뜻한다. 그것은 한 텍스트를 주어진 대로의 질서와는 사뭇 다른 틀 속에 넣어 새로운 모양으로 읽어냄을 말한다.

이러한 작업이 원래의 텍스트에 대한 폭력임은 분명하다. 그러나 지각적 경험까지도 '이론 적재적'임을 인정할 때, 복잡한 기호의 해독을 의미하는 텍스트의 해석은 독자의 어떤 인식·해독의 틀, 즉 패러다임을 떠나서는 불가능하리라는 것은 쉽사리 납득된다. 지각적 경험을 비롯해서 모든 인식이 각기 지각자·인식자의 세계와 인식에 대한 큰 이론적 틀을 전제한다면, 한 텍스트의 독서와 이해도 예외일 수 없다. 한 텍스트의 재구성은 바로 이러한 인식의 틀을 찾는 작업을 뜻하며, 한 텍스트를 읽는다는 것은 필연적으로 그 독자에 의한 텍스트의 재구성을 의미한다.

텍스트란 무엇인가? 텍스트는 무엇인가에 대한 누군가의 신념을 전달하는 기호·낱말·문장의 뭉치이다. 텍스트의 재구성은 그것을 구성하고 있는 기호·낱말·문장의 의미해석을 뜻하며 이런 해석은 넓은 뜻으로서의 논리적 작업이다. '논리'란 무엇인가? '논리'는 통상적으로 오로지 사유, 즉 추리의 보편적 형식·규범·규칙을 지칭한다. 이러한 뜻으로서 논리는 아리스토텔레스의 고전적 논리학과 19세기 불Boole에 의해 처음으로 정리된 수리논리학으로 대표된다. 최소한의 사고를 하지 않고 사는 인간은 존재하지 않는다.

그러므로 사고의 올바른 규범·규칙을 아는 것이 중요하다. 그러나 인간은 논리적으로 추상적 사유를 하는 것만으로는 살 수 없다. 인간은 감각적으로 경험할 수 있는 객관적 사실에 대한 신념을 가져야 하고, 행동하기 위해서는 가치를 선택하거나 결정해야 한다. 신념과 가치선택도 사유의 경우와 마찬가지로 규범이 전제되어 있다. 그러므로 여기서 우리는 논리라는 개념을 사유에만 제한하지 않고 신념과 가치선택에 전제된 규범·원칙, 즉 총괄적 구조적 형식의 의미로 여기기로 한다.

어떤 기준·규범인가가 모든 사유절차, 모든 신념수용, 모든 가치 선택에 전제됐다면 어떠한 사유, 어떠한 신념, 어떠한 가치도 그러한 기준·규범·규칙 없이는 그 의미를 가질 수 없다. 기준·규범·규칙은 사유, 신념, 가치라는 개념이 의미를 가질 수 있는 조건, 즉 그런 것들을 이해할 수 있는 전제조건이다. 요컨대 기준·규범·규칙은 그러한 사유, 신념, 가치의 '이해조건condition of intelligibility'이다. 이 맥락에서 '이해조건'은 어떻게 사유하고 무엇을 믿고 어떤 가치를 선택하는 '근거'에 지나지 않는다. 여기서 우리는 '논리'라는 말을 바로 이러한 '규범·근거'라는 넓은 뜻으로 사용하기로 한다.

'논리'의 개념을 이같이 정의할 때 이 책의 제목인 '논어의 논리'는 구체적으로 무엇을 의미할 수 있는가? 『논어』는 하나의 텍스트이다. 텍스트의 언어적 의미는 소쉬르 이후 구조주의 언어학이 밝혀준 것과 같이 한편으로는 텍스트 안에서 각기 개별적인 하나하나의 언어가 횡적 혹은 수평적으로 다른 언어들과 맺고 있는 관계에서 차지하고 있는 차별적 위치에 의해 결정된다. 하지만 다른 한편으로는 텍스트의 언어적 의미론 또한 소쉬르적 '구조주의' 언어학의 의미론과 달리 그러한 언어들이 지칭하는 텍스트 밖의 사물·현상·존재·실체에 비추어 결정된다. 그러므로 해석이라는 논리적 작업은 두 가지 차원에서 동시에 이루어져야 한다. 첫째는 텍스트를 구성하는 언어들 간의 수평적인 관계를 분석하여 내재적 의미를 밝혀야 하고, 둘째는 그러한 언어들과 그것들이 지칭한다고 전제되는 경험적 대상 간의 수직적인 관계의 해명, 즉 지칭적 의미를 밝혀내야 한다. 이 두 차원에서의 논리적 관계의 틀을 벗어날 때 한 텍스트는 전혀 의미 없는 무수한 물질적 경험대상의 집합체, 즉 일종의 경험대상으로서의 감각적 뭉치에 지나지 않는다.

이 책의 의도와 구도

『논어』의 논리는 위와 같은 두 가지 중 어느 차원에서도 투명치 않다. 내재적 구성이 논리적으로 선명치 않으며 외적, 즉 지칭대상과의 관계도 불확실하다. 한 명제와 다른 명제, 한 장과 다른 한 장, 한 편과 다른 편들 간의 논리적 관계나 한 편 안에 있는 여러 장들의 상호관계가 어떤 논리적 규범에 의해 구축됐는지가 분명치 않고 혼동을 불러일으키며, 그 명제들은 하나하나 개별적으로나 전체적으로나 그 근거가 확실히 제시되지 않고 있다. 모든 사상은 알게 모르게 반드시 어떤 중심개념을 갖고 있으며, 그러한 중심개념들은 그 사상이라는 건축물의 골격을 이루고, 한 사상을 담은 텍스트의 해석은 텍스트 속에서 건축물의 구조적 골격을 밝혀내는 작업이다. 그러므로『논어의 논리』는 그만큼 더『논어』의 논리적 분석을 거친 해석, 즉『논어』의 재구성이라는 분석적이며 종합적 작업을 필요로 한다.

　독자를 위해서『논어』의 의미를 밝히겠다는 의도로 쓰인 헤아릴 수 없이 많은 수의 주석적 책을 비롯해, 그에 못지않은 수의『논어』에 관한 대부분의 논문과 책들에서『논어』자체의 내부에 잠복해 있는 여러 문제들과 똑같은 문제들을 간과할 수 없다. 이런 주석서나 연구서들은 그것들의 주장을 구성하는 수많은 명제들 간의 논리적 관계와 그 주장의 근거의 부재라는 철학적 담론에 있어서의 치명적 결함이 지적될 수 있다는 것이다. 이 문제와 관련해 덧붙이자면, 이러한 문제의 지적은『논어』나『논어』에 관한 다양한 주장들에만 적용되지 않고 동양의 많은 고전 텍스트에 다 같이 해당되며, 해석대상인 원전들에만 해당되지 않고 그러한 원전의 주석 혹은 해석 텍스트들에서도 똑같이 지적될 수 있는 문제이다.

　동양의 학문적 전통이 대체로 고대로부터 내려오는 경전들의 주석이었던 것과 마찬가지로『논어』에 대한 해석적 연구도 주석적인 것에 그치곤 했다. 주자를 비롯해서, 퇴계, 다산의『논어』에 대한 연구서에도, 그리고 최근 한국에서 많이 쏟아져나오는『논어』에 관한 책들에 대해서도 똑같은 사실이 지적될 수 있다. 그것들은 대체로 분석적이고 비판적이기보다는 '주석'적이며,『논어』를 체계적으로 재구성하여 그 총체적 의미를 설명하기보다는『논어』를 주어진 순서에 그대로 따라 낱말의 사전적 의미대로 해설하는 수준을 벗어나지 못한다. 그러한 주석책들을 읽어도 그런 책들을 읽기 전에『논어』를 읽을 때와 마찬가지로『논어』의 의미, 즉『논어』라는 텍스트를 통해서 찾아낼 수 있는 하나의 통일된 사상적 체계로서의 공자의 사상, 즉 가령 주자가 해석한 유교 이전의 원래 형태대로의 유교는 여전히 파편적으로만 이해될 수 있을 뿐 하나의 전체로서 파악되지 않는다.

　이 책의 의도는 이러한 상황에서『논어』라는 텍스트를 그 구성적 측면에서나 내용적 측면 두 가지 차원에서 논리적으로 하나의 체계를 갖춘 사상이라는 것을 분명히 밝혀내고자 하는 데 있다.

　첫째, 이 책은 하나의 텍스트『논어』를 구성하는 499장을 논리적으로 재구성함으로써 언뜻 보기에 산만하고 단편적인 사상들, 선언문들의 무질서한 더미, 즉 집합에 불과한『논어』에서 지금까지의 주석적 해석들이 놓치고 있는 하나의 일관성 있는 체계를 갖춘 사상을 밝혀내는 작업이다. 둘째로, 더 중요한 것은 한 걸음 더 나아가『논어』의 현대적 의미를 찾아내는 작업이다. 나는 이 책에서『논어』의 사상, 즉 공자가 원래 갖고 있던 형태의 유교사상은 지난날 어느 때보다도 오늘날 인류가 앞으로 어떻게 세상의 모습과 인생의 의미를 바라보아야 할 것인가를 결정하는 데 어느 사상보다도 근원적인 차원에서 결정적인 지침이 될 수 있는 아주 귀중한 사상체계임을 독자들에게 보이고자 한다.

첫째 번 작업은 『논어』를 구성하는 수많은 잡다한 명제들, 오직 그러한 명제들만을 근거로, 그리고 그것들 속에 잠재해 있다고 전제되는 언뜻 보이지 않는 하나의 사상적 구조, 즉 체계를 드러내는 문제가 될 것이다. 둘째 번 작업은 첫 번째의 작업을 기초로 『논어』의 사상적 체계, 즉 그곳에서 선언된 수많은 명제들에 전체적으로 깔려 있는 특정한 세계관, 인간관, 가치관 및 윤리관 등을 총칭하는 전통적 의미의 '철학'을 『논어』에서 찾아 규정하고 그것의 고유한 특성과 그것이 보여주는 참신성, 현대성, 그리고 깊이를 부각시키는 일이 될 것이다.

결론적으로 이 책이 성취하고자 하는 것은 첨단과학 및 철학적 지식이 축적된 오늘날의 경험에 비추어 『논어』에 담긴 철학의 상대적 옳음과, 근래 많은 이들이 가장 낡고 보수적이고 고루하다고 확신했던 공자의 사상이 놀랍게도 유대교적·기독교적·그리스적·마르크스주의적·불교적·노장적 사상들보다 어느 면에서는 월등히 진보적이고, 실용적이고, 이성적이고, 즉 가장 근대적이라는 것을 입증하는 데 있다. 그와 동시에 필자는 이 책을 통해서 공자의 유교사상이 근대적 가치를 반성할 수 있는 사상으로서 포스트모던적이며 경제적, 물질적, 감각적 가치가 지배하고, 이념적 혼란과 사회적 및 자연환경적 윤리관의 혼돈에서 인류가 직면해 있는 문명의 위기를 극복하는 중요한 지침이 될 것이라는 주장을 펴고자 한다.

만일 위와 같은 구도에 따른 이 작업이 성공적으로 이루어지지 않는다면 이 책은 그 많은 『논어』론들 가운데의 다른 것들과 별로 다를 바 없고, 따라서 별 의미를 갖지 않는 또 하나의 해석책이나 주석책에 그칠 수 있다. 하지만 원래의 뜻대로 된다면 이 책은 『논어』를, 따라서 공자의 가르침으로서의 유교의 본질을 아주 참신한 시각에서 이해할 수 있고, 오늘날 다른 어느 철학보다도 더 심오한 사상이 『논어』에 담겨 있음을 발굴했다는 긍정적 의미를 갖게 될 것이다. 그러므로 『논어』의 이해는 오래된 과거에 대한 역사적 호기심의 대상이 아니라 현대의 삶과 상황을 인식하고 방향설정을 위한 중요한 거울이 될 것임을 새삼 깨닫게 될 것이다.

『논어』의 메시지에 대한 위와 같은 해석을 첫째, 인과 가치의 논리, 둘째, 자연주의와 논증의 논리, 셋째, 참여와 정치의 논리, 넷째, 인정과 도덕의 논리, 다섯째, 예와 규범의 논리, 여섯째, 지혜와 인식의 논리라는 장으로 나누어 시도해볼 것이다.

『논어의 논리』(2005)

02
'인'과 가치의 논리

지사와 인자는 삶을 구하여 인을 해하는 일이 없으며, 몸을 바쳐 인을 이룩하는 경우가 있느니라[志士仁人 無求生以害仁 有殺身以成仁(지사인인은 무구생이해인이오 유살신이성인이니라)]. (15/8)

『논어』 속의 핵심적 가치인 '인'

동물은 살아움직이지만 인간은 이성의 판단에 따라 행동한다. 행동을 떠난 인간의 삶은 존재할 수 없으며, 가치를 전제하지 않은 행동은 논리적으로 불가능하다. 가치는 행동의 목적인 동시에 동력으로서 인간의 삶에 의미를 부여한다. 하지만 한 시대마다 혹은 한 문화권마다 혹은 개인마다 다른 가치관을 갖고 있는 만큼 서로 상반되는 가치관 가운데서 어떤 것이 옳은가를 결정해야 하는 문제가 생긴다. 공자, 더 정확히는 『논어』의 대답은 무엇인가?

『논어』에서 "참된 인간은 세상일을 처리할 때 꼭 그래야 할 것도 없고, 안 할 것도 없다. 옳은 것을 택할 뿐이다〔君子之於天下也, 無適也, 無莫也, 義之與比(군자지어천하야, 무적야하야, 무막야하야, 의지여비니라)〕"(4/10)라고 말한 것으로만 봐도 공자에게 있어서 '의義'의 덕목이 중요한 가치임은 분명하다. 그러나 "예법대로가 아니면 보지 말고, 예법대로가 아니면 듣지도 말고, 예법대로가 아니면 말도 하지 말고, 예법대로가 아니면 아무 행동도 하지 마라〔非禮勿視, 非禮勿聽, 非禮勿言, 非禮勿動(비례물시하며, 비례물청하며, 비례물언하며, 비례물동이니라)〕"(12/1)라는 말이나, 제자인 자공子貢을 칭찬하면서 "너는 그릇이다〔女, 器也(여는 기야로다)〕"(5/3)라고 말했을 때 공자가 의의 덕목 이상으로 예의 덕목을 중요시했음은 분명하다.『논어』는 예의 중요성에 대한 공자의 가르침으로 가득 차 있고, 조선조에 유교가 들어오면서 예의 덕목이 무엇보다도 더 강조되었다. 그러나 공자가 "참된 인간은 밥 먹을 동안에도 인을 어기지 않고, 급할 때도 그렇고 거꾸러질 때도 그래야 한다〔君子無終食之間違仁, 造次必於是, 顚沛必於是(군자무종식지간을 위인이니 조차에 필어시하며 전패에 필어시니라)〕"(4/5)라고 주장하고, "인에 관한 한 스승에게도 양보하시 않는다〔當仁, 不讓於師(낭인하여 불양어사니라)〕"(15/35)라고 선언하는가 하면, "군자는 형식에 얽매이지 않는다〔君子, 不器(군자는 불기니라)〕"(2/12)라 하고, "나를 극복하고 예를 되찾으면 인을 이룰 수 있다〔克己復禮, 爲仁(극기복례하면 위인이로다)〕"(12/1)이라 가르치고, 특히 "사람이 어질지 아니하면 예는 무엇할 것이며, 사람이 어질지 아니하면 악은 무엇을 할 것인가〔人而不仁, 如禮何, 人而不仁, 如樂何(인이불인이면 여례하고, 인이불인이면 여악하하오)〕"(3/3)라고 묻고, "인을 구하며, 인을 얻었으니 무엇을 후회하겠

는가〔求仁而得仁, 又何怨(구인이 득인이 우하원이리오)〕”(7/14) 또는 “뜻
이 굳은 선비나 어진 사람은 인을 희생하면서까지 살려고 하지 않고, 또
인을 성취하기 위해서는 자신의 죽음도 마다하지 않는다〔志士, 仁人,
無求生以害仁, 有殺身 以成仁(지사인인은 무구생이해인하고, 유살신 이성
인하니라)〕”(15/8)라는 극단적인 진술을 펼 때, 공자의 가치관이 ‘인’의
덕목을 의의 덕목보다는 물론 예의 덕목보다도 더 핵심적 위치에 놓고
있음을 의심할 수 없다. 『논어』는 인간이 마땅히 갖추어야 할 덕목, 더
정확히 ‘인’이라는 이름이 붙은 덕목에 관한 공자의 가르침을 담은 책
이다.

‘인’의 개념규정

대체로 한 낱말의 뜻은 그것의 지칭대상과 일치한다. ‘인’은 구체적으
로 무엇을 지칭하며 어떤 뜻을 갖는가? 한 낱말의 개념이 지칭하는 대
상은 그 성질에 따라 평가중립적인 서술적인 것과 평가적인 것으로 구
분할 수 있다. ‘개’, ‘지진’, ‘휴전’ 등의 낱말들이 각기 동물, 사건, 사실
등을 평가중립적으로 지칭하는 데 반해서, ‘진’, ‘선’, ‘미’ 등은 각기 서
술적 관점에서 평가중립적으로 존재하는 어떤 것들을 그냥 지칭하는
데 그치지 않고 평가적 관점에서 인간이면 누구나 지향해야 하는 목적
을 지칭하는 개념으로 사용된다. 『논어』에서 ‘인’은 그냥 존재하는 어떤
사물 혹은 사실이 아니라 모든 인간이 인간다운 인간으로 존재하기 위
해서 마땅히 지향해야 할 가치를 갖는 덕목을 지칭한다.
　욕구와 목적을 전제하지 않는 가치는 자기모순적인 말로 무의미하

다. 가치는 언제나 어떤 욕구와 목적에 비추어봤을 때만 의미를 갖는다. 금을 욕구하는 이가 있고, 지적 개발을 목적으로 하는 이가 존재하는 한 금과 교육은 가치가 있다. 이러한 사실은 목적이 가치의 모체이며 원천이라는 사실을 보여준다. '인'이 욕구나 목적을 지칭하는 개념이라면 그것은 그냥 어떤 객관적 사물이나 현상을 지칭하는 서술적 개념이 아니라 무엇인가에 대한 평가가 함축된 가치개념이다.

가치란 무엇인가? 우리는 농사, 금, 교육, 페니실린 등등의 가치를 말한다. 가치는 무엇인가의, 무엇을 위한 가치이다. 아무것도 아닌 것의 가치라는 표현은 말이 되지 않는다. 가치는 언제나, 그리고 필연적으로 '무엇'을 위한 도구적 가치이다. 그것은 '무엇'인가를 지칭하는 개념이 아니라 그 '무엇'인가에 대해 구체적인 욕구·목적에 따라 상대적으로 인간이 붙인 평가적 표현이다.

이런 설명만으로 가치가 무엇인지는 아직 분명치 않다. 도대체 '농사, 금, 교육, 페니실린이 가치가 있다'고 한다면 그것은 정확히 무엇을 뜻하는가? 그것은 위와 같은 것들이 각기 누군가의 어떤 욕구·목적의 충족·달성을 하는 데 있어 상대적이면서도 논리적으로 유용한 도구로 인식됐음을 말한다. 또한 사람에 따라 서로 다를 뿐만 아니라 양립할 수 없는 욕구·목적을 갖게 될 수 있으며, 같은 사람이라도 때와 장소, 그리고 그밖의 상황에 따라 때로는 서로 모순되는 욕구·목적을 갖는 경우가 많다. 그렇다면 이런 경우에 한정시켜 생각해볼 때 모든 가치는 언제나 단편적이며 도구적이다.

그러나 이러한 결론은 만족스럽지 못하다. 이 경우 이처럼 다양하고도 잡다한 도구적 가치들 자체의 상대적 가치에 대한 물음이 피할 수 없게 제기되기 때문이다. 농사의 도구적 가치근거로서의 곡식에 대한 욕

구, 금의 도구적 가치근거로서의 부에 대한 욕구, 교육의 도구적 가치
근거로서의 지적 개발에 대한 욕구, 페니실린의 도구적 가치근거가 되
는 질병방지라는 건강상의 욕구, 이 모든 개별적 욕구충족의 고차적 가
치에 대한 설명이 논리적으로 요청된다. 이러한 요청이 만족되기 위해
서는 모든 단편적 도구적 가치들의 총체적 가치를 일관성 있게 설명할
수 있는 근거가 제시되어야 한다. 여기서 도구적 가치개념과 구별하여
내재적 가치개념, 상대적 가치와 구별되는 절대적 가치와 그것의 근거
가 되는 궁극적 욕구와 목적이라는 개념을 생각해야 한다. 가치가 인간
이 지향하는 것, 즉 귀중하다고 여기는 것을 뜻하고, 모든 것의 가치가
어떤 욕구·목적에 상대적으로 비추어 도구적으로만 의미를 가질 수 있
다면 내재적 가치는 그 자체가 바로 욕구·목적으로서 더 이상 다른 욕
구·목적에 비추어 상대적으로 추구하거나 정당화할 필요가 없는 가치,
즉 바로 그 자체로서 욕구·목적의 대상으로서의 가치이다. 인간의 모
든 개별적 행동을 단편적으로 설명할 수 있는 한 인간의 모든 욕구·목
적의 통일된 총체적 설명은 궁극적으로는 오직 하나밖에 있을 수 없는
내재적 가치에 비추어서만 설명할 수 있다. 우리는 편의상 이러한 가치
를 궁극적, 즉 '지고의 가치' 혹은 '지고선'이라고 이름 지을 수 있다.

궁극적 가치로서의 '인'의 구체적 내용

'인'이라는 덕목은 인간이 갖고 있는 어떤 능력이나 기능의 어떤 심성
을 지칭한다. '인'이 인간으로서 가장 바람직한 궁극적 가치라면 그것
은 구체적으로 어떤 것인가? 공자는 '인'을 어떻게 정의하고 있는가?

불행히도 『논어』 어디에서도 '인'의 적극적이고 정확한 정의를 단 한 번도 찾아볼 수 없다. 공자는 '인'의 추상적 정의 대신 '인'으로 서술할 수 있는 수없이 다양한 실례를 들어 보인다. 이 많은 사례를 비추어 적어도 다음과 같은 두 가지 명제에서 공자가 '인'이라는 말로 무엇을 뜻하려 했는가에 대해서 시사한 몇 가지를 찾아낼 수 있다.

첫째, "말을 꾸며대며 얌전한 체하는 짓으로 아마 사람다운 인을 갖기는 드물다〔巧言令色, 鮮矣仁(교언영색에는 선의인이로다)〕"(1/3)라는 명제에서 찾을 수 있다. 이 명제가 비유적으로나마 명백히 말해주는 사실의 하나는 '인'은 자신에 대한 진실성, 즉 순수하고 자기 자신에 투명하고 정직한 심성을 뜻한다는 점이다. 가식과 허위는 '인'에서 가장 멀리 떨어져 있는 품성들이다.

'인'이 무엇을 뜻하는가에 대한 대답의 둘째 번의 실마리는, "효와 공경은 인의 근본이다〔孝弟也者, 其爲仁之本與(효제야자는 기위인지본여니라)〕"(1/2)라는 공자의 말에서 찾을 수 있다. 인의 본질이 효제에서 그 예를 찾아볼 수 있다는 사실이다. 효제, 즉 효도와 형제 간의 우애는 모든 인간이 공통적으로 타고난 도덕적 심성이다. 그것은 일단 남을 나 못지않게 생각해 희생적으로 그를 아끼고 존중하는 행위를 할 수 있는 마음씨로 규정할 수 있다. 그러나 이같은 희생적 행위는 인간만이 아니라 모든 동물이 다 같이 본능적으로 갖고 있다. 그렇다면 모든 동물에 대해서도 인간에 대해서와 마찬가지로 효제를 말할 수 있어야 한다는 추론이 나온다. 그러나 물론 이러한 결과는 말이 되지 않는다. 효제의 덕목은 오로지 인간에게만 적용될 수 있는 덕목이다. 오로지 인간만이 도덕적 주체일 수 있는, 자유를 향유할 수 있는 동물이기 때문이다. 이러한 사실은 "요즈음 효도란 봉양만 잘하면 되는 줄 안다. 개나 망아지도 인간이 먹여 살린다. 부모를 모시며 공경하는 마음이 없이 먹여 살리기만 한다면 개와 말을 기르는 것과 무슨 차이가 있겠는가〔今之孝者, 是謂能養, 至於犬馬, 皆能有養, 不敬, 何以別乎(금지효자는 시위능양이나 지어견마하여도 개능유양이니 불경이면 하이별호리오)〕"(2/7)라는 공자의 말에서 명백해진다. 중요한 것은 양육이라는 행위 자체가 아니라 그러한 행위의 동기에 있다. 물질적으로 양육한다는 점에서 인간이 자신의 부모를 양육하는 행위와 개나 말을 양육하는 행위는 완전히 동일하다. 그러나 부모를 양육하는 동기가 순전히 인仁, 즉 인간에게서만 찾을 수 있는 도덕적, 즉 이타적 가치, 즉 부모를 존중하는 마음 그 자체에 있는 데 반해서, 인간이 개나 말을 양육하는 동기는 그러한 동물들이 자신의 이기적 관점에서 본 도구적 가치에 있다는 점에서 동일한 두 개의 양육행위는 하늘과 땅만큼 서로 다르다. 정말 효도, 더 일반적으로 말해서 모든 도덕적 행위에서 근원적인 것은 '인'이라는 동기이다. 달리 말해서 '인'이라는 이타적 심성이 깔리지 않은 어떠한 행위도 도덕적 행위일 수 없으며, 이러한 이타적 생물학적·맹목적, 즉 기계적 원리에 의해서가 아니라 이성이라는 초월적 힘을 발휘할 수 있는 인간의 자율성을 전제하며, 이런 점에서 인간은, 오직 인간만이 다른 모든 동물과 근본적으로 다르다.

위의 인용문에서 공자가 말하는 효제, 즉 인은 공경하는 심성에서 그 근거를 찾을 수 있는 행위이며, 인간만이 할 수 있는 행동이다. 효는 부모를 가능하면 생물학적으로도 만족시키는 행위여야 하겠지만, 눈으로는 볼 수 없는 '공경'이라는 심성에서 더욱 그 동기를 찾을 수 있는 행위여야 한다는 것이다. 요컨대 효제라는 행동에서 그 예를 볼 수 있는 '인'은 '공경'이라는 말로 표현할 수 있는 인간의 심성을 지칭한다. 적어도 잠정적으로 '인'은 '진실성'과 '효제'의 두 개념으로 규정해도 좋다.

그렇다면 효제나 진실성의 본질은 무엇인가? 이 개념들은 시공 속에서만 파악될 수 있는 객관적 존재나, 객관적으로 존재하는 그러한 실체의 속성을 지칭하는 사물적 존재개념이 아니라 인간의 주관적 태도를 지칭하는 도덕적 심성을 지칭하는 개념이다. 그러므로 '인'은 객관적 사물이 아니라 인간의 심성의 한 측면을 지칭하는 개념이다. 이런 점에서 '인'의 사상이라고 부를 수 있는 유교사상의 본질이 '충서忠恕'의 개념으로 설명되는 이유를 알 수 있다. 충은 '성실한 마음'을 뜻하고, 서는 '용서하는 마음'을 말한다. 성실한 마음, 즉 '충'은 마음 한가운데서 우러나오는 양심을 따르는 마음씨이며 용서하는 마음, 즉 '서'는 남을 관용으로 대하는 마음씨를 말한다. 남을 나처럼 아끼고 존중하는 마음 없이는 관용된 태도를 가질 수 없다. 남을 아끼는 마음은 남의 아픔을 나의 아픔으로 이해하여 그 아픔을 함께 나눌 수 있는 심성이며 능력이다.

'인'이 충서의 개념으로 풀이되고, '충서'가 성실성과 남의 아픔을 나 자신의 것으로 공감할 수 있는 심성으로 해석된다면, '인'은 남의 아픔을 진실한 마음으로 공감하는 심성으로 정리될 수 있다. 이런 심성은 정확한 개념으로 명백히 정의할 수 없을지 모른다. 그러나 『논어』에서 "공자가 물고기를 낚시로 잡되 그물로는 잡지 않고, 주살을 쏘되 잠든 새는 잡지 않았다〔子, 釣而不綱, 弋不射宿(공자는 조이불강하시며 익불사숙이러시다)〕"(7/26)라고 말했다는 일화는 '인'이 무엇을 의미하는가를 그 어떤 관념적 정의보다도 더 생생하게 심성으로 깨닫게 한다. '인'은 한마디로 따듯하고 착하고 어진 심성을 지칭한다.

'인'은 그냥 또 하나의 동물로서의 인간이 아니라 다른 모든 동물들과 구별되는 인간 고유의 도덕적 심성을 지칭한다. 인간에게 인간으로서 사는 것보다 더 귀중한 가치가 있을 수 없고, 인간답게 사는 것이 동물과는 정말 다른 도덕적 원리대로 사는 것을 뜻한다면, 그 차이를 '인'이라는 덕목에서 찾지 않는다면 다른 어디서 찾을 수 있겠는가?

공자의 가르침은 바로 이러한 사실, 아주 단순하고 평범하지만 동시에 무한히 놀랍고도 깊은 진리였다고 단언할 수 있다. 이러한 사실은 시대와 장소, 상황과 맥락을 초월한다고 확신할 수 있다. 공자가 뜻한 것과 그가 그런 뜻에 따라 평생을 추구했던 것은 인간으로서의 탈만을 쓰고 사는 것이 아니라 정말 인간으로서 사는 '길', '도리'가 무엇인가를 우리들에게 일깨워주는 일이었다.

그러나 그러한 '인'의 존재에 대한 공자의 믿음과 그 '인'의 실현을 위해 살아야 한다는 공자의 주장의 근거에 대한 문제가 생긴다. 각자 자신의 믿음에 따라 살아야 하는 인간에게 가장 중요한 가치로서의 '인'이 도덕적 심성의 한 측면을 지칭하는 한에서 인간은 단순히 물질적 및 생물학적 존재가 아니라 정신적 및 영적 존재이며, 단순히 가시적인 존재가 아니라 비가시적인 측면을 갖는 존재이다.

공자, 그리고 유교의 경우 궁극적 가치를 지칭하는 '인'은 물리적 가치가 아니라 정신적 가치이며, 외적 가치가 아니라 내면적 가치이다. 그것은 인간의 밖에서가 아니라 바로 인간에게서, 다른 사람이 아니라 각자 '바로 나 자신'에서, '나의' 외부에서가 아니라 바로 내면에서, 나의 지적 개발이나 영생이 아니라 착한 심성에서만 찾을 수 있는 가치이다. 이런 면에서 공자의 가치관은 서양사상을 대표하는 플라톤이나 기독교나 마르크스주의 가치관과 다르고, 어떤 측면에서 볼 때 동양의 불교나 노장사상과도 일치하지 않으나, 바로 위와 같은 면에서 볼 때는 역시 동양의 다른 사상과 유사하다. 서양사상의 경우 플라톤의 궁극적 가치는 진리라는 이름의 이지적 가치이고, 기독교의 궁극적 가치는 천당에서의 영생이라는 구원적 가치이다. 반면 불교나 노장사상에 있어서의 최고의 가치는 무지로부터의 해방과 이에 동반하는 '깨달음'이거나, 우주의 원리로서의 '자연'에 따름으로써 얻는 내면적 자유를 뜻하는 '무위'와 '소요'에 있다. 위와 같은 동서의 사상들에 나타나는 인간의 삶에 대한 태도도 사뭇 다르다. 마르크스주의를 포함한 서양적 태도가 외향적이며, 전투적이고 정복적인 데 반해서, 힌두교를 포함한 동양적 태도는 내향적이며, 화해적이고 자기반성적이다.

세계 전체의 문화권에서는 물론 동일한 동양, 동일한 중국에서도 인간이 지향해야 할 최고의 가치에 대한 상반된 주장이 있다는 것이 객관적 사실인 이상, '인'이라는 가치가 모든 인간의 최고의 근본적 가치라는 신념에 기초한 『논어』의 사상은 그러한 신념이 그냥 하나의 전언적 명제로 끝나지 않는 철학적 주장이 되기 위해서 모두를 설득할 수 있는 그러한 신념의 논리적 근거를 제공해야 할 필요가 있다. 과연 『논어』는 그러한 논리적 하나의 근거 혹은 근거들을 갖고 있으며, 만약 있다면 그것들은 과연 어떤 것들인가?

『논어의 논리』(2005)

03
자연주의와 논증의 논리

공자께서는 괴상한 것, 완력으로 하는 것, 어지러운 것, 그리고 귀신에 관해서는 말씀하지 않으셨다(子不語怪力亂神(자불어괴력난신이러시다)).
(7/20)

논증의 한계와 세계관

인의 덕목이 지고의 가치라는 신념과 그 주장의 근거는 어디에 있는가? 모든 신념이나 주장은 무엇인가에 근거하며, 모든 사유는 그러한 근거를 요청한다. 그러나 이러한 요청이 두 가지 이유로 만족스럽게 충족될 수 없다.

첫째 이유는, 모든 근거에 대한 물음은 무한퇴행적이기 때문이다. 어떤 사건·사실에 관한 신념의 경우 근거는 '원인' 혹은 '목적'을 의미하고, 어떤 명제들 간의 의미적 관계에 관한 유추의 경우 그것은 '이유' 혹은 '논리적 법칙'을 의미할 수도 있다. 첫 번째의 경우, "여기에 사나운 개가 있다"라는 나의 신념의 근거로 내 눈앞에 있는 개의 '존재'를 위와 같은 나의 신념의 인과적 원인으로 댈 수 있거나, 혹은 "대학생은 철학 강의를 수강해야 한다"라는 주장의 근거로 "모든 대학생은 사유력을 길러야 하는데 철학공부는 사유력을 길러주기 때문이다"라는 이유를 댈 수 있다. 그 요청에 대한 우리의 대응이 맞건 안 맞건, 적절하건 적절하지 않건, 우리는 우리들이 갖고 있는 어떤 신념이나 행동에 근거가 있음을 전제하고 그러한 근거로서 암묵적으로나 공개적으로 여러 가지를 댄다.

그러나 모든 근거는 무한퇴행적이다. 인간의 지성은 한 가지 원인이나 이유를 찾았을 때 한층 높은 차원에서 바로 그 원인이나 이유의 또 다른 원인과 이유를 요청하며, 이러한 근거에 대한 반복되는 물음과 그에 대한 반복되는 대답의 고리는 끝없이 계속된다. 실제로 어느 지점에서 이러한 고리가 끝을 보이는 것은 우리가 그러한 시점에 타협하고 물음을 중단하기 때문이지 대답에 완전히 만족해서가 아니다.

둘째 이유는, 첫째 번의 상황에서 사실에 대한 신념의 경우나 가치에 대한 신념의 경우, 여러 가지 대답들이 서로 상이할 뿐만 아니라 논리적으로 서로 모순된다는 사실에서 찾을 수 있다. 또한 실제로 그렇다. 한 개인, 한 문화, 한 시대가 갖고 있는 세계관, 인생관 및 가치관은 다른 사람들, 다른 문화들, 다른 시대가 갖고 있는 세계관, 인생관 및 가치관과 완전히 동일하지 않을 수 있고 실제로 동일하지 않은 경우가 대부분이며, 때로는 모순되는 경우도 있다. x라는 사람이 자기 신념의 궁극적 근거로 제시하는 근거는 y라는 사람이 자기 신념의 근거로 제시하는 근거와 동일하지 않을 수 있다. 기독교 문화권에서는 모든 신자들이 유일신의 존재와 사후 천국에서의 영생과 인류애를 궁극적 가치로 공통적으로 믿지만, 그러한 것에 대한 믿음의 근거는 기독교신자에 따라 서로 달라서 때로는 교황청, 때로는 성서, 때로는 계시, 때로는 은총을 댄다. 불교문화권에서는 모두 석가모니의 실체를 믿고 인과적 윤회라는 우주의 변화구조에 대한 이론을 믿지만, 그 근거로는 개인에 따라 각기 불경, 전통, 깨달음, 스님의 가르침 등 서로 다른 것을 대며, 또한 무종교자, 비종교적 문화에서는 다 같이 인류애, 평등, 정의, 개명 등을 궁극적 가치라고 한결같이 믿지만, 그러한 신념의 근거에 관한 의견은 서로 달라서 때로는 사회적 안정, 때로는 인간의 복지, 때로는 전통이라고 할 수도 있을 것이다.

그렇다면 서로 모순되는 다양한 신념들을 다 같이 옳다고 인정해야 하는가? 아니면 모든 신념들은 궁극적으로 상대적인가? 『논어』가 주장하는 궁극적 가치로서의 '인'의 근거도 객관성이 없고 상대적인가? 이 물음에 대해서는 긍정적 대답이 불가피한 듯하다. 궁극적 대답은 존재하지 않는다. 근거에 대한 물음은 앞서 보았듯이 무한퇴행적이기 때문이다. 이런 상황에서 인간의 현실은, 어떤 상황에서든지 궁극적 근거를 포기하고 불확실한 가운데에 어떤 믿음, 어떤 입장을 선택하지 않을 수 없음을 인정해야 한다. 선택은 가치의 선택이지만 선택이 한결같이 도박의 경우처럼 맹목적이고 완전히 비합리적인 것은 아니다. 어떤 선택은 다양한 사실과 관점을 고려할 때 다른 선택보다 합리적인, 즉 더 사려 깊은 것일 수 있다.

인간의 궁극적 가치에 대한 신념과 그 신념의 근거에 대한 입장의 차이는 존재론·세계관과 인식론의 차이에 근거한다. 그런 점을 고려할 때 "'인'의 가치의 근거는 무엇이며, 그 근거의 근거를 찾을 수 있는가?"

라는 물음은 『논어』에 깔려 있는 존재론, 세계관의 존재를 전제한다. 하지만 『논어』에 과연 존재론이나 세계관이 있는가라는 의문이 제기된다. 여기서 우리의 문제는 우선 존재론·세계관의 개념규정, 그러한 규정에 따라서 볼 때 만약 『논어』가 어떤 하나의 세계관에 바탕을 두고 있다고 전제할 때 그 존재론·세계관의 특수성을 규정하고, 그렇게 규정된 존재론·세계관과 '인'이 궁극적 가치라는 신념과의 논리적 관계에서 그 타당성을 검토하는 인식론적 문제로 바뀐다.

존재론 및 세계관의 규정과 그 유형들

존재론 및 세계관의 의미

『논어』 속에 존재론이 있는가에 대한 의문이 나올 수 있다. 아리스토텔레스의 말을 빌리자면 서양의 철학적 사고는 지적 호기심에 바탕을 두고 객관적 사물현상에 대한 '이상한 생각을 일으키는 감동wonder'을 풀어보려는 지적 작업이었다. 이런 점에서 철학은 물리학과 구별되지 않고 자연과학의 순수한 양식으로 취급되었다. 오늘날에도 영국의 전통적 대학에서는 이런 전통에 따라 물리학을 '자연철학'이라고 부른다. 세계의 객관적 인식은 우리가 추구하는 가치실현을 위한 행동에 의해서 달라질 수 있고, 우리가 추구하는 가치실현은 세계의 객관적 인식에 의해서 통제된다. 이런 점에서 이론과 실천은 서로 얽혀 있어서 완전히 분리될 수 없지만, 두 가지 영역은 다르며, 한 인간 혹은 한 문화의 관심과 성격에 따라 한쪽이 다른 쪽보다 우선적으로 강조될 수 있다. 서양인의 주된 관심이 세계를 구성하는 속성들과 그 종류 및 그 작동원리를 찾아내고 설명하는 이론적 문제에 있었다면, 동양인의 주된 관심은 이론적 문제가 아니라 실천적 문제로서, 주어진 상황에서 어떻게 인간답게 살아가야 하는가를 고안해내고 그에 따라 수신·수행을 하는 데 있었다. 그러므로 서양적 사유의 특징이 존재론적·형이상학적이었다면 동양적 사고의 특징은 실천적·윤리적이었다. 동서가 각각 가졌던 두 가지 영역은 동일하지 않다.

그러나 객관적 세계에 대한 이론적 지식과 가치선택의 문제와 관련되는 실천적 문제는 완전히 분리할 수 없다. 어떻게 사는가에 대한 결정은 세계가 객관적으로 어떻게 존재하는가에 대한 신념의 차이에 따라 달라지며, 세계의 어떤 측면을 어떻게 보고 설명하는가의 문제는 어떠한 방식의 삶을 택하는가에 따라 변동된다. 객관적 세계에 대한 진리에 관심을 쏟은 서양에서도 실천·윤리에 대한 사색이 그에 못지않게 발달된 것이 당연하다면 실천적 문제에 관심을 쏟은 동양이 객관적 세계에 대한 어떤 식의 신념을 갖고 있었으리라는 것도 당연하다. 동양에도 나름대로의 존재론과 세계관이 있었다. 동양의 대표적 사상인 유교를 대변하는 『논어』에도 명시적이고 체계적인 진술이 부재하지만, 암시적으로나마 나름대로의 존재론·세계관이 마땅히 있었을 것이다.

존재론이나 세계관은 객관적 세계에 대한 어떠한 신념과 그 신념을 뒷받침하는 이론을 뜻하지만, 그 자체는 인간에 의해 관념화된 세계·존재일 뿐 그 자체가 곧 객관적 세계 자체일 수 없다. 그것은 어디까지나 인간이 갖고 있는 존재의 본질과 세계에 관한 하나의 신념이다. 그것이 신념인 이상 모든 존재론이나 세계관은 그것을 믿는 이들의 존재 일반의 양상에 대한 관점을 반영할 뿐 그 자체가 곧 객관적인 존재 일반은 아니다. 앞서 이미 지적한 대로 똑같은 객관적 인식대상으로서의 세계가 그것을 서술하는 이의 관점이나 의식구조나 사유의 논리에 따라 달리 보일 수밖에 없다면, 『논어』에 반영된 존재론이나 세계관의 특수성은 가령 플라톤의 『대화편』이나 칸트의 『순수이성비판』에 반영된 존재론이나 세계관의 특수성과 비교하여 분석하고 고찰할 수 있다.

그렇다면 존재론ontology과 세계관worldview/Weltanschauung은 각기 무엇을 뜻하는가? 존재론은 존재being, 즉 있음에 대한 관점, 서술, 이론이다. 여기서 '존재'란 개별적 존재를 말할 수도 있고 개별적 존재들의 총칭으로서의 존재 일반Being in general의 뜻으로도 사용된다. 전자의 경우 물질, 동물, 인간, 인간의 문화적 산물 등 무한한 것들의 각각의 특수성을 밝혀내어 그것들을 서로 구별하는 근거를 설명하는 철학적 영역을 말한다. 존재론은 이런 차원의 테두리에서 '물질은 무엇인가?', '생명은 무엇인가?', '인간은 무엇인가?', '문화는 어떤 존재인가?', '예술작품은 무엇인가?' 등의 물음을 던지고 그런 물음에 대한 대답을 찾는다. 이렇게 볼 때 존재론은 우주를 구성하는 모든 개별적 존재들을 차별화하고 분류하는 서술작업이다. 이러한 존재론과는 달리 존재 일반, 즉 '존재'라는 말이 뜻하는 근본적 의미를 탐구하는 철학적 영역을 생각할 수 있으며, 그런 존재론은 하이데거가 말하는 근본존재론fundamental ontology과 일치한다. 그리고 후자는 전통적으로 한 철학의 영역을 지칭하는 형이상학metaphysics과 거의 대동소이한 개념으로 사용된다.

'존재'는 있는 모든 것을 포괄한다. 이러한 뜻에서 존재 일반·존재 전체는 '우주'라는 말로 바꿔 부를 수 있다. 우주의 속성을 근본적으로는 물리적인 것으로 환원될 수 있다고 규정할 때 우주론은 자연이라는 개념과 구별하기 어렵고, 존재론은 천문학을 포함한 우주자연과학과 일치한다.

그러나 '존재하는 것'이 반드시 물리적인 것으로 한정되어야 할 선험적 근거는 없다. '존재하는 것'은 철학적 입장에 따라 단 한 가지 물리적인 것이거나, 아니면 관념(정신) 현상으로 환원될 수 있으며 물리적인 것과 정신적인 것 두 종류로 나누어진다는 주장도 가능하다. 전자의 경우 존재론과 세계관은 유물론적 혹은 관념론적 둘 중 하나의 일원론적 형이상학이 되고, 후자의 경우 이원론적 형이상학이 된다.

서양철학의 경우 전통적으로 존재 일반, 즉 '있음'이라는 가장 추상적 뜻으로서의 존재 일반에 영어로는 '빙Being', 독어로는 '자인Sein', 불어로는 '에트르Etre' 등의 이름이 붙여져왔다. 그런데 존재의 속성을 이처럼 해석할 때 그러한 대상에 대한 탐구, 서술, 이론으로서의 존재론은 우주학cosmology으로는 환원될 수 없다. '존재 일반'은 물질적 속성만이 아니라 물질이라는 범주에 속할 수 없는 어떤 '물리적 문제해결 뒤에 오는' 상위적 존재론meta-ontology, 즉 '형이상학'을 포함한 개념들이기 때문이다. 이렇게 본다면 서양철학의 전통에서 존재론이 형이상학이라는 말로 자주 불리게 된 것은 우연이 아니다.

중국의 지적 전통에서도 존재 일반에 대한 사색과 탐구가 있지 않을 수 없었다. 노자는 『도덕경』에서, "여기에 혼연히 이루어진 어떤 것이 있는데 천지에 앞서서 생겼다. 그것은 고요하여 소리 없으나 독립하여 영구불변이고 널리 행하여 위태롭지 않다. 따라서 천하의 어머니라고 말한다. 나는 그 이름을 모르나 그의 자字를 도道라고 한다. …… 사람은 땅을 본받고, 땅은 하늘을 본받고, 하늘은 도를 본받고, 도는 자연을 본받는다(有物混成 先天地生, 寂兮寥兮 獨立不改 周行不殆. 可以爲天下母, 吳不知其名 字之曰道. …… 人法地 地法天 天法道 道法自然(유물혼성하여 선천지생이오, 적혜요혜나 독립불개이고 주행불태하니 가이위천하모하도다. 오부지기명이나 자지왈도. …… 인법지하고 지법천이며 천법도하고 도법자연이로다)〕"[107]라고 썼고, 또 "그러므로 도를 잃은 뒤에야 덕이요, 덕을 잃은 뒤에야 인이요, 인을 잃은 뒤에야 의요, 의를 잃은 뒤에야 예이니, 무릇 예는 충성스러운 마음이 희박해져서 나타나는 것으로 어지러움의 시초가 되는 것이다〔故失道而後德, 失德而後仁, 失仁而後義, 失義而後禮, 夫禮者, 忠信之薄而 亂之首也(고실도이후덕하고, 실덕이후인하며, 실인이후의하고, 실의이후예하나니, 부례자는 충신지박이이고 난지수야니라)〕"[108]라고도 말했을 때 그는 형이상학으로서의 존재론을 언급하고 있다. 힌두교에서 말하는 '범천Brahman', 불교에서 말하는 '공shunyata', 중국의 역학에서 말하는 '음양', 주자의 성리학에서 말하는 '태극' 혹은 '이기' 등의 개념들은 모두 인도 및 중국의 사상에서 절대로 빼놓을 수 없는 핵심적 '형이상학적' 개념들이다.

그러나 동양에서는 그러한 탐구를 각별히 지칭하는 '형이상학'이라는 개념이 따로 존재하지 않았다. 그것들은 그냥 힌두교, 불교사상, 역학이나 성리학 등의 이름만으로 통해왔다. 그러므로 동양의 형이상학을 따지는 것은 적절하지 않아 보인다. 그럼에도 불구하고 싫건 좋건 우리가 이미 서양철학에 깊이 물들어 있는 현재의 지석 지평에서 동양사상이나 동양철학은 서양철학의 개념에 비추어서 보다 참신한 각도에서 이해될 수 있다. 한 걸음 더 나아가 서양사상과 비교해볼 때 동양사상의 정체가 한결 새로운 모습으로 나타나고 그 가치는 새롭고 더 깊은 측면을 드러낼 수 있다.

---

107 주희, 한상갑 역, 『중용』, 『논어』(삼성출판사, 1985, 16판), p.371.
108 노자, 노태준 역해, 『도덕경』(홍신문화사, 1976), 제38장.

하지만 동양의 사상이 원래 서양식 형이상학으로 구성되어 있지 않았을 뿐만 아니라, 비록 그러한 이론이 있더라도 그것이 견고한 논리적 체계를 갖고 구축되지 않았기 때문에 그 모습을 정확히 파악하기는 쉽지 않다. 다 같이 동양사상을 담았지만 인도사상을 대표하는 힌두교와 불교에 비해서, 공자의 텍스트『논어』와 노자의 텍스트『도덕경』은 덜 형이상학적인 성격을 띠고 있다. 이러한 사실은 동양사상을 이해하는 데 있어 방법론적 편의상 그것을 '존재 일반'을 다루는 형이상학적 세계관의 분석과 이해의 유용성과 이론적 필요성을 말해준다. 이러한 사정은 동양사상들 가운데에서도『논어』의 경우 각별하게 드러난다.

서양의 존재 일반Being/Sein/Etre에 가장 유사한 존재 일반을 지칭하는 개념은 중국적 담론에서는 '무', '태극', '음양', '이', '기', '도' 등을 들 수 있겠으나 그중에서도 존재 일반을 가장 가깝게 지칭하는 개념은 아무래도 '도道'라는 낱말이 아닌가 싶다. 그 이유는 '도'라는 말은 사상적 내용에서 날카로운 대립적 성격을 띠고 있으면서도 중국사상을 함께 대표하는 두 개의 중국의 고전 텍스트인『도덕경』과『논어』에서 다 같이 가장 핵심적인 개념으로 사용되었다는 사실로 뒷받침될 수 있다. 두 텍스트들이 존재 일반을 지칭하는 뜻으로 사용된 '도'를 가장 근본적 사고의 틀로 전제하고 있는 것은 분명하다.『논어』에서 '도'의 절대적 중요성은, 예를 들어 "아침에 도를 들으면 저녁에 죽어도 좋다〔朝聞道, 夕死可矣(조문도면 석사가의니라)〕"(4/8)라는 공자의 말로도 알 수 있다. 이런 의미에서 노장의 도교는 물론 공맹의 유교는 함께 '도'의 사상이며, 또한 도가 존재 일반의 보편적 규범을 지칭하는 이상 노자와 공자의 사상은 다 같이 일종의 존재론으로나 일종의 형이상학으로 볼 수 있다.

그러나『논어』속에서 도의 절대적 중요성을 인정하더라도 이 '도'라는 개념을 존재론적으로 해석하는 데 대해 반대할 수 있다. 노자의 경우는 물론 공자의 경우도 '도'라는 말은 대체로 객관적 사물현상의 '무엇'이라는 '실체'를 지칭하거나 서술하는 개념으로서보다는 '어떻게'라는 '방법' 혹은 '양식'을 지시하는 말로 사용되고 있기 때문이다.

'도'는 '있는 것', 즉 어떤 객관적 대상을 지칭하기보다는 '해야 할 것', 즉 당위성을 갖는 규범을 가리키는 개념이기 때문이다. 사실 위에서 예로 든 '조문도朝聞道'라는 낱말이 어떤 종류의 행동규범 혹은 존재양식을 지칭하고 있음은 틀림없는 사실이다. 공자가 "길이 다르면 서로 의논할 것도 없다〔道不同, 不相爲謀(도부동이면 불상위모이다)〕"(15/40)라고 했을 때의 '도'라는 말도 객관적 인식대상으로서의 사물·현상·실체가 아니라 사람의 행실·태도를 지칭하는 뜻으로밖에 해석할 수 없는 이상, '도'라는 말이 존재론적·이론적 개념이 아니라 우선적으로 실천적·윤리적 개념이라는 것은 틀림없다.

'사람의 도리'란 말을 비롯하여 우리는 일상생활에서 '도'라는 말을 규범 혹은 인간 행동규칙 등의 뜻으로 흔히 사용한다. 앞의 장에서 어떤 사실을 설명하는 맥락에서 이미 인용했던 "사람이 도를 넓히는 것이지 도가 사람을 넓히는 것이 아니다〔人能弘道, 非道弘人(인능홍도요, 비도홍인이니라)〕"(15/28)라는 말을 공자가 했을 때 '도'가 인간에 의해서 이루어진다는 생각을 뜻했다면, 이러한 사실은 '도'의 개념이 원칙적으로 우선 윤리적 뜻을 갖고 있음을 말해주는 사례가 된다. 중국적 동양문화권에서 우리들의 사고양식은 중국 고대의 노장과 공맹사상에서 큰 영향을 받으며 지배되어왔고, 따라서 우리들이 사용하는 주요한 개념들은 중국 고대 사상에 알게 모르게 뿌리박아 밀착되어 있다는 것을 인정하지 않을 수 없다. 그래서 우리 한국인들이 일상생활에서 사용하고 있는 '도'라는 말의 의미도 중국 고대 사상에서 사용되고 있는 철학적 의미와 완전히 떼어서 이해할 수 없게 되어 있다. 그러므로 '도'라는 낱말이 일상적으로 사용될 경우에도 그 어원적 뿌리와 낱말의 의미가 일종의 윤리적 규범으로 이해될 때, 이 '도'라는 개념은 서양의 '존재'나 힌두교의 '범천', 불교의 '공'이라는 개념과 논리적으로 완전히 같은 차원에서 존재 일반을 지칭하는 개념으로 취급할 수 없다는 비판은 타당해 보인다.

존재론·세계관의 유형

그러나 이러한 판단은 지나치게 성급하고 단정적이다. 그러한 판단은 서양적 사유의 전통을 전제할 때만 정당하다. 서양의 철학적 전통은 존재와 실천, 존재론으로서의 형이상학과 행동판단 규범론으로서의 윤리학은 명확히 구별되는 것으로 전제되어왔다. 이러한 철학적 사유의 전통은 인식론, 윤리학, 미학을 엄격히 학제적으로 구별한 칸트 이래 더욱 명백해져왔다. 이런 전통을 따르면 존재론의 기능은 인간의 욕망이나 사고로부터 독립하여 이미 객관적으로 존재하는 사물현상들을 발견하고 서술하는 데 있고, 윤리학의 기능은 인간 행동규범을 규정하는 데 있다. 이러한 규범을 지정하는 데는 가치관이 전제되어 있는데, 그러한 가치는 발견의 대상이 될 수 있는 객관적 존재질서가 아니라 인간의 주관적 감성, 욕망 및 그에 따른 결정, 그리고 인간이 어떤 현상이나 사건들에 주관적으로 부여한 중요성에 지나지 않는다. 그러므로 비록 그러한 결정이 '이성'이라는 어떤 보편적 '빛' 혹은 잣대에 의해서만 이루어져야 한다고 전제하더라도, 그러한 결정은 역시 인간의 주관적 결단에 의존한다는 사실에는 변함이 없다. 가치판단과 선택은 결국 보편적일 수 없고 언제나 상대적일 수밖에 없다. 가치판단, 따라서 윤리적 판단에 있어서의 이러한 문제를 극복할 길은 없을까?

벤담Bentham의 공리주의 윤리학이나 칸트Kant의 의무주의 윤리학은 다 같이 위와 같은 물음에 대한 나름대로의 다른 이론들이다. 벤담과 칸트는 다 같이 윤리적 판단이 객관성으로 입증될 수 있는 보편성을 갖출 수 있다는 것을 의심치 않았다. 그들은 각기 "최대 다수 사람들을 위한 최대의 복지·행복"과 "이성이 자기 자신을 포함한 모든 행위에 대한 보편적 적용가능성"이라는 서로 다른 보편적 원칙들을 세웠지만, 도덕적 가치를 객관적이고 보편적 관점에서 판단할 수 있다는 신념에 있어서는 조금도 다른 점이 없었다. 서로 상반되는 점이 분명히 있음에도 불구하고 공리주의 윤리관과 의무주의 윤리관이 지난 2백여 년 동안 함께 서양의 윤리적 사고를 지배할 수 있는 힘을 발휘할 수 있었던 사실은 그 이론들이 다 같이 어떤 의미로든지 객관성 및 보편성을 내포하고 있기 때문이었다.

그럼에도 불구하고 서양의 근대적 윤리학을 대표하는 공리주의와 의무주의가 제시하는 윤리적 가치판단의 규범이 주관적이라는 사실에는 변함이 없다. 왜냐하면 공리주의 윤리학에서 가장 기본적 개념인 '복지·행복'은 객관적 존재가 아니라 인간의 주관성을 나타내며, 의무주의 윤리학에서 가장 근본적 개념인 '이성'은 인간 밖에 따로 객관적으로 존재하는 것이 아니라 인간의 어떤 지적 기능을 가리키기 때문이다. 서양에 있어서의 윤리적 문제는 객관적 존재 발견의 문제가 아니라 주관적 제도를 선택적으로 결정하는 문제일 수밖에 없고, 윤리적 문제는 객관적 존재의 진리 발견을 대상으로 하는 인식론·존재론, 형이상학, 과학의 문제와 논리적으로 구별되며 전혀 다른 차원에 위치해 있다는 사실을 간과하고 있다는 데 있다.

그러나 동양사상은 다르다. 힌두교, 불교, 도교, 유교에 나타난 동양적 사상을 근거로 할 때 궁극적으로는 윤리학이 존재론에 흡수됨으로써 그것들은 서로 명확히 구별되지 않는다. 윤리적 규범이 인간행위에 대한 규범이라면 그러한 규범은 인간을 포함한 모든 존재 일반, 즉 자연·우주 질서의 한 측면에 불과하다.

윤리적 규범은 인간들이 자신들의 편의를 위해서 선천적으로 타고난, 즉 자연적으로 자신의 내부에 존재하는 이성의 빛으로 제정할 수 있는 것이 아니다. 다시 말하면 인간에 의해서 그것은 인위적으로 구성될 수 있는 것이 아니라 우주·자연의 일부로 존재하는 인간 이외의 모든 사물현상을 지배하는 법칙과 마찬가지로 그것들 가운데 한 종류의 객관적 법칙으로 이미 존재한다. 따라서 윤리적 규범은 자연현상을 지배하는 법칙과 마찬가지로 발견·서술의 대상이지 인간에 의한 자의적 결단·선택·제정의 대상이 아니다. 위와 같이 하여 동양적 입장에서 볼 때 존재론과 윤리학이 엄격히 구별될 수 없다는 것이 뒤집어 설명될 수 있다. 우주·자연의 법칙도 그 근원 혹은 이유를 알 수 없는 어떤 존재에 의해 제정된 어떤 질서·법칙을 갖는 규범으로 볼 수 있다. 동북아에서 흔히 사용하는 '하늘天'이란 말은 물리적으로만이 아니라 어떤 방법으로도 설명할 수 없는 위와 같은 근원적 존재를 지칭하며, '천명'이란 말은 서양의 절대신과는 전혀 달리 인격적 존재가 아닌 하늘의 내재적 원리에 의해서 제정된 규범이라는 의미를 내포하고 있다.

『논어』에서 읽을 수 있는 "내가 당하기 싫은 일은 남에게도 베풀지 말라〔己所不欲, 勿施於人(기소불욕을 물시어인이니라)〕"(12/2 및 15/23)라든가, "내가 남에게 당하기 싫은 일은 나도 남에게 하고 싶지 않습니다〔我不欲人之加諸我也, 吳亦欲無加諸人(아불욕인지가저아야를 오역욕무가저인하노라)〕"(5/11) 등의 명제들은 공자의 가장 근본적인 도덕적 규범의 기본원칙을 분명히 보여준다.

위와 같은 공자의 도덕적 규범원칙은 정언명령categorical imperative으로 기술되는 칸트의 도덕적 규범이나 불교와 기독교에 깔려 있는 도덕적 기본명제와 유사하다. 그러나 불교나 기독교의 이러한 윤리원칙이 어떻게 정당화되느냐에 대한 논의가 있을지 모르나 칸트의 경우는 그런 여지가 없다. 칸트에 의하면 그러한 규범은 인간의 이성으로부터 도출된다. 그런 점에서 도덕적 명령은 오직 주관적 인간의 사유로만 정당화된다. 그것은 인간의 이성에 의해서만 유추해낸 규범이기 때문이다.

그러나 『논어』에 나타난 도덕적 명제가 칸트의 그것과 거의 구별할 수 없이 유사해도, 『논어』에 있어서 도덕적 명제는 객관적으로 발견해야 할 사실임이 전제되어 있다. 도덕적 규범은 객관적으로 존재하는 '천명', 즉 우주 전체적 질서의 한 측면에 불과하다는 신념을 자명한 객관적 사실로 전제하고 있다는 점에서 칸트의 윤리적 원칙과 근본적으로 다르다.

공자의 윤리를 이와 같이 해석해살 때 윤리규범은 손재본적 의미를 띠며, 『논어』에서 존재론과 윤리학이 명확하게 구별될 수 없음을 알 수 있다. 우주·자연의 법칙과 인간 윤리규범은 궁극적으로 구별될 수 없다는 말이다. 일반화해서 말하자면 서양의 존재론이 대체로 이원적인데 반해서 동양의 존재론은 일원론적이다. 서양에서 존재론과 윤리학이 엄격히 구별되어온 반면, 동양적 사상에서는 그렇지 않았다는 것이다. 그것은 일원론적 입장에서 볼 때 사물현상의 법칙과 인간행위의 규범은 논리적으로 완전히 구별될 수 없기 때문이다. 요컨대 동양에서

'도'라는 말이 철학적으로 사용될 때 우주·자연의 법칙과 인간행위의 규범을 동시에 총체적으로 지칭하는 존재론적 개념으로 취급되어야 하며, 그것의 구조적 및 질적 특성에 대한 검토, 탐색서술이 마땅히 요청된다.

고대 중국사상이 다양했음에도 불구하고 존재 일반에 대한 동양적 신념이 다 같이 '도'라는 말로 기술될 수 있다면, 『논어』에 깔려 있는 존재론 역시 그러하다. 중국사상은 노장과 공맹의 사상으로 양분되고 대립되어 나타났음에도 불구하고, 존재의 질서·법칙과 행위의 규범·법칙이 동일한 '도'라는 말에 뿌리박고 있다는 신념은 그것들의 사상에 공통적으로 다 같이 깔려 있다.

이러한 사실은 "하늘이 명하신 것을 일러 성이라 하고, 성에 따르는 것을 일러 도라 하고, 도를 닦는 것을 일러 교라 한다〔天命之謂性 率性之道 修道之謂敎(천명지위성이요, 솔성지도며, 수도지위교니라)〕"[109]라는 『중용』제1장에서 분명해진다. '도'가 자연의 질서로서 성性을 지칭하던 윤리의 규범인 교敎를 의미하기도 하나, 동시에 그것은 우주 대자연을 통제하는 원리로서 천명에 근거하고 그 천명을 반영한다는 것이다.『중용』은 중국의 가장 오래된 고전의 하나인『예기』에서 뽑은 것이라는 점에서 도교나 유교가 노자나 공자가 완전히 독창적으로 만든 사상이 아니라 역사적으로 더 깊은 하나의 중국 고대의 원천적 사상에 대한 두 가지 다른 해석임을 알 수 있다. 서양과 동양에서 존재 일반은 각기 어떻게 이해되었던가? 'X는 무엇인가'라는 물음은 'X'라는 존재자가 그외의 존재자들과 비교할 때 그 구조상으로나, 그 속성상으로나, 그 기능

[109] 『중용』.

상으로나 어떻게 달리 서술될 수 있는가에 대한 물음이다. 그렇다면 동
양사상에서, 그리고 『논어』에서 '도'라는 말로 표시된 존재는 도대체
어떤 구조와 어떤 속성들을 갖고 있으며, 그런 것들은 서양에서 생각한
존재의 구조와 속성과 비교할 때 어떻게 다른가?

앞에서 사유의 구조를 넓은 뜻으로 '논리'로 부를 수 있었고, 『논어』
에서 볼 수 있는 사유의 특수한 '논리'를 언급할 수 있다면, 그와 똑같이
『논어』에서 나타난 존재양식·구조를 '존재의 논리'라는 말로 동일하게
부를 수 있고, 또한 존재론 혹은 형이상학이란 '존재의 논리'를 탐구하
는 학문 혹은 사유라고 말할 수 있다. 그렇다면 『논어』 속에 나타난 '존
재의 논리'는 어떤 것인가?

『논어』에서 '도'라는 낱말이 존재 일반을 지칭한다면, 이 텍스트의
존재론 혹은 형이상학은 이 텍스트 속에서 '도'라는 말이 보다 구체적
으로 어떤 의미로 해석될 수 있는가에 대한 답을 찾는 작업이 될 것이
다. 그리고 그러한 답을 찾는 데 있어서 동양적 '도'의 개념을 서양적 존
재론 및 형이상학, 즉 '존재' 등의 개념과 비교해 고찰하는 것은 『논어』
의 존재론을 이해하는 데 방법상 편리하고 유용할 것이다.

동서를 가로질러 존재 일반의 양상은 세부적으로 단일하지 않고 다
양한 색깔을 띠고 있다. 그러나 동과 서의 두 문화권에서 나타난 일반적
특징을 언급할 수 있으며, 그것을 어떤 단일한 개념으로 묶어보는 일은
동서의 각기 사상적 특색, 그리고 우리의 경우 특히 『논어』에 깔려 있는
'논리'를 이해하는 데 아주 유익한 방법이다.

서양인들과 동양인들이 본 존재의 논리의 구조적 특징은 아주 일반
화해서 단절성과 연속성이라는 두 개념으로 구별할 수 있다. 존재의 '단
절성discontinuity'은 존재 일반을 서로 완전히 단절시켜, 관찰·인지될 수

있는 원자적 구성부분으로 분석될 수 없는 성격을 의미하며, 이와 대조적으로 존재의 '연속성continuity'은 하나로서의 존재 일반은 근본적 차원에서 어떠한 구성부분으로 명확히 분리될 수 없는 단 하나의 덩어리이기 때문에 지각적 차원에서 우리들이 구별하는 수많은 것들은 오직 개념적 구별일 뿐 절대적, 즉 형이상학적 구별이 실제적으로 불가능함을 함축한다.

구성요소의 하나하나가 단절된 원자적 구조를 갖고 있는 서양의 존재·대자연·우주는 기하학적으로 분절하여 분석될 수 있는 기계로서 이지적으로 투명하게 파악하여 명확한 언어로 기술될 수 있다. 이에 반해서 모든 부분이 서로 완전히 구별될 수 없이 연속된 사물적·질료적 구조를 갖고 있는 동양의 존재·대자연·우주는 감성적으로 직관될 수 있는 예술작품과 같은 존재로서 감각적으로 애매모호하게만 지각할 수 있을 뿐 투명한 언어로 개념화할 수 없으며, 은유적으로만 재현할 수 있다.

존재 일반에 대한 동서에 있어서 '존재의 논리'의 위와 같은 차이는 다음과 같은 사례로 설명되고 뒷받침된다.

첫째, 존재의 속성의 측면에서 서양의 존재론이 단절적이라면 동양의 존재론은 연속적이다. 서양을 지배해온 형이상학은 대체로 이원론적인 데 반해 동양적 사고의 밑바닥에는 일원적 형이상학이 한결같이 깔려 있다. 서양의 이원론은 플라톤의 현상/이데아, 가시세계/가지세계의 양분화, 데카르트의 정신/육체의 절대적 구별, 칸트의 실체계noumema/현상계phenomena의 철저한 구별, 후설의 관념적인 인식대상noema/인식주체noesis, 사르트르의 존재l'être/무le néant나 즉자l'en-soi/대자le pour soi의 절대적 대립, 그리고 물론 기독교의 성/속, 초월계the supernatural/

자연계the natural의 구분 등에서 확연하다. 동양은 이와 다르다. 동양사상을 대표하는 힌두교나 불교로 나타나는 인도사상은 물론 도교나 유교로 나타난 중국사상에서 존재·대자연·우주는 어떤 것으로 양분될 수 없고, 어떤 언어로도 정확하게 표상할 수 없는 하나의 실체로서 파악되고 있다.

일원론적 존재론은 힌두교의 범천Brahman, 불교의 공shunyata·무아anatta·무존anicca과 아울러 성리학에서 말하는 이/기로 표시되는 중국적 존재 이해에서 드러난다. 힌두교와 불교의 경우 유being/무nothingness, 삶/죽음, 자아atman/범아Atman, 속세samsara/열반nirvana, 속the profane/성the sacred은 동일한 세계·실체의 다른 서술에 불과하고, 중국사상의 경우 이/기는 동일한 실체의 양면에 불과한 것으로 파악되고 있다. 서양의 경우처럼 존재가 그 성질이 다른 두 개 이상의 속성으로 구성되었다면 존재는 단절적이며 분석적으로 서술할 수 있다. 그러나 동양의 경우처럼 저마다의 존재가 성질이 서로 다른 어떤 것으로도 분석될 수 없는 단 하나의 속성을 가진 존재라면 우리가 지각하는 서로 다른 모든 사물현상들은 서로 단절된 것이 아니라 연속되어 있다.

둘째, 시간과 공간의 축에서 볼 때 서양적 존재가 그것들 속에 매여 갇혀 있다면 동양적 존재는 탈시공적이다. 시공의 속성이 부여될 때 존재의 윤곽은 그만큼 투명하고 그것의 시작과 끝, 목적과 의미도 그만큼 분명한 윤곽을 나타낸다. 위와 같은 특성을 갖춘 서양적 존재는 마치 벽돌이나 각목처럼 유형적이어서 만약 존재가 시공을 벗어나 있다면 그 존재의 윤곽은 파악이 쉽지 않다. 반대로 동양적 존재는 안개와 같이 무형적이라 말할 수 있다. 서양의 존재는 시간 및 공간적 테두리 안에서 인식되고, 시간 및 공간적 시작·기원과 끝·목적의 개념 밖을 떠나서는 이해될 수 없다. 기독교의 조물주, 플라톤의 '지선the Good', 헤겔의 가이스트Geist 정신 등과 기독교의 천국, 플라톤의 지선의 실현, 헤겔의 가이스트의 변증법적 역사적 전개 등의 개념에 배어 있는 목적론적 세계관에 내포된다. 이처럼 서양의 존재는 시간적으로나 공간적으로 시작, 끝, 그리고 직선적 방향이 확실하다.

이와는 달리 동양의 존재는 시작과 끝, 목적과 방향이라는 개념 등으로 생각할 수 없고 그러한 테두리 밖에 존재한다. 힌두교의 범천, 불교의 공은 물론 중국의 도는 시간적으로나 공간적으로 시작이나 끝이 없고, 그것의 방향·목적도 생각할 수 없다. 시각적으로 그 윤곽을 명확히 파악할 수 있는 서양의 각목과 같은 모난 존재구조와는 상반되게 동양의 존재구조는 무형, 즉 두루뭉술한 구조라는 역설적 개념으로만 표현될 수 있다. 서양의 존재가 시공개념으로 명확한 윤곽을 드러내어 파악된다는 점에서 단절적이라고 말할 수 있는 데 반해서, 동양의 존재는 무형적 구조를 갖고 있다는 점에서 연속적이고, 서양적 존재의 선이 직선적이고 그 방향이 목적론적이라면 동양적 존재의 선은 곡선적이고 그 방향은 선회적이다.

셋째, 내부 구조적 측면에서 볼 때 서양의 존재는 기계적 무기체라면 동양의 존재는 유기적 생태체이다. 서양의 존재의 각기 구조가 명확한 원자적 구성부분에 의해서 기계적으로 작동하는 무기물이라면 동양의 존재는 어떤 원자적 구성부분으로도 확실히 분리·분해될 수 없고, 그 어느 부분을 건드리건 간에 존재 전체가 크게 변화를 일으키게 되는 일종의 전일적holistic 유기체의 모습을 갖고 있다. 서양의 존재는 각기 그 구성부분을 단절시켜 별도로 고찰할 수 있지만, 동양의 존재는 그 어느 구성부분도 따로 떼어내어 고찰할 수 없다.

넷째, 존재와 그 표상의 관계를 놓고 볼 때 각기 다른 존재구조상 서양적 존재가 분석적으로 명확한 개념에 의해서 존재와 언어 간의 괴리 없이 그것을 관념화하여 개념적으로 표상할 수 있다면, 동양의 존재는 관념화, 즉 추상화해서 그것을 언어적으로 개념화하여 명쾌하게 표상할 수 없다. 어떤 존재가 언어로 표상될 때 그 존재는 관념화되어 개념적으로 투명해진다. 개념적 투명화는 X와 Y 간의 명확한 구별을 전제하며 이러한 구별은 그것들 간의 존재양식과 속성상의 단절을 전제한다. 하지만 그러한 존재의 단절적 속성이 부정되고 그것의 연속성을 전제할 때 존재의 투명한 개념화, 즉 언어적 표현은 불가능하다. 서양철학의 핵심적인 의도는 객관적 존재를 투명하게 인식하고 그것을 가장 명료하게 표상의 차원에서 재현하는 데 있었다. 이러한 사실은 플라톤의 이데아 인식에 관한 이론에서도 분명하지만, 철학의 고유한 기능이 객관적 존재의 진리발견에 있지 않고, 우리가 사용하는 언어의 명확한 의미를 밝히는 작업, 즉 '개념적 명료화conceptual clarification'라고 주장한 이른바 분석적 철학관the analytical conception of philosophy에서 한결 더 명백히 드러난다.

그러나 존재와 언어의 관계 및 철학적 기능에 대한 동양적 생각은 서양의 위와 같은 생각과 정면으로 대치된다. 이에 대한 동양적 신념은 노자의 『도덕경』 첫 구절에서 읽을 수 있는 "도를 도라고 말하는 것은 참 도가 아니고, 이름을 이름이라 말하는 것은 참 이름이 아니다. 이름이 없는 것은 천지의 시작이며, 이름이 있는 것은 만물의 어머니이다〔道可道 非常道, 名可名 非常名, 無名天地之始 有名萬物之母(도가도 비상도이고, 명가명 비상명이니, 무명천지지시하고 유명만물지모이라)〕"라는 노자의 말에서 분명히 표현됐다. 이 구절이 그렇게도 유명하다는 것은 그것이 그만큼 많은 동양인들의 공감을 불러일으키고 있음을 암시해준다. 그리고 동양인 본래의 사고의 특징, 즉 논리적 구조의 면에서 볼 때, 노자의 "여기에 혼연히 이루어진 어떤 것이 있는데 뒤섞여 이루어져 천지에 앞서 생겼다〔有物混成 先天地生(유물혼성하여 선천지생하였느니라)〕"라는 말에서 압축적으로 나타난다고 봐도 틀림없다. 비록 어느 관점에서는 『도덕경』에 담겨 있는 사상과 『논어』 속에 담겨 있는 사상이 정반대이기도 하지만, 사유의 논리나 존재의 논리의 입장에서 볼 때 그것들의 밑바닥에 깔려 있는 것은 전혀 다를 바가 없다. 요컨대 동양인이 본 존재, 즉 모든 사물현상들의 관계는 그 성격상 존재론적으로 연속적이어서 그것을 원자적으로 분석하여 개념 속에 관념으로 분리하여 담을 수 없다는 것이다.

궁극적 가치로서의 인의 근거

존재론과 세계관을 위와 같이 규정하고 동과 서로 크게 갈라 일원론/이원론으로 분류했을 때 공자는 '인'이 궁극적 가치라는 신념의 궁극적 근거를 자신의 문화권을 지배한 일원론적 세계관과 어떻게 연결시킬 수 있었던가?

한 신념의 근거는 다른 신념에, 그리고 그 신념은 또 다른 신념이라는 식으로 무한역행적으로 요구되지만 언젠가는 궁극적 신념에 봉착한다. 그러나 또 다른 신념에 의존할 수 없는 궁극적 신념도 어떤 방식으로든 자신의 근거를 요청한다. 이때 제시될 수 있는 근거는 적어도 한 사람이 암묵적으로 갖고 있는 존재론·세계관과 밀접한 관계를 갖는다.

존재론과 세계관은 여러 가지 관점에서 서로 다른 범주에 의해서 분류될 수 있지만, 그중 하나는 지각적 대상이 될 수 있는 자연적 세계를 초월한 다른 세계를 믿느냐 아니냐에 따라, 한편으로는 이원론적 및 초월적인 것과, 다른 한편으로는 그것과 반대되는 일원론적 및 자연주의적인 것과 구별될 수 있다. 기독교적 및 플라톤적 세계관이 전자에 속한다면 동양적 및 이성적 세계관은 후자의 예로 들 수 있다. 이 두 가지 세계관 가운데에 어떤 것을 택하느냐에 따라 한 개인, 한 문화가 갖고 있는 궁극적 신념의 근거는 사뭇 달라진다.

전자, 즉 서양의 기독교나 플라톤의 경우 모든 것의 궁극적 기원, 원리 및 모든 신념의 궁극적 근거는 유대교·기독교·이슬람교를 비롯한 모든 다른 유신론적 종교의 경우처럼 인간이 살고 있는 세계 밖에 어떤 인격적인 절대적 존재 아니면 신의 계시와 가르침에서 찾을 수 있거나, 아니면 플라톤적 형이상학의 경우처럼 현상적 세계의 바탕에 존재하는 이데아라는 실체·본질의 인식에서 찾을 수 있다. 서양의 종교는 인격적 절대신인 여호와와 아브라함의 약속 및 모세에게 내려진 십계명의 예에서 볼 수 있듯이 모든 것은 궁극적으로 우주만물의 창조 및 경영자로서의 절대신·유일신에게서 그 근거를 찾고 설명되거나, 원시시대부터 내려온 물활론animism적 믿음이 아직도 사회 구석구석에, 그리고 우리의 마음 어느 구석에 상존하고 있는 수많은 작은 인격적 신들에게서 근거를 찾는다. 이 경우 신의 존재, 그의 계시나 가르침은 실증적 관찰, 이성적 판단에 기초한 지적 인식대상이 아니라 오로지 뜨거운 '믿음', 즉 무조건적·비합리적 신앙의 대상일 뿐이다.

후자, 즉 동양의 자연주의적 세계관의 경우 모든 것의 궁극적 기원, 원리 및 모든 신념의 궁극적 근거는, 서양의 스피노자Spinoza, 칸트Kant,

헤겔Hegel의 경우에서처럼 우주의 형이상학적 원리 아니면 눈으로 관찰할 수 있는 자연현상의 질서로써 찾아진다. 형이상학적 원리나 자연적 질서는 맹목적 신앙의 대상이 아니라 각자의 구체적 경험과 이성적 추론에 의해서 인지되고 선택할 수 있는 인식의 대상이다. 그들의 세계관, 인생, 가치 등에 관한 추상적 신념은 이성적 판단을 초월한 어떤 신비스러운 영감이나 직관으로만 접근할 수 있는 어떤 초월적, 즉 초자연적 인격자의 계시가 아니라 어디까지나 냉정한 이성적 사유만이 도달할 수 있는 객관적 인식의 산물이다. 이런 점에서 유교나 도교는 물론 힌두교나 불교는 바로 위에서 예로 든 몇몇 서양철학자들의 경우와 놀랍게도 동일하다.

동양의 철학적 세계관에는 이성이나 경험이 미치지 못하는 초월적 세계와 초월자가 따로 없으며, 우주·자연·존재의 원초적이며 영원한 원칙과 법칙이 원칙적으로 감각적으로 파악될 수는 없지만, 그렇다고 그것이 초월적이고 신비스러운 인격은 아니다. 그들의 세계관·자연관·우주관은 신비주의적 인식론이 아니라 오히려 자연과학적·실증적 인식론에 근거한다. 그들에게 자연·우주·존재 전체는 하나의 인격체가 아니라 수많은 개체 생명체들이 물리적 존재와 뒤섞여 어떤 질서를 갖고 존재하는 하나의 거대한 자연현상의 체계일 뿐이다. 이런 점에서 동양, 특히 공자의 존재의 본질과 근원에 대한 설명은 절대신이라는 존재 일반의 절대적 인격자Person나 가이스트der Geist라고 부르는 유사인격체에 비친 서양종교나 헤겔의 목적적 설명과는 전혀 다르다. 이와 같은 동양사상의 비초월주의적nonsupernaturalistic, 즉 자연주의적naturalistic, 비물활주의적nonanimistic, 그리고 비인격주의적impersonal, 비목적론적ateleological, 비의인적nonanthropocentric 세계관과 비신비주의적, 비마술적

nonmagic, 비종교적, 즉 실증주의적positivistic 인식론의 특징이 『논어』에 나타나는 공자의 경우 특히 두드러지게 분명하다.

자신의 제자 계로가 귀신 섬기는 일과 죽음에 대하여 물었을 때 "사람을 섬기지도 못하는데 어찌 귀신을 섬기리오. …… 삶을 알지 못하면서 어찌 죽음을 알리오〔未能事人, 焉能事鬼. ……未知生, 焉知死(미능사인한데 언능사귀이며 …… 미지생인데 언지사리오)〕"(11/11)라고 대답한 공자는 유신론자도 무신론자도 아닌 불가지론자the agnostic이다. 그는 이 세상 밖의 초자연적 세계, 즉 죽음 후에 존재하는 또 다른 삶을 인정하지도 부정하지도 않는다. 그는 서양의 어느 이성주의적 철학자들보다도, 그리고 어느 도교, 어느 불교신자들보다도 자신의 신념에 훨씬 덜 독선적인, 따라서 겸허한 태도를 갖고 있었던 것이 분명하다. 『논어』의 기록대로 만약 공자가 "괴상한 것, 완력으로 하는 것, 어지러운 것, 그리고 귀신에 관해서는 말씀하지 않았다〔不語怪力亂神(불어괴력난신이러시다)〕"(7/20)라는 것이 사실이라면, 공자는 심리학적 관점에서 볼 때 종교적·철학적·정치적 확신에 찬 많은 광신적 사상가, 즉 이념가들과 달랐다. 또한 그는 인식론적 관점에서 볼 때도 사념적 형이상학자가 아니라 경험주의적 합리주의자였으며, 형이상학적 관점에서 볼 때 신중심적 신본주의theocentric theocentrism가 아니라 인간중심적 인본주의anthropocentric humanism이다. 그는 초월주의자가 아니라 자연주의자였으며, 광신주의자가 아니라 이성주의자였고, 종교적 사상가가 아니라 이성적 사상가였으며, 그가 이상주의자였다면, 그의 이상주의는 초월적이 아니라 현실주의적이었다.

이러한 사실은 공자와 그의 제자 자로가 나눈 다음과 같은 말 속에 담긴 그의 종교관에서도 확인된다. "공자께서 심히 편찮으시자 자로가 기도를 드리라고 하니, 공자께서 '전에 그런 일이 있었더냐?' 하고 물으셨다. 자로가 '있었습니다. …… 너를 위하여 위로 천신天神과 아래로 지기地祇에게 빈다고 했습니다'라고 대답했다. 그러나 공자께서는 '나는 그런 기도를 드린 지가 오래되었노라'라고 말씀하였다〔子 疾病, 子路請禱 子曰, 有諸, 子路對曰有之. …… 禱爾于上下神祇. 子曰 丘之禱 久矣(자 질병이어늘, 자로청도한데 자왈, 유저, 자로대왈유지하니 …… 도이우상하신기라하더이다. 자왈 구지도 구의니라)〕."(7/34)

이같은 몇 가지 점들로써 우리는 공자가 동양은 물론 서양의 어느 근대적 사상가들보다도 더 근대적, 즉 합리적인 과학적 사상가였음을 알 수 있다. 하지만 문제는 공자의 세계관에 대한 이러한 결론이 다음과 같은 사실과 상충된다는 것이다.

'도'가 유교에서나 도교에서 다 같이 우주·자연의 근본질서와 인간이 지켜야 할 행위의 윤리적 기본규범, 즉 인간으로서의 삶의 가치를 뜻함과, 앞서 언급했듯이 공자의 사상체계 안에서 '인'이 가장 근원적 가치를 지칭한다는 것을 전제할 때, 공자의 경우 '도'는 곧 '인'이며, '인'은 곧 '도'이다. 그렇다면 "아침에 도를 들으면 저녁에 죽어도 좋다〔朝 聞道 夕死可矣(조문도면 석사라도 가의로다)〕"(4/8)라는 공자의 말은 그가 '인'이라는 가치를 지고의 가치로 확신하고 있었음을 분명히 입증한다. 그러나 여기서 우리의 핵심적 문제가 제기된다. 공자가 그러한 '도'로서의 '인'의 가치를 지고의 가치로, 그가 '인'으로서의 '도'를 객관적 존재로 의심하지 않았던 그의 믿음의 근거가 무엇이었을까라는 물음이 생긴다.

『논어』에 기록된 "천명을 모르면 군자가 될 수 없느니라〔不知命 無以 爲君子也(부지명이면 무이위군자야니라)〕"(20/3)라는 공자의 발언에 비추어볼 때, 위의 물음에 대한 그의 대답은 분명히 '하늘', 더 정확히 말해서 '하늘의 명령'이라는 낱말이다. 문제는 여기서 '하늘'을 인격적 존재로 볼 수밖에 없고, '하늘의 명령'을 따라야 한다는 말이 인간적 가치가 인간이 자율적으로 선택할 수 있는 것이 아니라 밖에서 주어진 것이고, 그것의 정당성은 인간의 자유로운 선택에 있지 않고, 인간의 외부에 존재하는 무엇인가에 의해서만 수동적으로 주어진다는 주장이 불가피하다는 점에 있다.

그렇다면 공자의 세계관도 종교적이며, 따라서 기독교나 그밖의 모든 종교적 믿음의 체계와 똑같이 물활론적이고 초월주의적이라고 말할 수밖에 없다. 이러한 결론은 힌두교, 불교, 도교 및 유교와 같은 동양의 지배적 사상, 그중에서도 특히 『논어』에 나타난 세계관의 특징이 의인적이 아니라 자연주의적이며, 물활론적이 아니라 물리적이며, 초월적이 아니라 실증적이고, 원시적·전통적이 아니라 과학적·근대적이라는 주장과 상충된다. 『논어』에 나타난 세계관의 해석을 둘러싼 이같은 모순을 어떻게 해결할 수 있는가?

이에 대한 대답은 '천' 혹은 '천명'으로 지칭되는 대상을 의인적 존재로 보지 않고 '궁극적 신념'의 확고성을 상소하기 위해 고안해낸 은유적 표현으로 봄으로써 찾아낼 수 있다. 공자가 '인'이라는 가치를 궁극적인 것으로 믿는 근거는 우주·자연의 어느 한 곳이나 공자 자신의 육체 어느 곳에 객관적으로 존재하는 것이 아니라 오로지 그 자신이 자신의 세계에 대한 인식과 그것에 기초해 그가 자유롭게 결정한 실존적 선택 자체 이외에는 어느 곳에서도 찾을 수 없다. 유일신이나 그밖의 다른 형태의 궁극적 실체에 호소하지 않아도, 그리고 설사 그렇게 호소할 수 있는 실체가 존재하지 않더라도 어떤 신념의 나름대로의 궁극적 근거는 가능하다. 극단적으로 모든 신념의 근거는 궁극적으로 실존적 결단이라는 주장을 사르트르와 더불어 할 수 있다.

사르트르에 의하면 인간의 삶은 곧 행동의 총체이며, 행동은 필연적으로 선택을 전제하고, 선택은 필연적으로 가치선택이다. 그러므로한 인간의 개별적 모든 행동은 그가 그때그때 선택한 가치에 비추어서만 설명할 수 있고, 또한 이렇게 설명할 수 있는 개별적이고 단편적 모든 가치선택은 그가 가장 시초에 그리고 근원적으로 택한 '원초적 선택'에 비추어서만 설명할 수 있다. 여기서 '원초적 선택'을 '궁극적 가치선택'으로 바꾸어 부를 수 있다. 한편 퍼트남Putnam이 말한 대로 한 인간의 모든 활동의 궁극적 의미는 "인간적 번영에 대한 총체적 신념holistic conception of human flourishing"에 비추어서만 이해 가능하다고 주장할 수도 있을 것 같다.[110] 이때, 여기서 '번영'이라는 말을 '가치'라는 말로 대치할 수 있고, '총체적'이라는 말을 '궁극적'이라는 말로 대치할 수 있으므로 철학적 스타일이나 관심에서 사르트르와 전혀 다른 자리를 차지하고 있음에도 불구하고 가치의 분석에 관한 한 퍼트남은 사르트르와 철학적으로 똑같은 입장에 서 있다.

모든 큰 사상은 복잡하게 짜여지는 것이지만, 그것은 반드시 어떤 핵심적 개념으로 통일되어 있다. 노자의 '도', 기독교의 '절대신', 플라톤의 '이데아', 칸트의 '선험적 자아', 헤겔의 '가이스트', 마르크스의 '유물론적 변증법' 등이 그러한 사실의 몇몇 예들이다. '인'은 『논어』 속에서 위와 같은 개념들과 동일한 위치를 차지한다. 그러나 '도'까지를 포

---

110   Hilary Putnam, *Words & Life*, James Conant, ed.(Cambridge, Harvard University Press, 1994)

함하여 '절대신', '이데아', '선험적 자아', '유물론적 변증법'이 한결같이 객관적으로 존재하는 어떤 형이상학적 존재, 즉 객관적 대상을 지칭하는 개념들인 데 반해서, '인'은 인간이 인간으로서 갖추고 실천해야 할 도덕적 속성을 지칭한다. 이러한 사실은 공자의 사상의 핵심에 도덕적 문제가 있다는 것을 재확인시켜주며, '인'이 공자가 믿기에 인간이 궁극적으로 실현해야 할 가치를 지칭하는 개념임을 입증한다. 공자의 핵심적 사상이 담긴 『논어』가 인간에게 중요하다고 주장하는 모든 가치들의 총체적 의미는 궁극적으로 '인'의 개념에 비추어 통일된 것으로 설명되고 파악될 수 있다. '인'의 가치는 모든 가치들이 그러하듯이 인간이 선택한 인간적 가치이며, 그것은 사르트르의 '원초적 선택'이라는 개념과 퍼트남이 말하는 '전일적 인간 번영관'이라는 개념과 같은 기능을 한다. 인간은 처음부터 완전히 운명에 의해 결정된 동물이 아니라 자율적 존재이며, 그가 행하는 모든 것의 책임은 궁극적으로 인간 자신에 달려 있다는 것이다. 이런 점에서 공자는 사르트르나 퍼트남과 마찬가지로 숙명론자가 아니라 실존주의자이며, 그의 세계관은 물활론적 초월주의가 아니라 가장 철저한 자연주의적 인본주의naturalistic humanism이다.

『논어의 논리』(2005)

04

참여와 정치의 논리

새와 짐승들하고는 함께 떼지어 살 수 없으니, 내가 이 세상 사람들과 함께 살지 않는다면 누구와 함께 산단 말인가!〔鳥獸不可與同群 吾 非斯人之徒 與 而誰與(조수불가여동군이니 오 비사인지도를 여오 이수여리오)〕(18/6)

사회적 동물로서의 인간관

공자는 인간의 두드러진 본질을 인간의 도덕적 의식에서 찾았다. 그에 의하면 도덕성은 곧 사회성으로 이어진다. "덕은 외롭지 않다. 반드시 이웃이 있느니라〔德不孤 必有隣(덕불고라 필유린이니라)〕"(4/25)라는 말로써 인간이 근본적으로 사회적 동물임을 선언했다. 인간의 존재 방식의 한 측면을 '사회성'으로 보았다는 점에서 공자는 아리스토텔레스보다 약 백 년, 그리고 한 인간을 그가 구체적인 역사적 맥락에서 갖고 있는 '사회적 관계의 총체'로 규정한 마르크스보다 2천 수백 년 앞섰다.

'인'이라는 덕목이 아무리 중요한 인간적 가치이더라도 그것이 그냥 발견과 소유물로 존재하는 객관적 인식대상이 아니라 인간 각자가 실천적 행동을 통해 자신의 내부에서 실현해야 할 이상으로서 심성과 몸가짐으로 존재한다. 그것은 내 자신 속이나 내가 사는 인간사회에 이미 존재하는 것이 아니다. 나 혹은 나의 사회의 성격은 '인'과 멀리 떨어져 있다. 그래서 세상은 의롭지도, 예의 바르지도 못하고, 갈등과 싸움, 폭력과 불의로 혼란하며 시끄럽고 살기에 괴롭다. 혼란스러운 폭력적 사회로부터, 그곳에 사는 폭력적 개인들로부터, 정계로부터, 도시로부터, 권력투쟁의 장으로부터 도피하여 노장사상을 따른다는 '도가'들이 원하고 주장하고 행동하듯이 시골을 찾아 자연으로 돌아가서 은둔하여 새와 동물들 속에서 혼자만의 마음의 평화를 누리고 싶은 유혹에 빠진다. 그러나 이러한 점에서 공자나 맹자는 노자나 장자와는 서로 정면으로 대립한다.

삶과 사회에 대한 인간의 태도는 각자 갖고 있는 세계관·인생관에 따라서 대체로 소극적인 것과 적극적인 것으로 구별된다. 위와 같은 두 가지 태도는 노자·장자와 같은 도가들이 전자의 범주를 대표하고 공자·맹자와 같은 유가들이 후자의 범주에 속한다. 왜냐하면 공자의 관점은 혼란스러운 사회에서 도피하여 산속이나 한적한 시골에 가서 은둔생활을 택하려는 가장 동양적이라는 도가들의 태도와 다르고, 오히려 서양의 한 세계관을 대표하는 기독교가 주장하듯이 지상의 속세적 사회에 적극적으로 참여하며 살아야 한다고 주장하는 기독교의 복음주의자적 태도와 오히려 같지만, 기독교의 적극적 현실참여가 내세주의를 위한 수단으로 파악되는 데 반해서, 공자가 주장하는 현실참여, 즉 사회참여의 이유는 그러한 참여가 자연의 이치이자 인간의 본래적 존재양식에 따른 인도人道이기 때문이다. 아리스토텔레스는 인간이 플라톤이 말하는 이데아라는 관념적 존재가 아니라 구체적인 현실 속에서 사회적 동물로서 존재한다고 말했고, 마르크스에 의하면 인간은 추상적인 형이상학적 본질로서 규정할 수 있는 것이 아니라 구체적인 '사회적 관계의 총체'로서만 파악될 수 있다고 주장했다. 이런 점에서 공자는 위의 두 사상가들과 같다. 하지만 이 두 사상가와 같은 생각을 아리스토텔레스보다는 약 100년 전, 마르크스보다는 약 2천 수백 년 전에 했다는 점에서 공자는 위의 두 사상가들보다 앞섰다.

공자의 사회참여사상의 근거는 어디에 있는가? 인간은 어째서 자신만의 평화와 안락을 위해 세상을 피하여 은둔생활을 해서는 안 되는가? '사회society'라는 낱말이 원래 '결집적' 혹은 '동반'을 뜻하는 라틴어 'socialis'와 'socius'라는 낱말에 그 어원을 두었다면, '인간이 사회적 동물'이라는 말은 인간의 동물적 본질이 '집단적으로' 혹은 '남들과 동반해서' 생존하게끔 태어난 동물임을 뜻한다. 생물학적으로 모든 동물은 각기 독립된 개체적 존재로 독립해서 생존할 수 있다. 절대다수의 동물들은 비사회적 동물이다. 실제로 거의 모든 동물들이 유아기와 짝짓기할 때를 제외하고는 거의 혼자 떠돌이로 생존하다가 죽어간다.

인간만은 예외이다. 즉 인간은 무리를 짓고 생물학적으로 완전히 독립된 다른 인간들과 함께 모여 사는 사회적 동물이다. 언제부터였는지를 확실히 규정하기는 불가능하지만, 그것은 아마도 인간이라는 종이 호모사피엔스로 진화하여 아주 원시적이기는 하지만 일종의 언어로 한 인간이 다른 인간과 의사소통과 정보교환을 할 만큼 생물학적으로 진화되면서부터일 것이다. 이러한 의사소통과 정보교환을 통해서 얻을 수 있는 각자의 개인적 유용성을 인식하게 됨으로써 집단적으로 결집하는 생존양식은 그만큼 점진적으로 변증법적 논리에 따라서 강화되며 발전해왔을 것이다.

사회적 동물, 즉 위와 같은 의미, 즉 무리를 짓고 결집하여 사는 동물은 언뜻 보기에 인간의 고유한 본성, 즉 유일한 본질이 아닌 것 같다. 꿀벌, 개미, 여우나 리카온, 코끼리, 누, 사자나 호랑이, 갈매기나 황새 등과 같이 많은 동물들은 나름대로 자신의 종에 속하는 개체들과 모여 하나의 떼를 지어 행동하는 만큼 그들도 인간이라는 종과 마찬가지로 역시 사회적 동물이라고 말할 수 있을 것 같다. 그러나 사회는 개별자들의 모임과 결합이기는 하지만 그것은 자연적, 즉 우연적이 아니라 문화적, 즉 의도적인 인위적 모임과 결합을 뜻한다. 이러한 뜻으로서의 사회는 반드시 그 구성원들의 언어를 통한 의사소통과 정보교환 능력을 전제한다. 오직 인간만이 이러한 능력을 갖고 있는 만큼 인간이라는 종을 제외하고는 앞서 예로 든 몇 가지 종들이 아무리 견고한 집단생활, 공동행동 습성을 보이더라도 그들을 정말 '사회적' 동물이라고는 말할 수 없다. 인간만이 사회적 동물이며, 오직 인간만이 사회를 구성하고 생존한다면 '사회성', 즉 '남들과 모여 결집하여 살아야 함'은 곧 인간의 존재본적 본성임을 함축한다.

다음에 인용하는 『논어』에 기록된 그와 제자 간의 대화내용으로 알 수 있듯이, 인간이 유일한 사회적 동물이라는, 공자가 파악한 평범하면서도 깊고 놀라운 진리는 다음과 같은 그의 확고한 도덕적 신념에 근거한다.

만약 사회와 그 속에 사는 이들이 '인'의 도리에 어긋난다면 우리는 그러한 잘못을 고쳐서 조금이나마 보다 나은 사회, 보다 나은 인간으로 바꾸도록 노력해야 할 인간적 의무가 있다는 것이다. 인간은 사회적 동물이므로 적극적으로 사회에 참여해야 할 사회적 및 인간적 책임이 있다는 공자의 생각은『논어』속의 다음과 같은 기록에서 분명하다.

난세에도 불구하고 '인'의 덕목을 설파하기 위해서 여느 날처럼 공자는 자로를 비롯한 여러 제자들을 데리고 낯선 산골지방을 지나가던 중 산속에서 나루터를 찾아가야 했다. 그 지방의 지리에 낯선 공자는 자로를 시켜 노장사상을 추종하는 은둔자들인 장저長沮와 걸닉桀溺이 밭을 갈고 있는 것을 보고 그들에게 나루터로 가는 길을 묻게 했다. 노장의 추종자인 장저와 걸닉은 입을 모아 "온 천하가 한 물결에 휩쓸려가는데 누가 그 방향을 바꾸겠소? 한편 그대는 사람을 피해 다니는 선비를 따라다니기보다는 세상을 피해 사는 선비를 따르는 게 어떻겠소〔滔滔者天下皆是也, 而誰以易之. 且而與其從辟人之士也, 豈若從辟世之士哉?(도도자천하개시야니 이수이역지리오. 차이여기종피인지사야로는 기약종피세지사재리오)〕"(18/6)라고 말하며 뿌린 씨를 덮어가는 일을 멈추지 않았다. 자로가 이 일을 공자에게 말씀드리니 공자는 서글프게 다음과 같이 대답했다. "새와 짐승들하고는 함께 떼지어 살 수 없으니, 내가 이 세상 사람들과 함께 살지 않는다면 누구와 함께 산단 말인가! 세상의 질서가 잡힌 때라면 내가 고쳐 보잘 것도 없지!〔鳥獸不可與同群, 吳非斯人之徒與 而誰與, 天下有道, 丘不與易也(조수는 불가여동군이니 오비사인지도를 여오 이수여리오. 천하유도면 구불여역야니라)〕"(18/6)

자연적 현상이 오로지 인과적 법칙에 따라 설명될 수 있는 데 반해서 문화적 현상은 오로지 상징적 규범에 의해서만 이해될 수 있다. 좁은 뜻으로서 '사회'를 문화현상으로 볼 때, 오로지 인간만이 사회적 동물이다. 인간만이 상징적 의사소통 수단으로서의 언어를 갖고 있으며, 오로지 인간만이 상징적 체계의 하나로서의 규범·규칙으로 지배되는 문화의 세계를 구축하고 그 속에서 살고 있기 때문이다. 개미나 꿀벌의 사회가 문화적 존재가 아닌 데 반해서 인간의 사회가 문화에 속한다는 것은, 전자가 어느 곳, 어느 때에서든 변함이 없는 데 반해서, 후자는 시대와 장소에 따라 항상 변한다는 사실을 입증한다.

인간이 사회적 동물이라는 사실, 인간의 사회성이 곧 인간의 문화성을 의미하고, 인간이 문화적 존재라는 사실이 인간이 자연과 대치되는 존재라는 사실을 함축한다면, 인간의 사회성은 인간의 본질이 될 수 없어 보인다. 사회적 성격의 구체적 내용은 시대와 장소에 따라 항상 변하는 것이므로 본질이 될 수 없기 때문이다. 그러나 그 구체적 내용이 가변적이기는 하지만 '사회적 성격'을 떠난 구체적 인간이 존재하지 않을 뿐만 아니라 그러한 인간의 개념은 논리적으로 성립할 수 없기 때문이다. 생물학적으로 동일한 '동물'이라는 범주에 소속되면서도 '인간'이라는 개념이 '동물'이라는 개념과 구별되는 한, '인간'이라는 개념에는 이미 비자연적, 비생물학적, 즉 문화적 속성이 내포되어 있기 때문이다. 다시 말해서 물질이나 동물의 존재론적 본질은 물리적 혹은 생물학적, 즉 '자연적' 속성만으로도 충분히 규정될 수 있지만, 인간의 존재론적 본질은 반드시 '문화적' 속성이 그 속에 포함되어야 한다는 것이다.

바로 이런 점에서 '문화적', 즉 '사회적' 속성이 인간의 본질로 인식될 때 어느덧 '본질적', 즉 '자연적' 성격을 띤다. 그것은 인간이 문화적 존재인 것은 이미 인위적인 것이어서 인간의 의지와 결단에 의해 임의적으로 바뀔 수 있는 성질의 것이 아님을 말해준다. 인간은 존재론적으로, 본질적으로, 즉 '자연적'으로 '문화적', 즉 '사회적' 동물이다. 완전히 자연적, 탈문화적, 탈사회적인 '인간'은 존재하지 않는다. '야성의 마음La pensée sauvage'[111]은 존재하지 않는다는 레비 스트로스Lévi-Strauss의 주장은 옳다. '야성의 마음'이란 개념은 스스로의 상대적 우월성을 확인함으로써 심리적 허영을 채우고, 약자에 대한 권력행사를 정당화하기 위해 일부 힘을 가진 문화와 인간이 고안해낸 하나의 '허구'에 불과한 것이 아니겠는가?

사회적 질서와 규범

인간은 자신의 사회성으로부터 자유로울 수 없어 그 안에서만 존재해야 하지만, 그 테두리 안에서 구체적으로 어떤 문양으로 자신의 문화, 자신의 사회를 짜느냐의 문제는 전적으로 그 사회의 구성원들이 개인적으로, 그리고 집단적으로 갖고 있는 지적·정서적·도덕적 성격에 따른 결단에 달려 있다. 주어진 자연적·물리적 조건이 동일한 경우에도 마찬가지이다. 자연적·물리적 조건에서도 그 구체적 내용이 서로 다른 문화, 사회가 생기는 것은 이 때문이다. 유럽인들의 식민지였던 동안 홍콩, 싱가포르, 모로코, 튀니지, 알제리 등에는 원주민들의 전통적인 것들과는 전혀 다른 영국식 혹은 프랑스식 건축, 음식, 주거 문화가 원주민들의 가치관, 전통적 사회·문화를 위협하거나 차츰 대체하기에 이르렀다. 과거 유럽의 많은 큰 도시들에는 종교와 문화를 달리한 유대인이 집단적으로 거주하게 됨으로써 그들 절대다수인 원주민들과는 성격이 다른 사회와 문화를 구성했고, 뉴욕, 시카고, 로스앤젤레스, 샌프란시스코 등 미국의 대도시 한복판에는 이민 온 중국인들 혹은 한국인들을

111 Claude Lévi-Strauss, *La pensée sauvage*.

중심으로 미국적·유럽적·서양적 문화와는 전혀 다른 차이나타운과 코리아타운 등의 색다른 작은 사회가 형성되어 있다.

자연이 물리적 현상의 총체라면 문화는 물리현상으로 환원할 수 없는 인간의 정신현상의 총체이고, 사회는 그러한 문화를 구성하는 인간들 간의 복잡한 관계로 구성된 한 단위를 형성하는 인간들의 집단을 지칭한다. 자연현상들 간의 모든 관계가 거의 기계적으로 작동하는 인과적 법칙에 의해서 지배된다면, 사회·문화 현상들 간의 모든 인간적 및 문화적 관계는 기계적 인과법칙으로 환원될 수 없는 그 사회의 서로 다른 구성원들의 지식, 지혜, 가치관, 기질, 관심, 기호, 의지 등에 의해서 복잡하게 얽혀 있다. 각 인간이 갖고 있는 지식, 가치관, 기질, 관심, 기호, 의지 등의 다양성은 필연적으로 그들 사이에서 갈등을 끝없이 유발한다. 사회구성원들 간의 이와 같은 갈등이 불가피한 것은 인간이 본디 자율적으로 사유하는 언어적 동물이기 때문이다. 자유가 존재하지 않는 자연의 영역, 아니 더 정확히 말해서 언어가 유통되지 않는 동물의 세계에서는 인간적 차원에서 말할 수 있는 갈등은 없다. 동물들의 '갈등'은 진정한 갈등이 아니라 물리적 법칙으로 설명할 수 있는 현상일 뿐이다. 동물들이 먹이를 놓고 죽기 살기로 싸우는 현상은 갈등이 아니라 생물학적 법칙, 즉 일종의 인과적 법칙으로 설명할 수 있는 일종의 물리적·자연적 현상이다. 이와는 달리 인간들 간에 일어나는 갈등은 언어적으로 의미의 차원에서만 이해될 수 있는 문화적인 하나의 특수한 현상이다.

갈등은 한 집단으로서의 사회 안에서 생기는 자유를 갖는 각 개인들 간, 아니 각 개인의 자유들 간의 갈등이다. 그러나 이러한 갈등은 반드시 해결되어야 한다. 갈등의 대상은 사회성이 크면 클수록 더욱 그렇다.

왜냐하면 인간은 자율적 개인으로서만 존재하는 것이 아니라 한 사회의 일부를 구성하는 사회적 동물로서, 즉 사회를 완전히 이탈해서는 존재할 수 없는 사회적 동물이며, 갈등만이 존재하는 사회는 존속할 수 없기 때문이다.

그러므로 사회적 질서는 모든 사회의 필수조건이며, 그러한 질서 유지와 강화는 모든 사회구성원에게 내려진 절대명령이다. 노장이나 공맹, 도교나 유교가 똑같이 강조하는 '도'의 근본적 뜻의 하나는 바로 다름 아니라 인간이 사회적 인간으로서 절대적으로 갖추어야 할 사회적, 즉 인간 사이의 관계를 규제하는 질서유지를 위한 원칙 및 그 원칙에 바탕을 둔 사회·도덕적 규범을 의미한다. "임금은 임금답게, 신하는 신하답게, 아버지는 아버지답게, 아들은 아들답게 하는 것이니라〔君君臣臣父父子子(군군신신부부자자니라)〕"(12/11)라는 공자의 말은 사회가 갈등을 극복하고 질서를 갖추어 번영하려면 각기 사회적 계층, 그리고 각기 계층 안에서의 개인들은 그에게 가장 적절한, 고유의 특정한 역할분담을 하고 자신의 신분과 위치에 따라 그것에 걸맞은 행동을 해야 한다는 뜻이었다. 물론 공자가 사회질서를 말했을 때 그는 그가 살았던 군주 봉건사회를 염두에 두고 있었던 것이다.

오늘날 우리가 살고 있는 사회는 공자가 살던 사회와는 사뭇 다른 사회이다. 당시와는 달리 임금도 신하도 없는 상황에서 임금과 신하의 각기 다른 역할과 거기에 걸맞은 행동규범이 있을 수 없다. 오늘날 부자간의 관계도 무척 달라졌다. 그러므로 아버지와 아들이 각각 해야 할 사회적 역할과 상대방에게 취해야 할 태도도 크게 달라졌다. 이런 점에서 군주, 신하, 아버지, 아들이 각각 맡아야 할 사회적 위치와 그에 부합하는 역할의 사회적 중요성을 공자가 생각하던 식으로 말하는 것은 무의미하다. 그럼에도 앞서 예로 든 공자의 말이 2천 수백 년이 지난 오늘날에도 중요한 것은 인간은 사회를 떠나서는 존재할 수 없고, 각 개인이 인간답게 정신적으로나 물질적으로 평화롭게 번영할 수 있으려면 사회구성원들 사이에서 표출되고 충돌하게 마련인 인간들 사이의 갈등을 해소하는 방법으로 사회적 질서가 합리적 방법, 즉 '도'의 표현으로서의 어떤 규범에 의해서, 질서에 의해서 잡혀야 함을 강조했다는 사실이다. 여기서 중요한 것은 공자의 '도', 즉 사회적 규범과 그에 따른 질서가 잡히지 않은 사회는 결코 바람직한 사회일 수 없다는 사실에 있다.

자연현상을 지배하는 자연법칙, 즉 '도'를 과학이 발견하는 인과법칙을 지칭하는 것으로 볼 수 있다면, 한 개인의 행동을 규제하는 인간의 '도'는 도덕적 규범의 원리로서의 '인', 즉 '착한 마음'을 지칭하는 경우도 있다. 이때 도덕적 규범의 원리로서의 '인'의 구체적 의미는 '충서忠恕'이고, 충서는 남을 자기 자신처럼 존중하라는 도덕적 규범으로서의 정신에 맞게 행실을 갖추어야 한다라는 것이다.

내가 살고 있는 사회를 이같이 진단할 때 나는 무엇을 어떻게 해야 할 것인가? 인간으로서, 그리고 내가 몸을 담고 있는 사회의 한 구성원으로서 나는 이러한 사회에서 어떻게 처신해야 하는가? 나 자신만의 안전과 평화를 위해서 사회로부터 도피할 것인가? 아니면 그러한 현실에 참여하여 그것을 개혁하고 '도'가 통하도록 할 것인가? "천하에 정도가 행해지면 나는 너희들과 함께 세상을 바꾸려 들지도 않을 것이니라〔天下有道, 丘不與易也(천하유도면 구불여역야니라)〕"(18/6)라는 공자의 말은 바로 위와 같은 물음에 대한 그의 간접적 대답이 된다.

인간은 개인적으로 '도'에 맞게, 즉 '인'에 어긋나지 않게 살아야 하고, 사회구성원으로서 '도'가 통하지 않는, 즉 '인'의 덕목이 짓밟힌 사회에 대해서는 그것과 대결하여, 사익을 위해서 그 사회를 외면할 것이 아니라 공익을 위해서 그것에 적극적으로 참여하여 '도', 즉 '인'으로 가득 찬 사회로 바꾸는 데 이바지할 도덕적 권리, 의무, 그리고 책임이 있다는 것이다. 바로 이런 맥락에서 깨달은 자는 자기 수양은 물론 사회에 적극적으로 참여하여 군주와 신하, 남녀노소 모두를 교육하고 계몽해야 할 도덕적 의무와 책임에서 자유로울 수 없다.

사회적 의무와 책임

동물과 구별되는 인간의 본질이 '인'이라면 이러한 심성에 따라 살 때 인간은 누구나 '인간으로서' 살 수 있다. '인'이 인간의 본성인 이상 '인'은 인간에게 밖으로부터 새롭게 추가될 수 있는 성질을 가진 것은 아니다. 공자에 의하면 '인'은 모든 인간이 선천적으로 타고난 심성이다. 그런데도 그가 인류에게 '인'의 덕목을 가르쳐야 했던 이유는 그러한 인간의 내재적 심성은 흔히 개인적 무지나 사회적 조건 때문에 은폐되어 있어 우리의 내면 깊은 곳에 잠재해 있기 때문이다. 그러므로 공자의 가르침은 '인'의 심성을 사람들에게 새롭게 갖다주는 데 있지 않고 누구에게나 잠재해 있는 '인'을 밖으로 드러내 보이고 그것을 의식하고 깨치게 하는 작업이 된다. 각자 자신 속에 갖고 있는 인의 심성을 자신이 개발하는 개인적 작업을 수신수양修身修養이라고 한다면, 공자의 교육적 의도는 우리를 수신수양의 길로 인도하는 데 있다. 그러므로 공자의 가르침은 수신수양이며, 『논어』는 수신수양을 위한 교과서이다. 그러나 '인'이 이미 존재하는 심성만을 지칭하고, 수신수양이 이미 각자 내부에 갖고 있는 그러한 심성을 의식하고 개발하는 데만 있다면, '인'은 인식의 지적 대상일 뿐일 것이며, 인의 개발을 위한 수신수양은 어디까지나 개인적 이상에 머물렀을 것이다. 나는 나의 '인'을 내 속에서 발견하면 그만이며, 나는 오직 개인적으로 그러한 '인'을 더욱 개발하면 충분할 것이다. 이와 같이 볼 때 공자의 이상적 인간은 개인주의적, 즉 탈사회적이며, 그의 이상적 삶은 관조적일 것이다. 노자는 바로 이러한 이상을 가장 잘 대표하는 사상가이다.

그러나 바로 이런 점에서 공자는 노자와 역시 대립되며, 『논어』는 『도덕경』과 반대되는 입장을 대표한다. 노자가 개인주의적, 탈사회적 삶에서 참다운 삶, 즉 '도'를 발견하는 데 반해서 공자는 공동체적·사회적 참여 속에서만 참다운 인간적 삶, 즉 '인'의 실현가능성을 본다. 인간은 사회적 동물이기에 인간의 세계, 즉 사회공동체를 도피할 수 없다. 참다운 '인'은 사회적 참여를 요청하며 그런 참여 속에서만 실현된다. 공자가 막연한 이상주의자가 아니라 객관적 사실에 눈을 감지 않는 현실주의자이며, 사회참여의 도덕적 의무와 책임을 인식하고, 적극적으로 사회를 개혁하려고 했던 사상가였다는 사실은 "숨어 살면서 세상일을 빙치하며 말하지 않았고, 처신이 깨끗하고 물러나서 사는 것은 시의에 합당하였다. 하지만 나는 그런 것과는 좀 다르다. 꼭 그래야 한다는 것도 없고, 꼭 그래서는 안 된다는 것도 없다〔隱居放言, 身中淸, 廢中權, 我則異於是 無可無不可(은거방언하나 신중청하며 폐중권이니라. 아즉이어 시하야 무가무불가오라)〕"(18/8)라는 그의 말로 알 수 있다. 일반적 통념과는 다르게 공자는 전통과 기성질서만을 귀중히 여기고 그것을 보존하며 그것에 무조건적으로 순응할 것을 요구하는 보수주의자가 아니라, 그와 정반대로 기존의 사회를 근본적으로 개혁하려는 신념을 지닌

혁명가이기도 했으며, 그의 사상은 구체적인 현실을 떠나 관념적인 도덕적 세계에 파묻혀 있는 사념적인 것이 아니라 구체적 사회현실에 참여하려는 동인이 뒷받침된 정치적 성격을 갖는 것이었으며, 그의 삶과 가르침은 그러한 자신의 이념들을 실현시키기 위한 실천적·교육적 의미를 갖는다. 이런 관점에서 그의 가르침, 그의 학문과 교육의 목적은 교양을 위한 가르침, 지식을 위한 지식의 개발에 있지 않고 인간적 사회 속에서 사람다운 삶을 살기 위한 수단이며 과정을 의미했다.

은자, 즉 노장적 세계관을 갖는 사람들에 대한 공자의 위와 같은 비판과 그의 사상의 탈개인주의와 사회참여 정신, 탈관념성과 정치성의 두 특징은 그의 수제자 가운데 하나인 자로가 깊은 잠에서 깨어났을 때, 자신을 편히 재워준 한 은둔자, 즉 도가가 이미 어디론가 사라졌음을 알고 그곳에 남아 있는 그 은둔자의 두 아들에게 한 다음과 같은 진술에서 확고하게 나타난다.

"벼슬살이를 하지 않으면 의리의 길이 없어지고, 장유의 예절을 버릴 수 없는 것이니, 군신의 의리를 어떻게 버릴 수 있을까? 자신만을 깨끗하게 하기 위하여 큰 윤리를 어지럽히다니, 군자가 벼슬살이 하는 것은 정의실천을 위함이다. 도리가 그대로 통하지 못하고 있는 것은 이미 잘 알고 계시다[不仕無義 長幼之節 不可廢也 君臣之義, 如之 何其廢之, 欲潔其身, 而亂大倫. 君子之仕也, 行其義也. 道之不行 已知之矣(불사무의하니 장유지절을 불가폐야니 군신지의를 여지 하기폐지리오. 욕결기신이란 대륜이로다. 군자지사야는 행기의야니 도지불행은 이지지의니라)]"(18/7)

여기서 공자의 사상을 대변한다고 볼 수 있는 자로의 주장의 핵심은 난세라고 해서, 자기 몸을 결백하게 하기 위하여 사람으로서 마땅히 지켜야 할 큰 도리를 버릴 수 없다는 사실이다. 어떠한 경우에도 가장 궁극적 가치로서의 '인'이라는 가치, 즉 '도'에 맞는 삶의 양식을 포기해서는 안 되며 '도', 즉 '인'의 관점에서 볼 때 사회라는 큰, 즉 공적·전일적 가치에 개인이라는 작은, 즉 사적·부분적 가치가 종속되어야 한다는 것이다.

사회 참여와 『논어』의 정치철학

공자는 왕도, 황제도, 군주도 아니었고, 부농이나 호상도 아니었다. 그는 위대한 사상가이며, 집필가였으며, 교육자이다. 그러나 그는 대꼬바리가 달린 긴 담뱃대를 물고 사랑방에서 애들을 가르치는 도덕적·학문적 샌님이 아니었다. "공자께서 말씀하셨다. 진실로 나를 써주는 이가 있으면 1년만 되더라도 괜찮아질 것이다. 3년이면 성과가 있으리라(苟有用我者 朞月而已 可也 三年 有成(구유 용아자면 기월이이라도 가야니 삼년이면 유성이리라))"(13/10) 『논어』의 이 구절로 알 수 있듯이, 노장사상의 주종자들과는 반대로 사회참여가 인간다운 삶의 필수조건임을 간파한 공자는 일찍부터 그러한 삶의 철학을 실천에 옮기는 한 방법으로 자기 자신도 정치에 자신을 갖고 참여하고자 오랫동안 간절히 애썼다. 그는 창백한 선비에 그치지 않고 활동하는 계몽가, 사회개혁가가 되고자 했던 행동하는 사상가였다. 사회참여에는 여러 가지 방법이 있지만 그가 원했던 참여는 좁은 의미의 정치적 참여였다. 그는 국가의 행정기관의 핵심에 관여하고 싶었던 것이다. 안타깝게도 그의 소원은 이루어지지 않았으나 그의 정치철학은 독창적이고 확고하다.

그렇다면 정치란 무엇이며, 어째서 인간사회에서는 거의 필연적으로 정치적 문제가 제기되는가? 동물의 삶은 완전히 자연적 법칙에 의해 지배된다. 인간도 동물인 이상 자연적 법칙을 따르지 않고는 존재할 수 없다. 그러나 다른 동물들과는 달리 사회적 동물이라는 점에서 인간은 자연적, 즉 물리학적 법칙만이 아니라 문화적, 즉 관념적 법칙인 규범에 의해서도 동시에 규제된다. 인간의 행동과 삶은 서로 이질적인 두 개의 서로 다른 종류의 법칙에 의해 지배된다.

사회적 존재로서의 인간이 특정한 사회에 살아야만 하는 필연조건은 인간과 더불어 한 공동체로서의 사회를 구성하고 있기는 하지만, 그들 모두 서로가 여러 가지 면에서 이해관계를 달리하고 있는 만큼 그들 간의 수많은 갈등을 피할 수 없다. 그러나 그러한 갈등들을 어느 정도 이성적으로 풀지 않고서는 홉스Hobbes가 설파했듯이 인간사회는 정글의 원칙에 따른 포식자와 피포식자들 간의 죽고 살기의 무서운 먹이사슬이어서, 인간은 무질서하고 무자비한 투쟁의 긴장과 공포로부터 한순간이라도 빠져나올 수 없다. 이러한 혼돈과 무질서에서 각자의 생존을 최소한 보장하는 차원에서만이라도 질서를 갖추어야 할 필요가 있다. 그러한 것을 위한 최소한의, 그리고 가장 기본적인 방법은 그러한 긴장된 갈등관계를 규제하는 규범이라는, 모두에게 보편적으로 적용되며 상호 간의 약속에 의해 정해지는 규칙의 제정이다. 수많은 종류의 법적 규제 및 도덕적 규범은 사회라는 건축물의 주춧돌인 동시에 기둥이며, 그 사회구성원들을 결속시키는 시멘트이고, 사회라는 문화적 구조물의 기자재 그 자체이다. 한마디로 법적 규제, 도덕적 규범은 사회의 존재조건으로서 그러한 것 없이는 사회는 논리적으로 존재 불가능하다. 인간은 사회 밖에서는 '인간적'으로 존재할 수 없고 오로지 동물로서만 존재할 수 있다. 법적 규제와 도덕적 규범은 생물학적 인간이 인간으로서, 즉 사회적 동물로서 존재하기 위한 필수조건이다. 이러한 규제와 규범 없이는 이해를 달리하는 사회구성원들 간에 갈등과 혼란이 생겨 사회로서의 집단적 질서가 붕괴되고, 그 결과로 인간은 생물학적 존재로 되돌아가야 하기 때문이다.

바로 위와 같이 분석될 수 있는 사회를 지탱하는 법적 규제와 도덕적 규범은 다음의 세 가지 점에서 문제를 제기한다. 첫째, 법적 규제와 도덕적 규범은 자연의 법칙과는 달리, 언제고 누군가에 의해서 지켜지지 않을 수도 있고 사회 전체에 의해서 폐기될 수 있는 규제이다. 둘째, 바로 이런 이유로 그것들은 사회구성원들의 생존을 위해서만이라도 존중하고 보존해야 할 기본적으로 중요한 의무를 져야 할 대상으로 나타남을 인식해야 하는 문제가 있다. 셋째, 하지만 이때 규제와 규범은 사회구성원들에게는 권리에 앞서 의무의 형태로 나타나고, 자유에 앞서 구속으로 다가오기 쉽다는 데 또한 문제가 있다. 이러한 결과로 그것들이 사회 일원의 의무로서 지켜지지 않을 뿐만 아니라 오히려 폐기된다면 사회 전체가 붕괴되어 그 사회의 구성원들이 걷잡을 수 없는 혼란에 빠질 위험성을 내포하고 있다는 것이다.

이러한 사태가 일어나지 않도록 막기 위한 개인적 및 사회적 대책이 필요하다. 사회의 주춧돌이며 기둥이며 대들보인 법적 규제와 도덕적 규범이 개인적 및 사회적 생존과 존속을 위해서 보존되고 유지될 당위성을 지닌다. 이러한 당위성은 그것을 집행하는 권력자 혹은 권력기관에 의해 요청된다. 사회가 구성원들 간에 생기는 갈등을 해결하는 어떤 힘이 요구되는 시점에서 사회적 문제는 정치적 성격을 띠게 된다.

그러나 사회적 문제가 자동적으로 정치적 문제가 되는 것은 아니다.

모든 정치공동체는 곧 사회공동체라는 명제는 진리이지만 그 역으로 모든 사회공동체가 곧 정치공동체라는 명제는 진리가 아니다. 아득한 과거에서 시작하여 오늘날까지 모든 큰 규모의 사회집단은 거의 예외 없이 정치적 집단이기는 했지만, 아프리카의 음부티Mbuti 부족[112]과 같은 예외도 있다. 음부티 부족의 경우 사회 구성원들 간의 갈등을 해소하는 방법이 상당히 독특한데, 그들에게는 문제를 해결하는 힘만이 아니라 그러한 힘에 대한 권리를 갖고 그들의 결정에 복종해야 한다고 주장하는 하나 혹은 여럿으로 구성된 특정한 집단이 존재하지 않는다. 비정치적 사회와 정치적 사회의 차이는 사회적 갈등을 해결하는 데 필요한 권력의 고정된 주체의 유무와 그러한 주체가 자신의 권력행사에 대한 권위와 권리를 주장하는가 아닌가에 달려 있다. 인간사회에서 정치적 문제가 생기는 이유는 위에서 예로 든 음부티 부족이나 그와 유사한 몇몇 부족들을 제외하고는 거의 모든 경우 한 개인이나 집단이 자신의 권력의 정당성과 타당성을 주장하기 때문이다. 여기서 정치적 문제는 그러한 주장들을 어떻게 받아들여야 하는가를 결정하는 데서 생긴다.

그렇다면 공자의 정치관은 어떤 것이었던가? 이 물음에 대한 대답에 앞서 우선 '정치'라는 말의 의미를 좀더 자세히 들여다볼 필요가 있다. '정치학politics'은 '시민'으로서의 인간공동체의 실질적 관리와 관계되는 실천적 문제에 관한 모든 종류의 체계적 탐구, 즉 학문을 뜻한다. 그리고 실천적 행위는 사회적 차원에서의 힘, 그러한 힘들 간에 생기는 갈등을 조절하는 권력의 권위와, 주체와 그 주체의 정체성과 정통성 등과

---

112 Anthony Appiah, *An Introduction to Philosophy: Necessary Questions* (Englewood Cliffs, N. J.: Prentice Hall, 1989)

320 동양과 서양의 만남

관련된 모든 주제들에 관한 학문을 지칭한다. 이렇게 볼 때 정치는 인간 사회집단 안에서 개인이나 집단이 행사하는 '권력'이라고도 부르는 힘과 관련된 모든 것을 뜻하고, '정치학'은 그러한 현상의 모든 측면을 대상으로 하는 학문이다.

그러나 『논어』에 나타나는 공자의 정치학을 이해하기 위해서는 '정치학'의 이러한 개념을 좀더 분절하여 분명히 할 필요가 있다. '정치학'은 때로는 하나의 경험과학으로서 그냥 '정치학'을 지칭하기도 하고, 때로는 정치의 철학적 입장을 추구하는 하나의 메타 경험과학으로서 정치철학을 뜻하기도 한다. 과학으로서의 정치학이 한 사회에서 생기는 힘의 역학과 관련된 문제들의 체계적 분류와, 그렇게 분류된 체계들의 이론적 또는 서술적 기술을 제공하는 작업이라면, 바로 이러한 뜻의 정치학을 사유의 대상으로 삼고 탐구하는 '정치철학'의 뜻으로 사용하기도 한다.

이때 정치철학은 다시금 두 가지 뜻으로 사용되는데 그중 하나는 정치학을 사유의 대상으로 택하여 그것을 구성하는 기본개념들의 의미를 메타적 차원에서 밝히고, 그 주장을 뒷받침하는 논증들의 논리적 타당성을 검증하는 작업으로서의 분석철학적analytical '정치철학'이 있다. 그리고 다른 하나는 옳고 참된 정치, 즉 힘의 소재, 사용, 타당성과 관련된 가치와 원칙을 제시하려는 규범적normative '정치철학'이다.

공자의 주요관심이 이상적 사회이고, 따라서 이상적 정부, 이상적 정치에 있었다는 점에서 그의 사유의 중요한 부분은 '정치학'이었다고 볼 수 있지만, 그의 '정치학'은 분과 과학으로서의 정치학이 아니라 정치철학이었으며, 그의 정치학은 분석적 정치철학이 아니라 규범적 정치철학이었다는 것을 분명히 해둘 필요가 있다. 이런 의미, 즉 규범적 '정치학'은 한 사회 속에서 개인들 및 소집단들 간에 발생하는 같은 힘의 역학과 관련해서 어떤 힘의 관계를 이상적인 것으로 생각하느냐에 따라 다양한 정치학, 즉 정치적 체제, 행동, 이론적 타당성 등에 관한 입장이 나올 수 있다. 또한 각자 어떤 종교적·철학적·인생관적 근거에서 자신이 생각하는 이상적 사회에 대한 입장을 뒷받침할 수 있는가에 따라서 다양한 정치학, 더 구체적으로 말해서 정치철학을 주장할 수 있다.

정치철학은 지배자와 피지배자, 억압자와 피억압자의 구별과 그들 간의 힘의 갈등적 역학이 존재를 전제하지만, 위와 같은 모든 인간사회 안에서 자동적으로 정치철학이 제기되지는 않는다. 긴 인류역사를 통해서 대부분의 사회는 한 개인, 특히 소수집단의 단순한 폭력에 의해서 지배되어왔다. 한 부족, 봉건군주국가, 왕국, 제국, 민족국가의 지배집단은 무사, 전사, 영웅 등으로 불리는 일종의 무자비한 조직적 폭력단체나 그러한 집단의 두목에 지나지 않았다. 그들은 각각 오로지 자신의 개인의 육체적 힘이나 집단적 무력행사를 통해서 타인들을 굴복시키고 개인적 충동에 따라 마음대로 지배했다. 그러나 그들은 자신들의 물리적 힘의 행사를 정당화할 필요도 없고 실제로 정당화하려고 하지도 않았다. 이 경우 싸움에서는 승리와 지배 그 자체를 떠나서 그러한 힘의 행사의 정당성의 문제는 전혀 제기되지 않는다.

그러나 그러한 상태는 오래 유지되기 어렵다. 그러한 사회에선 아무도 안심하고 자유롭게 살 수 없고, 힘을 가진 자 자신도 그보다 힘이 강한 사람의 도전과 공격, 따라서 죽음에 이르는 몰락이라는 긴장된 상황에 언제나 노출되어 있기 때문이다.

주먹이 센 깡패는 타인에 대한 자신의 물리적 힘의 행사와 타인의 지배를 정당화해서 물리적 힘에 권위를 부여하고 그 힘의 행사를 승격시킬 필요가 있다. 이러한 관념적 장치를 통해서 깡패, 즉 지배자는 가해자, 피지배자로부터의 반항, 공격을 관념적으로 방위할 수 있다. 정치철학의 핵심적 문제가 근대 이후 흔히 '국가'라고 불리게 되는 집단이 사회 내의 한 개인이나 소수집단들에게 명령과 복종을 강요하고 정당화하는 점을 인정할 때, 정치철학이란 개념이 의미를 갖게 된다. 정치철학적 문제가 비로소 생기게 된 것은 힘의 행사자가 바로 위와 같은 행위의 정당화 요청에 직면하기 시작하면서부터이다. 힘의 행사자, 타자를 지배하는 자가 자신이 행사하는 힘을 정당화할 필요를 느끼지 않고, 느끼지도 못하고, 느낄 수도 없는 동물의 세계에서는 정치철학이 존재하지도 않고 존재할 수도 없다.

그러나 말과 기록으로 전해오는 인류역사를 뒤져보거나 지구 어느 곳에서고 발견할 수 있는 폐허에 서 있는 몇 개의 기둥이나 성벽들이 말해주듯이, 인간은 야수들 이상으로 물리적 힘에 의한 지배와 종속적 전쟁 속에 늘 불안과 죽음의 위협을 받으며 살아왔다. 지배자 자체도 완전히 예외는 아니었다. 그러나 인간은 누구나 평화롭게 살고 싶다. 바로 이런 맥락에서도 지배자는 자신의 지배를 정당화할 필요가 있다.

정치철학은 바로 위와 같은 사회적 요청에서 생겨난다. 남을 배척하고 고통을 주는 행사자 자신의 행동을 정당화할 수 있어야 한다. 그렇지 못할 경우 언젠가는 자신도 똑같은 처지에 놓일 가능성을 피할 수 없으며 이런 상황에 아무도, 그리고 단 한순간도 마음 놓고 평화로운 상태로 살아갈 수 없기 때문이다. 현실이 이러한데 이러한 힘의 역학이 존재하지 않는 인간사회는 상상할 수 없고, 이러한 힘의 역학이 존재할 때에만 정치철학이 제기될 수 있지만, 그렇다고 해서 그러한 조건에서 자동적으로 정치철학이 제기되는 것은 아니다. 정치철학의 문제는 사회적 갈등의 해결자가 자신이 그러한 권력을 갖고, 그러한 권력을 행사할 수 있는 권리를 갖고 있다고 주장할 때에 비로소 제기된다. 그러한 주장을 하는 인간이 집단을 구성하고 생활하게 되면서부터 극히 소수의 경우를 제외하고 어디서나, 그리고 언제나 한 사람 혹은 몇몇 사람이 다른 사람들을 지배해왔다. 이때 정치철학의 문제는 위와 같은 권력행사자의 위와 같은 주장의 근거와 그 타당성을 검토하는 문제의 양상으로 나타난다. 정치철학의 양상은 정확히 어떤 것인가?

이렇게 규정된 정치철학은 편의상 규범적 정치철학, 즉 가장 이상적인 정치제도, 즉 가장 이상적인 권력의 주체, 그 한계, 그리고 그 정당성의 원리에 관한 이론을 분석하고 그 타당성을 검토하는 문제가 된다. 한 사회의 권력자의 속성과 그 구성양식, 그들 자신의 권력을 정당화한 양식은 시대에 따라 중세기 봉건시대적, 16·17세기 왕권시대적, 18세기 계몽시대 이후 근대적 양식으로 구분할 수 있으며, 구조적 관점에서 볼 때 시대적으로 구별되는 위와 같은 세 가지 권력주체가 행사하는 권력은 각기 영주와 신하 간에 맺어진 '약속의 수행', '왕의 절대적 위치', 그리고 '국민과의 계약'으로부터 유추된다.

그러한 권력행사의 궁극적 정당성의 원천은 봉건영주의 경우 영주와 신하 간에 성립된 '신뢰'에, 왕권시대의 경우 초월적 존재인 신으로부터 받은 '신탁'에, 그리고 근대국가의 경우 국민들의 자율적 '의지'에 각기 그 기반을 두고 있으며, 권력 정당성의 이와 같은 세 가지 원천은 각기 '구체적 전통', '종교적 도그마', 그리고 '민주적 절차'와 같은 서로 다른 사실에 의해서 최종적으로 뒷받침된다. 각각 다른 이론적 근거에도 불구하고 사회 내의 한 개인 혹은 한 소수집단은 그 밖의 개인들 혹은 소수집단들에게 명령을 내리고 자신들에게 복종할 것을 요구한다.

그러한 요구에 복종하지 않으면 물리적 힘으로 처벌하면서, 다른 한 사람이나 다른 집단이 아니라 바로 자신이나 자신들의 집단이 국가the state 임을 자처하고, 그러한 힘을 행사할 수 있는 권위authority와 권리the right의 소유와 그러한 소유의 정통성legitimacy을 주장한다.

한 인간집단의 권력의 실체라는 차원에서 볼 때, 모든 국가는 단 한 명의 인간 혹은 복수로 된 한 집단 혹은 국민 전체일 수도 있다. 대부분의 근대 이전의 전통사회에서처럼, 그리고 17세기 프랑스의 왕 루이 14세의 "국가, 그것은 곧 짐이다"라는 말로 나타났듯이 국가는 '절대적 권력을 가진 개인'인 경우가 있다. 실질적으로 스탈린, 히틀러, 무솔리니, 김일성, 카스트로, 카다피와 같이 절대적 권력을 가진 자들이 각각 특정한 국가의 독재자인 경우도 있지만, 오늘날의 모든 주권을 가진 국민국가에서는 적어도 형식상으로는 고정된 특정 개인이 아니라 유동적인 소수집단이거나 국민 전체를 지칭한다.

앞서 얘기한 바와 같이 권력행사의 타당성에 문제를 제기할 때 정치철학이 탄생한다. 정치철학, 좀더 정확히 규범적 정치철학normative political philosophy의 핵심문제는 모두가 이성적으로 납득할 수 있는 정통성을 갖춘 국가와 국민 간의 지배와 복종제제를 제계화하는 삭업이다. 인류의 정치사를 통틀어볼 때 이 문제를 놓고 정치철학은 민주적 체제와 비민주적 체제 간의 논쟁, 절차적 정당화와 내용적 정당화 간의 논쟁으로 점철되어왔다. 그 근거는 서로 다르지만 플라톤의『국가론』, 홉스의『리바이어던Leviathan』이 다 같이 진리의 소유자인 단 하나의 철학자 왕과 절대권력을 갖는 군주를 주축으로 하는 정치적 체제를 주장하는 데 반해서, 역시 그 이유는 서로 다르지만 루소Rousseau의『사회계약론Du cotract social』이나 마르크스의『공산당선언Manifesto of the Communist Party』은 국민 ·

민중의 의사가 반영된 소수집단이 권력의 주체가 될 것을 주장한다.

전자의 경우, 플라톤과 홉스의 정치철학의 공통점은 사회의 질서유지가 절대 필요한 것인데도 불구하고, 시민들 간의 피할 수 없는 갈등의 조절과 해소는 궁극적 진리의 소유자로서의 철학자 혹은 절대적 권력을 행사할 수 있는 왕만 할 수 있다는 것이다. 후자의 경우, 루소와 마르크스의 정치철학의 공통점은 어떠한 개인도 절대적 진리를 가질 수 없으며, 모든 인간은 평등하다는 신념과 민주적 절차에 근거하여 모든 시민들의 의사를 반영할 수 있는 정치체제만이 사회적 갈등을 해결하고 질서를 유지할 수 있다는 것이다.

전자가 이미 선택한 목적의 효율적 달성이라는 실용주의적 관점을 따르다 보면 그 수단으로서의 독단적·독재적·전체주의적 권력체제를 옹호하는 경향을 띠게 되고, 그와 반대로 후자의 정치철학은 사회적 조화를 강조하면서 그러한 조화를 보존하는 방법을 위한 절차와 양식의 우선적 중요성을 강조한다. 오늘날의 지배적인 정치철학은 비민주적 절차에 의한 내용적 정당화보다는 민주주의적 절차에 의한 절차적 정당화를 따르고 있다. 이러한 사실은 세계 어느 곳에서도, 어느 정치철학자도 절차적 민주주의와 이념적 평등주의를 부정할 수 없게 된 현실에서 확인된다. 오늘날 비록 절차적 정당화가 대세임에도 불구하고, 절차적 정당화와 내용적 정당화의 두 가지 형태의 정치철학은 다 같이 정치적 문제, 즉 사회구성원들 간의 힘의 갈등을 외형적, 즉 객관적으로 제정된 어떤 법칙에 의존해서 해결하려 한다는 점에서 동일하다.

서양 정치철학사에 비추어 정치철학의 지도를 위와 같이 그릴 수 있다면 공자의 정치철학은 어디에 속하는가? 공자의 정치철학의 특징은 서양의 정치철학사만이 아니라 그가 속했던 중국문화권에서 다른 중국

사상가들의 정치철학에 비추어볼 때 보다 분명하게 드러날 수 있다. 정치철학의 차원에서 공자와 비교할 수 있는 사상가로 서로 극렬하게 대립되는 입장을 취한 양쪽의 한편에 상현尙賢 정치를 대표하는 묵자墨子를, 다른 한편에는 법치法治 정치철학을 대표하는 순자荀子 및 그의 제자 한비韓非를 각기 대표적인 예로 들 수 있다. 후자들의 정치는 구소련이나 히틀러 시대의 나치즘, 무솔리니 시대의 파시즘, 레닌·스탈린 시대의 구소련, 김일성에서 김정일으로의 세습적 계승을 의미하는 북한의 이른바 주체사상이라는 사이비 사회주의를 가장한 1인 독재국가들에서 그 다양한 사례들을 찾아낼 수 있다.

한편으로 공자의 정치철학은 묵자의 정치철학과 비교해서 그 특징을 파악할 수 있다. 이 두 사상가의 정치철학은 다 같이 '인'과 '의'라는 이름의 도덕적 원칙을 바탕으로 세워졌다. 하지만 공자의 '인'이 어디까지나 인간적 가치에 속하는 데 반해서 묵자의 '의'는 천명이라는 인간 밖의 자연의 이치에 의존하고 있다. 공자의 '인'이라는 도덕적 가치가 내재적인 데 반해서 묵자의 '의'라는 도덕적 가치는 도구적, 즉 실용적으로만 정당화된다. 공자와 묵자의 더 근본적인 차이는 인간관계에 관한 그들의 견해이나. 인간관계에 관련된 견해에서 선자가 관계대상의 차이에 따른 차별적 배려의 원칙을 강조하는 데 반해서, 후자는 보편적이고 평등한 존중, 즉 겸애universal love의 원칙을 강조한다.

다른 한편으로 공자의 정치철학은 순자, 특히 그의 제자 한비와 비교함으로써 그 독창성을 좀더 잘 알 수 있다. 그들에 의하면 자연상태로서의 자연이나 인간은 이상적이 아니라 오히려 인간의 문화적 조작에 의해서 수정되어야 한다는 것이다. 순자의 경우 도덕적 규범은 바람직한 자연상태의 인간성을 인위적으로 개선하는 수단이며, 한비의 경우 모든 도덕적·정치적 권력의 원천과 권위는 한 국가의 절대적 통치자 외에는 존재하지 않으며, 그의 목적은 국가와 국민의 정치적 통제·관리일 따름이며, 그러한 목적은 오로지 엄격한 법의 제정, 처벌이나 보상등의 수단을 써서만 달성될 수 있다. 근대 역사가 시작되기 전까지는 모든 권력을 위와 같은 방식으로 획득했고, 획득한 권력의 주체는 정통성을 주장해왔다 해도 역사적 사실에 거의 배치되지 않았다. 인류의 대부분의 역사는 크고 작은 인간집단들 간의 끊임없는 전쟁·정복·지배·약탈의 과정이 아니었던가? '법치주의적'이라고 범주화할 수 있는 순자와 한비의 정치철학이 전체주의적 독재정치를 위와 같은 방식으로 정당화하는 개연성을 갖고 있다. 이러한 순자나 한비의 법치주의적 정치철학과 대립점에 있는 공자의 정치철학은 '덕치주의적'이라고 말할 수있다. 공자의 정치철학은 제한된 자유민주주의의 권력체제에 이론적근거와 정당화를 제공한다고 말할 수 있다. 반면 독재적·전체주의적·폭력적 권력체계를 반대하고 부정하는 이론적 근거를 마련해준다.

정치철학의 역사적 맥락에서 총괄적으로 볼 때, 공자의 정치철학은묵자에 비해 다소 법치주의적이어서 전체주의적이고 불평등하며 억압적인 점이 있지만, 객관적인 인간사회의 현실을 보다 잘 반영했다고 할수 있다. 한편 순자나 한비와 비교해보면 한편으로는 도덕적이고, 개인주의적이고, 자유주의적이고 때로는 무정부적이라고까지 말할 수 있지만, 인간의 삶의 궁극적 가치와 의미를 물질적 생존과 생물학적 번식의 차원을 넘어 정신적 및 초월적 자신의 달성을 향한 끝없는 자기수양, 자기개발의 문화적 활동과정에서 찾는다는 점에서 순자나 한비의 정치철학과 다르고 덕의 개발, 즉 인간으로서의 수양, 일반국민을 위한 정부, 사회적 조화, '예'라는 말로 표현되는 도덕적 규범의 적용을 강조하는 점에서 인간의 객관적인 정치적 현실을 냉철하게 반영한, 보다 설득력 있는 정치철학이라고 말할 수 있다. "군자는 화합하되 부화뇌동하지 않고, 소인은 부화뇌동하되 화합하지 않느니라〔君子 和而不同 小人 同而不和(군자는 화이부동하고, 소인은 동이불화니라)〕"(13/23)라고 공자는 말했다. 그리고 바로 이런 점에서 공자의 정치철학, 즉 공자가 이상으로한 정치는 '군자정치'였으며, 그러한 그의 이상적 정치이론을 '군자정치철학'이라고 부를 수 있다.

공자의 정치철학의 위와 같은 성격은 여러 구절을 통해서 짐작될 수 있지만, 특히 자로가 공자께 "위나라 임금이 선생님을 초대하여 정치를 한다면 선생님은 무엇을 먼저 하시겠습니까"라고 묻는 말에 공자는 다음과 같이 대답했다. "반드시 명분을 바로잡을 것이니라〔必也正名乎(필야정명호니라)〕"(13/3)라는 구절, 그리고 더 나아가서 자로가 계속해서 묻자 공자는 다시 대답했다. "군자가 명분을 바로잡으면 반드시 말이 서고, 말이 서면 반드시 실행하게 될 것이니 군자는 그 말에 있어 조금이라도 구차함이 없을 뿐이다〔君子 名之 必可言也 言之 必可行也. 君子 於其言 無所苟而已矣(군자 명지인댄 필가언야며 언지인댄 필가행야니. 군사 어기언에 무소구이이의니라)〕"(13/3)라는 구설에서 분명해진다. 군자가 '인'의 덕목을 자신의 일상생활을 통해서 구현하는 사람을 지칭한다면, 공자가 말했듯이 그는 "강인하고 과감하고 질박하고 말더듬이여야만 인에 가까우니라〔剛, 毅, 木, 訥 近仁(강의목눌이면 근인이니라)〕"(13/27)라는 것은 말할 필요도 없다.

『논어의 논리』(2005)

인정과 도덕의 논리

아버지는 아들을 숨겨주고, 아들은 아버지를 숨겨주는데, 정직한 것은 그
가운데에 있다〔父爲子隱, 子爲父隱 直在其中矣(부위자은하고, 자위부은하나
니 직재기중의니다)〕.(13/18)

인간의 존재론적 속성으로서의 규범

인간이 사는 곳에 도덕적 규범이 존재하지 않는 곳은 없고, 그러한 도덕
적 규범을 부단히 가르치고 강요하지 않는 경우는 찾아볼 수 없다. 인간
은 사회 속에서만 인간으로서 살아갈 수 있고, 사회 안의 인간들 간의
이해관계는 불가피하게 갈등을 일으키고, 사회가 유지되기 위해서는
질서가 서야 하고, 질서가 잡히기 위해서는 인간들 간의 갈등을 없애야
하고, 그런 갈등을 없애기 위해서는 인간관계를 규제하는 여러 가지 행
동규범이 불가피하다. 도덕은 그렇게 사회가 필요로 하는 핵심적 규범

중의 하나이다. 이러한 사실은 모든 유교사회, 특히 5백 년 동안 유교적 이념이 절대적으로 지배했던 조선조 사회에서 각별히 두드러지게 나타난 사회적·문화적 현상이었다. 그것은 유교가 공자의 가르침이며, 공자의 가르침의 핵심은 도덕적인 것이기 때문이다.

이러한 사실은 동북아 유교문화권 어디서고 '공자' 하면 유교를, 유교 하면 양반을, 양반 하면 범절을, 범절 하면 도덕적 교훈을, 도덕적 교훈 하면 군신유의君臣有義, 부자유친父子有親, 부부유별夫婦有別, 장유유서長幼有序, 붕우유신朋友有信의 다섯 가지 원칙으로 구성된 '삼강오륜三綱伍倫'을, 삼강오륜 하면 훈육적 느낌을 연쇄적으로 저절로 불러일으키게 한다. 이러한 사실은 과거 5백 년 동안 유교적 이념이 절대적 권위로 지배해온 우리의 조선조 사회에서 더욱 분명하다.

모든 가르침은 받아들이기에 자칫 따분하게 느껴지기 쉽다. 결과적으로 세계를 밝혀주는 기능을 할 수 있기는 하지만, 그것을 반복적으로 습득하기에는 긴장이 따르기 때문이다. 훈육적 가르침은 더욱 그렇고, 그러한 가르침이 반복될 때 더욱 그렇다. 훈육적 가르침은 필연적으로 일종의 인간관계를 결정하는 행동규범에 관한 가르침인데, 모든 규범은 동세적이고 따라서 억압적이고, 행동규범은 너너군나나 그렇기 때문이다. 그러한 규범이 인간의 삶에 있어서 불가피하다는 것을 인정하더라도 사정은 달라지지 않는다. 규범을 떠난 사회는 존재할 수 없고, 사회를 떠난 인간의 삶이 있을 수 없다면, 인간은 규범적 존재이다. 규범성은 인간의 우연적 속성이 아니라 필연적 속성이며, 현상적 속성이 아니라 존재론적 속성이다. 규범, 특히 도덕적 규범이 아무리 따분해도 인간이 그것을 벗어던지는 순간, 그는 인간으로서가 아니라 그냥 동물로서만 존재한다. 인간은 도덕적 동물이기 때문이다. 도덕성만큼 인간의 본성을 드러내는 속성은 없다. 그렇다면 도덕성이라는 인간의 본성은 무엇을 지칭하는가? 그것은 사회성과 어떻게 다른가?

행동규범으로서의 법, 윤리, 도덕

공자의 윤리도덕관을 밝히기 위해서는 우선 '윤리ethics'와 '도덕morality'이라는 말들의 개념을 각기 분명히 해야 한다. 이 두 가지 낱말은, 윤리적·도덕적 문제를 다루는 학문을 영어권의 경우 윤리학ethics이라고 하기도 하고, 도덕철학moral philosophy이라고도 한다. '나의 도덕적moral 경험'이라는 표현이나 '한국사회의 윤리적ethical 의식'이라는 표현이 어색하지 않은 데 반해서, '나의 윤리적 경험'이라는 말이나 '한국사회의 도덕적 의식'이라는 낱말은 거북하게 들린다. 이러한 어감으로 알 수 있듯이, 도덕이라는 말과 윤리라는 말은 그것들이 서로 구분되어 사용될 때만 각각 의미가 통할 때가 있기 때문이다. 그들 간의 차이와 관계를 어떻게 분석할 수 있는가? 이 물음에 대한 대답을 찾기 위해서 우선 그 두 개념들, 즉 도덕적인 것the moral 및 윤리the ethical와 구별되는 '법law의 영역에 속하는 것the legal'의 개념과 대조하여 분석해볼 필요가 있다.

국가와 같은 큰 규모의 한 사회가 그 구성원들에게 지켜줄 것을 요구하는 행동규범을 지칭하는 말로 법, 윤리, 도덕이라는 개념들이 존재하는데, 사람들은 법과 윤리, 때로는 도덕을 별개로 인식한다. 이런 구별의 근거는 무엇인가? 모든 인간사회는 그 구성원들의 행동을 규제하는 여러 가지 행동규범을 갖고 있고 그 구성원들에게 각기 그들이 속한 사회적 계층 및 그 안에서 차지하고 있는 각자의 위치에 따라 그에 정해진

행동규범에 복종하기를 요구한다. 그 행동규범은 자연발생적인 것과 인위적·제도적인 것으로 양분할 수 있다. 자연발생적 행동규범은 한 사회가 형성되고 유지되는 긴 역사적 과정에서 그것의 제정자를 명확히 지적할 수 없는 상황에서 저절로 형성된 것으로서, 어느 정도의 문명의 수준에 이르기 이전의 모든 원시적 사회에 존재해왔던 규범을 뜻한다. 이 경우 사회적 규범은 사회적 관습이나 전통과 동일하다. 반면 인위적·제도적인 행동규범은 문명이 어느 정도의 수준까지 진화된 사회에서 그 구성원들의 의도와 계획에 의해서 특정한 시간과 공간에서 공론을 통해서거나 아니면 그 사회의 절대적 지배자의 결단에 의해서 단숨에 제정된 행동규범을 지칭한다. 이 경우 사회적 규범은 모든 근대 사회에 존재하는 국가적 법률과 동일하다.

그렇다면 다 같이 법과 구별되는 윤리 및 도덕이 때로는 동일한, 그리고 때로는 약간 다른 뜻을 갖기도 한다면, 후자의 경우 그 차별은 무엇에 근거하는가? '윤리'는 '관습', '버릇', '기질', '에티켓'을 뜻하는 고대 그리스어 에토스ethos에 그 어원을 둔 영어/프랑스어/독어 ethic/ethique/Sittlichkeit의 번역어이며, '도덕'은 '풍습', '기분', '품행' 등을 뜻하는 라틴어 모랄리스moralis에 기원하는 영어/프랑스어/녹어morality/moralite/Moralitat의 우리말 번역어이다. 이런 사실에 비추어볼 때, 그리고 많은 경우 대부분의 사람들이 별로 구별하지 않고 두 개를 섞어 사용하듯이 두 낱말의 의미는 대체로 동일한 것으로 볼 수 있다.

하지만 도덕성·윤리성, 즉 공자가 말하는 '인'의 덕목, 선/악과 옳음/그름의 개념의 진정한 의미를 이해하기 위해서는 윤리와 도덕을 분명히 구별하고, 윤리와 도덕을 각기 공적 도덕과 사적 윤리로 구별할 필요가 있다. 윤리는 사회가 공적 관점에서 공적으로 수용하게 된 선/악과 옳음/그름에 대한 실존적 주인, 즉 구체적인 몸과 마음을 지닌 살아 있는 가치판단의 개인적 주체가 없는 차디찬 관념을 지칭한다. 이에 반해서, 도덕은 구체적인 개인의 주체로서의 사적 느낌의 관점, 즉 실존적 관점에서 내밀하게 뜨거운 느낌으로 껴안은 선/악과 옳음/그름의 가치에 대한 신조이기 때문이다. 이런 측면에서 헤겔이 윤리성Sittlichkeit과 도덕성Moralitat을 사회, 즉 공적 행동규범과 개인, 즉 사적 행동규범으로 구별하여 윤리와 도덕의 관계를 파악한 것은 그의 놀라운 철학적 통찰력을 입증한다.

윤리와 도덕이 다 같이 사회 안에서 다른 사람을 대하는 행동의 규범을 지칭한다는 점에선 동의어로 볼 수 있으나, 소포클레스의 비극『안티고네』에서 국왕 크레온Creone의 윤리와 그의 조카딸 안티고네의 도덕 사이의 해결할 수 없는 충돌에서 볼 수 있듯이, 문제는 한 개인이 믿고 있는 선/악 혹은 옳음/그름을 둘러싼 행동의 규범원칙에 대한 신념이, 사회가 전체적으로 인정하는 선/악 혹은 옳음/그름을 둘러싼 행동의 규범원칙에 대한 신념과 일치하지 못하고, 서로 풀 수 없어 대립되는 상황이 자주 벌어진다. 크레온과 안티고네 간에 벌어지는 신념의 갈등은, 예수·석가모니, 그리고 그밖의 많은 순교자 혹은 혁명가들에게서 그 예를 볼 수 있듯이 기존 사회를 지탱하는 절대다수의 사회구성원이 믿고 있는 선/악과 옳음/그름의 규범이 소수, 그리고 때로는 단 한 사람의 신념과 갈등하고 바로 그 사람 혹은 몇 사람들이 도전하며, 급기야는 전복되는 경우가 있기 때문이다. 베르그송이 말하는 '닫힌 도덕la moralité fermée'과 '열린 도덕la moralité ouverte' 간의 관계는 바로 위와 같은 두 가지 상충되는 윤리적·도덕적 신조들 간의 갈등관계를 설명해주는 이론이다.

『안티고네』에서 선/악과 옳음/그름에 관한 크레온의 신념을 공적 도덕이라고 부를 수 있다면, 안티고네의 신조는 사적 윤리라고 이름지을 수 있다. 공적 도덕이 가슴 없이 틀에 박혀 작동하는 기계의 도덕이라 부를 수 있다면, 사적 윤리는 규격 없이 맥박이 뛰며 살아 있는 감성의 윤리라고 이름 붙일 수 있다. 누군가의 인품이나 행동을 선/악 혹은 옳음/그름의 시각에서 긍정적이라든가 부정적이라고 판단할 때 적용되는 잣대는 대체로 이미 존재하는 공적, 즉 사회적 기준으로서의 윤리적 잣대이며, 부패한 사회에서 선/악 혹은 옳음/그름과 관련된 사실을 판단함에 있어서 사적으로 고민할 때 그가 적용한 판단의 잣대는 도덕적 잣대이다. 다시 말해서 이미 헤겔이 그러했듯이, 한 사회가 공동으로 채택한 선/악 혹은 옳음/그름의 판단규범으로서의 윤리와 한 개인이 사회의 잣대와는 무관하게 개인적 신조에 따라 사적으로 채택한 잣대·규범을 분명히 구별할 필요가 있다. 사회적 판단, 즉 공적 판단의 잣대가 보편자the universal의 범주에 속한다면, 도덕적 판단의 잣대는 그냥 개별자the particular로 전제하는 것이 아니라 특수한 개별자로서의 단독자the singuliar의 범주에 속한다.

그렇지만 조심스럽게 살펴보면, 우리는 '윤리'라는 말과 '도덕'이라는 말을 자주 동의어로 섞어 사용하는데, 이때 우리들이 뜻하는 것은 좁은 뜻의 '도덕', 즉 사적으로 신봉하는 선/악 혹은 옳음/그름의 규범이 아니라 좁은 뜻의 '윤리' 즉, 공적으로 유통되는 선/악 혹은 옳음/그름의 규범을 지칭함을 알 수 있다. 이러한 가장 근대적이고 가장 합리적이고, 따라서 가장 보편성을 갖고 있다고 전제된 공리주의적 윤리학과 의무론적 윤리학의 경우에도 다 같이 해당된다. 그런데 우리는 이러한 사실을 명심할 필요가 있다. 왜냐하면 결론적으로 말해서, 이것은 가령 공자가 말하는 도덕적 가치로서의 '인'의 의미를 정확히 이해하기 위해서, 즉 공자의 도덕관의 핵심을 파악하는 데 빠뜨릴 수 없기 때문이다. 우리가 일반적으로 '윤리'라는 말 대신 '도덕'이라는 말을 쓰더라도 실제로는 다 같이 공적 선/악 혹은 옳음/그름의 판단규범으로서의 '윤리'를 뜻한다는 사실을 잊어서는 안 된다. 왜냐하면 공자의 윤리적·도덕적 핵심문제는 선/악 혹은 옳음/그름의 판단척도의 문제였고, 이때의 그의 윤리·도덕은 좁은 뜻으로서의 '윤리'가 아니라 오로지 좁은 뜻으로서의 '도덕'에 관한 것이었기 때문이다.

'윤리'로서의 사회규범과 그 근거

어떤 시대 어떤 곳에든 모든 인간사회에는 예외 없이 다른 사람들과 관련된 선/악 혹은 옳음/그름을 분간하는 최소한의 기준으로서의 원칙과 규범이 있으며, 그러한 원칙과 규범은 거의 자연발생적인 것과 의식적 목적과 계획에 의해 인위적으로 제정된 것으로 양분할 수 있다. 전자를 '윤리적 규범', 더 간단히 '윤리'라고 부르는 데 반해서 후자를 '법'이라고 부른다. 윤리와 법이 한 사회구성원들 모두에게 그 규범에 복종할 것을 요구하는데, 그러한 요구에 복종하지 않는 경우 일종의 처벌이나 규탄을 받게 마련이다. 이러한 사실은 '법'이라는 개념 속에 이미 함축되어 있다. 그러나 이 두 가지 경우 복종이나 불복종의 양상과 그 결과는 아주 다르다. '법'의 경우 중요한 것은 행동의 동기나 의도와는 상관없이 정해진 법규에 외형적으로 맞느냐 아니냐에 있고, 그 결과는 물리적 이익을 받느냐 잃느냐에 있다. '윤리'의 경우 외형적, 즉 외형적 양상이나 물리적 결과보다 더 중요한 것은 행동의 심리적 동기와 행위 당사자가 내적으로 느끼는 정신적 만족 혹은 불만족이다. 이와 같이 볼 때, '윤리'가 인간이 다른 인간에 대해 갖고 있는 내적 심성과 떼어내 생각할 수 없는 한, 즉 '도덕'을 전혀 전제하지 않는 '윤리'를 생각할 수 없는 한, 법이라는 범주에 속한 행동규범과 행동결과는 윤리적 문제의 밖에서 존재한다.

그런데 문제는 바로 위와 같은 관점에서 '법'과 분명히 구별되는데도 좀더 꼼꼼히 따져보면 실제로 존재하는 사회적 규범으로서의 '윤리', 즉 헤겔이 '법Recht'과는 물론 '도덕moralitat'과 구별하여 '윤리Sittlichkeit'라고 불렀던 행동규범은 '법'과 근본적으로 다를 바 없다는 데에 있다. 이것은 이미 앞에서 보았듯이 한 사회 전체를 지배하는 통일된 하나의 보편적 행동규범 체계로서의 '윤리'가 각 개인의 사적 정서, 감동, 가치관과는 상관없이, 그리고 많은 경우 그러한 것들과 오히려 대치되는 가치관, 신념이 반영된 관습, 풍습, 전통으로 형식화되어 표현되기 때문이다. 윤리가 흔히 '관습', '풍습', '전통', '사회적 공감대' 등과 거의 대동소이한 뜻으로 사용되고 있거나, 아니면 그러한 '개념'들에서 유래된 것은 전혀 우연한 사실이 아니다.

앞서 강조했듯이 전통적으로 '윤리'라 불러왔던 행동규범은 구체적으로 존재하는 어떤 특정한 사회를 떠나서는 생각할 수 없는 원칙과 행동규범으로서, 그것은 인간의 선/악과 옳음/그름에 관련된 행동규범에 관한 한 특정한 사회를 지배하는 행동원칙과 규범의 반영에 불과한 전통, 풍습, 관례와 실질적으로 전혀 다를 바가 없다. 고대로부터 신본주의theocentrism를 대신한 인본주의anthropocentrism 혹은 인간주의humanism에 바탕을 둔 근대 합리주의사상이 지배하게 되기까지 모든 사회의 모든 윤리의 근거는 결과적으로 위와 같은 각 사회를 지배하는 전통, 관습, 풍습, 관례 자체를 지칭하는 것이었다.

그러나 근대 이전의 '전통적' 윤리에는 가치판단이 상대적이라는 특징이 있다. 그런데 이러한 상대성은 철학적 문제를 제기한다. 그 이유는 윤리적 규범의 상대성은 사회 안에서의 개인들 간의 갈등이 아니라 서로 이해를 달리하는 사회들 간의 윤리적 갈등을 평가하고 규제하는 원칙과 규범을 제공하지 못하고, 결과적으로 문화권을 달리하는 사회들 간에 이성적으로 해결할 수 없는 갈등이 불가피하게 되기 때문이다. 이런 상태에서 서로 다른 문화들 간에 불가피하게 생기는 이해관계의 갈등은 물리적 충돌로 이어질 것이며, 사회의 혼란을 피할 수 없다는 것은 불을 보듯 뻔하다. 이런 상황에서 시대와 장소를 초월해 보편적으로 언제나, 그리고 어디에서고 적용할 수 있는 합리적 윤리원칙, 즉 이성을 갖는 인간이면 누구나 설득될 수 있는 선/악 및 옳음/그름을 도덕적 차원에서 판단할 수 있는 잣대로서의 규범에 대한 요청은 당연하다.

벤담의 공리주의utilitarianism 윤리학과 칸트의 의무주의deontologism 윤리학은 이러한 윤리학사의 맥락에서 필연적으로 나타난 요청에 응한 두 가지 대답이었다. 서로 양립할 수 없는 윤리학이었지만 두 이론은 다 같이 역사상 그 예를 볼 수 없었던, 가장 혁명적으로 놀랍게 참신하고 합리적인 윤리학이었다. 그것들은 각기 자신들의 근거를 전통, 즉 역사적으로 전수된 관습 대신 이성에서 찾았고, 그럼으로써 각기 자신들의 주장의 보편성을 확신했다는 점에서 역사상 제일 처음의 탈전통적, 즉 근대적 윤리학이었다.

이런 점에서만 보아도 공리주의 윤리학의 발명자 벤담과 의무주의 윤리학의 창조자 칸트는 위대한 철학자의 반열에 속하고도 남는다.

벤담과 칸트가 대표하는 두 가지 윤리학들의 차이는 선/악의 본질에 대한 신념의 차이에서 나타난다. 공리주의 윤리학이 도덕적으로 '선'의 가치를 인간의 행복으로 규정하는 데 반해서 의무주의 윤리학은 이성에의 복종을 의무로 전제하고, 전자가 인간의 행복이라는 관점에서 한 행동의 양적 결과를 중요시하는 데 반해서 후자는 형식적 관점에서 한 행동의 보편적 적용가능성, 즉 합리성을 더 중요시한다.

위의 두 가지 윤리학이 각기 전제하는 도덕적 선의 정의는 서로 상반되면서도 다 같이 모든 사람들에게 직관적으로 옳은 것 같이 느껴진다. 그도 그럴 것이 한편으로는 인간의 행복이라는 공리적 결과를 떠난 '도덕적 선'이라는 개념이나 다른 한편으로는 모든 공리적 결과를 떠나 좋건 싫건 인간으로서 마땅히 해야 할 의무감으로 다가오지 않는 '선'이라는 개념은 둘 다 다 같이 '도덕적으로' 전혀 무의미한 것이 자명하다는 생각이 들기 때문이다. 공리주의와 의무주의, 두 가지 윤리학이 지난 두 세기 이후에도 윤리학의 중심에 놓여 있었던 이유는 그것들이 모든 인간이 보편적으로 갖고 있는 '도덕적 선'에 대한, 바로 위에서 말한 바와 같은 모든 인간이 보편적으로 갖고 있는 두 가지 직관을 각기 나름대로 반영한 것이기 때문이라고 생각된다. 현새까시노 윤리학에서의 핵심적 논의는 공리주의적 윤리학과 의무론적 윤리학 간의 갈등을 둘러싼 양자택일의 문제에 초점이 맞추어지고 있는 것으로 볼 수 있다.

이처럼 몇 세기 동안 윤리학의 중심에서 도덕적 '선'을 규정하는 근본적 잣대의 역할을 서로 팽팽하게 맞서 주장해왔음에도 불구하고, 공리주의와 의무주의는 철학적 이론으로서 몇 가지 해결할 수 없는 문제를 안고 있다. 첫째, 논리적으로 모순되는 두 가지 윤리학이 다 같이 옳다고는 할 수 없다. 둘 중 하나는 반드시 틀린 것일 것이다. 이런 상황에서 더 큰 문제는 둘째, 그 둘 가운데 어느 하나의 입장을 택해도 우리가 공유하고 있다고 전제되는 도덕적 직관에 배치되는 것처럼 느껴진다는 데 있다.

윤리적 선/악 혹은 옳음/그름의 문제는 인간의 행동의 가치를 평가하는 관점과 잣대의 문제이다. 한편으로 그 동기·의도를 떠난 인간의 행동이라는 개념은 모순된다. 그러한 행동은 엄밀한 의미에서 행동이 아니라 그냥 생물학적 혹은 물리적 작동이기 때문이다. 다른 한편으로 결과를 염두에 두지 않은 행동은 진짜 행동이 아니라 기계적 작동에 불과하며, 그러한 작동 자체의 선/악 혹은 옳음/그름에 대한 언급은 무의미하기 때문이다. 그러므로 한 행동에 대한 도덕적 평가는 그 행동의 결과와 아울러 동기라는 두 가지 관점에서 결정되어야 한다. 결과로 보아 '선하고', 동기로 보아 '옳은 것'이라야 한다는 것이다. 그런데 두 가지 관점을 동시에 만족시킬 수 없는 경우, 즉 한쪽만을 택하고 다른 쪽을 희생해야 하는 경우가 있는 데에 공리주의와 의무주의라는 두 가지 윤리학의 근본적인 문제가 있다.

모든 이론은 자신이 주장하는 진리의 보편성을 의도하고 주장한다. 각 이론은 자신이 모든 경우에 한결같이 적용된다고 전제한다. 이런 점에서 공리주의 및 의무주의로 대표되는 근대적, 즉 보편적 이성에 근거했다고 전제된 윤리학은 물론 전통적, 즉 시대와 지역에 따라 문화적으로 상대적인 윤리학도 마찬가지이다. 그것들 간의 차이는 이론이 보편적으로 적용되어야 하는 범위, 즉 외연의 폭의 큼/작음의 관점에서만 찾을 수 있다. 따지고 보면 이성에 근거한다고 자처하는 근대적 윤리학, 즉 공리주의적 및 의무론적 윤리규범은 다양한 전통적 윤리규범들과 마찬가지로 특정한 장소의 특정한 시대에 자리잡고 있는 한 사회가 집단적으로 갖고 있는 도덕관, 즉 근본적인 도덕적 가치에 대한 공적, 따라서 객관적, 따라서 추상적 신념의 반영에 지나지 않음을 알 수 있다. 이러한 사실은 이른바 '이성'이란 한 개인의 사적 주체의 특수한 지적 속성이 아니라 하버마스가 주장하듯이 한 사회의 구성원들이 합의를 통해 도출한 공적 주체가 구성한 일종의 제도에 불과한 것으로 알 수 있다.

이러한 지평에서 볼 때, 언뜻 생각하는 바와는 달리 선/악 혹은 옳음/그름을 결정하는 합리적 원칙 및 규범으로서의 근대적 윤리학은 선/악 혹은 옳음/그름을 판단하는 한 사회의 풍습, 관례의 반영으로서의 전통적 윤리학과 근원적 차원에서 전혀 다를 바 없다. 바로 이런 사실에서 전통적 및 근대적 윤리학을 포괄하며 지금까지의 모든 윤리학의 결함이 드러난다. 그 결함의 핵심은 사적인, 즉 아주 내밀한 주관의 영역인 도덕성을 공적인, 즉 아주 형식적인 제도의 영역인 윤리성과 서로 혼동하여 동일한 것으로 보았다는 데 있다. 전통적 및 근대적 서양의 윤리학은 사회적 및 논리적 규범에 대한 이론으로서, 인간의 사적인 내밀한 심성·느낌과 떨어져 있거나 아니면 그러한 요소가 숫제 배제되어 있었다고 볼 수 있다. 이런 점에서 지금까지의 윤리적 규범은 법적 규범과 근본적으로 다를 바 없다.

그러나 어떻게 형식화할 수 없는 고독한 심성, 따뜻한 감동과 관련된 경험의 영역으로서의, 도덕성을 떠난 사회적 규범으로서의 윤리성이 그것 본래의 의미, 즉 선/악 및 옳음/그름과 관련된 행동의 가치를 가질 수 있겠는가. 참다운 윤리는 도덕성에 뿌리를 박아야 하며, 참다운 도덕성은 계산, 기술, 관례, 이성, 두뇌의 소관이 아니라 느낌, 심성, 감동, 가슴의 소관이다.

바로 이 시점에서 2천 4백 년 전에 살았던 공자의 도덕관은 다른 어떤 도덕관과도 다르다. 그것은 심성의 윤리학, 즉 도덕관의 가장 분명한 예였고, 이런 점에서 가장 고리타분하다고 생각되어왔음에도 불구하고 어느 윤리학보다도 참신하고 깊고, 또한 가장 현대적이라는 사실은 참으로 역설적이다. '도덕적'이라는 말의 의미, '도덕성'의 본질을 역사상 처음으로 정말 분명히, 그리고 깊이 이해한 이는 어쩌면 공자였던 것이 아닐까? 그렇다면 가장 합리적인, 현실주의적인, 반낭만적antiromantic인, 따라서 비감성적nonemotional 철학자로 생각되어온 공자는 실제로는 가장 낭만적, 초월적, 감성적 철학자로 알려진 노자보다도 훨씬 더 감성적, 즉 '인간적' 인간이었다는 것은 놀라운, 그러나 즐거운 역설이다.

공자의 심성의 도덕관

섭공이 공자에게 말했다. 우리 고장에 정직한 사람이 있으니, 그 아버지가 남의 양을 훔친 것을 아들이 증언했습니다. 공자께서 말씀하셨다. "우리 고장의 정직한 사람은 그와는 다릅니다. 아버지는 아들을 숨겨주고, 아들은 아버지를 숨겨주는데, 정직한 것은 그 가운데에 있다〔葉公語孔子曰, 吾黨 有直躬者, 其父攘羊 而子證之. 孔子曰 吾黨之直者 異於是 父爲子隱, 子爲父隱 直在其中矣(섭공이 어공자왈 오당에 유직궁자하니 기부양양이어늘 이자증지하나이다. 공자왈 오당지직자는 이어시하니 부위자은하고 자위부은하나니 직재기중의니라)〕."(13/18)

윤리·도덕적으로 옳음/그름의 것의 본질에 대한 섭공의 질문과 그 질문에 대한 스승 공자의 대답이 있는 『논어』 속의 위 한 구절은 언뜻 보기에 누구에게나 아주 상식을 벗어난 예외적인 공자의 도덕관을 극명하게 드러낸다. 섭공이 전통적, 근대적 및 우리 모두의 상식적 도덕관을 대변하는 데 반해서 스승 공자는 기존의 도덕관으로 볼 때 비도덕적으로 비칠 수밖에 없는 비상식적 도덕관을 주장한다. 그들 간의 차이는 전자가 도덕의 본질을 이미 사회에 존재하는 즉 제도화된 도덕적 규범, 틀, 율법의 준수에서 발견하고 있는 데 반해서 후자는 도덕의 본질을 한 개인과 개인 간에 사적으로 맺어진 유일한, 사적이고 내밀하며 끈끈한 관계에서 유발되는 감성적인, 따라서 절실한 요구에 대한 충실성에서 찾는다.

'도덕성', '도덕적'이라는 말이 한 인간이 다른 인간 혹은 모든 인간들과 맺고 있는 관계 속에서 행해지는 행동의 타당성을 뜻한다면, 그러한 타당성은 모든 사람의 모든 행동에도 보편적으로 적용되는 것이어야 한다. 양을 훔치는 행위가 범죄라면 양을 훔친 자가 남이든 아버지이든 상관없이 똑같은 범죄에 해당된다. 그러므로 아들이 아버지를 고발하는 것이야말로 도덕적으로 옳은 것이고 아버지의 범죄를 숨겨주는 행위는 비도덕적이다. 그렇다면 참다운 도덕성은 '눈물', '따듯한 정'을 벗어난 차디찬 이성의 영역의 문제에 귀속되어야 한다는 것이다. 이성의 이러한 결론은 비단 섭공이 살고 있는 사회의 구성원들만이 아니라 그 누구도 피할 수 없는 논리의 요청이다. 이러한 사실은 너무나, 그리고 누구에게도 자명해 보인다. 그것은 섭공, 섭공이 살고 있는 사회공동체, 그리고 특정한 인간, 특정한 사회를 초월해서 우리 모두에게도 다 같이 해당되는 말이다.

그런데 놀랍게도 공자의 의견은 정반대이다. 그에 의하면 문제의 아들의 경우 자신의 아버지를 범죄자로 고발하는 행위야말로 비도덕적 행위, 즉 잘못된 행위라는 것이다. 아들은 아버지의 범죄를, 그리고 아버지는 아들의 범죄를 숨겨주는 것이 보편성을 갖는 '법'의 이름으로 혹은 '공평성'이라는 명목으로 아들이 아버지의 범죄를, 그리고 아버지는 아들의 범죄를 고발하는 것보다 도덕적으로 옳은 행동이라는 것이다. 섭공과 주고받은 간단한 대화의 요점은 일종의 범죄가 아니면 범죄 공모로 볼 수 있는 그러한 행위야말로 진정한 의미에서 '도덕적인', '선한', 그리고 '옳은' 것이라는 것이다. 여기서 놓쳐서는 안 될 점은 양을 훔친 아버지를 둘러싼 아들의 도덕적 옳음/그름을 판단하는 문제를 예로 들면서 공자가 말하고자 했던 진정한 의미이다. 공자가 진정으로 주장하고자 했던 것은 그가 말한 그대로 '아들은 아버지의 범죄를, 아버지는 아들의 범죄를 숨겨주는 것이 언제나 예외 없이, 기계적으로 도덕적으로 옳다'라는 것이 아니라, 사회적으로 존재하는 도덕적 규범이 무조건 모든 경우에 일률적으로 적용되어서는 안 된다는 점을 말하고자 했다는 것을 명심할 필요가 있다. 모든 경우가 완전히 동일할 수 없고, 엄격히 말해서 하나하나의 경우가 어떤 측면에서는 서로 다른 점이 있는 만큼, 그러한 차이를 깊이, 그리고 세밀히 고려한 후에 도덕적 판단이 내려져야 한다는 것이다. 아주 엄격히 생각하자면 하나하나의 도덕적 상황에 대한 도덕적 판단기준은 각기 그것에게만 꼭 맞는 유일한 것일 수밖에 없다는 것, 어떠한 도덕적 원칙, 규범도 두 개 이상의 경우에 적용될 수 없다는 것이다.

일반적 상식에 너무나도 어긋나는 이같은 공자의 주장은 그에게 지적인 결함이 있었음을 입증하는 것인가, 아니면 그가 도덕적 의식을 완전히 상실했음을 의미하는가? 그렇지 않다면 너무나도 반상식적인 위와 같은 그의 도덕관을 어떻게 설명할 수 있을 것인가? 그의 이같은 도덕관의 밑바닥에는 선/악 혹은 옳음/그름 등으로 표현되는 도덕적 가치는 논리적 및 이성적 사유, 그리고 형식적 및 기계적 완벽성 이전에 극히 내밀한 각 개인의 느낌, 정서, 짙은 감정에 뿌리를 두고 있어야 한다는 그의 신념, 아니 느낌이 깔려 있다.

그것은 느낌에 바탕을 두지 않고 오직 공적 규범에만 형식적으로 맞추어진 행위는 도덕적으로 아무 의미가 없다는 공자의 깊은 통찰력을 입증한다. 생명이 생물학적으로 연결되어 있고, 양육과 교육, 그리고 효도를 통해서 사회적, 그리고 문화적으로도 가장 가깝게 맺어진 부자 혹은 모자 간의 뜨겁고 두터운 느낌보다 인간으로서 더 중요한 것이 어디에 있겠는가? 사실 공자의 도덕관이 맞다. 법 혹은 규범 혹은 원칙 혹은 공적 이익이라는 명목으로 아버지의 범죄를 고발하는 행위보다 그 반대의 행위, 즉 공적 법을 어기더라도 사적 마음속 가장 깊은 곳에서부터 우러나오는 느낌에 충실하여 공적으로 범죄를 짓는 것이 훨씬 더 인간적인 것, 즉 인간으로서 가장 진실한 삶이기 때문이다. 앞서 언급했듯이 윤리가 사회적, 즉 공적 규범, 따라서 일종의 법규에 속한다면 도덕은 개인적, 즉 사적 원칙, 따라서 한 개인의 실존적 가치선택의 의미를 갖는다. 두웨이밍杜維明 교수[113]의 지적대로 전자, 즉 윤리가 사법적 judiciary 사고에 바탕을 두고 있는 선/악 혹은 옳음/그름의 도덕적 규범이라면 후자, 즉 도덕은 신탁적fiduciary 충성에 기초한 선/악 혹은 옳음/그름의 윤리이다. 공자가 보는 도덕성은 사법적이 아니라 신탁적 개념이며, 공자의 윤리학은 사법적 규범에 관한 것이 아니라 신탁적 충성에

---

113 Tu Wei-ming, *Centrality and Commonality*(Honolulu: University of Hawaii Press, 1976)

관한 것이다.

공자의 도덕관에 있어서의 공적 결과, 이성, 즉 사유에 앞서, 개인적 동기와 정서, 즉 느낌의 중요성과 선행성은 『논어』의 여러 곳에서 읽어 낼 수 있다. "요즈음의 효는 잘 공양하는 것을 말하는데, 개와 말도 길러 줌이 있으니 어버이를 공경하지 않으면 무엇이 다르겠는가〔今之孝者, 是謂能養, 至於犬馬, 皆能有養, 不敬, 何以別乎(금지효자는 시위능양이나 지어견마하여도 개능유양이니 불경이면 하이별호리오)〕"(2/7)라는 『논어』 의 한 구절을 여기에서도 하나의 예로서 제시할 수 있다.

물리적으로, 즉 경제적으로만 부모를 만족시키더라도 속마음에서 우러나는 공경심이 없다면 그것은 도덕적으로 아무 가치도 없다. 왜냐하면 그런 행위는 자신의 새끼를 희생적으로 키우는 동물들과 전혀 다를 바 없다. 그러나 '마음'이라는 것이 없는 동물들의 그러한 행동에 '도덕적' 판단을 적용할 수 없다면, 똑같은 이유에서 공경하는 마음 없이 어버이를 물질적으로 만족시키는 자식의 행동에도 도덕적으로 높은 가치평가가 불가능하다는 것이 불가피한 논리이다.

모든 감정이 한결같이 도덕적 성질을 갖는 것은 아니며 도덕적으로 '선'한 것은 더더욱 아니다. 그런데도 인간은 누구나 다 도덕적으로 선한 감정, 느낌, 감수성을 갖추어야 한다. 공자가 생각하는 도덕적으로 선한 느낌과 마음씨는 도대체 어떤 것인가? 『논어』에서는 이에 대한 공자의 생각과 대답을 낚시질과 사냥에 비유했다. "공자가 물고기를 낚시로 잡되 그물로는 잡지 않고 주살을 쏘되 잠든 새는 잡지 않았다〔子, 釣 而不綱 弋不射宿(공자는 조이불강하시며 익불사숙이러시다)〕"(7/26)라는 구절의 기록을 통해 우리 가슴에 다가온다.

도덕적 감수성이란 소극적으로 말해서 생존을 위해 물고기를 잡아먹어야 하고, 날짐승들도 잡아서 양식으로 삼아야 하는 것은 인간에게 불가피한 자연적 조건이지만, 그렇다고 오로지 양적 욕심만의 관점에서 물고기와 날짐승을 '일종의 예의'를 갖추지 않고 마구잡이로 살해하고 야만적으로 먹어서는 안 된다는 의식을 뜻하며, 적극적으로 말해서 남에 대한, 동물에 대한 따뜻한 마음씨, 측은지심을 지칭한다. 요컨대 도덕성은 '인', 즉 '착함'이라는 말로 부를 수 있는 덕목 중의 덕목에 지나지 않는다. 공자의 윤리학은 곧 도덕학이며, 공자의 도덕학의 핵심에는 그의 철학의 핵심을 차지하는 '인'이라는 정신적 가치가 자리잡고 있으므로, 그의 도덕철학은 곧 '인'의 도덕철학이다.

앞에서 이미 예로 들어본 대로 "아버지는 아들을 숨겨주고, 아들은 아버지를 숨겨준다〔父爲子隱, 子爲父隱(부위자은하고 자위부은이니라)〕"라는 명제에 나타난 공자의 도덕적 원칙은 상식에 어긋남에도 불구하고 도덕성의 본질에 대한 공자의 통찰력이 갖고 있는 깊이를 부정할 수 있는 이는 어디에도 존재할 수 없다. 공자가 지적하고자 했던 도덕에 있어서의 감성, 느낌, 내밀한 주관적 사적 차원의 심성의 중요성은 도덕성을 철저한 규범성 속에서 찾고자 했던 근대적 윤리학을 비판하고, 도덕의 문제를 근본적으로 새로운 시각에서 이해하고자 했던 근래의 몇몇 철학자들의 목소리에서 새삼스럽게 부각되고 있다. 하지만 부정할 수 없는 이같은 중요성에도 불구하고, 공자의 도덕관이 도덕적 행위의 결정이 제기하는 모든 도덕적 문제들을 풀어주는 것은 아니다. 만약 개인적으로 깊은 관계와 그러한 관계에서 맺어진 내밀한, 명확히 이성적으로 표현하고 설명할 수 없는 인간적 감정에 따라서 사회적으로 존재하는 법적, 그리고 윤리적 규범을 어기고 아들이 아버지의 범죄를, 아버지가 아들의 범죄를 각각 숨겨주는 것이 도덕적으로 옳다고 확신하고 그러한 확신에 따라 행동한다면, 그로 인해 필연적으로 생기게 되는 사회적 무질서와, 그러한 무질서로 인해 생기게 될 도덕적 갈등과 고통을 어떻게 극복하고 해결할 수 있겠는가?

지성의 본질은 모든 문제를 티끌만큼의 애매모호함도 없이 투명하게 파악하고 논리적으로 명확하게 풀고자 한다. 그러나 어떤 문제 풀이도 이러한 지적 요청을 완전히 만족시켜줄 수 없다. 인간과 자연의 현실은 그러한 지적 욕망이 채워지기에는 너무나 복잡하고 희미하다. 선/악을 판단하는 도덕적 문제는 더욱 그렇다. 어쩌면 공자, 그리고 흄의 윤리·도덕적 사유를 제외한 대부분의 윤리·도덕적 이론들은 절대적으로 투명하게 선/악을 판단하는 기준이 있다는 것을 전제해왔던 것으로 볼 수 있다. 이러한 전제가 낳은 결과는 각자 자신의 이론에 대해서는 독선적이고 타인의 이론들에 대해서는 배타적 태도를 강화하는 결과를 낳았고, 그러한 태도는 정치적으로는 권위주의적, 독재적, 때로는 폭력적 행위를 정당화하는 결과를 낳았다고 볼 수 있다.

그러나 공자가 보여주었듯이 어떠한 경우에도 완전히 지적으로 만족스러운, 즉 도덕적이면서 윤리적이고 윤리적이면서 도덕적인 판단은 존재하지 않는다. "도덕적 판단은 이성적 판단보다도 더 깊은 판단을 요구한다. 공자의 감정은 이성과 감성에 대립된 감성이 아니라 이성과 감성이 통합된 근원에서 우러나는 느낌이 아닐까"[114] 생각된다. 그러나 실천적 차원에서 모든 도덕적 행위는 궁극적으로 합리적일 수 없으며, 따라서 개인적으로나 사회적으로 반드시 고독한 고민을 동반하고 가슴

---

[114]   Susan Wolf, 'Moral Saints' 및 Michael J. Sandel, "Desire, Choice and the Good," both in *Moral Philosophy: Selected Readings*(New York: Hartcourt Brace Jovanovich, 1987)

이 찢어지는 고통을 남긴다. 이런 도덕적 판단의 상황인식이 가르쳐주는 교훈은 서로 대립되는 인간들 상호간의 이해와 관용의 입장에서 언뜻 보아 미지근하지만 '중용적 타협'이라는 태도의 중요성이다. 이른바 포스트모더니즘이라는 문화 상대주의가 지배하는 오늘날 바로 위와 같은 점에서 공자의 감성의 도덕관은 더욱 큰 의미를 갖는다. 왜냐하면 위와 같은 고민과 고통을 전혀 갖지 않은 도덕적 행위는 존재할 수 없고, 공자의 도덕철학은 그러한 고민과 고통을 우리에게 안겨줌으로써 우리들의 도덕적 삶을 보다 짙고 깊게 하고 우리를 보다 '인간적'으로 일깨워 성장하게 도와주기 때문이다.

『논어의 논리』(2005)

06

'예'와 규범의 논리

너는 양을 아끼지만 나는 예를 아낀다〔爾愛其羊 我愛其禮(이애기양이나, 아 애기례로다)〕.(3/17)

'예'의 개념적 위상

공자의 사상체계를 구성하는 개념들의 중심에 '인'과 '예'가 차례로 자 리잡고 있다. 이 두 개념은 다 같이 공자가 주장하는 핵심적 덕목을 지 칭하는 개념이다.『논어』에 담긴 대로 본다면 공자에게 '예'라는 덕목은 그만큼 중요하다.

그것은『논어』에 '예'라는 낱말이 수없이 반복되어 나오고, 그곳에서 공자는 예의 중요성을 수없이 되풀이하고 있다. 그런 사실의 몇 가지 사 례로 "통용되지 않는 경우가 있으니, 화가 좋은 줄만 알고 예로써 절제 할 줄 모르면 또한 통용되지 않는다〔有所不行 知和而和 不以禮節之 亦

不可行也(유소불행이니 지화이화요 불이례절지면 역불가행야니라)]"(1/12)
라는 항목 및 "천명을 모르면 군자 노릇을 할 길이 없고, 예를 모르면 세
상에 나설 수가 없다[不知命 無以爲君子也 不知禮 無以立也(부지명이면
무이위군자이며 부지례면 무이립지오)]"(20/3)라는 항목을 들 수 있다.

공자는 예의 중요성을 강조하고 그것을 존중하고 찬양했고, 예에 맞
게 말을 가다듬고, 몸가짐과 행동을 하라고 가르쳤다. 그러기에 공자는
제사에 양의 희생이 필요한데도 그것을 아끼려 하는 제자 자공을 꾸짖
으며 "너는 양을 아끼지만 나는 예를 아낀다[爾愛其羊, 我愛其禮(이애
기양이나, 아애기례로다)]"(3/17)라고 말했고, 애제자 안연顏淵에게 "예
법대로가 아니면 보지 말고, 예법대로가 아니면 듣지 말고, 예법대로
가 아니면 말하지 말고, 예법대로가 아니면 아무것도 하지 마라[非禮勿
視, 非禮勿聽, 非禮勿言, 非禮勿動(비례물시하며, 비례물청하며, 비례물언
하며, 비례물동이니라)]"(12/1)라고 가르쳤다. 공자에게 '예'의 중요성은
'인'에 버금가며, 인과 절대로 뗄 수 없는 덕목이다.

'예'의 개념규정

어딘가 모르게 자유분방하고 해방적인 노자와 도가사상에 비추어볼 때
는 공자와 유교는 어딘가 딱딱하고 답답한 느낌을 준다. '예' 하면 우리
한국인에게 먼저 떠오르는 것은 유교이며, 유교 하면 공자를 떠나서는
생각할 수 없고, 공자 하면 먼저 머리에 떠오르는 것이 조선조 양반이
며, 양반 하면 끝없는 도덕적 훈계, 복잡한 관혼상제, 숨이 막힐 듯한 도
리에 맞는, 즉 형식에 맞는 예절 등이기 때문이다. 공자, 그리고 유교의

사상은 '예'와 떼어 생각할 수 없다.

'예'가 공자의 사상체계에서, 그가 대표하는 유교에서, 그리고 유교적 이념에 완전히 지배되었던 조선조 5백 년의 역사를 살아온 한국인에게 그렇게도 중요하다면, 도대체 공자가 말하는 '예'란 덕목은 구체적으로 어떤 덕목을 지칭하는가? 그것은 "안연이 '인'을 물으니, 공자께서 나를 극복하고 '예'를 회복하면 '인'이 되니 어느 날 자신을 극복하고 예를 회복하면, 천하가 인으로 돌아갈 것이다. '인'을 이루는 것은 나로부터 비롯되는 것이니, 어찌 남으로부터 비롯될 것인가[顏淵 問仁, 子曰 克己復禮, 爲仁 一日克己復禮 天下歸仁焉 爲仁 由己 而由人乎哉(안연이 문인한데, 자왈 극기복례하면, 위인이니 일일극기복례하면 천하귀인언하나니 위인이 유기니 이유인호재랴)]"(12/1)라는 『논어』의 한 항목을 읽어 알 수 있듯이 '인'의 덕목과 떼어서는 이해할 수 없고 생각조차도 할 수 없다.

'인'이라는 덕목이 인간이 갖추어야 할 내적 심성의 속성을 지칭하는 데 반해서 '예'라는 덕목은 '인'의 덕목에 어긋나지 않기 위해서 인간이 마땅히 갖추어야 할 관습화된 가시적 행동양식이다. 그것은 말투를 비롯한 모든 종류의 몸가짐을 지칭한다. '인'이 눈으로 볼 수 없는 심성의 내용이라면 '예'는 한 주체가 그것을 나타내고 그것이 구체적으로 밖에 나타나는 표현형식이다. '인'을 전제하지 않는 '예'가 있을 수 없는 것과 마찬가지로 '예'에 담기지 않은 '인', 즉 실천되지 않은 '인'은 공허하다. 이런 점에서 '인'은 마음에 비유할 수 있고, '예'는 몸의 표현에 비유될 수 있으며, '인'을 물건에 비유한다면 '예'는 그것을 담은 그릇에 해당된다.

그러나 그릇에 담긴 모든 물건이 저절로 좋아지는 것도 아니고, 바람직한 것이 되는 것도 아니고, 좋은 그릇에 담긴, 즉 미사여구로 표현된 생각이 무조건 좋은 것일 수 없는 것처럼 겉보기에 좋은 모양의 언행' 즉 '예'와 같이 보이는 표현을 곧바로 '예'로 볼 수는 없다. 그러한 그릇, 표현이 저절로 진리나 진실을 담은 것이 아니라 오히려 허위와 위선일 수도 있기 때문이다. '예'가 적절한 일종의 형식, 양식, 그릇, 틀이기는 하지만, 겉으로 보기에 적절한 형식, 양식, 그릇이 자동적으로 '예'라는 범주에 속할 수 있는 것은 결코 아니다. 상황에 '꼭 적절하지' 않은 태도, 행동, 양식이 '예'의 범주에 속할 수가 없으며, 자동적으로 '예'의 범주에 속하지 않는다. '예'는 상황에 '꼭 적절한', 이성적으로 생각해서 '규범에 꼭 맞는 태도, 행동, 양식', 습관들 가운데서도 오로지 '습관화된', '거의 자동적인', '아주 몸에 밴' 태도, 행동, 양식, 습관들만을 지칭한다. 그러므로 '예'는 '적절한 행동의 자연화, 즉 '고정화', '형식화', '화석화'를 뜻하고 원래 문화적, 즉 인위적, 즉 일종의 제도적인 것이 '가장 적절하게 자연화된 행동'이다. '예'는 일종의 관습이며 버릇이고, 일종의 형식이며 기계적 행위이며, 여러 가지 의식, 특히 많은 허례허식을 연상시킨다.

'예'는 공자가 "군자는 그릇이 되어서는 안 된다〔君子不器(군사는 불기니라)〕"(2/12)라고 말했을 때의 '기', 제자 자공의 자신의 인품에 대한 질문에 "너는 기이다〔女 器也(여는 기니라)〕"(5/3)라고 공자가 대답했을 때의 '기', 또한 『예기』에 나오는 "큰길은 그릇이 없다〔大道不器(대도불기니라)〕"라고 했을 때의 '기', 즉 그릇, 수단, 틀, 형식, 공식 등을 뜻한다. 그러나 '예'가 곧 '기', 즉 관습, 형식, 관례, 습관, 의식, 그릇이지만 모든 '기'가 곧 예가 아님은 말할 필요도 없다. '예'는 특정한 속성을 갖춘 '기', 즉 관습, 형식, 관례, 습관, 의식, 그릇, 즉 도덕적 의미가 있는,

즉 선하고 옳은 내용을 담은 '기'이다. 왜냐하면 인간의 행위, 태도, 관습, 버릇에는 선/악 혹은 옳음/그름과 전혀 관계없는 경우가 얼마든지 있기 때문이다. 고운 말솜씨, 의젓한 걸음걸이, 멋있는 체조동작, 우아한 춤 등은 가치가 있지만 그러한 가치들은 도덕적 가치와는 아무 상관이 없다.

도덕규범의 '자연화'의 중요성

공자가 '예'를 도덕적 가치를 담은 버릇, 관습, 행동의 자동화, 즉 자연화naturalization라고 보았을 때, 이때의 '예'는 이광호 교수의 말대로 "정신의 육화이다".[115] 이런 점에서 "군자는 그릇이 아니다〔君子不器(군자는 불기니라)〕"(2/12)라고 공자는 말한다. 그런데도 공자가 '기'로서의 '예'를 그렇게도 중요시하는 이유는 무엇인가? 공자는 왜 '예', '예의'가 도덕적으로, 즉 인간이 인간다운 삶을 살기 위해서 그렇게도 중요하다고 생각했는가?

이에 대한 대답은 놀랍게도 간단하다. 인간에 있어서 도덕적으로' 즉 '인'의 덕목에 따라 착하게 사는 것보다 더 이상 중요한 것이 없는 만큼, 우리의 몸가짐이나 행동이 언제나 '인'의 원칙, '인'의 덕목이 요구하는 규범에 꼭 맞추어져야 하며, 그렇게 적절한 태도, 행동은 우연에 맡기거나 번번이 여유를 갖고 새로 오래 생각하고 따진 다음에 취하거나 결정할 수 있는 성질이 아니라 습관화되어 거의 자동적으로, 즉 자연적으

---

115 이광호 교수가 사석에서 한 말이다.

로 취하거나 결정할 수 있어야 하기 때문이다. 말하자면 이상적 인간은 도덕적 견습생이 아니라 도덕적 장인이며, 이상적 인간사회는 천방지축의 풋내기들의 집단이 아니라 인격적으로 성숙한 현자들의 공동체이기 때문이다.

'예'가 호련瑚璉(5/3)과 같이 아무리 숭고한 정신적 행위의 표현을 위한 도구·형식, 즉 '기'일지라도 그것은 역시 인위적 도구이고, 인위적 도구라는 점에서 비자연적이다. 그럼에도 '예', 즉 형식·도구가 그렇게도 중요한 것은 그것 없이는 아무리 고귀한 인간의 내면성도 표현될 수 없고, 그 방법·도구·절차가 '예'로서 한 장인의 경우처럼 습관화해서 숙련되어 표현될 수 없다면, 설사 그것을 표현하더라도 그러한 과정이 시간적으로나 물리적으로 너무나 번거롭게 될 수밖에 없기 때문이다.

공자의 도덕적 규범에 대한 노장의 비판

유교를 대표하는 공맹의 사고가 규범적이라면 도교를 대표하는 노장의 사고는 야생적이고, 유교가 사연의 문화화를 강조하는 사상이라면, 도교는 문화의 자연화를 외치는 사상이다. 유교와 도교, 공자와 노자 간의 이같은 대립은 유교가 역설하는 인간행동의 규범으로서의 예절, 즉 어떤 인위적 틀에 맞는 행동과, 도교가 강조하는 인간 행동의 근본적 원칙으로서의 무위, 즉 자연스러운 행동이라는 개념의 대립으로 상호 간의 비판 및 보완적 관계를 갖고 있다.

앞의 한 장章에서 공자의 사회참여에 관한 입장을 언급했을 때 이미 지적했던 것처럼, 공자가 노장적 무위사상을 인간의 현실과 어긋나는 것으로 진단하고 도가의 은둔자들을 현실도피적이라고 비판한 데 반해서, 노자는 인간의 도덕적 규범, 특히 형식의 중요성을 강조하는 '예'의 덕목이 자연의 이치에 위배되어 결과적으로 문제의 해결이 아니라 악화를 초래한다고 비판한다. 이러한 도교의 유교 비판은 자연적 질서가 아닌 문화적 질서로서의 유교가 강조하는 도덕적 규범들은 '예'라는 덕목만이 아니라 그의 내용에도 해당되고 그보다 상위에 있는 '인'이라는 덕목까지 포함해서 다 같이 이 자연적·우주적·형이상학적 질서에 어긋난 것, 하위적인 것일 뿐만 아니라 그보다 더 근본적인 차원에서 인간을 포함한 모든 것의 모체인 우주의 질서를 혼란시킨다는 형이상학적이고 거의 종교적인 신념에 근거한다.

그래서 노자는 『도덕경』 속에서 말한다. "그러므로 도를 잃은 뒤에야 덕이요, 덕을 잃은 뒤에야 인이요, 인을 잃은 뒤에야 의요, 의를 잃은 뒤에야 예이다. 무릇 예는 충성스러운 마음이 희박해져서 나타나는 것으로서 어지러움의 시초가 되는 것이다. ……그런 관계로 대장부는 그 중 후한 곳에 있지. 그 천박한 곳에 있지 않으며, 그 착실한 곳에 있지 그 투박한 곳에 있지 아니하다〔故失道而後德, 失仁而後義, 失義而後禮. 夫禮者, 忠信之薄而亂之首也…… 是以大丈夫處其厚, 不處其薄, 居其實(고실도이후덕하고 실인이후의이며 실의이후례하나니. 부례자는 충신지박이고 난지수야하며…… 시이대장부처기후 부처기박 거기실이니라)〕."[116] 예가 아무리 중요하더라도 노자의 위와 같은 형이상학에 나타난 최고의 가치는 "존재론적으로 상위에 있는 것은 '도'이고, 그 하위에 있는 것은 그릇이다〔形而上者 謂之道 形而下者 謂之器(형이상자는 위지도이고 형이하

---

116 『도덕경』 제38장.

자는 위지기이다)〕"¹¹⁷라는 사실에는 변함이 없다.

'기'로서의 '예'가 가장 귀중한 내재적 의미를 갖는 덕목이 아니라 도구적 의미를 갖는다는 생각은, 앞서 한 예로 이미 사용했던 『예기』에 나오는 "큰 도는 형식이 없다〔大道不器(대도는 불기니라)〕"라는 문구에서 분명하다. 노장이 보기에 공자가 인간이 추구해야 할 최고의 가치인 동시에 규범으로 믿고 있는 '인'의 덕목도 우주·자연의 근원적, 그리고 보편적 원리로서의 '도'라는 가치와 규범에 귀속되는 하위적 가치이며 규범이다. 공자는 도가들이 자신을 공격하는 근거로서 제시하는 '기', 즉 '예'와 '인'과 '도' 간의 존재론적 및 가치론적 위계적 관계에 대한 신념을 부정하는 것이 아니었고, 자신도 똑같이 공감하고 있다는 사실은 『논어』에 들어 있는 다음과 같은 공자의 말로 명백하게 뒷받침된다. 공자에 의하면 "군자는 그릇이 아니다〔君子不器(군자는 불기니라)〕"(2/12)라는 구절이나 아침에 도를 들으면 저녁에 죽어도 좋다〔朝聞道 夕死可矣(조문도면 석사라도 가의니라)〕"(4/8)라는 것이다.

이런 점에서만 볼 때 공자는 자신의 도덕철학을 "대도가 폐하여 인의가 있고, 지혜가 나오니 대위가 있다〔大道廢 有仁義, 智慧出 有大爲(대도가 폐하면, 유인의이고, 지혜가 출하니 유대위니라)〕"¹¹⁸라는 말로 근본적으로 야유하고, 자신의 학문과 교육관을 "공부를 끊으면 근심이 없다〔絶學無憂(절학하면 무우니라)〕"¹¹⁹라는 한마디로 부정해버린 자신의 지적 적수인 노자와 가까워진다. 바로 이런 점만을 피상적으로 볼 때, 공

---

117 「계사전」, 『주역』.

118 『도덕경』, 제18장.

119 『도덕경』, 제20장.

자의 학문관, 교육관은 물론 전체적 사상체계가 붕괴됐다고 말할 수 있다.

그렇지만 사실인즉 평범한 공자의 사유가, 언뜻 생각하기에 그보다 심오해 보이는 노장의 사상보다 더 깊고 더 옳다. 노자와는 달리 공자가 '기'로서의 '예'와 '예'로서의 '기'의 중요성을 주장하는 데는 나름대로의 이유가 있고, 노자와는 달리 그가 학문과 교육의 절대적 중요성을 역설하는 데는 평범하지만 깊은 이유가 있다. '예' 혹은 '기'가 '인'이라는 가치를 구현하는 방편이며 절차이고, 틀이고 형식이기는 하지만, 그러한 '예', 즉 '기'를 몸에 익히지 않으면 실제로 '인'을 구현하기가 복잡하고 힘들기 때문이다. 도덕적으로 언제나 선하고 옳은 행동은 우연적이고 일회적으로 끝나는 것이 아니라 마치 저절로인 것처럼 언제 어디에서고 실천되어야 하는데 그러자면 그러한 태도와 행동이 마치 관습처럼, 몸에 배어 있어 억지 없이 취해지고 수행되어야 하기 때문이라는 것이다.

혹독한 훈련을 거친 후에 비로소 손가락 움직임, 공 던지기, 도자기 빚고 굽기, 우아하고 정확한 피아노 연주, 자유로운 예술작품을 창작하고, 명곡을 독창할 수 있고, 피아니스트, 성악가, 야구선수를 만들 수 있고, 그러한 종류의 명인이 되었을 때 비로소, 마치 수십 년을 사용해도 칼날이 무뎌지게 하지 않는 『장자』의 포정庖丁처럼, 그가 하는 모든 것이 최고의 것이 될 수 있는 것과 마찬가지로 '예'를 통해서 습관화되어 몸에 배었을 때 비로소 우리는 '인'에 젖은, 즉 착한 사람이 되고, 그렇게 착한 일을 몸에 밴 듯 실천할 때 우리는 비로소 '예'를 만들고, 그것을 마치 자연의 일부인 것처럼 몸에 익히게 되기 때문이다. '예'는 별것이 아니라 어떠한 경우에도 자연에 가까울 만큼 몸에 밴, 습관화된 '인'

에 꼭 맞는 태도와 몸가짐, 그리고 행동에 불과하다. 인위적 행동양식으로서의 '예'는 필연적으로 자연의 문화화의 한 결과이지만 관습화, 즉 거의 자동화된 문화적 행위라는 점에서 그것은 역설적으로 문화의 자연화이다.

그러나 문화, 즉 습관의 자연화는 단 한 번의 행동이나 몇 번의 반복된 행동으로는 가능하지 않다. 어떤 직업, 어떤 분야에서 장인이 되고 명인으로 인정받아 아주 어렵고 놀라운 결과를 마치 아무 힘도 들이지 않고 자연스럽게 해낼 수 있게 되려면, 각기 자기의 분야에서 오랫동안 견습제자로서 스승 밑에서 피나는 노력을 거쳐야 하듯이 노력과 훈련을 거친 후에만 이루어질 수 있다. 바로 이런 맥락에서 인간에게 교육과정은 필수적이다. 도덕적 교육도 마찬가지이다. 나서부터 저절로 '인'의 규범, 더 근본적으로는 '도'라는 더 원초적 규범에 잘 맞게, 즉 '예'에 어긋나지 않게 행동하며 살 수 있는 이는 아무도 없다. 그것은 문화적 산물로서만 가능하다. 인간으로서의 인간, 즉 문화적, 그리고 더 좁게는 도덕적 동물로서의 인간은 그냥 주어진 채 존재하는 것이 아니라 교육, 즉 배움의 산물이다. 인간을 언어적 동물 혹은 사회적 동물로 흔히 정의해왔지만, 그는 또한 교육적 동물로 정의하고 있다.

플라톤을 예외로 하고는 공자만큼 배움의 가치를 찬미하고 교육을 강조한 사상가는 인류역사를 통틀어보아도 그 예를 별로 찾아볼 수 없다. 『논어』가 공자, 더 나아가서 유교의 근본적 사상을 담고 있다면, "배우고 때로 익히면 또한 기쁘지 않으랴!〔學而時習之 不亦說乎(학이시습지면 불역열호아)〕"(1/1)라는 구절이나 "아침에 도를 들으면 저녁에 죽어도 좋다〔朝聞道 夕死可矣(조문도면 석사라도 가의니라)〕"(4/8)라는 구절로 알 수 있듯이 공자의 가르침은 학습, 교육의 찬미로 시작된다. 따지고 보면 『논어』는 그 전체가 공자가 생각하는 인문교육철학의 한 학설의 전개이자 실천적 프로그램이며, 『논어』라는 땅에서 자란 유교라는 밭과 숲은 그 전체가 방대한 교육 프로그램인 동시에 교육적 행위이다.

유교의 의도는 도덕적으로 선하고 옳은 행동규범을 인류에게 가르칠 뿐만 아니라 그러한 행동규범을 '예'라고 부를 수 있는 규범으로서 자연화하고, 더 나아가서는 인류 모두가 그러한 도덕적 규범들 사이에 존재하는 위계질서까지를 인식하여 자연스럽게 일종의 도덕적 명인이 되도록 훈련시키고 교육시키는 데 있는 것으로 볼 수 있다.

'예'는 개인의 습관화된 이상적 행동규범일 뿐만 아니라 정치의 가장 근본적인 행동규범이 되어야 한다. 그 이유는 "법력만을 내세우면서 형벌로 백성을 억누르면 백성들은 형벌을 피하겠지만 부끄러움을 모른다. 곧은 마음으로 지조하면서 예법을 가르치면 백성들은 부끄러움을 알고 진심으로 따르게 된다(道之以政 齊之以刑 民免而無恥. 道之以德 齊之以禮 有恥且格(도지이정하고 제지이형이면 민면이무치니라. 도지이덕하고 제지이례면 유치차격이니라))"(2/3)라는 사실에서 찾을 수 있다. 공자의 관점에서 볼 때 '예'는 개인적 차원에서나 사회적 차원에서, 일상적 및 정치적 차원에서 다 같이 행동의 기본이 되어야 한다. 그것은 '예'가 인간의 기본 가치인 '인'이라는 덕목의 습관화를 의미하는 사실에 근거한다.

외부의 객관적 세계와 내부의 주관적 세계, 나 자신과 나 아닌 모든 타자를 전혀 모르고서 인간은 생존할 수 없다. 더 많은 밖과 안의 세계를 더 정확히 알면 알수록, 그만큼 인간의 삶은 풍부해지고, 옳고 또 행복할 가능성이 커진다. 배워야 산다. 꾸준히 배워야 물질적으로나 도덕적으로 더 잘 살 수 있다. 그러므로 인생은 누구에게나 곧 일종의 학습이며 교육과정이다. 배움이 곧 기쁨이 되는 것은 바로 이 때문이다. 노자는 지적 탐구와 교육을 야유했지만 그가 "알지 못하는 것을 아는 것이 최고이며, 알지 못하면서도 안다는 것은 병이다〔知不知 上 不知知病(지부지는 상이오 부지지하면 병이다)〕"[120]라고 했을 때 이번에는 오히려 노자가 공자의 생각에 가까워진다. 공자가 주장하는 지식은 피상적인, 즉 일차원적 지식이 아니라 바로 위에서 노자가 말하는 고차원적 지식, 즉 지혜인 것이며, 공자가 강조한 교육은 기술적 교육이 아니라 인문학적 지혜에 이르기 위한 가장 근원적이고 포괄적인 차원에서의 수신과 교양을 의미했기 때문이다.

『논어의 논리』(2005)

---

[120]　『도덕경』, 제71장.

07

지혜와 인식의 논리

공자께서 끊어버린 일이 네 가지가 있으니, 자의恣意대로 하는 일이 없고, 기필코 하는 일이 없고, 고집하는 일이 없고, 자기를 내세우는 일이 없으셨다(子 絶四 毋意毋必毋固毋我(자 절사러시니 무의무필무고무아였다)). (9/4)

진리의 개념

우리는 누구나 여러 가지 사실과 현상에 대해 신념을 갖고 싶어 한다. 우리가 찾고자 하는 신념은 의심할 수 없는 신념, 즉 '진리'이다. 철학에서는 오랫동안 엄격한 의미에서 의심할 수 없는 자명한 신념만이 참 신념, 즉 진리라고 생각되어왔다. 그러한 확실성은 모든 인식의 이상이다. 인식은 인간이 선천적으로 타고난 이성의 두 가지 기능에 의존한다. 인식의 내용으로서의 지식이라고 불리는 신념은 지각적 경험이나 아니면 이성적 직관을 통해서만 가능하다. 데카르트 이래 경험주의empiricism와 합리주의rationalism 인식론이 대립되어왔고, 오늘날까지 이것들 간의 관계에 대한 철학적 대답은 아직도 유동적이다. 경험주의자들에 의하면 우리들의 모든 신념은 지각적 경험에 기초한다. 누군가에 의한 이런 경험 이전에는 어떠한 신념, 즉 세계 현상에 대한 어떤 정보도 얻을 수 없다. 그러나 지각적 경험은 사람, 장소, 시간, 맥락에 따라 크게 가변적이어서 확실한 신념을 형성하는 데 의존될 수 없다는 것을 우리는 오랜 지식사를 통해서 안다. 지식을 참된 신념으로 정의하고 참된 신념을 의심할 수 없는 확실한 근거를 갖는 신념, 즉 진리로 규정할 수 있다면 감각 기관에 의존한 신념은 정말 신념, 즉 진리일 수 없다. 합리주의 인식론은 이러한 사실에서 출발한다.

합리주의는 오직 이성만이 인식·신념·진리의 기초가 된다고 주장한다. 이성적 활동으로서의 직관으로 확인된 신념만이 참다운 신념, 즉 진리일 수 있다는 것이다. 합리주의적 입장에서 볼 때 참다운 인식·신념·진리의 모델은 수학이다. 수학적 명제의 진/위는 추호도 의심할 수 없는 명증성을 갖는다. 그러나 수학적 지식은 감각적 경험과는 아무 관계도 없다. 그것은 시간과 공간을 초월할 수 있는 이성적 직관에 의존한다. 그러므로 오직 이성적 직관만이 모든 신념의 근거가 되며, 그러한 신념의 진/위를 결정하는 권위를 즐길 수 있다. 이성은 모든 인식의 보편적 원천이며 권위자이다. 그러나 이러한 합리주의적 인식론과 대립해서 경험주의자들은 사물현상만이 아니라 극히 추상적이며 관념적 대상인 수학적 세계에 대한 지식도 근본적으로 사물현상에 대한 지각적 경험에 바탕을 두고 있다고 주장한다. 수학적 진리는 논리적 진리의 한 형태로 볼 수 있는데 수학적 진리, 따라서 논리적 진리가 초경험적superempirical 또는 선험적transcendental인 것처럼 보이는 것은, 노벨상 수상자인 생화학자 모노[121]의 진화론적 설명에 의하면, 인간이라는 생명체가 물질에서 진화되어 발생하면서부터 장구한 세월 동안 반복된 경험이 인류의 유전자 속에 축적되었기 때문이라는 것이다. 경험주의적 인식론이 주장하는 것은 합리주의적 인식론이 주장하는 것과는 반대로 모든 정보·진리·인식은 궁극적으로 구체적인 경험에 뿌리박고 있다는 것이다.

합리주의와 경험주의 가운데 어떤 인식론이 옳다든가 그르다는 결정적 대답을 하기는 쉽지 않다. 이 문제를 둘러싼 철학적 논쟁은 아직도 계속되고 있다. 그러나 비록 논리적 및 수학적 인식대상에 대한 대답을 보류한다 해도 사물현상, 즉 지각적 인식대상에 한해 볼 때 그것들에 대한 우리들의 인식·지식·진리는 지각적 경험을 떠나서는 불가능하다는 사실만은 자명하다. 그러므로 적어도 이런 차원에서만은 경험주의적 인식론이 옳다. 이런 맥락에서 볼 때 한편으로 지각적 인식대상과 수학적 인식대상을 구별하고, 다른 한편으로 종합적 명제와 분석적 명제를 엄격히 구별하여 감각적 인식과 이성적, 즉 직관적 인식의 차이를 밝혀야 한다는 주장을 펴는 논리실증주의는 옳다. 적어도 현상적 대상에 관한 한, 그것에 대한 감각적 경험을 떠나서는 그것에 대한 정보·진리·인식은 불가능하다는 것이다.

그렇다면 객관적 현상에 대한 인식은 어떤 경우에도 절대적으로 확신할 수 없는 것이고, 언제라도 그것이 과오라고 밝혀질 가능성이 늘 열려 있다는 것이다. 이러한 사실은 사물현상에 대한 인식·지식·진리는

---

121 Jacques Monod, *Chance and Necessity*, Austryn Wainhouse, tr.(N.Y. Random House, 1971), pp.156~159 참조.

언제고 절대적일 수 없고, 따라서 그런 지식·진리에 대한 신념은 언제나 재검토되고 수정될 수 있도록 열려 있어야 하며, 어떤 신념에 대해서도 획일적으로 독단적인 태도를 취해서는 안 된다는 것이다. 플라톤에서 데카르트로 관통하는 합리주의적 인식론이 직관으로 발견한 자명한 몇 개의 명제로부터 이성의 빛에 비추어 연역적으로 모든 사물현상에 대한 획일적이고 절대적인 진리를 연역적 논리로 유추하려 했다면, 흄과 논리실증주의자 logical positivist 들로 이어지는 경험주의적 인식론은 의심할 수 없는 신념으로서의 진리의 근거를 오직 경험으로부터 귀납적으로 유추된 신념에 뿌리를 박고 그 이외의 모든 종류의 독단성이나 획일성을 거부한다. 합리주의적 인식론에 깔려 있는 사유가 획일적이고 그런 논리를 연역적·환원적이라고 한다면, 경험주의적 인식론의 바탕은 다원적이며 그런 논리를 대체로 '귀납적', '사실·상황 적응적'이란 말로 부를 수 있다. 전자의 인식론에 담겨 있는 사유의 논리를 '원칙에 따른 추리 reasoning according to a principle'라는 말로 기술할 수 있다면, 후자의 인식론에 깔려 있는 사유의 논리를 '각기 사례에 맞는 추리 reasoning case by case'라고 부를 수 있다.

'원칙에 따른 **추리**'가 서양적 사유를 지배해왔다면 '각기 사례에 맞는 추리'는 동양적 사고, 특히 노장이나 공자에 의해 대표되는 중국적 사유의 특징으로 나타난다. 『논어』에 따르면 "선생은 좀처럼 잇속이니, 천명이니, 사람 구실이 어떠니 말하지 않았다〔子 罕 言利與命與仁(자는 한 언이, 여명여인이러시다)〕."(9/1) 이러한 말은 공자의 관심과 문제가 이론적, 논리적, 사변적인 데 있기보다는 실질적 행위의 실천에 있었음을 말해주며, 구체적 문제는 개념적으로 정확히 규정될 수 있는 성질의 것이 아니라는 그의 생각을 보여주는 사례로 볼 수 있다. 그것은 어떤 것에 관해서 획일적이거나 단정적 태도를 거부하는 공자의 인식론적 태도를 말해준다. 공자의 이같은 인식론적 태도는 "아마도 아는 것도 없이 제멋대로 지어내는 사람이 있는데 나는 그러지 않는다. 많이 듣고 그중에서 좋은 것을 골라 그를 따른다. 많이 보고 기억하는 것은 나면서부터 아는 것이 아니다〔蓋有不知而作之者, 我無是也, 多聞, 擇其善者而從之, 多見而識之, 知之次也(개유부지이작지자아, 아무시야로다. 다문하야 택기선자이종지하며 다견이식지 지지차야니라)〕"(7/27)라는 그의 말에서도 확인된다. 공자가 한 위와 같은 언명은 공자의 경험주의적 인식론의 입장이 다시 한 번 입증된 것이다. 인식의 근거에 대한 경험주의적, 즉 비독단적, 비획일적인 공자의 입장은 죽음의 세계, 즉 초월적 세계, 형이상학적 존재에 대한 그의 단호한 태도는 귀신과 죽음에 관해 묻는 제자 계로에게 "사람을 섬기지 못하면 어찌 귀신을 섬기고, ……삶도 모르면서 죽음을 어떻게 알겠는가〔未能事人 焉能事鬼, ……未知生, 焉知死(미능사인이면 언능사귀리고, …… 미지생이면 언지사리오)〕"(11/11)라고 한 그의 대답에서 확인된다. 신념의 근거는 그것이 무엇에 대한 것이든 간에 오로지 구체적인 경험을 통해서 얻을 수 있는 것이지, 어떤 추상적 원칙으로부터 논리적으로 유추될 수 없다는 것이다. 이처럼 공자는 인식에 관한 한 관념적 · 연역적 · 환원적 사고에 대립하는 경험적, 귀납적, 개방적 사유 · 논리를 중시한 일종의 실증주의자였다.

신념과 두 가지 인식론

앎은 일종의 신념이며, 모든 신념은 무엇인가의 대상에 대한 신념이다.

그 신념대상이 무엇이든 간에 그 신념은 그 자신이 '참/진리'임을 함의하며, 그 진리는 '하늘은 푸르다', '5+7은 12이다', '신은 존재한다' 등의 명제로 진술된다. 그러나 내가 어떤 신념을 '진리'로 믿고 그것을 주장한다고 해서 그 자체가 자신의 진리를 보장하지는 않는다. 모든 주장은 그것이 진리라는 근거, 즉 타당성을 제시할 수 있을 때에만 비로소 '앎'의 범주에 귀속될 수 있다.

데카르트의 철학적 프로젝트의 핵심은 의심할 수 없는 자명한 근거와 그 기준을 제시한 데 있었고, 그의 철학적 사색의 혁명적 의미는 앎, 신념 및 진리에 관련된 바로 위와 같은 맥락에서 비로소 드러난다. 인식론의 문제는 소크라테스부터 존재해왔던 것이지만, 데카르트에 와서야, 인식이 비로소 철학의 가장 핵심적 문제로 자리잡고, 보다 체계적인 성찰의 대상으로 부각되었다. 이런 점에서 데카르트는 체계적 이론으로서의 인식론의 창시자였다.

어떤 신념에 대한 근거가 있으며, 있다면 그것은 무엇인가? 앎이 진리의 발견과 그 의미 파악을 뜻한다면 앎의 궁극적 근거는 무엇인가? 이에 대해 상반되는 두 가지 대답이 있다. 그 하나는 데카르트로 대표되는 합리주의적 인식론에서, 그리고 또 다른 하나는 흄으로 대표되는 경험주의적 인식론에서 찾을 수 있다. 합리주의적 인식론이 인식의 근거를 이성의 직관에서 찾는 데 반해 경험주의적 인식론은 인식의 원천을 감각적 경험에서 찾는다.

합리주의의 입장은 이렇다. '하늘은 푸르다'라는 것을 안다는 말은 그것이 객관적으로 그렇다는 말이며, 그것이 객관적으로 그렇다는 말은 그 명제가 변하지 않는다는 뜻이다. 그러한 명제는 감각적 경험으로 포착할 수 없다. 모든 감각은 개별적이며, 따라서 감각에 의한 경험은 필연적으로 개별적이고 가변적이다. 그러므로 그러한 불변의 명제는 비감각적 인식기관으로서의 시간과 공간을 초월할 수 있는 이성에 의해서만 포착할 수 있다. 이러한 인식능력을 갖고 있는 이성은 감각적 대상인 현상만이 아니라 감각적 경험이 미칠 수 없는 초월적 영역에 속하는 신에 대해서도 '신은 존재한다'라는 명제를 인지할 수 있고, '7+5=12'라는 수학적 명제까지도 찾아낼 수 있다는 것이다.

그러나 경험하지 않고 그냥 이성으로만, 즉 머리로 생각해서 어떻게 인간의 의식 밖에 있는 존재를 파악할 수 있겠는가? 합리주의적 인식론의 문제는 처음부터 넘을 수 없는 벽에 부닥친다. 이런 점으로만 봐도 합리주의와 대립하는 경험주의가 옳은 것 같다. 경험주의의 주장은 이렇다. 어떤 대상을 인식하려면, 즉 어떤 것에 대한 정보를 얻으려면 반드시 그것을 감각적으로 접해야, 즉 경험해야 하는 것이고, 이성이 인식할 수 있는 것은 객관적으로 존재하는 어떤 대상이 아니라 '5', '+', '7', '=', '12'라는 관념들 간의 논리적 관계뿐이다.

이같은 경험주의 입장에서 볼 때 한편으로는 그 성질상 비감각적 경험대상인 신은 비록 그것이 실제로 존재한다 해도 인식이 불가능하며, 다른 한편으로는 가변적인 감각에 의존하는 만큼 인식이 가능한 모든 신념은 필연적으로 절대적일 수 없다. 이러한 경험주의적 인식론은 논리실증주의자들에 의해서 보다 도식화되어 나타난다. 논리실증주의자들에 따르면 인간이 인식할 수 있는 대상은 지각적으로 경험할 수 있는 대상뿐이며, 그러한 대상에 대한 앎은 원자적으로 분석할 수 있는 감각적 정보와 그러한 정보에 기초해서 논리적으로 유추할 수 있는 결론을 통해서만 가능하다. 과학적 지식이란 이러한 방법에 의해서 구성된 앎의 가장 선명한 예이다. 이러한 인식의 틀에서 벗어나는 모든 신념을 표상하는 명제는 문장의 구조상 명제로 보일 뿐이지 실제로는 명제가 아니다. 도덕적, 미학적 혹은 그밖의 범주에 속하는 어떤 문장이든 그것이 가치판단을 전달하는 문장인 이상 그것은 명제가 아니다. 처음부터 감각적 경험의 대상이 될 수 없는 초월적 세계, 가령 플라톤의 이데아나 종교에서 말하는 신, 천당 등 영적 존재와 초월적 영역에 대한 문장은 문법적으로만 명제의 형태를 갖추고 있을 뿐 논리적으로는 그러한 문장의 발언자의 주관적 감정을 나타내는 감탄사와 같은 표현에 불과하다는 것이다.

『논어』에서 공자가 자신의 신념들을 진리라고 전제했다면 그는 그러한 전제들의 근거를 어디서 찾았으며 그가 제시하는 근거는 타당한 것인가? 그의 인식론적 입장은 합리주의적인가 아니면 경험주의적인가? 공자의 도덕적 신념, 세계관은 어떤 인식론에 그 바탕을 두고 있는가?

형식적 타당성

텍스트『논어』는 유교라는 하나의 거대하고 복잡한 건축물로서의 사상체계의 주춧돌인 동시에 대들보에 해당된다. 여기서 '사상체계'란 인생관을 포함해서 모든 현상에 관한 총체적인 이해양식으로서의 '세계관'과 같은 뜻으로 봐도 무방하다. 세계관은 객관적 세계에 관한 신념과 그 속에 사는 인간이 마땅히 추구해야 할 삶의 가치에 대한 신념을 반영한다. 여기서 이와 같이 규정된 세계관의 문제는 다른 모든 주장이나 사상체계들이 그러하듯이, 그것이 세계와 인간에 대한 정말 옳은 그림이며, 옳건 그르건 간에 그 그림이 세계와 인간을 객관적으로 표상하는가 아닌가를 증명해야 한다는 데 있다.

공자의 신념체계, 즉 그가 『논어』에서 진술한 수많은 명제들은 한편으로는 개별적으로, 그리고 다른 한편으로는 총체적으로 참인가 거짓인가, 맞는가 틀렸는가, 그의 주장들이 논리적으로 타당한가 아닌가 등의 질문이 나온다. 그러한 신념이 우연적이거나 맹목적으로 형성된 것이 아니고 의도적으로 수용됐다는 것을 전제할 때 그러한 신념의 진/위의 문제가 나오고, 그러한 주장이 즉흥적이 아니라 어떤 이유가 있을 것이기 때문에 그 이유의 논리적 타당성의 문제가 뒤따른다. 과연 공자의 신념들은 참인가? 과연 그의 주장은 논리적 타당성을 갖추고 있는가? 이 물음에 대한 대답은 '신념'의 개념 및 종류에 대한 이해를 전제하므로 이 개념들에 대한 약간의 설명을 필요로 한다. 신념 혹은 앎에 도달하는 방법은 두 가지가 있고 그러한 두 가지 방법들 가운데 어느 것에 속하느냐에 따라 직관적 경험에서 얻은 직접적 신념과 그러한 신념을 내용으로 한 전제에서 추론된 간접적 신념이다. 이 두 가지 종류의 신념에 따라 그것의 근거도 지각적 검증과 논리적 검증으로 나누어진다.

다른 텍스트의 경우와 마찬가지로 『논어』에 담겨 있는 신념들의 대부분, 특히 핵심적 신념은 직접적 신념이 아니라 추론된infered 혹은 이성의존적reasoned인 간접적 신념들이다. 모든 신념들은 그것들에 대한 진/위의 판단이 가능하며, 또한 잠재적으로 요청한다. 적어도 논리적으로 그러한 판단의 가능성이 없는 신념은 지식, 즉 앎으로서의 신념일 수 없다. 신념이 직접적인 것이든 간접적인 것이든 모두 마찬가지이다. 각자자신의 관점에서 볼 때, 직접적 신념의 진/위는 그것이 우리들 각자 자신의 직접적 경험에 의해서 직관적으로 결정된다. 그러나 간접적 신념의 진/위는 그러한 신념에 도달한 추론의 타당성이 있는가 아닌가에 의해서만 결정될 수 있다. 추론의 타당성이 언급된 이상 추론형식은 필연적으로 규격화할 수 있는 규범성을 내포한다. 이런 추론적 사고형식을 논리라고 부른다면 논리는 필연적으로 언제나 규범적이다. 논리는 사고의 한 활동으로서의 추론의 형식을 지칭하는 말이다. 모든 존재가 구체적이며 모든 구체적 존재가 하나하나 유일한 개별적 존재라 한다면, 추론의 규범으로서의 사유의 논리는 필연적으로 추상적이며 보편적이다. 논리는 동일한 종류의 모든 경우, 모든 추론에 똑같이 적용될 수 있어야 하며, 그러한 과정이 타당성을 갖추기 위해서 모든 추론이 언제나 지켜야 할 원칙이며 규범이다.

인류는 긴 역사를 살아오는 동안 모든 존재의 총체적이며 체계적인 관념적 그림으로서의 세계관을 여러 모습으로 짜냈다. 인류가 똑같은 우주, 똑같은 지구, 똑같은 자연, 똑같은 세계 속에서 태어나 진화하면서 살아왔음에도 불구하고, 그들이 그려낸 세계관은 다양할 뿐만 아니라 흔히 서로 모순되는 경우가 많다. 이러한 사실에 근거해서 말할 수 있는 하나의 확실한 사실이 있다면, 그것은 같은 대상이 한 사람, 한 문화, 한 시대가 갖고 있는 이념에 따라 서로 많이 달라질 수 있다는 사실이다. 그리고 이런 이념적 체계들 간에 나타나는 차이는 직접적, 즉 지각적 인식대상, 즉 구체적으로 관찰할 수 있는 개별적 지각대상에 대한 신념들 간의 차이에서보다는 그러한 신념들을 전제로 추론절차, 즉 그런 것들로부터 논리적으로 결론을 유추하는 양식으로서의 논리적 규범의 차이에서 발생하는 것으로 해석된다. 가령 성서에서 볼 수 있는 기독교적 세계관과 『논어』에서 찾아낼 수 있는 공자의 세계관이 크게 다르다면, 그 중요한 이유의 하나는 성서를 작성한 고대 중동인들의 지각적 경험과 공자의 직접적 지각적 경험의 차이에서보다는 각기 그들이 어떤 이론적 결론을 내고 그것을 정당화할 때 사용하는 추론양식의 차이에 있다.

이러한 사실은 추론하는 방식이 다양할 수 있음을 의미하고, 따라서 서로 다른 논리가 다양하게 존재할 수 있음을 시사하고, 어떤 간접적 신념의 진/위는 서로 다른 규범에 의해서 달리 판단될 수 있음을 함축하는 듯 보인다. 하지만 '논리'는 시대와 장소를 초월하여 언제나 불변하고 동일하며, 추론에 의한 간접적 신념의 타당성/비타당성도 언제 어디에서고 동일한 규범에 의해서 결정되어야 한다고 믿어져왔다. 이런 입장에서 볼 때 논리는 선험적이고 보편적이며 획일적이다. 논리적 규범은 경험에 선행해서 이성적 직관에 의해 발견된 것이며, 경험적 신념의 진/위를 획일적이고 보편적인 원칙에 의해서 결정해주는 규범의 역할을 한다. 논리에 대한 이런 신념은 적어도 서양철학적 전통에서는 처음부터 확고부동했다. 플라톤의 철학은 이러한 신념의 토대 위에 세워졌고, 아리스토텔레스의 '논리학'은 바로 이러한 신념을 체계적으로 정리한 것으로 볼 수 있다. 이른바 서양의 근대 문명, 특히 과학기술 문명은 바로 이러한 논리관을 깔고 있다. 논리의 보편성에 대한 위와 같은 신조와 그러한 신조의 적용이 없었더라면 오늘과 같은 근대적 과학기술 문명은 존재하지 못했을 것이고, 인류의 역사는 오늘과는 영 다른 모습을 띠고 있을 것이다. 서양의 위와 같은 전통적 논리, 즉 사고방식은 오늘날 인류가 구축한 놀라운 기술 문명의 모태이며 양식이다.

'논리'의 가장 일반적 뜻은 '질서'이다. '질서'는 개별적 구성요소들 간의 관계에 대한 개념이다. 개별적으로 구별할 수 없는 하나의 전체에 대해서 질서라는 말을 적용할 수 없다. 무엇으로도 더 이상 분할할 수 없는 최소의 원자핵으로 존재하는 단 하나의 사물, 단 하나의 관념 자체는 그것 자체로써는 질서를 구성하지 않고, 구성할 수도 없다. 가령 한 돌, 한 신념, 한 숫자 '3', 한 관념 '진리' 자체는 그것을 독립된 전체로 볼 때 질서가 있다/없다고 말할 대상이 될 수 없다.

질서는 언제나 두 개 이상의 요소들 간에 생기는 구조의 속성을 두고 말한다. 한 사상체계나 한 텍스트는 단 하나의 관념이나 단 하나의 낱말만으로 존재할 수 없다. 그것들은 필연적으로 여러 관념들이나 여러 낱말들의 구조물이다. 그렇다면 한 사상체계를 형성하는 관념들 간의 관계가 있을 것이고, 한 텍스트를 구성하는 낱말들, 문장들, 구절들 등 그 사이의 관계가 필연적으로 구성된다. 따라서 그러한 사상이나 텍스트의 질서, 구조, 즉 논리를 언급할 수 있다.

관념적 질서로서의 논리는 일관성, 원칙성, 정합성을 지칭한다. 어떤 것의 질서 혹은 논리는 그것에 내재된 원칙성과 일관성의 정도에 따라 결정되고 평가된다. 수학적 사고는 물리학적 사고보다 더 질서정연하고, 물리학적 텍스트는 문학적·시적 텍스트보다 더 논리적이며, 같은 기계이면서도 컴퓨터는 주판보다 더 논리적으로 복잡하고 정밀하며, 벽돌이나 기하학적으로 잘린 대리석 조각으로 구성된 파리의 노트르담 성당은 한국 벽촌에서 보는 흙벽 초가삼산보다 복잡하고 정밀한 논리적 사유와 기술을 보여준다. 어떤 사상이건 간에 그것이 철학적으로 평가될 수 있는 기본조건들은 우선 그것들을 구성하는 낱말들의 개념적 투명성과 그것들이 펴는 주장의 논리적 타당성이다. 이러한 조건을 갖추지 않은 한 어떤 사상도 평가는 물론 이해의 대상도 될 수 없다. 이런 점에서만 볼 때 『논어』는 철학 텍스트로서 문제가 크고, 그 속에 담겨 있는 공자의 사상에 대해 높은 평가를 전혀 내릴 수 없다. 그렇다면 『논어』가 2천 년 이상 동양의 길고 역동적인 변천의 역사 속에서 가장 위대한 고전으로 읽히고 높이 평가되어 왔다는 사실을 어떻게 설명할 수 있을까? 공자의 사상과 주장이 그렇게도 큰 힘을 갖고 그렇게도 오랜 시간 동안 그렇게도 넓은 동북아 지역에 엄청난 영향을 미쳐왔다면, 이는 『논어』가 반드시 어떤 단단하고 특별한 논리에 의해서 뒷받침되어 있음을 암시한다. 도대체 그러한 논리가 실제로 존재하며, 존재한다면 그것은 어떤 종류의 논리인가?

공자의 사상은 어떤 인식론에 근거하고 있는가? 그 논리는 플라톤과 아리스토텔레스에서 기반이 닦인 서양의 획일적 양가적 논리bivalent logic와 다른 종류의 논리일 것이다. 도대체 양가적 논리 말고 다른 논리가 있을 수 있는가? 다시 말해서 『논어』 속에 담겨 있는 사상들이나 이데올로기는 어떤 사유의 틀과 구조에 의해서 뒷받침되고 어떤 사고방식에 호소하고 있는가?

논리는 때로는 존재의 질서·구조·형식을 지칭하기도 하고, 때로는 사유의 질서·구조·형식을 지칭하기도 하지만 일반적으로는 형식논리만을 뜻한다. 그리고 이런 좁은 뜻으로서의 논리는 보통 귀납적 논리inductive logic, 연역적 논리deductive logic로 분류된다. 그러나 엄격히 따지면 논리는 언제나 연역적 논리이다.

논리적 사고는 보편성, 획일성, 일관성을 지향한다. 그것은 이미 2천 수백 년 전 서양에서 연역적 논리학으로서 아리스토텔레스에 의해서 체계화됐다. 그러나 그 자체로서 아무리 정확하고 정밀하더라도 이러한 논리는 인간이 부딪치는 허다한 실천적 문제를 해결하는 데는 별로 도움이 되지 않는다. 우리가 다루어야 하고 이해하려는 사물현상이나 상황들은 그 성격에 따라 달리 접근해야 하고, 그것이 제기하는 문제해결의 방법도 그 대상의 성격에 따라 가변적이다. 물리현상, 생물현상,

사회현상, 그리고 도덕적, 미학적 및 그밖의 가치현상은 단 하나의 보편적 척도, 방법 및 절차에 의해 획일적으로 접근하고 측정하고 평가할 수 없다. 물리현상을 비롯한 모든 현상, 도덕적 가치의 인식과 평가는 수학적 방법으로 접근할 수 없다. 같은 현상을 다룰 경우에도 우리가 무엇을 의도하는가에 따라 그것에 접근하는 방법은 서로 사뭇 달라진다. 수학의 경우와는 달리, 우리가 사유를 적용해야 할 구체적 사물현상이나 사건의 경우는 그 하나하나가 '보편자'가 아님은 물론 '개별자'도 아닌 각각 유일한 독립된 '단독자'로 존재하며 서로 동일하지 않다. 그렇기 때문에 모든 경우 동일한 원칙과 법칙을 보편적으로 적용할 수 없다. 이와 마찬가지로 각기 사유방식도 그 대상의 성질에 따라 적절하게 달라져야 마땅하다. 지적 능력의 우열은 육체적 힘의 우/열과 똑같은 잣대로 측정할 수 없으며, 도덕적 선/악과 경제적 효율성을 똑같은 원칙으로 측정할 수 없다. 만일 그렇지 않고 이 두 가지 경우를 같은 원칙에 의해 같은 잣대로 측정한다면, 그것은 '범주오류'라는 논리적 잘못을 저지름을 의미한다.

지적 능력과 육체적 힘, 도덕적 선악과 경제적 효율성은 그 성질상 존재론적으로 각기 서로 선혀 별개의 범주에 속하기 때문이나. 이와 마찬가지로 동일한 사유방식, 즉 논리를 모든 사물, 사건, 경우에 획일적으로 적용하여 동일한 식으로 추론한다면 그것은 '범주의 오류'라는 논리적 착오를 범하는 행위이다.

실천적 타당성

형식논리를 처음으로 정립했던 아리스토텔레스는 이러한 사실을 누구보다도 먼저, 그리고 누구보다도 확실히 알고 있었다. 그는 '이론적 지식theoria'과 대조해서 실천적 사유·추론을 구별하여 '실천적 지혜praxis'라고 불렀다. 실천적 지혜는 일종의 사유논리이다. '실천적 지혜'는 다음과 같은 몇 가지 특징을 갖는다. 첫째, 그것이 적용하고자 하는 대상의 개별·특수성에 유의하고, 그러한 사유 자체가 목적이 아니라 무엇을 언제나 무엇인가의 목적달성을 위한 수단이라는 사실을 잊지 않는다. 둘째, 획일적·단정적·독단적이 아니라 언제나 오류의 가능성을 인정하고 재고의 여지를 두는 유연함과 개방성을 갖는다. 셋째, 이러한 실천적 지혜의 특징은 '심사숙고'라는 말로 표현할 수 있는 신중성에 있다. 플라톤적 전통에 바탕을 둔 '논리'의 모델은 연역적이다. 연역적 사고의 특징은 단 하나의 보편적 원리로부터 개별적 진리를 '기계적·자동적으로' 찾아내는 데 있다.

이러한 실천적 지혜의 논리에 따른 결과로 도출되는 명제의 진/위는 필연성을 내포한다. 플라톤적 사유가 연역적이라면 아리스토텔레스가 말하는 '실천적 지혜'는 귀납적 사유방식에 가깝다. 연역적 사유가 일반적 원리·원칙에서 개별적 특수사항을 도출해서 설명하려 한다면, 귀납적 사유는 다양한 개별적 사실·현상·사항에 충실하여 그것으로부터 어떤 일반적 원리를 찾아내려 한다. 이러한 사고의 결과는 필연적으로 잠정적이다. '심사숙고'는 쉽게 하나의 통일된 원칙으로 환원될 수 없는 다양한 개별적 특수성들을 가능한 한 모두 고려의 대상에 담으려는 유연한 사유를 뜻한다.

만약 『논어』 속에 어떤 논리가 있고 그러한 논리의 특색을 기존하는 어떤 사유양식과 비교할 수 있다면 그것에 가장 가까운 논리의 이름은 아리스토텔레스가 말하는 '실천적 지혜'라고 서술할 수 있는 논리이다. '실천적 지혜'는 단선적 시각에서 획일적 형식에 속박되지 않고 다원적 맥락이라는 큰 틀에서 탈획일적, 탈형식적, 따라서 복합적이고 유연한 사유양식을 택한다. 『논어』에는 지식을 유추하는 연역적 사고방식에 앞서 이같은 뜻의 인식의 논리 즉 '지혜'가 깔려 있다.

공자의 인식양식은 지혜로서의 사유, 즉 연역적, 합리주의적이 아니라 귀납적, 경험적 근거로 힘을 받는다. 그것은 공자가 "자신이 버렸다는 네 가지 버릇들, 즉 자의적恣意的으로 하는 버릇, 기필코 하는 버릇, 고집하는 버릇, 자기를 내세우는 버릇〔絶四 毋意, 毋必, 毋固, 毋我(절사러시니 무의, 무필, 무고, 무아였다)〕"(9/4)이라고 한 말에서 공자의 근본적인 사유방식이 연역적이 아니라 귀납적이었음을 다시 한 번 보여준다. 공자의 지적 관심의 초점이 이론적, 사변적 지식보다는 실천적, 구체적 지혜에 있었고, 그의 인식론이 합리주의적이거나 형식논리적이 아니라 경험주의적이며 실용주의적이었다는 사실은 다음과 같은 공자의 발언들에서도 분명히 나타난다.

『논어』에는 "자공이 말하기를 선생님께서 옛 글을 강론하시는 것은 언제나 들을 수 있었지만, 인성이니 천성이니 하는 따위는 좀처럼 들을 수 없다〔子貢曰, 夫子之文章 可得而聞也 夫子之言性與天道 不可得而聞也(자공이 왈 부자지문장은 가득이문야어니와 부자지언성여천도는 불가득이문야니라)〕"(5/12)라는 공자의 반형이상학적 태도, 즉 실증주의자로서의 모습이 나타나 있고, "대중이 그를 미워하더라도 반드시 그를 잘 살펴보아야 하고, 대중이 좋아하더라도 반드시 그를 잘 살펴보아야 한다

〔衆惡之, 必察焉, 衆好之, 必察焉(중오지라도 필찰언하며 중호지라도 필찰언이니라)〕"(15/27)라는 구절은 공자의 경험주의적 인식론을 입증하며, "군자는 (우물에 빠져) 죽은 사람을 보러 우물가에 가보게 할 수는 있겠지만 빠뜨릴 수도 없고, 속일 수는 있어도 사리에 맞지 않는 일을 하게 할 수는 없다〔君子 可逝也, 不可陷也, 可欺也, 不可罔也(군자는 가서야언정 불가함야며 가기야언정 불가망야니라)〕"(6/24)라는 구절은 세상을 판단하는 데 있어서 공자의 신중하고 실증주의적이며 실용적인 태도를 분명히 보여준다. 지식보다는 지혜를 우위에 두고, 사념적, 추상적, 획일적 사유방식과 지식보다는 경험적, 구체적인 것을 우위에 두는, 상황에 따라 유연한 공자의 인식론의 입장과 태도는 『논어』에서 일관되게 보여준 그의 '사례적', '비유적', '범례적' 수사학 문체에 반영된다.

범례와 수사학의 문제

『논어』의 신축성 있는 비획일적, 비직선적 사고양식은 이 텍스트의 수사학적 측면에서 볼 때 다시 한 번 드러난다. 여기서 수사학은 텍스트의 언어가 갖고 있는 의미내용과 대조할 수 있는 표현의 양식 및 기술, 즉 넓은 의미에서 텍스트의 문체 및 스타일의 한 테크닉을 뜻한다. 사전적으로는 똑같은 의미내용도 다양한 언어의 다양한 양식으로 표현될 수 있다는 것을 전제할 때 수사학의 개념은 의미를 갖게 된다. 같은 의미내용도 그것을 어떤 낱말을 어떻게 나열하여 표현하느냐에 따라 그 뜻이 분명할 수도 있고 애매할 수도 있으며, 이해 불가능할 만큼 난해하거나 아니면 무의미한 것이 될 수 있고, 문장의 맛이 날 수도 있고 그렇지 않을 수도 있다. 또한 같은 의미나 주장은 그것을 어떻게 표현하느냐에 따라 그 설득력이 클 수도 있고, 그 반대가 될 수도 있다.

한 명제를 기록하고 한 텍스트를 작성하는 목적이 어떤 의미내용을 독자에게 전달하는 데 있고, 전달할 의미내용이 저자에게 명확하다면 수사학적으로 가장 이상적인 것은 그 의미를 가장 명확히 확실하고도 경제적으로 독자에게 전달하는 데 있을 것이다. 그러자면 첫째, 한 텍스트 속에 사용되는 모든 낱말의 개념이 개별적으로 확실해야 하며, 둘째, 모든 진술proposition들의 개별적 의미가 하나하나 정확히 밝혀져야 하며, 셋째, 그 모든 것이 엄격한 논리에 의해서 정연하게 전개되고 조직적으로 정밀하게 구성되어 전체적으로 볼 때 하나의 통일된 의미가 확실히 전달되어 파악되며 설득되도록 해야 한다.

이런 시각에서 볼 때 공자의 철학적 텍스트인 『논어』는 가령 플라톤의 『대화편』이나 칸트의 『순수이성비판』에 비해 개념들이 분명하지 않고 체계가 덜 정연하다. 앞서 보았듯이 한 곳에서는 "군자는 그릇이 아니다〔君子不器(군자는 불기니라)〕"(2/12)라고 하면서 '기', 즉 형식, 겉치레, 몸가짐, 외형적 행실이 중요하지 않음을 강조하는가 하면, 자신의 제사를 칭찬하는 뜻에서 "너는 '기', 즉 그릇·틀이나〔女, 器也(여는 기야니라)〕"(5/3)라고 언명하는데, 이때 공자는 '기', 즉 형식, 겉치레, 몸가짐의 중요성을 강조하고 있다. 그런데 문제는 이 두 가지 명제는 적어도 문자 그대로 해석할 때 서로 모순된다. 이러한 모순이 사실이라면 『논어』에 담긴 수많은, 공자의 단편적 통찰이 아무리 신선하고 깊다 하더라도, 하나의 사상체계를 담은 텍스트로서 『논어』가 갖고 있는 문제는 위대한 사상체계를 담은 텍스트로서는 치명적 결점으로 부각된다. 물론 보다 깊은 차원에서 볼 때 그것들이 실제로는 모순이 아니라는 해석이 가능하다. 설사 그런 가능성을 인정하더라도 위와 같은 개념의 분명성, 논리의 타당성 등의 문제가 제기된다는 것은 이 텍스트의 해석에 혼동이 있을 수 있음을 입증하며, 또한 이런 혼돈이 생긴다는 사실은 비록 논지의 전개에 좁은 뜻으로서의 논리적 모순이 없다 치더라도 적어도 넓은 뜻으로서, 철학적 텍스트로서의 『논어』에 큰 문제가 있음을 입증해준다. 철학적 텍스트, 즉 철학적 담론이 갖추어야 할 가장 중요한 덕목의 하나는 이론적 체계의 견고함이다. 그런데도 『논어』에서 전개된 공자의 사상적 체계는 이런 점에서 아주 불만스럽기 때문이다. 이광호 교수는 '기器'와 '불기不器'는 모순되지 않는다고 설명한다. 왜냐하면 '불기'라고 할 때의 '불'자는 부정을 의미하지 않고 '말할 수 없는'이라는 뜻을 갖기 때문이라는 것이다(2/12 및 5/3). 그러나 그러한 설명을 『논어』 자체 내에서 발견할 수 없는 이상, 이러한 주장은 설득력이 약하다. 역시 『논어』에서 발견할 수 있는 언어의 사용은 논리적으로 설명이 필요하다는 문제를 갖고 있다.

첫째는 『논어』라는 한 텍스트의 전체적 구성면에서 구조적 논리가 극히 혼란스럽다. 아무리 보아도 어떤 전체적 논리적 흐름을 볼 수 없다. 이 텍스트를 구성하는 수많은 명제들은 우연적으로 배열됐다는 인상을 남길 만큼 그것들 간의 상호적 관계를 찾아내기가 어렵다. 『논어』는 20편으로 나누어져 있다. 그러나 그것들 간의 구별 이유와 배열이 어떤 근거를 갖고 있는지 추측조차 할 수 없고, 각 장을 형성하는 명제들이 어떤 이유에서 그렇게 배열되었는지가 전혀 이해되지 않는다. 이런 점에서 볼 때 주제적 관점에서나 사고의 전개 측면에서 보거나 사정은 마찬가지이다. 제1편은 학문에 대한 언급으로 시작되는데 제2편은 정치에 대한 언급으로 시작된다. 『논어』 제1편의 처음에 학문과 우정의 가치에 대한 생각이 언급되고, 바로 뒤에는 효도와 우애의 귀중함에 대한 언급이 있는가 하면 그 뒤를 이어 성실성에 대한 생각이 적혀 있다. 이와 같이 각 편의 구별과 배열, 그리고 한 편 안에서의 개별적 진술을 담은 장이 모두 우연적으로 삽입되었다는 느낌을 주고, 그것들은 각기 독립적으로만 읽힐 수 있는 것 같다. 사상적 체계성과 그것을 담은 텍스트의 물리적 구조 측면에서 서양의 철학적 고전들에 비해, 일반적으로 보아 동양의 고전들이 다 같이 미치지 못하지만 이런 점에서『논어』는『도덕경』보다도 한결 더하다.『논어』가 영어로는 흔히 단편적 생각의 비체계적 산만한 집합을 뜻하는 '어록The Analects'이라는 낱말로 번역되어온 것은 전혀 우연한 일이 아니다. 철학적 사상은 적어도 어떤 체계성을 갖고 있고 그러한 속성을 갖추었을 때, 텍스트는 비로소 논고treatise의 체제를 갖춘다.『논어』는 논고로서의 자질이 미흡하고 그 속에 담긴 사상은 만족스러운 철학적 성격을 갖지 못하고 있다. 그러므로 이처럼 결정적 결함이 있는 공자의 어록이『논어』라고 불리는 사실은 논어의 '논'이라는 한자가 오늘날 '논리'라는 개념을 연상시킬 수밖에 없는 한자문화권 내의 우리에게 주는 어감을 생각할 때 정말 아이러니컬하다.

둘째,『논어』는 논증적 요소가 없다. 어떤 사상이 깊다는 것은 그 진위가 직선적, 직관적으로 결정될 수 없고, 복잡하고 냉철한 논증에 뒷받침되어 있음을 함의한다.『논어』에 들어 있는 많은 명제들의 하나하나가 각기 나름대로 깊은 지혜를 담고 있다는 것을 부정할 수 없다. 그러나 서로 완전히 상반되는 명제가 보기에 따라 다 같이 지혜를 담고 있다고는 볼 수 없다. 그러므로 많은 지혜는 논의의 대상이 될 수 있고 그것이 확실한 지혜로 자리잡으려면 그것은 어떤 식으로라도 논증에 의해 뒷받침될 필요가 있다. 그러나『논어』의 모든 신념들은 그 어느 하나도 논증에 의해 뒷받침되어 있지 않다. 그래서 그것들은 공자라는 한 개인이 갖고 있는 신념들의 단순한 나열이나 선언으로밖에는 달리 머리에 들어오지 않는다.

셋째, 『논어』는 수많은 단편적 잠언과 경구들의 무질서한 집합으로 구성되어 있다. 그 하나하나에서 우리는 깊은 지혜를 발견할 수 있고 인간과 인생에 관해 여러 가지 교훈을 얻을 수 있다. 그러나 그러한 지혜나 교훈은 개념적으로 투명하지 않고 논리적으로 확실하지 못하다. 그것들을 담은 언어는 흔히 은유적이거나 사례적이며. 따라서 그 의미는 어디까지나 암시적이고 보편적 성격을 충분히 갖추지 않고 있다. 자신을 가리켜 좋은 뜻으로 "너는 그릇이다〔女, 器也(여는 기야니라)〕"(5/3)라는 스승 공자의 말을 들은 제자 자공이 "어떤 그릇인가요〔何器也(하기야니라)〕"(5/3)라고 묻자 공자는 "호련 같은 보물이지〔瑚璉也(호련야이니라)〕"(5/3)라고 대답한다. 사람이 그릇일 수 없다. 그럼에도 불구하고 사람을 그릇이라 불렀다면, 여기서 그릇은 긍정적 의미를 갖는데, 그런 의미는 오직 은유적으로만 이해될 수 있다. 은유적으로 그릇은 어떤 물건을 담는 기능을 한다. 그릇에 담긴 물건을 내용이라 한다면 그릇은 형식을 뜻한다. 그러나 사람은 문자 그대로 볼 때 어떠한 형식일 수 없다. 그럼에도 사람을 형식이라 부를 수 있다면 그것은 그 사람이 '예' 혹은 '규범' 혹은 형식을 지키고 사는 사람임을 의미한다. 그러나 공자는 이 말을 하기에 앞서 '기', 즉 그릇을 부정적 의미로 사용하면서 "군자는 그릇이 아니다〔君子不器(군자는 불기니라)〕"라고 말했다. 그럼에도 같은 '기', 즉 그릇이라는 말이 긍정적 의미로 사용됐다면 그것은 '기', 즉 그릇이라는 말이 단순히 그릇/형식이라는 의미 이상을 뜻하고 있어야 할 것이다. 긍정적 뜻으로의 '기', 즉 그릇을 공자는 개념적으로 정의하지 않고 '호련'이라는, 제사를 지낼 때 사용되는 옥으로 만든 그 릇에 비유하여 서술과 설명을 한다. 이 경우 '기', 즉 그릇은 그냥 평범 한 그릇이 아니라 고귀하고 성스러운 특수한 그릇이라는 것이다.

그러나 이러한 설명으로도 아직 그 뜻이 선명치 않다. 그것대로 볼 때 호련이 아직도 은유적 의미로 남아 있다. 이렇게 불린 '기', 즉 그릇이란 말은 그냥 형식으로서의 '예'가 아니라 정말 내용/정신이 담긴 예를 갖 춘 범절을 은유적으로 의미한다. 이와 같이 볼 때 앞서 느꼈던 공자의 모순도 함께 풀린다. "군자불기〔君子不器(군자는 불기니라)〕" 했을 때 공자는 분명히 '예', 즉 '기', 즉 형식을 부정적으로 보고 있는 것으로 판 단되며, 그가 "너는 그릇이다"라고 했을 때는 "너는 그릇이 아니다"라 고 했을 때와는 반대로 긍정적으로 보고 있는 것 같았다. 그러나 전자의 경우 그가 말하는 것은 내용이 공허한 형식 혹은 의식을 의미한 것이고, 후자의 경우 그것은 내용이 담긴, 즉 참된 의미, 마음씨가 담긴 형식·예 를 뜻한 것으로 해석할 때 그것들 간의 모순은 사라진다. 위와 같은 몇 가지 점만을 봐도 알 수 있듯이 『논어』의 언어는 논리적이 아니라 수사 학적이며, 『논어』의 의미는 순전히 형식논리로만은 그 뜻을 전달할 수 없다. 그것은 수사학적으로 해석할 때 비로소 그 의미가 이해·전달될 수 있다. 달리 말해서 텍스트 『논어』의 해석은 개념적으로 투명치 못하 고 암시적이고, 따라서 그 의미는 애매모호할 수밖에 없다.

서양의 지적 전통에서 볼 때 『논어』의 이러한 수사학적 요소들은 이 책의 철학적, 사상적 가치를 절하시키는 요인으로 작용한다. 그러나 문 제를 동양적 시각, 즉 노자나 공자의 세계관, 인식론의 입장에서 볼 때 그러한 텍스트와 그것에 담긴 사상적 결점은 다음의 두 가지 점에서 오 히려 적극적 의미와 긍정적 가치를 갖고 있다는 분석이 나올 수 있다.

『논어』의 언어와 논리에 관한 이런 사실의 근거로 다음과 같은 점을 생각해볼 수 있다.

첫째, 언뜻 보아 부정적으로 보이는 『논어』의 수사학은 사유·관념과 언어의 관계에 대한 새로운 철학적 해석에 비추어 긍정적으로 받아들여질 수 있다. 20세기 초에 발명되어 거의 반세기, 아니 한 세기가 넘게 영미철학을 지배하고 있는 분석철학의 근본적 동기는 철학적 문제가 언어의 혼돈, 즉 애매모호하고 정확하지 못한 언어사용에 기인한다는 강한 의식에서 찾을 수 있다. 그러한 의식은 철학적 특수한 기능이 그러한 혼돈을 밝히고 사용된 언어의 의미를 투명하게 밝혀주는 데 있다는 생각으로 발전됐다. 이러한 주장은 신념이나 관념이 투명할 수 있음을 전제한다.

그러나 어느덧 벌써 30년 전부터 '해체주의'라는 철학적 스타일이 발명되고, 더 일반적으로 포스트모더니즘의 사조가 세계의 사상계를 휩쓸면서부터 어떤 언어의 의미도 절대적으로 명확하고 확실하게 규정될 수 없다는 사실을 차츰 깨닫게 되었다. 언어를 떠난 신념·사유가 있을 수 없는 이상, 어떠한 신념·관념·사유도 완전히 명확하고 확실할 수 없다. 따라서 언어의 의미를 정확히 밝히는 작업을 유일하고 중요한 철학적 기능으로 믿는 분석철학의 꿈은 처음부터 실현 불가능한 것이었다. 어떠한 관념·사상·사유도 그 의미가 투명한 언어로 표현할 수 없다는 것이다.

그럼에도 불구하고 어떤 관념·사상·사유를 그 의미가 명확한 언어로 표현하려고 시도한다는 것은 결과적으로 그러한 관념·사상·사유를 왜곡하는 결과를 낳는다. 즉 어떤 관념·사상·사유를 그 개념이 정확한 언어로 표현하려고 한다면 역설적으로 그만큼 그것을 왜곡하는 결과를 낳는다는 것이다. 현실을 명확히 인식, 서술, 이해, 재현하자면 반드시 투명한 개념의 그물망 속에서만 가능한데, 그러한 인식적 작업은 곧 그 개념적 그물망에 들어오지 않는 구체적인 현실, 실체의 사출, 삭제, 폐기라는 결과를 몰고 올 수밖에 없기 때문이다. 이러한 사실은 현실의 객관적 인식, 서술, 이해는 역설적으로 언어적 의미가 한없이 다원적이고, 따라서 애매모호한 개념으로만 가능하다는 결론이 도출된다. 신념, 진리, 인식은 투명한 이성적 언어와 정연한 논리로보다는 시적, 은유적, 수사학적 언어로서 더 충실히 재현되고, 밝혀질 수 있다는 주장이 설 수 있다는 것이다.

그렇다면 둘째, 『논어』의 수사학은 이 텍스트의 의도에 비추어 긍정적으로 평가될 수 있다. 수사학적 표현만이 공자가 뜻하는 신념, 사유를 가장 적절히, 그리고 충실히 전달할 수 있다는 주장이 나올 수 있고, 다른 점에서는 정반대의 입장에 있음에도 불구하고, 이런 점에서만은 공자는 "도를 도라고 부르면 그것은 이미 도가 아니다〔道可道非常道(도가도 비상도니라)〕"라고 하면서 언어의 기능을 비하한 노자와 완전히 똑같다.

언어는 어떤 객관적 사실을 서술하기 위해서 사용된다. 그러나 오스틴Austin이나 설Searle의 언어철학이 정리해준 것처럼 언어는 '서술적 locutionary 목적' 이외에도 상황에 따라 그 성질이 전혀 다른 목적을 위해 사용된다. 그중 중요한 용도의 하나는 '행위수반적perlocutionary' 용도, 즉 행위를 유도하는 기능이다. 가령 "재떨이가 저기 있다"라는 말은 '하나의 재떨이가 거기에 있다'는 사실을 서술하기 위해 사용될 수도 있지만 상황에 따라 "그 재떨이를 내게 주십시오"라는 뜻으로 해석할 수도 있다. 이 경우 이런 말의 사용, 즉 발화행위는 어떤 객관적 사실을 서술

하는 기능이 아니라 다른 사람이 특정한 행위를 하도록 하는 기능을 한다.[122]

언어적 텍스트로서의『논어』는 자연, 인간, 형이상학적 실체, 가치관에 대한 신념을 담은 '이론적' 내용을 포함하고 있다. 만일 이런 내용이 없었더라면 그것은 결코 위대한 사상을 담고 있다고는 할 수 없다. 그러나 이 텍스트에서 볼 수 있는 공자의 근본적 의도는 이론적이기에 앞서 '실천적' 성질을 띠고 있다. 이 텍스트를 통해서 공자가 근본적으로 의도한 것은 우리가 어떤 종류의 행동을 택하고 어떤 종류의 인간으로 성장하고 어떤 식으로 살아가도록 유도하고자 하는 것이다. 이런 점에서 『논어』는 도덕적 교과서이며 궁극적으로 정치철학이다. 공자는 근본적으로 정치적 사상가이다. 그것은 그가 인간을 정치적 동물로 보았기 때문이며, 인간의 삶이 곧 정치적 삶이라고 믿었기 때문이다. 그의 사상적 의도는 사회를 바꾸고 사람을 바꾸는 데 있었다. 그의 이와 같은 정치적 목적을 달성하는 데 있어 수사학은 논리학보다 더 중요한 기능을 할 수 있으며, 공자의 텍스트『논어』의 수사학은 칸트의 텍스트『실천이성비판』이나 롤스Rawls의『정의론』의 논리보다 월등히 더 효과적일지 모른다.

『논어의 논리』(2005)

---

122   William P. Alston, *Philosophy of Language*(Englewood Cliffs: Prentice Hall, 1964)

08
『논어』의 현대적 의미

모든 텍스트는 마음을 언어로 기록한 것이다. 그러한 기록의 의도가 어떤 대상 혹은 문제에 대한 새로운 발견에 있느냐, 아니면 저자의 감정표현에 있느냐에 따라 모든 텍스트에 담긴 사상은 학문의 범주에 속하거나 아니면 문학의 범주에 속한다.

텍스트는 그것이 어느 것이든 간에 상관없이 언제나 특정한 문제를 대상으로 한 탐구의 언어적 산물이지만 그 탐구의 의도가 진리의 발견, 즉 지식에 있느냐 아니면 감성과 감동의 표현이냐에 따라 진리의 발견과 그 기록이거나, 아니면 어떤 대상이나 사항으로 야기된 감정이나 감동의 표현이다. '논어'라는 이름이 붙은 텍스트의 경우도 위의 두 가지 종류의 하나에 속한다.

그렇다면 『논어』라는 텍스트는 둘 중 어떤 종류에 속하는가? 『논어』의 의도는 공자의 느낌의 표현이 아니라 그가 믿고 있는 사실에 대한 진리를 전달하는 데 있다. 그것이 다루는 것은 주관적 감정이 아니라 객관적 인식대상이다. 그래서 『논어』는 문학이 아니라 철학과 사상이라는 범주에 속한다. 『논어』 속에서 공자의 의도는 물리적 및 사회적 세계와 인간에 관해서 핵심적으로 중요하다고 전제된 사실과 가치를 우리에게 보여주려고 했던 것이다. 우리가 진리라고 믿고 있는 모든 인식대상은 물리학적, 생물학적, 심리학적 및 사회학적 등등 이론적 학문대상일 수 있다. 또한 그것은 다양한 기술 분야의 경우처럼 기술공학적인 것일 수도 있으며, 도덕, 정치 등의 경우처럼 무엇인가의 가치를 선택하고 그에 따라 행동하면서 구체적으로 살아가야 하는 인간의 궁극적인 실천적 문제일 수도 있다. 사람에 따라 지적 관심은 이론적인 것일 수도 있고, 실천적인 것일 수도 있다.

『논어』에 나타난 공자의 관심이 실천적인 것이었다는 것은 두말할 필요도 없다. 공자는 진리를 찾았다. 이런 점에서 그는 과학자와 다를 바 없다. 그러나 그가 진리를 밝히고자 했던 대상이 지각적 대상으로 관찰하고 측정하고 이론화할 수 있는 자연현상이 아니라 인간이 개인적으로 어떤 가치를 위해 어떻게 살아야 하며, 모든 개인이 가장 바람직하게 살기 위해 세계와 사회를 어떻게 보며, 구체적으로 사회 안에서의 인간관계를 어떻게 짜야 하는가의 실천적 규범이었다. 한마디로 『논어』의 논리, 즉 주장은 노자의 『도덕경』와 더불어 아주 아득한 고대부터 동북아를 지배해왔던 자연주의적 우주관, 인본주의적 인간관 및 경험주의적 인식론을 밑바닥에 깔고 구성된 도덕철학인 동시에 사회철학이다. 공자에 의하면 인간에 있어서 모든 문제의 시작과 끝은 궁극적으로 어떻게 가장 인간다운, 즉 인간으로서 의미 있는 삶을 살 수 있는가를 밝히고, 어떻게 그것에 따라 살아가는가를 알아내는 데 있다. 『논어』는 이러한 물음에 대한 그의 대답이다.

공자의 사상이 2천 수백 년 동안 동양문화를 거의 지배했다는 사실은 그것이 그동안 그만큼 유효했다는 사실을 입증했다고 할 수 있다. 그러나 『논어』에서 읽어낼 수 있었던 공자의 대답들이 하루가 다를 만큼 눈부시게 발전하는 첨단 기술 문명의 한복판에 살고 있는 21세기의 인류에게 여전히 유효한 것인가는 전혀 다른 문제이다. 『논어』가 과연 21세기 인류에게 어떤 의미를 갖고 있으며, 2천 수백 년이 지난 지금에도 유효한 가치가 있는가? 이러한 물음은 중요하다. 오늘날 우리는 다른 어느 때보다도 심각한 문명사적 전환기에 있고, 어쩌면 문명의 종말이 다가오고 있을지도 모른다는 심각한 위기감을 불식할 수 없기 때문이다.

오늘날 우리가 막 접어든 21세기의 위와 같은 문명의 특징은 사이버·디지털 기술로 상징되는 과학적 세계관과 기술의 힘과 포스트모더니즘의 사조로 나타나는 인식론적 상대주의라는 두 가지 현상으로 집약할 수 있다.

첫 번째 특징은 우리가 종교적·전통적 세계관에서 과학적·근대적 세계관으로 전환기에 완전히 진입하고 있음을 뜻하는데, 그 결과는 두 가지 모순된 현상으로 나타나고 있다. 과학적 지식의 놀라운 축적 및 과학기술의 급속한 발달은 물리현상은 물론, 생명현상, 정신현상을 포함한 모든 현상들, 따라서 우주 전체가 아주 정확한 수학적 공식으로 서술할 수 있을 만큼 세밀하고 정확한 인과적 법칙에 의해서 기계적으로 작동하는 물질로 구성되어 있다는 결론을 내릴 수 있도록 한다. 최근 급성장하고 있는 우주항공, 생명과학, 인공지능, 컴퓨터로 상징되는 사이버 정보통신기술, 나노기술, 장기이식, 장기배양, 인간복제, 게놈 프로젝트 등으로 나타난 현실은 위와 같은 사실을 뒷받침하는 충분한 사례들로 들 수 있다.

과학기술의 발달, 그것에 함축된 유물론적 세계관을 바탕으로 한 오늘의 문명은, 적어도 산업화된 문명권 내에서는, 기술적으로 백 년 전만 해도 상상도 할 수 없었던 놀라운 힘을 인간의 손에 안겨주었고, 반세기 전, 아니 20년 전만 해도 상상할 수 없었던 물질적 풍요와 삶의 안락을 즐길 수 있게 해주었다. 하지만 그와 비례해서 과학문명과 더불어 오늘날 인간은 정신적인 공허감과 생존의 위협을 어느 때보다도 더 근본적이고, 더 심각하게 느끼게 되었다. 한편으로 인간은 그 어느 때보다도 더 고독한 가운데 우주, 자연, 인류의 역사와 문명은 물론 각기 자신의 개인적 삶의 의미조차 잃은 허무주의 속에서 무한한 공허감에 빠져들어가고 있다. 다른 한편으로 바로 그러한 문명은 환경오염과 생태계의 파괴, 문명들, 지역들, 그리고 계층들 간의 극심한 갈등의 문제를 만들어냈고, 이런 와중에서 의식 있는 인간들이 문명의 몰락, 인류종말의 개연성을 심각하게 검토하고 그것과 대결하지 않을 수 없는 지점으로까지 몰아가게 되었다. 이 문제들은 정말로 심각하다. 그것은 근본적이고 총체적인 문명의 위기이자 질병을 의미하기 때문이다.

21세기 문명의 두 번째 특징은 지성의 원천으로서의 보편적 이성의 지적 기능과 절대적 권위에 대한 신뢰가 무너짐으로써 불가피하게 된 인식론적 상대주의이다. 이러한 현상은 지난 60년대부터 이른바 전통적으로 지배적인 철학의 대전제였던 정초주의적 인식론foundationalism과 객관주의적 진리관objectivist conception of truth에 정면으로 대립하는 포스트모더니즘적 이념의 물결이 전 세계를 휩쓸고 있는 현상으로 나타나고 있다. 이러한 결과 지금까지의 모든 신념체계에 전제되어 있는 가장 기본적인 인식론적, 철학적, 이념적 신념들이 근본적으로 흔들리게 되었다.

과연 이같은 21세기 문명의 질병을 옳게 진단하고 치료해서 문명의 위기를 극복할 수 있는 방법은 없는가? 인류가 이러한 문명사적 중병에 걸려 생기게 된 위기의 근본적 원인진단과 그 치유방법은 무엇일 수 있는가? 공자의 관점에서 진단한다면, 그 질병의 원인을 근대적 문명화에서 찾을 수 있고. 그러한 문명화의 원천은 모든 현상을 기계적 인과법칙으로 설명할 수 있다고 믿는 유물론적 세계관과 그러한 세계관에 바탕을 둔 논리적 사유방식과 실증주의적 인식론, 과학기술의 개발과 그런 개발을 이용한 지칠 줄 모르고 지속해온 무제한적인 자연정복에서 찾을 수 있다. 또한 이와 같이 진단된 문명사적 질병의 치료를 위한 처방으로 공자와 정반대의 세계관을 지녔던 노자는 '반지성주의'를 함축하는 '반문명', '탈문명', '자연으로의 회귀', 그리고 '무위'라는 삶의 철학을 냈다.

노자는 위와 같은 문명사적 질병의 원인과 그것을 치유하는 형이상학적 처방을 내는 근거를 『도덕경』의 그 유명한 첫 장에서 다음과 같이 설명한다. "도로써 도라고 할 것은 참 도가 아니고, 이름으로써 이름이라 할 것은 참 이름이 아니다. 무명은 천지의 시작이요, 유명은 만물의 어머니이다. 이 양자는 같은 근본에서 나왔으나 그 이름을 달리 한다. 이것을 한 가지로 말할 때 현이라 한다(道可道 非常道. 名可名 非常名. 無名 天地之始 有名 萬物之母. 故 常無 欲以觀其妙 常有欲以觀徼. 此兩者 同出而異名. 同謂之玄(도가도 비상도이고, 명가명 비상명이니라. 무명은 천지지시이며, 유명은 만물지모니라. 고로 상무욕이면 관기묘하고, 상유욕이면 이관요이다. 차양자는 동출이이명이므로 동위지현일지라))."[123] 노자의 세계관에 의하면 그는 모든 존재는 원래, 즉 자연상태에서는 무엇으로도

---

123 『도덕경』 제1장.

서로 구별할 수 없는 단 하나이며, 구체적인 사물현상은 그것이 어떤 것이든 간에 언어로써 완전히 재현될 수 없다. '신비로운', '말할 수 없는 것'이므로 그것을 언어로, 즉 인위적으로 표현하는 한 언어는 그가 재현하는 대상을 왜곡하지 않을 수 없다는 것이다.

이와 같은 맥락에서 노자는 공자가 인간에게 핵심적 중요성을 갖는다고 확신하고 주장하고 가르치려고 했던 인위적 산물의 한 종류로서의 모든 도덕적 및 사회적 규범의 유해성을 그는 최고의 덕목으로서의 '무위', 즉 '작위적으로 하지 않음', 더 정확히 말해서 '아주 자연스러운, 자연 그대로의 행동'을 모든 삶의 원칙으로 삼아야 한다고 주장한다.

그렇다면 '자연', '자연스러운 상태'란 구체적으로 무엇인가? 이런 물음에 대한 노장적 대답은 막막하고 허무맹랑하기만 하다. 문명이라는 질병을 치유하기 위한 노자의 위와 같은 처방은 과연 잘된 것인가? 공자의 처방과 비교해보자. 노자의 사상이 당대만이 아니라 영원한 인간의 삶에 대한 근본적 물음에 대한 대답이고자 했던 것과 마찬가지로 공자의 사상도 그러한 물음에 대한 대답이고자 했기 때문이다. 그렇지만 그의 대답은 노자의 것과 핵심적인 문제에서 정반대에 위치한다. 필자가 『논어』에 새삼스럽게 관심을 갖게 된 이유는 이러한 상황에 처해 있는 우리에게 2천 수백 년 전의 가르침인 『논어』가 어쩌면 결정적 대답은 아니더라도 최근의 어떤 철학보다도 더 간단하면서도 옳은 어떤 행동방향을 보여줄 수 있을지도 모른다는 생각이 들었기 때문이다. 과연 그럴까?

『논어』의 세계관은 21세기 과학 문명에 함축된 세계관과 어떻게 다르며 어떻게 같은가? 『논어』에 담겨 있는 가장 중요한 문제의식은 무엇이었으며, 그에 대한 대답은 21세기의 문제와 그에 대한 대답과 어떻게 다르며 또 어떻게 같은가? 그렇다면 지금까지 언급한 『논어』의 논리를 다시 한 번 되돌아보면서 그 내용을 요약적으로 정리하여, 그것에 비추어 과연 『논어』가 우리에게 얼마나 의미 있는가를 알아보자.

오늘 우리가 살고 있는 21세기의 문명에 깔려 있는 세계관과 그것이 함축하는 물리적 및 정신적인 상황을 위와 같은 두 가지 관점에서 정리하고 그것이 제기하는 문제들을 진단할 때, 그것은 『논어』에 깔려 있는 세계관과 『논어』가 보고 있는 인간 및 인간사회의 근본문제들 및 그 해결을 위한 방책은 어떤 관계가 있는가? 『논어』에서 21세기에 살고 있는 인류가 당면한 문명사적, 사회적, 아니 실존적 차원에서 직면하고 있는 문제해결을 위한 열쇠 혹은 적어도 어떤 실마리라도 찾아낼 수 있는가?

놀랍게도 고대 극동에서 발명한 사상인 유교의 바탕을 이룬 『논어』라는 텍스트에 담긴 사상은 2천 수백 년의 시간적 거리를 뛰어넘어, 불과 3백 년 전 서양이 개발한 과학문명에 함축된 세계관과 유사점이 있다. 과학이 발달하기 전 고대 문명에서 탄생한 극동에서의 사상, 지난 백 년 동안 서양에서나 동양에서나 누구나 입을 맞추어 고리타분하다고 비웃고 폐기했던 공자의 세계관은 같은 동양의 산물인 노장사상과는 달리, 근대 이전까지 서양을 지배해왔던 기독교적 사상과는 너무나 다르고, 오늘날 첨단 과학이 함축하는 세계관과 너무나 흡사하다는 것은 정말 언뜻 이해하기 어려울 만큼 경이롭다.

첫째, 공자의 사상은 자연, 즉 인간이 관찰하고 이성적으로 생각할 수 있는 이 세계와 이 현실을 초월한 어떠한 실체도 적극적으로 인정하지 않거나 소극적으로 그것을 언급하지 않는다는 점에서 유물론·유사 유물론에 가까운, 즉 근대 과학이 전제하는 세계관과 거의 똑같은 '과학적' 세계관과 '경험주의적' 인식론을 바탕으로 한다. 이런 점에서 공자의 사상은 종교가 될 수 없고 서양의 종교와 원천적으로 다르지만, 노장사상과 동일하고, 현대 첨단 과학기술 문명에 전제된 세계관과 일치한다. 기독교로 대표되는 서양의 전통적 종교사상이 원시적 세계관인 물활론인 데 반해서, 힌두교, 불교, 도교, 유교로 대표되는 전통적 동양 철학사상은 비종교적, 비물활론적, 탈미신적, 즉 근대적이어서 현대 자연과학적 세계관에 훨씬 가깝다.

둘째, 지난 80년대부터 세계를 지배하고 있는 포스트모더니즘은 내세가 아니라 내세에서의 자기실현을 강조하는 현실주의적 세계관과 구체적인 지리적 조건과 문화사에 의해서 가변적인 인식론을 바탕에 깔고 있다. 노장사상을 추종하는 이들이 권유하는 삶의 양식과는 반대로 아무리 어려운 일이 있더라도 삶의 현실로부터 도피하지 않고, 개별적 역사와 문화에 의해 결정된 구체적인 현실을 적극적으로 개척하고, 그 속에서 인간으로서의 자기실현을 주장하는 공자의 사상은 정통적인 그 어느 사상들보다도 21세기의 지배적 세계관인 포스트모더니즘에 가장 가깝다. 이러한 점에서 가장 보수적, 회고적 사상으로 치부되었던 공자의 사상이 가장 첨단적 사상으로 나타났다는 것은 정말 놀랍기는 하지만 반가운 역설이다.

셋째, 『논어』에 들어 있는 상대주의적 인식론, 진리에 대한 비독선적, 비독단적, 그리고 유연한 지적 태도는 포스트모더니즘에 함의된 상대주의적 인식론, 비독선적이며 비단정적 진리관과 큰 틀에서 볼 때 동일하다.

위와 같은 세 관점에서 가장 낡고 보수적인 것으로 믿어왔던 『논어』의 철학은 어쩌면 가장 현대적이고, 21세기 첨단 과학기술 문명에 가장 맞는 세계관으로 볼 수 있고, 따라서 21세기 문명의 위기를 극복하는 데 어쩌면 가장 적절한 지침이 될 수 있다.

넷째, 위와 같은 점들에 비추어볼 때, 『논어』로 상징되는 유교는 지난 두 세기 동안 비하되었던 것과는 달리 긍정적으로 높이 재평가되어야 한다. 『논어』는 21세기 문명을 살아가는 우리에게 그만큼 중요한 의미를 갖는다. 그러나 21세기에 있어서 『논어』의 가르침의 중요성은 위와 같은 네 가지 점에서만 끝나지 않는다.

더 중요한 것은 『논어』의 사상적 중요성이다. 그것은 과학적 세계관에 뿌리를 박고 있는 과학기술 문명이 결정적으로 중요한데도 불구하고 운명적으로 채울 수 없는 것을 『논어』가 지적하고 채워주고 있다는 사실이다. 그것은 다름 아니라 과학은 가치, 특히 도덕적 가치를 창출할 수 없음은 물론 가치현상을 설명할 수도 없다는 사실이다. 유교는 규범, 특히 도덕적 규범의 철학이다. 규범은 언제나 가치의 규범이며, 인간에게 궁극적으로 중요한 가치는 도덕적 가치, 즉 인간으로 갖추어야 할 가장 기본적 덕목이다. 서양에서 발전된 과학적 세계관과 공자의 사상은 인간과 자연의 차이를 객관적 사실로 인정하는 데에서 출발한다.

이런 점에서 인간을 자연의 완전한 일부로 보는 노자의 사상과 대립된다. 인간을 자연과 구별하는 것은, 인간은 문화적인 존재라는 사실에서 찾을 수 있다. 자연이 물리적 법칙에 의해 자동적으로, '그냥 그렇게' 작동하는 데 반해서, 문화적 존재로서의 인간의 인간다운 삶의 부분은 일종의 제도에 의해 결정된 인위적 법칙으로서의 '규범norm'에 규제된다. 인간은 생물학적 존재로서 영원불변한 자연법칙에 따라 작동하지만 문화적 존재로서의 인간은 항시 가변적, 그리고 인위적 규범·제도의 규제를 받는데, 그것을 따를 것인가 아닌가는 각자 개인의 자율적 결단에 의해서 정해진다. 인간이 문화적 존재로서 규범의 규제를 받아야 하는 이유는 인간이 자율적 존재이며, 자율적 존재로서 그의 행동은 물리학적 원칙으로 설명될 수 있는 생물학적 본능에 의한 지배로부터 자유로울 수 없음에도 불구하고, 이성적 존재로서 자연법칙과는 별도의 인위적 규범을 따를 수도 있고, 그렇지 않을 수도 있는 동물로 진화되어 태어났기 때문이다.

공자의 근본적 가르침은 인간이 따라야 할 규범에 관한 가르침이다. 그러나 규범은 객관적 사실을 서술하고 그 진/위를 판단하는 잣대로서의 인식론적 규범이 있는가 하면, 인간 사이의 여러 가지 갈등을 풀기 위해 지적 계산에 의해서 제정된 법률을 비롯한 여러 종류의 사회적 규범이 있고, 또한 이러한 것들과는 달리 인간의 심성과 관련되고 그러한 심성을 평가하는 잣대로서의 선/악 혹은 옳음/그름과 같은 도덕적 규범이 존재한다. 도덕은 한 인간과 다른 인간의 관계에서 다른 인간의 아픔과 즐거움, 비속함과 품위를 느끼고 그런 점에서 타인을 배려하는 마음씨, 즉 감성, 또다시 말해서 인정을 가르치는 개념이며 그러한 감정을 규제하는 규범이다.

『논어』의 근본적 가르침은 인간의 인간다움, 즉 인간이 동물 이상의 존재라는 사실을 입증하는 속성 가운데 가장 중요한 것이 그의 지적 능력이 아니라 감성적 능력, 진/위가 아니라 선/악을 판단할 수 있는 능력과 의지라는 사실이다. 인간을 만물의 영장으로서 고귀한 존재로 만들고, 그러한 존재로서의 삶에 거의 종교적 의미를 부여할 수 있는 인간의 궁극적인 특징은 다름 아니라 선/악을 분간하고 그러한 규범과 원칙에 따라 태도를 정하고 행동할 수 있는 의지력, 즉 도덕적 덕목이다. 이런 점에서 공자의 사상은 여러 가지 도덕적 가치 가운데 가장 중요한 덕목, 즉 지덕至德, 지선至善을 공자는 '인'이라고 불렀다. 『논어』에서, 공자에서, 그리고 유교에서 '인'은 가장 기본적인 핵심개념이며, 그밖의 이론과 주장의 의미는 궁극적으로 '인'의 개념에 비추어야만 비로소 그 진정한 의미를 갖는다. 『논어』는 곧 '인'의 철학이론서이며, 공자의 사상은 곧 '인'의 사상이며, 유교는 곧 '인'의 가르침이고, '인'은 영원히 사라지지 않는 인간의 보편적 본성인 동시에 꿈이며 궁극적 희망이다.

『논어의 논리』(2005)

『논어의 논리』 초판 서문

지역에 따라 백여 년 전이 될 수도 있고, 2백여 년 전이 될 수도 있는 서구문화와의 접촉과 영향 이전까지 동북아시아의 정신생활을 2천 수백 년 동안 절대적으로 지배한 사상은 유교, 도교, 불교라고 불리는 세계관이었다. 그리고 이 세 개의 세계관은 상상할 수 없이 깊게 서구화된 오늘날까지도 이 지역의 의식생활에 깊이 깔려 있어 여러 형태로 이 지역만의 독특한 문화적 색깔을 나타내고 있다. 그래서 이 세 가지 세계관들은 이 지역에서 문화적으로 다 같이 동등한 중요성을 지니고 있다. 그러므로 동아시아 문화에 관심을 갖고 있는 학도들에게는 그 문화를 이해하는 데 있어, 그리고 동아시아인에게는 자신들의 정체성을 정립하는 데 있어 유교, 도교, 그리고 불교에 대한 이해는 필수적이다.

하지만 이 세 개의 세계관, 즉 거시적 사상체계는 다음과 같은 두 가지 점에서 한편으로는 유교와 도교, 다른 한편으로는 불교로 구분할 필요가 있다. 그 이유로 첫째, 지리적 관점에서 볼 때 유교와 도교가 동북아시아에서 태어난 사상인 데 반해서, 불교는 원래 동북아시아라는 지역으로 분류할 수 없는 인도의 산물이라는 점과, 둘째, 불교가 '종교'라는 범주에 속한다는 주장에 이의를 거론할 이가 없는 데 반해서, 유교와 도교는 '종교'와는 다른 '철학'이라는 범주에 속한다는 점이다. 이러한 점에 비추어볼 때 한국인으로서, 그리고 철학자로서 필자의 우선적 관심의 대상이 유교와 도교였다 해도 전혀 이상스러울 것이 없다.

바로 이런 맥락에서 필자는 서양철학 전공자임에도 25년 전, 1980년 초판되어 17쇄를 거친 다음 2004년 개정판으로 출판된 『노장사상』을 써서 상재했다. 노장으로 대표되는 도교가 공맹이 대표하는 유교와 함께 필자가 속하는 문화권의 정신적 두 주춧돌 중의 하나라는 인식 때문이었다. 전통적 유교집안에서 성장했음에도 유교와 정면으로 대립되는 노장사상에 손을 댔던 이유는 유교, 더 구체적으로 대충 훑어본 공자의 『논어』가 따분했던 데 반해, 늦게 접하게 된 노자의 『도덕경』에 매료되었기 때문이다.

『노장사상』을 낸 지 23년이 지난 후인 1993년, 필자는 『노장사상』과 유사한 크기의 작은 저서를 계획했는데, 그것은 도교의 이해에 이어 유교를 이해하지 못하고는 동북아시아의 사상적 핵심을 이해하는 데 미흡하다고 판단했기 때문이었다. 이런 데에는 여러 학회에서 동양철학 얘기를 듣고 개인적인 독서를 통해서 유교에 대한 나의 지식을 보충하는 과정이 있었다. 바로 이런 과정에서 다른 유가가 아닌 공자에게만 초점을 두고, 공자에 관한 이야기나 그의 생애 등과 같은 것들을 다룬 텍스트가 아니라 오로지 『논어』라는 텍스트만을 좀더 세심히 읽게 되었다. 이런 과정에서 나는 공자의 철학이 상투적인 해석과는 정반대로 아주 보수적이고 반동적이 아니라 개혁적이고 진보적이며, 반근대적 전통사상이 아니라 오히려 깊고, 참신하고, 21세기에 걸맞은 사상이며, 소극적이 아니라 적극적이며, 도피적이 아니라 참여적이며, 병적이 아니라 건강한 사상임을 발견했다. 또한 공자라는 인물이 고리타분한 옛날 사람이 아니라 첨단을 앞서가는 현대적 인물, 어느 면에선 이른바 포스트모던적 사상가라는 확신을 갖게 되었다. 내가 이 책의 집필에 착수하게 된 가장 결정적인 동기는 바로 이 점을 세상에 알리자는 데 있다.

넓게는 오늘날의 세계 상황과 좁게는 한국의 현실은 어떤가? 한편으로 오늘날 인류는 지구만이 아니라 우주와 유전자의 비밀을 알아내고 설명하며, 인간을 포함한 모든 것을 마음대로 조작할 수 있는 지적·기술적 능력을 향유하게 된 첨단 과학기술 문명의 한복판에 살고 있다. 그런데도 지구 전역에 걸쳐서 세계는 이념적·정치적·사회적 갈등과 혼돈 속에 빠져 있고, 한편에서는 엄청난 부가 축적되고 있는 만면, 다른 한편에서는 수많은 인간들이 폭력과 공포, 질병과 기아의 소용돌이 속에 신음하고 있다. 다른 한편으로 한 세기 이상 줄곧 격동기를 거쳐왔던 한국은 최근에도 어느 때 못지않은 정치적·경제적·사회적 및 이념적 격동과 위기를 경험하고 있다. 모든 차원, 특히 이념과 북한과의 관계 차원에서 사람들의 생각이 독선적이고, 그들의 말이 막 되어가고, 그들의 행동이 폭력적으로 되어가고 있다. 시방 우리는 세계적 차원에서나 우리 한국의 차원에서 이런 문제들을 풀어야만 생존할 수 있는 현실에 살고 있다. 나는 『논어』에 들어 있는 공자의 사상이 우리가 당면한 문제를 풀어가는 데 중요한 실마리가 될 수 있다고 확신한다. 가장 낡은 사상으로 보이던 공자의 사상이 가장 첨단적이고 새로운 사상으로 재조명될 수 있다는 것이다.

이렇게 구상되었던 이 책은 1994년 말에 현재의 구도와 거의 비슷한 형태를 갖춘 초고 집필의 반쯤이 끝났었다. 그러나 그후 10년 동안 강의, 강연, 수많은 책들의 집필과 출판 등에 몰린 이유도 있었지만, 이 책의 집필 과정에서 나의 『논어』 해석이 처음 생각했던 것보다 잘 풀리지 않아 끝을 내지 못했다. 그러다가 작년 생각의 실마리를 다시 찾아 현재와 같은 형태로 나름대로의 해석, 즉 새로운 '『논어』 읽기'를 세상에 낼 수 있게 된 것을 다행으로 생각한다.

지금 인류는 공자의 시대에는 꿈에서도 상상할 수 없이 고도로 발달한 과학기술 문명을 즐기게 되었다. 이념적으로 양분된 냉전시대가 사회주의 진영의 몰락으로 무시무시한 긴장을 촉발해왔던 철의 장막이 붕괴된 지 이미 십수 년이 지났지만, 세계는 평화를 누리기는커녕 나날이 더 폭력적이고 온통 더 불안 속에 놓여 있다. 분단된 한반도, 그리고 그 반쪽인 한국 사회도 겉보기와는 달리 어느 때보다도 깊은 경제적·사회적·정치적·문화적·이념적, 그리고 세대적 대립과 갈등 속에서 불안한 분위기에 싸여 있다. 현재 온 세상이 모든 차원에서 나날이 더 속되고, 거칠어지고, 무한경쟁적이고, 전투적이고, 폭력적이고, '막가파'적으로 되어가고 있다는 것을 의식하면서 나는 한없는 안타까움과 두려움을 느낀다.

이런 상황에서 문자 그대로 문민적 정신의 화신으로 볼 수 있는 사상가로서의 공자의 세계관·인간관·사회관·정치철학·도덕관을 보면서 그의 사상이 통상적으로 믿고 있었던 것과는 전혀 달리 과거지향적이 아니라 미래지향적이고, 보수적이 아니라 혁명적이고, 낡은 것이 아니라 아주 혁신적이고, 갈등적이 아니라 화해적이고, 전투적이 아니라 평화적이라는 것과, 그러한 그의 사상들이 오늘날 세계적으로나 국내적으로 우리의 혼탁한 시대를 극복하는 데 도움이 될 수 있다는 것을 발견한다는 것은 놀랍고 큰 기쁨이 아닐 수 없다. 이 책을 통해 국내나 국외의 많은 독자들이 필자의 그러한 놀라움과 기쁨을 조금이라도 공유하게 되었으면 하는 것이 필자의 바람이다.

동양철학에 문외한일 뿐만 아니라 주석과 번역 없이는 원문, 즉 한문 독서력도 없는 필자가 동양의 위대한 고전 중의 고전의 해석을 감히 시도한 것에 대해 공자연구자는 물론 동양철학자, 그리고 일반 독자들의 너그러운 이해가 있어주기를 바란다. 이 책은 한국어, 영어로 된 수많은 해석본과 주석본이 없었더라면 처음부터 생각조차 할 수 없었을 것이다. 어쨌거나 이 책이 공자의 사상, 특히 『논어』의 사상적 내용에 대해 기존의 해석과는 다를 뿐만 아니라 정반대의 해석가능성을 보여주고, 공자의 사상이 긍정적인 재평가를 받을 수 있게 하는 데 기여한다면 필자로서 더 이상의 보람을 바랄 수는 없다.

나는 『논어』라는 텍스트의 해석으로서의 '『논어』의 논리'를 쓰는 작업을 다음과 같은 작업들에 비유할 수 있다고 생각한다. 그것은 『논어』라는 이름이 붙은 상자 속에 마구 섞여 있는 여러 가지 모양과 색깔의 수많은 구슬들 속에서 적절한 것들을 골라 여러 모양과 색깔들이 조화를 이루어 나름대로의 어떤 의미를 가질 수 있는 제품, 가령 목걸이·귀고리 등의 보석 장식물을 만들어내는 공예가의 작업에 비교할 수 있고, 또한 하나하나가 그 자체로서는 특별한 의미가 없는 수많은 사전 속의 낱말들을 적절히 고르고 배합함으로써 아름답고 깊고 감동적인 위대한 문학작품을 창조해내는 작가들의 작업에도 비교할 수 있다고 생각한다. 이런 비유가 가능하다면 텍스트의 해석이라는 것은 이미 주어진 텍스트의 해석자에 의한 재구성, 즉 텍스트를 구성하는 개별적 낱말들, 문장들을 적절히 선택하여 그것들을 창조적으로 새롭게 조합·구성하여 새로운 텍스트를 생산하는 작업에 지나지 않는다고 믿는다. 그리고 해석의 재미는 바로 그것이 이와 같은 창조적 작업이라는 사실로써만 설명된다. 나는 이 책, 즉 『'논어'의 논리』를 예술작품으로서의 새로운 텍스트 창작행위로 인식하고 썼으며, 그런 점에서 나는 이 저서를 다듬는 과정에서 서툴기는 했지만 예술적 경험을 만끽했다.

한문고전의 해독력이 거의 없다시피 한 필자는 동양의 고전들을 번역을 통해서 읽을 수밖에 없다. 동양고전의 해석서는 한글 해석문과 더불어 반드시 한문으로 된 원문이 첨부되어 있다. 이러한 원본의 첨부는 원저자의 뜻을 보다 정확하게 파악하는 데 필수적이다. 그런데 그 원문들은 눈으로 보면 어느 정도 그 의미를 파악할 수 있으나 그 한문 문장의 정확한 의미는 고사하고 글자의 발음조차 제대로 모르는 나는, 그런 나의 독서가 언제나 개운치 않게 느껴져왔다. 이런 나의 개인적 경험을 근거로 이 책에서 나는 번역된 인용문 바로 뒤에 한문 원문을 붙이고, 또 그 바로 뒤에 그 한자의 발음을 한글로 표시했다.

이 책에서 나는 일반적 학술서에서 볼 수 있는 관례와는 달리 한문 원문과 우리말 발음의 첨가를 우리말 해석과 완전히 따로 떼어 주석란에 붙이지 않고 원문 속에 넣었는데, 그것 역시 내 개인의 경험에 비추어 책을 읽을 때의 심리적 · 논리적 흐름을 깨지 않는 것이 바람직하다는 생각에 기인한다.

끝으로 이 책의 저술계획에 용기를 돋워주고, 초고상태의 원고를 읽고 많은 지적과 조언을 아끼지 않은 고려대의 이승환 교수, 연세대의 이광호 교수, 그리고 이화여대 한자경 교수 및 연세대 중국 문학에 관한 박사논문을 준비 중이면서 나의 한 강좌를 돕고 있는 안재연 조교 네 분이 이 책의 원고를 세심히 읽어주고 문장과 내용상의 여러 문제 등에 관한 전문적이고도 세심한 지적과 비평을 해주지 않았더라면 나는 이 책을 세상에 선뜻 내놓지 못했을 것이다. 이 지면을 통해 위의 네 분들에게 깊은 사의를 전한다. 마지막으로 『노장사상』의 후속으로 이 책의 출판을 기꺼이 맡아주신 문학과지성사의 채호기 사장님 및 이 책의 교정과 제본 등의 번거롭고 권태로운 일을 정성껏 보아주신 편집부 여러분의 많은 노고에 이 자리를 빌려 심심한 감사의 뜻을 간곡히 전달한다.

2005년 9월 일산 문촌마을에서

나비의 꿈에 담긴 새로운 희망

01
찬란한 만화경으로서의 20세기 문화

찬란한 만화경 문화

20세기 문화의 특징을 어떻게 규정할 수 있을 것인가? '문화'라는 개념이 막연하고 다양한 만큼, 이 개념을 어떻게 정의하느냐에 따라서 대답은 달라진다. 따라서 '20세기 문화'의 설정과 '문화'라는 개념규정을 전제해야 한다.

첫째, '20세기 문화'라는 대상을 어떻게 설정할 것인가? 문화는 필연적으로 언제나 특정하다. 그것은 언제나 시간적인 면에서 고대나 현대, 공간적인 면에서 동양이나 서양, 분야 면에서 정치나 예술, 영역 면에서 음식이나 의복 등등을 떠나서는 존재하지 않는다. '20세기 문화'는 '20세기'라고 시간적으로 규정되지만 지역으로나 분야로나 영역으로는 규정되지 않는다. 그것은 20세기라는 시간으로 한정된 지구상의 문화일반을 총칭한다. 특정 지역이나 영역이나 분야를 떠난 문화라는 개념이 공허하다면 지구상의 문화일반이라는 개념도 공허할 것이다. 이러한 사실은 '20세기 문화'라는 개념이 무의미하고, 20세기 문화의 특징에 대한 담론이 논리적으로 불가능함을 함축하는 것 같다.

하지만 반드시 그렇지는 않다. 적어도 관념의 차원에서 특정한 지역이나 영역을 떠나 20세기에 나타났던 지구상의 모든 문화들을 조감하여 검토할 수 있기 때문이다. '20세기 문화'는 20세기에 지구에서 관찰할 수 있었던 수많은 개별적 문화의 집합적 명칭이며, '20세기 문화의 특징'은 다른 세기와 비교해서 20세기에 지구에 존재했던 모든 개별적 문화들 속에서 관찰할 수 있는 여러 가지 특징들로부터 귀납적으로 일반화해서 도출할 수 있다.

둘째, '문화'는 도대체 무엇을 지칭하는가? '문화'라는 말은 무엇을 뜻하는가? 다양하고 애매모호하게 사용되지만 문화는 "인간이 임의적으로 구성한 물질적·관념적 삶의 양식"[124]으로 규정할 수 있으며, 이러한 일반적 뜻으로서의 문화는, 로티Rorty에 따르면 대체로 사회적 관습, 정신적 덕목, 이성의 발휘라는 세 가지 다른 뜻으로 세분하여 분석할 수 있다.

첫째, 사회적 관습으로서 문화는 개인적으로나 집단적으로 주관적일 수밖에 없는 인간의 심리학적·사회학적 태도와 관련되는 것으로 그것은 문화의 가장 일반적 의미를 반영한다. 그것은 '어느 한 인간집단 속에서 그 구성원들이 다른 이들이나 주변환경 속에서 살아가야 하는 필연성 속에서 공유하게 된 일련의 행동 관습'을 뜻하며, 이런 뜻으로

---

[124] 박이문, 「문명과 문화」, 『문명의 위기와 문화의 전환』, 민음사, 1993; 「문화는 진보하는가, 진화하는가?」, 『문명의 미래와 생태학적 세계관』, 당대, 1997; 「문명의 세 모델」, 『자연, 인간, 언어』, 《철학과 현실》, 1998; Ynhui Park, "The Natural and the Cultural," *Reality, Rationality and Value*(Seoul National University Press, 1998).

서의 문화는 동양과 서양, 학계와 정치계, 과학계와 인문계, 미술 분야와 음악 분야 등에서 각기 다르다.

둘째, 정신적 덕목으로서 문화는 비교적 좁은 뜻으로 사용되어 고급스러운 정신적 향유 능력, 보다 구체적으로는 종교나 철학적 사색, 학문적 탐구 활동이나 예술적 향유 능력을 지칭한다. 그것은 구체적으로 '지적 만족 자체를 위해서 추상적 관념을 조작하거나 미술·음악·건축·글쓰기에 대한 담론을 길게 할 수 있는 능력'으로서 대중문화와 독립되는 고급문화와 거의 동의어이며, 이런 뜻의 문화는 고등교육을 받은 소수 엘리트에게만 제한되며, 달동네의 주민이나 노동자들이 거의 갖지 못하는 반면, 사찰이나 대학사회나 예술계에 속하는 사람들이 상대적으로 많이 갖추고 있다.

셋째, 이성의 발휘로서 문화는 인간의 본질로 전제된 이성이라는 속성의 발달과 발휘도를 뜻한다. 인간은 동물과는 달리 자연과 환경에 대해서 본능과 감성뿐만 아니라 이성으로써 대처한다. 인간은 자연을 극복하여 자연으로부터 어느 정도 해방되고, 주어진 환경을 자신의 이익에 따라 조작해서 새로운 환경을 생산함으로써 문명을 발달시켜왔다. 그러나 인간의 이러한 능력은 시대와 장소, 사회와 분야에 따라 그 양식과 수준이 달리 발휘되어왔다. 이성의 구현으로서 문화의 차원에서 문화의 우열이 언급될 수 있다. 이런 점에서 고대 그리스는 고대 아프리카보다 우위에 있고, 공자나 인문사회계 대학교수들이 속한 계층에 비해 시베리아 오지의 농부나 디트로이트의 자동차 공장 노동자들이 속한 사회는 열등하다.[125]

---

125   Richard Rorty, "Rationality and Cultural Difference," *Truth and Progress* (Cambridge

위와 같은 방식으로 '지구문화'라는 개념의 타당성이 인정되고, '문화'라는 개념이 정리된다면, 20세기 문화의 특징은 사회적 관습으로서 문화의 특징, 정신적 덕목으로서 문화의 특징, 이성의 구현으로서 문화의 특징이라는 세 가지 측면에서 도출한 문화의 특징들을 통합한 것으로 정리될 수 있다.

이 글은 편의상 문화에 위와 같이 세 가지 측면에서 접근하고, 20세기의 세 가지 문화들의 특징을 구조적 지구화, 찬란한 개화, 혁신적 진보라는 개념들로 분석한 다음, 20세기의 총체적 특수성을 찬란한 만화경, 푸짐한 비빔밥의 개념으로 정리해보고자 한다.

사회적 관습으로서 문화: 구조적 지구화

사회적 관습으로서 20세기 문화의 특징은 구조적 지구화이다. 구조적으로 볼 때 20세기는 그 이전의 어느 때보다도 지역적·영역적·분야적 관습의 구별이 흐려지고, 그것들 간의 새로운 관계가 형성된 세기였으며, 그 결과로 다양한 문화의 밀접한 교류와 상호 간에 영향을 주는 과정에서 지역적·분야적 특수성을 초월한 지구 전체, 분야 전체가 하나의 혼합된 공통적인 사고방식, 사회적 관습의 형성 현상을 보여준 세기였다.

지역적 구조의 측면에서 볼 때 19세기 지구문화의 특징이 지역적으로 서구문화로의 일원화 현상을 나타냈다면, 20세기 지구문화의 특징

University Press, 1988).

은 다원적이었다. 19세기적 서구중심주의의 권위는 지난 한 세기에 걸쳐서 점차적으로 상실되어갔고, 서구문화의 절대적 우월성은 그 근거를 잃게 되었다. 서양문화는 극동문화나 인도문화나 중동문화는 물론, 아프리카문화도 독단적으로 무시하거나 배제하거나 평가절하할 수 없게 되었고, 산업사회의 문화가 농경사회의 문화보다 우월하다는 객관적 근거를 더 이상 주장할 수 없게 되었다. 모든 지역의 문화는 나름대로의 독자 체계를 갖고 있으며, 모든 문화의 가치와 권위는 어떤 특정한 외부의 초월적, 즉 어떤 메타 문화적 잣대로서가 아니라 오로지 각자 그 내부 원리에 따라 상대적으로 결정될 수 있다는 것이다. 지역적으로 다른 문화들 사이의 관계가 19세기와는 달라졌다. 19세기 지역 문화들 간의 구조적 관계의 특징이 서구중심적 환원이었다면, 20세기의 그 관계는 탈서구적·상대주의적인 것이었다. 이런 사실들에 근거해서 20세기 지구문화의 특징은 일원적이 아니라 다원적이며, 획일적 통일이 아니라 상대적 분산이라는 진단이 나올 것 같다.

그러나 좀더 심도 있게 관찰해보면 이러한 진단이 피상적임을 알 수 있다. 20세기 문화의 구조적 특징 중 하나는 지구문화의 탄생이다. 어떠한 오지의 사회도 외부와 완전히 단절된 곳은 이미 존재하지 않게 되었다. 모든 인간사회는 날이 갈수록 상호 간 서로 뗄 수 없이 밀접하고 복잡하게 연결되어가고, 다양한 문화 사이의 관계와 교류가 그만큼 더 빈번하고 그들 간의 상호 침투가 날로 더 불가피해지면서, 각기 문화적 힘에 따른 정도의 차이는 있지만, 어떠한 기존의 문화도 다른 문화의 영향에서 완전히 벗어날 수 없게 되었다. 20세기의 마지막 지점에서 어느덧 공간적으로는 명실공히 지구촌이 형성되었고, 경제적·정치적·문화적 차원에서도 문자 그대로 적어도 외형적으로는 세계화가 완성되었다.

지구 전체가 UN에 묶여 있고, 인터넷의 연결 속에서 다국적 기업에 의한 경제 교류가 활발해지고 있다.

이러한 과정에서 모든 문화권에서는 지구 공통적인 요소를 갖춘 새로운 하나의 지구문화가 부단히 창조되고 변신해왔다. 현재까지 볼 때 지구문화의 탄생은 대체로 문화적으로 서양화를 뜻함이 사실이다. 세계 어느 도시를 가나 차츰 많은 사람들이 거의 똑같은 옷을 입고, 똑같은 고층 아파트에 살게 되는 것을 볼 수 있으며, 어떤 오지를 가도 코카콜라를 마시고 햄버거를 먹으며, 청바지를 입거나 샤넬 향수를 뿌리며, 전화를 하고 자동차를 굴리며, 사무실이나 가정에서 컴퓨터를 사용하게 되었으며, 영어가 차츰 공통어로 사용되고 있다.

그렇지만 한 세기 전과는 달리 뉴욕이나 파리에서도 쉽게 초밥과 비빔밥 식당을 발견하고, 런던에서나 베를린에서 인도인들이나 아프리카인들이 자신들의 전통 의상을 입고 당당하게 다닐 수 있고, 미국·남미·유럽·중동·아프리카 어디에서도 태극기 앞에 절을 하면서 태권도를 배우는 이들의 수가 늘어나고 있다. 한 세기 전만 해도 서양에서는 극소수의 호기심의 대상이었던 불교나 힌두교, 유교나 도교가 오늘날에는 많은 서양인들의 관심과 연구와 추종의 대상이 되었다. 벌써 반세기 전부터 서구를 지배하고 있던 포스트모더니즘은 바로 이러한 현상을 반영한다. 포스트모더니즘의 의미 중 하나는 서구중심적 근대사상에 대한 내부 부정과 해체이다. 지역적 관점에서 볼 때 동양에서나 서양에서나 모든 사회관습이 완전히 '순수하게' 동양적인 것, 혹은 서양적인 것을 찾아보기란 불가능하거나 차츰 어렵게 되었다.

지역마다 서로 너무나 다른 특수한 관심과 문제가 있지만, 어떠한 사회에서도 그러한 차이를 넘어서서 사회정의, 민주주의, 인권, 환경 등의 문제는 회피할 수 없게 되었고, 온 인류는 지구 차원에서 공통 문제들에 대처할 수 있는 공통 사고, 해결 방법, 행동 양식을 강구하고 그에 적합한 사회관습을 구성해내지 않을 수 없게 되었다.

　분야적 관점에서 볼 때도 역시 분산보다는 통합의 세기였다. 콰인이나 굿맨의 인식론이나 쿤의 과학적 지식관, 푸코의 지식의 고고학, 데리다의 해체 이론, 로티의 포스트 철학이 보여주듯이, 철학과 과학, 인문학과 자연학, 문학과 철학의 엄격한 영역 구별은 더 이상 고집할 수 없게 되었고, 그것들 간의 경계는 흐려지게 되었다. 워홀이나 케이지가 보여주었듯이 예술과 비예술, 음악과 소음 또는 소리의 구조적 구별이 불가능하게 되었고, 브르통, 뒤샹, 백남준이 보여주었듯이 시와 산문, 철학과 과학, 문학과 철학, 그림과 조각, 조각과 영화의 분계선이 흐려지거나 무의미하게 되었다.

　이러한 과정을 거치면서 20세기는 지구 차원에서 지역이나 분야 면에서, 아직은 그 정체를 정확히 규정할 수는 없지만, 가치관·세계관·행동 규범의 차원에서 지구적으로 공통적·사회적 사유와 관습의 구조가 형성되었다. 아직도 지역적으로나 분야적으로 문화의 특수한 색깔은 다양하고 앞으로도 이러한 특수성은 보존될 것이지만, 지난 한 세기 동안 이러한 지역적 혹은 분야적 차이를 넘은 하나의 지구문화, 즉 지구적으로 공통된 사회적 삶의 관습이 형성되어왔다는 사실만은 부인할 수 없는 객관적 사실이다. 이런 점에서 사회관습으로서 20세기 문화의 특징 중 하나는 구조적 지구화로 규정할 수 있다.

정신적 덕목으로서 문화: 찬란한 개화

정신적 덕목으로서 문화의 관점에서 볼 때, 20세기 문화의 특징은 질적으로나 양적으로, 혁신성이나 다양성으로 찬란한 개화의 세기였다.

20세기만큼 많은 지역에서 많은 분야에 걸쳐 많은 사람들이 일상적인 의식주 생활을 탈피해서 인간의 정신적 가능성을 이론적으로나 기술적으로나 예술적으로 표현하고 그 결실을 즐긴 세기는 일찍이 없었다. 이런 점에서 20세기 문화는 유럽의 르네상스 시기보다도 한결 더 찬란한 꽃을 피웠다. 20세기에 우리는 양차 대전, 원자탄의 투하, 나치나 일본군에 의한 대량학살과 같은 야만적 파괴와 비인간적 잔인성을 경험했다. 인간의 파괴성과 잔인성은 현재까지도 지구 여러 곳에서 국부적 무력 분쟁과 살생의 형태로 지속되고 있다. 지구에는 아직도 수많은 인류가 기아 내지 빈곤에 허덕이며 인간 이하의 생활을 강요당하고 있다. 이러한 사실에도 불구하고, 20세기는 과거 한 세기 아니 반세기에 비추어볼 때 물질적으로 비약적 발전을 이룩했고, 어느 때보다도 많은 이들이 교육을 받고, 경제적으로는 기본적인 의식주 생활을 해결하고 정신적 생활을 영위하게 되었다. 이러한 일반적 여건에서 20세기는 그 어느 때보다도 문화창조적 에너지가 분출되고 어느 때보다 더 놀랍고 참신한 성과를 일군 세기였다.

상대성이론, 양자역학, DNA, 빅뱅이론, 카오스 이론 등의 자연과학적 발견, 프로이트의 정신분석학, 스키너의 행태심리학, 라캉의 언어학적 정신분석학 등의 심리학적 발견, 페니실린·DDT·비아그라 등의 약학, 전화·냉장고·전자오븐·트랜지스터·TV 등의 가전제품, 플라스틱 등의 신소재, 자동차·점보제트기·헬리콥터·우주비행·컴퓨터 등의 발명, 장기이식에서 인간복제까지 이른 의학적 생명공학 기술 등이 모두 20세기에 발견되고 발명되었다.

미술계에서의 큐비즘, 추상화, 팝아트, 미니멀 예술, 개념예술, 설치미술, 행위예술 등의 혁명적 실험과 작품들, 문학계에서의 다다이즘·초현실주의·미래주의 등의 운동과 조이스, 프루스트, 카프카, 보르헤스 등의 작품, 음악계에서의 스트라빈스키, 쇤베르크, 비틀스, 건축계에서의 그로피우스, 르 코르뷔지에, 인문학계에서의 레비스트로스의 구조주의, 바르트의 구조주의 문학비평, 역사학에서의 토인비의 역사관과 브로델의 역사방법론, 철학계에서의 하이데거, 사르트르의 실존주의, 프레게, 비트겐슈타인, 아도르노, 마르쿠제, 하버마스의 비판이론, 콰인 등의 분석철학, 로티, 푸코, 들뢰즈, 리오타르, 데리다 등의 해체주의, 이 모든 것들이 20세기가 보여준 폭발적 문화 창조 에너지의 성과들이다.

물론 위와 같은 정신적 산물은 귀족적이고, 고도의 교육과 천재적 창의력을 갖춘 일부 엘리트의 창조물들이며, 이러한 문화 에너지가 극히 한정된 지역인 서구에서 분출되었던 것은 사실이다. 그러나 적어도 선진국에서뿐만 아니라 20세기 후반에는 산업화를 성취한 적지 않은 비서구 지역에서도 경제적 성장, 사회적 평등화, 정치적 민주화와 병행한 고등교육의 대중화, 전자정보 매체의 폭발적 발전과 보급의 결과로 일반대중들도 극히 소수 엘리트들이 생산한 문화를 미술관, 극장, 전람회, 공연장을 통해서 즐길 수 있게 되었다. 대중들의 문화적 참여는 여기서 끝나지 않았다.

교육을 통해서 개명하고 그에 따라 경제적으로 나름대로의 여유를 가질 수 있게 된 대중들은 소수 엘리트가 생산한 문화적 산물을 단순히 수동적으로 수용하는 데 그치지 않게 되었다. 어느 수준까지 교육을 받은 대중들은 나름대로 이른바 대중음악, 미술, 문학, 스포츠를 창조하고 향유할 수 있게 되었다. 재즈 음악이나 영화, 스포츠를 즐기고, 아마추어로서 악기를 다루거나 그림을, 그리고 역사 관광 여행을 즐길 수 있게 되었다. 적지 않은 평범한 사무직원이나, 농부, 노동자들도 철학·종교·역사·예술에 대해서 관심을 갖고, 사유하고, 논쟁에 참여할 수 있게 되었다. 오늘날 정신적 덕목으로서의 문화는 적어도 어느 수준까지는 더 이상 소수 엘리트의 전유물이 아니다. 오늘날 한국은 수만 명이 시 쓰기를 즐기고 수천 명이 시집이나 산문집을 출판해서 시인으로서, 작가로서 활동하고 있으며, 수많은 이들이 서예나 그림 그리기를 즐길 수 있게 되었다.

이러한 결과로 고급문화와 대중문화의 경계가 희미해지고 있을 뿐만 아니라 오히려 대중문화가 고급문화를 압도하는 현상을 두드러지게 나타내고 있다. 고상하다는 클래식 음악 연주회보다는 대중 음악회가 훨씬 더 많이 열리고, 궁정 음악보다는 전통적 민속 음악들이 한결 더 많은 이들의 마음을 사로잡으며, 장영주의 바이올린 독주회보다는 마이클 잭슨의 쇼가 압도적으로 많은 이들의 마음을 열광에 빠뜨리고 있다. 서태지와 그 또래의 노래와 춤이나 일본 만화, 박세리나 박찬호, 그리고 스포츠 시합에 대해서 젊은 세대들은 물론 일반 대중들이 보이는 열광적 관심은 정신적 덕목으로서 문화의 꽃봉오리가 대중적 차원에서 찬란하게 개화하고 있다는 구체적 증거이다. 20세기의 이러한 문화현상의 특징에 대한 진단은 한국만이 아니라 지구 전체에 적용될 수 있다. 국제적·국가적·지역적 차원에서 날로 증가하게 된 수많은 영화제, 미술전람회, 스포츠 행사, 음악 행사 등은 앞서 예로 든 여러 분야에서 나타난 20세기 엘리트 문화의 놀라운 성과와 아울러 정신적 덕목으로서 문화가 20세기 전체를 통하여 지구 차원에서 그 에너지를 왕성히 발휘하여 화려한 꽃으로 개화하고 푸짐한 열매를 맺음을 보여준다.

이성의 자기구현으로서의 문화: 혁신적 진보

이성은 인간이 자연적·사회적 현실과 자기 자신을 객관적으로 인식하고, 목적에 따라 논리적으로 대처하는 인간 고유의 잠재적 능력이다. 그 것은 자연적, 사회적으로 주어진 조건과 충동을 초월하여 자신의 계획에 따라 근거한 것들을 활용하는 능력이다. 이성은 한마디로 자연적·사회적 환경, 생물학적 본능으로부터 물리적·경제적·생물학적·심리적 자유를 찾을 수 있도록 인간이 내재적으로 갖고 있는 잠재적 기능이며, 문명은 잠재적 이성의 구현, 즉 인간 자유화의 과정에서 나타난 수단이며 결과의 총칭이다. 이때 문명은 이성의 자기구현으로서 문화와 동일한 뜻을 갖는다. 인류의 역사는 곧 문명의 역사이며, 문명의 역사는 문화로서 역사와도 일치한다.

때와 장소에 따라 주춤하거나 후퇴한 경우도 있으나, 위와 같은 좁은 뜻, 즉 문명으로서 문화의 역사는 발전의 역사였다. 지역과 시대적으로 허다한 예외는 많았지만 인류 역사를 총괄적으로 볼 때, 인류는 긴 역사를 통해서 점차적으로 자연과 자신에 대한 객관적 지식을 축적함으로써 자연의 허다한 제약과 재앙을 점차적으로 극복하면서 경제적 빈곤을 극복하고, 제도적 억압으로부터 해방되고, 정신적 어둠으로부터 자유롭게 되었다. 이런 점에서 인류 역사는 인간 자유 확대의 역사였다는 사실에 틀림없고, 자유의 확대가 진보의 잣대이며, 자유의 확대가 곧 이성의 구현이라면, 이성의 구현으로서 20세기 문화의 특징은 혁신적 진보로 규정할 수 있다. 이런 측면에서 20세기 문화의 특징을 혁신적 진보로 규정할 수 있는 근거는 20세기의 각별한 현상으로 볼 수 있는 교육의 보급·경제성장·사회적 평등화·정치적 민주화·카운터컬처counterculture운동·성해방운동·반인종주의운동·여성해방운동·인권운동 등에서 구체적 사례들을 찾을 수 있다.

교육의 근본 기능이 인간의 잠재적 기능 개발에 있고, 다른 동물들과 구별될 수 있는 인간 고유의 뛰어난 기능이 이성이라면, 교육의 근본적 기능 중 하나는 이성의 개발이다. 인간이 잠재적으로 갖고 있는 이성은 체계적 교육을 통해서 더 효율적으로 구현될 수 있다. 교육을 통해서 우리는 자연·사회, 그리고 우리 자신에 대한 인식을 보다 넓고 깊게 할 수 있으며, 역시 교육을 통해서 보다 논리적인 사고를 할 수 있게 되고, 자연과 사회에 대한 인식을 통해서 우리는 그만큼 물리적, 경제적 그리고 정치적 억압으로부터 해방될 수 있고, 그리고 우리 자신에 대한 투명한 인식을 통해서 그만큼 정신적으로 자유롭게 된다. 20세기에 교육은 그 대상의 폭에 있어서나 그 질에 있어서 어느 세기보다도 놀라운 비약을 이룩한 세기였다. 한 세기 전만 해도 극소수 지역에서 극소수에게만 가능했던 초등교육은 오늘날 거의 전 지구에서 이루어지고, 반세기 전만 해도 특정한 국가의 특정한 계층에만 가능했던 고등교육은 적어도 산업화를 이룬 국가에서는 거의 모든 이들에게 그 기회가 주어지고 있다. 교육의 양적 확대와 질적 향상은 곧 합리적 사유의 확대를 의미하며, 합리적 사유의 확대는 무지의 암흑으로부터의 정신적 자율성 확대를 함축한다.

교육의 양적·질적 진보는 자연에 대한 과학 지식과 기술 개발의 발전으로 연장되고, 기술 개발의 발전은 경제적 부의 축적으로 연장되고, 경제적 부의 축적은 물질적 구속으로부터의 육체적 해방과 정신적 자유를 가져온다. 이런 점에서 오늘날 지난 한 세기를 뒤돌아볼 때 19세기는 물론 금세기의 전반과 비교해보더라도 20세기가 상대적으로 혁신적 진보를 성취했다는 판단은 의심할 여지가 없다.

전 지구 차원에서 볼 때 아직도 예외는 많지만 20세기는 그 어느 세기에서보다도 사회적·경제적 평등화와 정치적 민주화가 확산된 세기였다. 20세기에 이성의 자기구현으로서의 문화의 혁신적 진보는 사회적 평등화가 지구적으로 폭넓게 성취되었다는 사실에서 확인할 수 있다. 사회적 평등사상은 도덕 이념이며, 도덕 이념은 이성의 목소리이다. 러시아 혁명, 중국·북한·쿠바·베트남 등의 사회주의 국가 성립 등이 입증해주듯이 과거 어느 시대에 비추어보더라도 20세기에는 사회계층 간의 평등주의가 상대적으로 확산되고 그러한 평등이 크게 실현되었다. 이러한 사실은 20세기를 통틀어 지구의 절반 이상이 사회주의 정권 아니면 적어도 마르크스주의의 결정적 영향하에 놓여 있었다는 사실로도 알 수 있다. 꼭 10년 전 동유럽의 사회주의권이 붕괴되긴 했지만, 비록 자본주의 경제체제가 처음부터 지배한 이른바 자유경쟁 사회를 대표하는 미국에서조차도 복지사회라는 이상하에서 경제적으로 빈곤한 계층에 대한 분배의 평등을 위한 강구와 대책이 나름대로 역력히 살아 있다. 사회 평등사상이 도덕적 목청이며, 도덕적 목청이 이성의 목소리인 한에서 평등사상이 어느 때보다도 강하게 부각되었던 20세기는 이성의 자기실현이 혁신적 진보를 거둔 세기이다.

20세기가 이성의 자기실현을 혁신적으로 이룬 세기라는 사실은 20

세기의 정치적 민주화의 확산에서도 입증된다. 민주주의는 각 개인의 존엄성을 전제하며, 인간의 존엄성은 인간이 이성적, 즉 자율적 존재라는 형이상학적 명제를 전제한다. 민주주의는 정치적으로 독재주의적·전체주의적 억압에서 해방된다는 것을 뜻한다. 따라서 정치적 민주화는 곧 이성의 자기구현이다.

20세기의 지구문화가 이성의 자기구현으로서의 문화였다는 사실은 20세기 후반에 확산되었던 카운터컬처운동·성해방운동·반인종주의운동·여성해방운동·인권운동에서도 확인할 수 있다. 카운터컬처운동을 통해서 젊은 세대는 기존의 삶의 양식으로서의 모든 질서와 체제, 즉 문화로부터 해방되어 자유롭고자 하였다. 카운터컬처운동은 젊은 세대에게 강요된 기성 질서와 체제 가치에 대한 이성적 반성·비판·부정의 외침이었고, 성해방운동은 자유와 행복을 위해서 근거가 희박해진 윤리적 억압으로부터 해방되고 자유롭고자 하는 살아 있는 생명으로서 육체의 고함이다. 반인종주의운동과 여성해방운동은 각기 인종적, 성적 편견과 그로 인한 억압으로부터 해방과 자유를 호소하는 목소리이며, 인권운동은 위와 같은 모든 운동들을 함축하는 운동이다. 그것은 인간으로서 물질적·정신적 기본 조건들을 확보함으로써 자율적 존재로서 인간으로서 존엄성을 보장하려는 운동이다. 이같은 운동이 격렬하게 지구적으로 전개되는 과정과 그 결과로서 오늘날 제도적 혹은 관념적 구체제와 질서는 크게 변화했고, 성적으로 크게 자유로워졌으며, 인종주의는 많이 개선되었으며, 여성의 지위가 크게 신장되었고, 인권의 존엄성에 대한 의식이 신장되고 보호가 크게 강화되었다. 오늘날 위와 같은 교육의 보급과 여러 운동의 형태로 나타난 이성의 자기구현이 만족스러운 성과를 이룬 것은 물론 아니다. 오늘날에도 인류의 절대 다수는 아직도 무지의 어둠에서 자유롭지 못하며, 절반 이상이 경제적 빈곤에 허덕이고 있으며, 허다한 대중이 사회적 불평등, 정치적 억압, 전통적 구체제와 가치관에 의한 억압, 인종적·성적 차별로 인한 구속과 고통, 기본 인권에 대한 폭력으로부터 해방되지 못하고 있다. 이러한 부정적 상황에 눈을 가릴 수는 없다.

이러한 가혹한 사실에도 불구하고, 인류사의 큰 틀에서 볼 때 지금까지의 다른 세기들에 비해서 20세기는 이성의 자기구현이 어느 때보다도 상대적으로 혁신적 진보를 성취한 세기임을 부정할 수 없다. 인간의 주체성과 이성의 허구를 해체했다는 포스트모더니즘이 지난 몇십 년 동안 지배하고 있다는 사실은 20세기 문화에 대한 위와 같은 우리의 판단과 상충해 보인다. 그러나 이성의 해체를 주장하는 포스트모더니즘이 증명한 것은 이성의 죽음이 아니라 오히려 어느 때보다도 혁신적이고 왕성한 이성의 자기구현이다.

지금까지 성찰해본 바와 같이 문화의 개념을 사회적 관습, 정신적 덕목, 이성의 자기 구현이라는 세 가지 뜻으로 규정하고, 20세기에 있어서 세 가지 뜻으로서 문화의 특징들을 각기 구조적 세계화, 찬란한 개화, 혁신석 진보로 규성할 수 있다면, 즉 20세기의 지구분화, 다시 말해서 인류 삶의 양식의 특징을 다른 시기나 시대와 비교하여 포괄적으로 규정이 가능하다면 그것은 무엇인가? 나는 그것을 만화경적 혼합이라고 규정할 수 있다고 생각한다.

20세기 문화의 특징은 비빔밥적이라는 데 있다. 20세기에 걸쳐 있는 다양한 문화들은 싫든 좋든, 갈등과 저항을 느끼면서도 범지구적 차원에서 다른 문화들과 날로 긴밀하고 복잡해지는 관계를 회피할 수 없었으며, 그런 관계 속에서 서로 비빔밥처럼 혼합되는 급속한 과정을 겪었다. 이러한 과정에서 지금까지 어느 특정 지역에도 없었던 새로운, 범지구적인 비빔밥 문화가 형성되었고 아직도 그러한 문화는 비벼지고 있는 과정에 있다. 비빔밥은 그것을 구성하는 밥과 콩나물·가지·도라지·계란·깨소금·간장·고추장·고기·참기름 등 여러 음식 재료들이 원래의 형태와 색깔을 완전히 상실하지 않은 채 서로 섞이고 비벼지면서 하나로 혼합되어 나름대로의 새로운 모습으로 창조된 요리이다.

어떤 재료들을 얼마만큼 배분하고 어떻게 혼합시키느냐에 따라 만들어진 비빔밥의 모양·색깔·맛·품위는 사뭇 달라진다. 우리가 그것을 좋아하든 싫어하든 20세기에 비벼진 지구문화의 비빔밥 재료가 되는 이질적 문화들 가운데서 결정적으로 지배적인 색조와 맛이 서구적, 더 정확히는 미국적 요리라는 주장에 반론의 여지가 없다. 그러나 좀더 생각해보면 꼭 그렇지는 않다. 19세기 말, 아니 더 가까이는 20세기 후반까지는 서구가 군사적·경제적·정치적·이념적·문화적으로 자신의 권위를 독선적으로 강요하면서 세계를 지배해왔지만, 늦어도 20세기 후반에 와서는 사정이 크게 달라졌다. 비서구 진영이 경제적으로나 기술적으로 성장하게 되면서 서구의 독선적이며 독단적인 세계 판도는 급속도로 달라졌다. 현재 우리가 인식할 수 있는 지구문화의 비빔밥에 들어 있는 비서구적 재료가 나름대로 자신의 모습을 드러내고 자신의 맛을 드러내게 되었다. 이러한 경향으로 비추어볼 때, 다음 세기에는 지구문화라는 비빔밥에서는 서구적인 재료의 비중보다는 비서구적 재료의 비중이 더 커질 수 있으며, 비빔밥의 맛이 햄버거보다는 김치 맛에 가까워질 가능성도 없지 않다.

이러한 모든 점들을 감안하고, 사회적 관습으로서의 문화의 20세기의 특징을 구조적 지구화로, 정신적 덕목으로서의 문화의 20세기의 특징을 찬란한 개화로, 이성의 자기구현으로서의 문화의 20세기의 특징을 혁신적 진보로 개념화할 때, 20세기 지구문화는 완전한 중심이나 경계가 없이 다양한 색깔의 혼합물이라는 점에서 구조적으로 만화경에 비유될 수 있으며, 찬란히 개화되고, 혁신적 진보를 거둔 문화였다는 점에서 겉을 자세히 보면 볼수록 우아하며 아름답고, 속을 들여다보면 볼수록 찬란한 만화경 같다.

결론: 전망과 반성

앞으로 21세기에는 지구문화의 만화경적 혼합의 성격이 한결 더 두드러지게 나타날 것이며, 문화의 기조는 서구 중추적에서 아시아 중추적 색깔로 점진적 변화를 가져올 것이다. 오늘날 관찰할 수 있는 지구문화가 형성될 수 있었던 데는 경제적 부의 축적이 있었고, 경제적 부의 뒤에는 과학기술의 발달이 있고, 과학기술의 밑바닥에는 인간의 무한한 물질적 욕망이 깔려 있었다. 지금의 상황에 물리적으로나 이념적으로 지각변동이 일어나지 않는 한 앞으로도 인간의 욕망은 한결 더 풍선처럼 부풀 것이며, 상상할 수 없이 발전될 과학기술에 의해서 물질적 부는 더욱 축적될 것이다.

이런 관점에서 볼 때 21세기의 문화는 얼마 동안은 더욱 인간중심적일 것이며, 물질주의적일 것이며, 과학기술 중심적일 것이다. 20세기의 지구문화는 자연에 대한 도전적 태도와 타인에 대한 경쟁적 태도의 산물이며, 그 문화적 성격은 21세기에도 쉽게 달라지지 않을 것이다.

그러나 물질적으로 풍요하고 기술적으로 뛰어난 문화적 틀 속에서 과연 20세기 말의 인류는 행복하고 인간다운 삶을 산다고 할 수 있는 가? 이같은 문화를 창조하는 데 자연자원의 고갈, 극심한 환경오염, 이미 위험 수준에 있는 생태계 파괴라는 대가를 치러야 했다면, 오늘날의 삶의 양식, 즉 지구문화의 틀을 근본적으로 바꾸지 않고서는, 지금부터 천 년 후 아니 한 세기 후 과연 지구문화, 더 나아가서 인류가 생존할 수 있겠는가? 의식의 근본적인 개혁과 문화적 패러다임의 근본적 전환을 위한 준비는 21세기의 문턱에 발을 디디고 있는 인류에게 던져진 가장 근본적인 정언명령이다. 이런 맥락에서 불교와 노장사상으로 대표되는 고대 동양적 세계관은 심도 있게 재고할 가치가 있다.

《철학과 현실》, 1999, 가을호

02
문화의 상대성과 보편성 — 문화다원주의

근래 '문화다원주의'라는 말이 포스트모더니즘의 거센 물결을 타고 인문사회과학 담론의 키워드로 자리 잡아가고 있다. 낱말의 정확한 의미는 분명하지 않지만, 그것이 하나의 이론인 것만은 분명하다. 이론으로서 그것은 문맥에 따라 문화현상을 진단하고 서술하고 설명하는 인식론으로 볼 수도 있고, 사회적 갈등에 대처하고 그것을 해결하는 실천적 규범론으로 볼 수도 있다. 문화현상의 서술로서 문화다원주의는 문화의 다원성을 주장하고, 실천 규범으로서 문화다원주의는 민주주의적 절차를 제안한다.

이러한 문화다원주의는 그것의 타당성에 대한 철학적 문제를 제기하고, 이러한 문제에 대한 대답은 먼저 '문화다원주의'의 개념정리를 전제한다.

서술적 개념으로서의 문화다원주의

서술적 개념으로서의 문화다원주의는 한 인간집단의 총체적 삶의 양식으로서의 문화가 집단에 따라 서로 환원될 수 없이 다양하다는 사실로 진단할 수 있다. 문화는 보편적이 아니라 상대적이라는 것이다. 그렇다면 이러한 진단은 사실과 부합하는가? 이 물음에 대한 대답은 '문화'를 어떻게 규정하느냐에 따라 달라진다.

'문화'는 크게 나누어 넓게는 '자연'과 대립되는 '인위적 속성'을 뜻하기도 하고, '높은 수준의 문화'를 지칭하며, 좁게는 한 특정한 인간공동체의 고유한 '인위적 속성'을 지칭하기도 한다.

자연의 존재양식과 대치되는 인간의 존재양식으로서의 문화

실제로 사용되는 경우가 거의 없기는 하지만, 전자의 경우, 즉 넓은 뜻으로서의 문화는 그 어떤 동물의 세계에서도 발견할 수 없고 오직 인간에게서만, 그리고 모든 인간에게서 공통적으로 발견할 수 있는 이성, 언어사용 능력, 기술개발 능력, 도구사용, 규범적 행위, 도덕성 및 미의식 등으로 나타나는 속성들의 총체를 가리킨다. 문화를 이런 뜻으로 규정할 때 문화적 동물은 곧 인류라는 종이며, 인류의 범주에 속하는 모든 존재는 문화적 동물이다. 그러므로 '문화'라는 존재론적 분류 범주는 '인류'라는 존재론적 분류 범주와 동일하다. '문화'라는 개념은 '인류'라는 개념과 외포적으로 일치한다는 것이다. 이런 점에서 문화는 어떤 특정한 인간 혹은 인간집단에만 적용할 수 있는 특정한 속성이 아니라, 모든 인간이 공유하고 있는 보편적 속성으로 일원적, 즉 단일적이다. 문화를 이와 같은 뜻으로 규정할 때 '문화다원주의'라는 개념이 논리적으로 성립할 수 없다는 것은 자명하다.

그렇다면 문화에 대한 담론은 곧 인간에 대한 담론이며, 인간에 대한 이야기가 있는 한, 문화에 대한 이야기가 따로 있을 필요가 없다. 그럼에도 불구하고 '문화다원주의'라는 말이 사용될 수 있을 뿐만 아니라 문화가 다원적이라는 주장이 오늘날 인문사회과학 담론의 중심에서 강력히 주장되고 있다는 사실은 '문화'라는 말이 이와는 다른 의미로 규정되고 있음을 말해준다.

교양으로서의 문화

문화는 높은 교양을 지칭하기도 한다. 그것은 높은 수준의 지적 계발로서의 학문, 세련된 정서적 표현으로서의 문학예술 등을 뜻하기도 한다. 이런 뜻으로서의 문화 개념이 모든 인간이나 모든 인간집단에 일률적으로 적용되는 것은 아니다. 특정한 인간·집단·사회만이 문화를 갖는다. 그러나 '문화'라는 말이 이런 뜻으로 쓰일 때, 그것은 분류가 아니라 평가의 의미로 사용되고 있다. 그것은 높은 수준의 특정한 문화를 지칭한다. 문화의 그러한 평가적 분류가 가능한가 아닌가의 문제는 있지만, 이러한 문제는 문화를 정의하는 것과는 논리적으로 전혀 다른 차원에 있다. 그러므로 '문화'라는 개념을 일반적으로 어떻게 정의할 수 있는가를 따지는 맥락에서 교양으로서의 '문화' 개념은 문제 바깥에 놓인다.

인간공동체의 특정한 속성으로서의 문화

세 번째로는 가장 일반적으로 사용되는 좁은 뜻으로서의 문화 개념을 검토하게 된다. 이 경우 문화는 동물, 즉 자연과 대치되는 특수한 동물,

그러니까 넓은 뜻으로서의 문화를 갖고 있는 인류라는 범주에 속하는 수많은 서로 다른 집단들의 색다른 삶의 양식, 더 구체적으로는 언어사용·기술사용·신념체계·도덕의식·미학적 감수성·건축·의복·인간관계·행동규범 등의 측면에서 나타나는 특수한 전통·관습·양식을 지칭한다.

　모든 인간이 언어와 기술을 사용하고, 신념체계·도덕의식·미학적 감수성을 소유하며, 최소한의 규범에 따라 행동하지만, 하나하나의 개별적 인간이나 하나하나의 크고 작은 인간공동체들이 사용하는 언어, 기술이나 그들이 갖고 있는 신념체계·도덕의식·미학적 감수성·행동규범 등의 측면에서 나타난 전통·관습·양식은 마치 모든 인간들의 얼굴·성격·음성 등이 다르듯 천차만별이다. 인간공동체는 그 구성원의 수나 구성의 목적 혹은 지역에 따라 다양한 범주와 측면에 의해 분류될 수 있다. 수적으로는 가족 공동체에서 촌락 공동체로, 촌락 공동체에서 도시 공동체로, 도시 공동체에서 지역 공동체로, 지역 공동체에서 국가 공동체로, 국가 공동체에서 동서양 공동체로 분류할 수 있고, 목적이나 분야의 범주에 따라서는 정치·군사·학술 혹은 골프·등산 공동체 등 수많은 공동체들로 차별화할 수 있다. 분류할 수 있는 문화의 수는 문화 공동체의 수와 일치한다.

　문화에 대한 담론은 문화가 다원적으로 정의되고 그러한 정의가 옳다는 주장이 전제될 때에만 비로소 가능하며, 담론의 초점은 다양한 문화들 사이에서 관찰될 수 있는 '문화적 차이'의 정확한 의미·폭·본질, 그리고 원인 등에 맞추어진 논쟁이 된다. 문화다원주의가 문화의 다양성과 복수성을 서술하고 주장하는 이론이라면, 문화다원주의가 제기하는 문제는 그것에 내포된 문화 현상의 서술이 얼마나 정확하며 그러한 서술의 근거는 얼마나 타당한가 하는 논쟁으로 바뀐다.

문화의 다원성

문화다원성의 근거

문화의 다원성은 분명해 보인다. 따라서 문화다원주의는 옳은 것 같다. 한국어와 일본어는 따로 배우지 않고는 의사가 전혀 통하지 않을 만큼 다르다. 한국의 전통적 의복·가옥구조·음식은 일본의 전통적 의복·가옥구조·음식과 다르다. 한국인들은 밥·김치·나물을 즐겨먹고, 개구리 요리는 징그렇게 생각하는 반면 보신탕은 먹지만, 프랑스인들은 빵·치즈·스테이크를 즐겨먹고, 보신탕에는 질색하지만 개구리 요리는 좋아한다. 동양인들의 지배적 종교였던 불교나 샤머니즘은 서양의 지배적 종교였던 서양적 종교와 다르며, 서양적 종교 내에서도 유대교·기독교·이슬람교는 구별된다. 자신의 부인을 손님과 동침하게 하는 행위는 어느 아메리카 인디언이나 어느 아프리카 부족에게는 가장 두터운 친절을 나타내는 미덕이지만, 이슬람 원리주의자들이나 한국인들에게는 용서할 수 없는 패륜이 된다.

원시인들의 주거·의복·음식·농사문화와 근대인들의 것이 서로 다르듯 같은 유교문화권 내의 중국·한국·일본·베트남 문화들, 같은 기독교문화권 내의 독일·프랑스·이탈리아 문화들, 같은 이슬람문화권 내의 아프가니스탄·사우디아라비아·터키·말레이시아 문화들은 각기 많이 다르다.

서로 다른 문화들 간의 서로 환원될 수 없는 이질성은 많은 경우 충돌과 갈등의 가능성을 잠재적으로 담고 있다. 이러한 사실은 인류의 역사가 크고 작은 인간집단들의 갈등과 투쟁, 전쟁과 파괴의 이야기로 서술될 수 있다는 것으로도 알 수 있다. 그것은 작년까지도 치열했던 구 유고슬라비아 내에서의 종교적·민족적 성격을 띤 잔인하고 비극적인 분쟁, 9·11 테러, 그리고 지금 이 시간에도 세계 곳곳의 가정, 직장, 마을, 지역, 국가 차원에서 그치지 않고 일어나는 크고 작은 분쟁들로 확인된다. 현상적 사실들을 진단하고 서술하는 개념으로서의 문화다원주의는 옳다.

문화다원성 근거의 현재

문화가 한 인간공동체의 특수한 삶의 양식의 총체적 속성을 지칭한다면, 과연 한 인간집단의 문화와 다른 인간집단의 문화는 모든 면에서 총체적으로 다른가? 한 인간집단은 여러 작은 집단들로 구성되어 있으며, 그 작은 집단은 보다 더 작은 집단의 집합으로 볼 수 있고, 그것은 다시 더 작은 집단들의 조합으로 분산될 수 있다. 이러한 집단 구성요소의 분석은 수없이 계속될 수 있다. 동양 혹은 서양으로 묶이는 인간공동체는 수많은 국가들로 구성되고, 한국이라는 국가는 여러 지역공동체·가족공동체·정치공동체·경제공동체·교육공동체·노동자 공동체·기업공동체·학연공동체 등 수많은 공동체들로 구성되어 있으며, 그것은 계속해서 더 작은 단위의 공동체들의 집합으로 분석될 수 있고, 각 공동체는 나름대로의 독특한 문화를 갖고 있다. 스노가 말하듯 '과학자들의 문화'와 '인문학자들의 문화'가 형성된다는 것이다. 그러나 한 개인으로의 '나'가 동시에 가족공동체·지역공동체·국가공동체·노동자공동체·학연공동체의 일원이기도 하듯이 한 공동체는 동시에 여러 다른 공동체의 구성원으로 존재한다. 그러므로 어느 면에서는 다른 여러 공동체에 '나'가 소속됨으로써 다른 한 면에서는 동일할 수밖에 없는 것과 마찬가지로, 한 작은 공동체가 그보다 단위가 큰 공동체들에 소속됨으로써 어느 면에서는 이질적인 큰 단위의 공동체들도 어느 면에서는 반드시 동일성을 가질 수밖에 없다.

지리적·역사적·인종적 이유로 말레이시아의 문화와 이집트의 문화는 다르지만, 각 공동체의 지배 집단이 이슬람교도들이라는 점에서 동일한 측면을 갖고 있는 반면, 지리적·역사적·인종적으로 동일한 문화를 갖고 있는 한국과 북한은 반세기 이상을 이념적 대립 체제 아래서 살았다는 점에서 서로 다르다. 한국의 기독교인들은 지리적·역사적·인종적 경험의 측면에서 한국의 불교인들이나 무종교인들과 동일한 문화를 형성하고 있지만, 종교적인 면에서는 기독교인이 아닌 다른 한국인들과 분리되고 서양인들과 일치한다.

그러므로 문화의 이질성 및 특수성을 단언적으로 규정할 수 없다. 모든 문화는 어느 면에서는 반드시 다르지만 어느 면에서는 동일하기 때문이다. 문화의 이질성과 동일성은 비트겐슈타인의 '가족 유사 개념'에 비추어 설명할 수 있다. 혈연적 가속 구성원들의 얼굴은 저마다 어딘가 다르지만 그와 동시에 어딘가는 같다. 문화의 이질성과 동일성의 관계는 마치 한 혈연가족 구성원들의 얼굴의 일반적 모습이 다른 가족 구성원들의 얼굴의 일반적 모습에 비추어 어딘가 다르고, 한 혈연가족 구성원들의 얼굴이 서로 다름에도 불구하고 어딘가 같은 것과 마찬가지라는 사실에 비유될 수 있다. 한마디로 모든 문화는 서로 완전히 독립되어 있는 하나의 실체로서, 그 내부에서 일어나는 모든 사건과 행위의 신념의 의미는 오로지 그 테두리 안에서 만 의미를 가질 수 있고 이해될 수 있을 뿐, 그와 다른 문화의 관점에서는 결코 아무런 의미를 가질 수 없고 이해될 수도 없다는 문화 상대주의를 함축하는 문화다원주의적 관점은 그 근거가 희박하며 주장으로서도 사실과 어긋난다.

문화는 인간이 고안해낸 삶의 장치이며 방식이고, 그러한 장치와 방식의 목적이 인간의 궁극적 목적인 행복의 추구에 있고, 만족스러운 의식주의 보장을 위한 것이며, 그 충족을 위한 물리적 속성이 시공을 떠나 동일한 이상, 모든 문화 간의 차이는 지리적·기후적·역사적·지적 수준의 피상적인 것일 수밖에 없고, 근본적인 차원에서는 유사할 수밖에 없다. 마치 흙과 바위, 산과 들, 고체와 액체, 물질과 생명, 동물과 인간, 몸과 마음, 자연과 문화의 경계가 희미하듯 한 문화와 다른 문화를 차별화할 수 있는 경계선은 분명하지 않으며, 그들은 서로 침투하고 영향을 미친다. 이미 오래전부터 지리적 거리도 먼 데다 완전히 서로 다른 세계로만 알고 있었던 극동과 중앙아시아의 문화는 실크로드를 통해 유럽 문화와 활발히 교류해왔고, 세계화된 지금은 대표적으로 인터넷에 의해 더욱 활발히 교류가 진행되고 있다. 순수한 문화란 없으며, 모든 문화는 비빔밥 같은 잡탕이다. 어느 측면에서 보느냐에 따라 비빔밥과 콩나물밥은 다르기도 하고 같기도 하다. 한 문화와 다른 문화 사이의 공통분모를 전적으로 부정하는 한 문화다원주의는 사실에 어긋나는, 담론을 위해 조작된 관념적 허구에 불과하다.

정치철학으로서의 문화다원주의

문화다원주의 정치철학

문화다원주의가 전제하는 대로 모든 삶이 나름대로의 문화적 배경을 갖고, 각각의 문화가 다른 문화와 근본적으로 구별되는 속성을 갖고 있다면, 적어도 두 사람 이상으로 구성된 최소의 인간공동체를 비롯해, 작은 단위의 인간집단들로 구성되어 점차적으로 확대된 인간공동체는 단일한 하나의 집단으로서 집단적 결단을 내리고 행동을 취해야 할 경우 그 내부적 갈등을 피할 수 없다. 만약 이러한 갈등을 해결할 어떤 원칙이 없다면 그 인간집단은 사회적 질서를 유지할 수 없게 되고, 따라서 분해될 수밖에 없다. 그러므로 문화다원주의는 최소한의 사회적 질서를 유지하기 위해서라도 한 사회 내에서 불가피한 갈등을 해결할 수 있는, 합리적이고 모든 사회에 적용할 수 있는 비폭력적인 방법으로서의 어떤 원칙, 즉 정치철학을 고안해내야 한다. 문화다원주의의 중요성과 문제는, 그것이 검토와 비판의 대상이 될 수 있는 문화관에 있다기보다는 정치철학이라는 데 있다.

그리고 이 정치철학의 핵심은 '문화적 배경을 달리하는 작은 단위의 인간집단들로 구성된, 한층 높은 차원의 보다 큰 단위의 인간집단으로서의 사회가 단 하나의 공동 행동을 결정해야 할 때 우리가 택할 수 있는 가장 합리적인 방법은 다수결, 즉 통계적으로 다수의 의견을 존중하는 집단적 결의 절차로서의 민주주의이다'라는 아주 평범한 명제로 요약된다.

집단적 결의 절차로서의 민주주의는 모든 구성원들의 의견을 동등하게 존중한다는 점에서 전체주의와 대립하고, 단 한 사람이나 소수 특권

집단의 독선적인 결정이 아니라 구성원 다수의 의견을 따른다는 점에서 권위주의와 대립하며, 바로 이런 점에서 전체주의나 권위주의가 폭력적이고 독재적인 데 반해 민주주의는 비폭력적이고 자유평등주의적이라 할 수 있다. 그렇다면 문화다원주의를 가장 이상적인 정치철학으로 볼 수 있는데, 문제는 이러한 문화다원주의적 정치철학의 근거를 따져보는 데 있다.

문화다원주의 정치철학의 근거

문화다원주의 정치철학은 한편으로는 문화의 다원성, 즉 복수성에 대한 사실적 명제와, 다른 한편으로는 한 문화가 다른 문화에 취해야 할 태도의 당위성에 대한 규범적 명제를 전제한다. 그렇다면 문화다원주의 정치철학의 근거의 문제는 그 철학에 전제된 위의 두 가지 전제들의 근거의 문제로 바뀐다.

우선 첫 번째 전제의 근거를 검토해보자. 이 근거는 앞서 살펴본 대로 문화의 현상적 관찰과 생물학적 문화관에 나름대로의 근거를 두고 있지만, 그 근거는 희박하다. 그러므로 여기에서 이 전제에 대한 검토를 반복하지는 않기로 한다.

이런 시점에서 문화다원주의적 정치철학은 두 번째 철학적 근거를 제시할 수 있다. 이 경우 대표적 예로서 오늘날 전 세계에 유행하고 있는 사조인 포스트모더니즘이 배경으로 하고 있는 인식론적 상대주의를 들 수 있다. 동서고금을 막론하고 포스트모더니즘이 세계를 휩쓸기 전까지는 영원불변한 진리·선·미와 같은 실체가 존재하고, 그러한 것을 가려내 인지할 수 있는, 육체와 감성과 구별되는 '이성'이라는 실체가 인간의 내부에 인식 주체로서 존재하고, 진/위, 선/악, 미/추를 가려낼 수 있는 보편적 판단 규범이 존재한다고 믿어져왔다. 이러한 사상을 '이성중심주의', 데리다의 표현을 빌리자면 '로고스중심주의logocentrism'라고 부를 수 있다. 이성중심주의는 서양사상의 전통에서 더 분명하고, 그것은 철학에서는 플라톤의 이데아론, 데카르트의 합리주의, 칸트의 선험적 인식론에서 그 기초가 굳어지며, 종교에서는 유대교·기독교·이슬람교로 나타나는 유일신교에 전제되고, 신의 계시를 대신해 인간 이성의 절대 권위에 대한 신뢰에 기초한 근대적 휴머니즘에서 분명해지며, 근대과학의 놀라운 이론적 발전과 실용적 성과로써 뒷받침되어왔다. 또한 이성중심주의는 정치적으로는 그러한 사상을 배경으로 하고 있는 서양의 세계 지배 과정에서 현실적으로 구체화되었고, 그러한 패권주의를 정당화하는 이론적 도구의 기능을 해왔다. 이러한 이성중심주의는 지적·도덕적·미학적 판단의 절대적 기준으로서 이성의 객관적 존재, 이성에 근거한 보편적 진리·선·미의 발견 가능성에 대한 신념이 함축되어 있다.

포스트모더니즘에 전제된 인식론적 상대주의는 바로 이와 같은 전통적 인식론, 즉 자명한 보편적 이성의 존재, 진/위, 선/악, 미/추에 대한 확실한 판단 가능성을 전제하는 인식론적 절대주의를 부정하고 그것을 대체하고자 한다. 포스트모더니즘에 의하면 전통적 인식론은 하나의 환상이며, 약자를 지배하는 강자가 자신의 권력을 정당화하기 위해 꾸며낸 허구라는 것이다. 보편적 진리는 어디에도 존재하지 않고, 존재한다 하더라도 그것을 절대적으로 확실하게 인식할 주체는 없다는 것이다. 이러한 인식론적 상대주의는 "모든 진리는 거짓"이라는 니체의 언명, 이성의 본능적 욕망 의존성을 밝혀낸 프로이트의 '정신분석학', "과학적 지식은 패러다임에 의존한다"는 쿤의 주장, "진리는 권력의 조작물"이라는 푸코의 생각, 총체적이 아닌 부분적 담론만이 가능하다는 리오타르의 '담론론', 모든 단정적 주장의 내재적 모순을 지적하는 데리다의 '해체론' 등으로 나타난다.

문화적 차이를 초월할 수 있는 보편적 이성의 존재를 부정하는 인식론적 상대주의의 근거는 무엇인가? 그것은 서로 모순되는 종교적·도덕적·미학적 신념들에서는 물론 철학적·과학적 신념들에서도 서로 합의점을 찾지 못해왔던 객관적 사실에서 찾을 수 있을 듯하다. 유신론자와 무신론자, 자유민주주의자와 공산주의자, 경험주의자와 합리주의자, 기독교와 불교·이슬람교 내의 근본주의자와 근대화주의자 등의 관계는 근본적 차원에서 서로 배타적일 수밖에 없다. 파스칼이 말한 대로 "피레네 산맥 이쪽에서의 진리는 저쪽에서는 오류가 되기" 때문이다. 그러나 이같은 구체적 차이, 즉 진리의 상대성은 보편적 진리의 부재를 적극적으로 입증하지는 못한다. 이와 같은 생태에 빠져 있는 것은 보편적 진리가 부재해서가 아니라, 아직까지 아무도 발견하지 못했기 때문이거나, 그중 하나뿐일 수 있는 신념이 진리라는 것을 사람들이 깨치지 못하고 있기 때문일 수도 있다.

상대주의의 근거에 대한 이러한 반문에 대해, 상대주의자들은 독특한 문화관을 들고 다시 나올 수 있다. 포스트모더니즘이 문화다원주의의 별명에 지나지 않으며, 두 가지 사상이 모두 인식론적 상대주의의 다른 표현에 지나지 않는 것은 우연이 아니다. 문화다원주의에 내포된 인식론적 상대주의는 생물학적 문화관에 뿌리를 박고 있다. 생물학적 문화관에 의하면, 가령 비록 생물학적 인간이 자연적 세계에 속하는 것과는 달리 문화가 인위적 세계에 속하기는 하지만, 인간이 하나의 독립된 생물학적 유기체이며, 유기체로서의 한 개인이 다른 한 개인과 완전히 독립된 유기체로서 다른 인간과 유기적으로 통합될 수 없는 소크라테스나 예수, 공자나 노자 같은 단독적인 생물체들이며, 문화적 생물체들은 생물체로서의 소크라테스나 예수, 공자나 노자가 그러하듯이, 자연적 현상의 일부로서 자연의 물리적 원리에 의해 지배될 뿐 물리적·육체적 원리를 초월한 이성, 즉 별도의 관념적·보편적 원리에 의해서는 영향을 받지 않는다는 것이다. 이러한 생물학적 문화관에 따르면 이성이란 곧 문화의 산물이며, 생물학적 문화가 다양하게 상대적으로 독립되어 있는 것과 마찬가지로 단 하나의 보편적 이성은 생각할 수 없고, 다양한 상대적 이성들만 존재한다는 것이다.

과연 문화는 생물학적 존재인가? 각 문화는 각 생물체와 같이 나름대로 하나의 독특한 전체적 체계를 이룬다. 한 문화를 다른 문화와 구별하고, 한 생물체를 다른 생물체와 구별할 수 있는 중요한 근거는 바로 이러한 특수성에 있다. 이런 점에서 문화의 존재양식은 생명체의 존재양식과 같다고 할 수 있다. 그러나 이런 점에서조차 둘의 존재양식은 사뭇 다르다. 생물학적 존재로서의 소크라테스나 예수, 공자나 노자는 각기 그들을 구성하는 뇌·눈·귀·코와 같은 감각기관, 심장·폐·위와 같은 내장과 사지四肢를 갖고 있지만, 동양문화·한국문화·양반문화·서민문화·음식문화·장례문화의 어디서도 그러한 신체적 부분들을 찾아낼 수 없다. 그러므로 문화와 생물체를 비교할 수 없으며, 문화를 생물학적 존재로 볼 수는 없다. 하나의 문화를 구성하는 여러 부분들이 하나의 자동차나 컴퓨터를 구성하는 부품들과 마찬가지로 어떤 관계를 맺고 각기 하나의 문화, 하나의 자동차 혹은 컴퓨터를 구성하고 있다는 점에서 구조적으로 같다고 하더라도, 하나의 컴퓨터를 구성하는 수많은 부품들의 구성 관계가 물리적·기계적이고 투명한 데 반해, 하나의 문화를 구성하는 수많은 부분들의 구성 관계는 관념적·기호적이고 애매모호하기 때문이다. 문화를 생물학적 유기체로 볼 수 있다 하더라도 그것은 극히 모호한, 따라서 지적으로 매우 위험한 은유로서만 가능하다.

과연 인간은 문화에 의해서 결정되며, 문화적 영향을 초월한 이성은 존재하지 않는가? 다시 말해서 인간의 의식은 지적으로나 정서적으로나 그가 태어난 문화, 즉 자연적·역사적·사회적 조건에 의해서 완전히 결정되어 그것을 전혀 초월할 수는 없는가? 인간의 마음이 문화에 의해서 크게 결정되는 것은 분명하다. 이슬람문화권이나 불교문화권에서 각기 태어나서 성장하고 사는 인간의 세계관이나 삶의 양식이 각기 자신의 중요한 문화적 구성요소로서의 이슬람교와 불교에 의해 크게 영향을 받는 것은 부정할 수 없다. 이런 점에서 모든 인류가 공유한다고 전제된 보편적 이성에 비추어 모든 문화가 공감할 수 있는 진/위, 선/악, 미/추의 보편적 기준은 존재할 수 없다는 인식론적 상대주의는 불가피하다. 포스트모더니즘이 주장하듯 모든 신념의 진/위를 결정하는 보편적, 즉 영원한 이성은 존재하지 않고 상대적, 즉 가변적 이성만이 의미를 갖는다고 말할 수 있다.

그러나 문화는 인간 마음의 완벽한 감옥이 아니다. 소크라테스의 마음은 아테네를 지배하던 이념의 벽을 넘었고, 기독교·불교·이슬람의 문화권에 살았던 많은 종교인들이 다른 문화권의 종교로 개종했고, 적지 않은 종교인들이 무신론자로 돌아섰는가 하면, 그 반대의 경우도 수없이 있었다. 이러한 사실들은 진리가 완전히 상대적인 것이 아니라 보편적일 수도 있음을 의미하며, 보편적 진리의 가능성은 모든 인간이 이성이라는 보편적·탈문화적 사유의 기능을 갖고 있음을 입증한다. 비록 모든 사람에 의해 동의된 진리가 없다고 가정하더라도 보편적·탈문화적 사유의 기능으로서의 보편적 이성과 그러한 이성이 지향하는 보편적 진리의 잠재적 발견 가능성을 전제하지 않는 사유는 불가능하다. 포스트모더니즘이라는 현대적 옷을 입은 극단적 상대주의는 그것이 하나의 주의·신념체계·이론인 이상, 자기모순적이다. 인식론적 상대주의가 이론이고 주장인 이상, 그것은 자신의 주장이 진리라는 신념을 함축하고 있는데, 보편성을 전제하지 않는 진리는 상상조차 할 수 없기 때문이다.

이와 같은 우리의 논변이 타당하다면, 문화다원주의의 핵심적 내용인 정치철학의 이론적 결함은 분명히 있다. 정치철학으로서의 문화다원주의는 한 사회 안에 존재하는 각 소단위 인간집단의 신념의 상대성을 똑같이 인정하고 존중해야 한다고 주장한다. 그것은 음식·의복·주거형태·장례형식·이념·종교·언어사용에 있어서 모든 집단의 자유를 인정하고 공존하자는 것이다. 그러한 공존은 어느 상황에서는 가능할 뿐만 아니라 어느 정도까지는 모든 사회에서 관찰될 수 있는 현실이다. 문제는 다양한 문화를 갖고 있는 소단위 인간집단들로 구성된 한 단계 높은 단위의 인간집단이 단 하나로서, 한 가지의 신념이나 행동만을 취할 수밖에 없는 상황의 경우이다. 이런 경우 모는 신념과 행동을 동시에 선택할 수 없는 이상 모든 신념과 행동이 동시에 존중될 수 없다는 데 문제가 있다. 음식은 꼭 먹어야 하는데 채식과 육식 가운데 하나만을 선택해야 하거나, 교통사고로 다리가 부러져도 종교적 신념에 근거해 현대적 의술을 거부하는 여호와의 증인 같은 종교인의 입장과 그렇지 않은 이들의 의견이 동시에 존중될 수 없다. 여러 인간집단들이 하나의 국가 아래 모여 어떤 전쟁에 참전할 것인가 말 것인가를 선택해야 할 경우 근본적인 삶에 대해 각각 반대되는 이념적 관점에서 참전을 반대하는 집단과 찬성하는 집단이 있다면, 두 가지 입장을 동시에 인정하고 존중하는 것은 논리적으로 불가능하다.

이런 지적에 대응하여 문화다원주의는 정치적 절차로서의 민주주의를 내세운다. 민주주의는 객관적 사실에 대한 진/위 판단, 어떤 행동에 대한 선/악 판단, 어떤 대상에 대한 미/추 판단의 기준을 판단의 내용적 관점에서가 아니라 수직 관점에서 바라보고, 다수의 의견을 진·선·미로 삼는 것이 가장 합리적·비폭력적이라고 주장한다. 그러나 이러한 주장은 두 가지 문제를 안고 있다. 첫째, 다수가 진·선·미의 기준이 될 수 없다는 것이다. 코페르니쿠스 이전의 모든 사람들이 천동설을 믿었지만 진리는 코페르니쿠스라는 단 한 사람의 의견에 있었으며, 모든 사람들이 신의 존재를 믿는다고 하더라도 신이 실제로 존재하지 않는다면 그러한 믿음은 진리가 아니기 때문이다. 논리적으로 양립할 수 없는 의견을 놓고 그것을 모두 옳고 좋다고 하는 것은 논리적으로는 언제나 불가능하고 현실적으로는 종종 불가능하다. 둘째, 모든 판단의 상대성·비합리성을 전제하는 문화다원주의가 민주주의라는 보편적·합리적 판단 기준을 주장할 때 그 주장의 자기모순을 드러낸다는 점이다. 실제 민주주의의 모순은 모든 신념과 의견을 평화적으로 인정하고 존중해야 한다고 하면서도, 한 사회집단 내에 존재하는 수많은 다른 신념들을 무시하거나 억압하지 않고서는, 즉 폭력을 동반하지 않고는 다수결에 의한 집단적 행동 결정이 거의 불가능하다는 데 있기 때문이다.

맺음말

브리지트 바르도의 주장과는 달리 개구리를 먹는 프랑스의 음식문화는 우월하고 보신탕을 먹는 한국의 음식문화는 열등하다고 주장할 수 없고, 일부다처제는 도덕적으로 악이고 일부일처제는 선이라고 간단히 단정할 수는 없는 것처럼 많은 종류의 문화적 가치는 상대적이다. 그러나 모든 종류의 문화가 상대적인 것은 아니다. 문화를 한 인간집단이 주어진 조건에서 자신들의 행복을 추구하기 위해 가장 바람직한 수단으로 고안해낸 삶의 방식으로 파악해야 한다면, 식량 문제를 해결하는 데 있어 농경문화가 수렵문화보다 우월하고, 질병에 대처하는 데 있어 21세기의 의학문화가 중세의 의학문화보다 발달했다는 데 이의를 던질 사람은 없다. 이러한 판단은 문화적 상대성을 초월해서 존재하는 것으로 보지 않고는 설명할 수 없는 이성을 전제한다.

육체로서의 인간은 특정한 문화적 토양에 뿌리를 내리지 않고는 존재할 수 없다는 점에서 인간은 특정한 문화적 감옥의 상대적 관점을 떠날 수 없지만, 이성적 존재로서의 인간은 문화적 감옥의 벽을 뛰어넘어 보편적인 관점에서 자신을 포함한 모든 것을 객관적으로 관망하고, 관찰하고, 반성하고, 평가하고, 개조할 수 있다. 이성은 문화의 단순한 인과적 결과가 아니라 오히려 문화의 뿌리이며 유전자이다. 보편적 판단의 이상적 잣대로서의 이성의 존재를 부정하는 포스트모더니즘도 그러한 이성의 목소리에 지나지 않는다. 보편적 이성을 전제하지 않고는 어떠한 주장도 할 수 없고, 어떠한 목소리도 낼 수 없으며, 어떠한 사유도 영위할 수 없다.

세상이 혼탁하면 혼탁할수록, 여러 갈등의 목소리와 문화의 다원성이 커지면 커질수록 이성의 목소리에 더욱 주의 깊게 귀를 기울여야 한다. 다원적 문화에서 야기되는 문제를 해결하기 위한 최선의 방법으로 민주주의라는 다수결에 의한 현실적 절차만을 생각할 수밖에 없더라도, 그 과정에서 최대한 보편적 이성의 목소리를 찾아 그 소리를 듣기 위해 부단한 노력을 기울여야 한다. 서로 갈등하는 모든 것이 동시에 진리이고, 선이고, 미일 수는 없다. 덮어놓고 "모두 다 좋다"라고 말할 수 없는 것이 인간 삶의 현실이다. 이성은 말한다. "누이도 좋고 매부도 좋다고 말할 수 없는 경우가 있다는 것을 잊지 말자!"

《철학과 현실》, 2002, 봄호

03
동서양 자연관과 문학

서론

동서양의 자연관과 문학의 문제는 자연에 대한 가장 포괄적인 표상으로서의 자연철학과 자연을 포함한 모든 대상에 대한 사유, 인생의 모든 경험, 그리고 그러한 것들에 대한 종합적인 표현으로서의 문학이 관계가 있는가를 살피고, 만약 있다면 그 관계가 필연적인가 아닌가를 알아보는 데 있다. 한설음 더 나아가서 우리의 문제를 '생태환경'이라는 틀에 설정할 때, 그것은 생태환경 문제와 문학 간의 필연적 혹은 우연적 관계를 생각해보는 문제로 확대·연장된다.

그러나 이러한 문제를 풀기에 앞서 '자연'과 '자연관'의 개념정리가 전제된다. 그러므로 나는 각기 두 개념들과 그것들의 관계를 분석하고, 그것에 근거하여 서양과 동양에 있어서의 철학적 자연관과 문학에 나타난 자연에 대한 태도를 정리한 다음, 그것을 바탕으로 자연관과 문학의 관계가 필연적인가 아니면 우연적인가를 검토하기로 한다. 그리고 결론에서 생태환경 문제와 문학의 관계에 대해 언급해보기로 한다.

자연과 자연관

동서양의 자연관과 문학의 관계는 복잡하며, 이 관계를 '생태환경'이라는 맥락에서 접근할 때, 이 문제해결에 전제된 '자연'과 '자연관'의 개념정리의 혼란과 '자연관'이라 할 때의 '관'의 이중적 의미 때문에 한결 더 복잡해진다.

첫째, '자연'이라는 개념은 어떤 물리적, 즉 객관적 대상으로, 그리고 '자연관'은 그것의 관념적, 즉 주관적 표상으로 간단히 구별할 수 있을 것 같다. 그러나 대상과 그 표상, 즉 '관'의 구별은 생각보다 애매모호하다. 우리가 분명하게 구별할 수 있다고 전제하는, 가령 눈雪·개·초록색 등과 같은 대상은 놀랍게도 '눈'·'개'·'초록색' 등의 개념에 의한 관념화와 독립해서 존재한다고 볼 수 없다. 박테리아나 벌레에게는 '개'나 '사람'은 존재하지 않으며, 에스키모에게는 우리가 '눈'이라는 한 종류의 존재로 묶어 인식하는 독립된 단 하나의 대상은 존재하지 않고, 서로 구별되는 수많은 종류로 구별되는 존재들로 표상된다. 이러한 예들은 객관적 대상과 그것의 표상, 즉 그것에 대한 '관'과의 절대적 구별이 불가능하다는 것을 보여준다. 객관적 대상은 이미 일종의 표상, 즉 관에 지나지 않음을 함축하거나, 아니면 적어도 대상과 그 표상의 관계가 근원적으로 얽혀 있음을 입증한다. 대부분의 우리에게는 그 의미가 분명해서 일상생활에서 쉽게 구별할 수 있는 '눈'·'개'·'초록색' 등의 대상이 이러하다면, 일상생활에서 그 의미가 분명하지 않은 '자연'이라는 대상의 경우는 더 말할 것도 없다. 왜냐하면 여러 맥락에서 수많은 뜻으로 사용되지만, 객관적 대상을 지칭하는 개념으로 사용될 때, '자연'이라는 개념은 때로는 인류와 구별, 대립되는 질서/세계, 때로는 인류와 그밖의 모든 것을 포함하는 존재 전체의 질서/세계, 그리고 어떤 존재의 바꿀 수 없는 본성이라는 서로 양립할 수 없는 세 가지 다른 뜻으로 사용되기 때문이다.

여기서 '자연관과 문학'의 관계에 대한 문제가 '생태환경'이라는 문제의 테두리 안에서 제기되고, '생태환경'의 문제가 땅과 물, 산과 바다, 풀과 꽃, 숲과 동물들에 대해서 인간이 취해야 할 태도와 행위의 문제인 만큼, 여기서 '자연'은 첫 번째의 뜻, 즉 '인류와 구별되는 질서/세계', 즉 자연현상의 뜻으로 이해되고 이런 시각에 초점을 두고 접근되어야 한다.

둘째, '자연'도 객관적 사물 자체가 아니라 그것의 표상, 즉 '자연관'으로 보아야 함에도 불구하고 '자연'으로서의 '관'과 '자연관'으로서의 '관'이라는 두 표상, 즉 '관'의 개념은 논리적으로 1차적 '자연관'과 2차적 '자연관', 즉 메타 자연관으로 구별할 수 있으며, 이 두 가지 자연관들 사이에는 뗄 수 없는 관계가 있다. 자연에 대한 나의 태도는 나의 자연에 대한 인식에 따라 달라질 수 있고, 나의 인생에 대한 태도에 따라 나의 자연인식에 변화가 있을 수 있다. 그럼에도 불구하고 나와 나의 지각대상에는 두 가지 다른 관계가 필연적으로 성립된다. 나는 나의 대상을 '개' 혹은 '여우'로 인식하는 동시에 그것들에 대해서 '호의적/친화적' 혹은 '대립적/반친화적' 태도를 취할 수 있으며, '좋다'거나 혹은 '나쁘다'는 가치판단을 내리게 마련이다. 자연과 인간의 관계도 마찬가지이다. 인간과 자연과의 1차적 관계로서의 '자연관'이 인간에 비친 자연의 객관적 표상을 뜻하는 데 반해서 2차적 자연관, 즉 메타 자연관은 그렇게 비친 자연에 대한 인간의 주관적 태도의 표현을 나타낸다.

인간과 자연의 인식적, 즉 1차적 관계는 자연철학적 담론으로 가장 투명하게 표상되고 2차적 관계, 즉 자연에 대한 인간의 태도는 문학작품으로 가장 생생하게 표현된다. 그렇다면 생태환경의 맥락에서 본 동서의 자연관과 문학의 관계에 대한 검토는 1차적 자연관이 아니라 2차적 자연관, 즉 메타 자연관에 초점이 맞추어져야 한다.

모든 것에 대한 태도가 그러하듯이 자연현상에 대한 태도도 크게 친화적인 것과 대립적인 것, 우호적인 것과 배타적인 것, 존중적인 것과 경멸적인 것, 통합적인 것과 차별적인 것, 동화同化적인 것과 배타적인 것, 찬미적인 것과 혐오적인 것, 공생적인 것과 정복적인 것, 내재적인 것과 도구적인 것, 요컨대 긍정적인 것과 수단적인 것으로 양분할 수 있다. 그렇다면 동서양의 자연관과 문학과의 관계에 대한 문제는 한편으로는 각기 동서의 문학작품에서 나타난 자연현상에 대한 태도를 정리하고, 다른 한편으로는 문학작품에서 볼 수 있는 자연현상에 대한 태도와 철학인 종교에서 나타난 동서의 자연관 사이에 어떠한 관계가 있는가를 검토하는 문제로 바뀐다.

서양의 자연관과 서양의 문학

형이상학을 존재 전체의 근본적 속성에 대한 이론으로 규정할 때, 헤겔이나 스피노자와 같은 예외가 있다 하더라도 서양사상을 지배해온 형이상학은 이론적이고 관념론적이며 인간중심적 세계관을 함축한다.

이원론적이고 관념적인 서양의 형이상학은 주류 서양철학과 종교에서 드러난다. 철학에서는 이데아의 세계와 현상의 세계를 구별하여, 그것들을 각기 본질/실체, 현상/환상으로 보는 플라톤, 인간의 생각하는 마음과 몸을 양분하여, 그것을 각기 자명한 존재와 불확실한 존재로 차별하는 데카르트, 존재 자체로서 비물질적 '누메나noumena'의 세계와 감각적 경험대상으로서의 비본질적인 감각적 '페노메나phenomena'의 세계로 갈라놓고 각기 전자를 존재의 본질로 후자를 현상으로 등급화한 칸트에서 분명하다. 이러한 형이상학은 조물주와 피조물, 성역과 속세, 초월과 현실, 절대신과 인간, 영혼과 육체로 양분해놓고 전자를 존재론적으로나 가치론적으로 우위에 놓는 유대기독교에서도 자명하다. 서양적 형이상학이 관념론적인 것은 이원론을 거부하고 일원론을 주장하는 헤겔의 철학에서도 마찬가지이다.

서양의 이같은 이원론적이고 관념적인 형이상학 속에는 인간중심적 세계관이 함축되어 있다. 인간만이 지적·정신적·영적, 즉 관념적 존재로서 현상적, 즉 자연적 세계를 초월할 수 있는 유일한 존재인 만큼 인간 이외의 모든 존재는 인간의 관점에서, 그리고 인간의 척도에 따라 인산에 의해서만 그 의미가 해석되고 그 가치가 평가될 수 있기 때문이다.

그것이 인간이든 동물이든 물건이든 타자에 대한 나의 태도는 타자와 나 자신에 대한 인식과 뗄 수 없는 관계를 갖는다. 내 눈앞에 있는 타자로서의 한 지각대상을 코브라 뱀으로 인식하느냐, 아니면 썩은 동아줄로 파악하느냐에 따라 그 타자에 대한 나의 태도와 행동은 전혀 달라지며, 내 눈앞에 선 사람을 나의 아버지로 보느냐, 아니면 나를 해치려고 했던 놈으로 인식하느냐에 따라 그 사람에 대한 나의 태도는 180도로 바뀌지 않을 수 없다. 나와 타자, 그리고 그것들의 관계에 대한 포괄

적 인식형태로서의 서양의 이원론적·관념적, 그리고 인간중심적 형이
상학에는 인간과 차별되는 자연현상이라는, 타자에 불가피한 태도로
서의 자연관이 필연적으로 내포되어 있다. 인간중심주의적 세계관에
내포된 자연현상에 대한 인간의 태도는 무관심적·멸시적·도구적·대
립적·배타적·공격적·정복적, 그리고 지배적이다.

　플라톤, 데카르트, 칸트 등의 이원론적 형이상학에 있어서 현상적인
것, 육체적인 것, 그리고 '페노메나'는 각기 관념적인 것, 정신적인 것,
그리고 '누메나'보다 본질적인 실체이다. 그리고 전자가 경멸과 극복의
원시적·미개척·동물적·자연적 대상인 데 반해서 후자는 존중과 보존
의 발달된·문명화된·인간적·문화적 대상이다. 이러한 형이상학적 양
분화와 평가적 차등화는 일원론적인 헤겔의 철학에서도 전혀 다를 바
없으며, 이러한 사실은 인간의 삶을 영적 세계에서 영생을 얻기 위한 속
죄의 기간으로 보는 유대기독교에서 더 분명하다.

　서양의 지배적 철학과 종교에 깔려 있는 이같은 자연관, 즉 자연현상
에 대한 입장은 세계의 객관적 인식의 표상이기에 앞서 그것에 대한 주
관적 감성, 즉 태도의 표현으로서의 서양 문학예술작품, 더 일반적으로
는 다양한 미학적 표현에서 더 구체적으로 드러난다.

　서양에서도 자연을 주제로 하고 그것을 찬미하거나 그것에 대한 향
수를 표현한 시기·운동·문인·예술가·문학작품·예술작품·미학적
풍조가 없었던 것은 아니다. 주로 19세기 초반이 그러한 시기였고 낭
만주의가 그러한 운동이었고, 독일의 횔덜린, 노발리스Novalis, 하이
네, 프랑스의 루소, 샤토브리앙Chateaubriand, 라마르틴, 영국의 워즈워스
Wordsworth, 예이츠Yeats, 그리고 미국의 프로스트Frost, 슈나이더가 그러한
종류에 속하는 작가들이었으며, 횔덜린의 「귀향」, 샤토브리앙의 「아탈

라」, 워즈워스의 「수선화」, 예이츠의 「이니스프리의 호도」, 프로스트의
「눈 내리는 저녁 숲가에 서서」 등의 문학작품들이 대표적인 예들이다.
'프렌치 가든'과 정면으로 대조되는 '영국 정원(잉글리쉬 가든)'도 자연
친화적 미학적 감수성의 표현의 예로 내걸 수 있다.

그러나 이러한 낭만주의적 자연관은 큰 주류를 이루지 못하고 한 시
대의 현상으로 나타난 것에 불과하다. 그리스 문학을 대표하는 호메로
스의 『일리아드』와 『오디세이』, 아이스킬로스Aeschylos, 에우리피데스
Euripides, 소포클레스의 희곡들, 서양의 중세 문학을 대표하는 단테의
『신곡』, 영국 문학을 대표하는 셰익스피어의 희곡들, 조이스의 『율리시
스』, 프랑스 문학을 대표하는 라블레의 『팡타그뤼엘Pantagruel』, 보들레르
의 『악의 꽃』, 말라르메의 『소네트』, 프루스트의 『잃어버린 시간을 찾
아서』, 스페인 문학을 상징하는 세르반테스의 『돈키호테』, 러시아 문학
을 대표하는 도스토옙스키의 『죄와 벌』, 톨스토이의 『전쟁과 평화』 등
은 모두 자연에 대해서 찬미는커녕 관심조차 보이지 않는다.

자연에 대한 서양의 비친화적 태도와 무관심은 문학작품에서만이 아
니라 그리스 이래의 회화나 조각, 건축에서도 드러난다. 자연은 그리스
의 조각들, 중세 기독교의 성화들, 르네상스의 회화들 속에 존재하지
않는다. 그러한 예술작품들의 한결같은 중심주제는 인간이다. 서양의
궁전이나 성당의 석조건물들은 나름대로 남성적 아름다움을 지니고 있
지만, 자연친화적이 아니라 자연정복적 인간의 의지를 느끼게 한다. 자
연을 살리고 그것과의 조화를 찾기보다는 그것을 인간의 계산된 의지
와 규범 속에 가두어두고 통제하려는 인간의 태도는 이성적 질서에 맞
게 기하학적으로 재구성하고 개조해서 꾸며진, 이른바 '프랑스식 데카
르트적 정원'에서 가장 두드러지게 나타난다. 하지만 동양, 적어도 아

시아의 자연철학으로서의 자연관과 자연에 대한 태도로서의 자연관은
다 같이 전통적으로 서양과 많이 다르며, 확연히 대조된다.

동양의 자연관과 동양의 문학

서양을 지배해온 철학 및 종교의 밑바닥에 있는 형이상학이 원론적이
며, 관념론적이며, 인간중심적인 데 반해서 동아시아를 지배해온 사상
은 일원론적이며, 자연주의적이며, 생태중심적 세계관을 함의한다.

　이러한 사실은 동아시아를 지배해온 노장철학과 불교나 샤머니즘과
같은 종교에서 일관되게 입증된다. 이러한 동양철학과 종교는 관념적
세계와 현상적 세계, 인간과 동물, 정신과 육체의 구별을 거부하고 모
든 것을 어떠한 것들로도 서로 차별화할 수 없는 단 하나의 '도道'라는
총체적인 질서로서의 '존재 전체로서의 자연', 어떠한 언어로도 표상
할 수 없는 단 하나의 '무/공'이라는 실체, 그리고 자연과 인간, 물질과
정신이 서로 유통하는 '살아 있는' 하나의 '실체'의 영원회귀적 운동으
로 파악한다. 샤머니즘에서 물질과 정신, 인간과 자연은 완전히 서로 달
리 이질적으로 존재하는 것이 아니라 서로 교류하고 어울리고 섞여 있
다. 이같은 관점에서 볼 때 지각적으로 파악되는 존재들의 다양성은 그
자체가 각기 따로 실재하는 것이 아니라, 단 하나인 존재의 다양한 시간
적·공간적 양상에 불과하다. 이러한 일원론적 관점에서 볼 때 인간과
자연, 관념적 존재와 물질적 존재, 신과 인간, 초월적 영혼의 세계와 속
세적 육체의 세계, 영원과 순간, 미래와 현재 등의 형이상학적 구별은
본질적인 것과 현상적인 것의 혼동과 착각의 산물에 지나지 않는다. 이

런 점에서 일원론적 관점은, 생물은 물론 인간, 그리고 인간의 의식, 도덕 및 종교적 의식까지 단 하나의 물리적 현상으로 설명하려 들지 않는, 그리고 최근 생명공학에 의해서 어느 정도 그러한 설명이 증명되었다고 볼 수 있는 과학적 세계관과 극히 유사하다. 동양적 형이상학과 자연과학이 차이가 있다면, 그것은 과학이 깔고 있는 형이상학이 공간의 틀 안에서만 의미를 가질 수 있는 '물질'이라는 특정한 존재로부터 출발하고, 그것을 고집하는 데 반해서, 동양의 일원론적 형이상학은 그러한 고집을 털어버리고 있다는 사실에서 찾을 수 있다.

일원론적 형이상학은 인간중심적이 아니라 자연중심적인 세계관을 함축한다. 왜냐하면 인간은 자연이라는 전체의 일부, 아니 한 측면이지 자연을 타자라는 대상으로 대하고 자연의 밖에 서서 인식하고 관리하고 정복하고 도구적으로 이용할 수 있는 주체가 아니기 때문이다. 인간이 자연중심적인 관점에서 스스로를 그 일부로 파악할 때, 인간은 자연에 대해 친화적일 수밖에 없고, 자연에 친화적일 때 인간은 자연의 내재적 가치를 인정하지 않을 수 없으며, 자연의 내재적 가치를 인정할 때 자연에 대한 관심·찬미·경외심이 뒤따르게 된다. 또한 자연은 귀하고 아름다운 존재이며, 인간이 육체적으로나 정신적으로 돌아가서 몸과 마음이 평안할 수 있는 따뜻한 고향이며, 영혼이 명상 속에서 우주와의 원초적 조화를 찾을 수 있는 사찰이다.

자연에 대한 동아시아의 이러한 철학적 및 종교적 인식은 자연에 대한 친화적 정서와 찬미적 태도로 나타난다. 이러한 사실의 한 예는 동아시아인, 특히 한국인이 '고향'에 부여하고 있는 정서적 의미에서 나타난다. 정지용의 시가 보여주듯이 '고향'은 언제나 돌아가고 싶은 따뜻한 향수의 대상이다. 태어나고 성장한 '마을'이라는 원래의 뜻으로 볼 때 고향은 시골일 수도 있고 도시일 수도 있다. 그러나 정서적으로 볼 때 '고향'은 언제나 시골이다. 자연적 상태, 즉 인간, 즉 문명에 의해서 때가 묻거나 파괴되지 않은 상태의 시골을 떠올리는 것이 사실이라면 고향은 곧 자연을 의미하며, 고향에 대한 향수는 곧 자연에 대한 향수, 즉 친화적 태도를 나타낸다.

자연에 대한 친화적, 그리고 자연중심주의적 동아시아인들의 태도는 무엇보다도 정서의 가장 의식적 표현으로서의 예술작품, 특히 문학작품에서 분명해진다. 동양화나 조각의 주제는 불교화나 역사적 인물들의 초상화나 조각들 또는 역사적 사실들의 기록화나 조각물들에서 볼 수 있는 것처럼 인물이거나 사건들인 경우도 적지 않으며, 신윤복의 경우처럼 민중의 풍속화도 적지 않다. 중국의 『삼국지연의』, 『수호전』이나 『금병매』, 한국의 「처용가」, 정몽주의 충성을 노래한 유명한 시조, 홍명희의 『임꺽정』을 비롯한 근대소설들의 주제는 자연이 아니라 인간의 문제이다. 박경리의 소설 『토지』의 주제는 그 제목이 암시하는 것과는 달리 토지, 즉 자연이 아니라 한 시골 대가에서 일어나는 인간적·가족적·도덕적 및 사회적 드라마이다.

그럼에도 불구하고 '순수예술적' 회화나 시에서 주제의 절대다수는 자연이 차지하고 있다. 회화에서의 '산수화'와 '사군자', 즉 매·난·국·죽 같은 말이나 문학에서의 '음풍농월吟風弄月' 등의 낱말들은 동양의 자연친화적 태도를 반영한다. 김홍도의 그림 〈사양기속입황혼斜陽綺贖入黃昏〉, 김정희의 〈세한도歲寒圖〉, 이상범의 수많은 동양화, 이응로가 말년에 그린 〈조선화〉 등은 모두 자연을 소재로 한 자연찬미적 작품들이다. 자연친화적 동양인의 태도는 문학에서 더욱 분명하다. '고향'에 대한 향수를 노래하는 것이 많다. 예이츠의 유명한 시 「이니스프리의 호도」가 보여주었듯이 서양에서도 시골, 그리고 자연을 상징하는 고향에 대한 향수를 노래한 문학작품들이 있지만, 고향에 대한 향수는 도연명의 「귀거래사歸去來辭」나 정지용의 「향수」로 대표되는 동양에서처럼 강렬하지 않다. 한국에서는 「청산별곡」, 박목월의 「나그네」, 중국에서는 소동파의 「적벽부赤壁賦」나 이태백의 「산중문답山中問答」, 일본에서는 오래된 시골 연못에 뛰어드는 개구리를 묘사한 중세기 마쓰오 바쇼松尾芭蕉의 '하이쿠俳句'나 일본의 초기 근대시를 대표하는 이시카와 다쿠보쿠石川啄木의 '단가短歌' 등이 한결같이 자연을 주제로 하고 자연의 미학적·정신적 및 종교적·정서적 가치를 부각시킨다.

자연관과 문학관계의 필연성과 우연성

한편으로는 서양의 철학과 종교에 깔려 있는 이원론적 형이상학과 서양의 문학이나 예술일반에 나타난 자연에 대한 대립적·정복적·도구적·경멸적·반자연친화적, 한마디로 인간중심주의적 태도와, 그리고 다른 한편으로는 동양의 철학과 종교에 함축된 일원론적 형이상학과 동양의 문학이나 예술일반에 나타난 자연에 대한 향수적·조화적·존중적·찬미적·자연친화적, 한마디로 자연중심주의적 태도 사이에 어떤 관계가 있는가? 앞서 보았듯이, 모든 관계를 논리적 및 인과적인 것으로 양분할 수 있다면, 둘 사이에는 그중 어떤 관계가 있는가? 그것은 논리적 관계이다.

이원론적 형이상학에는 반자연친화적인 인간중심주의적 태도가 논리적으로 함축되어 있다. 이 형이상학에는 인간만이 정신·영혼을 가진 유일한 존재이거나, 인간만이 절대신의 의도에 따라 자연의 주인으로서 창조되었음이 함의되어 있기 때문이다. 반면에 일원론적 형이상학에는 자연친화적인 자연중심주의적 태도가 함축되어 있다. 왜냐하면 인간을 우주 전체의 일부, 하나의 자연현상으로 보는 이 형이상학에서는 인간과 자연의 차별이 논리적으로 불가능하기 때문이다.

그러나 논리적 필연의 관계는 인과적 필연의 관계를 함의하지 않는다. 왜냐하면 논리적 관계가 개념적 관계인 데 반해서 인과적 관계는 물리적 현상의 관계이며, 개념과 물리적 현상 사이에는 필연적일 수밖에 없는 논리적 관계가 있을 수 없고 오로지 우연적일 수밖에 없는 인과적 관계만이 있을 수 있다. 서양의 이원론적 형이상학과 반자연친화적인 인간중심주의적 태도의 사이와, 동양의 일원론적 형이상학과 자연친화적인 자연중심주의적 태도 사이의 인과적 관계는 어떤 의미로든 필연적이 아니라 우연적일 따름이다. 인과적 관계는 원인과 결과 사이의 시간적 거리를 전제한다. 형이상학과 자연에 대한 태도 두 가지 중 어떤 쪽이 원인이며 어떤 쪽이 결과인가? 전자가 원인이요 후자가 결과라고 대답해야 할 것 같다. 왜냐하면 어떤 대상을 '뱀'으로 믿느냐, 아니면 '썩은 동아줄'로 보느냐에 따라 그것에 대한 나의 태도는 필연적으로 달라질 수밖에 없기 때문이다. 그러나 이같은 인과적 관계와는 정반대의 관계가 나타나는 경우도 있다. 이러한 사실은, 우리와는 달리 험한 눈雪의 세계 속에서 눈에 잘 대처하지 않고서는 살 수 없는 에스키모에게는 우리가 '눈'이라는 단 하나의 존재로 인식하는 대상이 여러 가지 다른 이름을 가진 존재들의 복합체로 인식된다는 사실, 똑같은 환경과 삶이 유신론적으로 설명되기도 하고 유물론적으로 설명될 수도 있다는 사실, 그리고 한 사람의 가치관, 즉 삶에 대한 태도에 따라 동일한 세상이 서로 다르게 인식될 수도 있다는 사실 등으로 알 수 있다.

한 사람의 형이상학과 그의 자연에 대한 태도 가운데서 어느 쪽이 원인이고 어느 쪽이 결과냐 따지는 것은, 마치 닭이 먼저냐 달걀이 먼저냐를 따지는 것과 마찬가지로 무의미하다. 마찬가지로 동양과 서양에 있어서 각기 형이상학과 자연에 대한 태도 가운데 어느 쪽이 형이상학에 함축된 자연관과 문학에 표현된 자연에 대한 태도 사이의 인과적 관계를 정확히 밝히는 것이냐를 결정하는 것은 논리적으로 불가능하다.

결론: 생태환경과 문학

자연관과 문학의 관계를 위와 같이 정리할 때 문학과 생태환경은 어떤 관계를 갖고 있는 것으로 볼 수 있는가? 한 가지 확실한 것은 자연친화적 자연관과 문학이 곧바로 생태환경의 보호라는 실천으로 옮겨지지는 않는다는 사실이다. 그것은 적어도 생태환경의 보전에 한해서 본다면, 반자연친화적 철학과 종교가 지배하고 비자연친화적 태도가 분명한 문학이 절대적 주류를 이루고 있는 서양에서 그와 정반대되는 태도와 문학이 지배한 동양에서보다 생태환경 문제에 대한 의식이 더욱 강하고, 생태환경이 월등히 잘 보존되고 보호되고 있다는 사실로써 입증된다. 자연친화적, 즉 생태환경친화적 세계관과 문학은 생태환경의 문제해결에 직접적으로 결정적인 역할을 할 수 없다. 생태환경 문제의 해결은 자연친화적 세계관과 태도 이외에도 과학기술적·경제적 및 정치적 개입과 활용 없이는 현실적으로 불가능하다.

그러나 문학은 다음과 같은 차원에서 생태환경 문제해결과 뗄 수 없는 관계를 갖고 있다. 그 주제와 내용이 자연친화적 태도를 나타내든, 반자연친화적 태도를 나타내든, 문학(그리고 모든 예술)적 언어구조는 다른 담론에서의 언어와는 달리 원천적으로 생태학적이다. 문학, 그리고 모든 예술의 보편적 본질은 자연을 지배하는 생태계의 구조와 마찬가지로 어떤 대상을 가장 생생하게 구체적이면서도 유기적으로 표상하는 데 있기 때문이다.

생태환경으로서의 자연은 언제나 구체적이다. 모든 표상은 필연적으로 어떤 대상의 표상이며, 모든 대상의 표상은 있는 그대로의 자연, 즉 구체적인 자연일 수 없다. 그러나 한 대상을 표상하는 의도는 그것을 있는 그대로 나타내는 데 있다. 그러다 보면 한 대상의 표상은 그것이 있는 그대로 나타나지 않을 때만 표상될 수 있다는 역설이 생긴다. 모든 표상은 곧 언어적 개념화, 즉 추상화를 의미한다. 이런 점에서 철학적·과학적, 그리고 문학적 표상은 동일하다. 그러나 한편으로는 철학이나 과학, 그리고 다른 한편으로는 문학(예술일반)의 차이는 전자가 그러한 추상화에 대해 문제를 제기하지 않고 받아들이는 데 반해서, 후자는 언어로서 위와 같은 불가피한 언어적 추상화를 극복할 수 있는 표상이 되고자 하는 데서 찾을 수 있다.

문학이 내재적으로 갖고 있는 이러한 의도는 문학적 언어의 특징이 논리적이 아니라 은유적인 언어의 경향을 나타낸다는 사실, 언어의 의미를 개념적·추상적이 아니라 감각적·사물적으로 사용하는 경향을 나타낸다는 사실, 한마디로 언어적 의미의 개념성이나 이미지, 작품구성의 논리적·원자적 구조가 아니라 미학적·유기적 구조가 강조되고 있다는 사실에서 알 수 있다. 바로 이런 점에서 문학작품(예술작품일반)은 생태환경의 문제를 접근하고 파악하고 재구성하고 나아가서 해결하는

데 있어서 가장 적절한 모델, 즉 기본적 패러다임이 될 수 있다. 그 이유
는 기술문명이 인간에 의한 생태계·환경·자연·닦달·속박의 산물이
며 이러한 닦달·속박이 철학적 혹은 과학적인 언어에 의한 개념화와
논리적 재구성의 결과라고 할 때, 철학이나 과학과는 정반대로, 그리고
그에 저항하는 입장에서 언어를 동원하는 문학은 생태계·환경·자연의
해방자로 볼 수 있다는 사실에서 찾을 수 있다.

토지문화관, 국제회의 발표, 2001. 5. 18.

04
서구문화와의 만남 ― 자서전적 성찰

한국문화와 외국문화, 특히 유럽문화와의 관계를 새삼 의식하고 고찰과 반성의 필요성을 갖게 됐다면 그것은 우연한 일이 아니다. 그것은 약한 세기 동안 자의적이든 타의적이든 무조건 외국문화, 특히 서양문화를 받아들이지 않을 수 없었던 '약소국' 혹은 '후진국'에서 적어도 중진국 이상으로 부상하여 여러 측면에서 자주적 주체성을 찾게 되었음을 말해준다. 그것은 또한 지난 약 반세기 동안 엄청난 변화를 겪은 우리가 스스로의 과거를 반성하고 앞으로 여러 복잡한 가능성 가운데서 옳은 문화적 방향을 선택해야 함을 의미한다.

과연 아시아인으로서 우리의 세계적 위상은 그동안 상상하기 어려울 만큼 크게 변했다. '태평양의 세기'라는 말에 익숙하게 된 지 이미 십여 년이 지났고, 21세기에는 틀림없이 아시아인 혹은 동양인이 세계의 주도권을 잡게 될 것이라는 생각에 최근 아시아는 앞으로 되찾게 될 자존심에 부풀어 있으며, 활기찬 자신감에 가득 차 있다. 새롭게 형성되어가는 세계 질서에 대한 이와 같은 서술과 그 상황에서 동양인으로서 느끼는 고무된 감정은 서양 또는 서양인과의 대조 속에서만 그 뜻을 갖는다. 다음과 같은 역사적 사실을 인정할 때 동양과 서양, 동양인과 서양인 간의 역학관계가 역전되어가고 있는 오늘날 우리 동양인, 우리 아시아인이 느끼는 감회는 더욱 크며 복잡하다.

적어도 몇 세기 전부터 2차 대전이 종전된 1945년 직후까지 세계의 지배자는 서양인이었다는 명제는 전혀 과장이 아니다. 일본을 제외한다면 동양과 동양인들, 아시아와 아시아인들은 거의 예외 없이 영토의 크기나 인구로 보아 서양에 견주어 극히 왜소한, 유럽의 직접적·간접적 식민지였다. 한국의 사정은 더 복잡했다. 한국은 서양의 지배 아래 놓여 있던 이웃 중국과 일본의 정치적·경제적·문화적 영향에서 벗어날 수 없었다.

우리 동양인에게 유리한 방향으로 급격히 변하며 형성되어가는 새로운 경제적·정치적 세계 질서에 대한 의식과 아울러 우리는 동양 고유, 한국 고유의 자주적 문화에 대한 자각·재의식·재발견·재개발의 정서적 필요성을 느끼게 됐다. 그러나 동양의 세기, 아시아의 21세기라는 말이나 그러한 말이 유발하는 우리의 감회와 의식은 동양과 대조되는 서양, 아시아인 혹은 한국인과 대조되는 서양인 혹은 유럽인과 별도로 이해될 수 없다. 그렇다면 그러한 서양, 유럽, 서양인, 백인들은 우리에게 무엇을 의미하며, 또한 동양과 서양의 힘의 관계가 역전되어가는 현재의 역사적 상황은 무엇을 의미하는가? 문제를 쉽게 풀기 위해 중국인이나 일본인과는 다른 한국인으로서가 아니라 동양의 한 구성원으로서의 한국이라는 입장에서 서양, 더 정확히는 서양의 문화가 과거 우리에게 무엇을 의미했고, 현재는 무엇을 의미하며, 앞으로는 무엇을 의미해야 할 것인가를 고찰해보자.

현재 우리가 목격하고 있는 동양과 서양의 역전된 문화적 역학관계는 잘 알려진 슈펭글러의 『서양의 몰락』을 확증해주는 듯하지만, 내게는 각별히 프랑스 시인 발레리의 「정신의 위기」라는 글을 상기시킨다. 1919년에 발표된 이 짤막한 문명 비판 에세이에서 발레리는 오늘의 동양과 서양, 보다 구체적으로는 유럽과 아시아의 세계사적 역학관계를 너무나도 정확히 예언했고, 그러한 관계의 깊은 정신사적 의미까지 예리하게 설명해주고 있다. 그는 동양인인 나에게 이중적인 깊은 감동을 전해주었다. 서양이 망한다는 예언이 나의 단순한 말초적 감정을 자극한 한편, 그러한 나의 승리감이 사실인즉 피상적이라는 것을 투명하게 일깨우는 시인의 맑은 지성이 나의 보다 숭고한 감정을 고양시켰던 것이다.

　　세계를 동양과 서양으로 구별하여 말하지만 그것은 지리적 개념이기에 앞서 문화적 구별이다. ‘서양’은 유럽을 지칭하며 유럽이 창조한 정신적·물리적 문화를 가리킨다. 지리적으로 유럽은 아시아 대륙에 붙은 ‘갑岬’, 즉 꼬리에 지나지 않는 작은 존재이다. 그러나 정신적·문화적으로 그것은 북미 대륙을 포함한다. 한편 서양인, 즉 백인들에게 ‘동양’은 동남아시아 전체는 물론 인도·중동·아프리카 대륙 전체를 뜻한다. 요컨대 동양은 유럽과는 다른 문화를 가진 모든 지역을 포함한다. 발레리에 의하면 물리적으로 왜소한 유럽이 다른 문화권에서는 찾아볼 수 없는 몇 가지 정신적 특징 때문에 인간의 찬란한 창조적 정신이 과학·과학기술·철학·예술·사회체제·가치관 등으로 정화되어 구현됐다는 것이다.

　　이러한 유럽인 특유의 정신력 때문에 왜소하고 빈약한 영토와 인구로도 유럽이 수백 년 동안 세계의 수도로서 군림해왔다는 것이다. 그러면서도 이 시인은 앞으로 과연 그러한 특권의 자리와 권력을 유럽과 유럽인이 계속 누릴 수 있을 것인가 회의한다. 그러면서 그는 우울한 어조로 상황이 역전될 것이라고 정확히 투시한다. 그 세력으로 보아 유럽은 결국 아시아 대륙에 붙은 '갑岬'의 위치로만 남아 있게 되리라는 것이다.

이유는 간단하다. 유럽이 세계를 몇 세기 동안이나 지배할 수 있도록 해준 정신적 유산을 처음 창조하는 데는 2백여 년에 걸친 유럽인들의 피나는 노력이 필요했다. 유럽인들의 정신적 창조물들은 인류의 해방과 복지를 위해 무한히 유용한 도구, 즉 힘으로 이용될 수 있었다. 그 힘은 객관적으로 진리를 파악하려는 불굴의 의지와 이성에 입각한 논리적 사고력에 근거한다. 지금까지 유럽이 세계를 지배할 수 있었던 것은 바로 그들이 가진 정신적 창조 능력의 실천적 결과에 지나지 않는다. 무無에서 무엇인가 창조하기 위해서는 긴 시간에 걸친 피나는 노력이 필요하다. 그러나 일단 남들이 발견 혹은 발명한 것을 모방하거나 배우는 일은 상대적으로 매우 쉬운 일이다. 유럽 밖의 모든 세계, 특히 중국이나 인도를 비롯해 거대한 인구를 가진 동양의 아시아인들이 유럽인늘이 발견한 지식 혹은 발명한 기술을 모방하여 그것을 실생활에 이용하게 되는 날이 필연코 올 것이며, 그러할 때 '동양'이 발휘하게 될 힘은 상상만 해도 끔찍하다는 것이다. 지금 동양인으로서, 그리고 한국인으로서 우리가 흥분 속에 맞게 되는 이른바 '아시아의 세기'는 바로 발레리의 예측이 맞았음을 구체적으로 확인시켜주고 있다.

'동양의 21세기'는 유럽, 보다 일반적으로는 서양의 정치적·경제적·군사적 지배로부터 해방·독립되어 자주성을 회복하는 것을 의미한다. 그러면 우리는 오랫동안 상실했던 자존심을 되찾을 수 있다. 그러나 과연 오늘의 이러한 상황이 동양의 문화적 독립과 우월성 획득까지 의미하는가? 문화가 한 민족 또는 한 공동체의 총체적 가치관 및 세계관을 지칭한다고 인정할 때 한 민족 또는 한 공동체의 문화적 특수성은 그의 자주적 주체성을 지칭한다. 어떤 개인과 마찬가지로 어떤 문화라도 자신의 주체성, 즉 동질성을 확인하고자 하는 것은 마땅한 심리적 논리이다. 경제적 성장과 더불어 오늘 우리 주변에서 전통문화에 대한 강한 관심과 우리 문화의 특성에 대한 다각적 반성이 일고 있는 것은 우연한 현상이 아니다. 그러한 의욕 속에는 우리의 자주성에 따라 존엄성을 확인하고자 하는 보편적이고 영원한 진리가 깔려 있다.

동양 혹은 한국은 스스로의 문화적 독자성을 지키며 서양의 지식과 기술을 배우고 모방할 수 있는가? 만일 우리가 원하는 것이 이른바 선진국으로 발전하여 정치적·경제적·군사적으로 자주적인 국가공동체를 세우고 자주성 보존을 위해 문화적 독립성과 주체성을 지켜야 하는 것이라면, 그 두 가지 목적은 논리적으로 양립할 수 있는가? 만일 그렇지 않다면 우리는 어떠한 선택을 해야 할 것인가? 서양문화를 어떻게 수용해야 할 것인가?

서구화가 현대화를 의미하고, 현대화가 과학적이며 합리적인 사고 방식과 상업화의 도입을 의미하고, 이런 사고의 도입이 발전을 뜻하며, 발전이 보다 편리하고 윤택한 복지생활과 평등하고 자유롭고 정의로운 사회를 의미한다면 아무도 서구화를 반대하지 않을 것이다. 아시아 어느 곳에서나, 그리고 세계 어느 곳에서나 경우에 따라 몇백 년 전 혹은 보다 가까운 시기에 경쟁적으로 현대화를 추진함으로써 어느 측면에서는 다들 서구화를 추진하고 있는 셈이다. 우리의 경우 이러한 서양화는 약 100년 전에 시작되었고, 약 40년 전부터 급속도로 추진되고 있다.

우리가 원하는 이른바 개화·현대화·산업화란 구체적으로 유럽이 발명하거나 고안해낸 과학 지식, 과학기술, 서양 종교 및 철학적 사고, 서양 정치이념 등의 도입을 의미했고, 이러한 서구화는 모든 면에서 우리의 전통적이고 다양한 생활방식을 새로운 방식으로 바꾸는 것을 의미했다. 개화·개발·발전·현대화라고 불리는 과정에서 우리는 어느덧 자의 반 타의 반으로 서양인이 되어버리고 만 것 같다. 국제 교류가 잦아진 최근에 이러한 변화는 더욱 급속도로 추진되고 있는 중이다. 개화가 시작된 지 100년이 지난 지금 우리는 이미 스스로를 알아볼 수 없을 만큼 서양화되었다. 현재 우리가 유치원에서부터 대학에 이르기까지 배우고 있는 거의 모든 것은 원래 서구적인 것이며, 우리가 한국어를 쓰긴 하지만 대부분의 중요한 언어개념들 또한 원래 우리 전통의 것이 아니라 서양인이 고안해낸 것들이다. 우리의 사고가 개념을 떠나서 존재할 수 없다면 이러한 사실은 우리의 사고가 이미 크게 서양화되고 말았음을 뜻한다. 우리의 사고방식뿐만 아니라 우리가 읽는 책, 듣는 음악, 추는 춤이 모두 서구적인 것이다. 우리가 입고 있는 의복도 이제 완전히 서양화되었고, 우리의 음식, 식사양식, 집의 구조와 주거방식도 이미 서양식으로 크게 바뀌었다. 우리의 가족관계, 도덕의식, 미적 감수성도 마찬가지이다.

일본어에 '양기화혼洋技和魂'이라는 말이 있다. 서양문화를 수입하는 방법의 하나를 말하기 위해 만든 개념이다. 실용적 목적을 위해 서양의 여러 가지 필요한 지식과 기술을 도입하되, 삶에 대한 태도나 여러 가지 가치관만은 일본 전통의 것을 보존하고 지켜나가자는 것이다. 그러나 객관적 세계에 대한 지식이나 구체적 문제를 해결해주는 기술은 그러한 것을 가능케 하는 사고방식이나 가치관과 완전히 분리될 수 없다. 어쩌면 그것들은 나무와 나무가 뿌리를 내리고 있는 흙의 관계처럼 얽혀 있기 때문이다. 문화를 생각과 삶의 양식이라 한다면 한편으로는 문화를, 다른 한편으로는 지식이나 과학기술을 서로 완전히 분리할 수 없다는 뜻이다. 우리가 추진해온 개발과 현대화는 상당한 정도 문화적 서양화임을 부인할 수 없다. 문화적으로, 즉 정신적으로 상당히 깊은 차원에 이르기까지 우리는 어느덧 서양인으로 변해왔던 것이며 앞으로도 이러한 과정은 더욱 가속화될 추세이다. 21세기에 와서 경제력이나 군사력 등으로 측정되는 힘의 균형이 아시아로 기울어지고 유럽이 아시아의 '갑甲'으로밖에는 존재할 수 없게 된다는 사실은 유럽문화의 쇠퇴가 아니라 오히려 유럽문화의 세계화가 이루어졌음을 말해준다. 그것이 절대다수인 동양인의 정신, 동양적 사고의 승리가 아니라 유럽정신, 유럽 사상의 승리라는 사실 외에는 달리 해석할 여지가 없다. 유럽인의 상대적 패배, 유럽의 상대적 축소나 소멸은 외형적일 뿐, 실제로는 유럽의 세계 식민지화가 끝났음을 나타내는 것에 지나지 않는다. 비유적으로 말해 유럽의 소멸은 멀리 바다를 건너와 맑은 강물에 알을 낳고 죽는 연어의 운명 혹은 수정 직후 자신의 정자를 품게 된 암놈의 영양분이 되기 위해 죽는 거미의 운명과 비교된다.

유럽과 동양, 그리고 한국 간의 문화적 관계를 이와 같이 분석할 때 유럽의 물리적 죽음은 유럽의 정신적 확장을 의미하며, 동양의 물리적 승리는 동양의 정신적 죽음을 의미하는 것으로 해석할 수 있다. 그러면 우리는 우리의 정신적 유산을 자율적으로 버리는 동시에 정체성을 상실했다는 말인가? 과연 이러한 결과를 무릅쓰고 이른바 서구화와 선진국으로의 변화를 자진해서 계속 추진해야 하는가? 이러한 물음은 우리의 물질적 풍요와 더불어 인간적 자존심과도 근본적으로 관련되는 만큼 도피할 수 없는 문제이다. 최근 우리 전통문화에 대한 발굴운동, 한국적인 것이 무엇인가에 대한 반성과 성찰, 그리고 우리가 서구문화와의 관계에 있어 어떠한 입장을 취하고 어떻게 대처해야 하는가에 대한 문제가 제기되고 검토되는 것은 당연하다.

이런 시점에서 우리의 선택은 무엇이어야 하는가? 문화적 죽음의 대가를 치르고 경제적 풍요를, 정신적 자율성을 포기하고 육체적 비만을 택해야 할 것인가? 아니면 반대로 문화적 전통을 고수하기 위해 과학적 경제 개발의 포기를, 정신적 자율성을 지키기 위해 육체적 병약을 감수해야 할 것인가? 좀더 숙고해볼 때 이러한 물음은 온당치 않다. 두 개의 길 가운데 반드시 하나만을 선택해야 할 필요는 없다. 엄격히 말해서 비록 우리의 현대화가 서양문화의 수용을 피할 수 없다 하더라도 우리가 완전히 서양화되지는 않을 것이며 결코 그렇게 될 수도 없다. 한 문화가 다른 문화를 수용하는 과정은 기성 공산품을 수입하는 것과는 다르다.

첫째, 정신적 산물은 무기적인 것이 아니라 유기적인 식목과 같아서 그 나무를 이식하는 토양의 성질에 따라 반드시 어느 정도의 변형을 피할 수 없다. 이질적인 종을 이식받는 토양은 이식된 나무의 성질에 따라 약간의 변화를 일으키겠지만, 그 땅의 질은 근본적으로 변하지 않는다. 원래의 땅의 질이 좋으면 상대적으로 더 그렇다.

둘째, 하나의 문화 전통은 결코 화석이 아니다. 살아 있는 전통만이 의미 있는 문화이다. 전통이 화석이 아니라는 말은, 전통은 부단히 다소의 변모를 거듭하면서 시대에 적응해나갈 수 있을 때 비로소 가치 있는 것일 수 있다는 뜻이다. 이러한 변모는 다른 문화와의 접촉을 통해서 보다 활발히 이루어진다. 하나의 기존 전통은 자신과는 다른 이질적 전통을 통해 자신의 시야를 확장하고 그것을 자양으로 삼을 때 비로소 성장하고 더욱 귀한 전통으로 계승되어갈 가능성이 크다. 세계의 여러 역사는 이질적 문화가 다양하게 접촉, 교차된 지역과 시대에 화려한 문화의 꽃을 피웠던 사실을 증언한다. 이질적 문화의 장점이 많으면 많을수록 이질적 문화와의 접촉은 그만큼 보다 좋은 전통의 창조를 위한 자양분이 된다. 그러므로 낯설게 접촉한 이질적 문화 속에서 새롭게 배울 것이 있는가를 발견해내는 능력이 중요하다.

셋째, 오직 자신의 전통만 좋은 것이 아니다. 전통이 문화를 의미하고 모든 문화가 상대적이라지만 그러한 주장은 모든 문화의 가치가 똑같다는 말은 아니다. 남의 것이 언제나 더 좋아 보인다는 말이 있지만 그 말이 틀린 것과 똑같이 내 것이니까 남의 것보다 좋은 것은 아니다. 우리가 스스로를 반성할 만큼 지적으로 성숙하고 남의 것도 객관적으로 평가할 수 있을 만큼의 지적 능력이 있다면, 설사 자존심이 상해도 남의 것이 내 것보다 뛰어나다는 것을 인정할 수 있다. 이러한 사실을 인정한다면 자신의 것을 수정 혹은 포기하는 경우가 있더라도 남의 것을 자신의 것으로 수용할 때 비로소 도리에 맞는 행동이 된다. 그러므로 우리의 전통문화를 위해서라도 우리는 문화적으로 폐쇄되어서는 안 된다. 우리의 마음은 언제나 외부를 향해 넓게 개방되어 있어야 한다. 문제는 외래문화 자체가 아니라 우리의 정신적 자세이며 우리의 지적 판단과 소화 능력이다. 여기서 '양기화혼'이라는 서양문화에 대한 일본인의 입장을 다시 한번 생각할 필요가 있다. 우리는 이 말을 '양기한혼洋技韓魂'이라는 말로 바꾸어 서양문화에 대한 우리의 개방적이며 주체적인 태도를 표현할 수 있다. 약 한 세기 전부터 지금까지 진행되고 있는 우리의 대폭적인 유럽문화 수용은 자의에 의한 것인가, 아니면 타의에 의한 것인가? 접촉을 피할 수 없는 유럽문화는 과연 우리에게 새로운 것을 가르쳐줄 수 있는가? 문화의 수용이 필연적으로 선택일 수밖에 없는 것이라면 우리의 올바른 선택은 어떤 것이어야 하는가?

한국의 경우 19세기 말, 서양문화에 대한 문호개방이 서구 식민지 정책의 일환으로 강제성을 띠었던 것은 사실이나, 당시 서양문화를 조금이라도 알았던 지도자들은 자진해서 개화를 주장했던 것 또한 사실이다. 오늘날 역사를 뒤돌아보아 늦게나마 개화를 했던 것을 다행으로 생각하지 않는 사람은 별로 없을 것이다. 일본의 식민지가 될 수밖에 없었던 결정적 이유는 우리가 일본과는 달리 빨리 서양문화를 수용하고 그것을 소화하지 못했던 데 있음을 부정할 수도 없을 것이다. 우리의 개화, 즉 서양화가 타의적인 측면을 띠고 있지만 그것은 동시에 우리의 자의적이고 자발적인 작업이기도 하다.

우리가 추진해오고 있는 유럽문화의 도입이 자율적이라는 말은 유럽문화에서 우리가 배울 것이 많고 그것을 배움으로써 우리에게 유익하다는 판단이 섰다는 뜻이 된다. 소설가 말로Malraux가 1926년 서한 형식으로 쓴 짤막한 소설 『서양의 유혹』에서는 파리 유학 중인 중국 젊은이와 중국 방문 중인 프랑스 청년이 자신들의 이질적 문화에 대한 이상과 사색을 편지를 통해 서로 교환한다. 그들은 자신의 문화에 한계를 느끼고 상대방의 문화로부터 유혹을 받는다. 자신이 갖지 못한 것을 남에게서 찾아보려는 것이다. 그러나 프랑스인이 중국문화에서 느끼는 유혹보다 중국인이 프랑스문화에서 느끼는 유혹이 더 급하고 강렬하게 표현되어 있다.

삼엄한 통제와 억압의 시절이었던 일제 강점기에 시골 벽촌에서 성장한 내가 그곳 바깥에 다른 세계가 있다는 것을 발견하기는 쉽지 않다. 수십 리 떨어진 읍내에 가서 처음 전봇대나 전깃불을 봤을 때의 충격은 컸다. 태평양전쟁 중에 교토, 도쿄 등의 일본 대도시나 명소를 돌아봤을 때 나는 일본문화의 이질성을 크게 느꼈다. 우리와는 다른 삶의 세계, 우리보다 풍요하고 정돈된 세계가 있다는 것의 발견은 나에게 큰 충격이었다. 그러나 내가 처음 본 이질적 읍내는 역시 한국이었고, 내가 처음 방문하고 그 이질성에 놀란 일본은 우리와 같은 극동아시아의 문화권에 속했다. 그러나 서양 유럽과 우리의 이질성은 일본과 우리의 이질성에 비해 질적으로 사뭇 다르다. 인종적으로 그렇고 문화적으로도 그렇다.

내가 유럽문화를 간접적으로나마 처음 접한 것은 국민학교 때 시골 우리집 방에 쌓여 있던 책 가운데 우연히 보게 되었던 일어판 『대문예사전大文藝辭典』을 통해서였다. 거기서 유럽의 궁전, 성, 대성당의 종류와 그밖의 많은 건물들, 그리고 그전에는 한 번도 보지 못했던 고대 그리스의 나체 조각, 르네상스 시기의 명화들을 처음 접하고 나는 상상도 못할 다른 세계가 있음을 알고 큰 충격을 받았으며, 그러한 세계에 비친 나 자신의 세계를 무척 초라하게만 생각했었다. 틀림없이 그때부터 나는 유럽에 유혹되어 그러한 세계와 문화에 대한 억제할 수 없는 호기심을 키우게 되었던 것 같다.

대학과 대학원에서 불문학을 전공하며 잘은 모르지만 유럽이 만들어 낸 수많은 아이디어, 문학, 예술적 감수성, 논리적 사고들에 차츰 끌려들었다. 그들의 문학이나 철학 서적을 통해 발견할 수 있었던 세계나 경험할 수 있었던 감정은 내가 자란 시골이나 조부가 읽고 계시던 책으로는 알 수 없는 세계였으며 느낄 수 없는 경험이었다.

5년간의 파리 유학생활, 주로 보스턴에서 보낸 26년간의 미국생활, 그리고 1년간의 독일 마인츠 체류를 통해 나는 서구문화에 비교적 익숙해지고 유럽문화, 특히 프랑스의 그것에 매력과 애정을 느끼기도 했다. 아무리 자주성을 지키며 객관적으로 판단해도 나는 유럽인이 이룩한 문화적 업적, 특히 과학과 철학으로 대표되는 지적 업적에 무한한 경탄과 존경심을 느끼지 않을 수 없게 되었다. 나 자신, 그리고 한국, 더 나아가 동양을 비하해서 그런 것은 아니다. 공정하게 판단하면 할수록 적어도 근대 이후의 유럽은 우리가 보지 못한 것을 보았고, 우리가 생각하지 못한 것을 생각했고, 우리가 만들지 못한 것을 만들었고, 우리가 갖지 못한 것을 갖고 있음을 숨길 수 없다. 그러나 우리도 그들이 보지 못했거나, 생각하지 못했거나, 만들지 못했거나, 갖지 못한 것을 보고, 생각하고, 만들고, 갖고 있다. 우리의 문화적 유산도 똑같이 귀중하다. 그러나 원래 우리 것이 아닌 유럽의 고유한 문화적 유산도 그들에게만이 아니라 우리에게, 그리고 어쩌면 모든 인류에게도 귀중할 수 있는 보편적 가치를 갖고 있으며 그만큼 중요함을 인정해야 한다.

그들이 남겨놓은 건축물들은 수백 년 혹은 2천 년이 지난 지금도 견고하고 아름답다. 플라톤에서 시작하여 데카르트·칸트·헤겔·하이데거·비트겐슈타인으로 전승되는 철학적 사고는 시대나 장소와는 상관없이 인간의 사색의 깊이·체계·정밀함을 보여준다. 마르크스의 사회이론, 프로이트의 정신분석학, 다윈의 진화론은 우리가 미처 생각하지 못했던 인간의 측면을 조명한다. 유클리드의 수학적 사고, 갈릴레이의 지동설, 뉴턴의 만유인력, 아인슈타인의 상대성이론, 보어의 양자역학 등은 인간의 과학적 사고가 신비할 만큼 놀라움을 입증한다. 지금은 전 세계가 핵심적 가치임을 의심치 않는 자유, 즉 각 개인의 존엄성·인권·평등·사회정의·민주주의 등의 가치이념이 한결같이 근대 서유럽에서 싹을 틔우고 자라 꽃을 피우기에 이르렀음을 부정할 수 없다.

만일 이와 같은 유럽 정신의 산물에 보편적 가치가 있다고 인정한다면, 우리는 심리적으로 저항감을 느끼더라도 그러한 것들을 대담하게 적극적으로 배우고 수용하여 우리의 전통문화유산에 가장 효과적이고 조화롭게 접목해야 마땅하다. 가치를 인정하면서도 남의 것이라는 이유만으로 거부하고 전통만 고집한다면 우리는 발전하는 인류 역사의 대열에서 탈락하게 되고 말 것이다. 서양 것이라면 모두 좋다는 뜻은 결코 아니다. 서양문화가 극히 천박한 측면을 띠고 있을 수도 있다. 일례로 오늘날 우리를 침범하여 좀먹는 미국의 표피적 문화는 도덕적으로나 정서적으로 우리의 눈살을 찌푸리게 하고 우려를 산다. 이러한 문화를 찌꺼기라 하더라도 그것 역시 유럽문화의 한 측면이라는 사실에는 변함이 없다. 서양문화를 거시적 관점에서 검토할 때 그 자체에 파괴적 요소가 내포되어 있을 수도 있다. 개화·진보·산업화·물질적 풍요는 서양이 발견한 과학 지식과 과학기술을 토대로 한다. 그러나 오늘날 이러한 진보는 지구를 병들게 하고 어쩌면 인간만이 아니라 모든 동물들을 죽음으로 몰고 가 결국 생태계의 파괴를 가져올 위험성이 날이 갈수록 커지고 있다. 이것은 자연에 대한 서양의 정복적 세계관과 떼어 생각할 수 없다. 현재의 상황에서 볼 때 어쩌면 세계의 서양화, 자연의 무제한적 정복과 개발은 재고, 비판되고 마침내는 중단되어야 할지 모른다. 서양문화의 최종적 결과로 맞게 될지도 모르는 인류의 종말과 지구의 재난은 자연과의 생태학적 조화를 근본적 전제로 삼는 동양적 세계관에 의해서만 피할 수 있거나 극복될 수 있을 것이다. 인류가 다음 세기에 수용해야 할 사고의 패러다임, 즉 문화의 틀은 불교나 노장사상으로 대표되는 동양적인 것이어야 할 듯싶다.

그러나 파스칼이 말했듯, 그리고 논리실증주의 철학운동의 주도적 역할을 했던 노이라트Neurath의 설명대로 우리는 누구나 이미 삶이라고 부르는 망막한 대양의 한복판에 떠 있는 배를 타고 있는 것이다. 배를 떠나서 살아남을 수 있는 사람은 이미 아무도 없다. 배가 떠 있기 위해서는 그 배를 계속 저어야만 한다. 타고 있는 배가 만족스럽지 못해도 그것을 버리고 새로운 배로 대치할 수 없다. 우리가 할 수 있는 일은 바다 한복판에 떠 있는 채로 그것을 계속 저어가며, 있는 수단을 다해 그것을 수리하는 작업뿐이다. 오늘날 서구문화와의 만남도 마찬가지이다. 우리는 이미 우리의 문화 전통이라는 배를 타고 역사의 바다를 떠가고 있다. 가라앉지 않으려면 우리는 그 배를 계속 저어야 한다. 이 경우 배를 젓는 작업은 자신의 문화와 이질적 문화인 서구문화가 적절한 교류관계를 갖는 것을 의미한다. 그러므로 우리가 탄 배가 어느 항구에 도달해 새로운 배로 바꾸어 탈 수 있을 때까지 당분간 우리는 유럽문화를 적절히 수용해 우리 삶에 살과 피가 되게 하는 작업을 피할 수 없다.

부득이 백여 년 전부터 오늘날까지 자발적으로 서양문화에 대한 선택적 수입과 모방을 하고 있지만, 그런 작업이 잘되면 잘될수록 우리는 충족감과 함께 큰 정신적 불편을 느낀다. 서구문화와 동양 혹은 한국문화와의 만남과 교류는 절대적으로 일방통행이다. 우리는 영어·프랑스어·독일어 등을 배우려고 너나없이 애쓰고, 노자나 공자, 퇴계보다는 플라톤, 셰익스피어, 뉴턴, 칸트, 베토벤, 피카소를 알고 싶어 한다. 절에 가 불경을 외우기보다는 교회에 가서 성경을 읽거나 찬송가를 즐겨 부르지만 한국어를 배우거나 『주역』, 『논어』, 『심청전』 등에 관심을 갖는 서양인은 거의 없다. 이러한 사실에 대한 의식은 우리의 자존심에 상처를 입히고 나아가 서양화되어 가는 동양, 외국문화에 물들어가는 한국의 정체성에 대한 물음을 던지지 않을 수 없게 할 것이다. 서구화 혹은 외국화라는 변신metamorphose을 거치면서 우리가 누구인지, 우리의 뿌리가 어디에 있는지를 잘 알지 못하는 상황에 놓이게 되었다는 것이 오늘날 문화적으로 우리가 처해 있는 뼈아픈 객관적 상황이다.

이러한 상황에서 우리는 당장 서구문화를 거부하고 전통문화로 돌아갈 수도 있을 것이다. 이는 현재 근본주의적 회교回敎를 신봉하는 일부 아랍 국가들이 선택한 길이다. 그러나 그러한 선택은 객관적 역사 조건에 역행하는 것으로 결과적으로는 그 반대의 경우보다 크게 해로운 결과를 초래할 뿐이다. 그러므로 우리가 택할 길은 서구문화를 받아들여 그 내부의 보편적 가치와 장점을 최대한으로 흡수하는 일이다. 거세게 밀려오는 서구문화의 파도에 우리의 전통문화가 밑바닥부터 흔들리고 우리는 혼돈 속에 떠도는 실향민이 되었지만, 우리의 고향과 참된 뿌리는 과거가 아니라 미래에 있으며, 그것은 오로지 우리 자신의 창조적 노력으로만 이룩될 수 있다는 것을 알아야 할 것이다. 바로 이런 의식만이 우리의 희망과 가능성이며, 그 점을 깨달을 때 비로소 좌절하지 않고 더욱 활발히 매진해갈 수 있다.

《철학과 현실》, 1994, 여름호

05
21세기 문화: 전망과 희망
─ 생태학적 문화를 위한 제안

머리말

정치·경제·기술·사회·이념·예술 및 그밖의 여러 차원에서 서술될 수 있는 삶의 양식을 문화라는 개념으로 총칭할 수 있다면, 20세기 마지막 종착점에 다다른 현재 인류의 문화는 엄청난 변화의 소용돌이 속에 빠져 있나. 반세기는거녕 사반세기 전만 하더라도 정확히 오늘과 같은 세계가 오리라는 것을 예측한 이는 거의 없었던 만큼, 이런 변화는 우리를 더욱 당혹스러운 혼돈과 불안에 빠뜨린다. 이러한 진단은 어느 때, 어느 사회보다도 오늘의 한국에 딱 들어맞는다. 혼돈과 불안을 의식하면 할수록 우리는 방향감각을 되찾아 미지의 앞날이 야기하는 어떠한 불안으로부터 해방되는 올바른 행동의 선택을 절실히 필요로 한다.

21세기, 그리고 그다음 세기의 문화는 어떤 것일까? 이 물음은 다음과 같은 두 물음으로 바뀔 수 있다. 과거와 비교할 때 21세기의 인간은 현재 우리가 알고 있는 생활양식과 어떻게 다른 것을 갖게 될 것이며, 그러한 21세기에 우리가 어떻게 살아가야 마땅한가의 문제이다. 첫째 문제는 예측, 즉 전망의 문제요, 둘째 문제는 의지, 즉 희망의 문제이다. 예측 전망이라는 점에서 첫 번째 문제는 인식적·서술적 성격을 띠고, 의지·희망이라는 점에서 두 번째 문제는 윤리선택적 성격을 갖는다. 과거에는 이른바 종교적 '예언자'들이, 그리고 현대에는 '과학적'이고자 하는 이른바 미래학자들이 아직 존재하지 않은 상황과 사건에 대한 예언과 전망을 자주 해왔고, 종교·정치·사회사상가들은 미래 사회에 대한 어떤 희망을 표시하고 그러한 사회건설을 위해 늘 논쟁해왔다. 그러나 나는 앞날을 미리 확인할 수 있는 예언자나 사회과학자도 아니며, 어떤 의미로서든 어떤 신념을 갖고 있는 사상가도 못 된다. '문화'라는 현상의 특수성을 의식할 때, 앞으로 생길 문화현상을 예언·예측하기가 어렵다는 것이 더욱 확실해지기 때문이다.

'자연'을 하나의 질서로 볼 수 있다면 '문화'도 또 하나의 질서로 간주할 수 있다. 그러나 자연 질서와 문화 질서는 그 성격이 전혀 다르다. 물론 이 두 가지 질서의 구별은 형이상학적 문제가 되고, 그에 대한 대답은 결코 쉽게 해결되지 않는다.[126] 그러나 여기서 우리는 편의상 그러한 질서를 다음과 같이 구별해도 무방할 것이다. 자연 질서가 인간의 관점이나 소망과 전혀 상관없이 객관적으로 존재하고 시간과 공간을 초월

---

126   Ynhui Park, "Nature and Culture in Contemporary Philosophy"(Boulder: Jaunary, 1985) 참조. 이 논문에서 필자는 자연과 문화, 즉 자연 질서와 문화 질서가 형이상학적으로, 즉 존재의 차원에서 각기 그것들의 본질이 엄격하게 구별될 수 없다고 주장한다. 그럼에도 불구하고 인식론적 차원, 즉 담론·의미의 차원에서 사물현상을 서술하는 데 가장 유용한 개념적 구별이라고 논한다. 그리고 그러한 개념적 구별은 필요에 따라 정해지는 독단적 결단이라고 덧붙인다.

한 보편성을 띠고 있다면, 문화 질서는 인간의 의지에 의해 제작된 주관적 산물이고 시대와 지역에 따라 다를 수밖에 없는 특수성을 지니고 있다. 똑같은 질서이면서도 자연과 문화의 위와 같은 차이를 명백히 하기 위해서 전자의 질서를 자연법칙으로 부르고 후자의 질서를 문화체계, 즉 체제로 구별해서 부를 수 있을 것 같다. 자연과학이 증명해주듯이 자연현상의 미래에 대한 예언과 예측은 가능하지만, 인문사회과학에서 나타나듯이 문화현상에 대한 과학적 예측, 즉 확실한 예측은 불가능하다. 그럼에도 불구하고 역시 사회과학이 보여주듯이 여러 객관적 상황에 비추어볼 때 문화현상에 대한 예측·추측도 어느 정도까지는 가능하며, 더 나아가 앞으로 어떤 문화가 보다 바람직한가에 대한 생각과 제안도 가능하다.

그러나 여기서 우리의 물음에 대한 대답은 또 하나의 장애에 부딪힌다. 21세기의 문화라 할 때 우리는 '한국'문화 혹은 '동양'문화 등 특수한 지역문화를 의미하지 않고, '세계'문화, 즉 세계의 모든 사회를 공통적으로 특징지을 수 있는 한 시대의 보편적인 문화를 뜻한다. 그러나 앞서 말했듯이 문화는 시대와 지역에 따라 다르고, 한 시대의 한 지역 안에서도 단체의 성질이나 활동의 성질에 따라 사뭇 다르다. 한국문화는 독일문화나 프랑스 문화는 물론 중국문화나 일본문화와도 다르며, 오늘의 한국문화는 고려 시대나 조선 시대는 물론 반세기 전과도 동일하지 않으며, 서울과 부산의 문화가 같지 않으며, 교수 층의 문화와 사업가들의 문화도 큰 차이를 보인다. 전 지구가 하나의 지구촌으로 변한 오늘날에도 지역에 따라 문화는 엄청난 차이를 보이고 있다. 문화의 특수성·다양성·가변성은 문화 일반은 물론 가령 21세기라는 특정한 시대의 '세계문화'라는 개념도 공허함을 보여준다.

그러한 사실에도 불구하고 세계를 움직이는 역사의 조류는 하나의 주류와 여러 지류로 구분할 수 있다. 세계의 역사는 시대적으로 어떤 큰 일반적 특징에 따라 서술될 수 있다. 인류 역사는 공시적으로 볼 때 수없이 다양하지만, 통시적으로 볼 때 시대에 따라 다른 시대와 구별될 수 있는 어떤 일반적 특징을 드러낸다. 석기시대 인류의 문화는 중세문화와 사뭇 다르고, 산업혁명 이전의 세계와 20세기 말 현재 세계의 일반적 문화양상은 상상을 뛰어넘을 만큼 달라졌다. 이러한 사실에 비추어 볼 때 21세기 세계문화의 특징에 대한 물음과 검토는 충분한 근거를 갖는다.

그러므로 여기서 나는 이런 작업을 위해 첫째, 문화의 패러다임·유형을 분류·서술하고 분석하며, 둘째, 기존 문화의 패러다임에 비추어 21세기 문화를 전망해보며, 셋째, 여러 가지 객관적 조건을 감안할 때 우리가 지향하고 창조해야 할 새로운 문화 패러다임을 제안해보기로 한다.

세계사의 문화적 분류

한 시대의 세계문화의 특징은 다른 시대의 세계문화의 특징에 비추어 비교될 때 비로소 그 의미가 이해될 수 있다. 문화를 자연과 인간의 역동적 관계의 표현이라고 규정한다면, 문화의 유형은 그러한 관계의 차이로 서술된다. 그러나 그러한 관계의 서술은 관심의 초점에 따라 여러 시각으로 달라질 수 있다. 왜냐하면 자연과 인간의 역동적 관계를 나타내는 문화는 추상적 존재를 지칭하지는 않는다. 그것은 반드시 경제·

정치·기술·예술·사회/도덕적 규범·종교/철학적 이념·관습·전통 등 구체적 형태로 표현된다. 그러므로 문화의 유형은 각각 다른 측면으로 다 같이 기술될 수 있다. 그중에서도 역사에 결정적 영향을 미쳤고 역사를 바꿔놓을 수 있었던 것은 역시 기술, 특히 과학기술이다. 따라서 한 시대의 문화와 다른 시대의 문화의 차이도 바로 과학기술의 수준이라는 잣대로 측정될 수 있다. 21세기 문화의 성격에 대한 전망이나 희망도 과학기술의 변화와 발달이라는 시각에서 가장 적절히 이루어질 수 있다.

과학이라는 측면에서만 보더라도 인류의 역사는 필요에 따라 여러 가지 종류로 분류될 수 있을 것이다. 그러나 여기서 우리가 펴고자 하는 논지의 편의를 위해서 인류문화를 '전통'문화와 '현대'문화로 구분할 수 있다. 우리는 편의상 이 두 가지 종류의 문화를 각각 '과학기술 발달 이전의 문화'와 '과학기술 발달 이후의 문화'로 부르기로 한다. 세계사는 문화사적으로 전통문화와 현대문화, 즉 과학기술 이전의 문화와 그 이후의 문화로 구별된다. 이러한 문화사적 구별은 서구 역사의 맥락에서 볼 때 대략 근대 이전과 그 이후의 사회에 해당되고, 동양사의 맥락에서 볼 때 19세기 이전의 동양과 그 이후의 동양에 해당된다. 그렇다면 각기 '전통적'이라는 개념과 '현대'라는 개념을 분석함으로써만 전통문화와 과학기술 문화의 본질과 차이가 밝혀질 수 있고, 역으로 '과학기술 이전'이라는 개념과 '과학 이후'의 개념을 통해서 '전통문화'와 '현대문화'의 특징이 모두 조명될 수 있을 것이다.

전통문화

규범으로서의 전통　헤겔은 합리적 사회를 전통적 사회와 구별했고, 베버는 '서양적' 이성과 '전통적' 이성을 구별했다. 헤겔이나 베버에게 '전통적'이란 말은 지역적 개념으로 서구와 대조된 동양을 지칭한다. 그리고 한편 '전통적'이란 말은 시간 개념으로도 사용되어, 서구라는 특수한 문화권 내에서도 대체로 르네상스의 합리적·휴머니즘적 전통이 정착되기 이전의 시대를 지칭한다. 여기서 이처럼 서로 다른 범주로서 다 같이 사용됨에도 불구하고 전통적이란 개념은 두 경우 다 같이 어떤 공통점을 갖고 있다. 그 말의 구체적 의미는 '전과학적'이란 뜻을 내포하고 있다. 르네상스 이전의 서양사회는 동양사회가 그러했듯이 전과학적이었다는 점에서 역시 '전통적'이었다.

'전통'은 한 사회 안에서 그 구성원의 오랜 시간에 걸친 경험을 통해 전해온 모든 종류의 형식화된 구체적 관심을 지칭한다. 도덕적 문제에 대한 선악 판단, 객관적 사실에 대한 진위 판단, 행위에 대한 적절성·비적절성 결정 등은 반드시 어떤 규범을 전제한다. 모든 사회의 일상생활에 있어서 인간적 삶에는 여러 가지 규범이 반드시 전제된다. 그러나 규범은 오랫동안의 경험을 통해서 거의 자연적으로 구성된다. 전통은 바로 이러한 종류의 규범을 지칭하며, 과거 오랫동안 거의 모든 사회에서 그 사회에 필요한 여러 가지 규범적 기능을 맡았다. 첨단 과학기술을 자랑하는 오늘날 이른바 선진사회에서도 일상생활의 많은 경우 결정적으로 중요한 규범적 역할을 하는 것은 역시 전통이다. 칸트가 분명히 밝혀주었듯이 행위·판단·인식 등 모든 의식적conscious-intentional 행동과 경험은 반드시 선험적 조건, 즉 패러다임을 전제한다. 그렇기 때문에 모든 사회는 다양한 전통을 갖게 됐고, 그러한 전통은 각각 그 사회에 필요한 패러다임, 즉 규범으로서 기능을 해왔다. 한마디로 전통 사회란 모든 문제의 해결에 있어서 전통을 규범으로 삼고 있는 사회를 뜻하며, 전통문화란 그러한 전통을 지적·종교적·이념적·정치적·사회적·경제적·문학·예술 등의 최종 패러다임으로 삼는 사회에 대한 일반적 통칭이다.

전통·규범의 원형 합리성　합리성rationality의 근본적 의미는 근거성 justifiability·기저성foundationality이며, 근거성·기저성은 규범적 기능을 의미한다. 전통의 핵심적 기능이 패러다임, 즉 규범적이라는 점에서 전통은 필연적으로 이성적rational이어야 한다. 그럼에도 불구하고 전체적 합리성은 원형 합리적protorational인 것으로 머물러 있을 뿐 아직도 진정한 의미로서 '순전한 합리성rationality pure and simple'에는 미처 이르지 못한다. 근거성·기저성으로 '합리성'이라는 개념은 그 자체 내에 '보편성'의 개념을 함의한다. 규범으로서 한 전통이 진정한 의미로 합리성을 갖추고 있다면, 그 전통은 시간과 공간을 초월해서 모든 경우에 적용되고 모든 인간의 지성에 한결같이 납득될 수 있는 것이어야 한다는 말이다.

그러나 전통은 필연적으로 개별적일 수밖에 없기 때문에 반드시 어떤 특수한 사회, 어떤 특수한 시대, 그리고 어떤 특수한 분야의 전통일 뿐, '보편적 전통 일반'이란 말은 자기모순적으로 전혀 의미를 가질 수 없다. 따라서 전통에 내포된 규범의 본질적 속성은 특수성·개별성·단편성·가변성 등으로 서술될 수 있다. 규범적 기능을 맡고 있다는 점에서 전통은 합리성을 내포하고 있지만, 그러한 합리성은 필연적으로 지역적·시대적·문제 개별적·관점 특수적이기 때문에 시간이나 공간적으로 보편적일 수 없고 제한적이라는 것이다. 한편으로는 보편성을 떠난 합리성이 모순된 개념이고, 또 다른 한편으로는 규범으로서 전통이 합리성, 즉 보편성을 갖고 있다면 전통이라는 규범성으로서 보편성, 즉 합리성은 시간·공간·상황·문제의 특수성 등에 의해 제한된 보편성,

즉 합리성일 수밖에 없다. 이렇게 어중간한, 즉 불완전한 합리성에는 편의상 '원형 합리성' 혹은 '전前합리적 합리성prerational rationality'이라는 역설적 이름이나 혹은 '비서구적 합리성non-western rationality'이란 이름을 붙일 수 있다. 불완전한 합리성, 즉 전합리성과 대조해서 완전한 합리성에는 '합리적 합리성rational rationality'이라는 동어반복적 이름이나 '서구적 합리성'이란 이름을 붙일 수 있다.

그렇다면 완전하게 이성적인 인간이나 사회가 실제로 있었던가? 인류 역사를 통해서 단 하나의 사회나 단 하나의 인간도 그러한 합리성을 갖춘 예는 없었다. 그러한 합리성은 오직 우리의 한 '이상ideal'에 불과하며, 영원히 그렇게만 남아 있을 것이다. 과학적 사고가 합리성을 이상으로 하고, 그것의 보편성은 과학 지식의 설득력과 과학기술의 막강한 힘으로 부정할 수 없게 됐지만, 뒤에 언급하게 될 것과 같이 그러한 보편성과 힘에도 한계는 분명히 있다. 가장 합리적이고 보편적인 설득력을 가진 인식체계인 수학에서조차 그 합리성에 한계가 있음은 이미 괴델Gödel에 의해서 바로 수학적으로 증명되었음이 상식이 되고 있다.

이러한 사실은 완전히 비합리적인 인간이나 사회란 과거에도, 현재에도 그리고 미래에도 있을 수 없다는 것을 말해준다. 생각하는 동물인 한 모든 인간은 정도의 차이에도 불구하고 필연적으로 합리적이며, 그러한 인간이 모여 형성된 사회는 아무리 원시적이라도 어느 정도 반드시 합리적이다. 구체적인 인간과 구체적으로 존재하는 사회는 완전히 합리적이지도 않으며 완전히 비합리적이지도 않다는 말이다. 이런 점에서 모든 인간과 사회는 다 같이 '이상에 미치지 못하는 합리적'이라는 뜻으로 '원형 합리적'이라 할 수 있다.

그럼에도 불구하고 통시적으로 보거나 공시적으로 보거나 인간의 역사와 문화는 합리성이라는 시각에서 시대와 지역에 따라 사뭇 차이를 나타낸다. 따라서 그것들은 '합리성'이라고 부르는 잣대에 의거해서 '합리적' 시대와 그 이전, 즉 '전합리적' 시대로, '합리적' 문화와 그 이전, 즉 '전합리적' 문화로 크게 양분할 수 있으며, 편의상 후자와 전자를 다시 각기 '전통문화'와 '과학문화'로 부르기로 한다. 그럼에도 불구하고 한 사회나 시대의 문화를 이해하고 앞으로의 문화를 예측함에 있어 이러한 분류는 방법적heuristic으로나 전략적strategic으로 중요하고 유용하다.

전통문화의 지역적·역사적 예 전합리적 사회와 합리적 사회, 즉 전통문화와 과학문화를 구별하는 가장 구체적인 기준은 근대적 의미의 과학 지식, 그리고 과학기술이다. 과학 지식의 보급과 과학기술의 실용적 이용이 본격적으로 시작되면서 인류의 삶의 양식, 즉 문화는 통시적으로 뚜렷한 변화를, 그리고 공시적으로는 구체적 차이를 다양하게 나타낸다.

원시시대는 물론 동서를 막론하고 고대, 중세를 거쳐 이른바 '근대'에 이르기까지 인간사회는 지적으로나 기술적으로나, 정치적으로나 사회적으로, 문학적·예술적으로나, 그리고 이념적으로나 놀라운 변화를 거듭 지속하면서 '발전'을 계속해왔다. 그렇지만 이러한 믿음·활동·평가 등에 전제된 규범의 역할을 맡은 것은 오랜 경험에 근거하고 있는 관습으로서의 '전통'이었다. 그러한 전통은 시대와 지역에 따라 가변적이었고, 따라서 앞서 이미 말했듯이 그것의 보편성은 정도의 차이는 있지만 필연적으로 제한적이었다. 물론 이미 고대 그리스에서 탄생한 철학적 사고가 이성의 보편성을 근거로 하고 있지만, 그러한 이성의 가치가 모든 인류는 고사하고 모든 유럽인, 그리고 당시의 모든 그리스인에게 보편적으로 수용되지는 않았고, 모든 인간의 활동을 규제하거나 문제해결을 위한 규범으로서 보편적으로 사용되지도 않았다. 달리 말해서, 근대 이전까지는 유럽만 해도 사회적으로 사용되고 있던 여러 가지 종류의 기본적 규범들은 결코 보편적이 아니었다. 설사 유럽에서는 변하지 않았던 어떤 공통된 규범들, 예컨대 플라톤적 형이상학이나 기독교적 세계관이 통시적으로 존재했다고 양보해도, 그러한 규범들은 가령 중국을 중심으로 한 극동아시아 문화권에서는 적용되지 않았다. 물리적·지역적으로 그럴 가능성조차도 없었다.

거대한 두 문화권이 최소의 접촉을 갖게 된 것은 르네상스 이후이며, 의미 있는 상호관계를 맺게 된 것은 18세기에 들어서부터였기 때문이다. 요컨대 근대에 이르기까지는 세계 전체는 물론 유럽사회도 모든 면에서 규제하고 지배하는 불변의 보편적 척도·규범을 갖고 있지 않았다는 말이다. 동양문화권을 두고도 똑같은 주장이 선다. 동양문화권도 지역적으로나 문화적으로 너무나 다양하며, 동양의 역사도 서양의 역사 이상으로 길다. 그러므로 동양 전체를 통시적으로 통일할 수 있는 사회적·문화적 규범을 찾으려는 것은 억지이다. 백 보를 양보하여 그런 것이 있었다 해도 그것은 서구사회와 문화에 일괄적으로 적용될 수 없었다.

근대 유럽에서 새로운 하나의 규범이 발명·조작되기 전까지는 동서를 막론하고 그때까지 존재했던 모든 규범은 필연적으로 '역사적'이고 '지역적'이며, '상대적'이고 '단편적'이어서 보편성과 총체적 통일성을 갖추지 못했다는 것이다. 이러한 사회와 문화는 한마디로 말해서 '전통적'이었다는 것이며, 전통이 관습의 산물이라면 전통사회·전통문화는

'비이성적'이라고까지 말할 수 있다. 그러나 바로 그러한 전통이 규범의 기능을 맡고, 규범이 근거의 역할을 하고, 이성이 근거의 제시, 즉 규범성을 뜻한다면, 전통은 필연적으로 일종의 '합리성'을 뜻한다. 바로 이러한 이유에서 데카르트적 합리주의에 깔려 있는 이른바 '기저주의'가 붕괴된 마당에서, 그것을 극복하는 방법으로 매킨타이어가 '이성'과 '전통'의 관계에 대한 전통적 해석을 뒤집어 전통을 합리성으로 보고 이성 자체를 하나의 전통이라고 주장하게 된 것은 결코 우연이 아니다.[127] 그럼에도 불구하고 이성이 본질적으로 보편성을 속성으로 하고 전통이 필연적으로 개별성을 의미하는 이상, 이성의 개념과 전통의 개념을 혼동해서는 안 된다.

그렇다면 보편적일 수 있는 규범은 어떤 것인가? 어떤 종류의 사상·규범이 시대와 장소를 초월하여 보편적으로 적용될 수 있는가? 전통이란 지역적, 즉 보편적일 수 없는 '이성'을 비판적으로 평가할 수 있는 규범, 즉 또 하나의 상위 이성은 없는가? 바로 그러한 이성에 의해 꾸며진 사회질서, 즉 문화는 없는가?

과학기술 문화

과학적 실증　이러한 의미로서 '이성'을 보여준다고 주장할 수 있는 가장 두드러진 후보는 현대적 의미에서 '과학적'이라고 부르는 사고방식이며 그러한 사고의 산물인 과학 지식과 과학기술이다. 그것은 지역적

127　Alasdair MacIntyre, *After Virtue*(Indianapolis, University of Notre Dame Press, 1984)

으로 유럽적, 그리고 시대적으로 근대적 창조물이다. 근대의 과학적 사고의 구체적인 실례는 코페르니쿠스, 케플러, 갈릴레이의 천문학과 뉴턴의 역학 등 과학적 학설에서 볼 수 있고, 이러한 학설들은 데카르트의 합리주의적 인식론과 기계적 세계관, 칸트의 선험주의적 인식론, 그리고 20세기 초의 논리실증주의자들에 의해 계속 철학적으로 뒷받침되었다. 이들 위대한 근대과학자들은 천체를 포함한 모든 물리현상들을 정확한 수식으로 서술하였고, 위의 철학자들은 기계론적 자연관과 유물론적 형이상학으로 자연현상의 수학적 서술, 즉 과학적 기술에 철학적 근거를 제공했다.

위와 같은 천문학자나 물리학자들이 발견하고 위와 같은 철학자들이 뒷받침한 과학적 신념은 전통과는 다른 의미에서 '합리적'이다. 전통의 합리성이 오랫동안 관습적으로 내려온 관례가 지니고 있는 권위를 의미한다면, 과학의 합리성은 그러한 관습·관례의 권위와는 전혀 상관없이 각 개인의 구체적 관찰과 논리로만 이룩된 논리 경험에 바탕을 둔 실증성, 즉 과학적 이론에 의해 예측된 구체적 결과이다.

과학의 효율성 사물·현상에 대한 과학적 서술이 형이상학적으로 진리냐, 아니냐의 문제가 제기될 수 있다. 그러나 과학은 처음부터 형이상학과의 관계를 의도적으로 단절한다. 이러한 철학적 입장의 테두리 안에서 만들어진 과학적 신념, 즉 과학적 합리성에 근거한 명제들은 미신·종교, 그리고 전통들이 갖고 있는 신념, 즉 명제들에 비추어 더욱 신뢰, 즉 의존할 수 있다는 것을 특징으로 한다. 과학 명제의 신뢰성은 그것이 보여주는 효율성에 근거한다. 모든 신념, 즉 지식·진리는 앞을 예측하고 그 예측에 따라 우리의 삶을 보다 유익하고 효율적으로 설계하는 데

없어서는 안 되는 것이다. 지식·진리가 동서고금을 막론하고 고귀한 가치로 생각되어온 결정적인 이유도 바로 여기에 있다. 과학적 지식·진리는 미신·종교·전통 중 그 어느 종류의 신념보다도 우리의 특정한 목적달성을 위하여 적용하는 데 간단할 뿐만 아니라 더 신뢰할 수 있고, 더 효율적인 것이다. 서구는 산업혁명 이래, 그리고 동양에서는 서구문명의 도입 이래 지구의 인구는 기하급수적으로 증가하고, 인류는 자연에 대해 과거 수만 년 동안 꿈에도 생각할 수 없었던 힘을 행사하게 됐고, 스스로 믿기 어려울 만큼 물질적 풍요와 편의를 누리게 되었다. 산업혁명은 근대과학 지식의 발견과 과학기술의 발명 없이는 상상할 수 없었고, 동양을 매혹한 서구문명은 서구가 창조한 과학 지식과 기술에 지나지 않는다.

과학의 보편성　과학적 신념의 실증성, 과학기술의 도구적 효율성은 과학이 내포하고 있는 보편성에 있다. 과학적 진위는 시간과 장소와는 상관없이 보편적으로 누구한테도 다 같이 실증되고 결정될 수 있으며, 과학기술은 필요에 따라 언제 어디서나, 그리고 무엇을 위해서도 보편적으로 적용될 수 있다. 달리 말해서, 과학적 신위 혹은 과학적 적절성을 결정하는 규범은 보편적이다. 비록 그것이 절대적일 수 없어도, 과학적 보편성은 전통이 지니는 합리성에 비추어 무한하고 보편적인 적용성을 갖고 있다.

　과학의 보편성은 과학적인 모든 명제가 수학적으로 기술된다는 점과 논리적으로 뗄 수 없는 관계를 갖고 있다. 근대적인 뜻으로서 과학의 시작인 코페르니쿠스, 갈릴레이, 뉴턴 등의 자연현상에 대한 서술이 수식을 동원했다는 것은 우연이 아니다. 바로 이러한 식으로 자연현상이 서술되고 설명됐을 때, 근대적 의미로서 과학은 비로소 그 기초가 다져진 것이다. 물리현상만이 아니라 생물을 포함한 자연의 모든 현상들은 물론이고 인간, 그리고 인간이 이룩한 업적, 즉 사회·경제·문명·문화 현상들을 다 같이 수학공식으로 서술하고 설명하려는 노력은 과학의 발달과 병행해서 더욱 확대되고 개발되고 있는 것이 최근의 현실이다. 자연현상이 하나의 법칙으로서 수학공식으로 서술될 때만 근대적 의미의 과학은 시작된다.

과학의 가치중립성　이러한 과학은 한편으로 유물론적 형이상학을 전제하고, 기계론적 세계관을 전제하며, 다른 한편으로는 가치중립적이다. 그 기원이 인간의 욕망과 뗄 수 없고 그러한 욕망의 소산으로만 설명될 수 있는 만큼, 과학 지식이나 과학기술이라는 점에서 그것들은 가치와 뗄 수 없는 관계를 갖고 있다. 그렇지만 과학은 자신이 표상하고 설명해주는 어떤 자연이나 인간이라는 현상, 그리고 그밖의 어떤 것들에 대해서 가치판단을 할 수 없다. 과학은 결코 무엇이 귀중하고, 무엇이 아름다우며, 무엇이 의의가 있는가에 대해서는 일언반구의 발언도 할 수가 없다. 과학 지식·과학기술은 그 자체만으로 볼 때 죽음과 같이 삭막하다.

전망: 인간중심문화

문화의 유형을 전통문화와 과학문화로 양분할 때, 지난 약 3세기에 걸친 인류 전체의 문화적 특성이 과학 지식과 기술에 의해서 서술된다는 사실은 새삼 거론할 필요도 없다. 과학적 사고와 과학 지식과 과학기술에 의해서 지역 간, 국가 간, 그리고 인간 간의 관계는 사뭇 계속하여 달라져왔고, 인간 각자의 생활양식도 그와 병행하여 놀라운 변화를 일으켜왔다. 과학이 가져오는 인간관계와 생활의 변화는 지난 한 세기, 각별히 지난 반세기에 걸쳐 하루가 다르게 바뀌어왔다. 특히 지난 반세기 전부터 첨단 과학기술은 기하급수적으로 발달해왔다. 거시적으로는 우주에 대한 지식과 개발이 추진되었고, 미시적으로는 물질과 생명의 본질에 대한 탐구와 지식으로 물리현상만이 아니라 모든 생명, 그리고 인간까지도 조작할 수 있는 상황에 이르고 있다. 전자공학과 생명공학이 선두에서 과학 지식과 발전을 이끌어가고 있다.

이같은 과학기술의 발달로 인해 인간 생활의 물리적 환경만이 아닌 경제적·사회적·국제적 관계도 상상을 넘을 만큼의 변화를 일으키고 있다. 과학기술의 발달의 심도와 그 실용화의 폭은 우리의 상상을 넘을 만큼 놀랍게 크다. 과거와 다른 오늘의 정치·경제·생활양식, 그리고 더 일반적으로 말해서 가장 일반적인 뜻으로서 문화의 특징은 과학적 사고와 현대 과학기술을 들지 않고는 전혀 설명될 수 없다. 현대문화는 과학문화라는 것이며, 그러한 현대문화는 약 3세기 전 근대문화의 연장선상에 있다는 것이다. 거시적으로 볼 때 현대문화가 근대문화와 다른 점이 있다면, 그것은 현대의 과학문화가 근대의 과학문화보다 더 화려해졌다는 데 있다.

그렇다면 21세기 이후의 문화는 어떤 것일까? 그것은 과학문화와 질적으로 다른 것이겠는가? 우리는 앞으로 어떤 가치를 추구하며 어떤 양식을 갖추어 살게 될 것인가?

전자정보 문화

과학기술 발달과 인간 생활양식의 변화는 앞으로 더 급속히 지속될 것이다. 과학문화는 인간에게 물질적 풍요는 물론 정신적 품위도 가져다주었다. 인류는 필요한 물질들을 그 어느 때보다도 더 생산하고 필요에 따라 소비하게 되었다. 아직도 수많은 지역에서 인간이 기아로 인해 대대적으로 죽어가고, 아직도 풍요한 사회 내의 어떤 계층은 심한 궁핍에 허덕이고 있지만, 전체적으로 보아 더 많은 지역에서 더 많은 인류가 과거에 비추어 상대적으로 더 엄청나게 물질적 풍요를 누리고 있는 것만은 속일 수 없다. 지구는 지구촌으로 변하여 수많은 사람들이 수없이 많은 곳으로 수없이 자주 이동하며 관광하고 문자 그대로 지구인으로 살게 됐다. 과학에 의한 의학의 발달로 인류는 평균 생존 연령이 놀랍게 길어졌다. 그리하여 세계 전체적 관점에서 볼 때 지구상의 인구는 폭발적으로 증가했다. 전 세계와 모든 인간은 전산망으로 이미 연결되어 컴퓨터의 키만 누르면 어느 때, 어느 곳에서 서로 통신하고 영상을 통해 마주보며 대화를 나눌 수 있게 되었다. 물질적 풍요와 기술적 편의를 가져온 과학문화는 그와 더불어 정신적 만족도 가져왔다. 많은 국가들은 다른 국가들의 제국주의적 지배의 멍에를 떨쳐버릴 수 있었고, 많은 국민들은 그들을 억압했던 전제적 지배와 계급적 속박으로부터 해방되어 정치적·사회적 자유를 쟁취할 수 있었다. 우리는 지금 과학기술이 성취한 믿을 수 없을 만큼의 환상에 가까운 거의 이상적인 세계에 살고 있다.

상상할 수 없이 막중한 천재지변이 일어나지 않는 한 이러한 인류문화의 변화 추세는 가속화될 전망이다. 이처럼 예측되는 21세기, 그리고 그후의 세계는, 19세기는 물론 첨단 기술을 말하는 현재 20세기 후반에 비추어볼 때도 공상소설 같은 세계에 지나지 않을 만큼 극히 이질적인 것으로 생각된다. 미래학자들은 앞으로 다가올 것으로 예측되는 이러한 세계의 이질적 삶의 양식, 즉 문화의 특색들을 '전자정보'라는 개념으로 구별한다. '전자정보 시대'에는 근대 이후 현재까지의 '과학기술문화'가 이전의 모든 '전통문화'와 구별될 수 있듯이, '전자정보'의 개념으로 설명될 수 있는 그 문화는 '과학기술문화'와 구별된다고 할 수 있다.

그러나 '전자정보 시대'로 예측되는 문화는 과학문화로 정의된 근대 이후 오늘날까지의 문화와 근본적으로 다를 바 없다는 데 주의할 필요가 있다. 그것들은 다 같이 본질적으로 동일한 과학적 사고방식과 세계관의 산물이며, 그것들 간에 나타나는 가시적, 즉 물리적 차이는 질적인 것이 아니라 양적인, 즉 정도의 차이를 나타낼 뿐이라는 말이다. '전자정보'문화는 과학문화와 구별될 수 없다. 그것은 과학문화의 한 양상에 불과하다. 그러므로 21세기에 다가올 문화를 포함한 인류의 문화는 역시 '전통문화'와 '과학문화', 즉 '원형적 이성'문화와 '이성적 이성'문화로 이분하고 서술할 수 있다. 그럼에도 불구하고 지금까지의 인류 역사와 그 문화석 속성은 단 한 가지로 동일한 원칙에 의해 설명될 수 있다. 인류의 역사는 자연 정복 확대의 역사에 지나지 않았다. 이런 점에서 전통문화나 과학문화 사이에는 전혀 다른 점이 없다. 그것들 간에 차이가 있다면 후자가 전자에 비해 획기적으로 효율적인 방법, 즉 '과학적' 사고의 패러다임과 기술을 소유하게 됐다는 데 있다. 또한 그것은 인간에 의한 자연 정복이라는 동일한 목적 가치관, 즉 이데올로기에 뿌리박고 있다.

자연 정복의 역설

자연 정복이라는 목적을 놓고 볼 때 과학은 가장 효율적인 도구였다. 인간 역사는 인간에 의한 자연 정복의 역사이며, '과학적' 세계관과 기술이 없었더라면 이러한 목적은 결코 불가능했을 것이다. 과학이 인간에게 가져온 혜택은 측량할 수 없이 크다. 그러므로 과학적 사고방식·과학기술·과학적 합리성만큼 더 귀중한 것은 쉽게 생각되지 않으며, 이상적 문화는 '과학기술문화', 즉 과학적 사고방식과 세계관이 인간의 생각과 행동과 가치의 규범적 기능을 하는 사회일 것이다. 현재 과학기술이 지구의 어느 곳, 어느 사회, 어느 국가를 막론하고 아편중독처럼 확대되고 있는 것은 너무나 자연스럽고 당연하다.

그러나 늦어도 1960년대 이후의 과학기술문화는 자신이 미처 생각하지 못했던 역효과를 의식하지 않을 수 없게 됐다. 과학기술에 의한 자연 정복은 결코 간과될 수 없고, 이제 거의 감당할 수도 없을 만큼의 무겁고 어두운 결과를 가져왔다. 자연은 나날이 더 파괴되고 있다. 브라질의 원시림까지도 개발과 발전이라는 이름 아래 급속도로 황폐화되어가고 있다. 우리의 환경은 걷잡을 수 없이, 불과 20년 전까지만 해도 상상할 수 없었을 만큼 무섭게 오염되어가고 있다. 가까이는 기하급수적으로 증가하게 된 쓰레기가 우리 주위를 덮기 시작했다. 주변의 하천이 화학 오물로 썩는가 하면, 지하수마저 오염되어 음료수까지 위험하게 되었다. 더 멀리는 오존층의 파괴와 그로 인한 온실효과로 지구 전체에 이변이 생겨 지구가 몽땅 사막화되거나 홍수로 덮여 생태계가 파괴되고, 마침내 인류 멸망의 가능성까지 예측되고 있다. 지구의 죽음이 21세기 어느 때에 오리라는 것은 아니다. 과학문화는 21세기는 물론, 그후로도 지속적으로 같은 원리에 따라 지속·발달될 수 있고, 또한 그렇게 되기를 누구나 바란다. 그러나 이러한 과학문화가 영구히 계속될 수 없고 되어서는 안 된다는 말이다. 과학문화에 대한 위와 같은 어두운 진단에 대해 낙관적 대답이 나올 수 있다. 보다 고도한 과학기술의 개발로 자연 파괴와 환경오염의 문제가 해결될 수 있다는 것이다. 즉 과학과 과학기술의 무제한 활용에서 생기게 될 문제는 역시 보다 나은 과학 지식과 보다 뛰어난 과학기술의 개발로 해결될 수 있다고 주장할 수 있다. 그러나 이러한 주장은 근시안적이다. 과학은 인간 욕망의 발명물이다. 인간의 욕망은 무한하다. 따라서 과학의 내재적 논리는 자연의 무제한 개발과 정복을 필연적으로 요청한다. 지구는 인간의 욕망에 따라 극복할 수 없는 물리적 한계를 갖고 있다. 지구의 자원에는 절대적 한계가 있다. 그뿐이 아니다. 지구를 무한대로 팽창시킬 수 없다는 데 더 근본적인 문제가 있다. 그렇다고 온 인류가 온통 쓰레기로 덮인 황폐한 지구를 떠나 이주해서 살 수 있는 것도 아니다. 그럴 수 있는 천체는 아직 발견되지 않았다. 설사 그런 곳이 발견되더라도 그러한 곳에 이주한다는 것은 기술적·물리적으로 불가능하다. 백 보를 양보해서 설사 그런 것이 가능하다 해도, 과연 그러한 인류의 삶이 무슨 의미를 가질 수 있겠는가? 인류는 어쩌면 오로지 이 하나뿐인 지구에서만 존재할 수 있는 것 같다. 인간의, 그리고 모든 생명체의 고향과 거주지와 무덤은 지구 외에는 아무 데서도 찾을 수 없다. 우리는 지구를 떠날 수 없다. 지구는 곧 우리의 생명이다. 그런데 지금 지구는 환경오염의 중병에 걸려 죽음의 위협 속에 빠져가고 있다. 지구와 함께 인류도 어쩌면 멸망의 위기에 가까이 가고 있다. 자연이 자신을 약탈해온 인류에게 참다못해 복수를 해온 것 같다. 우리는 지금 과학 문화의 부메랑 효과를 목격하고 있는 듯하다.

그러나 우리와 지구는 반드시 살아남아야 한다. 현재 지구의 환경오염과 생태계 파괴를 그냥 보고만 있을 수 없다는 말이다. 지구의 병은 너무 늦기 전에 꼭 고쳐야 한다.

인간중심주의적 해결책의 한계

과학문화의 이러한 어두운 전망에도 불구하고 지금부터 당분간, 즉 21~22세기까지 인간은 지금까지 중독된 과학이란 마약을 끊지 못하고 과학적 틀에서 생각하고 행동하게 될 것이다. 죽어가는 지구, 즉 위협을 받고 있는 인류문화의 구원책이 아직도 과학문화의 큰 틀을 벗어나지 못한 채 구상되고 있다. 리오타르는 자신의 최근 저서에서 "이른바 발전이 생산적 효율성을 의미하고 과학은 이러한 이데올로기에 의해 지배되었으며, 그러한 과학적 이데올로기는 인간 사회를 더욱더 '비인간적inhuman'으로 만들어간다"라고 진단한다. 여기서 '비인간적'이라는 말은 인간 자체가 완전히 하나의 물리적 현상으로만 대상화되어 인간의 인격성, 즉 자율성이 존재하지 않게 됨을 뜻하며, 인간의 '가치'나 삶의 '의미'가 부재하게 된다는 뜻이다. 그러면서도 그는 '인간답게', 즉 자유롭게 남아 있기 위해서는 이러한 과학문화의 물결에 저항해야 한다고 주장한다.[128] 사실 과학적 세계관은 가치와 의미의 세계를 황량한 사막으로 만든다.

그러나 리오타르는 앞으로의 문화가 과학문화의 틀에 머물러 있을 것임을 조금도 의심치 않는다. 그가 '인간답기'를, 즉 '자율성을 지키기'를 바랄 때 그것은 앞날에 지속될 과학문화의 틀 안에 서 있다. 그러나

---

[128]　Jean-Francois Lyotard, Geofferey Bennington and Rachel Bowiby, tr., *The Inhuman*(Standford, Standford University Press, 1991). 특히 "Introduction: About the Human".

엄밀히 따질 때 한편으로 '인간다움'이나 '자율성'과 다른 한편으로 과학적 세계관은 양립할 수 없다. 그렇다면 인류문화에 대한 그의 전망은 여전히 어둡고, 그 테두리 안에서 그의 처방은 너무나 소극적이고 빈약하다. 그는 고도의 과학문화가 가져오는 어두운 문제를 예측하면서도 그것을 해결하기에 필요한 새로운 문화 모델을 제공하지 못한다.

한편 이른바 미래학자로 알려진 토플러는 새로운 형태의 21세기 문화를 예언하고 그것을 "제3의 물결"[129]이라 이름 붙인다. 그러나 첫째, 그가 예측한 새로운 문화가 과학문화라는 점에서 근대문화의 연장에 불과하며, 둘째, 그는 과학문화를 긍정적으로만 보고 앞으로의 문화가 과학기술에 의해 더욱 지배되고 과학적으로 모든 문제가 해결되리라고 믿는 점에서, 과학문화에 대한 그의 견해는 너무 단순하고 낙관적이다. 그러나 오늘날 과학기술 문명의 객관적 상황을 냉정히 직시할 때, 인류의 사고와 행동, 즉 세계관에 결정적으로 혁신적 전환이 생기지 않는 한, 이미 오래전에 작동되기 시작한 과학적 세계관은 더 이상 저지할 수 없는 자체의 동력법칙에 따라 가속적 운동을 계속하고, 궁극적으로는 스스로를 파멸로 몰아갈 것만 같다.

바로 이러한 사실이 우리를 우려하게 하며 과학적 사고, 이른바 과학적 합리성, 과학적 세계관에 대한 근본적 반성을 요청하며, 또한 바로 이러한 이유 때문에 우리는 21세기, 그리고 그 이후의 인류문화를 객관적으로 관망한다는 입장에서 그것을 예측·전망하는 것으로만 그칠 수 없고, 그것과는 다른 희망을 걸고 어떻게 해서든지 인류와 지구를 종말의 궤도로부터 돌릴 방법과 작전을 마련해야 한다. 그러기 위해 가장 중

---

129 앨빈 토플러, 김태선·이귀남 옮김, 『제3의 물결』, 기린원, 1992.

요하고 근본적인 것은 자연과 인간의 관계에 대해 근본적으로 새로운 시각에서 희망을 걸고 철학적 반성과 고찰을 깊이 해야 하는 일이다.

희망: 생태학적 문화

지구가 병들고 인간의 존속이 위협받고 있다. 병을 고치려면 먼저 옳은 진단이 나와야 한다. 병의 가시적 원인은 절제를 모르고 방향감각을 잃은 과학 문명의 근시안적 개발과 발달이다. 그러나 과학 지식이나 과학기술은 어디까지나 도구적 의미만을 갖는다. 그 자체가 자연을 파괴하고 환경을 오염시키는 것은 아니다. 따라서 과학 지식이나 과학기술이 자동적으로 환경오염과 생태계 파괴, 나아가서 지구의 병과 죽음을 의미하지는 않는다. 과학은 그것을 어떤 의도에서 어떻게 사용하느냐에 따라 현명하게 긍정적으로만 사용될 도구일 수 있다. 그런데 우리는 그 도구를 잘못 인식하여 잘못 사용해왔고, 그동안 맹목적 욕망에 끌려 자연을 무자비하게 약탈만 해왔다.

　이러한 행위의 밑바닥에는 그런 행위를 정당화하는 이념이 깔려 있다. 도구주의적 자연관, 즉 세계관과 인간중심적 가치관, 즉 인생관이 바로 그러한 이념을 구성하는 내용의 양면을 나타낸다. 과학문화가 전통문화를 대치하여 오늘의 문화를 형성했지만, 그것들은 다 같이 '인간중심주의'라고 부를 수 있는 세계관을 바탕으로 하고 있다는 데는 변함이 없다. 그러므로 과학문화의 한계가 드러나고 그것을 대치할 수 있는 문화가 있다면, 그것은 필연적으로 인간중심주의와는 다른 세계관을 전제로 해야만 한다.

탈인간중심주의

지금까지의 세계 역사와 얼마간 더 전망되는 인간 역사가 인간에 의한 자연 정복의 역사에 지나지 않는 것으로 본다면 그러한 역사의 밑바닥에는 반드시 그것을 뒷받침하는 한결같은 세계관·인생관이 숨어 있다. 그것은 '인간중심주의'라는 말로 가장 적절히 부를 수 있는 이념이다. 인간중심주의는 모든 가치는 인간적 가치이며 그런 가치를 위해서 인간 외의 모든 존재는 단순한 도구·수단에 지나지 않는다는 신념으로 정의될 수 있다.

인간의 행동이 의도적인 이상, 그리고 의식적 행동이 필연적으로 어떤 정당성을 필요로 하는 이상, 자연에 대한 인간의 무제한 정복과 약탈도 그것대로의 정당성이 요구된다. 우주의 객관적·형이상학적 구조를 반영하는 것으로 전제된 인간중심주의는 인간에 의한 자연의 무제한 개발과 도구화, 즉 자연의 정복에 철학적 정당성을 부여한다. 과학에 의한 자연의 정복이 가장 효율적으로 성취되고, 서양을 대표해온 종교가 유대교·기독교이며, 이것이 인간중심적 형이상학 위에 적나라하게 세워졌다는 것은 전혀 우연이 아니다. 형이상학적으로 서양 종교와 전혀 다른 구조를 갖고 언뜻 보아 인간중심주의와 대립되는, 즉 자연중심주의적 세계관으로 볼 수 있는 힌두교·불교 및 유교에서조차 인간중심적 신념은 완전히 청산되지 않고 있다. 힌두교와 불교에서 뗄 수 없는 '윤회karma' 이론은 인간의 삶을 모든 형태의 삶 가운데 가장 귀중한 것으로 전제하고, 유교는 인간이 만물 가운데 최고로 귀함을 강조한다.

이러한 사실은 인간중심주의적 사고가 얼마만큼 뿌리 깊고 보편적인가를 알려준다. 인간중심주의라는 철학적 신념은 자연을 정복하여 그것을 복종시켜 자신의 욕망 충족을 위해 도구적으로 사용하려는 가장 무서운 약탈적 동물인 인간에게 심리적으로 얼마나 편리한 이념적 도구의 기능을 했던가를 정당화해주기 때문이다. 그러나 한 신념의 진위는 그것이 마련하는 심리적 편리와는 전혀 상관없이 존재한다. 어떤 신념이 비록 심리적 갈등 해소에 편리한 역할을 해주는 경우라도 그러한 신념은 틀린 것일 수 있다. 인간중심주의는 인간이 자신의 행동을 정당화하기 위해 상상해낸 '이야기', 즉 픽션일 수 있다. 사실 그렇다. 인간중심주의에는 아무 객관적 근거가 없다. 철학적으로나 첨단 과학적으로도 조금만 냉정히 반성해보면 금방 납득할 수 있다.

별과 달은 개가 죽는다고 슬퍼하지 않으며, 우주는 개의 아픔이나 죽음 대신 인간의 아픔이나 죽음을 더 안타까워하지 않는다. 첨단 생명과학은 생물학적 구성요소와 그 구조의 측면에서 볼 때 개와 인간 사이, 아니 모든 생물체 사이에 근본적 차이가 전혀 없음을 설득력 있게 증명하고 있다. 인간과 동물 간의 생물학적, 더 나아가서는 물리학적 차이는 과학적으로 알 수 있는 한 피상적일 뿐이라는 것이다. 만일 그것들 간에 존재론적·형이상학적 차이가 없다면 그것들 간의 차이는 인간이라는 동물이 그밖의 동물에 비해 지적으로 우수하고, 지적 우수성은 결국 힘의 우수성에 불과하다. 육체적으로 나약한 인간이라는 동물이 지적으로 열악한 다른 동물을 정복할 수 있었다는 말이다. 인간이 이처럼 다른 동물을 지배할 수 있는 지구상의 절대 폭군으로 군림하게 된 것은, 우주적·형이상학적·종교적 원리나 섭리에 의해서가 아니라 하나의 우연한 사건·결과에 지나지 않는 것으로밖에는 달리 볼 수가 없다.

오늘날 지구적 위기의 근원적 원인은 인간중심주의적 세계관이다. 그러나 자연은 인간의 욕망 충족을 위한 단순한 자료나 도구가 아니다. 인간중심주의에는 아무 근거도 없다. 도구주의적 자연관과 인간중심적 가치관은 새로운 세계관에 의해 대치되어야 한다. 이러한 새로운 이념체계 없이는 맹목적 과학문화가 동반하게 될 지구의 죽음, 따라서 문화의 종말이 근원적 해결, 즉 구원을 받을 수 없다. 그렇다면 어떤 혁신적인 새로운 세계관이 있을 수 있는가?

생태학적 문화

과학기술의 지속적 발명과 개발과 발전이란 명목하에 진행되는 인류에 의한 자연 정복이 이대로 계속될 때 틀림없이 예측할 수 있는 사실은 지구의 황폐화, 생태계의 파멸, 인류 종말 및 모든 생명체의 멸종이다. 병들었다는 것이 이미 확실하지만 그렇다고 다른 것으로 대치할 수 없는 단 하나의 지구는 이대로라면 머지않은 장래에 병에서 회복될 수 없어 사멸하게 될 것이다. 아무리 재생적 잠재력이 있더라도 날로 심해져 가는 환경오염을 감당하는 데는 한계가 있기 때문이다. 이러한 지구상의 생명, 어쩌면 지구에서만 볼 수 있는 생명의 총체적 위기의 밑바닥에 자연 정복을 정당화하는 인간중심적 세계관이 근본적 원인으로서 깔려 있다면, 이러한 세계관을 버리지 않는 한 앞으로 인류, 그리고 지구의 온 생명이 당면한 위기가 결코 극복될 수 없다는 것은 자명한 사실이다. 객관적 자연과 우리 인간 자신을 보는 인식적 패러다임과 삶의 궁극적 가치를 보는 게슈탈트 스위치Gestalt switch, 즉 '총체적 관점, 사고의 틀의 혁명적 전환'이 필요하다. 우주 안에서 인간의 자리와 자연과 인간의 관계에 대한 인식의 전환, 즉 새로운 세계관·인간관 및 가치관이 있어야 한다는 말이다. 우리는 그것을 '탈인간중심적 세계관'이라 호칭하고, 그러한 세계관을 바탕으로 한 문화를 '생태학적 문화'라 부르기로 한다.

인간과 자연의 동일성　생태학적 문화는 자연과 인간의 동일성을 믿는다. 자연과 인간은 하나를 이룬다. 자연과 인간의 분리와 대립은 형이상학적으로 볼 때 피상적이며 인위적이다. 자연이 인간과 대립되어 생각되지만, 사실 인간은 자연 밖의 존재가 아니라 무한한 존재들의 고리로 형성된 자연의 단 하나의 고리에 불과하다.

인간의 형이상학적 특수성의 부정　생태학적 문화는 자연의 관점, 즉 전체적 시각에서 볼 때 인간의 유일한 특수 가치를 인정할 수 없다. 인간이라는 고리가 기타의 존재를 정복할 수 있는 힘을 가진 것은 분명하지만, 그러한 사실이 인간이 자연의 무한한 고리 가운데 가장 귀중하다는 것을 증명하지는 않는다. 오히려 그와는 정반대일지 모른다. 보기에 따라 그러한 특수한 힘을 갖고 있는 인간이라는, 즉 자연 세포는 인간 생명체를 파괴하는 암세포에 비교될 수도 있기 때문이다. 인간은 단 하나의 자연, 우주 전체를 구성하는 무한한 고리의 일부에 지나지 않는다. 자연이라는 하나의 존재가 그 구성 부분으로 분할할 수 없음을 인정할 때, 인간의 특권을 믿는다는 것은 논리적으로 불가능하다.

　앞의 두 가지 점에서 생태학적 문화는 힌두교 및 불교의 윤회설과 도교의 철학적 자연주의와 형이상학적 맥락을 같이하며, 기독교는 물론 플라톤의 '이데아' 이론에 나타난 형이상학, 헤겔의 변증법적 '정신현상학', 그리고 가까이는 테야르 드샤르댕의 철학적 인간진화주의와는 상반된다. 전자의 세계관이 윤회순환적이라면, 후자의 세계관은 목적진화적이다. 목적론적 세계관에서 인간의 특수한 위상과 특권이 의미를 가질 수 있다면, 순환적 세계관에서는 인간의 특수한 자리나 의미, 가치라는 말들이 그 의미를 가질 수 없다. 그러므로 탈인간중심주의를 전제하는 세계관의 윤회적·순환적 형이상학을 전제하거나 함의한다.

총체적 인식론　생태학적 문화는 인식론적으로 분석적 사고방식에 앞서 종합적 사유를 더 강조하고 중요시한다. 순환적인 모든 현상은 근본적으로는 따로 분리·구별할 수 없는 단 하나의 전체의 다양한 측면에 불과하지 독립된 개별적 존재가 아니다. 현상적 부분들은 하나의 전체속에서만 그 의미가 파악된다. 궁극적으로 그것들은 서로 뗄 수 없다. 따라서 개별적 사물현상은 단 하나인 전체 속에서만 옳게 인식된다는 것이다. 이런 생태학적·인식론적 맥락에서 전체를 구성하는 피상적 현상들 간의 우열이나 상하의 위계적 개념은 의미를 가질 수 없다. 그러므로 인간중심적 세계관은 불가능하다.

발전·진보 개념의 재검토　생태학적 문화는 발전·진보와 개발이란 개념의 근본적 재검토를 요구한다. 진보는 보다 많고, 보다 인간에게 만족스러운 물질적·정신적 산물을 의미했다. 그것은 구체적으로 자연현상에 대한 지식의 증가, 그러한 지식에 근거한 사물의 생산을 뜻했으며, 보다 많은 사람에게 만족될 수 있는 사회·정치 체제의 실현을 지칭했다. 그렇기 위해 보다 많은 욕망 충족을 위한 자연 정복과 자료화, 즉 자연에 대한 약탈의 확대를 의미했고, 그러한 행위가 자연 개발이라는 이름으로 수행되었다. 그러나 발전·개발이라는 개념이 위와 같은 의미를 가질 수 있는 데는 인간중심주의가 도사리고 있고, 인간중심주의의 밑바닥에는 자연과 인간의 형이상학적 구별 및 그것들 간의 적대적 견해가 깔려 있다.

　그렇지만 발전·진보라는 개념을 위와 같은 뜻으로만 볼 수는 없다.

위와 같이 해석될 때 이 개념들은 자가당착에 빠지기 때문이다. 앞서 보았듯이 위와 같은 뜻으로서 발전·진보는 인간에게 결과적으로 퇴보·후퇴를 필연적으로 동반하며, 개발은 자기 자신의 파멸을 가져오게 마련이기 때문이다. 참다운 개발은 자연의 자료화에 있지 않고 자연과의 공생을 유지 내지는 회복하는 데 있으며, 참다운 발전·진보는 인간의 물질적 욕망 충족에만 있지 않고 자연·존재 일반의 일부로서 인간의 형이상학 종교적 의미를 찾고 경험하는 데만 있을 것이기 때문이다.

탈자기중심적 가치관 생태학적 문화는 인간이 무제한한 물질적 욕망과 자연 정복의 의지로부터 스스로를 해방해야 한다고 주장한다. 이런 점에서 생태학적 세계관은 인간 고통의 근본 원인을 욕망에서 발견하고 인간 문제, 즉 인간 고통의 근본적 해결책을 욕망으로부터 해방하는 데 있다고 보는 불교적 인생관과 일치한다.

화해적 태도 생태학적 문화는 자연에 대한 지금까지의 도전적 태도를 화해의 태도로 전환시킨다. 자연은 인간에 의한 도전과 정복의 갈등 대상이 아니라 인간과 공존적·공생적 관계라는 사실을 새삼 깨달아야 한다는 것이다. 동물들, 식물들은 물론 산이나 바다, 하늘이나 땅, 어느 것들도 다만 인간의 욕망 충족을 위한 자료나 도구가 결코 아니며, 그런 것들의 존재 의미는 단순히 인간의 무제한한 욕망 충족을 위한 도구성에만 있지 않다. 그러므로 생태학적 세계관은 모든 존재의 내재적 가치와 존엄성을 인정하고, 따라서 자연에 대한 우리의 태도가 도전적이거나 약탈적인 것이 아니라 공생적이며 화해적이어야 한다고 믿는다. 여기서 화해한다는 것은 자연적으로 살아감을 뜻한다. '노老'·'장壯'이 그렇게도 강조하고 이 점에서 '공孔'·'맹孟'도 함께 따라가는 '도道'란, 자연의 이치대로 살아감을 의미함에 지나지 않는다. 이런 관점에서 볼 때 노장이 주장하는 무위無爲적 행동원칙과 삶에 대한 소요逍遙적 태도는 2천 수백 년 전에 이미 상징적으로 보여준 생태학적 세계관의 대표 모델이다.

맺음말

우리의 세계관이 우리의 사고·인식·가치관의 양식을 다 함께 총체적으로 지칭해주는 개념이라면, 그것이 결국 한 사회나 한 시대의 문화를 결정한다. 어둡게 전망되는 21세기 및 그후의 인간중심적 첨단 과학문화와는 달리 우리가 보다 밝게 희망할 수 있고 꼭 희망해야 하는 유일한 문화는, 위와 같은 의미에서 '생태학적'인 것 외에는 다른 선택의 여지가 없다. 당분간 지구와 인류, 그리고 모든 생명에 대한 어두운 전망 속에서 우리가 그러한 절망에 빠져버려서는 안 된다. 우리는 새로운 의식으로 우리 자신과 자연 및 그것들의 가치를 새롭게 인식하여 강한 의지로 용기를 굽히지 않고 21~22세기를 대처해야 한다.

불행히도 이론과 실천, 이상과 현실은 꼭 일치하지 않는다. 인간중심적 세계관이 자연중심적 사고에 바탕을 둔 생태학적 세계관으로 대치되어야 한다는 것을 인식하더라도 그러한 혁신을 위한 구체적 방법과 절차가 자동적으로 보장되지는 않는다. 구체적으로 우리는 지금부터 무엇을 어떻게 보고, 생각하고, 실천해야 하며 과연 할 수 있을 것인가? 인간의 생물학적으로 무한한 욕망은 얼마만큼 자제될 수 있는가? 그것이 자제될 수 있다면 발전·개발은 어느 선에서 중지되어야 하는가? 동물들을 우리와 같은 생명체로서 존중해야 한다면 육식을 중지하고 모기나 그밖의 이른바 인간의 관점에서 '해충'들을 잡지 말아야 하는가? 이러한 물음에 대한 정확한 대답은 결코 쉽게 나올 수 없다.

그러나 우리는 적어도 다음과 같은 사실만은 인정해야 하고, 문제해결의 실마리도 이러한 사실을 인정하는 감수성으로부터 찾을 수 있다. 한 가지 확실한 것은 동물의 생태계는 먹는 자와 먹히는 자 간의 치열한 생존 투쟁의 순환적 고리를 이루고 있다는 사실이다. 그렇다면 인간도 그 생태계 고리의 하나로서 살아남아야 하고 살아남기 위해서 다른 동물들을 먹는 것이 자연의 큰 법칙에 순응하는 행동이라고 볼 수 있다. 여기서 자연의 지배·약탈, 그리고 개발이 어느 정도 정당화될 것이다. 그러나 또 다른 확실한 사실 하나는 다른 생명체를 약탈함에 있어 다른 동물이 생물학적 존속을 위한 선에서 끝나는 데 반해, 인간의 약탈 행위는 그러한 목적성을 훨씬 넘어 과잉적이라는 데 있다. 인간이라는 동물만이 너무 많은 것을 차지하고 소비하며, 너무 많이 먹고 마시고 배설하며, 그리고 너무 번식하고 있다는 사실은 인간 자신도 부정할 수 없을 것이다.

『이성은 죽지 않았다』(1996)

06

21세기 문화의 정체성과 변용

21세기 문화의 정체성에 대해 언급하기 전에 먼저 살펴보아야 할 것은 '문화'라는 말의 개념적 정의이다. '문화'라는 말은 때로 정서적·지적· 육체적 향락 활동의 표현으로 예술·문학·학문·스포츠 등으로 나타나 는 삶의 특수한 양식과 그 질을 지칭하는 좁은 뜻으로 사용된다. 이런 뜻에서의 문화는 제한된 사람들에게만 문화적이라고 할 수 있다. 모든 사람이 예술·문학·학문·스포츠를 즐길 수 있는 교양이나 여유를 갖지 못하기 때문이다. 하지만 문화의 일반적·어원적 뜻은 작거나 큰 인간 공동체 고유의 삶의 양식이나 그 총체적 장치를 지칭한다. 후자의 의미 에서 살펴볼 때 모든 인간은 필연적으로 문화적 존재이다.

인간공동체의 삶의 양식은 지리적·역사적·물리적·정신적 여건에 따라서 크게 영향을 받기도 하지만, 이러한 여건들이 충족된다고 해서 완전히 결정되지는 않는다. 인간은 다른 동물들과 달리 삶의 여건에 대 해서 본능에 따라 기계적으로 반응하지 않고, 각기 자신의 세계관·가 치관·정서나 마음상태에 따라 똑같은 여건에 대해서도 전혀 다른 태도나 양식으로 대처하고 다르게 반응할 수 있기 때문이다. 삶의 양식, 총체적 장치로서의 문화는 인간공동체의 주관을 반영한 것이며, 한 공동체의 주관적 반영물인 문화는 공동체가 가진 고유한 역사적 경험을 거치면서 서로 다른 독특한 패턴을 나타낸다. 한 개인의 특성과 한 문화집단의 특성을 편의상 각기 개인적 정체성·동일성personal identity과 문화적 정체성·동일성cultural identity으로 부를 수 있다.

문화적 정체성은 문화 간의 접촉에 따라서 언제나 어느 정도 상호 영향에 의한 변화가 불가피했지만, 그 변화가 한 문화의 정체성을 근본적으로 흔들어놓지는 않았다. 이런 점에서 동양과 서양, 한국과 일본, 경상도와 전라도 문화의 정체성에 대해 말할 수 있었다. 근대에 들어와 과학기술이 발달하면서 교통수단·정보교환 수단의 양적·질적 확대가 이루어졌고, 지역 간의 문화적 접촉과 이식·침투·경쟁, 그리고 전용이 증가함에 따라 문화적 정체성은 질적으로 조금씩 변화했다. 그럼에도 불구하고 문화적 정체성은 크게 흔들리지 않았다. 그러나 최근에는 최첨단 과학기술의 발달과 가속적으로 추진되고 있는 세계화로 문화적 정체성이 많은 지역에서 변질되어 '비빔밥 문화'가 나타나 있으며, 이런 혼돈 때문에 앞으로의 문화적 양상의 전망이 불투명하다. 바로 이러한 문명사적 맥락에서 '21세기 문화의 정체성과 변화'에 대한 문제 제기는 불가피하며, 이러한 사정은 강대국의 힘에 밀려 문화적 전입과 흡수의 위협을 받고 있는 약소국의 경우에 더욱 심각하다.

이 문제는 두 가지 측면에서 제기될 수 있다. 그것은 서술적, 즉 지적 측면과 실천적, 즉 실존적 측면이다. 전자의 문제가 문화적 정체성의 변화를 설명하는 이론적 문제라면, 후자의 문제는 그러한 변화에 직면함으로써 불가피해진 문화적 방향 선택이라는 실천적 문제이다. 이 두 가지 문제는 모두 '정체성' 개념의 재정리를 요구한다.

문화적 정체성의 개념

정체성·동일성은 정확히 무엇을 지칭하는가? 그것은 어떤 개체가 고유하게 갖고 있다고 전제된, 시간과 공간을 통한 변화를 초월하여 존재하는 영원불변한 실체로 인식되어왔다. 그것은 한 개인의 경우 그 개인의 고유한 영혼으로, 집단의 경우 그 집단 고유의 원형으로 불려왔다. 그러나 이런 뜻이라면 정체성·동일성은 하나의 관념적 허구에 불과하다. 오늘날 데카르트가 말하는 생각하는 자아나 융이 말하는 문화적 원형을 믿는 이는 없다. 개인의 경우나 집단의 경우나 정체성은 처음부터 원초적으로 주어진 실체가 아니다. 미시적으로 볼 때 구체적인 개인의 삶과 구체적인 집단은 단 한순간도 정지하지 않고 부단하게 변화하고 있기 때문이다. 그것은 일종의 역동적 개인과 집단에서 거시적인 시간 및 공간적 차원에서 관찰할 수 있는 개인적·집단적 행태의 유형에 지나지 않는다. 또한 정체성은 개인의 경우 행동양식의 변화 유형, 집단의 경우 집단행동의 문화적 변용양식의 유형에 지나지 않는다. 그것은 개인의 경우 개인적 관습으로 볼 수 있는 성격에 해당되고, 집단의 경우 집단적 관습에 지나지 않는 전통의 동의어에 불과하다. 성격과 전통은 거시적으로 볼 때 불변하는 듯하지만, 미시적으로 볼 때는 외적 상황의 변화와 내적 경험의 축적에 따라 크고 작은 부단한 변화의 와중에 놓여 있다. 따지고 보면 정체성은 고정된 객관적 실체가 아니라 관념적 소통을 위해 인위적으로 만든 개념적 허구라고 볼 수 있다. 정체성/동일성은 정체적이지도 동일하지도 않다.

개인의 경우나 집단의 경우 정체성은 주어진 여건에서 가장 바람직한 삶이란 무엇인가를 고민하며 개인적 차원 혹은 집단적 차원에서 고안해낸 독특한 삶의 전략적 기술에 지나지 않는다. 그리고 그러한 삶의 전략은 처음부터 주어진 것이 아니라 개인 혹은 집단이 삶의 과정에서 자신의 독자적 경험과 지혜로부터, 그리고 다른 사람들이나 문화들에서 다른 경험과 다른 지혜를 얻어 형성된 것이다. 정체성은 원초적으로 순수하게 존재했던 실체가 아니라 누군가로부터, 어딘가로부터 약간은 전용된, 항상 불순한 유동적 패턴에 불과하다.

지구상의 모든 인간공동체는 그 규모와는 상관없이 각기 나름대로의 생활양식을 갖고 있다. 또 그 속에 살고 있는 구성원들은 다른 공동체에 살고 있는 구성원들과 약간씩 다른 기질을 갖고 있다. 서양의 언어와 동북아의 언어, 한국어와 중국어, 서울말과 경상도 말, 부산 말과 대구 말의 억양, 양반계급의 말투와 상인들의 말투는 저마다 조금씩 다르다. 언어문화의 차원에서 볼 수 있는 이러한 차이는 음식·가옥구조·혼례나 장례·인간관계·사상·예술 등 모든 문화에도 똑같이 해당된다.

이같은 문화적 차이는 긴 세월을 거치면서 각기 관습이나 관례의 형태로 규격화되어 전통이라 불리는 규범으로 정착되고, 동시에 한 인간집단의 총체적 문화는 다른 인간집단의 총체적 문화와 구별될 수 있는 어떤 총체적 특징 혹은 분위기를 갖추게 된다. 문화적 정체성은 어떤 형이상학적 실체가 아니라 이러한 인간공동체의 사회적 삶의 양식의 특징을 지칭하는 말에 불과하다.

오늘의 동양문화는 분명히 오늘의 서양문화와는 다르며, 오늘의 한국문화는 오늘의 중국문화나 일본문화와 어딘가 다르다는 것을 느낄 수 있다. 그러나 동양문화와 서양문화는 처음부터 그 차이가 존재했던 것은 아니다. 두 문화는 긴 역사를 통해서 서로 다른, 그리고 부단히 변하는 자연적·역사적 환경 속에서 역동적으로 형성된 삶의 일반적 유형 가운데 하나에 불과하다. 한국문화는 단군이라는 한 영웅이 그 원형을 만든 것이 아니다. 한국문화는 중국, 일본, 그리고 근대에는 서양과의 잦은 접촉 과정으로부터 그들의 문화를 한국 고유의 지리적 여건과 역사적 경험에 맞추어 전용한 결과이다. 다시 말해서 한국문화는 원래의 고유성이 변용된 산물에 지나지 않는다. 문화적 전용의 대표적인 예는 로마문화와 한국/일본문화에서 찾아볼 수 있다. 로마문화는 그리스의 문화를, 과거 한국/일본문화는 대체로 중국문화를 전용한 결과임을 부정할 수 없다. 근대 이후 오늘날까지 동양문화에는 서양문화가 크게 전용되고, 최근 들어 전 세계의 문화에는 싫든 좋든, 타의적이든 자의적이든 미국문화가 두드러지게 전용되고 있다는 사실을 부정할 수 없다.

그러나 문화적 전용 현상이 일방적인 것은 아니다. 근대 그리스의 문화에는 로마문화가, 오늘날의 서양문화에는 동양문화가, 중국문화에는 한국과 일본의 문화, 미국문화에는 미국 이외의 다른 나라의 문화가 나소나마 침투, 전용되어 있다. 모든 문화의 정체성은 곧 전용의 산물이다. 문화적 정체성은 엄밀한 의미에서 정체성, 즉 변하지 않는 동질적 존재가 아니라 문화적 잡탕이다.

이와 같은 사실은 한 민족어가 다른 민족어의 전용과 그 문화권의 정치적·사회적·경제적 변천의 내적 역학에 따라 부단히 변화한 결과라는 사실로 입증할 수 있다. 오늘의 여러 유럽어들은 라틴어나 고대 그리스어의, 근대 영어는 프랑스어의 전용적 산물이며, 오늘날의 프랑스어는 라틴어·그리스어·영어가 전용되어 부단한 변화를 일으키고 있다.

이러한 언어적 전용과 변화 현상은 오늘의 일본어·한국어에서 명백하게 관찰할 수 있다. 언어의 이같은 전용과 변화 현상은 특정한 시기의 특정한 언어에만 국한된 것이 아니라 모든 시대, 모든 언어에 해당된다. 언어의 상호 전용 과정에서 라틴어나 수많은 부족어들의 경우와 같이 어떤 언어는 완전히 사라질 수도 있지만, 언어적 전용은 대체로 일방적이 아니라 상호적이다. 언어적 문화 차원에서 관찰할 수 있는 문화적 전용의 역학에 대한 이와 같은 설명의 원리는 언어에만 한정된 것이 아니라 모든 문화 현상에 똑같이 적용된다.

모든 문화 현상이 상호 간의 부단한 역학적 전용의 과정에 있다고 가정했을 경우 영원불변한 형이상학적 실체로서의 문화의 정체성·동일성은 논리적으로 불가능한 상상물에 지나지 않는다. 이른바 문화적 정체성은 고대로부터 어느 곳에서나 줄곧 변질되어왔다. 그리스의 문화는 이집트의 문화에, 로마의 문화는 그리스의 문화에, 중세 유럽문화는 그리스와 기독교문화에 의해 크게 영향을 받았고, 근대화 이전까지 한국문화는 중국문화에, 근대화 이후 한국문화와 일본문화는 근대 서양문화에 의해 크게 변질되었다.

한 세기 전 한국문화가 서양문화와 만났던 순간부터 한국은 상투를 자르고, 한복을 양복으로 갈아입고, 결혼도 서양식으로 하고, 4분의 1 이상의 인구가 기독교로 개종하고, 초가집이나 기와집 대신에 양옥이나 고층 아파트에 거주하고 있다. 학교에서 배우는 거의 모든 과목과 그 내용은 공자나 맹자, 원효나 지눌, 퇴계나 율곡, 유학이나 도교가 아니라 플라톤이나 아리스토텔레스, 피타고라스나 뉴턴, 수학이나 물리학이다. 성에 대한 젊은이들의 의식은 서양인 이상으로 개방적이고, 젊은이들은 김치와 밥보다는 햄버거와 피자를 선호하며, 장년층 가운데는 곰탕이나 갈비탕보다는 일본식 도시락이나 초밥을 찾는 이가 늘어가는 추세이다. 최근에는 서양인처럼 금발 염색을 한 머리가 젊은이들 사이에서 유행하고 있다. 또한 몇 년 전부터는 한국 전체가 영어 회화 공부에 열중하고 있다. 한국인이 쓴 책보다 외국인이 쓴 번역서를 더 많이 출판하고 있다. 현재 우리가 사용하는 수많은 개념들과 우리가 믿는 민주주의·정의·평등주의·개인의 자유 등의 가치는 원래 서양에서 수입된 것이며, 우리들이 생각하는 방식도 차츰 합리적·과학적·논리적으로 변하면서 서양인의 사고방식으로 바뀌어가고 있다. 문화적 전용 현상, 즉 이식 현상은 지난 100년 동안 진행되었으며, 이러한 현상은 앞으로 더욱 가속화될 것으로 전망된다.

문화적 전용 현상은 한국에만 국한된 것이 아니라 지구 전체에서 나타나는 현상이다. 한국과 그 이외의 다른 문화권 간에 차이가 있다면 그것은 문화적 전용이 시작된 시기와 속도일 뿐이다. 일본은 한국보다 좀더 빨리, 중국은 일본보다 좀더 이른 시기에, 인도는 중국보다 더 빠른 때에 시작되었고, 아프리카 오지 혹은 동남아의 수많은 섬들 혹은 남미 밀림지대의 원주민 사회에는 훨씬 뒤늦게 문화적 전용 현상이 일어났나. 근내 이후 동서 간의 문화석 선용 현상은 농양의 관점에서 볼 때 분화적 변질, 그에 따른 정체성의 혼란 내지는 상실로서 문화적 주체성의 상실이라는 위협으로 작용했다.

21세기의 문화적 전용과 정체성에 대한 전망

21세기의 문화적 정체성, 즉 문화적 전용 양상이 각별한 문제로 제기되는 이유는 무엇인가? 그것은 오늘날 생긴 문화적 전용 양식의 새삼스러운 질적 변화보다는 그 변화의 속도와 폭의 양적 변화가 몰고 온 사회적·심리적 혼란에서 찾을 수 있다.

바로 앞서 보았듯이 문화는 우리가 생각하고 있었던 것과는 달리 정체성이라는 이름으로 착각되는 영원불변한 실체가 아니다. 그것은 부단한 변화와 변질의 과정에서 드러나는 양상 그 자체이다. 그럼에도 불구하고, 과거 지구 곳곳의 여러 사회집단들이 각계각층에서 체험했던 문화적 변화의 속도와 그 폭은 느낄 수도 볼 수도 없을 만큼 느리고 좁았다. 이런 이유로 얼마 전까지만 해도 한 문화 집단 속에서 그것에만 고유하게 존재한다고 착각되는 일정한 삶의 유형을 읽을 수 있었다.

과거에 이러한 상태가 유지될 수 있었던 것은 지역 간의 인적·정보적 접촉, 상호 침투 등 문화적 전용의 폭과 속도가 좁고 느렸기 때문이다. 그러나 지난 100년, 특히 지난 반세기 전부터는 상상을 초월하는 속도로 발달하는 교통수단, 인적 혹은 물적 교류, 정보 통신의 양적 증가와 질적 발달에 따라 문화적 교류·상호 침투·경쟁·정복의 밀도와 크기가 폭발적으로 늘어나고 있다.

이러한 과정에서 한 지역 혹은 집단이 갖고 있던 일정한 생활 유형과 그것을 뒷받침하는 고유한 세계관의 혼란, 삶의 방향감각을 혼동하고 상실하는 상황에 부딪히게 되었다. 얼마 전까지만 해도 전혀 듣지도 보지도 못한 사상들, 삶의 양식들이 서로 침투하여 한 지역에서 오래도록 전해오던 전통적 삶의 양식이 알아볼 수 없게 변질되어가고 있다. 이러한 문화 전용 현상은 오늘날 모든 문화권에서 일어나고 있지만, 이른바 강대국이나 선진국보다는 약소국이나 후진국에서 한결 더 심각하게 나타나고 있다. 전자의 경우 문화적 접촉·교류·경쟁은 이질적 문화의 파괴와 소멸을 뜻하기 때문이다. 가속화하는 세계화의 소용돌이 속에서 이러한 문화적 현상은 오늘날 약소국, 후진국, 작은 단위의 부족문화들에서 구체적으로 나타나고 있다. 이것은 이른바 '세계화'는 강대국이나 선진국이 약소국이나 후진국을 경제적으로 침략하고 문화적으로 세계 일원화 추진을 위한 수단으로 삼으려는 전략으로도 볼 수 있다.

인간다운 삶의 가장 기본적인 조건을 생물학적 존재로서의 실존적 정체성에서 찾을 수 있기는 하지만, 인간이 사회적인, 즉 문화적인 존재라는 점에서 그의 정체성은 그가 속해 있는 사회의 문화적 정체성과 떨어져 존재할 수 없다. 한 인간에게 문화적 정체성의 상실은 곧 실존적 정체성의 상실을 뜻하며, 그것은 곧 인간으로서 존재하지 않게 됨을 의미한다. 나는 내가 속해 있는 문화의 정체성을 통해서만 나의 주체성을 규정하고, 나의 주체성을 규정함으로써만 비로소 나의 실존적 존재를 확인할 수 있다. 인간에게 있어 문화적 정체성의 확인은 인간으로서 가장 중요한, 즉 자율적 존재로서의 삶의 조건이다.

그러므로 오늘날 '비서양', 특히 비서양의 '약소국'에 속하는 문화권에서 문화적 정체성에 대한 의식이 예민해지고, 세계화에 따른 문화적 교류와 외래문화의 침투·위협에 따른 불안이 높아지고 있는 것은 당연하다. 세계화에 대한 저항이 지구 곳곳에서 자주 일어나고 있으며, 때로는 정치적으로 때로는 폭력적으로 나타나고 있다. 여기에서도 알 수 있듯 문화적 다양성과 그 가치의 상대성에 대한 목소리가 어느 때보다도 크게, 그리고 자주 들려오는 것은 당연하다.

이러한 사실에도 불구하고 현재의 문명사적 추세로 보아 21세기에는 세계화가 더욱 심화될 전망이다. 이러한 과정에서 강대국 문화의 전통적 정체성에도 이국문화가 도입되고 있다. 이에 따른 변화와 어느 정도의 혼동은 불가피할 것으로 보인다. 하지만 더 큰 변화와 혼동은 아무래도 약소국에서 나타날 것이다. 이러한 문화의 상호 전용의 긴 과정을 거친 후에는 인류 역사상 처음으로 지역적·민족적인 혹은 국가적인 색채가 불분명한 문화가 나타날 것으로 보인다. 어떤 특정한 지역에도 속하지 않는 이 문화는 비빔밥처럼 혹은 잡탕처럼 새로운 형태의 '인류문화'를 만들 것으로 예상된다. 현재, 그리고 앞으로 얼마 동안은 오늘날 관찰할 수 있는 문화적 전용의 구체적 의미가 주로 비서양문화권에 대한 서양문화의 전용, 즉 서양적 문화의 그밖의 문화로의 침식·정복·이식, 단적으로 말해 세계의 서양문화화, 즉 비서양문화의 서양문화에 의한 대치로 인한 정체성의 상실을 뜻하게 될 것이 분명하다.

그러나 이러한 과정에서 비록 그 폭과 밀도가 보잘것없더라도 역으로 비서양문화에 의한 서양문화의 변화, 문화적 정체성의 변질현상도 생긴다는 점을 부정할 수 없다. 실제로 19세기 말 일본의 에도시대의 판화인 '우키요에浮世繪'가 서양미술사의 방향을 결정하는 데 결정적인 영향을 끼쳤고, 20세기 초 아프리카의 종교적 조각품들이 20세기 전반의 미술계를 지배한 입체파에 결정적 영향을 끼쳤다는 것은 이미 잘 알려진 사실이다.

2차 대전 이후, 특히 30여 년 전부터 서양에서는 그전까지만 해도 거의 무관심했던 도교나 불교로 대표되는 동양사상이 큰 관심을 끌고 있다. 이들 종교는 특정 지식인이나 학자층뿐만 아니라 대중에게도 큰 관심의 대상으로 부상하고 있으며, 불교와 도교의 경우 신도의 수도 늘어나고 있다. 이미 중국음식은 말할 것도 없고, 일본의 초밥은 서양인들의 인기 음식으로 정착했으며, 한국의 김치, 비빔밥도 근래 들어 차츰 세계적으로 알려지고 있다. 이런 점에서 볼 때 눈에 띄지는 않지만 서양문화도 비서양문화권의 영향을 받아 그 정체성이 질적으로 변하고 있다. 이러한 변질의 폭과 깊이는 앞으로 더욱 넓어지고 깊어질 전망이다.

한 인간집단의 문화적 정체성은 내부적으로 다른 집단의 문화와 접촉이 없는 폐쇄된 상태에서도, 그 집단에 의한 경험의 축적, 기술의 발달, 주변의 자연환경, 그리고 그 구성원들의 창조적 역동성에서도 변질과 동요의 요인을 찾을 수 있다. 그러나 더 결정적으로는 외부적으로 자신과는 이질적인 문화와의 접촉과 교류에서 그 요인을 찾을 수 있다. 그러므로 가령 한국 두메산골의 작은 마을의 문화나 북한의 경우처럼 정치적·경제적으로 극히 폐쇄된 문화는 그 정체성, 즉 오래된 전통이나 관습을 지속적으로 유지할 수 있지만, 파리·동경·뉴욕·홍콩·서울처럼 상업적·정치적 교류가 빈번한 지역의 문화나, 고대로부터 교류가 많았던 지중해 연안의 국가들, 민족들, 도시들의 문화는 서로 침투하면서 극히 놀라운 속도로 역동적 변화를 거듭해왔다.

근대에 발달한 조선술과 항해술, 19세기에 발명된 기차, 20세기에 들어와 보급된 자동차와 비행기 때문에 마을과 마을, 도시와 도시만이 아니라 나라와 나라, 유럽·미국 등 대륙과 대륙, 동양과 서양 간의 정치적·기술적·경제적·문화적 교류가 기하급수적으로 증가하게 되었다. 또한 최근 들어 전자통신 기술의 급격한 발달로 전 세계는 명실공히 하나의 지구촌을 이루고 인간 간, 집단 간, 문화 간의 관계는 물리적·시간적·공간적 제한에 구속받지 않고 사이버 공간에서 놀라운 속도로 무한하고 다양하게 맺어지면서 교류·교차·교환된다. 이러한 과정에서도 각 지역, 각 공동체, 전통을 달리한 각각의 문화는 모두 자신의 고유한 색채를 보존할 것이다. 하지만 앞으로 21세기, 늦어도 22세기에는 그와 병행하여 문화 간의 상호교류와 침투가 상상할 수 없을 만큼의 변화와 변질을 낳으면서 모두가 뒤죽박죽 섞일 것이다. 따라서 어떤 특정한 문화의 '정체성'으로 완전히 귀속하거나 환원할 수 없고. 지역적으로 구별할 수도 없는 단 하나의 '세계문화'가 조성되어 모든 인류가 공유하고 교류하여 의사소통을 할 수 있는 틀로서의 단 하나의 삶의 양식으로 자리 잡게 될 것이다.

이처럼 새롭게 탄생할 세계문화의 특징, 즉 정체성은 지역적 범주에 의해서가 아니라 시대적 범주에 비추어서만 규정될 수 있을 것이다. 다양한 문화들이 각각의 양념과 문양을 재료로 하여 마치 비빔밥처럼 비벼진 21세기 혹은 22세기의 '세계문화'가 조성될 것이다. 그리고 세계 문화적 비빔밥은 23세기, 24세기가 되면 또 그 시대인들의 취향의 변화에 따라 그 재료와 양념의 내용과 배합의 비율에 상대적 변화가 생길 것이며, 그 결과로 21세기 혹은 22세기의 문화 비빔밥과는 또 다른 독특한 맛을 갖게 될 '문화 비빔밥'으로 비벼질 것이다. 이러한 문화적 조건에서의 문화적 정체성은 비빔밥에 섞여 있는 쌀밥, 콩나물, 시금치나물, 도라지나물, 고추장 가운데 어느 것의 맛도 아닌, 그것들이 비벼져 이루어놓은 비빔밥의 맛을 두고 하는 말에 지나지 않게 될 것이다.

다시 말해서 지구상 모든 지역의 생활양식·사회구조·가치관·세계관은 극히 유사해질 것이며, 어디를 가도 유사한 방식으로 살아가게 될 것이다. 그 문화적 비빔밥의 재료는 당분간 서양적인 것이 되겠지만, 더 장기적으로 볼 때는 동양적 재료가 더 큰 비중을 갖는 동양적인 것으로 변할 가능성이 크다. 지구적 차원에서 볼 때 문화 간의 교류는 당분간 비서양권에 의한 서양권 문화의 전용에 의해 이루어지고, 약소국이나 소집단의 문화는 강대국이나 거대집단 문화 전용의 형태로 나타날 것이다. 그러나 더 장기적으로 볼 때, 서양과 동양, 강대국과 약소국의 문화적 역학 관계는 뒤바뀌어 서양권에 의한 동양문화의 전용, 즉 강대국 들에 의한 약소국들의 문화적 전용이 한결 더 빈번해지고 커질 것이라 는 전망을 배제할 수 없다.

　그렇다면 단 하나의 세계문화, 즉 지구적으로 보편적인 문화의 틀 안 에서 자신의 문화적 정체성을 고집하는 행위는, 그것이 동양적이든 서 양적이든 혹은 일본적이든 한국적이든 상관없이 문화의 정체성, 즉 영 원불변하는 형이상학적 실체로서의 어떤 한 문화의 특징을 따지는 행 위 자체는 무의미하다.

문화적 우열과 문화적 정체성의 재해석

그런데도 아직 대부분의 사람들은 문화적 정체성에 집착한다. 문화적 정체성에 대한 집착은 세력이 약한 집단일수록 더욱 두드러지게 드러 나며, 문화적 세계화가 추진될수록 더욱 강하게 나타난다. 이와 같은 두 가지 사실에는 그럴 만한 이유가 있다.

　첫째, 모든 인간이 문화적 정체성에 집착하는 이유는 문화가 인간의 실존적 뿌리라는 사실에 있다. 한 인간공동체의 고유한 문화, 즉 전통과 관습은 그 공동체 구성원 하나하나의 정체성, 곧 몸과 마음가짐의 총체 적 반영이다. 인간으로서의 '나'는 단순히 생물학적 존재가 아니라 구 체적이고 관념화할 수 없는 독특한 지리적 환경과 역사적 전통, 즉 생 활양식의 사회적 산물이다. 내가 태어나고 자란 자연적·사회적 장소와 내가 소속되어 있는 문화는 곧 나의 뿌리이고 살이며, 피이고 마음이다. 그러므로 내가 소속되어 있던 문화의 상실은 곧 나의 정체성의 상실—

나의 죽음―을 의미한다. 이런 점을 감안할 때 내가 소속되어 있던 문화가 다른 문화에 의해 밀리거나, 대치되는 문화적 전용·이식의 과정에서 내가 나의 문화적 정체성의 의미를 새롭게 생각하고, 나의 문화적 정체성의 상실에 대해 저항하게 되는 것은 당연하다.

둘째, 이러한 사실은 모든 인간에게 보편적으로 해당되지만 강대국의 구성원들보다는 약소국의 구성원들에게 각별하다. 실제로 강대국들이 자신의 문화적 정체성에 그리 집착하지 않은데 반해, 근대 이후 서양에 비해 힘이 약하고 서양의 문화를 대대적으로 전용해야 했던 동양, 또는 중국이나 일본에 비해서 국력이 약했던 한국과 같은 약소국에서 문화의 정체성이 항상 더 의식되고 문제시되어왔다. 이처럼 문화적 약소국들이 문화의 정체성에 각별히 집착하는 이유는 문화적 권력관계에서 찾을 수 있다.

그 예는 먼저 서양문화와 동양문화의 교류와 상호 전용의 관계에서, 다음으로는 근대 일본과 한국의 관계에서 찾을 수 있다. 서양이나 일본의 문화적 정체성, 즉 전통이 동양이나 한국에 의해 큰 영향을 받지 않고 혼란이 없었던 데 반해 동양이나 한국의 문화적 정체성, 즉 전통은 서양이나 일본으로부터 큰 영향을 받았다. 이것은 인간의 실존적 뿌리로서의 문화적 정체성이 박탈당하고 상실되었음을 의미한다. 동양이나 한국문화는 서양이나 일본문화에 비추어볼 때 상대적으로 모방적인 것이 되고 이는 종속관계를 의미하는 것이었기 때문이다. 한 문화가 다른 문화와 접촉할 때 그들 간에는 긴장이 생기고 한쪽이 다른 쪽에게 종속·대치되는 경향이 있다. 그것은 한쪽의 전통·관습·정체성의 포기를 뜻한다. 그러한 종속과 정체성의 포기가 자의적이든 강제적이든 간에 자신의 과거 전통을 포기하고 남을 따라간다는 사실은 심리적으로 자존심을 깎이게 하고 민족적 정서에 상처를 내게 마련이다.

그렇다면 과연 동양, 더 정확히 말해서 개화 이후 한국의 서양문화 모방·이식·전용은 잘못된 것인가? 동양인은 동양인의 전통문화를, 한국인은 한국 고유의 전통문화를 무조건 고수해야 했던 것이 아닌가? 아니면 개방과 근대화라는 명목으로 이루어진 근대 동양의 서양문화 전용을, 개화기 이후 한국문화의 일본문화 수용을 정당화할 수 있는 어떤 근거가 있는가? 나의 문화적 정체성, 즉 전통은 그것이 나의 문화적 정체성, 곧 전통이라는 이유로 무조건 좋은가? 문화적 정체성 상실이라는 위협에 대해, 현재 급속도로 진행되고 있는 문화적 세계화의 과정 속에서 우리는 문화적으로 어떤 입장을 취하며 어떻게 대처해야 할 것인가? 무조건 우리의 전통, 우리의 문화적 정체성만을 고집할 것인가? 아니면 주로 서양문화화, 특히 미국문화화를 의미하는 이른바 세계문화화에 대해 맹목적으로 동참할 것인가?

이런 물음들에 대한 대답은 문화들 간의 우열성 구별 가능성에 대한 검토를 전제한다. 앞에서 언급했듯이 문화란 하나의 인간집단이 그 집단이 위치한 객관적으로 존재하는 자연적·역사적 여건들 속에서 인간으로서 가상 만족스러운 삶을 살기 위해 고안해낸 여러 인위적 장치들의 총칭이다. 그렇다면 그것은 그 집단이 어떤 세계관과 인생관, 어떤 수준의 지적 및 기술적 능력을 갖추었느냐에 따라 달라질 수 있는 것이다. 그러할 때 과연 문화적 장치의 우열을 언급할 근거가 있는가? 아니면 근래 포스트모더니스트들이 주장하듯 모든 문화의 가치는 상대적인 것이며, 문화적 지배와 예속, 문화적 전용의 역학은 오로지 물리적인 힘에 의해서만 지배되는 것인가?

많은 역사적 예들이나 오늘의 상황에 비추어볼 때 위의 물음에는 긍정적인 대답을 해야 할 것 같다. 문화의 변용이 정치적·경제적·군사적 힘에 의해 강요되는 경우가 많기 때문이다. 그러나 위의 물음에 대한 부정적 대답을 뒷받침하는 예도 적지 않다. 로마문화와 만주족이 세운 청나라의 문화를 살펴보면, 로마문화는 자신이 군사적으로 정복한 고대 그리스문화를, 만주족이 세운 청나라의 문화는 한漢민족 문화의 거의 완벽한 전용의 결과물이었다. 고대 그리스 문화와 한민족의 문화를 거의 전적으로 전용했다는 사실은 그들이 군사적으로나 경제적으로 정복한 민족이나 지역의 문화, 즉 지적·도덕적·미학적·의식주적 삶의 양식이 자신들이 갖고 있던 문화보다 바람직한 것이라고 판단하지 않았다면 설명될 수 없다. 문화적 우열은 군사력의 크기와 논리적으로 구별되며, 그것들 사이에는 필연적 인과관계가 없다.

이런 점에서 이른바 동양의 근대화(서양화), 즉 문화적 전용과 정체성의 의미도 재검토할 수 있다. 동양의 개방과 근대화는 서양문화의 변용화를 의미하고, 이러한 결과로 동양문화의 정체성은 그 이전과 비교해 크게 변모했다. 오늘날 동양의 삶의 양식은 한 세기 전의 그것과 비교해봤을 때 거의 알아볼 수 없을 만큼 서양화되었고 또 변질되었다.

한 세기 반의 짧은 기간 동안 이루어진 이러한 동양의 근대화, 즉 서양화는 과학기술적·군사적 우월성에 기초한 제국주의적·강압적 침투로만 설명되지 않는다. 100년 전 동양은 서양문화의 침투와 침략에 대항하여 적극적으로 저항할 수 있었을 것이다. 만약 그렇게 했더라면 오늘날 동양문화의 모습은 사뭇 달라졌을 것이다. 그러나 서양문화에 대한 우리의 태도는 그렇지 않았다. 서양문화의 동양적 전용, 즉 동양문화의 정체성의 변질은 당시 유행했던 '동도서기東道西器' 혹은 '동체서용東體西用'이라는 구호 아래 자발적으로 이루어졌으며, 그 결과 오늘의 근대화된 동양문화, 즉 삶의 양식으로서의 정체성으로 존재하게 되었던 것이다.

100년 전 서양문화에 대해 동양문화가 취한 이와 같은 태도에는 서양문화의 상대적 우월성—서양의 삶의 양식이 과거 동양의 삶의 양식보다 바람직하다는 지적 판단—이 전제되어 있다. 이러한 사실은 물리적 힘과는 별도로 문화적 우월성이 객관적 검토의 대상이 될 수 있음을 함축한다. 그렇다면 비록 이질적인 문화, 즉 자신의 문화적 정체성과는 다른 정체성을 갖고 있는 문화를 접할 때, 그리고 그 문화가 자신의 문화보다 우월하다고 판단될 때, 그러한 문화의 전용을 거부하면서 자신의 전통적 정체성에만 집착하는 태도는 심정적으로는 이해될 수 있으나 합리적이지 못하다. 이러한 논리는 그러한 문화의 전용이 자신의 고유한 문화적 정체성이나 패기를 의미할 경우에도 모두 적용된다.

물론 이러한 결론은 약 100여 년 전에 있었던 서양의 제국주의적 동양문화 침투가 정당했다거나, 그러한 서양문화의 우월성에 대한 동양인의 판단이 옳았다거나, 근대화를 추진한 동양의 선택이 현명했다거나, 아직도 서양적인, 더 정확히는 미국적인 문화의 주도로 형성되고 있는 문화석 세계화를 맹복석으로 추송해야 한다는 수장을 논리적으로 함축하지는 않는다. 그렇다면 100년이 지난 지금 우리의 근대화를 어떻게 평가할 수 있으며, 세계화되어 가는 오늘의 문화적 현실에서 특정한 지역에서 특정한 전통을 갖고 살아온 우리가 선택해야 할 길은 무엇이며, 그 선택은 어떤 원칙에 근거해야 하고, 어떻게 우리의 문화적 정체성을 새로운 시각에서 이해하고 찾아야 할 것인가?

주체적이고 창조적인 문화적 역량의 강화

문화는 인간집단이 주어진 시간과 조건 안에서 가장 바람직한 삶을 살기 위해 고안해낸 다양한 장치이다. 여기서 그러한 장치의 총체를 문화적 정체성이라고 규정할 때, 과거에 형성된 문화적 정체성에 집착하여 옛것만을 고수하려는 태도는 비합리적이다. 삶의 조건들이 끊임없이 변하는 이상, 가장 합리적인 태도는 과거의 생활양식, 즉 문화적 전통을 고집하기보다는 그것을 끊임없이 재구성하여 변화하는 삶의 조건들에 가장 적절하게 창조적으로 전용하는 것이다.

동양의 근대화는 당시 우리의 여러 가지 내외적·자연적·문화적 조건들을 객관적인 역사적 조건들에 비추어볼 때 현명한 선택이었다고 판단된다. 근대화를 통해 우리의 세계는 지적으로 확대되었고, 과거에 비해 물질적으로 풍요해졌으며, 정치적·군사적으로 서양에 비해 상대적인 자주성을 획득하기에 이르렀다. 이런 점에서 상투를 자르고, 과학 지식과 기술을 도입하고, 신분사회를 타파하고, 개인의 자유와 사회적 평등을 강조하는 문화를 갖게 된 것은 다행스러운 일이다.

만약 현재 추진하고 있는 문화의 세계화가 이와 같은 의미에서 긍정적으로 평가된다면, 우리는 이 새로운 문화에 적극 동참하여 때로는 다양한 문화를 대담하게 개방적으로 전용하여, 그 속에서, 아니 그 과정에서 이 세계문화를 구성하는 독특한 하나의 '문화소'로서 우리의 문화적 정체성을 창조해야 할 것이다. 세계문화로의 이같은 창조적 동참은 우리 고유의 문화적 전통, 즉 정체성의 완전한 포기가 아니라 참다운, 즉 살아 있는 정체성 획득을 의미한다. 다른 모든 점에서도 그러하지만 문화적인 면에서는 닫혀 있을 것이 아니라 언제나 열려 있어야 한다.

그러나 이러한 개방은 다른 문화에 대한 맹목적 추종이나 흡수가 아니라 첫째, 우리 자신이 생각하는 가장 바람직한 삶, 즉 가치에 초점을 맞춘, 둘째, 우리의 고유한 지리적·경제적·역사적 인식에 기초한 창조적 변용을 뜻한다. 참다운 문화의 정체성은 자주적 판단에 기초해 마련한 삶의 양식이다.

문화의 정체성과 전용을 이와 같이 해석할 때 오늘날 우리가 당면한 문화적 세계화는 적지 않은 점에서, 그리고 근본적인 점에서 많은 문제가 있다고 생각한다. 이런 점에서 이른바 문화의 세계화가 서양문화, 과학기술문화, 대중문화를 의미한다면 그에 대한 동양 및 한국의 전통문화, 인문학 및 '고급문화'의 창조적 대응과 보완이 절실하다. 21세기 우리 문화의 정체성과 전용이라는 문제의 핵심은 주체적·자율적으로, 즉 이성적으로 급변하는 현실을 명석하게 인식하고 그 현실에 창조적으로 대응할 수 있는 우리의 역량에 있다.

충남대학교 국제학회 발표, 2000. 12. 6.

07

동양문화와 세계문화

지난 천 년 동안 동양을 지배해온 문화의 특성과 그 가치를 어떻게 규정할 수 있으며 그러한 동양문화는 새로운 밀레니엄의 세계사에 어떤 위상과 의미를 가질 수 있는가?

동양문화에 대한 물음은 동양의 정체성에 대한 물음이며, 그것이 인류역사에서 차지하는 의미에 대한 물음이다. 한 지역 혹은 한 시대의 총체적 정체성은 슈펭글러Spengler나 토인비Toynbee의 경우처럼 '문명'의 시각에서도 서술된다.

그렇다면 동양의 정체성이 어째서 '문명'이 아니고 '문화'라는 관점에서 제기되어야 하는가 하는 물음이 앞서 제기되며, 또한 이런 물음은 문화의 개념정리를 전제한다.

어째서 문화인가

문화의 개념

문화라는 말은 학문적인 담론에서뿐만 아니라 일반적인 담론에서도 널리 사용되기에 그 뜻이 분명한 것처럼 생각하기 쉽다. 그러나 조금만 생각해보면 이 말의 개념이 애매모호하여 자주 혼란을 일으킨다는 것을 알게 된다. 문화의 정의는 매우 다양한 데다 모호하기까지 해서 사람이나 경우, 그리고 맥락에 따라 다르게 받아들여지기도 하며 사용되고 있다. 그렇다고 해도 문화의 개념은 대략 세 가지 단편적 의미와 한 가지 포괄적 의미로 분류할 수 있다.

첫 번째의 단편적 의미로 문화는 자연과 대치되는 개념으로 사용된다. 그것은 다른 동물과 구별되는 인간의 가장 일반적 유일성을 기술하는 존재론적 범주이다. 이 경우 문화의 범주는 인간이라는 존재론적 범주와 일치한다. 이때 문화의 그 구체적 내용은 자유의지·이성·영혼으로 지칭되는 형이상학적 속성이다. 인간의 특수성이 자연과 대치관계에서 문화라는 범주로 묶이는 근거는 인간이 자연적, 즉 생물학적으로 주어신 원초석 환성에 석응하는 과정에서 다른 동물에게서는 관찰할 수 없는 지혜와 기술을 여러 가지 형태로 발휘한다는 구체적 사실에서 찾을 수 있다. '자의식을 가진 인간공동체의 비유전적 삶의 표현체계 및 그 산물' 혹은 '집단의 구성원으로서 인간이 비유전적으로 획득하고 생산한 총체'라고 정의될 때, 문화는 바로 위와 같은 물질만으로는 환원될 수 없는 인간의 가장 일반적 속성으로서 의미차원을 지칭한다.

이같은 뜻으로 볼 때 가령 동양사회의 문화와 서양사회의 문화, 출판문화와 결혼문화 등의 개념은 전혀 새로운 내용이 없는 동어반복적 개넘이다. 왜냐하면 동양사회·서양사회·출판·결혼 등의 개념은 그 자체에 인간적, 즉 문화적 속성이 이미 함의되어 있는 이상 각각 그러한 낱말 끝에 '문화'를 붙인다고 해도 동양사회·서양사회·출판, 그리고 결혼이라는 범주에 속하는 것들에 대해 아무런 새로운 정보를 주지 않기 때문이다.[130]

두 번째의 단편적 뜻으로서의 문화는 자연과 구별되는 인간의 일반적 속성이 아니라, 문화적 동물로서, 즉 그냥 동물이 아니라 이성을 가진 동물로서 인간의 특수한 물질적·관념적·기술적·제도적·언어적 산물과 관습 및 사회적 관계를 뜻한다. 이런 점에서 문화는 '사람들의 생활방식을 표시하는 신념·태도·지식·금기·가치·목표의 총체를 기술하는 구성물', '동일한 지역에 사는 사람들의 공동체가 하는 일·행동방식·사고방식·감정·사용하는 도구·가치·상징의 총체', 혹은 '지식·신앙·예술·법률·도덕·풍속 등 사회의 일원으로서 인간이 획득한 능력과 관습의 총체', '행동에 의미를 부여하는 질서'로 정의할 수 있다.

또 하나의 단편적 의미로 문화는 더 좁은 뜻으로 사용되어 인간의 활동이나 생산물 일반이 아니라, 한 인간 혹은 한 인간집단이 추구하는 가치창조 활동과 표현을 지칭한다. 그리하여 문화는 각별히 철학적·종교적·문화적·예술적·체육적 활동과 물리적 혹은 관념적 생산물만을 총칭하는 개념으로 사용된다. 인간의 많은 활동의 가치는 어떤 목적을 달성하기 위한 전략적 효율성에 의해서만 설명될 수 있고, 인간이 생산하는 대부분의 것들은 어떤 가치를 성취하기 위한 도구적 효과성에 의해

---

130 Ynhui Park, "The Natural and the Cultural," in *Reality, Rationality and Value*, Seoul National University Press, 1998.

서만 그 의미가 이해될 수 있다. 그러나 모든 전략과 도구는 전략성이나 도구성을 초월한 어떤 내재적 가치 자체, 즉 어떤 것에 대해 이상을 전제하지 않고는 그것의 궁극적 의미를 설명할 수 있다. '불경'이나 '성서', 노자의 『도덕경』이나 플라톤의 『대화편』, 공자의 『논어』나 칸트의 『순수이성비판』, 마르크스의 『공산당 선언』이나 하이데거의 『존재와 시간』 등과 같은 종교적 혹은 철학적 담론은 어떤 목적을 이루기 위한 도구로 쓴 것이 아닌 신념이라는 가치탐색의 표현이며, 셰익스피어의 『햄릿』이나 도스토옙스키의 『죄와 벌』과 같은 문학작품은 어떤 정치적 혹은 경제적 목적을 달성하기 위한 전략으로 쓴 것이 아니라, 그 작가들이 던진 참된 삶의 가치에 대한 고민과 탐구의 표현이며, 다빈치의 〈모나리자〉나 피카소의 〈게르니카〉와 같은 그림 혹은 로댕의 〈생각하는 사람〉이나 브란쿠시의 〈공간의 새〉 등의 조각은 무엇을 달성하기 위한 도구로 존재하는 것이 아니라, 그 자체가 미적 가치로서 창조됐다.[131]

위의 문화에 대한 세 가지 부분적인 뜻이 지칭하는 구체적 내용이 서로 다름에도 불구하고 그 내용들이 다 함께 문화라는 공통된 범주에 귀속할 수 있는 것은, 그것들 속에 포괄된 문화라고 호칭할 수 있는 공통된 어떤 속성이 인정되기 때문이다. 세 가지 뜻으로서 문화의 내용들은 분명히 서로 다르지만 그것들이 한결같이 인간의 어떤 양식을 나타내는 존재라는 점에서 똑같다. 첫 번째 뜻으로서 문화에 함의된 양식은 인간의 가장 일반적 존재이며, 두 번째와 세 번째 뜻으로서 문화에 함의된 양식은 구체적 행동이나 산물에 나타난, 개별적으로 특수하게 나타난 존재이다. 한 사회의 법률·관습·기술·전통이나 종교적·이념적·철학

---

131   박이문, 「문화과학과 문화비평」, 《현대사상》, 1998, 봄호.

적 저서, 문화적·예술적 작품 등은 각각 절대적 존재·정치적·도덕적, 그리고 미학적 신념들에 대한 한 시대나 사회·작가·예술가가 각기 서로 달리 보는 개별적 인식과 신념의 양식을 필연적으로 반영하고 있다. 한 사회와 다른 사회, 한 인간집단과 다른 인간집단이 구별될 수 있는 근거는 개인의 집단인 사회가 그들의 행동·신념·제품 등에서 반드시 다소 독특한 양식을 나타내며, 그것은 그러한 행동·신념·제품 등이 그것들의 주체자인 인간집단의 주관적 태도를 필연적으로 반영하기 때문이다.

포괄적이면서도 첫 번째 뜻의 경우와는 달리 공허하지 않은 뜻으로서의 문화는 한 사회의 특성을 가장 포괄적으로 보여주는 그 사회 고유의 행동과 사유의 가장 일반적 태도·양식을 지칭하며, 이러한 태도·양식은 다양한 문화의 형태로만 나타난다. 한 사회의 본질·특성은 태도·양식으로서 문화의 관점에서만 총체적으로 기술할 수 있다는 것이다. 동양이라는 한 지역사회의 본질·특성의 서술도 예외일 수 없다. 동양사회에 대한 가장 포괄적인 서술과 이해는 곧 동양사회의 사유와 행동양식으로서 문화의 서술과 이해를 뜻하고, 동양론은 곧 동양문화론과 동일하다.

문화와 문명

여기서 문화의 개념은 문명의 개념에 비추어 좀더 검토되어야 한다. 문화와 문명의 두 개념이 때로는 같은 뜻으로 때로는 다른 뜻으로 모호하게 자주, 그리고 널리 사용되기 때문이다. 문화와 문명은 동일한 의미를 갖는가?

21세기의 가장 큰 세계사적 문제를 『문명의 충돌』로 예측하는 헌팅턴Huntington에 의하면 문화와 문명, 이 두 개념은 본질적으로 같은 뜻으로 인간사회의 삶의 전통적 양식을 지칭한다. 이 두 개념들 간의 차이는 문화가 인간사회의 상대적으로 좁은 지역이나 짧은 기간의 삶의 전통적 양식을 지칭하는 데 반해, 문명은 그보다 넓거나 긴 기간의 삶의 전통적 양식을 뜻하는 데 있을 뿐이다. 문화와 문명의 차이는 그것이 적용되는 서술대상의 구조적 혹은 내용적 성질이 아니라 그러한 개념들이 적용되는 대상의 공간적 및 시간적 크기에 있을 뿐이다. 이런 주장은 '문화'와 '문명'이라는 두 개의 낱말이 궁극적으로 동일한 범주에 속하고, 그것들의 차이는 수량적이라는 점에서만 있음을 함의한다.

　문화와 문명의 차이에 대한 헌팅턴의 이같은 견해가 옳다면 동양문화나 서양문화보다는 동양문명이나 서양문명이라는 표현이, 고대 중국문화나 그리스·로마문화보다는 고대 중국문명이나 그리스·로마문명이라는 표현이 더 적절하고, 한국문명이나 프랑스문명보다는 한국문화나 프랑스문화라는 표현이, 1990년대의 동양문명이나 한국문명보다는 동양문화나 한국문화라는 표현이 더 적절하며, 아프리카·남미·남아시아를 비롯하여 세계 각처에 외부와 거의 차단되어 다양한 형태로 산재하고 있는 원시적 혹은 전통적 부족사회에 관해서는 문명보다 문화라는 말의 사용이 더 바람직하지만, 궁극적으로 두 개의 낱말을 대치해서 쓸 수 있다는 것이다.

　문화와 문화의 개념이 사용되는 구체적 관계를 추정해볼 때, 문화와 문명의 개념적 차이에 대한 위와 같은 결론은 타당하지 않다. 종교문화와 음식문화, 출판문화, 청년문화, 교통문화, 결혼문화, 전통문화 등의 낱말을 종교문명, 음식문명, 출판문명, 청년문명, 교통문명, 결혼문명, 전통문명의 낱말로 각각 대치해서는 말이 되지 않는다. 알래스카의 에

스키모들이 문명을 거부한다는 말이 의미를 갖지만, 문화를 거부한다는 말은 통하지 않는다. 문명이 없는 인간사회가 존재했고 현재도 그런 사회를 찾아낼 수 있지만, 문화가 없는 인간사회는 논리적으로 모순이기 때문이다. 생태학적 재앙을 극복하기 위해서 새로운 밀레니엄을 맞는 21세기의 인류사회 전체가 문명의 가치에 회의를 갖게 될 것이라는 주장은 말이 되지만, 문화의 가치를 의심한다는 말은 말이 되지 않는다. 문화론과 문명론은 동일하지 않다. 슈펭글러·토인비·토플러·헌팅턴이 인류사회와 역사의 거시적 특징과 변화에 대한 자신들의 이론을 '문화론'이 아니라 '문명론'으로 불렀던 이유가, 그들이 취급한 담론의 대상이 공간적으로나 시간적으로 거시적인 점에 있다고 말할 수 없다. 그들의 '문명론'을 '문화론'으로 바꾼다면, 그 저서들의 내용과 맞지 않는다. 문화와 문명이 다 같이 인간사회의 특수성을 지칭한다는 점에서 동일하지만, 논리적으로 각기 다른 개념들을 나타내는 낱말로서 수사학적 정서에 따라 서로 대치될 수 없다. 문화와 문명은 논리적으로 동일한 개념이 아니다.

문화와 문명은 어떻게 다른가? 문화의 가장 포괄적 의미로서 문화가 한 사회집단의 신념·행동·태도에서 볼 수 있는 삶의 전통적 양식 modality, form을 지칭한다면, 문명은 한 사회가 이룩한 삶의 전략적 능력과 기술의 수준level, stage을 가리킨다. 양식은 가치중립적인 객관적 대상의 서술적 개념이다. 원시사회와 문명사회를 '문화적으로' 구별할 수 없다는 인류학자 레비스트로스의 주장은 모든 인간에게 있어서 사유의 근본 양식은 시공을 초월하여 동일하다는 것이다. 여러 사회가 문명·삶의 기술적 측면에서는 모르지만 문화·삶의 양식의 측면에서는 차이가 없다. 양식·문화가 가치측정적인 개념인 데 반해, 수준·문명은 우열성에 대한 판단이 내포된 평가적 개념으로서 인간사회·역사의 '진보' 가능성을 전제한다. 브라질 열대림의 원주민 사회와 현대 프랑스 사회를 원시문화, 근대문화로 혹은 원시문명과 근대문명으로 분류하여 그 차이를 지적할 수 있다. 그러나 이 두 가지 분류는 동일하지 않다. 전자의 구별에는 각기 사회의 존재양식에 대한 가치중립적인 객관적 서술만이 의도되어 있는 데 반해, 후자의 구별은 각기 진보성의 수준에 대한 평가적 판단을 이미 내포하고 있다. 마사이족의 문화와 프랑스의 문화 혹은 고대문화와 현대문화의 구별은 두 사회집단의 차이점을 표출하는 데 그치는 것에 반해, 마사이족의 문명과 프랑스의 문명 혹은 원시문명과 현대문명의 구별은 진보·발전이라는 평가적 관점에서 본 수준에 대한 평가를 내포한다.

문화와 문명이 다 같이 사회를 보는 서로 다른 관점이라면, 한 사회의 특수성을 객관적으로 서술·설명·이해하는 데 있어서 어떤 관점이 적절할까? 서술·설명·이해는 반드시 하나의 시각을 전제한다. 한 사회 양식은 경험적 사실에 근거한 객관적 서술이 가능한 데 반해 그 사회의 수준의 객관적 가치판단은 논리적으로 불가능하거나 실제적으로 어렵다. 한 사회의 수준에 대한 개념은 진보의 개념을, 진보의 개념은 어떤 기준이나 잣대를 각기 전제하는데, 문제는 객관적인 잣대를 어디서 찾느냐에 있다. 진보의 잣대가 인간의 물질적·지적 욕망을 최대한으로 채워줄 수 있는 기술 발달이라는 신념을 의심하는 이는 거의 없었다. 진보의 잣대에 대한 이같은 신념에서 볼 때, 원시사회의 문명은 근대문명에 비추어, 현재 마사이족문명의 수준과 프랑스문명에 비교하여 그것들 간의 진보의 수준은 자명하다. 전자는 후자와 비교해도 미개하며 열등하다. 그러나 어떤 종류의 삶, 어떤 인간사회가 가장 바람직한가에 대한 문제는, 비록 모든 인간, 사회가 어느 역사적 시점에서 공감대를 형성하는 경우가 있더라도 언제나 집단적 주관성을 띠고 있기 때문에 절대적으로 객관적 대답을 찾을 수 없다. 이러한 사실은 최근 세계의 사조를 지배하게 된 포스트모더니즘에서 분명해졌다. 포스트모더니즘의 핵심적 의미는 '근대·모더니티'적 진보관에 대한 근원적 회의이며 부정이다. 이러한 사실은 한 사회의 객관적 서술·설명·이해는 행동·사유·생산물 등에 나타난 그 사회 고유의 양식의 범주에 의해서지, 그 사회가 갖고 있는 지적·기술적·물질적 발달 '수준'의 범주로는 불가능하다. 인간사회는 문명이 아니라 문화의 관점에서만 비로소 객관적으로 서술·설명·이해될 수 있다. 동양사회도 예외일 수 없다. 슈펭글러·토인비·토플러, 그리고 헌팅턴의 현대가 과학기술 산업사회가 전통적 농경이나 수공업 사회보다 진보한 것이라는 신념이 전제되지 않는다면, 그들의 문명론은 문화론으로 바꿔 불러야 했을 것이다.

문화—양식 원형으로서의 세계관과 동양적 세계관

문화로서의 세계관

한 사회의 고유한 삶의 양식은 정치나 사회제도의 특수성, 여러 가지 관습이나 전통의 특수성, 기술적·도구적 및 예술적 생산품에 나타난 특수성 등에서 찾아낼 수 있다. 그러나 같은 사회, 가령 현재 한국 내에서도 시대가 바뀌면서 정치·사회제도는 부단한 변화를 거쳐왔고, 관습과 전통에는 여러 가지가 있는 동시에 똑같은 것에 관한 전통이라도 지방에 따라 다르며, 똑같은 목적을 위해 고안되고 생산된 기술이나 도구나 예술작품은 발명가나 예술가에 따라 다른 개성을 반영한다. 그러므로 이러한 것들 중의 하나는 물론 모든 것들을 분석해도 그중 어떤 것을 그 사회 전체를 대표하는 양식, 즉 문화로 결정하는 것은 불가능하다.

한 사회의 존재양식의 일반적 특성을 가장 잘 찾아낼 수 있는 곳은 그 사회를 지배하는 종교적 및 철학적 신념체계이다. 이런 뜻으로서의 신념체계를 '세계관'으로 불러도 좋다. 종교적·철학적 신념, 즉 넓은 뜻의 사상 혹은 이념, 즉 세계관은 주체로서의 한 개인 아니면 한 사회의 자연·인간·가치에 관한 가장 총체적이고 기본적인 신념체계, 즉 원형적 패러다임으로서 그것은, 마치 물리현상에서 볼 수 있는 프랙털 현상의 구조가 다양한 세부 현상에서 똑같이 반영되며, 그 개인이나 사회의 모든 개별적이고 구체적 행동, 신념, 가치선택, 생산품에 똑같이 반영되는 한 사회의 근본적 틀, 즉 존재양식으로 볼 수 있다. 그러므로 동양 사회의 존재양식, 즉 동양 고유의 원형적 패러다임은 동양을 지배하는 종교나 철학적 사상의 분석을 통해서 발견될 수 있다.

동양의 지배사상, 즉 지배적 종교나 철학의 형태가 표현되는 세계관은 어떤 것인가? 이 물음은 '동양'이라는 지역적 개념의 정확한 규정을 넌서 요청한다. 이 지리적 개념이 몇 가지로 달리 사용되기 때문이다. 서양인들은 자기중심적으로 서유럽 지역의 서쪽에 있는 지역 전체를 동양의 개념 속에 묶는 경우도 있다. 이렇게 포괄적으로 사용되지 않을 경우라도 서양인이 동양이라 할 때, 이 낱말은 인도 대륙과 중국 대륙을 포함한 모든 아시아 지역을 총칭한다. 서양문화의 관점에서 볼 때 두 대륙은 문화적으로 어떤 공통점을 분명히 갖고 있다.

그러나 인도와 중국 두 대륙의 거리는 지리적으로뿐만 아니라, 문화적으로 전혀 다르다. 두 대륙의 문화를 하나의 틀에서 고찰하는 것은 별

의미가 없다. 그러므로 편의상 동양을 중국, 한국, 일본을 중축으로 한 동북아시아 지역을 지칭하는 개념으로 제한하고, 동양문화를 이 지역 사회의 문화를 총괄적으로 지칭하는 말로 사용하기로 한다. 물론 이같이 방대한 지역의 문화를 단 하나의 '동양문화'로 묶는 입장에는 문제가 있다. 인간집단으로서의 사회 단위로는 혈연이나 역사에 따라 가족에서부터 시작하여 동·군·시·도·국가·동서양·세계로, 목적에 따라 클럽·학교·사회·동창회·종교단체·학술단체 등으로 분류될 수 있으며, 각기 나름대로 행동과 사유양식 면에서 다소 차이를 나타낸다. 더욱이 중국·한국·일본 간의 지리적 차이와 문화적 차이를 결코 간과할 수 없다. 그러므로 동양문화라는 개념사용은 억지일 수 있다. 동양문화의 개념은 동양 안에 있는 다양한 문화들의 차이를 무시하고 추상화시킴으로써 가능하기 때문이다. 그러나 모든 인식·담론·사유는 무수한 개별자들 사이의 구체적 차이의 희생으로만 가능하다. 따라서 동양문화에 대한 사유·검토·담론도 마찬가지로, 중국·한국 및 일본이 그것과 대치할 수 있는 다른 지역, 가령 서양과 비교해서 큰 테두리 안에서 공통된 세계관을 갖고 있다고 전제할 때, 그 내부의 작고 큰 사회들 사이에 얽혀 있는 수많은 차이를 삭제함으로써 가능하며 그러한 방법밖에 없다.

동양적 세계관과 유교

문화를 한 사회의 사유·신념·행동·조직 등의 측면에서 공통적으로 관찰할 수 있는 특수한 양식으로 규정할 때, 그 양식은 한 사회를 지배하는 세계관으로서 설명할 수 있고, 그 세계관은 한 사회를 지배하는 종교나 철학의 체계에서 가장 총체적으로 드러난다. 동양문화의 이해는 곧 동양을 지배한 세계관의 이해와 동일하다.

지난 밀레니엄 동안 동양에 중요한 영향을 미쳐온 철학적·종교적 사상들은 다양하고 복잡하다. 중국 고유의 유교와 도교, 인도에서 일찍이 수입된 불교, 서양에서 근세에 밀려온 기독교, 무속적 토속신앙, 그리고 지난 약 두 세기에 가까운 근대화와 병행해 들어온 과학적 합리주의 등이 다양하고 복합적으로 동양인의 사유·행동·삶의 양식을 깊은 차원에서 지배해왔다. 무속신앙과 불교는 장구한 역사를 거치면서 오늘날까지 근래에 수입된 기독교와 아울러 일반대중은 물론 지식층의 종교적 의식을 암암리에 결정하고 있으며, 한편 도교는 동양인들의 철학적 자연관과 예술적 감수성에 깊은 영향을 미치고 있다.

하지만 '동양'을 대표하는 사상을 들자면 유교를 들 수밖에 없다. 고대중국의 하夏·은殷·주周 시대의 음양사상에 그 뿌리를 두고 있는 유교는 어떤 점에서 같은 뿌리에서 가지를 쳐나간 중국의 여러 사상, 특히 도교와 경쟁하면서 약 천 년 전에 주자학에 의해 체계화된 이후, 중국·한국·일본의 윤리·사회·정치·교육의 핵심적 이념이었다는 사실은 통례적이다. 유교가 동양적 세계관을 대표한다는 것은 자명하다. 이러한 관섬은 헌팅턴이 앞으로 세계사적 큰 사건을 동서양의 문명·문화의 충돌로 예측하면서 그 충돌을 유교권과 기독교권의 충돌로 보았다는 사실에서 드러난다.

그렇다면 동양문화에 관한 우리의 문제는 유교문화의 문제이며, 유교문화의 본질과 특성은 주로 유교에서 찾아내야 하는 문제이다.

유교·동양문화의 본질과 특성

유교문화의 본질과 특성은 어떤 방법으로 서술하는 것이 가장 바람직한가? 비교적 서술이 바람직한 방법이다. 한 사물이나 현상의 본질과 특성은 다른 동일한 범주에 속하는 다른 사물들이나 현상들과 비교되면서 그 성격이 더 잘 드러난다. 문화의 경우도 마찬가지이며, 특히 동양문화의 경우는 더욱 그러하다. 한 문화의 가장 일반적인 본질과 특성은 그 문화를 대표하는 종교적·철학적 세계관에 비추어 설명할 수 있고, 유교가 동양적 세계관을 대표한다면, 동양문화의 본질과 특성은 그것과 논리적으로 동일한 범주 선상에서 대치될 수 있는 서양을 대표하는 세계관과 비교됨으로써 더 잘 드러날 수 있다.

그러나 두 개의 사물이나 현상은 그 존재론적 성격에 따라 서로 다른 각도에서 비교될 수 있다. 사물은 크기의 각도에서 대/소 혹은 많고/적은 것으로, 색깔의 각도에서 빨강/노랑으로, 신념은 지적 각도에서 진/위로, 행위는 도덕적 각도에서 선/악으로, 예술작품은 미학적 각도에서 미/추로, 신체는 위생적 각도에서 건강/병약이라는 각각 다른 범주의 논리적 틀 안에서 모두 상대적으로 서술된다. 한 사회의 문화, 즉 특수한 존재양식은 반드시 어떤 시각에서만 서술된다.

문화의 차이를 분류하는 시각은 다양하다. 종적으로 시간적 축에서 고대/근대/현대 등으로, 사회체제의 축에서 그리스/로마 등으로, 기술 발달의 축에서 농경/산업 등으로, 횡적으로 공간적 축에서 동양/서양 등으로 분류할 수 있다. 그러나 이러한 차별은 그 어떤 문화의 내용적 차별을 전혀 보여주지 못할 뿐 아니라, 내용적 차별이 있다는 사실을 전제하지도 않는다. 문화의 특성이라는 점에서 모든 문화가 동일할 수도 있기 때문이다. 세계관이 문화를 대표한다면 동양의 세계관을 대표하는 유교의 특수성/차이는 서양을 대표하는 세계관과 어떤 시각에서 비교적으로 서술될 수 있는가?

　동서 두 문화의 비교적 차이를 헤겔은 발전론적 역사의 시각에서 침체적/진보적으로, 베버는 인식론적 시각에서 전통적/합리적으로, 노스럽은 감성적 시각에서 미학적/분석적으로, 케슬러는 인간의 기질적 시각에서 수도자yogi/구소련의 인민위원commissar으로 각각 차별 서술했다. 이런 시각들 외에도 존재론적 시각에서 일원론적/이원론적, 문제의식의 시각에서 인간-현세적/신-내세적, 우주론적 시각에서 순환적/목적론적, 기질적 시각에서 부처적/파우스트적, 명상적/지적, 수동적/능동적, 타협적/대응적, 해학적/비극적 등으로 비교 서술될 수 있으며, 이 모든 구별과 서술은 두 문화의 특성을 다 같이 나타낸다. 그렇다면 동양문화의 본질·특성은 침체적, 전통적, 미학적, 수도자적, 부처적, 명상적, 수동적, 타협적, 해학적인 모든 범주로써 서술될 수 있다. 그러나 이러한 개별적인 여러 서술들 그대로는 단편적이고 산만하여 동양문화의 본질·특성을 전체적으로 파악하기에는 미흡하다. 바람직한 것은 상위적 시각에서 위와 같은 다양한 성격들을 설명할 수 있는 하나의 통합적 메타 서술개념이다.

'인문적' 문화로서의 유교문화

필자는 동서철학의 차이를 '도'와 '이성' 간의 개념적 대립으로 압축하여 설명을 시도한 적이 있다.[132] 동양적 사고의 특성이 '도'적이라는 것

---

[132]　박이문, 「도와 이성」, 『문명의 위기와 문화의 전환』, 민음사, 1996.

이며, '도'적이라는 것은 '노장사상'적이라는 것이다. 노장 철학에서 도는 동시에 존재론적·인식론적·윤리적 개념으로 그것들에 일관된 특수한 구조를 지칭한다. '도'는 존재의 본질, 참된 인식의 양식, 옳은 행위의 규범이, 전통적 서양철학이 전제하고 있는 것과 반대로, 이성·논리·언어·개념으로 포착할 수 없는 속성과 성격을 지칭한다. 필자는 현재도 동양철학을 '도'적인 것으로 서술하고, 동서철학을 '도'와 '이성'으로 분석할 수 있다고 생각한다. 그러나 철학이 아니라 문학, 즉 한 사회의 일반적 양상·특성의 시각에서 동양문화를 총체적으로 기술하기위해서 '도'와는 다른 개념이 바람직하다. 동서문화, 특히 지난 천 년의제한된 기간 동안이 동서문화의 비교 관점에서 볼 때 특히 그렇다. 지난천 년 동안의 동서 역사의 경험은 '도'와 '이성'의 개념으로는 동양사,서양사, 그리고 그것들 간의 차이가 잘 설명되지 않기 때문이다.

지난 밀레니엄 동안 관찰할 수 있었던 동서의 역사적 사실들의 의미차이를 가장 선명하면서도 포괄적으로 조명할 수 있는 개념은 무엇일까? 그 대답에 앞서 우리가 알고자 하는 기간의 동서의 역사가 어떻게달리 전개됐던가를 잠깐 회고해볼 필요가 있다.

서양사의 특징은 수천 년의 긴 전통적 삶의 양식을 깨고 '근대화'로불리는 총체적 혁명이 일어난 데 있다. '근대화'의 구체적 의미는 '신에대한 인간의 대치', '신앙에 대한 이성의 대치', '농경사회에 대한 산업사회의 대치'이며, 이런 혁명적 전환의 밑바닥에는 '전통의 사고와 기술에 대한 과학적 사고와 기술의 대치가 깔려 있다. 이러한 혁명과 과학적 사고, 그리고 기술은 오직 근대 서양에서 있었던 변화였고, 그 변화에 의한 발견이자 발명품이었다. 이와 대조적으로 약 한 세기 전 서양의 과학기술과 그 산물들이 밀려들어오기 전까지, 동양사회는 삼천 년

이상의 긴 전통의 틀 안에서, 서양인들이 '침체하다'라고 말했을 만큼 큰 변화 없이 농경과 수공업을 계승하면서 형이상학적, 문화적, 윤리적, 미학적으로 깊고 세련된 하나의 문명과 문화를 유지하고 계승해왔다. 이같은 역사적 사실들에 비추어본다면, 동서문화는 찰스 퍼시 스노 Charles Percy Snow가 『두 문화』에서 사용한 문화적 분류개념을 차용함으로써 가장 적절히 서술할 수 있다고 생각된다. 스노는 20세기 영국의 문화를 '과학적scientific'인 것과 '인문적humanistic'인 것의 두 가지로 분류한다. 과학문화와 인문문화는 과학계와 인문계에서 각기 관찰할 수 있는 사람들의 사고방식·태도·관심의 영역과 교양의 정도의 차이가 서로 상통할 수 없을 만큼 다르고 폐쇄적임을 한탄한다.[133] 과학자들의 세계와 작가·예술가·역사가·철학자들의 세계를 과학적 문화와 인문적 문화로 구분할 수 있다면, 서양과 동양의 문화적 차이도 '과학적'인 것과 '인문적'인 것으로 가장 선명하게 드러날 수 있다는 것이다. 동서문화의 가장 일반적이며 뚜렷한 차이는 '근대' 서양이 발견한 과학 지식과 발명, 개발한 과학기술에서 찾을 수 있었던 데 반하여, 동양은 그렇지 못한 채 '인문적' 전통을 지켜왔던 사실에서 찾을 수 있다. 동양의 획기적 변혁은 곧 '근대화'를 늦하며, '근대화'는 곧 서양의 과학기술 문명의 수입, 즉 서양화를 뜻한다. 이러한 사실은 동양문화의 고유한 특징의 원형과 본질은 근대화 이전의 동양문화에서 찾아야 하고, 근대화 이전의 동양문화, 즉 유교문화는 서양의 '과학적' 문화에 비추어 어디까지나 '인문적' 문화로 서술할 수 있으며, 지난 약 한 세기 동안의 근대화, 즉 서양화에도 불구하고 동양문화의 핵심은 역시 '인문적'이다.

---

133   C. P. 스노, 오영환 역, 『두 문화』, 민음사, 1996.

인문학적인 것으로서의 '인문적' 유교문화

'인문적'이란 말은 무엇을 뜻하며, 어떤 점에서 유교적 세계관, 그리고 유교권 문화는 인문적인가? '인문적'이란 말은 인본주의적이라는 뜻이며 '인본주의적'이란 개념은 '인문학humanities', '인간human' 및 '인간다움humanness'의 세 가지 뜻으로 분석될 수 있고, 이 세 가지 관점에서 유교는 인문적 세계관으로 볼 수 있다.

'인문적'이란 학문 분야로서의 인문과학·인문학과 그러한 학문의 방법적으로 특수한 속성을 뜻한다. 자연과학이 자연현상을 대상으로 삼고, 그것을 어떤 인과법칙에 따라 관찰에 근거한 현상을 수학적 틀에 넣어 설명하고자 하는 데 반해, 인문학은 인간의 사색·갈등·소망·감정의 개인적 및 사회적 표현으로서의 종교적, 철학적, 문화적, 그리고 예술적 텍스트를 그 인식대상으로 택하고, 그런 대상을 획일적인 인과법칙으로 설명하는 것이 아니라 심리적·역사적·사회적, 그리고 기호학적 틀로써 그 의미를 해석하고자 한다. 철학·문학·역사학·언어학·미학·예술학·종교적 해석학 등은 인문학을 대표하는 분과들이다. 그러나 이런 인문학은 이미 누군가에 의해 생산된 텍스트의 의미 해석에 머물지 않는, 그 자체가 또 하나의 새로운 텍스트를 생산하는 활동이다. 이런 점에서 텍스트의 생산활동이 인문학적 활동에 포함되는 한, 문학·예술작품, 즉 텍스트도 넓은 뜻에서 '인문학적' 활동에 속한다.

유교는 '경전에 대한 해석 전통'으로서 『주역』을 비롯한 고대중국의 철학적 및 문학적인 몇몇 경전들에 뿌리박고 있으며, 『논어』·『맹자』·『주자전서』·『퇴계집』 등 무수한 텍스트의 생산과 주석을 떠나서는 존재할 수 없었다. 유교적 세계관은 곧 이러한 텍스트들에 근거하고 그러한 텍스트들로 표출된 세계관이다. 이런 점에서 유교문화는 분명히 '인문적'이며, 이와는 달리 '과학적'이 아니라는 점에서 아프리카의 원시 부족들의 문화나 페루의 잉카문화나 동양문화는 다 같이 '전통적'이지만, 동양문화와는 달리 문자·텍스트를 소유하지 못했다는 점에서 후자들의 문화는 '인문적'이 아니다. '유儒'라는 한자의 원래 뜻이 '문자 이해'를 뜻하고 '유가儒家'는 '문자와 고전 텍스트를 아는 사람'이었다는 것은 유교가 원천적으로 위와 같은 뜻에서 '인문적'이라는 사실을 증명한다.

이런 뜻에서 '인문적'이란, 유교문화가 많은 이들이 지적했듯이 인식론적 시각에서 합리적 또는 과학적이 아니라 전통적이고, 분석적이 아니라 미학적이고, 우주론적 시각에서 이원론적이 아니라 일원론적이며, 직선적이 아니라 순환적임을 뜻한다.

'인간'과 관련된 것으로서의 '인문적' 유교문화

'인문적'이란 말은 '인간 초점적'이란 뜻을 갖는다. 개인과 사회, 그리고 시대의 관심이 인간 자신보다는 자연현상에 집중될 수 있고, 문제의식의 대상이 이곳 현세의 삶보다는 저곳 내세일 수 있다. 소크라테스가 '너 자신을 알라'고 했음에도 불구하고 서양의 관심과 문제의식은 인간의 대상으로서의 자연에 초점이 맞추어져왔다. 자연과학이 서양에서 탄생하고 발달할 수 있었던 것은 이 때문이다. 이와는 반대로 동양적 관심과 문제의식의 초점은 인간 자신이었다. 이런 관점에서 프레드릭 모트Frederick Mote는 서양의 기독교적 문화와 동양의 유교문화의 차이를 거룩한 문화와 현명한 문화의 차이로, 죄의 문화와 수치의 문화의 차이로, 구원의 문화와 조화의 문화의 차이로, 성인의 문화와 군자의 문화의 차이로 서술한다.[134] 서양 근대 문화의 특성이 '과학적'이라면 동양의 유교문화의 특성은 위와 같은 뜻에서 '인문적'이다.

유교의 관심의 초점은 초월적 신이나 저승에서의 영혼의 종교적 문제가 아니라 구체적 인간이나 이승에서의 삶의 현실적 문제에 있다. 이러한 점은 "인간의 일도 모르는데, 어찌 귀신의 일을 알 수 있으며未能事人, 焉得事鬼", "삶도 모르는데 어찌 죽음을 알 수 있나未知生, 焉知死"라는 공자의 말을 통해서도 알 수 있다. 주희와 그후의 주자학파에 의해 형이상학적으로 채색되긴 했지만,[135] 유교적 사유의 근본적 성격은 형이상학적이고 추상적이기보다 자연적이며, 추상적이기보다 구체적이고, 이론적이기보다 실천적이다. 그래서 공자는 "인간으로서 새나 짐승과는 함께 살 수 없는 것이니, 내가 사람들과 함께 살지 않으면 누구와 함께 살겠는가鳥獸不可群, 吳非斯人之徒與, 而誰與"[136]라고 했다. 『논어』와 『맹자』를 관통하는 핵심적 주제가 자연철학이나 형이상학적인 것이 아니라, 인간의 구체적 일상생활에서 제기되는 사회적·도덕적, 그리고 정치철학적 문제였다는 것은 자연스럽다. 극히 관념적 형이상학으로 볼 수 있는 주자학의 핵심적 문제도 결국 공자나 맹자의 문제와 그 맥을 같이한다. 주희가 자신의 학문을 곧 유학으로 분류하는 데 조금도 주저하지 않았던 것도 이 때문이다.

이런 뜻에서 유교문화가 '인문적'이라는 것은 유교문화의 문제의식·관점의 측면이 내세에 있을 초월적 세계에서의 영생이 아니라 현세의 인간다운 삶, 관념적 문제에 대한 추상적 이론이 아니라 일상적 문제에

---

134   프레드릭 W. 모트, 권미숙 역, 『중국 문명의 철학적 기초』, 인간사랑, 1991.

135   『논어』(11/12).

136   『논어』(18/6).

대한 구체적 실천에 있음을 뜻한다.

'인간다운'이라는 뜻으로서의 '인문적' 유교문화

'인문적'이라는 말은 '인간다운'이라는 뜻으로 해석할 수 있는데, 유교
문화는 이런 점에서도 역시 인문적이다. 유교의 핵심적 본질은 '인간다
운' 삶의 탐구이며, 인간을 인간답게 만드는 덕목을 제시하는 데 있다.
'인간다운 것'은 인간을 다른 모든 동물과 차별할 수 있는, 그래서 오직
인간에게서만 발견할 수 있는 이성적 본질과 속성을 말한다. 이러한 의
도와 노력은 서양에서도 있었다. 그러나 그 본질과 속성을 규정하는 동
서의 관점은 다르다. 그 속성은 그리스적 서양에서는 '이성'으로, 유교
적 동양에서는 '인仁'으로 각기 달리 규정된다. 이성이 지적 속성인 데
반해 인은 도덕적 속성이다. 인은 인간으로서 가장 중요한 덕목이며 근
본적 가치이다. 그래서 공자는 "인간이 사람답지 않으면 예법이 무엇이
며, 인간이 사람답지 않으면 음악은 무엇하는가人而不仁, 如禮何, 人而不仁, 如
樂何"[137]라고 했고, "군자는 예/형식에 구애되지 않는다君子不器"[138]라고
할 때 그는 예의 덕목이 아무리 귀중해도 인의 덕목에 비추어볼 때 도구
석 가치밖에 없음을 말한다.

인이라는 말은 다양하게 정의되며, 그런 정의에 대한 여러 논의가 있
을 수 있기는 하지만 그것을 한 가지로 정확히 개념화하는 것은 불가능
하다. 하지만 '인'의 핵심적 의미는 어쩌면 놀랄 만큼 단순하고 명료하
다. 그것은 '사람다운 심성'을 지칭하고, 사람다운 심성이란 '남을 측은

---

[137] 위의 책, (3/3).
[138] 위의 책, (2/12).

히 여기고, 그의 인격을 존중하여, 자신의 욕망과 충동을 자연스럽게 억제하는 착한 마음씨'에 지나지 않는다. 이때 '남'은 인간만이 아닌 자연의 모든 생명체로 확대된다. 그러므로 '인'이라는 심성은 곧 "낚시질을 하되 그물질은 안 하고, 주살을 쏘되 잠든 새를 잡지 않는다釣而不網, 不射宿"[139] 하는 심성에서 그 분명한 예를 찾을 수 있다.

유교문화가 이런 뜻에서 인문적이라는 것은 유교문화가 가치관의 측면에서 외형적·물질적이기에 앞서 내면적·정신적이며, 태도의 시각에서 자연정복적이 아니라 자연친화적이며, 윤리적인 시각에서 인간중심적이 아니라 생태중심적임을 말해준다.

여기서 질문이 나올 수 있다. 근대화 이전이라면 몰라도 현재의 동양문화를 위와 같은 뜻에서 정말 '인문적'이라고 할 수 있는가? 오늘날 동양인들이 서양인들보다도 더 독서를 즐기고, 인간에 관심을 가지며, 남들을 존중하고 자연친화적이며 동물에 대해 따뜻한 마음을 갖고 있는가?

불행히도 나의 대답은 부정적이다. 적어도 지난 한 세기 동양의 역사는 스스로가 선택한 서양화라는 혼란스러운 격동의 역사였다. 서양화는 그리스적 철학, 기독교적 종교, 근대 민주주의적 정치이념 등으로 나타난 이질적 서양문화, 특히 너무나 경이로운 근대 과학기술 문명의 도입과 소화를 의미했다. 이러한 서양화가 전통문화, 즉 정체성의 포기 내지는 변모를 뜻하는 만큼, 심리적으로 고통스러운 것임에도 불구하고 동양은 서양화가 '발전'·'진보'라는 것을 의심하지 않았다. 모든 것이 급속히 세계화되어가고 있는 오늘의 동양은 문명과 문화의 많은 면

---

[139] 위의 책, (7/28).

에서 서양과 구별할 수 없을 만큼 서양화되었다. 어느 점에서 오늘의 동양은 서양보다도 더 물질적 가치에 빠져 있으며, 경제적·기술적 문제에 관심을 쏟고 있다. 하지만 그런 가운데에서도 동양인의 감성과 사고의 가장 심층에 깔려 있는 것은 알게 모르게 역시 동양적·유교적, 즉 '인문적'이다. 그만큼 유교는 동양문화가 한 세기는 물론 몇 세기, 그리고 밀레니엄의 거센 비바람으로 변모를 하면서도, 근본적으로 바뀌지 않고 쉽게 흔들리지 않을 만큼 깊고 넓게 그 뿌리를 박고 있는 토양이다. 지난 한 세기 이상 '근대화', '발전'이라는 이름으로 서양의 과학문화를 어느 정도 성공적으로 추진해온 동양이 그러한 서양화에 어딘가 불편과 갈등을 느끼는 중요한 이유의 하나는 바로 이러한 사실에서 찾을 수 있다.

과학적 서양문화의 동양적 인문화

서양화는 근대화를, '근대성'은 사고의 '과학기술화'를, '과학기술화'는 '진보'를 뜻한다. 근대성의 근거가 인간중심적 세계관의 객관성과 과학적 자연관의 보편적 가치에 있다면, 서양화의 궁극적 정당성은 인간중심적 세계관의 객관성과 과학적 사유의 보편성에서 찾아야 한다. 얼마 전까지만 해도 인간중심적 세계관과 과학적 자연관의 보편성을 동서를 막론하고 의심하지 않았다. 그러나 근래에 이러한 근대성, 즉 서양의 과학기술문화의 위기가 세 가지 측면에서 관찰된다. 그 징후는 첫째, 철학적으로는 근대 과학기술 문명의 이론적 근거를 뿌리부터 부정하는 포스트모더니즘의 확산이고, 둘째, 국제적으로는 국가적·민족적·지역적 분쟁이고, 셋째, 기술적·물리적·경제적 차원에서 핵전쟁이나 사고의 가능성·인구팽창·환경오염·자원고갈·생태계 파괴 등이다. 이러한 징후들은 서양의 과학기술 문명과 문화의 문제의 심각도를 극명하게 드러낸다. 인류의 자연의 구원을 위해서도 서양의 '과학적' 문화 패러다임을 극복하고 대치할 수 있는 새로운 문화 패러다임의 고안이 시급히 요구되고 있다. 바로 이런 시점에서 서양의 '과학적' 문화 패러다임의 의미에 대한 재검토와 아울러, 지금까지 동양이 지난 한 세기 이상 스스로 폐기하려 노력했던 동양의 '인문적' 문화 패러다임과 그것들 간의 관계를 재검토하고 재평가해야 한다.

이 문제에 대해 세 가지 입장을 생각할 수 있다.

첫째, 서양의 '과학적' 문화를 전면적으로 부정하고 그것을 동양의 '인문적' 문화로 완전히 대치해야 한다는 주장을 할 수 있다. 그러나 이러한 입장은 환상적인 공상에 지나지 않는다. 그것은 현실적으로 불가능할 뿐만 아니라, 많은 부정적 결과를 낳았음에도 불구하고 과학적 문화는 인류를 물질적 궁핍뿐만 아니라 정치적·사회적·지적 억압과 어둠으로부터 크게 해방시켜주었다는 사실을 누구도 부정할 수 없기 때문이다.

둘째, '과학적' 문화를 끝까지 옹호하고 지금까지의 흐름을 따르는 것, 즉 근대 계몽주의자들의 확신에 따라 '과학적' 문화의 보편적이고 진보적인 가치를 의심치 않고, 현재와 장래의 모든 문제는 앞으로 더욱 발달된 과학기술로 극복·해결할 수 있다는 주장이 있을 수 있다. 그러나 이런 주장 역시 또 하나의 공상이다. 물질적 지구의 자연 자원과 공간의 한계와 기하급수적으로 빨라지는 인구 팽창, 개인적 소비의 증가 등을 감안할 때 어쩌면 새로운 밀레니엄 내에 오게 될 생태계의 결정적,

즉 종말론적 파괴는 불을 보듯 자명하기 때문이다. 문제는 과학 지식이나 기술 자체에 있는 것이 아니라 우리가 그것을 어떤 목적을 위해 어떻게 사용하는가에 달려 있다. 결정적으로 중요한 것은 우리들의 가치선택이며, 올바른 가치선택을 위한 올바른 세계관이다.

남은 것은 세 번째 선택뿐이다. 그것은 '인문적' 동양문화의 철학적 세계관의 큰 테두리 안에서 '과학적' 서양문화가 기술적으로, 구체적인 삶의 차원에서 기여할 수 있는 도구적 기능을 거시적 시각에서 활용하는 것이다. 요컨대 우리의 선택은 '과학적 문명'의 '인문적 문화' 통합이다. 이러한 문화적 통합은 동서를 초월한 인류의 역사적 사명이며, '인문적' 동양문화는 명실공히 새로운 세계적 인류문명을 창조하는 문화적 패러다임이 되어야 한다. 이렇게 탄생된 통합된 세계문화는 '과학적'이며 '인문적'이 될 것이다. 과학적 문화와 인문적 문화, 서양문화와 동양문화의 예술적 통합의 가능성은 존재한다. 그 통합의 방법에 대한 구체적 논의는 물론 별도의 고찰을 필요로 한다.

《과학사상》, 1998, 여름호

08

인류의 미래와 동양사상

인류의 미래 예측

인류의 미래는 두 가지 관점에서 상반되는 두 가지 전망, 즉 근시안적·
미시적 예측과 원시안적·거시적 예측이 모두 가능하다. 그러나 몇백
년 후 인류에게 닥칠 상황에 대한 근시안적 예측과 몇천 년, 몇만 년 후
의 인류 문명에 대한 원시안적 예측의 적중성은 다르며, 그 변화의 의미
도 근시안적 관점에서 보느냐, 원시안적 관점에서 보느냐에 따라 사뭇
다를 수 있다.

근시안적 낙관론

근시안적·미시적으로 볼 때 문명은 계속 발전·진보할 것이며, 인류의
미래는 더욱 밝아질 것이 분명하다. 지구에서 얼마 남지 않은 브라질이
나 인도네시아 등지의 열대 원시림이 벌목되고, 천연자원이 점차 고갈
되고, 환경오염이 심화되고, 생태계가 계속적으로 파괴되어가고 있지

만 반세기, 아니 오백 년이나 천 년이 지나도 생태계는 명맥을 유지할 것이며 인류는 생존해 있을 것이다.

반면에 자연 자원 고갈, 환경오염, 생태계 파괴 등에 대한 의식이 높아지고, 문명의 종말, 인류의 멸망 등에 대한 우려가 고조될 것이다. 여기에는 충분한 이유가 있다. 과학기술, 경제적 조건, 정치적·사회적 여건이 불과 오십 년 전에 비해서도 상상할 수 없이 바뀌었는데, 과학적 자연관·인본주의·물질적 가치관으로 서술할 수 있는 이른바 근대화의 동력은 더욱 박차를 가해 세계사를 지배하는 힘으로 작용할 것이기 때문이다.

유럽과 북미에 이어 일본을 선두로 동아시아의 산업화가 급진적으로 이루어지고 그 뒤를 동남아 여러 국가가 따르고 있으며, 머지않아 중동과 아프리카 등을 포함한 세계 전체에 산업화가 추진될 것이다. 자본주의 경제체제 아래서 한 사회 안의 계층이나 국가 간 빈부의 차이는 어느 시점에서부터 점차 개선될 것이다.

세계적 차원의 산업화와 그에 따른 막대한 소비 증가로 인한 석유 에너지를 비롯한 자연 자원의 고갈 문제도 과학기술에 의해, 가령 핵에너지나 신소재 등의 인공적 대체 에너지, 대체 자원이 마련될 것이다. 끊임없는 개발과 산업화에 따라 환경오염과 생태계 파괴가 예측되지만, 환경공학과 환경정책의 도움으로 절망적인 상태에 빠지지는 않을 것이다. 폭발적으로 증가하는 인구를 위한 식량은 식량공학에 의해 더욱 효과적으로 생산될 수 있을 것이다. 하천이나 호수의 물이 오염되어 마실 수 없게 되더라도 꾸준한 환경교육과 절약, 그리고 환경공학의 발전으로 생존에 필요한 물은 계속 확보할 수 있을 것이다.

전자통신이 지속적으로 발전해 인간은 자연 공간보다는 사이버 공간

속에서 컴퓨터 스크린에 비치는 영상을 접하며 더 많은 시간을 보내게 될 것이다. 과학기술의 끊임없는 진보로 지금의 4분의 1 정도의 시간만에 서울과 뉴욕 간 비행이 가능해질 것이며, 어쩌면 모든 질병을 치료할 수 있는 의학기술이 출현할지도 모른다. 게놈 프로젝트가 성공하면 상상을 초월한 재능과 기능을 가진 인간이 등장할 수도 있다. 그리고 복제에 의해 무한히 다양한 개체로 존재하거나 지상에서 영생을 누릴 수도 있다.

현재 우리는 컴퓨터의 보급으로 상징되는 정보화 시대에 돌입하고 있다. 산업혁명에 상응하여 '제3의 물결'로 불리는 결정적이고도 문명사적인 정보혁명은 하루가 다르게 정치적·경제적·사회적 차원에서 인간 삶의 양식을 바꾸어가고 있다. 이러한 추세는 앞으로 더욱 가속화될 것이고, 인간에게 편의와 경제적 풍요를 가져다줄 것이다. 인간의 정신적 해방을 가져왔던 합리적·과학적 사고와 인간을 정치적·경제적·사회적 속박에서 해방시켰던 산업혁명이 인간의 번영을 뜻했다면, 현재 일어나고 있는 정보혁명에 대해서도 결과적으로 똑같은 판단을 내릴 수 있다. 정보혁명은 그 형태상 산업혁명과 근본적으로 다르지만 이념과 결과만을 놓고 보자면 전혀 다르지 않다. 정보혁명은 인간의 욕구 충족의 가능성에 대한 낙관적 신념에 뿌리박고 있으며, 인간의 번영을 지향한다.

원시안적 비관론

관점을 바꾸어 원시안적으로 오백 년 후, 천 년 후의 지구와 인류사회, 인간과 자연의 관계를 상상해볼 때 인류의 미래에 대한 전망과 예측은 전혀 달라진다. 과학기술이 가공할 만한 능력을 발휘할 수 있다고 하지만 그 능력에는 한계가 있다. 개발은 언제나 자연의 개발이다. 지난 백년, 특히 지난 오십 년 동안 기하급수적인 가속도로 개발이 이루어진 데다, 앞으로 인류의 생활수준이 차츰 평균화되어 개인당 생활소비량이 그만큼 폭발적으로 증가한다면, 그와 상대적으로 증가할 쓰레기를 처리할 수 있는 환경공학의 기술도 한계를 드러낼 것이다.

물질적인 생활 향상에는 자연 개발이 전제되며, 자연 개발과 인간의 활동을 위해서는 그만한 에너지가 필요하다. 자연 에너지 자원에 한계가 있듯이 과학기술의 발전에 따른 핵에너지 개발에도 한계가 있다. 핵에너지 생산에 따른 폐기물은 단순한 쓰레기가 아니며, 생명과 환경에 치명적인 데다, 거의 회복이 불가능한 영구 파괴의 위험성을 내포하고 있다.

설령 에너지 문제의 기술적 해결이 가능하다 하더라도 인구폭발의 문제가 남는다. 의학의 놀라운 발달로 사망률은 줄어들었지만, 그 결과 특정 지역에서는 인구가 폭발적으로 증가하고 있다. 의학의 발달과 생활수준 개선에 의해 자연 인구 증가율이 해가 갈수록 높아지고 있다. 현재와 같은 추세로 증가한다면 어떠한 농업기술의 개발로도 필요한 수요만큼 충분히 식량을 생산하여 공급할 수 없나. 식량문제가 없나 하더라도, 인간이 거주할 수 있는 물리적 공간에 한계가 있는 이상, 지구는 기하급수적으로 증가할 인구를 수용할 공간을 제공할 수 없게 될 것이다.

스스로 통제능력을 상실한, 한없는 욕망의 동물인 인간의 맹목적인 자연 개발과 생산 및 소비가 반복되는 어느 날, 환경오염이 그 어떤 기술적 통제로도 감당할 수 없는 상황에 이르고, 상상할 수 없는 기후변화가 일어나 어떠한 생명도 생존할 수 없는 상태가 닥쳐오고, 생태계 파괴는 극에 달해 지구상에는 어떠한 생명체도 살아남지 못하는 상황을 상상하거나 예측할 수 있다.

장기적으로 볼 때, 근시안적으로는 인간의 번영과 긍지를 뜻했던 현대 과학 문명은 자연과 인류를 파멸과 죽음으로 몰아넣는 원인이 될 수 있다. 근시안적으로 보아 지혜를 발휘하여 자연 위에 군림·번영을 누리게 된 유일한 생물체인 인간의 위상이, 거시적으로 보자면 지구, 더 나아가서는 우주의 암이라 비유될 수 있으며, 인간의 번영은 한 인간의 생명을 파괴함으로써 스스로 종말을 가져오게 마련인 암의 악화로 설명할 수 있다.

원시안적으로 볼 때 인류의 미래가 이처럼 부정적으로 예측된다면 더 이상 현대 문명을 그대로 추종하고 오늘의 문화를 그대로 답습할 수는 없다. 인류의 번영은커녕 존속을 위해서라도 오늘의 문명은 근본적인 방향 전환을 필요로 하며, 새로운 문명에 의해 대치되어야 한다. 모든 문명이 특정한 세계관의 표현이라면, 문명의 전환은 세계관의 전환을 전제하며, 새로운 문명은 새로운 세계관을 전제한다. 현대 문명이 새로운 문명으로 전환해야 한다면, 현대 문명 밑에 깔려 있는 세계관은 무엇이며, 새로운 문명을 뒷받침해야 할 새로운 세계관은 어떤 것일 수 있는가?

현대 문명과 서양사상

현대 문명의 위기 진단

문제를 안고 있는 현대 문명이 과학기술을 떠나 존재할 수 없는 이상, 현대 문명이 제기하는 근본적 문제는 곧 과학기술에 내재한 문제이고, 과학 지식을 떠난 과학기술이 있을 수 없는 이상 현대 문명이 가진 문제의 근원은 과학 지식으로 추적할 수 있다. 더 나아가 과학 지식이 보편성을 자처하는 이성의 산물인 이상 현대 문명이 안고 있는 병폐의 뿌리는 이성에서 찾아야 하며, 이성적 사유가 서양사상의 근원적 바탕이라면 현대 문명의 불가피한 종말론적 운명의 원인은 서양사상에 이미 내재하고 있다는 판단은 피할 수 없다.

현대 문명에 문제가 내재하고, 그러한 문제를 갖고 있는 현대 문명이 서구적 세계관의 산물이라면 구체적으로 그 문제는 무엇인가? 흔히 현대 문명에 대한 비판이 과학기술에 대한 비판과 고발로, 그리고 과학기술 비판이 과학 지식에 대한 비판으로 그 양상이 바뀌는 이유를 알 수 있다. 서양사상의 비판자가 되고, 서양사상의 비판자가 동시에 서구 이성의 보편성에 대한 비판자라는 사실은 우연이 아니다.

그러나 서양문화의 특성을 나타내는 합리적 사유, 과학적 사고, 과학기술의 개발 등을 떼어낸 현대 문명의 존재를 생각할 수 없다는 것을 인정하더라도, 현대 문명에 대한 이와 같은 진단은 옳지 않으며 그러한 진단을 뒷받침하는 논리 또한 정확하지 못하다. 합리적 사고가 반드시 과학적 사고와 일치하지는 않으며, 과학이 곧 과학기술을 뜻하지도 않는다. 과학기술은 현대 문명이 개발해온 과학기술과 동일하지 않으며, 현대 과학기술이 지난 두 세기처럼 근시안적인 물질적 풍요를 위한 자연의 정복과 착취를 위해서만 적용되어야 할 논리적 필연성은 전혀 없다. 현대 문명의 문제는 과학기술에 있는 것이 아니라 과학기술의 근시안적이고 무절제한 활용에 있으며, 과학기술의 발달은 과학 지식 자체가 아니라 그것의 임의적 응용에 달려 있다. 과학기술의 활용은 이성 자체에 있지 않고 이성을 어떤 목적을 위해 이용하느냐에 달려 있다. 똑같은 이성으로 다른 양식의 지식체계가 세워질 수 있고, 똑같은 과학 지식으로 전혀 다른 기술이 개발될 수 있으며, 똑같은 기술을 현대 문명이 추구해온 자연의 정복·개발·이용이 아니라 자연의 보호·육성·존중을 위한 목적에 동원할 수 있다. 현대 문명의 핵심적이고 근본적인 위기는 과학기술이나 과학 지식, 심오한 형이상학적 신념이나 철학적 주장에 있지 않다.

현대 문명의 구체적이고 핵심적인 문제는 한마디로 '자연 파괴'라는 말로 집약해 표현할 수 있고, '자연 파괴'의 원인과 이유는 자연의 내재적 가치에 대한 부정, 자연에 대한 존중이나 경외심의 결핍, 자연의 도구화 등으로 나타나는 자연관에 비추지 않고서는 찾을 수도 설명할 수도 없다. 문제를 투명하게 파악하면 아울러 그 해결의 방책과 방향도 상대적으로 명백히 잡을 수 있다.

서구적 세계관

도구적 자연관은 정신적·이성적 존재로서의 인간과 그밖의 존재로서의 자연의 대립에 바탕을 둔 이원론적 형이상학을 전제로 한다. 한편으로 그것은 이성이라는 신비한 지적 능력을 갖춘 동물로서, 혹은 신의 아들로서 내재적 가치를 가진 인간과, 물질적 존재로서, 즉 인간의 욕구를 충족시키기 위한 방편인 자연과의 구별에 기초한 인간중심주의적 세계관을 전제로 한다.

모든 사상체계에는 알게 모르게 혹은 모호하게 이와 같은 인간관 및 세계관이 다소 스며들어 있을 수 있으나, 그러한 성격을 가장 분명히 드러내고 있는 것이 서구적 세계관이다. 어떤 면에서 극히 이질적이면서도 서양사상의 뿌리이며 뼈대이고 중추신경이며 근육인 그리스의 합리주의적 전통과 중동의 종교적 신비주의는 모두 이원론적 형이상학, 인간중심적 세계관, 그리고 도구적 자연관이 드러나는 사상체계라는 점에서 모두 서양사상의 핵심이다.

플라톤의 관념·이데아의 세계와 현상·표상 세계의 절대적 구별, 기독교의 천국과 현세, 성과 속의 구별은 인간중심주의의 초석을 이루고, 인간중심주의는 인간의 욕구 충족을 위해 '도구적 자연관'과 자연의 지배와 약탈을 조장하고 정당화했다. 바로 이러한 인간관과 세계관이 필연적으로 과학 지식, 과학기술에 의한 자연의 개발을 함의하지는 않지만, 그와 배치되는 인간과 세계관에 비해 이와 같은 경향을 논리적으로 내포하고 있다는 것은 분명하며, 따라서 근대적인 의미에서 과학 문명이 서양에서 탄생했다는 것은 전혀 우연이 아니다.

원시안적으로 볼 때 현대 문명 속에 있는 내재적 원리에 따라 파국의 길이 전개되고, 이러한 문명의 탄생과 발전이 도구적 자연관에 바탕을 두었으며, 도구적 자연관이 이원론적 형이상학과 인간중심적 세계관으로 정당화됐다면, 현대 문명의 파멸을 극복하고 인류의 미래를 보장할 수 있는 문명은 서양적 세계관과는 다른 세계관의 테두리 안에서만 탄생 가능하다.

동양사상과 미래의 문명

동양의 21세기

근대 이후 오늘날까지 세계는 정치·경제·문화·군사의 측면에서 서양의 지배 아래 놓여 있었다. 세계는 곧 서양의 세계이며, 문명의 모델은 곧 서구적 문명이었다. 그러나 20세기 말에 가까워오면서 21세기에는 '아시아의 세계'라는 의식이 싹트기 시작하여 아시아권은 경제적으로 급성장했고 동시에 아시아의 정치적·군사적 발언권이 서구권에서도 점차 커지고 있다. 환경 의식, 생태계의 파국에 대한 우려의 증가와 아울러 '아시아의 21세기'라는 생각은 정치·경제·문화·군사의 차원을 넘어 더 근본적으로는 사상적 차원에서도 나타나고 있다. 이미 시효를 잃은 서구적 사유의 틀이 동양사상에 의해 대체되어야 막바지에 봉착한 서구 현대 문명은 인류의 미래가 될 수도 있다는 것이다. 그렇다면 동양사상은 무엇이며 그 사상은 어떻게 서술될 수 있는가?

동양사상의 개념

사상을 한 개인 혹은 한 사회가 갖고 있는 총체적 신념체계를 가리키는 것으로 볼 때, 이를 세계관으로도 부를 수 있다면 동양사상은 동양적 세계관 혹은 좀더 일반적인 뜻으로 동양철학이라 말할 수 있으며, 동양사상이라 할 때 우리는 고대 인도에 원천을 둔 힌두교와 불교 및 고대중국의 도교와 유교를 함께 염두에 둔다.

　동양사상 혹은 그 세계관의 특징은 서양사상의 특징과 마찬가지로 어떤 시각에서 보느냐에 따라 달리 서술할 수 있으며, 마찬가지로 동양사상과 서양사상의 차이 또한 달리 서술하고 비교할 수 있다. 현대 문명의 위기라는 시각에서 볼 때 두 사상의 특징과 그것들 간의 구별 및 비교는 자연관의 관점에서 가장 의미 있고 적절하다. 서양사상의 특징을 '자연대립적'이라 할 수 있는 데 반해, 동양사상의 특징은 '자연친화적'이라는 것이다.

친화적 자연관은 자연에 대한 심적 찬미, 자연의 물리적 혹은 상징적 위대성에 대한 경외심, 자연의 영원한 생성력에 대한 신비감, 자연에 대한 보편적인 향수로 나타난다. 자연친화적 사상은 자연과 대립적인 서양과는 달리 동양사상의 밑바닥에 공통적으로 깔려 있는데, 이는 중국문화권에서 더 각별히 드러난다. 자연은 전통적으로 시·그림 등 고급 예술의 가장 핵심적인 주제였을 뿐만 아니라 정신적·미학적 찬미와 경외의 대상이었다는 사실은 문학이나 예술사를 잠깐이라도 들여다보면 분명해진다. 과거뿐 아니라 지금도 이러한 전통은 동아시아인들의 마음 깊은 곳에 잠겨 있다. 동양의 시나 그림에 나타난 동아시아의 친화적 자연관은 고대서양의 시나 그림의 지배적 주제가 인간이었다는 사실에 비추어볼 때 더욱 확실해진다.

동양의 이러한 친화적 자연관은 인도나 중국에 공통적인 형이상학·인간관·인식 양식·가치관에서 나타난다. 서양의 지배적 형이상학이 이원론적인 데 반해 동양의 형이상학은 일원론적이며, 서양의 인간관이 인간중심적인 데 반해 동양은 자연중심적이며, 서양의 인식 양식이 이성적이고 분석적인 데 반해 동양은 감성적이고 미학적이며, 서양의 인식이 가치중립적인 데 반해 동양은 가치선택적이다.

겉으로 보기에 서로 구별되는 모든 현상과 존재를 하나로 본다는 것은 서양 특유의 이원론적 형이상학에 함의된 인간과 자연의 대립적 관계뿐만 아니라 형이상학적 구별까지 부정한다는 것을 뜻한다. 이러한 일원론적 형이상학은 두 가지 측면, 즉 자연에 대한 태도와 사물현상에 대한 인식 양식에서 이원론적 형이상학의 경우와 상반되는 결과를 논리적으로 배태한다.

일원론적 테두리 안에서는 첫째, 인간중심주의가 아니라 자연중심적 세계관만이 가능하며, 자연중심적 세계관의 맥락에서는 자연에 대해 비록 친화적이지는 않더라도 대립적인 태도는 논리적으로 불가능하다. 둘째, 자연은 분석적 이성에 의한 원자적 물리현상으로 보는 것이 아니라 감성에 의해 종합적 유기체로 파악된다. 셋째, 자연은 서술적으로 가치중립적 관점에서가 아니라 평가적으로 가치선택적 관점에서 파악된다. 이러한 자연중심적 우주관과 만물에 대한 미학적 태도는 자연을 논리적으로 개념화할 수 없는 '도'로 파악하고, 자연에 대한 순종을 뜻하는 '무위'를 행동의 가장 근원적 원칙으로 삼으며, 미학적으로는 '소요'의 인생관을 보여주는 노장사상에서 각별히 강조된다.

동양적 시각에서 볼 때 자연은 인간의 어머니인 동시에 젖줄이고, 인간에게 '도'를 밝혀주는 빛이며, 그러한 빛을 가르쳐주는 스승이기도 하다. 그것은 동시에 생명·광명·충만·아름다움의 원천이고, 따라서 가치·감사·찬미·경건·감상·자비의 대상이며, 동시에 모든 생명에 대한 불교적 자비심의 원천이기도 하다.

미래 문명의 모델로서의 동양사상

앞에서 주장한 대로 거시적 차원에서 원시안적으로 예측해볼 때 현대 문명의 미래는 종말론적이라 할 만큼 큰 위기에 처해 있으며, 그 이유는 궁극적으로는 생태계 파괴에 있다. 또한 생태계 파괴의 원인을 서양의 대립적 자연관으로 본다면, 현대 문명과 인류의 미래는 바로 앞에서 본

대로 자연친화적인 동양사상의 틀로서만 보장될 것이다.

그러나 이러한 주장은 성급한 것으로 몇 가지 논리적 맹점을 안고 있다. 첫째, 자연친화적인 것은 필연적으로 생태계 보존적이고, 자연대립적인 것은 필연적으로 생태계 대립적이지만, 생태계 대립적, 즉 자연대립적 사상이 곧 생태계 파괴의 직접적인 원인은 아니다. 반대로 생태계 보존과 자연과 친화적인 사상이 현대 문명은 물론 인류의 종말을 의미할지도 모르는 생태계 파괴를 저절로 극복하지는 못한다. 사상적·관념적으로 아무리 자연대립적이며 생태계 대립적이더라도 자연을 정복·개발·착취할 능력이 없었더라면 현재와 같은 규모의 심각한 생태계 파괴 문제는 생기지 않았을 것이다. 생태계를 심각하게 위협할 만한 자연 정복·개발·약탈을 가능케 한 문명을 인류가 이룩할 수 있었던 것은 과학 지식과 그 지식을 근거로 한 기술 때문이다. 이런 사실에 비추어볼 때 인간에게서 영감을 찾는 시인, 자연의 미에서 감동을 느끼는 예술가, 자연 파괴의 위험을 의식한 생태주의자들을 비롯하여 적지 않은 이들이 과학과 과학기술에 거부감을 느끼고 있으며, 때로는 저주하는 까닭을 이해하기 어렵지 않다.

둘째, 동양적 인식의 특징이 적극적으로 반과학적이지는 않더라도 이성적이기보다는 감성적이며, 분석적이기에 앞서 미학적이라는 점에서 그것은 탈과학적 혹은 비과학적이다. 과학과 과학기술이 발휘하는 놀라운 힘을 제어·통제하고 제거하려면 기술적으로 그에 못지않은 힘이 필요하다. 그러나 이러한 기술적 힘은 동양의 비과학적 사고의 틀 안에서는 불가능하고 오로지 과학적 사고와 기술을 빌려야만 가능하다. 현대 문명이 가진 현실적이고 구체적인 문제는 서양이 개발한 과학 지식과 기술을 어떻게 극복하느냐에 있고, 그 문제의 해결은 과학 지식과 기술 없이는 불가능한 만큼 비과학적인 동양사상이 자동적으로 현대 문명의 문제, 즉 생태계의 문제를 해결하는 만족스러운 대안이 될 수는 없다.

셋째, 자연대립적 서양사상을 자연친화적이고 자연조화적인 동양사상으로 대체하여 코페르니쿠스적인 사고의 혁명을 이룬다 해도 구체적으로 자연을 어떻게 대하고, 무엇을 해야 하며, 무엇을 먹고 입어야 하는가 하는, 가장 원초적이며 근본적인 삶의 방식에 대한 문제가 제기된다. 그러나 동양사상이 서양사상을 대신하여 새로운 문명의 틀이 된다는 주장은 이같은 물음에 대한 대답을 포함하지는 않는다. 모든 것은 하나라는 형이상학적 신념, 인간은 자연의 주인이 아니라 그 일부에 지나지 않는다는 관념이나 주장만으로는 파괴되어 가는 생태계와 파국으로 치닫는 듯한 문명의 방향에 대해 구체적으로 어떤 대처 방법을 제시할 수 있을지 절망적일 만큼 막막하다.

넷째, 동양사상, 특히 노장사상의 형태로 나타난 동양사상은 어떠한 사상보다도 자연친화적이며 조화적이지만 근본적으로 반과학적, 더 나아가서는 반문화적 요소가 짙다. 이러한 태도를 극단적으로 밀고 가면 인간과 모든 동물의 객관적 본성에 배치되며, 따라서 역설적으로는 반자연적이다. 주어진 환경과 삶의 여건을 활용하여 자신의 생물학적 존속과 그밖의 욕망을 자기중심적으로 충족시키려는 것은 모든 생물체의 공통적인 본성이다. 문명은 이러한 목적으로 인간이 고안한 장치이며, 과학 문명은 그중에서도 가장 효율적인 장치이다. 문명의 이러한 기능을 이해했을 때 원시인들이 왜 문명 세계를 동경하고, 서양의 과학 지식과 기술을 접한 비서양 문명권에서 왜 놀라움과 경탄을 보냈으며, 오늘날에도 세계 전체가 왜 경쟁적으로 과학기술 습득과 개발에 혈안이

되어 있는지를 알 수 있다. 문명, 특히 과학기술 문명은 인류에게 놀라운 빛과 힘을 부여하고 인류의 복지에 상상할 수 없을 만큼 물질적·정신적·정치적으로 크게 기여했다.

서양사상을 대치하여 새로운 문명의 틀로 삼아야 한다는 동양사상이 과학 지식이나 기술과 절대로 양립할 수 없다면, 오히려 그러한 지식과 기술의 거부와 배척을 뜻한다면, 동양사상은 현실적으로 현대 문명의 위기를 극복할 수 있는 대안이 될 수 없다. 오늘의 과학기술 문명이 아무리 심각한 문제를 내포하고 있다 하더라도 과학 지식과 기술을 버린다는 것은 마치 목욕통의 땟물을 버리려다 그 속에 들어 있는 아기까지 버리는 것과 같다.

인류가 앞으로도 존속하고 번영하기 위해 동양사상이 결정적인 바탕이 되어야 한다면 그것은 반드시 과학적 사고나 기술과 양립할 수 있을 때에만 가능하다. 현대 문명이 갖고 있는 문제의 핵심이 자연 자원의 점차적 고갈, 인구의 폭발적 팽창, 그리고 이러한 현상의 결과로 나타난 생태계 파괴에 있다면, 이러한 문제의 해결은 자연현상에 대한 정밀하고 견고한 과학적 인식과 그에 근거한 과학기술에 의존하지 않고는 전혀 불가능하다. 동양사상은 인류 미래의 버선·빛·실삽이가 될 수 있고 꼭 그렇게 되어야 하지만, 그것은 동양사상이 과학 지식이나 기술과 양립할 수 있는 방법을 택함으로써만 실현될 수 있다.

동도서기

동양적 세계관과 서양 과학의 양립은 한 세기 훨씬 전 서양문명을 접한 동양의 선각자들이 중국·일본·한국에서 모두 내세운 동도서기東道西器의 실천 이념에 지나지 않는다. 그것은 서양의 이념 대신 동양의 이념을 택하되, 그 이념의 구체적 실현은 서양의 기술을 통해서만 이룰 수 있고 이루어야 한다는 것이다. 동양적 가치의 실현을 위해 서양의 기술을 도구적으로 이용한다는 것이다. 이런 이념은 미학적 동양사상이 과학적 서양사상과 공존할 뿐만 아니라 상호 보완될 수 있을 때만 비로소 실현 가능하다.

그러나 서양문명의 정신 밑바닥에 깔려 있는 이원론적 형이상학, 인간중심주의, 자연대립적 태도, 이성중심적인 분석적 사유는 동양문명의 토양인 일원적 형이상학, 자연중심주의, 자연친화적 태도, 감성중심적 미학적 사유와 분명히 양립할 수 없다. 만약 동양이 이용하고자 하는 서양의 과학 지식과 기술이 서구적 세계관의 표현이라면, 서양의 세계관과 과학을 분리하여 필요에 따라 동양적 세계관과 접목할 수는 없다.

과학기술이 전제한 기계론적 자연관과 동양의 세계관이 함축하는 유기적·생태학적 자연관을 같은 논리적 차원에서 본다면 분명히 모순이다. 똑같은 것이 동시에 기계적이며 유기적일 수 없기 때문이다.

그렇지만 하나의 대상, 가령 개라는 존재는 동물학적·생물학적·화학적·물리학적·심리학적·법적·종교적으로 다양하게 서술될 수 있다. 한 마리 개에 대한 이와 같은 서로 상반되는 표상은 서로 모순되는 것이 아니라 동일한 개의 다양한 측면을 나타낼 뿐이기 때문이다. 이와 마찬가지로 동양적 세계관과 서양의 과학적 자연관은 서로 모순을 일으키지 않으면서 조화를 찾을 수 있다.

전자가 모든 존재를 총괄적 차원에서 본 근본적 속성을 표상하는 데 반해, 자연현상의 기계적 설명은 물리적 차원에서 접근한 존재 일반의 표상일 수 있다. 동양적 세계관과 서양의 과학적 자연관의 관계를 이와 같이 풀이할 때, 동도서기의 이념은 실현가능하다. 서구적 세계관을 답습하여 오늘날과 같은 방식으로 과학기술을 계속해서 이용할 때 원시안적으로 본 인류의 미래는 어둡기만 하다. 그러나 새로운 문명의 패러다임으로서, 한편으로는 동양적 세계관을 바탕으로 궁극적 가치를 선택하고, 다른 한편으로는 서양의 과학 지식과 기술을 거시적이고 원시안적인 현명한 안목에서 동양적 세계관에 비추어 최대한 효율적이면서도 선택적으로 개발하고 활용한다면, 그때 비로소 인류의 미래에 희망을 걸 수도 있을 것이다.

아산재단 창립 20주년 기념 국제학술대회 발표, 1997. 7. 1.

09

생태학적 합리성과 아시아철학

합리성의 보편적 규범이 존재한다는 믿음은 모든 인간의 사고 속에 어떤 형태로든 잠재해 있고, 특히 서양철학의 전통 속에는 명시적으로 드러나 있다. 그리고 그러한 합리성에 대한 믿음은 근대 이후 서양의 놀라운 과학기술적 성취로 강화되어왔다.

합리성은 모든 담론에 있어서 보편적인 가치를 가진 것으로 가정되어 있다. 그러나 아이러니한 것은 바로 이러한 근대 서양의 합리성이 지구상에 존재하는 온갖 형태의 생명과 인류를 절멸시킬 수도 있는 생태학적 위기를 초래했다는 사실이다. 그러니까 적어도 이와 같은 실제적 관점으로 볼 때도 서구적 합리성은 결국 비가치非價値한 것, 따라서 역설적이게도 '불합리한 것', 보편적으로 적용될 수 없는 것으로 판명되었다.

그 결과뿐만 아니라 합리성 자체의 철학적 본질이 어느 때보다도 문제시되고 있다. 물론 철학에 있어서 니체·하이데거·마르쿠제나 과학에 있어서 힐베르트Hilbert·괴델Gödel 등과 더불어 서구적 합리성의 개념과 그 논리적 일관성은 이미 의문의 대상이 되어 있다. 어떻든 합리성의 본질 자체가 심각한 위기에 처했다는 것은 의심의 여지가 없고, 이런 의문은 1960년대 말 이후 일반적으로 포스트모더니즘의 형태 속에서, 특히 데리다의 '해체' 이론에서 더욱 적극적으로 표현되어왔다.

이성은 죽었는가? 합리성은 끝났는가? 근대적 합리성의 위기는 어떻게 극복될 수 있는가? 근대적 합리성의 위기 혹은 일반적으로 말해 서구적 합리성의 위기에 직면하여 많은 아시아사상가들은 아시아철학이 서구적 합리성의 유일한 대안이라고 생각하고, 다음 세기의 문명을 형성하는 데 있어 아시아가 서구 세계를 대체할 것이라고 믿고 싶어 한다. 그리고 점점 더 많은 서양사상가들이 이러한 생각에 동조하는 경향이 있다.

이 글에서 주장하려는 것은 첫째, 올바르게 정의된다면 '생태학적인' 합리성은 결코 죽은 것이 아니며 인간의 심장 속에 항구적이고 보편적으로 살아 있다는 것이다. 둘째, 아시아철학이 지구상의 모든 지적·사회적 재난과 생물학적 죽음을 치유하는 만병통치약은 아니지만, 그 철학의 근거를 이루는 형이상학은 본질적으로 '생태학적인' 성격을 갖고 있으며, '생태학적 합리성'을 이룩하는 데 하나의 지적 영감이 될 수 있고, 하나의 형이상학적 토대를 제공할 수 있다는 것이다. 마지막으로, 세계와 우리 자신을 보는 올바른 비전을 찾는 데 있어 반드시 패러다임의 변화가 일어나야 한다는 것이다. 이원론적 형이상학에서 일원론적 형이상학으로, 과학적·기계론적 인식론에서 미학적·유기적 인식론으로, 인간중심의 윤리에서 생태중심의 윤리로 패러다임의 변화가 일어나지 않으면 안 되는 이유는 우리가 직면해 있는 문명이 거의 종말론적인 위기를 맞고 있기 때문이다.

이성의 위기

흔히 투명한 '빛' 또는 '자연의 거울'이라 비유적으로 묘사되며 형이상
학적 이성개념에 의존하고 있는 데카르트적 합리성의 개념은 존재론적
이원론에 기초하고 있는데, 이에 따르면 실재 혹은 존재는 궁극적으로
상호 환원될 수 없는 정신적 실체와 물리적 실체로 나뉜다. 두 실체의
차이는, 전자가 관념적인 존재이기 때문에 후자를 구속하고 있는 인과
관계에서 자유롭고, 따라서 인과적 구속력을 갖는 물리적 세계를 초월
한다는 점이다. 이성은 물리적 실재의 다양한 상대성을 초월함으로써
자신의 관점이 보편성을 갖고 있다고 주장할 수 있다. 그리고 이성은 물
리적 실재의 우발성에서 자유로워짐으로써 자신의 진실이 필연성을 갖
고 있다고 주장할 수 있다.

　이러한 이성개념은 사르트르의 존재론에서 가장 현저하게 드러나듯
합리적 주체로서의 인간과 그 대상으로서의 자연 사이에 적대적인 긴
장을 불러오며, 유대교와 기독교 신학에 가장 분명하게 보이듯 인간중
심주의는 인류를 우주의 인식론적·가치론적 중심에 둔다. 인간만이 생
각할 수 있고 대상에 의미를 부여할 수 있다는 점에서 인간은 우주에서
유일성을 갖는 독특한 존재라는 것이다. 그리고 유럽중심주의는 서구
적 합리성이야말로 합리성의 본질을 특히 과학과 기술을 통해 구현하
고 있다고 본다.

　그렇게 인간 역사는 자연을 끊임없이 성공적으로 수탈해온 이야기로
정당화된다. 지난 2~3세기에 걸쳐 서구 세계의 비서구 세계에 대한 냉
혹한 정치적·경제적·군사적·지적 지배는 서구적 합리성의 보편성과
객관성이 갖는 이른바 정의와 진리의 권위 밑에서 이루어졌다. 그 합리

성은 물질적인 성공에 의해 정당화되었고, 서구 세계가 인류 전체와 세계에 가져다주었다는 정치적·사회적인 자유화와 지적 계몽에 의해 타당한 것으로 받아들여졌다. 이런 식으로 합리적인 것은 과학적인 것과 거의 동일시되고, 과학적인 것은 서구적 사고의 규범을 따르는 것과 거의 동일시되었다. 그와 같은 방식으로 서구적 정신만이 진정으로 합리적인 것이라 일반적으로 가정되었고, 헤겔뿐만 아니라 베버에게도 합리적인 서양문화는 흔히 '전통적'이라고 일컬어지는 비서구 세계 전체의 문화와 뚜렷이 구별되는 것으로 받아들여졌다.

보편적 합리성의 허구

서구적 합리성을 비판하는 사람들은 서구적 합리성의 보편성만을 부정하는 것이 아니다. 그들은 실제로 이성이 가리키는 것은 주어진 시대, 주어진 사회의 안정된, 그러나 우발적인 의견 일치를 반영하는 문화적 규범과 전통일 뿐이며, 하나의 구체적인 문화 속에서 구체적인 사실적 합의를 초월하는 투명한 '이성' 같은 것은 존재하지 않는다고 주장한다.

푸코에게 있어 인식의 규범 혹은 틀은—그는 그것을 체제regime라고 부르는데—어떤 형이상학적 영역 속에서 발견되는 것이 아니라 사회 속의 권력 관계에 의해 규정된다. 매킨타이어는 이성을 초월적인 어떤 것이 아니라, 특정 문화 전통과 동일시한다. 로티에게는 우리가 마음속에 그려내는 세계 이외의 어떠한 객관적인 세계도 존재하지 않는다. 데리다는 이른바 형이상학적으로 객관적인 토대를 갖고 있다고 받아들여지는 주장도 '이성중심주의'라 부르며 해체하고, 우리가 명기해놓은 텍스트의 의미 이상으로 어떠한 초월적인 '기의記意, signifié', 즉 객관적인 의미를 찾으려는 시도가 헛됨을 보여준다.

합리성이라는 것이 아직도 존재한다면, 그것은 포괄적인 것이 아니라 단편적이고 분해된 것이다. 하나의 형이상학적인 객관적 실체로서의 이성이라는 개념은 형이상학적 허구이며, 따라서 합리성의 근거가 될 수 없다. '이성의 빛'과의 일치라는 뜻에서의 합리성의 개념은 불가능하다. 왜냐하면 그것은 존재론적 이원론이라는 오류에서 비롯되었기 때문이다.

다양한 분야의 과학 지식도 전통적인 서구적 이성 및 합리성의 개념이 부적절하다는 것을 충분한 증거로써 증명했다. 하이젠베르크 Heisenberg의 불확정성의 원리, 힐베르트의 비유클리드 기하학, 괴델의 수학, 그리고 클랜시Clancy 또는 프리고진Prigogine의 카오스 이론은 모두 수학 분야에도 논리의 기계적 적용에 한계가 있다는 것, 그리고 이론과학에서 자연이 궁극적으로 불확정적이라는 것을 증명한 듯하다. 다윈의 이론이 보여준 것은, 진화의 산물인 인류는 인간 이외의 다른 종들, 나아가서는 우주적 전체성와 형이상학적으로 분리되어 있지 않다는 사실이었다. 그러므로 그것이 함축하는 것은 정신과 이성이 육체와 형이상학적으로 떨어져 있지 않다는 점이다. 정신은 육체와, 인간은 다른 종들과, 유정물有情物은 무정물無情物과 연속적인 관계에 있으며, 모든 것이 분리될 수 없는 하나의 존재·실재·세계를 형성하고 있는 것이다.

프로이트의 정신분석은 이미 어두운 본능 혹은 잠재의식이 겉보기에는 투명하고 원초적인 이성의 뿌리에 있음을 보여주었다. 최근에 생명물리학, 생명유전자학, 인공지능학 같은 분야에서의 발전은 자연과 인간, 물질과 정신, 그리고 충동과 이성이 형이상학적으로 상호 연속적인 관계에 있으며 상호 분리될 수 없다는 것, 그러므로 참된 것은 형이상학적 이원론이 아니라 일원론이라는 것을 점점 더 확실하게 암시해주는 듯하다.

합리성의 재정의

탈근대주의 사상가들은 서구적 이성에 대한 이러한 문화적·이론적 비판을 환영한다. 서구적 이성의 죽음은 개인이나 비서구 사회가 보편적 합리성이라는 전체주의적 억압의 권위에서 해방되어 고정된 단 하나의 서구적 규범에 따라 순응하는 것이 아니라, 그들 자신의 구체적인 규범들 아래에서 창조적인 생각과 행동을 자유롭게 추구할 수 있게 되었음을 뜻하기 때문이다.

그러나 고정된 이성과 보편성을 가진 포괄적인 합리성, 즉 어떠한 경우든 누구나 받아들일 수 있는 합리성이 존재하지 않는 상황은 실제로는 견딜 수 없다. 왜냐하면 하나의 객관적 이성, 보편적 합리성이라는 개념을 전제하지 않고는 문화나 상황의 차이에서 필연적으로 발생하는 갈등을 야만적인 물리적 폭력에 호소하는 방법으로 해소할 수밖에 없기 때문이다. 예를 들어 생태학적 문제 등은 인류의 존망이 걸린 너무나 중대한 일이기 때문에 우연한 사고와 충동적인 결정에 맡길 수 없다. 그러한 문제는 이성과 합리적인 사고를 요구한다. 어떠한 믿음·결정·담론도 어떤 형태로든지 합리성의 개념 없이는 불가능하고, 합리성은 어떤 형태로든 존재하는 이성을 전제하지 않고는 불가능하다. 존재하는 한, 인간은 생각하고 말하고 신념을 형성하며 결정을 내린다. 그리고 그러한 이상 인간은 필연적으로 사고, 즉 이성을 작동시킨다. 그러므로 고전적인 서구적 개념과는 다른, 새로운 이성 및 합리성의 개념을 발견하는 일이 절실히 필요하다.

그러나 그것이 정말 가능할까? 우리가 형이상학적 이원론을 버리고 그 자리를 형이상학적 일원론으로 대체했다면, 대답은 부정적이다. 왜냐하면 형이상학적 일원론에서는 형이상학적 이성이나 합리성이라는 개념 자체의 성립이 논리적으로 불가능하기 때문이다. 그러나 논리적으로 불가능해 보여도 우리 자신 속에 이성이 존재하지 않는다는 결론은 받아들일 수 없다. 왜냐하면 그것은 가장 명백한 두 가지 사실에 정면으로 위배되기 때문이다. 첫째, 우리가 논리적으로 사고하고 성찰할 수 있는 능력을 갖고 있다는 것은 너무나 자명한 현상학적 사실이다. 둘째, 이성 자체의 부재를 말하는 행동에 이미 사고작용이 내포되어 있다는 것은 분석적 진리이다. 중요한 것은 이성의 실재 여부를 묻기보다 인간이 사고한다는 사실—즉 이성과 합리성—을 어떻게 이해하고 다시 묘사할 것인가 고민하는 데 있다. 만일 이성과 합리성이 오랫동안 당연시되어 왔던 방식과 전혀 다르게 이해될 수 있다면, 우리는 개념적 딜레마에서 해방될 수 있을 것이다.

성찰력으로서의 이성

여기서 나는 '이성'에 대한 새로운 해석을 제의하고 싶다. 이성은 우주의 다른 부분과 분리될 수 있는 어떤 실체가 아니라 인간에게서 발견되는 성찰력을 가리키며, '합리성'은 '이성'이라 불리는 어떤 초월적이거나 형이상학적인 규범에 따른 믿음이나 판단이 아니라 우리 안에 내재하는 성찰력의 활동을 가리킨다. 그러니까 이성은 객관적인 세계 속에 항구적으로 고정된 어떤 대상이나 주관적인 정신으로 존재하지 않는, 역동적으로 행동하는 하나의 정신적 활동이다. 우리는 그것을 어디에서도 발견할 수 없지만, 무엇인가를 생각하는 순간마다 모두 그것을 실천하고 경험한다.

우리가 생각하고 숙고한다는 사실은 우리가 이성을 행사하고 경험한다는 것을 증명한다. 데카르트가 생각했듯이 우리 각자가 '나'라는 주체로서 생각하고, 따라서 우리가 어느 정도 '합리적'이라는 사실보다 더 자명한 것은 없다, 그런 의미에서 주체야말로 모든 믿음과 담론의 출발점이 되어야 한다고 했던 사르트르의 말은 옳았다.

이러한 새로운 이성 및 합리성의 개념에 비추어볼 때 근대성의 위기와 우리를 둘러싼 딜레마는 그 기원이 이성의 죽음이 아니라 이성에 대한 잘못된 이해에 있음을 알 수 있다. 그리고 이러한 이성에 대한 새로운 개념과 더불어 근대성의 위기를 해결할 수 있는 가능성이 열린다. 나는 이 새로운 개념을 '생태학적'인 것으로 규정하고, '생태학적 합리성'이라는 새로운 개념을 제안하고자 한다.

그러나 먼저 다음 두 가지 점이 분명해져야 한다. 첫째, '생태학적' 합리성은 생태적 문제와 연관된 담론에 적용될 수 있는 어떤 특정한 변론이나 정당화의 규범으로 이해되는 '합리성'을 가리키는 것이 아니다. 즉 '도구적 합리성', '과학적 합리성', '서구적 합리성', '미학적 합리성', '종교적 합리성', '원시적 합리성'처럼 각기 구체적인 활동적·분야적·문화적·역사적 시기에 있어서의 믿음이나 결정을 정당화·타당화하는 규범적 형태를 지칭하는 '합리성'이 아니라는 것이다. 내가 관심을 갖고 있는 것은 사회학자·역사가·인류학자들의 경험적 기술 작업에 맡겨야 하는 특수한 형태의 합리성에 대한 탐구가 아니라, 합리성의 본질 자체에 대한 개념적 분석이다.

달리 말하면 내가 '생태학적 합리성'이라는 말로 가리키는 것은 모든 종류의 담론을 타당화·정당화하는 일반적이고 포괄적인 규범 형태이다. 여기서 내가 강조하고 싶은 것은 이성과 합리성은 필연적으로 '생태학적'이라는 것, 다시 말해 '생태학적 이성'과 '생태학적 합리성'이 아닌 이성과 합리성은 있을 수 없다는 점이다.

둘째, 그러므로 이러한 맥락에서 '생태학적'이라는 용어는 보편적이고 포괄적이며 합리성이 갖추어야 할 기초적인 특징을 가리킨다는 것이다. 내가 이러한 합리성을 '생태학적'이라고 이름을 붙인 것은 근대 서양의 합리성과 구별하기 위해서이다.

생태학적 합리성과 새로운 이성개념

'생태학적'이라는 말은 정확히 무슨 뜻인가? 그것은 '에콜로지ecology'라는 용어와 관계 있는 어떤 특징을 가리키지만, 오늘날 에콜로지라는 말은 보통 좁은 의미로 사용되어 '살아 있는 것들의 환경, 또는 살아 있는 것들과 그것들을 둘러싼 환경 사이의 관계의 유형, 또는 유기체들의 상호 의존성에 관계하는 과학'을 대변하고 있다. 그러나 여기서 '생태학적'이라는 말은 어떤 특정 과학에 국한되는 것이 아니라, 그것을 넘어서, 그리스어 오이코스oikos — 생태학과 경제학이라는 단어가 여기서 파생되었고, 원래 집, 거처, 서식지 또는 경영의 의미를 갖고 있다―에 암시되어 있는 상호 연관된 몇 개의 의미를 동시에 뜻한다.

나는 이성과 합리성을 '생태학적'인 것으로 규정함으로써 이성과 합리성의 기원, 존재 양태 및 의미가 어원적으로 본래적인 의미의 오이코스에 비추어 이해되어야 한다고 생각한다. 무엇인가를 '생태학적'으로 본다는 것은 오이코스에 내재되어 있는 특수성에 비추어, 다시 말해 집이나 거처나 서식지나 보금자리 같은 말에서 연상된 특성에 비추어본다는 것을 뜻한다.

편의상 오이코스의 의미가 갖는 이러한 특징들은 네 개의 관점, 계보학적·형식적·가치론적·생태중심적 관점에서 묘사될 수 있다. 집·거처·서식지·보금자리는 첫째, 계보학적으로 볼 때 대지에 뿌리를 두고 있다. 그것들은 반드시 대지를 재료로 하여 대지 위에 세워질 수밖에 없기 때문이다. 둘째, 그것들은 특정한 지리적·사회적·문화적 맥락에 가장 적합한 다양한 형태를 취할 수밖에 없기 때문에 형식적으로 볼 때 획일적이지 않다. 셋째, 가치론적으로 볼 때 그것들은 거기에 거주하는 자의 삶을 확장시키고, 되도록 욕구를 충족시키기 위해 의도되었다고 할 수 있다. 그리고 마지막으로, 그것들은 인간중심적 관점이 아니라 생태중심적 관점을 향해 열려 있다.

이성이 물질적 실재와 형이상학적으로 유리된 하나의 관념적인 실체를 가리키는 것이 아니라는 생각은 형이상학적 일원론의 함축으로 결국 이성의 초월성을 부정한다. 그러나 이성이 우리 모두에게 현상학적으로 자명한 성찰력을 가리키는 이상, 그것은 물질세계와 동일시되거나 내재적인 것이라고만 생각될 수 없고, 오히려 어떤 점에서 물질세계를 초월한 것으로 생각되어야 한다. 왜냐하면 성찰력은 비물질적인 것,

즉 정신적이거나 현상학적인 것을 지칭할 때 비로소 이해될 수 있기 때문이다. 이성이 내재적이면서 동시에 초월적이며, 따라서 이원론적이면서 동시에 일원론적인 형이상학을 전제로 하고 있다면, 성찰력으로서의 이성의 본질에 대한 해석은 모순된 것으로 보인다.

그러나 이러한 어려움은 성찰력과 성찰력이 작용하는 세계 사이, 인간과 그 세계 사이, 정신과 육체 사이의 관계로 말미암아 생긴다. 만약 성찰력으로서의 이성이 세계를 초월한다면 처음부터 그런 것은 아니다. 정신은 육체와 분리될 수 없고, 인간의 육체는 세계의 일부이기 때문에 성찰력으로서의 정신은 세계와 대지에 계보학적으로 뿌리박혀 있다. 이성의 초월성은 이미 대지에 내재되어 있는 것이다.

이러한 관점은 하이데거 철학의 본질적 요소 가운데 하나이다. 하이데거 철학의 궁극적 기획은 '근원적 존재론'으로서 '존재의 의미'를 탐구하는 데 있었다. 그러나 그의 1차적인 프로젝트는 형이상학적 이원론에 토대를 둔 소크라테스-플라톤적 합리주의에 근거한 서양의 형이상학을 깨뜨리는 것이었다.

서양의 형이상학적 이원론은 인간과 인간 아닌 것들 사이의 차이에 대한 지각에 기초하고 있고, 데카르트에 이르러 좀더 구체적으로 인간 본성에 대한 개념에 근거하게 되는데, 그에 의하면 인간의 정신과 육체의 차이는 서로 환원될 수 없다.

하이데거의 궁극적 프로젝트가 '근원적 존재론'을 창조하는 것이었다면, 데카르트의 첫 과제는 인간과 자연, 정신과 육체를 갈라놓는, 언제나 이원론적이었던 '서양의 형이상학'을 파괴하는 것이었다. 달리 말하면 형이상학적 이원론은 인간존재의 형이상학적 지위에 대한 특별한 개념에 기초하는 것이다. 그렇다면 형이상학적 이원론을 깨뜨리기 위해서는 그러한 인간개념에 대한 비판이 반드시 선행되어야 한다. 그것이 바로 하이데거가 하려 했던 것이다.

하이데거는 자신의 철학적 명상의 시초에 세 개의 조어造語를 도입했다. 'Dasein거기 있음 혹은 현존재', 'In-der-Welt-sein세계 안에 있음 혹은 세계-내-존재', 그리고 'Mit-Sein함께 있음'이 그것이다. 모두 인간을 가리키는 말이다. 이 모든 단어는 개별적 인간을 그가 존재하는 구체적인 장소에서 떼어놓을 수 없다는 것, 구체적인 세계 속에 박혀 있는 그의 뿌리, 그리고 타자들과의 분리할 수 없는 한계를 가리키기 위하여 고안되었다. 한 인간이 이 세 가지 용어로 표상될 수 있다면 그는 구체적인 일상의 세계를 완전히 초월할 수 없다. 그리고 한 인간이 그러한 세계를 완전히 초월할 수 없다면 이성은 완전히 세계를 초월한 것으로 생각될 수 없다. 이러한 하이데거의 이성개념은 본래 어원적인 의미에서 '생태학적'인 것이라고 부를 수 있다. 왜냐하면 하이데거적인 이성의 계보학적 뿌리가 대지이기 때문이다.

메를로 퐁티만큼 집요하게 이성의 육체적·대지적 뿌리에 주목하고, 의식의 초월성이 가진 한계에 주목한 철학자는 없다. 메를로 퐁티 철학의 전제 프로젝트는 의식과 그 대상, 정신과 육체, 인간과 사인, 보이는 것과 보이지 않는 것 사이의 불가분리적 관계에 비추어 이성의 본질을 해명하려는 시도였다고 할 수 있다. 그는 '의미의 비언어학적 뿌리'를 지적하고, '경험 속에 내리고 있는 이성의 뿌리'를 추적하며, '현상학적 의미는 세계도 의식도 아닌 지각된 세계'라고 주장하면서, 이성이 근원적으로는 '생태학적'인 것임을 보여준다. 메를로 퐁티가 '의미'—그는 '의미'를 '길들여지지 않는, 야생의, 거친' 것이라고 규정한다—를 묘사해 보여주고자 한 것은 의식과 의미의 계보학적 뿌리를 드러내고, 이성과 합리성의 육체를 드러내는 것이었다. 이성은 구체적인 장소와 시간이라는 자신의 기원과 관련해서만, 즉 자신의 특정 거처, 자신의 오이코스에 관해서만 계보학적으로 발견되고 현상학적으로 경험되는 것이다. 이는 모든 살아 있는 것은 자신의 구체적인 특정 오이코스 속에만 존재해야 하는 것과 마찬가지이다.

베르크Berque의 표현을 빌리면, 이성의 초월성은 '우리가 대지와 맺고 있는 끈'을 절단할 수 없다. 발생론적·물질적·공간적·시간적·역사적 맥락에서 전적으로 유리되고 추상된 이성은 환상이 아니라 하나의 추상화에 지나지 않는다.

보편성 원칙은 하나의 원칙이나 규칙이 일단 받아들여지면 시공간의 차이에 관계없이 모든 경우에 똑같이 적용될 것을 요구한다. 이 원칙은 합리성을 평가하는 척도로 받아들여져왔다. 논리와 수학은 이러한 원칙이 가장 보편적으로 용이하게 적용되는 담론 영역으로 합리성이 가장 잘 예시되는 장소로 간주되고 있다.

그러나 이것이 사실이라 하더라도, 논리학과 수학은 관념의 차원에서 구체적인 내용이 없는 형식적 관계만을 다룰 뿐, 신념과 그 대상, 인식 주체와 그 대상 사이의 관계를 다루지는 못한다. 합리성에 관한 우리의 문제는 단순히 순수한 형식이 아니라 구체적인 사실, 세계와 관련되어 있다. 이성의 보편성 원칙에 의하면, 이 원칙은 논리적 명제—가령 모든 사람이 죽는다면 누구나 죽는다라고 하는—뿐만 아니라 사실적인 것들—가령 하늘은 푸르다 또는 거짓말은 도덕적으로 잘못이다—에도 적용된다. 그러나 위에서 살펴본 이성의 기원과 계보학이 갖는 생태학적 특성과 모든 사물의 생태학적 양태를 고려할 때, 이성은 모든 것에 획일적으로 적용될 수 없다. 그러한 형태의 이성은 '생태학적'인 것이라고 불릴 수 없다.

　그 이유를 이해하기 위해 살아 있는 모든 것들의 상호 연관 체계를 가리키는 에콜로지라는 단어의 의미를 다시 떠올려볼 필요가 있다. 생태학적 관점에서 볼 때, 모든 동물은 먹는 자와 먹히는 자, 또는 주인과 노예라는 연쇄 속에서 상호 연관되어 있다. 그리고 특정 동물이 다른 동물들과 관련되는 방식·위치·상황은 어떤 경우에도 동일하지 않고, 오히려 개별적인 경우마다 다르다. 왜냐하면 그 육체적 생김새·생물학적 욕구·시공간적 위치에 있어서 그 어떤 종이나 개별적 생물체도 정확히 똑같지는 않기 때문이다. 호랑이 한 마리가 차지하고 있는 생태학적 공간은 생태학적 연쇄의 총체성 속에서 개구리 한 마리가 차지하고 있는 생태학적 공간과 다르다. 또 바로 그 호랑이가 한 마리의 영양 앞에 있을 때의 생태학적 문맥은 그것이 한 마리의 기린 앞에 있을 때의 생태학적 문맥과 다르다. 그러므로 호랑이가 개구리처럼 행동한다면 그것은 불합리한 행동일 것이며, 마찬가지로 호랑이가 기린과 관계할 때와 같은 방식으로 영양과 관계하려 한다면 그 또한 불합리한 일일 것이다. 호랑이가 타자와 관계를 맺는 합당한 방식은 각각의 특정하고 독특한 문맥에 따라 다를 때만 가능하다.

　이러한 사실이 보여주는 것은 합리성이란 무한히 복잡한 맥락 전체의 독특함에 맞는 합당한 방식으로 다양하고 비획일적으로 행동하는 것이며, 그렇다면 합리성이 의존하는 이성을 '생태학적'인 것으로 묘사하는 것은 너무나 당연하다는 점이다. 합리적인 것은 어떤 원칙이나 규칙을 모든 경우에 기계적으로 적용하는 것을 뜻하지 않는다. 일반적으로 받아들여지고 있는 가정과 정반대로, 모든 경우에 획일적으로 적용되는 보편적 원칙 같은 것은 존재하지 않는다.

이성은 역사적·문화적·계보학적으로 다양하게 마련인 개별 사실과 맥락의 독특성에 유연하게 적응할 수 있을 때만 살아 있으며, 의미 있는 것이 될 수 있다. 신념과 결정은 사실의 구체성에 대한 고려에 기초했을 때만 합리적인 것이 될 수 있다. 이성의 진정한 형식은 수학과 논리의 경우처럼 획일적이고 기계적인 것일 수 없고, 오히려 체육이나 예술이나 정치적 사고에서 특히 분명히 드러나듯 무한히 복수적이고 유연하다. 유일하고 획일적인 합리성은 존재하지 않으며 복수의 합리성만 존재할 뿐이다. 모든 종과 모든 개별 생물체가 생태적 관련 속에서 각기 다른 위치와 각기 다른 방식으로 상호관계를 맺는 것과 마찬가지로 모든 경우는 각기 다른 합리성을 갖는다. 바로 이런 점에서 진실로 합리적인 것은 '생태학적'일 뿐만 아니라 좀더 일반적으로, 진정한 합리성은 필연적으로 '생태학적'일 수밖에 없다고 주장하고 싶다.

이러한 이성 및 합리성의 생태학적 형식은 '전일적holistic'이며 '미학적aesthetic'이라 규정할 수 있다. 전일적이라고 하는 이유는 생태학적 관점에서 볼 때 어떤 신념이나 결정과 관련하여 무엇이 합리적인가 하는 문제는 어떤 개별적 사실들이 아니라, 관련된 모든 사실과 국면에 의해 규정되기 때문이다. 또 미학적이라고 하는 이유는 이성이 그 자신의 감각적·육체적 기원, 그리고 궁극적으로 대지에 박혀 있는 자신의 뿌리에서 완전히 유리되거나 그에 무감각해질 수 없기 때문이다.

이성의 기원과 형식이 무엇이든 그러한 기술 자체는 이성의 가치 또는 우리가 합리적이어야 하는 이유를 밝혀주지 않는다. 그런데도 무엇을 믿거나 결정할 때 우리는 언제나 이성과 합리성을 찾고, 그것을 높이 평가한다. 내재적으로, 이성은 가치지향적이고, 합리성은 가치론적이다. 이러한 가치론적 차원이 없다면 이성과 합리성은 아무런 의미가 없다. 이성의 가치론적 차원이야말로 우리가 왜 합리적이어야 하는가를 말해줄 수 있다. 하나의 실체로서의 이성, 하나의 형식으로서의 합리성의 의미는 어떤 가치와 관련해서만 이해될 수 있고, 그것들이 발견하고 고양시켜줄 것으로 생각되는 어떤 가치에 비추어서만 측정될 수 있다. 형식 논리나 수학이 이성 형식의 가장 좋은 예가 된다면, 자연과학은 이러한 이성 형식을 경험세계에 가장 성공적으로 적용하고 있는 예를 보여준다. 논리와 과학이 일반적으로 합리성의 진수를 표현하고, 가장 중요한 이성의 작용을 드러낸다고 받아들여지는 것은 놀라운 일이 아니다.

논리적 사고와 과학 지식이 흔히 신화적·미신적 또는 전통적이라고 묘사되는 여타의 사고 형태와 지식 위에 확고히 군림해왔다면, 그것은 오직 이러한 형태의 논리적 사고와 과학 지식이 다른 형태의 사고와 지식보다 우리 인간이 가장 열심히 찾고 평가해온 것을 성취하는 데 성공적으로 공헌해왔다는 사실로서만 설명될 수 있다. 자연에 대한 지배와 약탈, 지금 우리가 누리고 있는 굶주림과 질병으로부터의 상대적 해방과 물질적 풍요, 적어도 선진국과 개발도상국들에서 갈수록 확대되고 있는 정치적·사회적 자유 등은 논리적 사고와 과학 지식의 직·간접적 결과물이다. 다시 말해 논리적 사고와 과학 지식이 합리성의 요체로 높이 평가받는 이유는 우리 인간이 가장 강렬하게, 그리고 보편적으로 매달려온 생존적 가치에서 연유한다. 만일 논리적 사고와 과학 지식이 우리 인간이 믿는 가치에 반하는 것으로 드러난다면, 그것들은 역설적이지만 '불합리한' 것으로 간주될 수밖에 없을 것이다.

불행한 일이지만 이런 일은 실제로 일어났다. 논리나 수학, 그리고 자연과 기술의 과학적 설명 같은 구체적인 분야에서 논리적 사고와 과학적 방법이 이룩한 지적·실제적 성과는 그 하나하나를 따로 떼어서 볼때 의심할 나위 없이 엄청난 가치를 지닌다. 그러나 전일적인 관점에서 보면, 지금 우리가 비로소 알아채기 시작했듯, 이성은 반이성으로, 합리성은 불합리로 전환되어버렸다. 오늘날 과학기술의 발전, 즉 물질적 생산수단을 합리화한 결과로 인간은 과학적·기술적·산업적 합리성의 결과가 빚은 불합리성과 맞서 싸우지 않으면 안 되게 되었다. 갈수록 심화되는 환경오염은 자연뿐만 아니라 전 지구적 규모에서 해결해야 할 가장 근원적이고 절박한 문제 가운데 하나가 되었고, 전 지구적 규모에서 갈수록 늘어가는 생태계 파괴는 자연의 죽음뿐만 아니라 인류 자체의 존속을 위협하고 있다.

가치중립적인 이성과 합리성을 생각할 수 없다면, 맹목적인 논리적 사고와 과학기술의 몇몇 결과에 대한 위의 관찰을 고려할 때, 논리적 사고와 과학 지식은 이성과 합리성의 궁극적 표현으로 받아들일 수 없다. 이성과 합리성이 궁극적으로 그것이 창조하고 돌보는 가치의 질과 양에 비례해 측정되어야 한다면, 논리적 사고와 과학 지식의 합리성을 재평가하는 일은 우리에게 주어진 긴급한 문제이다.

만일 내 가족 전체가 살아남는 일이 나 자신이 살아남는 일보다 더 중요하다는 것이 자명한 사실이라면, 종족의 존속이 개별 가족의 존속보다 더욱 심각한 문제라는 것은 같은 논리에 따라 자명하다. 또한 인류의 존속이 어떤 특정 종족의 존속보다 분명 더욱 큰 가치를 갖는다면, 지구에 존재하는 생명의 영원한 존속이 인류의 역사적 번영보다 더 중요한 것도 자명하다. 생태학적 존속보다 더 중요하거나, 그만큼 가치 있는 것은 결코 있을 수 없다. 모든 것은 그 뒤에 따라온다. 이런 사실을 고려할 때 이성은 마땅히, 가령 인류와 같은 특정한 생명의 가치보다 먼저 지구상에 존재하는 다른 생명들의 가치에 우선권을 부여해야 하며, 합리성은 마땅히 논리적 사고와 자연에 대한 과학적 설명을 맹목적으로 받아들이는 데 있는 것이 아니라, 그러한 논리적·과학적 합리성을 '생태학적 합리성'에 종속시키는 데 있다. 이것은 논리적 법칙과 과학적 방법을 맹목적·획일적으로 적용시키는 것이 아니라, 그러한 논리적 사고와 과학 지식과 공학기술의 가치에 대한 면밀한 재평가를 요구하는 것이다.

논리와 과학적 합리성이라는 특정한 틀에 갇혀 있는, 피상적이고 무비판적인 근시안적 관점에서는 좋고 옳은 것으로 보여도, 합리성의 요체 또는 합리성의 본질인 '생태학적 합리성'의 좀더 넓은 틀에서 보는 주의깊고 엄격한 거시적인 관점에서는 나쁘고 잘못된 것으로 판명될 수 있는 것이다. 이성은 이와 같은 의미에서 반드시 '생태학적'이며, 따라서 '생태학적'이 아닌 합리성은 결코 합리적인 것으로 간주될 수 없다. 그러니까 생태학적 이성은 반드시 '생태중심적'이며, 좀더 일반화하여 말한다면, '자연중심적' 또는 '우주중심적'이지 결코 자기중심적이거나 종족중심적이거나 인간중심적일 수 없다는 뜻이다. 이성과 합리성의 본질이 이렇게 이해될 때 비로소 이성과 합리성의 개념은 불가피하게 보이는 숙음으로부터 인간과 생태계를 구해낼 수 있으며 근대성의 위기를 극복할 수 있는 가능성을 열어준다.

아시아철학의 특성

자연스레 헤겔이나 베버와 같은 서구사상가들이 오랫동안 '전통적'이고 정체된 것으로 간주했던 아시아철학이 주목된다. 이에 대해서는 두 가지 이유를 들 수 있다. 첫째, 점점 더 많은 사상가들, 특히 아시아계사상가들 사이에서 21세기는 아시아의 세기가 될 것이라는 풍문이 돌고 있다. 둘째, 아직 막연하고 불확실하긴 하지만, 서구적 합리성의 위기, 나아가 문명의 위기가 아시아적 사고에 의해서만 극복될 수 있다는 믿음이 최근 우리 주위에 퍼지고 있다.

아시아적 이성과 합리성은 서구적 사고의 대안이 될 수 있을까? 이 물음에 답하기 전 아시아철학의 근본 특성부터 이해해야 한다.

우선 동양철학과 아시아철학을 구별할 필요가 있다. 전자는 힌두교와 불교로 대변되는 인도철학과, 도교와 유교로 대표되는 중국철학 모두를 포함하는 비서양철학을 가리키는 반면, 후자는 중국철학만을 가리킨다. 실제로 인도철학과 중국철학은 많은 점에서 다르다. 그러나 인도철학과 중국철학, 동양철학과 아시아철학을 구별하는 것은 이론적·역사적 이유에서 어려운 일이다. 첫째, 이론적으로 인도철학과 중국철학의 근저에 있는 형이상학은 근본적으로 구분이 불가능하며, 둘째, 힌두교에서 파생된 불교는 후에 아시아철학으로 통합되었다.

동양적인 사고·믿음, 그리고 행동의 근저에 있는 형이상학은 일원론적이다. 힌두교에서 개별적 아트만(정신적 자아)과 브라만(육체적 자아)은 각각 아나타(비자아)와 아니카(비존속) 속에서 증발해버리고, 한 개체 속에서 우주적 정신 존재인 아트만과 우주적 육체 존재인 브라만 사이의 경험적 차이는 우주적 총체성이라 지칭되는 우주적 브라만 속에서 해소되어버린다. 불교에서는 모든 사물 사이의 차이와 구분이 단 하나의 '공空' 속으로 소멸되어버리는데, '공'은 나눌 수 없는 하나의 실재를 구성하며, 영원한 순환 속에 스스로를 드러낸다. 도가철학에서 인간은 다른 모든 것과 마찬가지로 자연의 일부임이 강조된다. 유교는 인간이 그 자신의 '도'를 따라야 할 필요성을 강조하는데, 이때 인간의 '도'는 어떤 점에서는 자연일반과 내재적으로 다르다. 그러나 도가철학과 유교는 양자 모두 고대중국의 궁극적인 실재 개념, 즉 태극에 토대를 두고 있다. 궁극적으로 '이理'와 '기氣'의 관점에서 묘사될 수 있는 태극에서 우주의 모든 현상을 지배하는 음양의 법칙에 따라 모든 것이 유래했다는 것이다. 인간은 전적으로 우주와 자연의 일부이다. 이러한 형이상학 속에는 어떤 형태로든 인간중심주의를 위한 자리가 없고, 따라서 인간 자신의 목적을 위한 자연 착취를 정당화할 수 있는 근거도 찾을 수 없다.

그럼에도 불구하고, 이러한 아시아적 형이상학은 몇 가지 도덕적 원칙과 윤리적 신념을 내세운다. 힌두교와 불교의 형이상학에서 이론적·윤리적 문제의 진실과 올바름은 '다르마dharma'와 일치한다. '다르마'는 사물과 인간행동을 지배하는 법칙을 말한다. 중국철학에서 올바른 처신과 행동이란 합당한 '도'를 따르는 것인데, '도'는 사물의 존재 방식과 동시에 인간이 행동해야 할 길을 가리킨다. 이렇게 '다르마'와 '도'는 인간의 주관적인 견해와 원망願望으로부터 독립적이며, 우주의 객관적인 실서에 속한다.

이렇게 볼 때 '다르마'와 '도'는 서양철학의 이성에 대응한다고 할 수 있고, 합리성은 '다르마'와 '도'에 부합하는 존재 또는 행위라고 할 수 있다. 그러나 합리성의 개념과 그 토대, 즉 합리성의 규범은 아주 다르다. 위에서 보았듯이 서양의 전통에서 이성은 그것이 객관적인 실재이든 주관적인 인식구조이든 모두 초월적이며, 물질적인 실재로 환원될 수 없는 것이었다. 그러나 아시아의 전통에서 '다르마'와 '도'는 본질적으로 내재적인 존재이다. 왜냐하면 그것들은 그 본질이 '있음'이 아닌

'됨'에 있는, 하나의 불가분리적 실재에 속하기 때문이다. '다르마'와 '도'는 대상으로서의 세계와 존재론적으로 구분되는 인간의 주관적 능력이 아니라 우주의 구조 자체, 즉 사물의 객관적 질서를 가리키기 때문에 초월적인 것이 아니다. 인도와 중국사상가들의 관점에서 볼 때 장자가 말했듯 "우주와 나는 함께 존재하며, 모든 사물과 나는 하나이다"

형이상학적 일원론은 우리가 이 세계에서 보는 다양한 사물들 사이의 존재론적 구분을 부정할 뿐만 아니라, 모든 언어와 육화되어 있는 인간적·자연적·초월적인 것과 경험적인 것·물질적인 것과 정신적인 것·정신과 육체 등과 같은 가장 일반적인 구분도 부정한다. 이것은 아트만과 브라만 사이의 궁극적인 구분을 부정하는 힌두철학, 윤회와 열반 사이의 구분을 부정하는 선불교, 올바름과 그릇됨의 구분을 부정하는 도가철학, 그리고 심지어 '인'과 '예'의 구분을 부정하는 유교에서도 잘 드러난다. 서양철학의 관점에서 볼 때 인도철학과 중국철학은 '같은 가족에 속한다'. 그러나 동양철학 일반의 특징인 미학적 인식론 및 우주론적 가치론과 관련해 둘 사이에는 뚜렷한 차이가 존재한다. 중국철학, 즉 아시아철학은 훨씬 더 '동양적'이라고 할 수 있어서 인도철학과 혼동되어서는 안 된다.

동양적 형이상학 일반에는 이성과 합리성에 대한 어떠한 일관되고 체계적인 이론이 없지만, 각별히 아시아철학 속에는 '미학적'이라고 일컬을 수 있는 이성과 합리성에 대한 개념이 내포되어 있다. 내가 이성과 합리성에 대한 '미학적 개념'이라고 할 때, 그 개념은 이성 및 합리성과 관련해 다음의 다섯 가지 조건을 갖추고 있는 것이다.

첫째, 이 개념에 따르면 인식 주체는 복잡다단한 경험세계를 초월한 이상적 영역에 자리 잡고 있는 하나의 '이성'이 아니라 구체적으로 살아 있는 인간 육체―그것은 필연적으로 특정한 시공간과 문화적 맥락에 자리해 있을 수밖에 없는데―속에 존재하는 '감성'이다. 이것은 윤리적인 형식적 엄격성으로 유명한 유교에도 분명히 예시되어 있다. 어느 '정직한' 관리가 염소 한 마리를 훔친 자기 아버지를 고발했다는 얘기를 듣고서 공자가 이렇게 말했다. "우리 마을에서는 정직한 사람은 그와 다르게 행동한다. 아버지는 아들을 감싸주고, 아들은 아버지를 감싼다. 정직함이란 그런 행동에서 찾아볼 수 있는 것이다".

둘째, 진리는 추상적인 개념이 아닌, 오직 비유적인 이미지로만 표현될 수 있다. 이러한 미학적 합리성은 노자의 『도덕경』 머리 부분의 유명한 진술에 가장 분명하게 표현되어 있다. "말해질 수 있는 '도'는 '도'가 아니다. 이름 붙여질 수 있는 것은 이름이 아니다. 이름 없는 것이 하늘과 땅의 시초였다". 노자와 장자, 그리고 공자의 언어는 눈에 띄게 은유적이고 비유적이며, 그들이 말하는 방식은 서술적이라기보다는 우화적이고, 논리적이라기보다는 정서적이다.

셋째, 이 두 가지 사실을 고려할 때 모든 믿음과 진리는 관점에 의존한다는 것, 따라서 상대적인 것이라는 결론이 나온다. 그리하여 장자는 말한다. "사람이 축축히 젖은 장소에서 잠을 자면 허리에 봉숭이 올 것이고, 말라서 죽을 것이다. 이것이 뱀장어에게도 진실인가? 사람이 나무 위에서 살면 무서워서 부들부들 떨게 될 것이다. 이것이 원숭이에게도 진실인가? 그들 중 누가 살기에 올바른 장소를 안다고 할 수 있는가? 사람·사슴·지네 가운데 어느 것이 올바른 맛을 알고 있는가? …… 내가 보는 바로는, 인간됨과 올바름의 원칙이나 옳고 그름의 기준은 뒤섞이고 혼동되어 있다".

넷째, '이성과 합리성에 대한 미학적 개념'은 우리에게 모든 것을 해부학적이 아니라 '전일적'으로, 분석적이 아니라 종합적으로, 부분적이 아니라 포괄적으로 보도록 요구한다. 믿음이나 진리의 상대성에 대한 인식은 논리적으로 우리가 스스로의 특수한 관점을 뛰어넘는 경우에만 가능하다. 포괄적이고 거시적인, 즉 전일적인 시각의 중요성은 아시아사상가들에 의해 분명하게 강조되었지만, 특히 장자에 의해 잘 표현되었다. 장자는 '강의 신'과 '우물 안의 개구리'의 관점이 '바다의 신'이나 '거대한 바다거북'의 눈에는 얼마나 '우습고' 어리석게 보이겠느냐고 지적한다.

다섯째, 아시아적 이성과 합리성의 개념은 우리의 사고·믿음·진리가 가치중립적인 것이 아니라 내재적으로 가치론적인 것임을 묵시적으로 주장한다. 선택은 맹목적인 것이 아니라 성찰적인 행위이기 때문이다. 선택은 선택해야 할 것들의 다양한 장단점에 대한 상대적 평가를 전제로 한다. 물론 이때 평가는 필연적으로 우리 자신의 세계관과 우리 자신이 처한 다양한 맥락에 의존한다. 그러므로 아시아사상가들의 궁극적인 관심이 구체적으로 어떻게 가치 있게 살 것인가 하는 문제, 즉 윤리적 문제였다는 것은 우연이 아니다. 이에 반해 서양의 사상가들은 세계의 본질을 어떻게 객관적으로 발견할 것인가 하는 문제, 즉 지식의 문제에 골몰해왔다. 서구적 사고가 기본적으로 이론적이고 추론적인 반면 아시아적 사고의 방향이 본질적으로 실천적이고 실용적인 것도 우연이 아니다.

도가철학의 두 중심 개념인 '도'와 '무위', 그리고 유교의 기초개념인 '인'과 '예'는 가치개념이다. 그것들은 변함없는 객관적 세계가 아니라 윤리적 이상을 암시하는 개념들이다. 이러한 아시아적 관점에서 볼 때 세계의 진리는 그 실천적인 가치에 비추어 측정되어야 하므로 진리는 실천적인 가치에 종속될 수밖에 없다. 만일 우리가 합리적이라면 '오래된 황제의 신전 서랍 속에 조심스럽게 갇혀 숭앙을 받고 있는 죽은 거북과, 살아서 그 꼬리를 진흙탕에서 흔들고 있는 거북' 가운데 어느 쪽을 선택해야 할지 물었을 때 장자는 이 점을 명백히 했다. 일반적으로 가장 엄격한 윤리적 형식주의자로 알려져 있는 공자는 "군자는 '기器'가 아니다"라고 말했다. 흔히 인용되는 이 말의 뜻은 '인'이라는 가치는 없으며 '예'라는 형식은 무의미하고 불합리하다는 뜻이다.

마지막으로 아시아철학에서 형이상학적 일원론 및 인식론적 전일성과 더불어 가치론적 태도는 우리가 다른 문제뿐 아니라 가치 문제에 있어서도 서양철학을 지배해왔던 인간중심적·문화적 전망 대신 생태중심적·자연중심적 전망을 취할 것을 요구한다.

생태학적 합리성으로서의 아시아적 합리성

그러나 아시아적 이성 및 합리성의 개념이 옳다는 주장에는 충분한 근거가 있는가?

아시아적 합리성이 가진 첫 번째 문제는 비초월적인 특성 때문에 생긴 아시아적 합리성 내부의 개념적 갈등이다. 합리성은 판단하고 사고하고 이성 활동을 하는 데서 생길 수 있는 실수의 가능성을 함축하고 있다. 그리고 이러한 활동은 인식 주체의 자유를 전제하고, 인식 주체의 초월성을 함축하게 된다. 이성의 그러한 본질은 논리적으로 형이상학적 이원론을 필요로 하기 때문에 서양적 사고의 바탕을 이루는 형이상학이 주로 이원론적이었다는 것은 우연이 아니다. 그러나 객관적 잣대

또는 합리성의 규범으로서 '도'는 나눌 수 없는 하나의 실재에 내재하고, 또 그것의 일부이기 때문에 결코 초월적인 것일 수 없다. 따라서 합리성의 개념을 달리 구상하지 않는 한, 아시아의 형이상학적 일원론 속에서 합리성이라는 개념을 이해하기는 어려운 일이다.

둘째, 설령 위의 문제가 무시되더라도 '도'는 사고와 믿음과 판단의 합리성을 재는 규범으로 사용되기에는 너무나 불확정적이다. '도'는 구체적인 상황에 적용될 만큼 충분히 구체화된 규범이 아니기에 우리가 상호 갈등을 일으키는 믿음·가치·행동 방향에 맞닥뜨렸을 때 무엇이 진실하고 가치 있고 옳은가를 생각하고 판단하는 데 도움이 될 수 없다.

바로 이러한 문제들 때문에 아시아적 이성 및 합리성의 개념은 '생태학적' 이성 및 합리성의 개념과 들어맞는다.

'생태학적 이성'의 특성을 묘사하는 과정에서 우리는 첫째, 이성이 필연적으로 관념적이며 따라서 어떤 의미에서 초월적이긴 하지만 전적으로 그러하지는 않고, 오히려 구체적인 대지의 현실성 속에 뿌리박고 있음을 보았다. 둘째, 이성은 필연적으로 보편적이며, 따라서 어떤 점에서 경직되어 있긴 하지만, 근대 서구의 합리성과는 반대로 단일적·독재적인 것이 아니라 다층적이고 무한히 복합적이며 구체적인 맥락에서 유연성을 갖는다는 것이다. 셋째, 이성이 1차적으로 객관적 사실, 따라서 가치중립적인 진리에 관여하긴 하지만 서양의 논리적·과학적 지식이나 진리개념과는 반대로 내재적으로 '선'의 문제, 즉 가치에 관계하고 있다는 것이다. 마지막으로, 이성은 필연적으로 인간의 이성일 수밖에 없지만 그것의 가치론적 시각은 인간중심적이지 않고 생태중심적이어서 자연의 모든 종에게 열려 있다.

아시아철학이 우리가 설명해온 것처럼 이원론에 맞선 형이상학적 일원론을 바탕으로 하고, 원자론에 대조되는 존재론적 미학주의, 기계론과 구분되는 인식론적 전일성, 보편주의에 맞선 구체적 상황 논리, 인간중심주의에서 벗어난 가치론적 생태중심주의를 특징으로 하고 있다면, 위에서 전제로 든 '생태적 합리성'의 특성들과 대체로 일치한다. 그러므로 아시아철학은 생태적 합리성에 대한 좀더 나은 이론이 성숙하며 개발될 수 있는 비옥한 토양이다.

생태적 합리성으로서의 서양적 합리성

서양 문명과 아시아 문명, 많은 형태의 합리성과 생태학적 합리성은 양립할 수 없다는 결론을 내려야 하는가? 이성 대신 '도'를 만병통치약으로 부활시켜야 한다는 데 열광하는 전통적인 아시아사상가들과 함께, 모든 형태의 합리성을 해체하는 데 분주한 서양의 탈근대주의 철학자들은 서구 문명뿐만 아니라 인간의 죽음과 역사의 종말, 그리고 이성의 허구성을 선언하였다.

그러나 그것은 잘못되었다. 이성은 죽지 않았고, 합리성은 허구가 아니다. 이성은 그것이 인간됨의 일부인 이상 여전히 살아 있고, 합리성은 그것이 이성의 불가피한 표현인 이상 의미 있는 것이다. 이성이 없는 인간이나 합리성이 없는 이성이란 모순된 개념이다. 이성과 합리성은 인류와 동연同延 관계에 있다. 이성의 죽음이란 이성 그 자체의 죽음이 아니라 이성에 대한 특정개념의 죽음을 뜻하며, 합리성의 죽음은 합리성 자체의 종말이 아니라 특정한 합리성의 죽음을 함축한다.

'생태학적' 해석에 비추어볼 때 서양적 이성, 동양적 합리성, '과학적'·'도구적'·'미학적'·'종교적'·'실천적' 합리성 등은 이성이나 합리성 자체가 아니라 하나의 '지역적'·'국부적' 이성이나 합리성으로 여겨진다. 서구적 이성은 '생태학적 이성'과 양립불가능한 것이 아니라 그 속에 포함될 수 있으며, 기타 과학적·도구적·실천적 합리성은 생태학적 합리성과 양립불가능한 것이 아니라 그 속에 포함될 수 있다. 생태학적 합리성이 주로 서구적 인간중심주의 위에 기초한 기술문명에 대해 비판적이고, 우리의 세계관을 생태중심주의로 바꾸는 코페르니쿠스적 혁명을 주장한다고 하더라도, 그것은 서구적 이성과 그 기술적·실제적·지적 성취를 모조리 거부해야 한다는 것을 뜻하지는 않는다. 오히려 그것은 그러한 성취를 전일적이고 거시적인 시각과 생태학적 합리성에 비추어 재평가해야 하고, 그렇게 함으로써 그러한 성취가 갖는 가치를 생태학적 가치 속에 통합해야 할 긴급한 필요성을 뜻한다.

세계관의 코페르니쿠스적 혁명을 위하여

인간중심적 세계관으로 추진되고 유물론적 가치이념으로 정당화되는 이원론적 형이상학에 토대를 둔 산업발전이 생태계에 미치는 부정적 결과의 의미를 성찰하면 할수록 자연세계뿐만 아니라 필연적으로 인간의 존속에 치명적일 수 있는 기술문명의 위기에 대한 우려가 더욱 짙어진다.

거의 한 세기 전에, 프랑스 시인 폴 발레리는 "모든 문명은 언젠가는 죽는다"라고 말했다. 오늘날 우리는 우리 자신의 문명의 본질을 성찰할 때 인간 이외의 종뿐만 아니라 인류 자체가 영원히 소멸할지 모른다는 느낌을 지울 수 없다. 우리는 지금 이러한 위기를 극복하느냐 못 하느냐, 살아남느냐 지구상의 모든 형태의 생명과 함께 소멸하느냐의 갈림길에 서 있다 해도 과언이 아니다.

어떤 철학자나 정치가, 과학자들은 환경과 생태학적 문제를 해결할 수 있는 기술의 능력에 대해 낙관적이다. 이념적 보수주의자들은 그들의 형이상학적 틀을 비판적으로 재고하지 않으려 하고, 과학에 대한 낙관론자들은 과학기술의 발달이 모든 문제를 보살피게 될 것이라 확신하고 있다.

그러나 생태학적 문제의 기술적 해결에 관한 낙관론은 지나치게 단순하고 근시안적이다. 자연 자원의 한계, 특히 갈수록 커지는 물질적 안락에 대한 탐욕과 더불어 인구 증가와 물리적 공간의 한계를 고려할 때, 우주 전체와 우리 자신, 나아가 우리가 추구해야 할 가치에 대한 우리의 견해에 근본적인 혁명이 일어나지 않는다면, 지구에 존재하는 생명의 존속을 위협하는 치명적인 대재앙은 필연적일 것으로 보인다. 우리는 우리의 문명과 우리 자신, 그리고 모든 생명의 기원과 원천인 자연을 구제해야만 한다.

그러기 위해서는 우주에 대한 시각과 생각에 코페르니쿠스적 혁명이 절대적으로 필요하다. 그것은 우리의 시각과 생각이 이성에 대한 실체적 개념에서 역동적 개념으로, 합리성에 대한 형식주의적 개념에서 가치론적 개념으로, 근시안적 시각에서 거시적 시각으로, 자연에 대한 기계론적 접근에서 미학적 접근으로, 인간중심적 태도에서 생태중심적 태도로 전환되지 않으면 안 된다는 것을 뜻한다. 혁명은 너무나 긴급하다. 우리에게 남겨진 시간이 촉박하기 때문이다.

《녹색평론》, 1997년 9~10월호

10

지구촌에서의 소통과 공생을 위한 인문학

문명의 가속적 발달, 여러 가지 운송기술의 발달, 특히 지난 반세기 동안 펼쳐진 환상적인 IT 기술의 발달로 지구촌 구석구석에 사는 개인이나 집단 사이에 교류가 가능하게 된 오늘날, 개인이나 최소 규모의 인간 집단도 다른 개인, 다른 공동체와 어떤 형태로든 연결되어 있다. 그러므로 오지의 아주 작은 부족도 다른 부족과 어떤 식으로든 연결되어 최소한의 소통을 하고 살 것이라고 나는 믿고 있었다.

그러나 2010년 3월 초 어느 날 저녁 우연히 KBS의 영상 다큐멘터리를 보고 나는 깜짝 놀랐다. 그 영상은 어떤 여행가가 불과 몇 년 전에 처음으로 발견한 '가구루족'의 삶의 양식에 관한 것이었다. 불과 30여 명으로 구성된 이 부족은 아프리카의 광활한 숲 속에서 마치 야생동물의 무리처럼 거의 벌거벗고 그 주위를 이동하면서 적당한 나무 그늘을 주거지로 삼고, 야생식물 채취, 동물수렵으로 생존문제를 해결하는 아프리카 원주민이었다. 부족원 수의 제한 때문에 근친결혼이 허용되고, 사유재산의 개념이 전혀 없는 이들 간의 관계는 모든 행동과 가치선택에 있어서 완전히 평등하고, 개인주의적이거나 경쟁적이지 않고, 완벽할 정도로 상호 협동적이었다. 그들 간에는 갈등이 전혀 없고 소통의 한계를 느끼지 않으며 밝고 선한 그들의 표정은 행복해 보였다. 그들의 세상은 천국이며 그들의 삶은 순간순간마다 행복해 보였다.

그렇다면 우리도 '가구루족'처럼 원시적 공동체로 시간을 역행하여 문명과 그것이 동반하는 경쟁적·전투적 가치에 따르는 '병든 문명'의 흐름에서 빠져나와야 하는가? 나의 대답은 단연코 '아니요'이다. 비록 문명이 심각한 병균을 갖고 있어도 현실적으로 그럴 수 없고, 설사 탈출이 가능하다고 해도 그래서는 안 된다. 한국인을 포함한 21세기 현재 지구상에 살고 있는 거의 모든 인간들이, 날이 갈수록 수많은 차원에서 상호 소통의 한계를 느끼고 "파이팅!"이라는 구호를 내지르는 경쟁의 도가니 속에서 피로감과 외로움에 젖어 살고 있다고 하더라도 마찬가지이다. 문명이 부정적 요소를 갖고 있는 것이 분명한 사실이긴 하지만, 거기에는 우리가 선택적으로 지혜롭게 활용하면 잠재적으로 한없이 귀중한 것, 고귀한 인간적 가치들을 고양시켜주는 요소도 함께 존재하기 때문이다. 다시 말해 오늘의 문명에는 고귀한 인간성을 위협하는 잠재적 요소가 적지 않지만, 그러한 위협을 진단하고 제거할 수 있는 요소들도 함께 내포되어 있기 때문이다. 귀여운 아기를 씻기고 난 후 물통의 더러운 물을 버리려다 그 통에 들어 있는 아기까지 버려서는 안 되는 것이다.

문명의 발달과 복잡하게 커진 인간집단

모든 생명체와 마찬가지로 개체로서의 인간은 근본적으로 이기적인 동물이지만 다른 생물체들과는 달리 줄곧 수준 높은 여러 종류의 공동체를 조직하고 그 속에서 함께 살아야만 하는 동물로 진화해왔다. 집단을 이루어 서로 협력하며 사는 것이 가장 현명한 생존방법임을 이성에 의해 깨달았기 때문이다. 모든 협력은 때로는 한 공동체의 집단적 이익과 상충하는 개인적 생각·기호·이익을 희생하고, 그 구성원 간의 의사소통과 이성적 합의의 도출을 요구한다. 그러나 인간이 본질적으로 합리적이기보다는 본능적으로 동물적 존재인 이상, 그가 몸을 담고 있는 사회공동체가 아무리 작아도 소통보다는 갈등이, 합의보다는 충돌이 앞선다. 이러한 상황은 공동체의 규모가 커질수록 더 크고 복잡해진다.

그러나 인류가 장구한 역사를 살아오면서 공동체는 가정에서 부족으로, 부족에서 왕국으로, 왕국에서 국가로, 국가에서 제국으로 지속적으로 확대되어왔고, 2차 대전 이후부터는 국가들을 총 결집한 UN이라는 지구적 공동체를 구성하여 오늘날까지 가동하고 있다. 인류의 평화로운 공존과 번영을 위해 경제적으로나 정치적으로 국가들 간의 협력적인 삶의 방식이 고립적 생존방식보다 서로에게 유리하다는 이치를 깨달았기 때문일 것이다.

반세기라는 짧은 기간에 기적에 가까운 IT 기술의 발달로 소통의 매체나 양식은 가속적으로 진보해왔다. 오늘날 우리는 초음속 여객기를 타고 세계 각지를 마치 이웃집을 드나들 듯 돌아다니고, 또한 거대하고 빠른 화물선으로 막대한 양의 물자를 운반하기도 한다. 무선전화·TV·컴퓨터·휴대전화·인터넷 등과 같은 전자통신망을 통해 사이버 공간에서 누구나가 마음대로 시간과 공간의 경계를 넘나들고, 천문학적 속도로 축적되는 방대한 정보를 교환할 수 있는 '지구촌'에 살게 되었다. 또한 얼마 전까지만 해도 단일민족임을 자랑스럽게 강조해왔던 한국사회에는 동남아시아의 이주 노동자들이나 이민 여성들이 섞여 함께 살고 있다. 아울러 그로 인한 문화적·인종적 편견과 소통의 단절 문제도 적지 않게 발생하고 있다.

과학기술의 발달, 공동체의 확대, 공동체 구성원 간의 물질적 접촉과 교류 및 그것이 동반하는 경제적 풍요는 세계에 대한 지적 확대와 새로운 타자와의 소통이라는 차원에서 축복 같아 보인다. 하지만 그것은 낯선 타자와의 만남, 적응을 위한 노력, 소통의 한계와 갈등, 소외감, 사회적 혼란, 싸움과 폭력 등을 동반한다는 점에서 낙원이 아니라 지옥처럼 느껴지기도 한다. 대한민국 각 정당 간의 투쟁, 불안스럽게 폭발하는 노사분규, 60년 이상 지속되고 있는 이념적 갈등, 한·중·일 3국 간에 항상 존재하는 민족적 적대감, 미국과 중국, 중동, 발칸, 아프리카에서 끊임없이 일어나는 군사적·정치적 충돌과 동서양 기독교와 이슬람교 간의 끊이지 않는 갈등. 이러한 현장을 지구의 모든 TV 시청자들은 매일같이 구경한다.

오늘날 인류는 국가적·인종적·문화적 경계를 넘어 하나로 뒤범벅된 공동체를 꾸며가고 있다. 이런 결과로 생긴 지구촌이라는 집단은 물질적·기술적인 면에서 놀라운 편이를 즐길 수 있게 되었으나, 오히려 정서적으로나 정신적으로는 개인이나 집단 간의 문화적 갈등, 경제적 불평등, 실존적 고독감 등으로 사회적·문화적·도덕적으로 큰 문제를 야기하고 있다.

이러한 사정은 한국뿐만 아니라 모든 국가에서 다 같이 나타나는 현상들이다. 이런 점에서 오늘의 인간사회는 정신적으로 어느 때보다도 피곤하고, 사회적으로는 어느 시기보다도 혼란하고, 인간관계는 어느 때보다도 억압적이며, 심리적으로는 평화롭기보다는 불안스러운 곳이 되었다.

오늘날 IT 기술을 비롯한 과학기술의 발달이 공간적으로나 시간적으로 서로 독립해서 경계를 짓고 살던 크고 작은 인간집단을 커다란 하나로 묶어 '지구촌'이라는 인류공동체를 만들어냈음에도 불구하고 소통·화합·공존·평화·행복이라는 면에서 우리의 몸과 마음의 공동체는 어느 때보다 더 분산되고 단절되었다. 이러한 인류의 문명사적 현상은 극히 역설적이고 개탄스럽다.

그렇다면, 이러한 역설을 어떻게 설명하고 풀 수 있을까?

물리적 접촉과 정신적 소통

이와 같은 역설적 현상은 다중적·다층적·복합적으로 만들어놓은 사회적 관계가 인간애, 동지애, 혈육애, 문화적 친밀감이 정서적·도덕적·보편적 가치에 뿌리를 둔 것이 아니라, 서로가 자신 이외의 구성원들을 물질적·사회적 권력 획득을 위한 수단, 즉 자신의 욕망충족을 위한 도구적 가치로 보는 세계관에 그 바탕을 두고 있기 때문이다. 그러므로 이 집단 내에서의 구성원들 간의 접촉은 과학적 인과법칙에 의해서 인과적으로만 설명될 수 있는 기계적 접촉이며, 수학적 논리와 객관적 실증성에만 근거하고 있지 느낌과 영혼의 울림을 전제하는 마음의 소통과는 거리가 멀기 때문이다.

그러나 과학기술 문명의 부정적 측면을 인정하더라도 우리는 거기에서 완전히 빠져나올 수 없다. 오늘의 문명을 근본적으로 부정하지 않고 그것의 긍정적 측면을 인정하며, 과학기술 문명이 구축한 오늘날 지구촌의 대안이 될 수 있는 인류공동체는 어차피 존재하지 않는다는 것을 냉정하게 인정해야 한다. 모든 종류의 집단 간의 분쟁 해결은 선택의 문제가 아니라 반드시 풀어야 할 절대적 의무이자 과제로 남게 되었다. 우리의 현실적 문제는 과학기술 문명의 전면적 부정이나 그로부터의 도피가 아니라 명석한 분석과 인식에 기초한 이성적 해결이다.

과학지식과 기술의 기하급수적 축적과 역사 전개과정의 단계에서 인간집단의 단위가 가족에서 부락으로, 도시로, 국가로, 다시 인종적으로, 지역적으로, 언어적으로 분산되는 동시에 마침내는 단 하나의 인류공동체로서의 '지구촌'에 통합되어왔다. 그 속에서 생존해야 하는 현실에서 인류는 어느 때보다도 물질적으로는 풍요롭고 편리한 삶을 살면서도, 그와 동시에 타자와의 갈등·분쟁·불안·폭력·소외, 그리고 고독 등을 겪고 살아야 하는 운명에 처해 있다. 이러한 사실은 모든 인간은 각자 자신이 속한 집단 안에서 다른 구성원과의 순조로운 접촉과 소통을 통한 합의를 도출해야 함을 전제하는데, 진정한 합의는 당사자들 간의 마음의 소통이며, 이를 위해서는 그들이 공유하는 가치와 언어를 찾고 개발해야 한다.

그러나 어떤 집단의 경우에도 이성적인 합의의 평화로운 도출은 용이하지 않다. 그것은 인간의 심성과 행동이 개인적 차원에서나 집단적 차원에서 고유하고 특정한 언어적·지리적·역사적 전통과 개인적 욕망·기호·이념에 비추어서만 비로소 의미를 가질 수 있고 이해될 수 있기 때문이다. 이러한 사실은 작은 한 단위의 집단 안에서조차 그 구성원의 마음과 행동의 의미를 획일적인 원리로 설명할 수 없음을 말해준다.

똑같은 이유에서 국가·민족·문명권·언어권·동양·서양·아시아·아프리카·동아시아·중앙아시아 등으로 분류되는 거대집단들의 행동도 각기 서로 다르고, 때로는 상충하는 언어·역사·집단적 욕망·기호·이념에 비추어서만 그 의미가 부여될 수 있다. 각종 공동체가 집단적으로 표출하는 전통·욕망·기호·이념을 총괄하여 '문화'라고 규정할 수 있다면, 이러한 큰 맥락에서 인간의 사유와 행동을 설명하고 이해하고 소통한다는 것은 더더욱 어렵다. 그러나 이 문제의 해결은 선택의 문제가 아니라 절대적 명제이다. 왜냐하면 그것의 해결 없이는 문명사회가 존속할 수 없기 때문이다. 이런 문제가 우리 지식인들이 해결해야 할 21세기 문명의 가장 절실한 시대적 과제이다.

문명의 붕괴는 곧 인류의 종말의 위협이 된다. 하지만 우리의 선조가 장구한 진화의 역사를 거쳐오면서 심혈을 기울여 고안하고 구축한 문명과 문화의 유산을 보전하기 위해서, 분열·대립·갈등·배제·충돌·폭행 등으로 파괴의 위협을 받고 있는 지구촌 사회는 어떤 대책을 강구해야 한다. 그것의 첫걸음은 문명사적 위기의 사태를 냉철히 인정하고, 그 문제의 핵심을 객관적으로 분석해 이를 기초로 한 적절한 처방을 강구해야 하며, 그러한 진단과 처방에 따른 실천적 의지를 실행해야 한다.

그렇다면 무엇을 어떻게 해야 하는가?

문제의 핵심이 만족스러운 소통의 부재에 있고 소통 부재의 원인이 상호의 이해 부족에 있다면, 문제해결은 원활한 소통의 방법을 찾는 일이다. 그 방법은 무엇인가? 그것은 과학적 지식이나 최근 비약적 발전을 거듭하는 IT 소통기술이 아니다. 그것은 뜻밖에도 인문학의 육성에서만 찾을 수 있다. 어떤 이유에서인가?

매체의 기술적 접촉과 마음의 인문적 소통

첫째, 소통은 서로 다른 두 사람 이상 사이에서 마음을 교환하고 이해하는 것이다. 이해는 한 사람이 자기와 다른 사람의 마음을 지적으로 납득하고 그 마음의 진실성을 인정하는 것이다. 또한 내가 남의 마음을 이해한다는 것은 내가 그 사람의 생각이나 주장을 곧바로 참이라고 믿거나 따르는 것이 아니라, 그러한 생각이나 주장의 개연성에 동의하는 것이다. 그것은 나와 타자 간에 존재하는 어떤 차이를 인정하면서도 나의 입장만을 독선적으로 고집하지 않고, 그와 대립하는 것이 아니라 가능한한계에서 타자의 입장과 최대한으로 타협하는 태도이다. 이런 점에서이해는 일종의 관용이자 열린 마음이며, 남을 이해하고 수용하는 너그러운 심성의 표현이다. 이해는 남의 마음을 관념으로 받아들이는 능력이라는 점에서 인간적이라는 뜻을 내포하며, 인간적이라는 뜻에서 '도덕적' 덕목이다.

둘째, 소통은 언제나 타자와의 접촉을 전제하지만, 모든 접촉이 곧소통을 함축하지는 않는다. 전자가 과학적 인과법칙에 비추어 설명될수 있다면 후자는 언어적 규범에 비추어 이해된다. 소통은 필연적으로마음의 소통이며 이런 점에서 소통은 본질적으로 물질적·과학적·기술적·기계적인 것이 아니라 정신적·주관적이며, 따라서 인문학적 문제이며 인문학적 사유이다.

셋째, 소통은 그것의 구체적 내용이 한 개인이든 아니면 하위집단이든, 한 집단을 구성하는 둘 이상의 구성원 간의 신체적·물리적 접촉과교류를 전제한다. 그런 종류의 접촉과 교류가 없는 곳에 소통은 존재하지 않을 뿐만 아니라 그 개념조차도 논리적으로 성립할 수 없다. 소통을 위해서는 많은 접촉과 교류가 우선적으로 필요하다. 크고 작은 모든 집단이 인적·경제적·정치적·지적·기술적 및 문화적 등의 영역에서 많은 상호 접촉과 교류로 소통의 인프라를 구축해야 한다. 그리고 단계적으로 크기가 다른 수많은 집단들 간에는 관광·학회·예술·체육 등의 많은 차원에서 접촉과 소통이 필요하다.

넷째, 소통의 진정한 대상은 한 사회에 관한 물리적·기술적 정보나 사이버 공간을 통한 전자신호 간의 접촉과 정보의 양적 축적이 아니라, 한 사회 구성원의 집단적인 고유한 마음·정서의 문양, 즉 개성의 표상으로서의 문화로 존재한다.

끝으로 다섯째, 문화의 이해를 담당할 수 있는 분야는 과학이 아니라 인문학이다. 과학과 인문학은 다 같이 우리가 접하고 경험하는 자연·인간·우주 전체의 관념적·개념적 재구성으로서의 두 가지 서로 다른 인식양식이지만, 전자의 인식대상이 무감각한 물질적 자연인 데 반해서 후자의 인식대상은 언제나 살아 있다. 느끼고 생각하고 인지하고 언제나 무엇인가를 창조적으로 만들어가는 인간이며, 물질이나 단순한 생물체로 환원할 수 없고 물리적이거나 생물학적으로도 반응하지만 그러한 차원을 넘어서 느낌을 표현하고, 자신의 내면적 생각을 주장하고, 미적 가치판단에 사로잡혀 있고, 도덕적인 고민에서 자유롭지 못한 실존적 존재이며, 그것이 무엇이라고 꼭 집어낼 수는 없지만 어떤 초월적 세계를 지향하는 주체적 동물로서의 인간이다.

과학의 인식양식이 그 인식대상을 양적 차원에서 객관적으로 서술하고, 그것을 지배하는 자연의 법칙을 객관적으로 서술하는 데 있다면, 인문학의 인식양식은 필연적으로 주관적 편견에서 완전히 자유롭지 못하다. 과학이 과학적 인식방법에 의해서 축적된 자연에 관한 객관적 정보, 즉 지식의 총체를 지칭한다면, 인문학은 인간의 정신적 생활에 관한 반성적 정보와 인간의 주관적 표현으로서의 인간심리학, 미술·조각·연극·무용 등 다양한 장르의 예술양식, 문학작품, 패션 등의 총체적 인간사회의 정서적 표현 등으로 나타난다. 이러한 현상들은 한 사회의 지역적·역사적 환경과 시대에 따라 언제나 가변적인 생활양식·전통·풍습의 축적된 총체, 즉 '문화'를 지칭하기도 하지만, 그와 동시에 인문학은 그러한 것들의 인간적·정신적·역사적 의미에 관한 주관적 서술방식이기도 하다.

인문학은 남녀·정당·세대·민족·남북·동아시아 국가·인종·동서양·전통·언어 등 여러 영역과 문명권 간에 존재하는 문화의 특수성과 그 밑에 깔려 있는 보편성을 밝혀내서, 서로가 이질적으로 느꼈던 다른 집단의 마음·정서를 그들의 자연·역사·사상사·예술사·종교적 전통·문학적 작품 등을 연구하고 그것들의 문화적 의미를 해석하며, 거기서 발견되는 고유성·특수성과 아울러 동일성·보편성을 동시에 인정하고 그것의 문화적·인간적 의미를 비판적으로 찾아내는 정신적 창조활동이다.

이런 맥락에서 볼 때 자연과학을 제외한 세계와 인간에 관한 송교적·철학적·예술적 인식과 그 표현양식 및 모든 문화적 영역은 다 같이 넓은 의미에서 인문학의 범주에 속한다.

인문학은 한마디로 말하자면 인간에 관한 모든 사유적·활동적·문화적 제품의 총칭이다.

과학에 의한 인문학 지배와 소멸 대신 인문학에 의한 과학 해석과 통제

지구 전체가 이미 다문화·다인종 사회로 급변하는 지구촌에서 모두가 공존·공생·공영할 수 있는 문화적 이해가 중요하다면 우리는 무엇을 어떻게 해야 할 것인가?

대답은 비교적 간단하다. 절대로 만족스러울 수는 없지만 우리가 의지할 것은 인문학적 실천, 즉 인문학적 사유와 그에 부합하는 반성적·비판적·실존적 삶 이외에는 아무것도 없다.

왜냐하면 인간 간의 반목·갈등·폭력·파괴가 소통의 부재에서 연유하고, 소통의 부재가 인간의 인문학적 감수성과 인식 부족에 연유한다면 우리에게는 위에서 서술한 인문학의 본질과 기능에 대한 이해를 통한 인문학적 소양과 교육적·문화적 강화가 필요하다.

구체적으로 무엇을 어떻게 시작해야 하는가?

이것은 다시 말해 인문학은 보다 구체적으로 인간들의 원활한 공동체의 건설과 보존을 위해서 어떻게 기여할 수 있는가 하는 문제로 남는다. 소통이 보이지도 않고 만져지지도 않는 마음의 소통이며, 마음의 소통이 어떤 매체를 요구한다면 가장 먼저 생각할 수 있는 것은 만인이 자신의 모국어, 즉 자연어로서 자유롭게 공유할 수 있는 보편적 언어lingua franca의 발견이나 발명일 것이다.

그러나 그러한 언어는 꿈에서도 존재하지 않았고 앞으로도 그럴 것이다. 인류는 아무리 노력해도 바벨탑 한 칸에서 완전히 해방되지 못한 채, 다른 부족들이 잘 알아듣지 못하는 자신만의 방언을 써야만 할 것 같다.

한때 유럽에서 그리스어·라틴어·프랑스어, 그리고 2차 대전 이후부터는 영어가 그러한 보편언어의 역할을 해왔지만, 그것을 사용하는 인구는 언제나 서구 문명권의 소수 엘리트에 국한되어왔다. 기존의 몇 가지 문제를 극복하고 인류 모두에게 공평한 보편어로서 '에스페란토'라는 인위적 언어를 시도해보고 실험도 했지만, 그것의 실현이 불가능하다는 것이 곧바로 드러났다. 언어의 정확한 의미 소통을 위해서 오로지 자연과학에서 사용하는 언어로 통일하려는 과학자들의 생각도 잘못이다. 구체적인 마음이나 감성은 극도로 추상화된 과학적 언어로 담기에는 너무 구체적이고, 너무 섬세하다. 구체적인 현실과 경험은 필연적으로 특수하거나 추상적일 수밖에 없기 때문에 주관적일 수밖에 없다.

따라서 추상적일 수밖에 없는 언어로 한 인간이나 한 집단이 다른 공간적·시간적 틀에서 경험하는 사물과 그 사물에 대한 경험의 총체를 이해하고 소통한다는 것은 불가능하며, 따라서 보편적 언어의 존재는 원천적으로 불가능하다.

문자 및 영상 예술을 포함한 모든 예술의 공통된 기능은 바로 위와 같은 언어의 본질적 결함을 보완하려는 데 있지만, 그러나 예술적 언어의 꿈노 실현은 불가능하다.

언어는 본질적으로 자신의 의도를 실천하는 데 실패할 수밖에 없기 때문이다. 하지만 언어의 이와 같은 본질적 결함에도 불구하고, 우리는 언어 없는 삶을 살 수 없다. 인간은 인문적이며, 인문적이란 사유하는 동물임을 뜻하고, 말을 갖고 말로서만 사유하고 소통할 수 있기 때문이다.

그럼에도 불구하고 우리 모두가 타자와의 올바른 소통을 통해서 다른 사람, 다른 문화, 다른 민족과 조금이나마 평화롭게 협동·공존·공영해야 한다. 미흡하게나마 인문학적 사유와 소통이 최선의 방법일 것이다.

결론: 소통을 위한 인문학의 구체적 실천 방법

소통이 남과의 접촉을 통해 그의 마음과 그가 사는 인간집단의 문화적이해를 전제하고, 그러한 이해가 우선적으로 타자와의 소통과 이해, 공존과 공영의 길을 열어줄 수 있다면, 그러한 목적을 달성하기 위해서는 우선 그들의 공동체를 방문하고, 그들 나라의 여행·역사·사상사·문학·예술 등 다양한 문화적 제품들을 연구하고 그에 익숙해질 필요가 있다.

　우리 모두에게는 다양한 삶의 양식과 조직을 통한 정치적·경제적·문화예술적인 상호 교류를 통해 서로가 친숙해지고, 항상 열린 마음으로 타자를 포용하는 자세가 요청된다. 그것은 인종적으로 역사적으로 문화적으로 이질적일 수 있지만, 우리 모두는 궁극적으로 동일한 인류집단 안의 동등한 구성원이며 근원적으로는 모든 차이를 초월해서 '인류'라는 이름의 DNA를 공유하고 그에 적합한 가치를 추구하는 신비스럽고도 놀라운 지혜를 갖고 있기 때문이다.

연세 인문학 국제학술대회 발표, 2010. 5.

11
지구촌 시대의 문화 비전

한 인간집단의 삶의 양식으로서의 문화

인간이 지구 아닌 다른 천체에 존재할지도 모르는 외계인과 교류하며 살게 되는 우주촌 시대의 도래는 아직은 과학적 개연성이라기보다는 문학적 공상 속에서만 존재한다. 하지만 오늘날 인류는 수천, 아니 수만 년 동안 갇혀서 살던 동네·나라·섬·대륙이라는 지리적 경계를 허물고 하나의 지구촌을 이루며 살게 되었다. 그리고 싫든 좋든 지구촌화가 앞으로 더욱 가속화되리라는 것은 불을 보듯 자명하다. 인간이 '문화적' 동물이며, 시대와 장소를 달리하는 크고 작은 인간공동체마다 각기 다른 색깔의 '문화'를 갖고 있다면 지구촌 시대에 바람직한 문화적 그림은 어떤 것인가?

이 물음에 대한 대답을 내놓기에 앞서 '문화'란 낱말의 개념정리가 필요하다. 이 낱말의 의미는 그것을 사용하는 맥락과 그것의 사용자에 따라 서로 다르고 다양하기 때문에 단 하나로 명확히 규정할 수 없다.

그렇지만 '문화'의 수많은 개념을 크게 나눈다면 존재론적인 것과 형식적인 것으로 분류할 수 있다.

문화라는 말은 대부분의 경우 존재론적으로 사용되는데, 그것은 인간 및 인간사회의 다음과 같은 세 가지 다른 속성을 지칭한다.

첫째, 가장 포괄적인 개념으로서 문화는 원래 경작을 뜻하는 영어·불어 'culture'의 번역어 '文化'로 인간에 의해 '개발된 자연', '자연'과 대립되는 인간의 속성을 지칭한다. 이 경우 문화는 '문명'과는 물론 '인류'라는 개념과 외연적으로는 일치한다. 언어의 사용이 인류를 규정하는 잣대가 되며, 인류가 기술과 언어를 개발한 유일한 생물학적 종이라고 한다면 문화·문명·인류는 동일한 것으로 각기 고유한 의미를 갖지 못한다.

둘째, 문화는 한 개인이나 인간집단의 지적 개발과 발달, 정신적 수양과 도덕적 고양, 그리고 감성적 예민성과 세련도의 수준을 총괄적으로 뜻하는 교양이라는 말과 거의 동의어로 사용된다. "저분은 문화인이다" 혹은 "그 나라는 문화수준이 낮다"라는 표현이 바로 같은 뜻으로 사용된 '문화'이다.

셋째, 문화는 예술 및 체육과 같이 인간에 내재하는 표현 욕구, 도구적 의미가 아니라 내재적 의미, 즉 어떤 특정한 목적을 떠나 그 자체에서 즐거움·가치·의미를 찾는 활동 혹은 활동의 산물을 지칭한다. 이런 뜻으로서의 '문화'라는 말은 '문화체육부'라는 한국의 예전 행정부처의 명칭이 잘 보여준다.

그러나 존재론적이 아니라 형식적 의미로 사용될 때 '문화'는 인간의 어떤 객관적 속성이나 현상이 아니라, 크고 작은 한 인간집단이 주어진 자연적·인공적 환경에 적응하면서 자신의 주관적 취향, 기질에 따라 긴 시간을 통해서 자연적으로 형성한 어떤 대상이나 상황에 대처하는 형식화된 독특한 태도·행동·삶의 패턴을 지칭한다. 문화는 한 인간 집단의 기질·관습·풍습·전통·가치관·세계관 등으로 총칭되는 양식·개성·색깔을 뜻한다. 인간의 기본적 존재 조건이 의식주이지만, 지역 및 시대마다 의복·음식·집의 양식 등은 다르며, 이러한 다양한 양식 간에 있는 차이들을 통합해서 지역과 시대의 전체적인 양식·색깔의 총체적인 특징을 개념화해서 집어낼 수도 있다.

동양문화와 서양문화를, 한국문화와 일본문화를, 또 스노의 표현대로 '두 문화'를 구별하여 '인문학계의 문화'와 '과학계의 문화'를 양식·색깔로 언급할 수 있다면, 한국의 문화, 에스키모의 문화 혹은 음식문화·장례문화가 아니라, 20세기의 문화 혹은 지구촌 시대의 문화를, 현재 존재하는 문화가 아니라 미래에 존재 가능한 문화에 대해 논의해볼 수 있다. 문명을 인간사회에서만 발견될 수 있는 생존과 번영 방식의 체제로 규정할 때, 문화는 문명과 대립되는 개념이 아니라 그것의 한 측면이다. 문화는 인간공동체의 몸이 아니라 마음이다.

예측되는 미래 문화: 획일화

문화의 지방성·특수성·다양성

자연은 보편적이어서 언제 어디서고 동일하지만 문화는 특수적이어서 때와 장소에 따라 다르다. 개는 종류에 상관없이 언제 어디서나 같은 방식으로 냄새 맡고 짖고 어떤 주인에게나 붙임성이 있는 반면, 쥐는 언제 어디서나 같은 방법으로 땅에 구멍을 뚫고 숨어살며 먹을 것을 훔치고,

밤이나 낮이나 주위를 조심스럽게 살핀다. 아프리카의 흑인들, 유럽의 백인들, 일본인들, 한국인들은 다같이 의식주를 마련하고 그림을 그리고 춤을 추고 노래를 부르고 결혼을 하고 장례를 치르면서도 그들의 옷 모양·음식 재료와 요리법·집의 구조·그림·춤·곡·관혼상제는 서로 다르다.

한반도 내에서도 경상도와 전라도, 서울과 지방의 음식·가옥 모양· 언어의 억양, 그리고 그밖의 여러 관습들은 사뭇 다르다. 같은 지방에서 도 가문에 따라 모든 행동과 삶의 양식이 약간씩은 다르다.

자연은 우주적·지구적이지만 문명은 큰 단위로 지역적이고 문화는 작은 단위로 지방적이다. 왜냐하면 문명과 문화는 인간도 다른 동물과 마찬가지로 반드시 어떤 특정한 자연적 환경 속에서 존재하면서도 주 관적 기호·지적 능력·계획·창의력·의지의 개입에 의해서 재구성된 자연환경의 산물이기 때문이다.

자연이 일원적인데 반해서 문화는 필연적으로 다원적이며, 시간과 장소를 초월한 자연의 동일성을 말할 수 있지만 문명이나 문화의 동일 성을 말하는 것은 자기모순적이다. 자연이 단수라면 문명과 문화는 그 본질상 서로 양립할 수 없는 복수로만 존재하며, 자연이 필연적으로 우 주적이고 영원적이라면 문명, 특히 문화는 필연적으로 지역적이며 역 사적이다.

아직까지 문명, 특히 문화가 지역적이고 다원적일 수밖에 없는 근본 적 이유는 첫째, 문명과 문화란 인간집단에게 주어진 공간적·시간적· 자연적이고 문화적인 특정한 환경에서 보다 잘 적응하면서 더 나은 생 존과 번영을 위한 방법으로 고안하고 구축한 장치라는 사실, 둘째, 지 구 전체가 당일 생활권을 이루어 마치 이웃 사람들처럼 서로 만나고, 교류하고, 소통하며 살게 된 오늘날의 지구촌 시대와는 달리 지리적으로나 문화적으로 거의 아무 교류 없이 단절된 채 아주 좁은 테두리 안에서만 살 수밖에 없었기 때문이다.

세계의 지구촌화와 문화의 보편화·일원화

오늘날은 과거에 극복할 수 없었던 공간적·시간적·경제적·문화적·지리적 및 기후적 삶의 제한을 넘어 좋든 싫든 인류는 다 같이 하나의 지구촌을 형성하여 일일생활권에서 살게 되었다. 자연적 세계가 문화적 세계로 대체되어 가는 역사가 전개되고 있다. 한 세기 전까지, 아니 반세기 전까지만 해도 인간이 도저히 극복할 수 없는 경외와 공포의 대상이었던 자연은 인간에 의해 거의 정복당하고 붕괴되어, 문명·문화가 인류의 삶의 공간으로 자연을 대체하게 되었다. 경제적으로만 아니라 문화적으로도 명실공히 세계화가 진행되는 과정의 한복판에 살 수밖에 없게 되었다. 세계의 지구촌화는 이와 같은 문명·문화의 세계화를 의미하며, 문명·문화의 세계화는 문화의 지구촌화를 함축하고, 문화의 지구촌화는 문명의 다원성에서 일원성으로, 문화의 지역적 특수성에서 지구적 보편성으로 이동하며, 독특한 색깔을 띤 문화에서 색깔 없는 문화로, 차별적 문화에서 동일한 문화로 점차적인 변동을 의미한다.

문명사의 전체적 흐름의 본질이 경제적·정치적 관점에서 세계화에 있고, 공간적·문화적 관점에서는 지구촌화에 있다는 인식은 정치적·문화적 차원에서 사실과 맞지 않을 뿐더러 사실과 어긋난다는 반론이 나올 수 있다. 정치적 차원에서 볼 때, 2차 대전의 종료와 함께 그 이전에 식민지 혹은 한 연맹으로서 서구제국들의 식민지였거나, 아니면 소비에트 연맹의 한 자치국으로 귀속되었던 민족들이 우후죽순처럼 다시 독립국으로 재생했고, 이러한 움직임은 현재의 독립된 여러 국가 내부에서도 끊이지 않고 있기 때문이다. 오늘날 지구에는 2백 수십 개가 넘는 독립국가가 존재하고, 지금 이 순간에도 크고 작은 부족들 혹은 집단들이 독립을 추구하고 있다.

문화적으로 막강한 힘을 행사했던 서구제국의 판도라 상자 속에 갇혀 있던 다양한 문화적 목소리·색깔, 그리고 호흡이 몇몇 제국의 해체와 병행하여 그 뚜껑이 열리자 각양각색의 모습으로 나타내기 시작했다. 최근 널리 회자되고 있는 '21세기는 문화의 시대이다'라는 명제는 '문화상품적 가치에 주목해야 한다'라는 의도가 들어 있지만, 그밖에도 오늘날 문화현상은 이같은 세계적 추세를 타고 있음을 지적해주는 말로도 해석할 수 있다. 문화는 물론 모든 것이 상대적이라는 철학적 입장을 취하는 포스트모더니즘이 사상적 주류가 되면서부터, 서구문화에 적어도 200년 동안 눌리고 지배당해왔던 비서구적 전통문화들이 자기의 고유한 목소리로 노래를 부르고 춤을 추면서 과거 제국주의적 국가를 포함한 외국 손님들을 끌어들여 달러를 긁어모으려고도 한다.

하지만 이러한 사실에도 불구하고 세계의 지구촌화가 인식적·기술적·경제적·정치사회적 등의 여러 차원에서 서로 가까워지고 실질적으로는 일일생활권을 이루어가고 있다는 것은 아무도 부정할 수 없는 객관적 사실이 되었다. 그것은 자동차·기차·비행기와 같은 첨단 교통수단의 보급과 더불어 지난 30년 동안 전 세계적으로 보급된 컴퓨터와 인터넷 등으로 무한에 가까운 정보를 교류하고 있다는 것만으로도 입증된다. 그것은 또한 위와 같은 모든 범세계적 인간의 활동과 관계가 개인적·지역적·국가적·대륙적 등 각기 다원적 차원들을 넘어 전 세계적·전 지구적 차원에서 모두가 공유할 수 있는 하나의 원칙과 규범에 의해서 작동하지 않을 수 없게 되었다는 사실로도 알 수 있다. 거대한 제국들이 붕괴된 자리에 우후죽순처럼 살아난 수많은 약소국가들의 독립은 세계의 다양화와 단편화를 의미하는 것 같지만, 오늘의 세계는 다원적 세계에서 일원적 세계로의 급속한 변화를 보이고 있는 것은 확실하다.

이미 언급한 바와는 달리 문화의 영역에서도, 지역성에서 보편성으로 이동하고 다원성에서 일원성으로 변모하는 흐름은 물리적·지리적·기술적·경제적·정치사회적 영역에서의 경우와 마찬가지이다.

다양한 문화들이 수평적 차원에서 서로 영향을 주면서 경쟁하고 있는 모든 문화가 다소간 다른 문화와 결합하고 변형되어 새로운 종으로 태어나고 있다. 현재로서는 대부분의 영역에서 지배적 영향을 발휘한 국가들은 지금까지도 국력이 강하고 그 대열에 있는 유럽 국가들과 특히 미국이 결정적인 위치에 있다. 서양의 산물인 오늘날의 양복은 일부 아랍권·인도, 그리고 대부분의 아프리카 국가들을 제외하고는 세계인의 기준 의복이 되어 있고, 미국에서 시작된 청바지가 세계의 모든 젊은 이들의 제복에 가까운 옷이 된 지는 벌써 반세기가 넘는다. 미국의 코카콜라와 햄버거가 세계가 공유하는 간이 음식이 된 것도 마찬가지이다. 이태리에 원산지를 둔 피자, 일본을 조국으로 한 스시, 중국에 고향을 둔 여러 가지 요리는 지구 어느 큰 도시에서도 쉽게 맛볼 수 있는 세계적 음식으로 인기를 끌고 있다. 한국의 김치, 불고기, 그리고 비빔밥도 세계적 음식의 대열에 낄 기미를 보이고 있다. 또한 미국 할리우드의 영향을 받지 않은 영화, 미국의 대중음악이 섞이지 않은 대중음악은 세계 어느 곳에서도 존재하지 않는다.

이런 과정에서 지금까지 존재했던 지역적·국가적 사회조직의 다양한 문화들은 비빔밥의 여러 재료들처럼 서로 섞이고, 꽃사탕의 여러 물감처럼 서로 퓨전되어 세계 전체에 보편적으로 통하는 문화, 즉 삶의 양식으로 진화 혹은 변용되고 있다. 이같은 문화의 역사적 변천, 즉 문화의 지구화와 세계화 현상에 대한 진단과 예측은 어떤 개인은 물론 어떤 집단도 인위적으로 막거나 억지로 돌이킬 수 없는 문명사의 필연적 과정이다. 세계의 일원화·단일화는 비단 문화적 차원에서만이 아니라 인종적 차원에서도 일기 시작하고 있다. 다량 이민, 외교적·경제적·상업적·정치적·이념적 차원에서의 집단·국가·민족·인종 간의 교류로 머지않은 세기에 황인·백인·흑인 간의 구별도 흐려질 전망이다. 몇 세기후에는 모든 인간이 황인·백인·흑인 가운데 어느 인종에도 속하지 않은 그냥 인간이라는 '튀기'로서만 태어나 살다 죽을 것이다.

문화는 인간집단의 관념적·물리적 둥지, 삶의 총체적 양식, 한 집단의 마음의 구조, 세계 및 인생에 대한 태도의 형태라고 규정할 수 있다. 문화는 인과적 자연법칙에 의해서 이미 완전히 결정된 것이 아니라 인간집단의 창조적 자유와 지혜의 개입에 의해서 똑같은 자연적·역사적 여건에서도 서로 다른 것이 구성된다는 것을 전제한다. 그렇다면 현재 존재하는 여러 지역의 문화들 가운데 오늘의 한국 혹은 일본의 자연적 및 사회적 현실에 가장 적합한 문화의 모습, 오늘의 인류 문명사의 지점에서 인류 전체에 가장 적절한 문화의 비전은 이상적으로 어떤 것일 수 있으며, 또한 어떤 것이어야 하는가? 우리가 알고 있는 지구, 인류의 역사·기술·자원·자연 안에서의 인류·지구, 그리고 우주의 모든 지식에 근거해볼 때, 그러한 현실에 가장 적합한 미래 문화의 비전은 어떤 모습으로 그려질 수 있는가? 포스트모더니스트들이 주장하듯이 모든 문화의 가치는 다 같이 완전히 상대적인가? 그렇지 않다면 문화의 우열을 판단할 수 있는 잣대는 무엇인가?

문화평가 척도의 변동

20세기 중반 포스트모더니즘의 사조에 의해서 문화의 철저한 상대성과 문화적 가치판단의 보편적 잣대의 부재를 많은 이들이 수용하게 되기까지는, 문화의 우열을 가릴 수 있는 객관적 잣대가 존재한다는 사실이 전제되어왔다. 아득한 고대부터 20세기 전반까지 동아시아 대륙에서는 중국이 중화사상이라는 자기중심적 문화관을 고집하고 있었고, 19세기 이후 약 2세기에 가까운 기간 동안 동양의 대국, 중국을 실질적으로 식민지화했던 서양은 자기중심적 문화관의 잣대에 비추어 동아시아를 비롯한 모든 비서구문화를 원시적이니, 비근대적이니 하면서 열등한 것으로 간주했다.

해체주의에서 그 급진적 예를 볼 수 있는 포스트모더니즘에 내재된 모든 신념과 명제의 절대적 상대주의, 즉 두 가지 이상의 모순되거나 상이한 신념들의 우열은 상대적이나마 논의하고 평가할 수 있다고 믿는다. 문화가 한 지방의 특정한 자연적·문화적 환경과 인간의 욕망·이상·자유의지·이성·창의력 등의 복합적 산물이며, 모든 인간집단의 환경은 절대로 동일할 수 없으므로 그러한 것들 간의 역동적·유기적 관계에서 생기는 문화는 다른 어떤 문화와도 완전히 동일할 수 없다. 똑같은 자연적 및 문화적 조건에서도 문화의 주체로서의 작고 큰 집단의 창의력·기술·논리적 사고 등에 따라 문화의 양식이 전혀 다를 수 있다.

2차 대전 직후 영국의 식민지였던 극동의 싱가포르나 아프리카의 케냐의 주택 양식과 도시 구조는 프랑스의 식민지였던 극동의 사이공이나 북아프리카 라바의 주택 양식이나 도시 구조와는 사뭇 다르다. 거대 도시 로스앤젤레스 내에 중국계, 일본계, 한국계 이민들이 각기 따로 세운 차이나타운, 리틀 도쿄, 코리아타운은 비록 그것들의 건축 자재는 같아도 그 양식과 전체적 분위기는 어딘가 서로 다르다.

이런 차이를 문화의 차이로 규정하고 그것들 간에 존재하는 문화적 차이를 인정하더라도 파리와 런던, 시안西安, 교토京都, 경주의 객관적 우열의 가치판단은 한식과 중국음식 간의 우열, 서양과 동양 간에 존재하는 장례의식의 객관적 우열에 관한 가치판단에 대한 논의가 의미 없는 것처럼 전혀 무의미한 것으로 볼 수 있다. 그러나 이런 결론이 꼭 맞는 말은 아니라고 생각한다.

어떤 시점에서 주어진 역사적·경제적·기술적·정치적·종교적·문화적·자연적 조건에서 각기 파리·런던·시안·교토·경주의 건설자들이 현재의 자국민이 아니라 다른 나라 사람들이었다면 위의 도시들은 더 적절한, 더 이상적 도시가 되었을 것이라는 가정이 가능하다. 음식·혼례·상례 등 수많은 문화의 우열에 관한 문제를 놓고도 같은 가정이 나올 수 있다. 요점은 한마디로 문화도 어느 정도의 객관적인 가치평가의 대상이 될 수 있다는 것이다.

근대 이후에 그러했던 것과는 달리 문화적 가치평가의 잣대가 서구중심적 혹은 중화중심적, 그리스중심적 혹은 로마중심적이어야 한다는 말은 결코 아니다. 그렇다면 우리가 이상으로 삼을 문화의 객관적 잣대는 어디서 찾을 수 있고, 보다 구체적으로 앞으로 지향해야 할 지구촌의 문화의 비전은 어떤 모습이어야 하는가? 문화의 우열은 무엇을 참고로 어떻게 평가될 수 있는가?

문화의 공간·수평적/시간·수직적 축과 미래 문화의 비전

지구촌의 형성으로 모든 인간사회에 공통적으로 적용될 수 있는 똑같은 원리원칙에 의해서 작동하는 단 하나의 지구적 문화가 형성되기 이전, 지구상의 문화는 단 하나의 획일적인 것이 아니라 각기 서로 다른 원리와 코드에 의해서 작동하고 의미를 갖는 다원적인 것이었다. 그러므로 고대 중국인들이나 근대 서양인들이 주장했던 것과 달리, 고대 중국문화 혹은 근대 서구문화가 그밖의 다른 문화들의 우열을 가늠하는 절대적인 잣대가 될 수 없었다. 그럼에도 우리는 항상 기존의 어떤 문화를 선택하거나, 아니면 무한히 가능한 문화양식 가운데서 어떤 하나를 선택해서 새로운 문화를 창조해야만 한다. 그러나 선택은 우연에 의존할 수 없다.

그 선택에는 기계적으로 적용할 수 있는 정확한 방법이 없지만 거기에는 이성적·감성적 개입이 작동하며, 그러한 개입은 공시적인 수평적 차원에서 다른 지역의 문화양식들을 모아 그것들의 가치에 대한 비교·관찰과 선택 주체의 기호에 의해 이루어진다. 그러므로 문화의 수평적 평가와 선택의 절차는 예술작품의 평가적 선택의 경우와 유사하다. 문화의 주체적 창조자의 입장에서 볼 때, 극단적 포스트모더니스트가 주장하듯이 모든 문화의 가치는 전적으로 상대적으로 동등하며, 그것의 우열을 판단할 수 없다고는 말할 수 없다. 상대적이지만 수평적 차원에서 다른 문화들을 통시적 축에서 참고하여, 인간집단의 수많은 개별적 문화가 진화·진보·연마·세련의 과정을 거치면서 끊임없이 품위가 높아져왔던 과정이 인류의 역사이기도 하다.

지구촌이 형성되기 이전에는 특정한 지역이나 영역의 한 문화가 수평적 차원에서 바라본 다른 지역이나 영역의 문화양식들을 참고해서 그것들과 경쟁적으로 비교해가면서 스스로를 개량·진화·진보해왔다. 음식문화의 경우 독일이나 경상도는 프랑스나 전라도를, 예절문화의 경우 프랑스나 전라도는 독일이나 경상도를 서로 참고하고, 과학문화의 경우 동양은 서양을 모델로 하는 반면, 근래에 와서 정신문화의 경우 서양은 동양을 참고로 스스로를 반성·개량·발전시키고 있다고 볼 수 있다.

그러나 공간적으로 존재하는 다양한 문화가 하나로 섞이고, 현재의 문화를 보다 이상적인 것으로 개선하고 승화시키기 위한 비교 대상으로서의 문화가 더 이상 존재하지 않게 된 지구촌에서 문화의 진보와 함양을 위해서 할 수 있는 것은, 횡적이 아니라 종적인, 수평적이 아니라 수직적인, 공간적이 아니라 시간적인 축에서, 과거로부터 변해온 문화의 다양한 과정을 연구하고, 특정한 영역들에서나 지구적 차원에서 문화 일반이 변화해온 양상을 논리적으로 분석·정리하는 일이다. 그후 앞으로 예측되는 물리학적·생태학적 정치·사회·경제·문화적 변화에 관한 객관적 인식의 토대 위에서 비로소 견고하고 의미 있는 미래 문화의 비전을 그려보고, 그것의 실현에 도전해볼 수 있을 것이다.

반면 지구촌 시대에 들어서면서부터 문화는 수평적으로 흩어진 문화의 다원성·다양성이 사라지고, 단 하나의 보편적 문화로 일원화되면서 자신의 문화를 개량하고 발전하기 위해서 참고할 다른 문화들이 사라져가고 있다. 비교하고 참고할 수 있는 모델들이 사라진 지구촌 시대의 문화적 상황에서 한 인간집단이 부분적 차원에서나 총체적 차원에서 발전을 위해 참고할 수 있는 것은 이미 소멸된 과거의 문화 아니면 그 자신이 상상할 수 있는 가상적 문화, 혹은 미래 문화의 비전일 뿐이다.

지금까지 내가 제기한 핵심적 문제는 지구촌 이전과 그 이후의 문화의 조건과 양상의 차이 및 두 문명사적 시기에 문화가 추구했고 평가되면서 발전해왔던 수평적·수직적, 공간적·시간적 축들 간의 차이에 대한 탐구가 아니라 미래의 문화 비전의 창조, 그 비전의 구체적 그림을 그리는 프로젝트를 짜는 데 있다. 그렇다면 그 그림은 어떤 방향에서 어떤 틀을 갖게 될 것이며, 그런 문화 비전이 우리의 상상 속에서만 존재하지 않고 구체적인 현실이 되도록 하자면 우리는 무엇을 준비해야 할 것인가?

첫 번째 물음에 대한 답은 먼 훗날에는 전통문화, 지역문화, 민족문화, 문화의 동/서, 중국/한국, 미국/유럽, 기독교/이슬람교, 불교/유교 등의 개념에 의한 구별은 오로지 역사 교과서나 박물관에서만 남아 유통될 뿐 그밖에서는 의미를 잃게 될 것이라는 것이다. 머지않은 장래에는 '문화'라는 낱말 앞에는 '민족문화', '동양문화', '한국문화', '일본문화', '전라도 문화', '안동 문화' 등과 같은 특정한 지역성을 표시하는 접두어가 사라진 채, 그 자리에 '석기시대', '고대', '19세기', '20세기 후반' 등의 수식어가 대신하든지, 아니면 그냥 '문화'라는 낱말만이 유통될 것으로 예측한다. 왜냐하면 과거 동서 문명이 활발하게 상호 교류했던 단 하나의 실크로드, 이탈리아의 제노바와 남아프리카의 케이프타운에서 대서양을 질러 미국 신대륙을 잇던 단 하나의 무역선로는 오늘날 육지에서, 바다에서, 그리고 또 다른 실크로드인 인터넷을 통하여 문화적으로만이 아니라 인종적으로도 구별할 수 없는 새로운 문화와 인간사회가 형성될 것이기 때문이다. 앞으로 지역에 따른 모든 문화적 특수성은 그 색깔이 점차적으로 바래서, 역사적 축에서 시대적·수직적으로만 구별될 수 있는, 단 하나로 융합된 지구촌 문화를 모든 이들이 함께 나누어 공유하며 살게 될 '문화 휴전'의 시대가 올 것이다. 우리가 원하든 말든, 지구촌의 문화는 수만 년을 통해서 각 지역에서 존재하던 모든 특수성들이 하나로 혼합된 단 한 종의 인류의 문화만이 존재하게 될 것이다. 지역문화, 민족문화, 전통문화는 살아남을 것이지만, 그것은 지구적·세계적·보편적 문화의 틀 안에서만 의미를 가질 것이다.

두 번째로, 문화는 상품이 될 수 있지만 그렇다고 하여 상품성은 어떠한 경우도 문화를 규정하는 충분조건은 물론 필수조건이 될 수 없다. 문화는 앞서 말했듯이 한 인간집단의 영혼을 간직한 얼굴이자 거울이기 때문이다. 한 인간집단, 한 시대의 문화는 그 집단, 그 시대의 이상적 인간상을 반영하는 동시에 부단히 높고 고귀한 이상적 삶에 대한 영혼의 끊임없는 추구 과정의 표현이기 때문이다. 모든 인간집단이 전통문화의 관광상품화를 통해서 국위 선양이나 경제적 부의 축적이나 집단의 '힘'을 과시하는 수단으로 사용할 수도 있다. 하지만 문화가, 주어진 여건에서 가장 귀중한 가치를 지닌 삶이 추구하는 양식이고, 진리의 발견, 자유의 발견, 정신의 숭고성, 인격적 고귀성, 미적 체험 등이 인간의 가장 보편적이고 기본적인 가치라면, 우리의 미래 문화의 비전은 반드시 그와 같은 가치들을 가장 근본적으로 지향하는 동시에 반영할 수 있는 것이어야 한다.

세계가 정치적으로는 지역·민족·국가들로 분열되어 분쟁과 폭력이 끊임없이 일어나고 있고, 경제적으로는 약육강식의 가혹한 생존 원리에 따라 치열한 경쟁 속에 휩쓸려 있다는 것도 부정할 수 없는 오늘의 현실이다. 지리적으로 단 하나의 지구촌으로 변신했고, 수많은 이질적인 지역적 문화들이 단 하나의 지구적 문화로 융합되어가고, 바로 이런 과정에서 문화의 상대적 가치들 속에서 인류의 보편적 가치가 모색되고 있는 것도 분명한 사실이다. 21세기를 '문화의 세기'로 부를 수 있다면, 그것은 우리가 많은 이들이 생각하고 있는 바와는 전혀 달리 문화의 상품화 현상이 아니라 지역적·상대적 문화에서 지구적·보편적 문화로 가는 전환기의 한복판에 살고 있기 때문이다.

지난 수십 년 동안 경제적·정치적·기술적 발전에서 분출된, 한국민의 영혼 속에 잠재해 있던 놀라운 에너지는 최근 '한류'라는 문화적 에너지의 형태로 분출되어 세계적 주목을 끌기에 이르렀다. 민족문화·전통문화, 그리고 한류의 의미도 바로 위와 같은 세계 문명사적 큰 흐름의 맥락에서 새롭게 의미가 파악되고, 앞으로 한국의 모든 문화적 프로젝트와 창조도 이와 같은 역사적 문맥에서 설계·추진될 때, 한국의 문화는 하나의 볼거리가 아니라 범세계적 문화의 창조에 크게 기여할 것이다.

문화미래포럼 발표, 2007. 5.

『나비의 꿈이 세계를 만든다』 초판 서문

지난 한 세기 동안의 역사적 변화의 다양성, 폭, 그리고 속도는 그 이전 2천 년 동안의 변화의 그것들보다 괄목할 만하다 해도 과장이 아니다. 75년이 조금 넘는 세월을 살아온 나는 인류 역사의 4분의 3의 변화를 직접 체험한 셈이다. 이 변화의 본질은 불과 20여 년 전부터야 쓰기 시작했던 '세계화' 혹은 '지구촌화'라는 말로 정리할 수 있다. 세계화는 여러 가지를 의미하지만 그 핵심은 수만 년, 수천 년 동안 여러 이질적인 민족과 문화가 개인적, 집단적인 차원에서 한데 만나고 부딪치면서 타자와 함께 살 수밖에 없는 오늘날의 문명사적 현실이다. 우리나라의 경우 그것은 무엇보다도 서양문명의 발견이자 침투, 그리고 그로 인한 갈등을 의미했다.

극동의 조그만 나라 한국의 벽촌에서 태어난 나는 민족으로서나 개인적으로 극히 고달프고 험난한 길을 걸어왔지만 그만큼 열정적으로 고향에서, 서울에서, 파리와 보스턴에서 책을 통해, 그리고 대학 강의실과 그 바깥에서 알게 모르게 세계화의 과정을 몸소 체험했다.

이러한 나로서는 동양과 서양의 이질적 인종과 문화의 관계에 대해 이론적 차원에서뿐만 아니라 구체적 일상생활에서도 남다르게 예민한 관심을 갖지 않을 수 없었다. 세계화 과정의 역사적 경험은 문화, 문명, 지구, 자연, 우주, 그리고 초월적 문제에 대한 철학적 시야를 넓혀주고, 보다 거시적이고 깊은 차원에서 스스로를 사유하고 경험하고 발견하는 기회를 제공한다.

여기 모은 글들은 필자가 고국에 돌아온 1991년 이후 여러 기회에 틈틈이 썼던 것들이다. 집필하고 발표했던 맥락과 시기가 다르기 때문에 내용이 반복되거나 현재와 정확히 일치하지 않는 점이 있을 수 있지만, 독자는 그 밑바닥에 깔려 있는 문제의식과 사유방식, 그리고 주장은 큰 틀에서 볼 때 동일하다는 것을 발견할 수 있으리라 믿는다. 이러한 점에서 이 책은 철학, 사상사, 문화 담론, 동양학, 한국학 등 다양한 틀에서 접근할 수 있을 것이다.

여러 글들을 하나로 묶어 출간을 종용하고 그 기회를 마련해준 웅진 문학에디션

뿔 박상순 대표, 이 책의 기획부터 교정에 이르기까지의 전 과정을 맡아준 심하은 팀장과 편집부 여러분에게 각별한 사의를 전한다. 바쁜 와중에도 불구하고 출간작업을 도와준 이은정, 유영석 두 조교에게도 고마움을 전한다.

2007년 2월 일산 문촌마을에서

연도(나이)	생애
1930(1)	충남 아산 영인면 창용리 379 시골 농가에서 면장집 막내 아들로 태어남. 본관 함양, 본명은 박인희(朴仁熙), 아호는 중암(重菴).
1938(9)	집에서 15리 정도 떨어진 곳에 있는 영인심상소학교(靈仁尋常小學校) 입학.
1939(10)	학교에서 조선어 사용 금지.
1942(13)	5학년 봄 도에서 조직한 '성지참배단'에 뽑혀 일본을 여행하고, 새로운 문화와 환경을 접하고 많은 충격을 받음. 같은 해 겨울, 동경 유학 중 학병 모집을 피해 돌아온 형의 『문예사전』을 보고 철학적 질문을 던지기 시작함. 문학, 그림, 음악 등 예능적인 것들에 본격적인 흥미를 느낌.
1943(14)	소학교 졸업 후 중학교 입시 시험을 봤으나 낙방함.
1945(16)	다시 시험을 보고 서울의 경복 중학교에 입학하여 기숙사 생활을 함. 광복 후 고향으로 내려왔으나 이전에 면장집으로 누렸던 사회적 · 경제적 지위를 잃음.
1947(18)	고향의 살림을 완전히 정리하고 서울로 이사 옴. 복학함.
1948(19)	중학교 2학년, 시「낙엽」을 학교 신문에 발표한 것을 계기로 위대한 시인이 되겠다는 꿈을 가지게 됨. 같은 해, 단편소설「귀향」을 썼으나 곧 찢어버림.
1950(21)	6·25 전쟁 발발, 11월에 징병되어 육군 이등병이 되었으나 기초군사훈련 중 폐병 및 영양실조로 쓰러져 치료받은 후 의병제대함.
1951(22)	서울대학교 불문학과(부산에 열린 전시대학)에 입학함.
1952(23)	부산 동래고등학교에서 불어 강사를 함(1952~1953).
1953(24)	사르트르의 『존재와 무』에 담긴 그의 실존주의를 해설한 일본어 번역서를 읽고 실존주의를 접함.
1955(26)	《사상계》에「회화를 잃은 세대」라는 작품을 발표하면서 등단. 서울대학교 불문학과를 졸업하고 같은 대학 대학원에서 불문학 석사과정을 밟음(1955~1957). 성신여고에서 시간 강사를 함(1955~1957). 《대학신문》(문리대학보)에 다수의 글을 발표.「현대 작가와 윤리」로 제2회 대학신문상을 수상.

1957(28)	서울대학교 대학원에서 논문「폴 발레리에 있어서 지성과 현실과의 변증법으로서의 시」로 석사학위를 받음. 이화여자대학교에서 불어불문학 전임강사, 조교수가 됨(1957~1961). 재직 중 프랑스 정부 장학생으로 프랑스 파리 소르본대학교 대학원 불문학 석사과정을 밟음(1957~1958).
1961(32)	프랑스로 다시 유학을 떠남. 프랑스 파리 소르본대학교에서 불문학 박사과정을 밟음(1961~1964).
1963(34)	데리다가 지도하는 '연습 세미나'를 통해 그의 철학을 배움 (1963~1964).
1964(35)	프랑스 파리 소르본대학교에서 「말라르메가 말하는 '이데아'의 개념: 논리정연성에 대한 꿈(L'"Idée" chez Mallarmé ou la cohérence rêvée)」으로 불문학 박사학위를 받음.
1966(37)	데리다의 추천서로 장학금을 받고 미국 서던 캘리포니아대학교에서 서양철학 박사과정을 밟음(1966~1970). 하스미 시게히코(훗날 도쿄대 총장)가 박이문의 말라르메 시 세계를 분석한 소르본대학교 박사학위 논문을 보고 '동양인도 이런 논문을 쓸 수 있구나'하고 감탄했으며, 박이문을 계속 동경하던 하스미는 1991년 결국 박이문과 만남.
1968(39)	미국 렌셀러폴리테크닉대학교 철학과 전임강사로 재직(1968~1970).
1970(41)	미국 서던캘리포니아대학교에서 「메를로 퐁티의 철학에서 나타난 '표현'이란 개념의 존재론적 해석(An Ontological Interpretation of the Concept of 'Expression' in Merleau-Ponty)」으로 철학박사학위를 받음. 미국 시몬스대학교 철학과 조교수, 부교수, 교수, 명예교수(1970~).
1980(51)	이화여자대학교, 서울대학교 철학 및 미학과 초청교수(1980~1982).
1982(53)	망막박리라는 병으로 오른쪽 눈이 '사실상 실명'함. 모친 별세. 몇 달 후 유영숙 여사와 결혼함.
1983(54)	미국 하버드대학교 교육대학원 철학연구소 선임연구원이 됨 (1983~1993).
1985(56)	독일 마인츠대학교 객원교수가 됨(1985~1986).
1989(60)	일본 국제기독교대학교 초빙교수(1989~1990).
1991(62)	포항공과대학교 철학과 교수(1991~1994).
1993(64)	미국 시몬스대학교 명예교수.

1994(65)	포항공과대학교 교양학부 교수(1994.3~2000.2).
2000(71)	포항공과대학교 정년퇴임.
2001(72)	고려대학교 대학원 초빙교수가 됨.
2002(73)	연세대학교 특별초빙교수가 됨.
2003(74)	세계생명문화포럼-경기 2003공동추진위원장이 됨.
2006(77)	제20회 인촌상 인문사회문학부문 수상함.
2007(78)	포항공과대학교 명예교수.
2010(81)	프랑스 정부 문화훈장(교육공로)을 수상.
2011(82)	경복동창회의 '자랑스러운 경복인상' 수상(2011.4).
2012(83)	인간과 자연의 조화로운 상생·공존을 추구하는 생태학적 세계관을 제시하는 등 현대 과학과 기술에 대한 철학적 인식을 개선한 공로로 대한화학회가 제정한 '탄소문화상' 제1회 대상을 수상.
2015(86)	『둥지의 철학』이 영국 사프론(Saffron)출판사에서 출간.
2016(87)	미다스북스에서 『박이문 인문학 전집』 출간.

출전

4부 나비의 꿈에 담긴 새로운 희망

01 찬란한 만화경으로서의 20세기 문화

《철학과 현실》(1999, 가을호),

『이성의 시련』(2001), 『철학적 경영이 미래를 연다』(2007)

02 문화의 상대성과 보편성—문화다원주의

《철학과 현실》(2002, 봄호),

『역사적 전환기의 문화적 재편성』(2001),

『나비의 꿈이 세계를 만든다』(2007)

03 동서양 자연관과 문학

토지문화관, 국제회의 발표(2001. 5. 18),

《문학동네》(2001, 여름호), 『역사적 전환기의 문화적 재편성』(2001)

04 서구문화와의 만남—자서전적 성찰

《철학과 현실》(1994, 여름호),

『나비의 꿈이 세계를 만든다』(2007)

05 21세기 문화: 전망과 희망—생태학적 문화를 위한 제안

『이성은 죽지 않았다』(1996), 『철학적 경영이 미래를 연다』(2007)

06 21세기 문화의 정체성과 변용

충남대학교 국제학회 발표(2000. 12. 6),

『더불어 사는 인간과 자연』(2001), 『철학적 경영이 미래를 연다』(2007)

07 동양문화와 세계문화

《과학사상》(1998, 여름호),

『자연, 인간, 언어』(1998), 『나비의 꿈이 세계를 만든다』(2007)

08 인류의 미래와 동양사상

아산재단 창립 20주년 기념 국제학술대회 발표(1997. 7. 1),

『나비의 꿈이 세계를 만든다』(2007)

09 생태학적 합리성과 아시아철학

《녹색평론》(1997년 9월호~10월호),

『나비의 꿈이 세계를 만든다』(2007), 『예술과 생태』(2010)

10 지구촌에서의 소통과 공생을 위한 인문학

연세 인문학 국제학술대회 발표(2010. 5), 『예술과 생태』(2010)

11 지구촌 시대의 문화 비전

문화미래포럼 발표(2007. 5),

『세계화 시대의 문화와 관광』(2007), 『예술과 생태』(2010)

박이문 朴異汶

본명은 박인희로 1930년 충남 아산 시골 마을의 유학자 집안에서 막내아들로 태어났다. 어린 시절 시골의 아름다운 자연의 변화를 만끽하며 부모와 조부모의 따뜻한 보살핌을 받으며 자랐다. 유학 중 귀국한 형의 영향으로 위대한 시인이자 작가를 꿈꾸었고, 재수 끝에 경복중학교에 진학하였다. 청년기의 들목 전쟁의 참화 속에서 입대했으나 훈련 도중 병을 얻어 의병제대한다. 피난 시절 부산에서 서울대학교 문리과대학의 불문학과에 입학하여 본격적으로 문학에 매진한다. 대학원 석사논문을 프랑스어로 쓸 정도로 탁월한 실력을 보였으며, 석사학위를 받고 곧바로 이화여자대학교에서 전임교수로 발탁되었다. 그러나 안정된 직업인 교수의 생활을 버리고 다시 프랑스로 떠나 문학 박사학위를 받았으나, 이에 그치지 않고 미국으로 건너가 철학 박사학위를 받는 인문학을 향한 구도의 길을 걸었다. 그후 시몬스대학교, 포항공과대학교, 이화여자대학교, 서울대학교를 비롯해 세계 각지에서 학생들을 가르쳤으며, 많은 글들을 발표하고, 예술과 과학과 동양사상 등으로 끊임없이 새로운 영역을 개척하는 선구자적인 인문학자로 살았다. 또 한편으로 시를 쓰는 창작도 일생 동안 지속하여 어린 시절의 꿈대로 시인이자 작가이며 철학자인 인문학자로서 아름답고 위대한 '사유의 둥지'를 완성하였다.

박이문 인문학 전집 03

동양과 서양의 만남 — 노자와 공자, 그리고 하이데거까지

초판 1쇄 2016년 2월 26일
지은이 박이문
펴낸이 류종렬

박이문 인문학 전집 간행위원회

전집간행위원 김병익, 정대현, 강학순, 이승종
기획편집본부 장인용, 김슬기, 김동훈, 남다희, 주성엽, 서승현, 이범수, 이영호, 윤석우,
　　　　　　변영은, 권기우, 강서윤, 김예신, 류수정, 박근희, 이소정, 임소연 외
표지디자인 및 아트디렉팅 씨디자인 조혁준, 함지은, 조정은, 김하얀

펴낸곳 미다스북스
등록 2001년 3월 21일 제313-201-40호
주소 서울시 마포구 서교동 486 서교푸르지오 101동 209호
전화 02)322-7802~3
팩스 02)333-7804
블로그 http://blog.naver.com/midasbooks
트위터 http://twitter.com/@midas_books
이메일 midasbooks@hanmail.net

ⓒ 박이문, 미다스북스 2016, *Printed in Korea*

ISBN 978-89-6637-432-8 (04100)
　　　　978-89-6637-429-8 (04100) 세트

값 30,000원

이 도서의 국립중앙도서관 출판예정도서목록(CIP)은 서지정보유통지원시스템 홈페이지 (http://seoji.nl.go.kr)와 국가자료공동목록시스템(http://www.nl.go.kr/kolisnet)에서 이용하실 수 있습니다. (CIP제어번호: CIP2016003566)

미다스북스 는 다음 세대에게 필요한 지혜와 교양을 생각합니다.